U0511230

国家公共文化服务体系制度设计研究课题
《基层公共文化服务体系建设与非物质文化遗产保护利用》研究成果

非物质文化遗产志

襄垣县乡土田野调查

高丙中　张岳公　主编

宋红娟　王立阳　郭威　张翼　著

商务印书馆
The Commercial Press
创于1897

2018年·北京

图书在版编目(CIP)数据

非物质文化遗产志:襄垣县乡土田野调查/高丙中,
张岳公主编;宋红娟等著.—北京:商务印书馆,2017
ISBN 978-7-100-14679-1

Ⅰ.①非… Ⅱ.①高…②张…③宋… Ⅲ.①非物
质文化遗产—调查研究—襄垣县 Ⅳ.①G127.254

中国版本图书馆 CIP 数据核字(2017)第 152624 号

权利保留,侵权必究。

非物质文化遗产志:襄垣县乡土田野调查
高丙中 张岳公 主编
宋红娟 等著

商 务 印 书 馆 出 版
(北京王府井大街 36 号 邮政编码 100710)
商 务 印 书 馆 发 行
北京顶佳世纪印刷有限公司印刷
ISBN 978-7-100-14679-1

2018 年 10 月第 1 版 开本 889×1194 1/16
2018 年 10 月北京第 1 次印刷 印张 47¼
定价:168.00 元

▲承传（铁观音 摄）

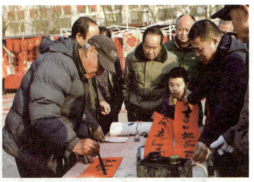
▲书春（李政国 摄）

▲社火勾脸（李晋飚 摄）

▲祭

▲三仙姑与二诸葛

＊ 本书图片采用源明确的都尽量一一标明，少数因时间较长佚失出处的，无法逐一准确署名、标注，其余多为张岳公历年拍摄或搜集。

▲走春江

▲跑旱船

▲问春

▲扛桩（李玉华 摄）

▲抬搁

▲走街（抗美援朝 摄）

▲挑高（李晋飚 摄）

▲风火龙舞（张益溪 摄）　　　　▲打铁花（赵志强 摄）

▲黄河灯（李晋飚 摄）

▲鼓书盲行人（李晋飚 摄）　　　▲听书（赵志强 摄）

▲归（赵志强 摄）

▲打落拷（赵志强 摄）

▲娶亲（秋天枫叶 摄）

▲迎亲（李政国 摄）

▼看红火

▲出甑（李晋飚 摄）

▲扯面（李玉华 摄）

▲烙大饼（李政国 摄）

▲游艺

看红火 ▼

▲云绕仙堂（李政国 摄）

▲社戏

▲庙会

▲集

▲襄垣鼓书（抗美援朝 摄）

▲襄垣秧歌（铁观音 摄）

▲镶牙（李政国 摄）

▲修脚

▲门禁（赵志强 摄）

▲金莲"芳华"（李政国 摄）

▲负犁

▲扒黄芽

▲田野拾遗

▲蒸黄蒸（李政国 摄）

▲推碾

▲南娥药

▲做脊

▲塑

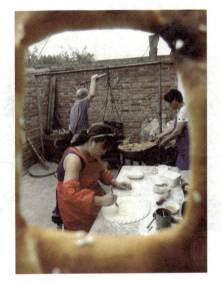
▲打圪勒

▲挂面

▲云长烧饼

▲特恩堂老铺挂面技艺展示

▲小炉匠

▲脊饰

▲封膛

▲煮油糕

▲酿醋（云峰山人 摄）

▲修鞋匠（那蓝的天 摄）

▲挖木勺

▲画炕围（铁观音 摄）

▲襄垣炕围画应邀赴澳门展出

▲投犁

▲纺花

▲捻绳

▲打凉帘

▲陶作

▲老饧坊（李玉华 摄）

▲旋锭

▲核雕

▲翻砂

▲铁匠

▲打三（李晋飚 摄）　　　　　　▲锁愿（李玉华 摄）

▲圆锁（李玉华 摄）　　　　　　▲许庙（李晋飚 摄）

▲旺火（李晋飚 摄）

▲巫觋请法

▲饮龙

▲族祭

▲祀（李政国 摄）

▲神龛（孙波 摄）　　　　▲华岩角岩画　　　　　　▲树崇拜

▲襄黎情缘——奶奶出巡（李玉华 摄）　　▲襄黎情缘——戏逗筛康（李政国 摄）

目录

第
一
编

民俗类文化遗产

第一章　节日体系概述 / 2

第二编　语言类文化遗产

第三编

文化遗产

美术、技艺与医药类

第四编

表演艺术类文化遗产

编续

记忆田野的遗产

县域非物质文化遗产志的书写

决决中华大国，包含着上千个具有千年历史的县域。悠悠中华文明，寄托在各具地域特色、生态特色、产业特色、民族特色的县域。县，一直是中国的政治、行政、经济、社会与文化的第一级正式单元。中国的绝大多数县域都有很长的历史，都凭借县志、宗族志、地方山川风物、碑铭等成为文化的渊薮。当然，县域是中国的文化单位，还在于生活在其中的人民是有自己的记忆与文化的主体，他们在哪里，哪里就是文化传承的空间。

有鉴于县域的文化功能，国家在非物质文化遗产保护工作中设计的四级代表作名录也是以县级为基础的。在四级名录的建立过程中，文化部还统一部署，要求各省（市、区）、各县开展非物质文化遗产普查，在 2005 年后[①]的四年里，全国总计获得 87 万项的普查资料，这是十分喜人的巨大收获。但是，除了这个数字，我们对普查要想知道得更多，却没有途径。也许在一个相当长的时间里我们都难以窥见普查资料的全貌。

2011 年 12 月，我受邀到太原参加山西省非物质文化遗产保护中心赵中悦主任组织的活动，他提出请我组织团队帮助撰写山西省襄垣县非物质文化遗产普查的报告。我因为尝新的心理，觉得这将是一种县域文化志的探索，就大胆地答应了。赵主任当即相约主持并承担襄垣非物质文化遗产普查工作的文化馆馆长张岳公老师携资料远来龙城（太原），从此开始了这项撰写襄垣非物质文化遗产志的合作。

在接下来的春节里，我和宋红娟、王立阳、韦伟在张岳公馆长和该馆赵宏杰先生的全程关照下跑了几个乡镇、几个村落，参加了从春节到元宵节的地方节庆和文化活动，拜会了一些民间文化艺术的传承人。收获很大，对各位执笔人撰写自己分工的部分有非常重要的帮助。这也是我们在撰写方法的讨论中主张采用民俗志与民族志相结合的条件。

书稿撰写情况不尽相同，其中有的章节应属提供者的内容；有的则是就原来普

---

① 文化部办公厅 2005 年 6 月印发《关于开展非物质文化遗产普查工作的通知》，全国各省、自治区、直辖市相继开展了本地区的非物质文化遗产资源调查，到 2009 年接近尾声。

查资料的底子改写，并力求补充新的内容；也有某些章节完全是初创。

中国的非物质文化遗产保护，首先要明确这类遗产是什么、在哪里、与社区的历史与现实有什么关联。因此，对非物质文化遗产的书写就成为整个保护工作最基本的工作，也是应该优先加以重视的一个方面和环节。

让非物质文化遗产能够被看见，并且作为整体被看见，做完普查再做以普查为基础的遗产志，这种想法是张岳公老师在工作中提出来的。2007年10月，山西省文化厅将襄垣县命名为山西省唯一一个非物质文化遗产普查试点示范县，襄垣县在非物质文化遗产保护工作上走在了全省乃至全国的前列。实际上，对非物质文化遗产的书写是非物质文化遗产普查工作的一个后续产品，反过来，对非物质文化遗产的书写进一步提升并扩展了非物质文化遗产普查工作的价值和意义，它不仅是展示县域中非物质文化的状况（历史的、当下的、数量、生存状况的好与坏），也是对非物质文化遗产与当下的人们、社会以及整体文化之间关系的理解和阐释，特别是在后一个意义上，这将有助于我们理解非物质文化遗产对于地方社会、整个中国社会的文化价值和社会功能，从而反过来促进我们对非物质文化遗产保护的理解，有助于在今后的非物质文化遗产保护制度建设上发挥实质性的作用，真正有益于中国的文化实践。

非物质文化遗产的保护工作在中国已经轰轰烈烈地开展了十多年，涌现出了大量的成果，产生了广泛的影响。所有这些都是在县级文化机构扎扎实实的努力下才得以进行的。没有县域文化工作者打下的基础，就没有中国非物质文化遗产保护工作的高楼大厦。襄垣县在这方面收获的成果说明了这一点。2008年，襄垣县非物质文化遗产保护工作在张岳公的带领和组织下，展开了为期一年多的集中普查。普查工作以非物质文化遗产事项展开，分为民间文学、传统音乐、传统舞蹈、传统戏剧、传统曲艺、传统体育、传统美术、传统技艺、传统医药、民俗十大类。因为每个类别的资料颇不均衡，在本书的写作过程中，我们将这十类进一步分为四大部分，分别为民俗类文化遗产（节日体系、民间信仰、人生礼俗、生产商贸习俗、消费习俗、游艺与武术），语言类文化遗产（民间故事、歌谣民谣、方言），美术、技艺与医药类文化遗产（民间美术、手工技艺、传统医药和民间知识），表演艺术类文化遗产（八音会、秧歌、鼓书）。普查工作以问卷、访谈以及与实地调查相结合的形式展开。问卷的设计以对具体的非物质文化遗产事项的描述为主，这是本书书写的主要资料来源。访谈和实地调查的形式主要用于重点非物质文化遗产保护项目上，目的是获得较为全面的材料，比如主要传承人的生命史、项目本身的历史流变以及现今的生存状况，这些信息是普查工作不能够顾及的。襄垣非物质文化遗产保护从业的每一位工作人员都是敬岗敬业的，他们的工作精神是令人敬佩的，有时为了跟拍婚嫁、丧葬以及一些项目技艺的过程，他们都是日复一日地工作到深更半夜。

本书的撰写主要基于普查工作的文字资料。其中，问卷调查的内容是本书写作材料的主要来源。问卷的发放是按照每个乡镇的代表性村落为单位的，针对每一个非物质文化遗产事项几乎都可以收回几十份有效的问卷。对于问卷资料的处理主要遵循分析共性、寻找基本结构的方法和思路。具体而言，首先从要素出发，在查阅相关的所有问卷的基础上，先总结出基本的要素，然后再进行整合，这样便可获得一项非物质文化遗产事项的基本结构性要素。在此基础上，再进行共时和历时两方面的分析。共时性主要体现在一个非物质文化遗产事项在襄垣县境内的地区差异，比如南北、东西差异，这方面主要通过表格和图表来加以说明，以便显示一个非物质文化遗产事项中的核心要素在县域内的分布。历时性则主要体现在当地人的回忆资料中，我们也根据相关历史资料记载中的非物质文化遗产事项，整理项目的历史流变。当然，我们采用的资料不仅如此，因为我们在当地的亲身感受和对具体项目的资料搜集也占有一定的分量。相关的访谈和实地调查，对我们分析和呈现非物质文化遗产项目的整体状况发挥了关键作用。

在方法论上，本书的写作主要基于这样一种诉求，那就是将民俗志和民族志写作手法结合起来。总体而言，民俗志擅长分析结构要素、民俗模式、叙事的母题和异文，讲究的是对事项本身的完整、详细、系统的呈现，民俗志能够以文化要素的齐全建立起理想模式，这种手法的优点是能够较为清楚地呈现对象本身。但同时这也决定了它属于一种文本研究的取向，更擅长静态分析、历史资料的分析。而以整体性著称的民族志写法恰好可以发挥注重把握动态、过程、现场等方面的优势。

首先，将民族志写作手法运用到对非物质文化遗产的书写上的突出优点就是做到了对文化生态的关注。文化生态的概念所追求的是在整体的文化体系中来理解其中的某一个文化事项，从而达成从整体来了解部分、从部分理解整体的互动的效果，尤其是在现实社会关系中来理解文化事项。其次，民族志的优点还体现在对当下性的关注和把握上，这一点可以达到呈现一个地方活态文化形式的诉求。民族志的书写方法是基于对当下的鲜活的资料的把握，是要将非物质文化遗产事项置于具体的时间和空间之中来进行考察和理解。值得提及的是，在书稿基本框架成型后，张岳公先生又历时三年多再次走进田野，结合承担的国家公共文化服务体系制度设计研究《基层公共文化服务体系建设与非物质文化遗产保护利用》课题，创建乡村文化记忆工程，获得了丰富的有关非物质文化遗产文化研究的第一手资料，对书稿内容和信息不断进行核实、修正、完善，并挖掘补充了不少新的内容。同时，他承担统稿和总纂等工作，书稿得以付印，其历尽艰辛，耗时十余年，不懈奋斗，方方面面付出良多，如果没有他的努力，本书不可能出版面世。

总体而言，本书在书写过程中对民俗志和民族志相结合的写作方法进行了探索，力图有效地结合二者的优点。运用民俗志的写作手法可以很好地呈现非物质文化遗产事项的方方面面，而民族志手法又可以顾及文化生态、整体的文化体系以及社会结构，这两方面相得益彰，最终能够呈现襄垣地区活态的非物质文化遗产具有什么模式、如何以活态去传承。

民俗志与民族志的方法并用，有利于在撰写过程中考虑襄垣地区的非物质文化遗产在现代的存续状态，以及与现代体制的关系。比如，在现代社会中，有哪些非物质文化遗产还活着，以什么样的形态活着，传统的民俗志是不太注重的。不可否认的是，襄垣地区的非物质文化遗产有很多都只存在于襄垣人的"脑子"里了，从我们收回的问卷可以直观地看到这一点，有一些非物质文化遗产事项确确实实已经不复存在了，只能靠人们的回忆才能模糊地勾勒出基本情况。那么，如何从记忆中留住这类非物质文化遗产，如何让保护工作惠及它们，也是本书的任务之一。比如，本书在撰写襄垣炕围画时，就尤为注意炕围画与襄垣人现代居住方式的变迁及其特点之间的关系。襄垣人以前大多住在窑洞中，睡的是炕，炕围画既有装饰的审美性，也有一定的功用，深受人们的喜爱；但随着当地人逐渐搬出窑洞住进平房之后，特别是住进城镇的单元房后，炕逐渐从人们真实的生活中消隐了，那么，炕围画也逐渐随之消失了。但是，非常有意思，因为张岳公是美术专业出身，长期对炕围画有观察和研究，并且有研究专著供我们借鉴，所以我们在调查中自然也在寻找它们的踪影。我们发现，依然有极少的人家在单元房内把床安置在墙体边，再在床周围的墙上画上炕围画，这是传统的一种延续。无论成效如何，我们都力图在现代生活、现代体制中发现非物质文化遗产，呈现非物质文化遗产代表作，并尝试把民俗志的学术传统与民族志的方法优势进行嫁接。

高丙中

2018 年 6 月

第一编

民俗类文化遗产

第一章
节日体系概述

　　每个节日都有特定的时间框架和相应的节俗活动。通过对普查资料的分析，我们发现襄垣人对春节时间范畴的观念并非一致，主要包括三类，并对应三层意涵。首先，春节指除夕的午夜至清晨之间，这个时间段极为重要，因此家家讲究吃"团圆饭"，比如襄垣的一些年轻人，他们已从乡村迁居县城，往往选择在除夕夜回老家陪父母，第二天再回县城的新家。本报告对襄垣节日体系的呈现除了体现普查报告的地方性知识以外，还同时兼顾了以下四个方面：

　　首先，襄垣的节日是在整个中华民族汉民族节日体系中的，大体框架是一致的，区别在于具体的内容。其次，单就襄垣节日本身而言，它首先体现了一定的时间特质，即与农耕社会紧密相关的季节变迁，也因此，节日民俗与当地人的日常生活发生了最深层次的关联，比如二月二与端午节的驱虫害；此外，襄垣节日民俗中包含着一定的卫生健康防疫知识，这部分因为受到现代科技的冲击，在节日文化中表现出式微甚至消亡的状态。第三，每个节日的侧重点不同，但基本上都有相应的信仰基调和当地对于自然的知识体系。第四，分开看，每个节日占据着一年中不同的时间点，但作为整体的节日体系，不管是从时间上还是从节日民俗上看，节日与节日之间具有内在的关联，比如襄垣二月二与正月二十五的填仓节就通过祭祀之物仓圪垯连接起来。

第一节　春节

一　襄垣春节概述

襄垣有句俗语："千事万事过年是大事。"过年是家家一年中最大、最隆重的节日，这种重要性还表现在春节期间的开销之大、礼序之繁、敬神之广上。

现在，襄垣人惯于将"新年"称作"春节"，不过，襄垣春节的普查资料也显示，部分襄垣人熟知该节日名称更迭的历程。他们指出，"春节"在夏历中叫作"元旦"，辛亥革命之后，因国家改用公历，为了区别两个元旦，社会上才渐渐将农历的元旦改为"春节"。

每个节日都有特定的时间框架和相应的节俗活动。通过对普查资料的分析，我们发现襄垣人对春节时间范畴的观念并非一致，主要包括三类，并对应三层意义。首先，春节指除夕的午夜至清晨之间，这个时间段极为重要，因此家家讲究吃"团圆饭"，比如襄垣的一些年轻人，他们已从乡村迁居县城，往往选择在除夕夜回老家陪父母，第二天再回县城的新家；其次，在国家将春节定为法定假日以来，春节对于襄垣的一部分人而言便是单位放假的一周时间，这部分人主要是在本地以及在外地上班的人群；第三，对于那些留守乡村的人们而言，除夕到正月初一清晨仅仅意味着春节最重要的一个时段，而整个春节则是从祭灶开始到正月二十五填仓节过后才结束，对此，襄垣当地有种说法：刚过门的新婚女子一定要在腊月二十三祭灶过后回到婆家，准备过新年。在我们的普查当中，第一种和第三种说法较为常见，当然，这与被调查者的身份也有一定的关系。这里，我们主要是在第三种时间范畴下来概述襄垣的春节。此外，襄垣人认为从祭灶到除夕这段时间很特殊，家里所遇婚丧事都不用择日，哪天都行。

春节除了是一个时间范畴，它同时也与空间密切相关：春节必须在"家"里过，或者说春节的基本空间单位是"家"。襄垣人认为的"家"首先是老人居住的地方，比如儿子工作移居县城，过年就要回去和父母一起过春节。同样的，新年的相互拜年和走动也要遵循这个观念，只要对方家中尚有老人，就要到老人所在的地方去行礼仪。其次，"家"的另外一层含义还包括去世了的祖先或先人，这同时也引出襄垣春节的另一个特点：人神共享。春节期间，不仅所有家庭成员都要从外面赶回"家"，人们还要通过特殊的仪式将家里的先人们请回来一起过春节，这便是襄垣人接送三代宗亲的观念基础。此外，与春节相关的某些节俗活动，比如襄垣的拜年、祭祖以及元宵节期间的村社集体活动，表明春节也囊括了超越"家"的空间范畴，这体现了家与家、村与村之间的社会关系。

春节还包括人们的参与和实践，由此延伸出一套约定俗成的节日规范来统一人们的行为，这生动体现在襄垣人对春节的每一天都有相应的规定。襄垣流传着这样一首民谣："初一、初二下大雪，初三、初四正拜年。初五送五更，初六不敢动斗升。初七不敢吃黑菜，初八祭命星。初九灸懒汉，初十老耗子娶亲。十一、十二挂红灯，十三、十四蒸黄糕。十五黑夜闹元宵，十六游百病。十七、十八黑洞洞。"另外，现在襄垣地区也流行着这样的说法：腊月二十四扫屋院，二十五晒棉被，二十六割肉、买年货、置办新衣，二十七蒸吃的（年糕、点心等），二十八贴春联、年画、窗花，二十九男人去打酒、女人洗衣服，年三十迎回诸神、请祖先，初一到初十拜年。为了过好春节，襄垣人也在遵循着相关的禁忌，尤其是从大年初一到初五，这五天，一忌打骂人、二忌不孝敬长辈、三忌锅碗碰破、四忌互相赌气、五忌柜中取钱。襄垣的春节除了讲究"团圆"以外，也祈求家人平安、财源广进、风调雨顺、五谷丰登，所以襄垣地区春节期间的各类敬神仪式非常多。对于新年的第一天，人们起得特别早，穿好新衣，洗漱洁身后，要向各路神仙、列祖列宗、三代宗亲敬香叩拜，宅内四墙角各敬香一炉，一日三餐第一碗饭先供祖宗三代，夜晚继续向各路神仙敬香叩拜。

需要指出的是，随着时代变迁以及人的代际更迭，人们会自觉或不自觉地对这些规范做一些调整，这也就是为何有的规范已然褪去，有的规范发生了变化，甚至春节的一套规矩在襄垣人的观念里也表现出式微的趋势。比如，1998 年版《襄垣县志》中对除夕的记述可见这种变化："过年头一天为除夕日，洒扫庭院内外，直至大道，贴对联、神位。日落，在院心设案燃香烛，鸣放爆竹接诸神，同时设祖宗牌位或宗族画轴，谓'请民裔'。入夜关闭大门，合家团聚，剁肉馅，准备年饭及未尽事宜，或围坐闲谈至深夜，谓之'熬寿'或'守岁'。今迷信色彩渐衰，辞旧迎新气氛浓厚，除夕之夜大都全家看电视到子夜零时新年钟声敲响，燃放鞭炮后方睡。"[①] 通过普查，我们总结并列举出了以下几个文化事象，是现在的襄垣人依然认为重要并在遵循着的一些过年规范。

---

① 襄垣县志编撰委员会，《襄垣县志》，海潮出版社，1998 年，第 658 页。

置办年货：襄垣人从腊月二十三祭灶之后便开始为过春节做准备了，主要是购买春节期间所需、所用之物，谓之"年货"，诸如食品、衣着、神像等。其中，食品在年货中所占分量最大。人们首先碾或购足够的米面，订购挂面，到集市上买酒、肉、糖果、瓜子、糕点、粉皮、粉条、黄花菜、木耳等，拉足煤炭；此外，还要准备好适量的豆腐，自己家里做或者买，除夕前，家家都要准备油煎豆腐，因为不论是吃面食或做凉菜，大多要用到油煎豆腐丝；蒸面食是襄垣春节置办年货的特色之一，这里的面食主要包括黄蒸、馍馍、抓钱、枣山和年糕等，其中，馍馍、抓钱和枣山一部分用作敬神祭品，在过去，馍馍也是春节拜年所携礼物之一。通常在年前，人们就会为家人准备好过年的新衣服。概言之，衣服之新涵盖三种情况：对于富裕人家来说，新衣服是指从里到外、从上到下的焕然一新；对于中等人家来说，新衣服一般是指一身崭新的外套和裤子；而对于那些家境贫寒的人家来说，过年不买新衣也是常有之事。另外，襄垣的年货还包括各种神的画像、春联、年画、灯笼，长辈们还要准备好足够的压岁钱。[①]

扫刮：春节期间，襄垣每家的房前屋后、村前村后、街头巷尾皆尤为整洁。"扫刮"是襄垣方言，就是家家户户年前的清洁活动。祭灶之后，襄垣人认为灶王爷上天言好事去了，祭灶至年终为无忌日，对此，襄垣民间有"乘空"一说：诸如伐树、动土都无须择日，因此，家里需要修剪的树木、院子里需要填平的地面等事皆可在此期间进行；每家也趁此时段打扫卫生，房屋里外打扫干净、布置整齐，衣服、被褥、床单、被罩等清洗干净，灶房以及锅碗筷、案板一律清洗摆好；此外，每户人家还会主动打扫与自家相连的那些公共空间，如门前的道路。

春联：从范畴上讲，春联亦属"年货"，但相较于其他年货，春联的文化属性要复杂一些。在观念上，襄垣春节普查资料中有人提及春联的起源问题，写道："春联源自五代十国时的蜀国，一直到宋神宗七年，王安石始立，王有诗云：'千门万户曈曈日，总把新桃换旧符'"，"最早一副春联是后蜀广政二十七年，后蜀主孟昶写于桃符板上的'新年纳余庆，佳节号长春'"，此外，还提到"春联是由古代的'桃符'演变而来的，所谓'新桃换旧符'，'桃符'悬挂在门两旁，用来避鬼驱邪"，大约民国以前，襄垣地区还流行在门首挂桃符的习俗。春联包括门联和春条（有的地方也叫家贴、屋贴和院贴），春条包括床条、火条、树条、院条、牛羊猪圈、鸡窝狗窝等，此外也包括贴在木箱、粮缸等器具上的"福"字斗方；而且，

---

① 挂面、油煎豆腐、神像、煤炭、抓钱、枣山、黄蒸等民俗事物将在后文相应的章节详细介绍。

从空间上讲，随着新的家庭运输工具如汽车、拖拉机、的士的出现和普及，襄垣地区也流行在这些运输工具上面贴春联，以求吉利；另外，在家之外诸如老宅、店铺门上，也与家里一样，要在除夕前贴好春联。襄垣人贴春联有一个约定俗成的大致时间范围，一般是在腊月三十早饭后至晚饭前这段时间。春联的制作和内容均有明显的时代变迁的印迹。随着机械复制时代的到来，印刷品逐渐替代了手写的春联。至少在民国以前，掌握文字并能写一手好字的人是少数，因而他们在地方上拥有威望，人们将这些人称为"先生"。年前，各家各户都买好红纸请先生写对联；而现在，襄垣的大小集市皆可见一片专卖对联和各种神像的地方，其中以印刷品为主，旁边间或见到一两个出售手写对联的摊位，手写的对联比印刷品便宜一些，但问津之人甚少，这些摊主大多在家里先写好，也可以当场书写，与以往的先生不同，这些摊主是为了谋些营生。门联的内容以吉祥、祝福为主，如普查资料里的"天增岁月人增寿，春满乾坤福满门"，又如"向阳门前春常在，积善人家福寿多"，横批一般写"一元回春""大地回春""五福临门"等。在社会急剧变化的时候，门联的内容曾发生过变化，如抗日战争时期，一副对联写道："过新年莫忘了抗日救国，杀倭寇同时要铲除汉奸"；再如人民公社时期的对联："公社归心创奇迹，社员致富着新装"，横批为"万众团结"；又如改革开放时期的对联："改革开放村村富，包产到户家家乐"。春条的内容大多为：炕头"身卧福地"、柜上"黄金万两"、厨房"小心刀口"、井上"川流不息"、马牛羊槽头"六畜兴旺"、树上"树大根深"、院落四壁有"三阳开泰""满院生辉"等。另外，如果家遇白事，春节期间便不贴春

丧亲当年不贴对，第二年贴灰联

第三年贴黄联

第四年贴红联

联；如果是老人去世，守孝三年的习俗也体现在贴春联的行为上：当年不贴春联，次年贴灰色春联，第三年贴黄色春联，第四年才又贴回红联，而且春联的内容大多是行孝之类，如"教儿育女一生操劳今永记，耕读传家五世恩泽远流长"，横批"教诲永记"。

除夕：除夕在襄垣人看来是春节期间最为重要的一个时间段，一家人要在此时团聚，敬神、守岁。腊月三十这一天，襄垣人简单地吃完午饭便开始为除夕做准备了。一般情况下，男女之间进行简单的分工：男子们大多负责清扫院落、贴春联，而女子们则忙着和面、包饺子、蒸馒头、准备好瓜子和花生以及糖果等小食品。襄垣的年夜饭一般吃饺子，年夜饭必须留一碗剩饭，叫作"隔年饭"，年年有余之意。年夜饭过后，一家人就等着除夕晚上守岁了，守岁也叫"熬寿"，襄垣有句俗语"一夜守双岁，五更分二年"。敬神和祭拜祖先是襄垣除夕的一大特点，除夕晚上，天刚黑，每户人家就焚香点蜡，请各路神仙（全神爷、财神爷、观音、灶神、马王爷、门神、老君爷等）和三代宗亲。除夕夜，人们点起灯光，全家人在一起放鞭炮、包饺子，等着看春节联欢晚会。随着十二点的到来，除夕遂进入高潮，千家万户齐放鞭炮，各户人家依照长幼之序到院落里预先摆好的香案前祭神、祭祖。神龛前摆放有供菜、十个馍馍和几个枣山，其中枣山要供到正月十五才能撤下。以前，有钱人家用红公鸡供奉财神爷，天地爷前用填满谷子的斗或升设供，里面的谷子要到元宵节后才能倒出，倒出的谷物用来过填仓节。在观念上，襄垣人认为守岁意味着熬到天明、长命百岁，也是为了给先祖先烈、各路神仙诚心诚意看守香烛，祈求保佑居家平安、福禄长寿，所谓"高堂摆长宴，红烛照通宵"。但在经验上，人们很难熬一个通宵，一般在春节联欢晚会结束以后，便入睡了。

旺火：旺火也叫年火，火旺寓意丰年、生活红红火火、谷物丰登、家家发财。关于年火的来历襄垣有这样的传说：古时候有一种怪鸟叫九头稚鸡，每到大年初一就出来觅食，这种鸟头部破烂流血，血滴到哪里哪里就遭殃，后来，人们发现九头雉鸡惧怕火光，于是就用火驱赶，久之，便形成了烧旺火的习俗。过去，襄垣家家户户在春节期间都要生旺火，在腊月二十六左右，家家在大门旁边用泥土垒起一个火塘，在里面放上柴火和炭，除夕之夜点燃，火烧得越旺越好，炭火燃起后，自家人围在火边，村子里的人也可以聚在一起。在观念上，旺火一直要烧到二月二的，但由于实际条件的限制，贫穷的人家只烧到初一晚上，家境稍好的烧到初五，富裕的要一直烧到正月十五的深夜。不过，现在襄垣人烧旺火的习俗已经基本上没有了，只有少数村落还会烧，但也是在正月十五晚上闯三关①时，每户将自家的火盆集中置于村里的三官棚前面，等到闯三官结束后，就将火熄灭了。

压岁钱：压岁钱也要在年前准备好，人们一般会想方设法换一些新钱用作压岁钱，一般是在除夕夜或大年初一由长辈给晚辈的。明清时期，压岁钱大多数是用红绳串着送给孩子；民国以后，演变为用红纸包一百文铜圆，寓意"长命百岁"；现在有用红包的，但大部分不做什么装饰，数额几元、几十元、上百元不等。以前，晚辈领压岁钱之前要给长辈磕头、行礼、拜新年，现在襄垣地区这类仪式较少见了，不过新婚夫妇依然要在大年初一早饭后给家里长辈磕头，长辈给他们红包。

拜年：襄垣人拜年是有一套规范的，正月初一在自己家（晚辈给自家以及户族长辈磕头、拜年、领压岁钱）、初二拜姥姥、初三拜姑姑、初四拜姨姨、初六拜丈人，初五、十五在自己家过。以前，若逢立春日也不拜年。襄垣人对此规范依旧熟稔，但同时也在改变着这些规范，特别是一些年轻人，他们更多的是将拜年视为一种任务，想尽快完成，因此，常常出现打破规范的行为，逐渐地调整着拜年的时间，比如现在很多人正月初一就开始出去拜年，初五、十五、立春日等相关讲究也渐渐被看淡。另外，襄垣人对于到别人家去拜年以及接待来拜年的人也是有讲究的。首先，不能空手去拜年，过去，拜年的礼品通常是自己蒸的馍馍，数量要为双数，现在拜年的礼品逐渐变为牛奶、饮品、方便面等。春节期间，襄垣的一些交通要道总会有几个临时摆出的摊位，专门卖这些拜年的礼物。其次，也要准备好招待来家里拜年的人，置办年货时就要准备好待客的各样茶点。襄垣有一套春节待客之道，襄垣人通常说"待亲戚不借钱"，但同时也有句俗语"自己吃了填坑子，别人吃了传美名"。拜年一般是吃午饭，外祖父、岳父家讲究四盘六菜和酒，而姑母和姨娘家要相对随便一些，通常是一大盘烩菜，家境贫寒的人家，能有一餐面食（以扯面为主）和烩菜便可。同样的，襄垣人对于这些规矩也是有变通的。

二 微妙的地区差异

所谓"十里不同风，百里不同俗"，就我们的普查资料而言，同一个普查对象在县内的不同地域可能会存在不同的表现形式，比如，同一物在不同的地方有着相异的说法，或者同一个文化事象其因素在不同的地域有着不同的组合形式。我们将

---

① 闯三关是襄垣元宵节期间的一项民俗活动，所谓三关为天关、地关和水关，详见后文。

这种地域差异概括为两种情况，一种是功能性差异，一种则是因素差异。"功能"是取人类学理论中功能主义流派的说法，讲究作为一个整体组成部分的因素对于整体所起的作用，这通常需要勾勒出整体的结构，组成整体的各个因素都处在不同的位置上，起着不同的功能；所谓功能性差异，即是指不同地区的同一文化事象在结构上的差异。而所谓因素差异，则是指在相同结构的情况下，起着同样功能的因素，它们在地域上的不同表现形式。

以襄垣的春节为例，初一家族祭祖就属于功能性差异，祭祖原本是春节习俗中不可或缺的一个部分，但随着社会的变迁、家族组织形式的落寞以及家族观念的衰落，原本是普遍和常态的大年初一祭祖，现在成为鲜见的行为。另外，襄垣人过春节之前，都要准备很多过节的东西，其中有一部分是必须要有的，比如说"枣馍"，因为它是敬神、祭拜祖先、拜年等仪式的必需品；但是，在襄垣境内，并不是所有地方都称其为"枣馍"，比如有的地方叫"抓钱"，而且做法和形状大为不同，不过，纵然它们的名称和做法大为不同，但它们在春节中所起的作用或功能是一样的，这便是因素差异。

有关襄垣春节的普查资料本身的差异性引发我们思考一对概念，那就是"春节"和"过春节"，也可以扩展为"节日"和"过节"。"春节"更多的是一个时间范畴，而"过春节"则是指一家人于年末团聚在一起按照当地的风俗习惯迎接新年，并完成家庭与家庭之间、整个家族甚至是整个村落以及村落与村落之间相应的礼仪行为。总体而论，"春节"侧重于观念层面，"过春节"则属实践层面。对于一个地区而言，节日终究是观念与实践的融合，随着现代化进程的加快，原本相对稳定的社会结构逐渐趋于变动和零散，人们便通过适当地改变行为来调解观念与实践之间的冲突。我们将更多地从"过春节"的层面来看襄垣的春节，这除了强调要从人的实践角度来理解襄垣的春节，要在"过春节"与"春节"之间的张力中注意春节民俗在外在的社会语境以及人们的实践行为中的流变，同时也强调对当下性的诉求。

历时观之，襄垣人关于春节的观念与实践之间经历了一致到差异的过程。特别是在"不远游"、人口流动少的时代，"春节"与"过春节"应该是相吻合的。如前所述，襄垣曾有首民谣："初一、初二下大雪，初三、初四正拜年。初五送五更，初六不敢动斗升。初七不敢吃黑菜，初八祭命星。初九灸懒汉，初十老耗子婆亲。十一、十二挂红灯，十三、十四蒸黄糕。十五黑夜闹元宵，十六游百病。十七、十八黑洞洞。"这说明，人们曾经的"过春节"也确实从大年初一过到了正月十五以后。现在，这样的"过春节"只部分地存在于人们的观念中了。

我们所谈论的"过春节"，即一家人依照约定俗成的规矩团聚在一起的那些日子，包括他们按照习俗为过节所做的准备、过节期间的诸多仪式行为、家庭成员所扮演的角色、必须履行的礼仪行为以及情感态度。总而言之，现在襄垣人"过春节"，是指从腊月二十三祭灶之后到填仓节的民俗活动以及与之相关的节日，包括年前为过春节所做的准备，如打扫房屋（襄垣人叫"扫刮"）、置办年货、订购挂面、油煎豆腐、包饺子、蒸枣山和枣馍（有的乡镇叫"抓钱"），除夕之前贴春联、请全神和三代宗亲，少数村落逐渐复兴的正月初一家族拜祖仪式，新年亲友之间的拜年活动，正月初五凌晨送五穷，"出行"，盲艺人走村卖艺，元宵节和填仓节及相关民俗活动等。其中，诸如挂面、祭祖、"出行"、盲艺人走村卖艺以及元宵节，同时也是襄垣非物质文化遗产工作中重点普查的对象，我们将在相应的章节做详细介绍。

依照功能差异的概念，我们对襄垣春节的普查资料进行了分析，情况如下：

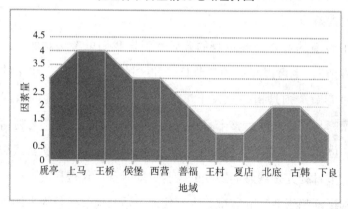

襄垣春节普查情况地域差异图

如图所示，我们可以看到这样一个趋势：县城以西、以北地区，人们对春节的叙述趋于完整，而县城以南地区，人们的讲述则偏于简略。趋于完整的叙述体现为从时间框架以及构成要素两个方面来界定春节，而偏于简略的叙述则主要从某一个因素来完成对春节的讲述。略举几例：

例一：上马乡（县城以西）西南沟村的一份春节普查表

在古代，人们把立春作为春节，把正月初一叫作元旦或元日，也有称为三元的，意思是说这一天为岁之元，月之元。民国初年，我国改为阳历，所以将农历初一改为春节。

春节（正月初一），是我国的农历年节，在民间，它是古老而又隆重的节日，因此它的节日习俗既多且热闹，最具喜庆气氛。主要的节日习俗有"贴春联、年画、福字；放爆竹、守岁、拜年；包饺子、吃元宵；舞狮子、耍龙灯、踩高跷等"。杀猪宰羊，蒸点心，穿新衣、新裤、新鞋等。拜年、走亲访友、互相来往、互相沟通。

例二：善福乡（县城以北）庄里村的一份春节普查表

春节，其实从腊月二十三就开始了，谓之"小年"，请灶王上天。腊月二十四就开始忙过年、采购、做新衣，村庄上准备编排元宵节目等。二十八打扫庭院。除夕之前，请祖先、写神牌，夜间祭祖先、烧香、守岁。春节五更天，穿上新衣服，由长辈带领全家人去庙里烧头炉香、放鞭炮，回来给祖先、神爷（天地、全神、灶王、土地、方神等）烧香。早饭毕，由家长带人去给族中长辈叩头、拜年，长辈给孩子们压岁钱。下午，祠堂祭祖。孩子们在街上玩，男人们去邻居家拜年、拉家常，如今有了电视，都在家里看中央新闻、文艺节目。

例三：夏店（县城以南）冯庄村的一份春节普查表

村民过年贴春联是在过年的前一天贴，内容必须是吉祥、祝福之类的。如家中有老人去世，第一年不贴春联，第二年贴灰纸春联，第三年贴黄纸春联，以表怀念之情，第四年才可贴红纸春联。

三　近距离看襄垣春节

在普查过程中，常听襄垣人说现在越来越没年味了，一方面春节的很多习俗愈发不被重视，另一方面，人们觉得年轻人也越来越不按规矩过年了。的确，相较于大城市，这种越来越没年味的感受在县城和乡村表现得尤为明显，大量向外的人口流动以及现代化对传统生活方式的冲击是巨大的。但是，我们是否可以说这样的现象就意味着襄垣春节濒临危机呢？

首先，越来越没年味的说法在很大程度上是从与过去对比的角度提出的，襄垣人自己觉得和过去相比，现在过年的方式已经发生了很大的变化，因此，他们得出的结论是觉得现在越来越没年了。其实，在这背后包含着一个核心观念，那就是只有像以前人那样过年才有"年味"，这在很大程度上是人们对"传统"这一观念的误解。另外，年轻一代对过年表现出轻视或者试图改变过年的方式也有深层的社会文化原因，即中国的社会结构变迁深深影响了人们的价值观念，市场力量对日常生活的介入让人们觉得传统、老人都成了无用之物，为了挣更多的钱和有更好的未来发展，打破、牺牲掉习俗遂有了合法性。

不过，对于"过春节"的变化，我们并不能简单地下结论，将其界定为逐渐消亡。至少，声势浩大的春运浪潮说明了春节回家过年的观念依然深居人心。在襄垣的田野调查也让我们切身感受到，不管春节的过法如何变化，但终归有些东西是人们无论如何也在坚持的，那就是春节回家、团聚、拜年。不管人们怀着怎样的心情做这些都有种说不出的原因，觉得如果不这样做便会心怀愧疚，一方面，这是社会文化对人的规训，另一方面，人们之所以坚持一些东西也是因为这些东西对他们的生活是有意义的。

（一）除夕夜见闻

2012 年 1 月 22 日，即大年三十的上午，我们跟着在县城工作、生活的张岳公夫妻俩以及他们新婚的儿子、媳妇一起回老家过除夕，他的老家在虒亭镇，尚有双亲以及大部分亲友生活在那里，因此，他们每年春节都回去过，也便于亲友之间拜年。张的妻子和儿媳妇准备了很多熟食、蔬菜和肉类，一是为过年时自家食用，同时也是为新年拜年待客做准备，此外，还有张的妻子和儿媳一起给父母买的新衣服和新鞋。临行前，他们来到县城主街道的一处交易市场，虽然是年三十，但那里还有六七个摊位，这个市场是专门卖春节期间家里要贴和挂的东西，皆为印刷品：灯笼、春联、大字、三代宗亲牌位、天地三界十方真宰、全神像、马王爷像、土地爷像、老君神、门神、孔夫子像、灶王爷、鲁班爷像等。这个市场是春节前临时形成的，几乎年年都在此处，摊主不用交税费；另外，这些摊位旁边还有两个特殊的摊主，他们的摊位很小，上面摆着笔、墨、红纸，他们是现场代写春联、春贴和三代宗亲牌位的，手写的比印刷品便宜，但问津的人很少；还有几个专门出售香蜡裱纸的摊位，其中，香分为两大类，即高香和短香，短香又分求财神的、求观音的、求平安的几种，以颜色、粗细以及包装相互区分。这个市场上的顾客依然很多，因为很多人都像张岳公一样，他们在县城生活，一般要到大年三十才有空准备回老家过年。张岳公和妻子一起挑选了两个红灯笼，他说其余的东西父母在家里都买好了。

虒亭镇位于襄垣县西部，清代以前为驿站，是一个颇有历史的古镇。虒亭原名"虎亭"，晋朝大夫羊舌赤来此为官，为了避讳"羊入虎口"，便将"虎"字改为虒（sī）字，沿用至今。虒为古兽名，似虎，头上有角，能行于水中。虒亭镇东侧有一座重修过的显赫寺院宝峰寺，碑记为："大宋时兴，麻衣创立。楼台殿阁、厨库僧舍，总计一千五百余间。"另传是法显出家修行之处。[①] 张岳公的老家在虒亭镇镇

---

① 襄垣文史资料里提到，襄垣乃东晋高僧法显故里，法显是历史上赴西天取经的第一人，比唐玄奘西天取经早230 年。另外，有关宝峰寺的传说详见民间故事部分。

中心，虽然小镇上的人们主要以经商为主，但大部分人家都还有土地，农作物以小麦和玉米为主。1960年，为了配合国家的水利工程，县政府在虒亭镇建起了后湾水库，虒亭古镇正处于水库选址正中间，因此整个镇子不得不迁至水库东北0.5公里处的二级台地上，也就是现在的虒亭镇所在地。据当地人回忆，原先的古镇街道布局尤为精妙，街道呈丁字形，由于是驿站要道，镇上商铺较多，主要以木建筑为主，四合楼、牌门、过庭皆有，这些建筑一部分毁于战争时期，后因水库修建而迁址也使原来的小镇的格局大受冲击。迁址后的虒亭镇也试图恢复原先的街道格局，但随着国家交通路线的发展，特别是太（原）洛（阳）公路从这里穿过，小镇又一次迁址，围绕太洛线新建街道。后来恢复的古镇格局现在隐约可见，如旧时的木质商铺、大户人家的四合院、戏台和庙宇等，但这些建筑皆无人问津，杂草丛生，商铺和院落的主人大部分都迁居他处，庙宇里神像已无、香火寥寥，戏台也是脊梁倾斜。

他们回到虒亭镇老家时已经是当天下午一点多钟了。放下东西后，张的儿子和媳妇就忙着制糨糊、贴春联和大字、挂灯笼，张的妻子则到厨房和婆婆一起准备包饺子。他们家的春联都是张的儿子写的，贴之前，张岳公的父亲用买的金纸在春联的两头铺衬一下，这样显得更喜庆。他们贴好大门上的对联后，又忙着给院子里的果树、鸡圈、水井盖子、粮仓、窗户上贴春帖。他们给院中的桃树贴上"硕果累累"，给核桃树贴上"枝繁叶茂"，给鸡圈上贴上"鸡肥蛋大"，院墙内外每隔两三步便贴一张春帖，院内的如"满院春色""三阳开泰""满院生辉"等，院外贴着"出入平安""出行大吉"等。此外，屋里也要贴，他们叫屋贴，一般贴在桌椅和衣橱上，如"满屋生辉""喜迎春色"等。他们还给家里的车子贴上了一副春贴："人走八方顺顺当当，车行万里欢欢乐乐"，横批为"一帆风顺"。

襄垣人的年夜饭一般都是吃饺子，整个下午都在包饺子。她们总共做了两大盆饺子馅，一盆肉馅一盆素馅，她们说这些饺子馅可以用好几天，新年有客人来可以随时拿来用。张的母亲已经在家蒸好枣馍、枣山、黄蒸。傍晚时分，张的儿子用和好的面捏了一只猪，奶奶将其放到蒸笼上，她说这是晚上接全神和三代宗亲用的。年夜饭，我们一起吃饺子。第一碗先给张的父亲，并将包好的饺子留了一碗放起来，他们叫作"隔年饭"。饭后，他们一家人坐在一起聊天、说话，大概在商量新春拜年的事情。之后，我们一起看中央电视台的春节晚会。

山西的冬天异常寒冷，整个虒亭镇处在万家灯火的静谧和温馨当中。快到夜里十二点时，张的父母开始张罗着准备接全神和三代宗亲了。他们先将买回来的神像逐一贴在相应的地方：宅神请在大门内侧、天地爷请在天地窑、灶王爷请在灶上。在庭院中间摆上一张圆桌，朝向北方，同时也是家中主屋的方向，桌子上面摆放好香炉、蒸好的那只面猪、两块肉①、四个枣馍、一个枣山，准备接全神和家里的三代宗亲。张的父母回忆说，以前的大户人家要买一只猪头、四只猪蹄和一条猪尾巴，代表全猪，后来，一般老百姓家里大多用面捏的猪来代替了。

晚上十二点钟，随着中央电视台春节晚会的倒计时，他们全家人由两位老人带着到院子里准备敬神、接祖先。襄垣有这样不成文的观念：敬神的男子一定要戴帽子，不能光头敬神。张的父亲用水洗手后来到庭院摆好的香案前，在香炉里敬上三支高香，随后让孙子放起一串长鞭炮，与此同时，整个厦亭镇处在一片鞭炮声中了，家家户户都在自家院子里敬神、接三代宗亲。在院子里敬完神和祖先之后，张的父亲又分别敬了灶王爷、马王爷、土地爷诸神和三代宗亲。这里所谓的敬神是指在各神位面前供上枣馍，然后上香、磕头。跟着家里的长辈，全家人随后按照辈分的高低依次给诸神和祖先上香、磕头。当晚此时，整个厦亭镇的鞭炮声响彻天外，家家户户都在接神、接祖先、敬神、敬先人。在襄垣地区，稍微隆重点的敬神都会放鞭炮，对此，襄垣人有这样的说法："烧香不放炮，老爷不知道"。春节期间，家境不错的人家除了放鞭炮，还会放烟火，除夕夜看着烟花灿烂的景象，会让人感叹，春节未曾远去。敬完神，等了一会儿他们便将供在庭院香案上的肉和面猪取回，说是防止被猫叼走，只留着高香在院子里，他们说高香可以烧到第二天早上，不用半夜起来续。忙碌了半个多小时后，家人就陆续休息了。

自1983年中央电视台开始在除夕夜推出春节联欢晚会以来，随着电视的普及，看春晚已经成为中国大部分家庭过除夕的主要内容，而且以前除夕守岁的习惯在慢慢消失，有的家庭甚至在春晚还没有结束时就已休息了。

张岳公全家人都参与到过除夕当中，但有些习俗必须要在他父母的指导下大家才知道怎么去做，张的儿子从小跟着父母、爷爷奶奶一起过除夕，对一些春节习俗也能了然于心。对于襄垣的大部分乡镇而言，这样的方式便是文化习俗传承最基本的形式，但是，由于近年来城乡人口向县城和外面城市的大量流动，代与代之间的这种较为紧密的纽带变得越来越疏远。

（二）襄垣春节祭祖习俗的恢复：以郝村栗氏为例

2008年农历正月初一，襄垣县郝村栗氏家族在时隔多年以后又在春节期间举

---

① 张的母亲嘱咐，从大块肉上切下来时一定要一刀切下。

行了拜祖仪式，同年的清明节也重新开始祭祖，并拟定每年正月初一为拜祖日、清明节为祭祖日。

"破四旧"以来，襄垣地区春节祭祖习俗随着家庙、族谱的破坏或销毁也基本上消失了，20世纪80年代以来，襄垣老百姓也逐渐开始了重修和恢复庙宇的活动，在此背景下，有些家族较为聚居的村落开始努力恢复祭祖的习俗。恢复以后的春节拜祖习俗与原来相比多少有些变化，比如有的村子将时间从正月初一改成了正月初八，但是恢复后的拜祖仪式基本上遵照原来的样子。其实，这背后包含两个层面的道理：首先，恢复拜祖仪式的提倡者和推动者大部分都是村里的老一辈人，在他们的观念里，恢复后的仪式一定要按照原先的样子，否则便是乱了规矩；其次，所谓原来的样子，其实并没有一个固定的模式在那里，而更多的是他们记忆中的样子。但问题在于，实际情况下并不是所有的记忆都可以重现，一方面每个人的记忆之间会产生差异和矛盾，到底该采取哪一个人的记忆是需要协商的；另一方面，即便记忆能够重现，有的东西也是难以复原了，拿祭品来讲，有的东西现在已经无法找到，那就只能用其他东西替代。

郝村是襄垣县城东约15公里的下良镇的一个行政村，村里以郝姓居多，20世纪90年代，村名确定为"郝村"。栗姓是郝村的第二大姓，栗氏族谱将其始祖追溯至明朝栗显。相传明洪武三年（1370），栗显从山东大名府元城镇小滩村迁至山西郝村，至今有648年，郝村栗氏已传23世。根据2007年的人口统计数字显示，郝村栗姓有206户、411人，现在郝村的栗氏家族共分四个门。

栗氏恢复春节拜祖习俗的缘起与他们重修族谱与家庙有关。近些年，他们发现族里有点乱了辈分，该叫爷爷的叫叔叔了，整整差了一辈，于是几位老人加上几个年轻人出面倡导修家谱。2007年，族谱新修完成，此谱是在清朝雍正年间的一份族谱上完成的（抗战以前，栗氏族谱一直保存在栗氏家庙神橱内，战争爆发后，族谱转由族内一家人单独保管，方不至遗失）。栗氏家庙位于村西，据家庙内的碑文记载，郝村栗氏家庙的门楼和大殿皆于乾隆十七年吉立。"文化大革命"开始后，栗氏家庙被大队占用，后来大队又将村上的学校设置在里面，但人们说但凡他姓在里头都待不住，比如住在里面的学校教员，哪怕是牧羊人，只要不姓栗晚上都睡不好，总觉得外面有声音，如敲门声、叫门声。后来学校有了自己的场地搬了出去，但大队一直留在家庙里。2000年之前，郝村的村干部中总有栗氏的人，不管是将大队还是学校设在家庙里，其实都是一种变相的保护。2000年以后，村里别的姓的人开始当支书，觉得栗氏家庙破旧了，而且也不是自己家族的庙宇，不想花钱重修，遂将大队从里面搬走，家庙便一直空着，栗氏又想重修庙宇。早在20世纪80年代，栗氏曾有人出面想重修家庙，但未果，直到二十年之后，此事方一蹴而就。家庙和族谱都被重修以后，栗氏家族觉得恢复拜祖习俗也是顺理成章之事。

从大的范围上讲，郝村栗氏恢复重修族谱和家庙、恢复拜祖其实与整个村落对于重建历史记忆和信仰的文化自觉直接相关。从20世纪90年代以来，郝村村民陆续自发重修了奶奶庙和佛爷庙，而且最早重修庙宇的行为得到了村干部的默许。那时"破四旧"的遗风还未过去，还有人专门为此到县上去"打小报告"，政府随后派人来监察。现在，郝村的信仰生活相对自由了许多，每当除夕，尚存和重修的庙宇都是由大队负责在春节前贴好对联。下面，借用郝村人自己的语言来展示村内庙宇的分布情况以及栗氏的文化自觉①：

　　人人都说家乡好，这是因为由家乡的土地养育成人的，无论是哪个人，走到何时何地，都不可忘掉自己的家乡。世世代代既要热爱自己的家乡，又要把它建设好，还要知道过去的一些历史。我们都老了，想把本村的一些历史文物分布地址传给你们下一代。

　　文物分布地址以从东到西的顺序排列如下：

　　山神庙：坐落在阴圪廊东口，从青南往北走交叉口北面一个地圪台上。

　　汤王庙：从东头往东大约七百米左右靠北的一个土圪台上。本庙坐北向南，北面有内外两厅，内厅东面塑造有唐王李世民像，西边有睡佛爷像。外厅左右两侧有一对石狮狗，靠东边有两块石碑，1957年被火烧成了石灰；南面有戏台，东西房。上下两分口有耳房，分东西两道大门。院内东西有两棵大柏树，院中间有观星台，是用青石做的。走出东大门，靠东边后面有骡房院。院内二间夏棚有水窖。北庙大约在中华人民共和国成立以后规定，属于两村系伙，大约在1950～1951年间拆迁。所以查不到修建的年限，据老人们估计大约在明末清初时修建的。一对石狮狗在2002年被人偷走后，被县文博馆查获，现已收藏在文博馆。

　　奶奶庙：坐落在上头院东南角的一块地面上。有坐北向南的一个正殿。正殿分三大间，两侧有东西耳房，门朝东开，是祈台院。院内有一棵柏树、一

_____

① 引自《襄垣郝村栗姓志》。

棵松树。正殿塑造有老奶奶像。西墙画有奶母画像。东墙画有哥玉像，年久失修，已倒塌。在 1996 年由本村栗海荣、栗宏旺、郭有贤等几个同志通过村民自愿捐款的形式筹款而重新修复。间架没有原来那么大，但式样还是原来那个样。

大园门：坐落在后底圪廊、栗书田大门前，年久失修，在 20 世纪 60 年代倒塌。

二门火寺：是栗姓二门人修建的，在西头前的西南侧圪倒东坡上，东坡顶上路北就是此地，年久失修而倒塌。

家庙：是栗氏祠堂，现在仍然存在，正殿内有两块石碑，即在北墙两角的半墙上，仍属村公产。家庙后边，路北有两个五道庙，年久失修已倒塌。

北阁：上有真武爷塑像，本阁有二十一个大台阶，两侧有小台阶。三路都能上去北阁，北阁分内外厅。每年三月三庙会，就是为了祭祀玄武。

南阁：是观音庙，也叫桃庙，庙内有观音塑像，后来翻修，成为现在的烈士亭。南北途中间路西有仓谷楼，每年积蓄粮食，待灾荒年之用，一旦灾荒年就开仓救济，有专人分管。南面有戏台，在 1950 年已翻修。

大麻池：在南院的背后、当街的十字中心，用青石修造成一个大麻池，有三个口往池内流水。它的地面上都有花墙，非常壮观，在 1958 年被填平。

佛爷庙：坐落在旧桥南头西南角，坐西向东，院内有两棵大柏树，正厅有一佛、二菩萨塑像，年久失修，在 20 世纪 50 年代已倒塌。

郝村栗氏家族祭祖活动的恢复主要由族里的 20 个人发起、奔走和组织起来的，他们有感于族里那些十几岁的孩子家族观念的淡化，家庙重修起来以后，年轻人很少去庙里上香。他们认为恢复正月初一拜祖习俗，一方面可以弘扬家族文化，同时也能让家族观念继承下去。自 2008 年首次拜祖以来，每年的拜祖仪式都弄得非常隆重，县电视台每年都会去做现场报道。拜祖仪式需要提前筹备，筹备委员会就是原先倡导恢复拜祖仪式的那 20 个人，仪式活动的经费由他们先垫上，正月初一这一天来参加仪式的家庭会缴纳一些钱，仪式结束后，这 20 个人分别取回自己垫的经费，剩余的经费留作下一次仪式的费用或者用于家庙的修缮。

郝村栗氏拜祖仪式的影响越来越大，族里来参加仪式的家庭，都会领着家里未成年的男孩来参加，以祈求身体健康、学业有成、前途似锦，小孩也会在这种经验中明白拜祖是怎么回事，这便形成了一套自然而然的传承机制。

祭祖

名裔

第二节 元宵节

元宵节别称上元节和灯节,"上元"的说法来自于道教。在道教里,"三元神"为上元天官、中元地官以及下元水官,分别以正月十五、七月十五、十月十五为诞辰,依次叫上元、中元和下元。唐以后,民间习惯将正月十五上元节称为"元宵节"。

一 超越家庭的公共节日

相对于春节,襄垣的元宵节具有较强的公共性,这也是现在的襄垣元宵节尤为突出的特点之一。在襄垣,人们过了正月初五就开始筹备过元宵节了,要准备道具、排练节目,襄垣的元宵节要过三天,即从正月十四到十六。这里所谓的公共性,是指能够将人们从家庭事务中吸引到群体性节日活动上的力量。从空间角度讲,承载襄垣元宵节的这种公共性的空间主要包括三类,分别是村、乡镇以及县城;从文化角度讲,襄垣元宵节的这种公共性体现在以灯与火为核心的节俗活动上。但是,在强调襄垣元宵节公共性的同时并不是说它就没有私人性,相反,每一户人家也在家里认真过着元宵节,只不过与春节相比,其重心更多的是在于各类群体性活动中。总体而言,襄垣元宵节的节俗活动便是由不同的空间和文化形式相配合而形成。比如,同样是与灯有关的习俗,但在名称上,在家庭范畴内与灯和火有关的活动叫作"闹红火"，在村、乡镇以及县城范畴内的群体性活动叫"闯灯"或"社火"。

　　首先来看襄垣地区每家如何过元宵节。虽然襄垣元宵节的群体性很强，但在参与和筹备群体性节日活动的同时，每户也在自己家里准备着过元宵节。正月十二左右，村社就开始组织村民准备元宵节的活动，这时，每户人家会先后在大门两旁挂起红灯笼。灯笼也有优劣之分，现在襄垣市场上，质地一般的灯笼是二十元一对，中等的四十元一对，最好的是一种用灯芯绒做成的灯笼，五十元一对。每户依照自家的境况选购，通常一个村子里总有几户挂着上好灯笼的人家，尤为显眼，也显得门庭甚高。山西大部分为山区，元宵节前后的夜晚，如果望向远方，常会看到一大片繁星点点的景象，那就是由每户人家门口点亮的灯笼构成的万家灯火的图景。除了挂灯笼，襄垣地区元宵节期间每户人家还流行挂"吊子"的习俗。过去"吊子"都是手工做的，即用颜料染成的彩色麻纸；现在，襄垣地区的市场上卖一种我们常在新开张的宾馆、饭店门前见到的那种彩旗，一元钱一条，襄垣人用这个代替原来手工做的"吊子"，在元宵节期间，他们把这种彩旗也称为"吊子"，通常都是在门前与房屋垂直的方向上拉起一些，疏密程度各家不等。除此之外，襄垣地区以前还流行元宵节家家户户做黄河灯[①]、点黄河灯的风俗，现在几乎见不到黄河灯了，但襄垣人点灯的观念尚存，他们用市场上卖的彩灯替代，元宵节期间将彩灯缠绕在大门或街门上。

　　正月十五这一天，每户人家照例早起祭拜诸神和祖先。现在襄垣地区元宵节的早饭一般是吃元宵，但至少在中华人民共和国成立以前，襄垣地区还没有元宵，因为此地不产糯米。元宵是20世纪50～60年代才慢慢传入襄垣地区的。在此之前，襄垣人在元宵节期间也吃"元宵"，即用黏性较大的黍米面做的蒸糕，襄垣人叫"黄蒸"，襄垣有句俗语这样说道："正月十五闹元宵，家家户户都吃糕。人家吃糕油里煮，掌柜家吃糕火里烧"。自从元宵传入以后，襄垣人元宵节渐渐改成吃元宵了，一方面，很方便购买糯米面和成品的元宵，另一方面，他们觉得既然现在大家都叫"元宵节"，那自然要吃元宵了。

　　不过，襄垣元宵节的重心不在家里，而在于群体性的文化活动，就如一家人游黄河阵时，都会献上一盏灯，各户都能参与到群体中，便使得元宵节具有了公共性。从历时上看，这种群体性活动的组织机制发生了很大的变化，而且无可否认的

---

① 黄河灯将在后文详做介绍，用木头制作的，里面点上灯，点在院子里、窗台上，名曰"黄河灯"，直到四五年前还可见到，现在基本上看不见了。

是，现在很多襄垣人在春节期间更愿意坐在一起打打麻将、玩玩扑克，对此，我们通过《襄垣县志》中的一段描述可见一斑：

> 元宵节，是本县春节期间，节日活动高峰。从正月十四日开始，家家门悬彩灯，村镇大闹"社火"，设灯棚、扎黄河灯，划旱船，舞龙灯，狮子滚绣球，秧歌队、高跷队争相表演，祭三官、放焰火，妇女不孕到奶奶庙敬香求子，初生子女之家，给扎好的"黄河"献灯一盏以谢"观音"。夜间，村中各种文艺队活动通宵达旦，家家"接秧歌"（文艺队入院表演，户主赏香烟一二盒）。抗日战争时期，根据地各村自编自演抗日救国新节目，激励人民团结抗日。1946年后，各村于年前即自编自排现代剧，元宵节（正月十四至十六）到区、县竞赛演出。实为自娱自乐、自我教育、鼓励生产、弘扬正气、揭露邪恶的佳期。城镇、机关、商店，门前摆桌子迎接表演者，曰："接秧歌"，并赠香烟。1949年后，敬神求子已废，文娱活动，多属各级政府组织举办，节日期间慰问军、烈属，为其挂彩灯，送挂面、猪肉等食品，登门演唱业已成俗。今年此节，城镇活动场面形式优于以往，僻乡则无过去热闹。(《襄垣县志》，1998年版，第655～656页)

至少在民国以前，襄垣地区元宵节的文化活动大多是由村落里的大户人家出资组织；现在，最基本的组织单位变成了村或社。另外，县政府也自上而下地组织元宵节的文化活动，首先要求各乡镇组织各村元宵节前夕到乡镇上会演，正月十五由各乡镇选拔、推荐一个代表队参与县城的元宵节会演。

以村社为单位的"闹灯"或"社火"与乡镇、县城组织的会演有所不同。主要是组织形式方面，一般来说村社的群体活动需要村委会的支持（不过襄垣地区各村落元宵节期间的文化活动基本上属于自发的），而会演则是自上而下的。另外，乡镇和县城的会演之间也有较大的差异，在表演主体方面，乡镇的会演基本上是将本乡或本镇的各村集中到乡镇进行展演，而县城的会演除了各乡镇选拔派来的村社代表队，还包括本县各机关单位、大型企业；在时间方面，县城的会演是正月十五中午，为了不与县城会演冲突，乡镇的会演一般安排在正月十二到十四之间。

据普查资料显示，襄垣地区的"闹灯"或"社火"包括的内容主要有舞狮、耍龙灯、秧歌[①]、高跷旱船、九曲黄河阵[②]、灯展、烟火表演、跑竹马、跑驴、大头娃

---

① 襄垣地区的地秧歌尤以西营的《挑高秧歌》为代表。挑高秧歌一般由二十多个人表演，男女不限，可踩高跷，手持串铃，身穿大衫，说唱相交；演唱形式为一人统唱，大家随唱，所唱内容以祈福为主，也有唱真人真事。
② 襄垣有这样的观念："观了黄河灯，男人长命百岁，女人有儿有女。"

娃、扛装、武术、打秋千①等。不过，普查资料同时也显示，随着时代的变迁，这些内容也发生了不同程度的变化，一方面，内容上有所增减，有些已经很少见了，比如跑竹马、武术、灯展等；另一方面，也加入了一些新的东西，比如现在襄垣地区很多村落的"社火"秧歌表演就是组织村里的女性跳现代舞，特别是一些舞台节目，在内容上透露着强烈的时代色彩，比如"文化大革命"时期会演《红灯记》《智取威虎山》《民兵的枪》等，现在通常有小品、三句半、词朗诵、快板、襄垣秧歌十二月对花等。

自上而下组织的会演促生了一些新的形式，比如每个进城会演的村子，都会装扮一辆或几辆彩车，上面打着新年祈福和歌颂国家的标语。另外，组织形式也发生了变化，现在襄垣地区参与县城会演的村子，基本上村委会都会给参加人员发放一定数额的补助，一般是五十元一天，并提供演出服装，否则，要想让村民参加会演有些难度。

不过，县城组织的会演的确让全县各村落元宵节文化活动的形式集中到了一起。有意思的是，那些参与会演的县城各机关单位和企业，为了体现襄垣地区的传统文化和乡土气息，他们会通过各种渠道将一些乡村的艺人请进城来，帮他们准备会演的节目，比如扛装、武术、旱船等丰富复杂的传统节目。这种村落文化集中于县城的情况还体现在文化馆组织的一些活动上，比如文化部门在县城里组织摆的九曲黄河阵和灯谜活动。灯谜需要用到很多用传统手艺做的灯笼，政府便将任务分派给各个乡镇，各个乡镇到时都会送来最能代表一方特色的灯笼，灯谜活动期间便可见到鱼儿灯、羊灯、鸡灯、白菜灯、南瓜灯、荷花灯、八角灯、五角星灯、宫灯、走马转灯、红纱灯等灯笼。灯谜内容包括很多方面，比如有的灯上写着"三人同日去观花，百友原来是一家，禾火两家并相坐，文人底下结双瓜"，打四字是"春夏秋冬"；又如："三间青瓦房，珍珠裹红娘，想吃红娘肉，解带脱衣裳"，打一食品是粽子；又如："头脑尖尖，身子细长，眼睛长在屁股上，媳妇对眼好明亮"，打一日用工具是缝衣针；有的灯谜还关涉历史知识，比如："一点周瑜不良，三战吕布关张，口骂曹操奸党，十万雄兵难挡，一把东吴打败，四川刘备为王，目下要登龙位，八十三万过江"，打一字是"蘸"（蘺）字。

矿业是山西襄垣的一大支柱产业，一些矿业单位元宵节期间会举行大型的灯展活动，一方面算是给单位职工提供的福利，同时也向全县免费开放，这是现在襄垣

① 现在，襄垣地区的一些村落元宵节期间还会在村头搭起秋千，供村人玩耍，我们将在下文游艺部分详细介绍襄垣的秋千。

元宵节期间的一大特色。灯展期间常常是人潮涌动，这其中依然延续着当地人的一种观念，即元宵节男女老幼四处游走、观看灯会可以祈求身体健康、家人平安。

观游

踩街

灯展

二 乡镇和县城的元宵节会演

（一）解读"会演"

可以说，会演是襄垣元宵节有别于当地其他传统节日的特点之一。会演形式对襄垣非物质文化遗产的影响基本上是利大于弊的，虽然在形式上，这种会演结合当地媒体电视台，对于政府而言实乃一项政治任务，而且在内容上也出现了诸多非传统的因素，但在客观上确实对本地的传统文化起到了积极的作用。一方面，这种形式使得某些濒临消失的传统节目重新出现；另一方面，政府肯定和鼓励的态度对于当地人而言是尤为重要的。

不过，现代管理学以及安全的观念某种程度上削弱了这种会演的积极作用，以襄垣县西营镇 2012 年的会演安排为例：

　①各代表队正月十三 8:30 在西营信用社门口报到，9 时准时整队表演；

　②各村支书、主任带队入场，演出队伍前必须有醒目队牌标志；

　③设一个观礼台（西营市场）进行表演，行进至丁字口后自动疏散；

　④每个节目的表演时间控制在 6 分钟以内。

其中的表述"代表队""观礼台"以及对时间与地点的要求都体现着现代管理学的色彩，这与传统文化表现形式有着明显的差异。再来看这次会演的节目单：

襄垣县西营镇 2012 年会演节目单

单位名称	节目名称	参加人数	入场次序
西营村	威风锣鼓 龙腾狮舞 歌伴舞《欢聚一堂》	270 人	1
洞上村	歌伴舞《开门红》	30 人	13
观岩村	武术表演《拳术刀术》	20 人	6
磁窑头村	西营挑高《夸政府》	15 人	4
丰曲村	威风锣鼓 歌伴舞《蒙古包》	54 人	8
牛郎河村	民乐吹奏《欢乐中国年》	10 人	20
崔岭村	秧歌舞《欢乐中国年》	36 人	12
花拐村	襄垣鼓书《〈包文拯夸桑〉选段》	10 人	16
义街村	威风锣鼓《喜庆丰年》	23 人	5
兴民村	民乐吹奏《〈小二黑结婚〉选段》	13 人	19
郭垴村	划旱船、跑驴、二鬼摔跤	25 人	7
城底村	歌伴舞《最炫民族风》 花棍舞《霸王鞭》	21 人	11
马鞍山村	襄垣鼓书《十不足》	3 人	2

单位名称	节目名称	参加人数	入场次序
暴垴村	歌伴舞《龙年开门红》	40 人	3
南坪村	威风锣鼓 健身舞蹈《喜庆龙年》《欢度元宵》	60 人	15
吴北村	歌伴舞《开门红》	50 人	21
南岩村	西营挑高 歌伴舞《欢乐中国年》	50 人	17
辘轴凹村	快板剧《老两口观新家》	15 人	10
拐沟村	歌伴舞《欢聚一堂》	30 人	18
花园村	歌伴舞《荷塘月色》	20 人	9
南漳村	威风锣鼓 歌伴舞《中国美》 秧歌戏《红红火火闹元宵》	70 人	14
上庄煤业	舞蹈《欢欢喜喜闹元宵》	80 人	22

　　虽然内容基本上以传统文化和非物质文化遗产为主，但也可见现代舞蹈和现代歌曲的出现：33 个会演节目中有 12 个现代舞和现代歌曲，占 36%。但反过来看，传统形式所占比重要大于现代形式。会演活动全镇 23 个村落，有 21 个参与；另外，会演结束之后，有些"代表队"会在乡镇"闯灯"，就是到各机关单位以及大型企业商铺去表演，"闯灯"是吉祥的象征，因此对方都会表示欢迎，并在表演结束之后赠予烟酒之类作为礼品。这至少说明两点：首先，政府对传统文化的重视以及村民的积极性被调动起来了；另外，这些元宵节传统文化形式集中到一起对当地人来说也是一种激发和振奋，同样也让这些文化形式重新拥有了一次展演的机会。

　　县城组织的会演自然要比乡镇的复杂得多，一方面，参加县城会演的村落是代表所在乡镇的，而且并非每一个乡镇都有参与会演的机会，一般是由政府相关部门来确定名单；另一方面，县城会演除了乡镇"代表队"之外，还包括政府五大系统、县城内大型企业等。以 2012 年襄垣元宵节为例，县城分别在两处交通要道各设了一个观礼台，领导班子分成两组就座观看，会演的道路被封住，两边设有武警人员。参加会演的每个单位都提前印好节目单，下面是我们挑选的几张节目单：

节目单之一：襄垣县宣传系统2012年元宵节街头文艺展演

①战略车队

标识着"宣传系统"和"六化战略"的战略车队，由34辆黑色轿车组成。他们整齐划一，步调一致，向着前方，勇往直前，展示出宣传系统全力推进"六化"战略、矢志进军"全国百强县"的凌云壮志和冲天豪情。

②百人舞蹈《走向辉煌盛世》

节目简介：100名靓丽少女像100朵盛开的鲜花，在生命的键盘上跳跃，迸发出生机勃勃的生命火焰。韵律美、气质美、青春美，展示着宣传系统的魅力与内涵，象征着文明、富裕、秀美、和谐的新襄垣正经历着转型与跨越的震颤、变革与发展的共鸣，演绎着一曲激昂奋进、动人心弦的铿锵旋律，铸造着繁荣兴盛、前所未有的盛世辉煌！

③威风锣鼓《敲响盛世华章》

节目简介：宏伟的阵容，整齐的队列，方阵、圆阵、梅花阵相互变换，饰红、黄绸不断飞舞，与锣、鼓、铙、钹交相呼应，威风凛凛，气势磅礴，展示了宣传系统高举伟大旗帜、唱响奋进凯歌、推进转型跨越、服务人民大众的信心与决心。

节目单之二：善福乡2012年县城文艺展演

①迎春序曲节目

军乐仪仗迎龙年

由40名军乐手组成的仪仗队，作为善福乡主打展演节目的开场方阵，以和谐协奏的方式，演绎雄浑的进行曲，旨在展示善福乡万众一心抓转型、众志成城促跨越的精神风貌，表达龙年更上一层楼的豪迈和为襄垣跻身全国百强做贡献的决心。

扬帆彩车展雄风

以"扬帆"命名的彩车，寓意有二：一是专指2011年引进并落地的扬帆纸箱包装项目，已成为善福乡转型跨越发展的希望工程；二是喻指龙年的善福乡继续以招商引资为抓手，依靠项目建设促转型，扬帆远航唱腾飞。

②贺春主打节目

秧歌名角贺新春

节目包括金龙献瑞、群狮贺春、襄垣秧歌《小二黑结婚》中四大名角齐聚襄垣赞发展三部分。整个节目由200余人参演，队伍庞大、编排新颖，是传统民俗和乡情秧歌的巧妙混搭，是人物穿越与赞美新生活的浓缩精华。节目极具艺术性与观赏性。

抬阁串烧唱红歌

"抬阁"在民间"社火"中是一种恢宏气势与温雅精致相结合的民间表演艺术，旨在表达善福乡人民共建和谐、喜唱丰收和生活美好的喜悦之情。每一阁自成一个小舞台，前后由十六名男青年抬起，随着精心编排的走步与动作，抬阁青年伴着音乐节奏串唱红歌。"阁"悠扬起伏，使小舞台上的女孩们飘动摇摆，让观众满目生情。整个表演步伐整齐一致，歌声高亢嘹亮，阁女摇曳生姿。

③踏春挺进节目

玉林彩车争上游

以"玉林"命名的彩车，旨在传递善福乡强力推动农业产业化的最强音，展示再铸"三农"发展新辉煌的豪气，以打造华北地区第一家设备先进、规模最大的蛋鸡养殖基础为亮点，舞动玉林科技龙头，拓展出发展循环设施农业的新路子。

从节目单上可以窥见县城会演的文化因素比乡镇会演要复杂得多，不仅包括了本地区的传统文化因素、现代流行文化因素，同时也融合了地区之外的一些文化因素，但会演活动在总体上依然强调的是本地的传统文化。虽然会演自上而下的组织机制的确削弱了参与者，特别是村落群体的主体性，不过，从积极的角度看，这的确给予了该地区传统节日元宵节较好的发展空间。

（二）充当特殊角色的艺人群体

通过深入了解此类会演活动，我们发现其中有一个非常值得关注的人群，他们对作为非物质文化遗产的襄垣元宵节今后的发展至关重要，但在现实层面，他们还未受到应有的重视，这群人就是襄垣的民间艺人。简而言之，他们掌握着元宵节期间一系列文化活动的基本要素，当下的活动要依靠他们，今后的传承也要依靠他们。

我们在普查中发现在政府自上而下的倡导和要求下，襄垣地区元宵节的一些传统文化形式依旧很难重现。"很难重现"是当地人的感受，如会演中出现的军乐队、威风锣鼓、广场舞、大型灯展等节目，当地人总觉得这些形式与他们记忆中的相比缺少了一些东西。襄垣元宵节期间的很多文化活动都需要以手工制品作为活动的道具，比如竹马、黄河灯等，但已经没有人有能力完全重现记忆了，因为没有人能够完全掌握那些技艺了，而主要原因在于以前那种健康的传承体系受到了破坏，破坏的直接后果便是技艺的部分失传。但从积极的方面来看，值得庆幸的是，即便不能完全重现，但襄垣地区的大部分元宵节文化活动依然可以组织起来，这主要得益于一些未失传的手艺，而这部分手艺之所以没有失传是因为襄垣地区还有一些以此为生的人们，其中最具代表性的便是纸扎匠（元宵灯展）和音乐[①]。换言之，襄垣地区人们的日常生活或群体生活依然需要这些艺人，这群人大部分自幼习得这些手艺，有的是拜师学艺，有的是子承父业。

这里需要指出的是，襄垣元宵节文化活动中的这个艺人群体，他们并非单单影响着元宵节本身，实际上，他们对整个地区人们的日常生活起着较为重要的作用。比如纸扎匠，他们单纯以手艺维生，到了元宵节时，他们可以作为艺人被请出去专门制作那些道具；而像音乐，他们平时各做各的事情，内部形成一个非常机动的组织形式，一有事情，他们可以很快组成一个团队。对于音乐而言，他们除了在春节期间参与村上、乡镇甚至是县城的活动以外，平时，有婚丧嫁娶、新房落成以及店铺开张的人家也会请他们到场表演，以示喜庆，这也是他们收入的来源之一。

这群人在非物质文化遗产这个说法还没有提出以前是不被重视的，甚至受人轻视或蔑视，非物质文化遗产的说法出现以来，这些原先处于边缘的人群，他们手里原本普通的东西忽然变成了一种稀有之物，变得重要起来了，这对他们而言，对襄垣地区的元宵节而言均是一种机遇。

三 虒亭镇风火龙舞

（一）渊源

"风火龙舞"是流传于襄垣虒亭地区春节、元宵节期间一种特有的民间社火活动，周边各村都有元宵节舞龙传统。风火龙舞源于虒亭镇寨沟村，清代乾隆《襄

---

① 关于纸扎匠和音乐，我们会分别在民间美术和民间音乐部分重新提及。对于民间的吹拉弹唱的群体，现在的襄垣人会统称为"音乐"，其中的演唱者会叫"唱 jie er"——可能是唱角儿或唱脚儿。以前，襄垣的这群人还有响器、吹鼓手和王八等称呼，这几个的差异在于命名的依据，响器侧重于仪式而言，要有音响，吹鼓手是就艺人鼓吹形式而言，王八则是襄垣人对这个群体的蔑称。

垣县志》载:"铜鞮关帝庙在虒亭镇北寨沟村。像座下有土窑,时闻风声。顺治间,值姜瓖之乱,帝显威护民。今有记。"庙上有田地百余亩,不光当地,外县也有庙上的耕田,全是人们得到关老爷恩典显灵还香许愿捐献而得。庙上田地由所在周边乡民租种,其收入由寨沟村上的几个大姓中有威望之人组成十家香手管理。寨沟为一自然村,村子不大,但人才辈出,有武举人之府,有县太爷之家,当时村上在外人员足可配得一个县府班子。村子比较富裕,依山傍水,村边就是菜园子,村里有好几家作坊,多数人家又在虒亭街上做有生意,商铺与村里的大户人家常为关帝庙的大型焰火活动捐资献物,这也许是寨沟社火兴盛的原因所在。庙上收支情况每年张榜公布,主要用于庙上龙灯、焰火等活动支出,收入的钱还要放账挣钱,救济生活贫困之家,剩余部分腊月天还请名厨油炸成麻花、伞的、糖果、布袋等十余种食品分送给各家各户以备来年正月招待前来观看焰火之客。寨沟焰火在周边县域影响极大,每十年一次大规模燃放,有八仙出洞、火马、火伞、火鸡、火羊、松鼠吃葡萄、猴挑蚂蚱等。期间还有"打金丹"(打生铁花),村民们每到正月待客常是忙不过来,"寨沟放焰火,家家都支锅,咱能亲戚投亲戚,不能亲戚摞亲戚"。耍龙灯是社火活动中最为重要的内容,其间人们把一种叫火流星的表演与龙灯舞相结合产生了"风火龙舞",寨沟的龙灯被虒亭周围各村称之为"老龙"。因此每年正月十五前后,二月二舞龙灯时,只有寨沟老龙扎成先下漳河饮水后进到虒亭街,其他各村的龙灯才能出来。当地流传有"老龙不登台,其他甭出来"之说。

(二)内容

龙舞时以专门锣鼓乐器与鼓点配合表演,主要伴奏乐器是龙鼓、锣、钹、大镲、小镲等,其中龙鼓是整个活动的核心伴奏乐器,鼓的直径须在两米以上,鼓声雷动,气势澎湃,振奋人心。鼓声是风火龙舞表演的总指挥,一切调度、演出节奏,都是在鼓点指挥下完成的。由于龙灯体内安有蜡烛,加之与火流星配合,所以表演一般多在夜晚出现,在锣鼓乐器伴奏中,龙身上下翻腾跳跃,引人入胜,十分壮观,其场面热闹非凡。风火龙舞表演内容多样,如神龙下界、二龙戏珠、龙困海滩、金龙盘玉柱、跳龙门、龙打滚、转八字、盘龙卧海、四斗门、双驳花、龙吐须、龙喷火以及上龙凳,翻龙桌等三十多种阵法表演。由于表演时人员众多,耍龙体力消耗大,一般得两套人马,大龙一套50人左右,两套合起来100多人参与表演。

"火流星"是当地将武术、体育、杂技与文化娱乐融于一体的一种社火表演形式，表演时用一根绳子，两头各拴一个用铁丝编的小篓子，里面装有正在燃烧的木炭。艺人们在数九寒天必须脱了身上内外衣服，赤着膀子表演，否则飞溅的木炭火星将会烧坏衣服。因此没有习武锻炼的人是经不住这数九寒天的。表演时艺人用两手各抓绳子中间的适当位置用两个燃烧的木炭篓子上下来回舞动，犹如一条耀眼的火龙盘旋在艺人身上，又如流星下落，飞溅的火星，又似地面上燃放的礼花，壮观、耀眼，人见人爱，借此也为龙灯舞打场开道，被称为"老龙"的"先行官"，耍龙灯与火流星相互配合默契，相得益彰。特别是元宵节三天，火流星与龙灯舞不仅要在虒亭街上表演，还要进村入户，因为当地人认为火流星进家可以驱赶瘟神，龙舞进家可以带来吉祥。同时龙灯舞也到田间地头进行表演，祈求国泰民安，风调雨顺，五谷丰登。千百年来随着历史变迁，人们赋予风火龙舞的作用越来越多。如象征着吉祥、美丽和威严，承载着震慑、去秽与消灾等，因此，它的存在使民众生活平添了一层神秘的色彩。

（三）相关制品

龙灯分龙头、龙身、龙尾三部分。

寨沟龙头：先用木架和竹皮扎成，再糊以纸或布，然后进行上色彩画，并举行隆重的点睛仪式。

龙身：先用一木柄和两根方木做成"干"字形，然后用竹皮弄成圆形套于两平行方木之上叫作木瓜。一般有二十五个，多则不限，一条龙根据大小不同，木瓜数量也不同。

龙尾：用木头和竹皮制成，糊上纸或布后配以麻匹进行彩画。

最后看木瓜的多少决定白布的长短，裁下的白布用笔画上龙鳞后将龙头、木瓜和龙尾联起来，这条龙就算制成了。

风火流星的制作：没有铁丝以前用铁匠打笼，有了铁丝后由艺人编成篓子两个，用一根绳子两头各系一个而成，配以木炭，表演时也是两套人马，一般表演一套3～5人，另有背衣服与加木炭的人员。

风火龙舞是铜鞮关帝庙的一项民俗活动，每年正月里要从关帝庙请出龙灯，翻新装彩，并邀请村里有声望的长者先烧香并为龙头点睛后，才能请龙下漳河饮水。舞龙结束后，仍由长者烧香卸装后，才能重新入庙存放。

（四）传承

风火龙舞主要靠社会集体式言传身教、心领神会的传承方式，尤其通过表演者自己在舞龙过程中保留下来的熟练技艺传承，表演技艺更是需要表演者凭借自身的悟性和长期的操作实践才能习得，整个表演传承具有典型的非物质文化遗产特征。它融舞蹈、音乐、体育、武术、杂技、娱乐于一体，极具民众性、综合性，由于参与活动人员众多，需要各自之间密切配合、心灵沟通，尤其对于集体意识、团结奋进观念的培养具有积极作用。围绕风火龙舞在当地留存着大量的民俗信息，口头传说与行为叙事构成了一个有机的整体，习俗活动又为其传播提供了保障，极大地优化了该项目的生存环境，对于弘扬优秀的传统文化、研究当地历史文化具有重要意义。

龙妆

火流球（萨米娅 摄）

四　西营镇南岩村元宵节"闹三官"①

我们的普查资料显示襄垣县西营镇的元宵节在民间较为隆重，特别是西营镇的南岩村，他们元宵节的"闹三官"习俗依然盛行，这一方面与当地的一位文艺爱好者刘培义有关，在更深层次上，则与该村落人们的生活方式、价值观念以及信仰相关。首先，我们来看两个文字片段：

片段之一：村人的视角

2012年正月十五的傍晚，刘培义老先生带着我们穿行南岩村感受村子的元宵节气氛，一行人边走边给我们介绍当地民居的特色，我们走至村尾时，他们驻足指着一户人家门前挂的彩旗和大门上的对联感慨：生活再艰难的人家也会好好过节。他们说这是个村里比较困难的人家，只有一个老妇人和三十几岁的儿子相依为命，

---

① 我们会在后文的信仰与仪式部分再叙述到襄垣元宵节的"闹三官"，也叫"闯三官"。

老人体弱多病，儿子身患残疾尚未婚娶。他们家门口打扫得干干净净，挂好了彩旗，大门上的对联也贴得工整。村里人说，他们家日子虽不易，但过节还是要好好过，这也是他们表达希望家境和生活能有所好转的愿望。

片段之二：挂"吊子"

依然是 2012 年正月十五的傍晚，我们在南岩村等着看晚上的"闯三官"。我们刚到村子时就看到村头村尾、家家户户的门前都挂着很多彩旗，这种彩旗和我们常见的酒店开业典礼上挂的那种三角形彩旗是一样的。但南岩村人告诉我们，这不叫彩旗，叫"吊子"，以前都是手工做的，有专门的作坊制作，用燃料将麻纸染成彩色制作而成，现在一方面手工成本较高，同时需求量越来越少，襄垣人便将市场上的彩旗当作原来的"吊子"用。襄垣人过元宵节大多会买一些这样的彩旗挂在家门口，显得喜庆，一般元宵节前后的襄垣村落到处都是彩旗飘飘。

南岩村由四个自然村组成，共有 140 户，大多姓刘，520 多人，据说已繁衍了 28 代或 29 代；村庄共有 1200 多亩耕地、六七百亩林地，以玉米、小米为主，一年一季。南岩村坐落工整，村里的挑高秧歌唱道："南岩村是好村，一街两行八条胡同，胡同土名叫圪廊，一条一条都有名。"村里有所小学，依旧是复式教学，一个年级一个学生，这主要是因为村里人大多将孩子送到镇上或县上上学去了。

南岩村有"北阁南庙"之说。所谓北阁是村里供奉真武大帝之处，原来叫紫微阁，现在叫真武阁，南庙乃村内的观音庙，前者有 150 多年的历史，后者有 300 多年的历史。两座庙在"破四旧"时都被销毁，但均于 20 世纪 90 年代得以重建。南岩村挑高秧歌说道："真武阁高来，南头庙低，东场在东，寨场在西。"现在每月初一、十五村人都去进香。村人对于本村观音庙如此长远的历史是这样解释的：相传南岩村人是明末清初从河北元城县大名府逃荒至此的，村人觉得避免灾难是首要之事，便在村子里最先修了观音庙。另外，村里还有一座五龙庙，庙里供着龙母和四海龙王，据村人说该庙初建于明末清初，2006 年，村人集资修缮。除此之外，村头还有一个五道庙，供奉五道爷，专管出行，村里有人去世，出殡前要到那里烧香，襄垣人戏称为"销户口"。村里有一位庙官，除了负责各座庙内的卫生，最主要的职责是管理庙门钥匙，因为平时不让大家随便进庙，只有每月初一、十五才会打开庙门让人们进去烧香。

南岩村的社火属于武社火，以耍拳为主，过去这个村子的武社火相当出名，村里人自小就参与其中。村里的挑高有唱："三官爷的镲，愿意拍拍就拍拍，不愿意拍拍就放下。"南岩村现有两个八音会，古装戏和现代戏都会唱，共有几十种曲子，即便在"文化大革命"时期，也是以旧的曲调唱新的内容，曲子保存较好。每年阴历四月十九是村里五龙庙的古庙会，村里的八音会就可以在庙会上唱戏，不需要再从外面请剧团。

（一）共同准备"闹三官"

南岩村元宵节的"闹三官"是与其他文化因素结合在一起的。一方面是与三官信仰直接相关，另外也与该村的挑高有关。南岩村参加镇上的会演一般都会表演挑高。基于会演的出现，目前襄垣地区各村落元宵节活动大多是由两股力量合作组织起来的，一个是政府力量，另一个是民间力量，二者相互配合。现在襄垣各村落的元宵节活动基本上都受到政府力量的影响：各村落都要参加乡镇组织的会演，部分村落还要代表乡镇去参加县里的会演，为此，村委会都会积极主动地出面组织本村的元宵节文化活动；另一方面，由于间断延续下来的社会生活习惯，每个村子都有几位热衷于文化活动的人，被称为"社火头"，有时他们会主动找村委会商量元宵节的活动，有时，村委会也会出面请他们参与和帮忙组织村里的元宵节活动。

南岩村也是如此。以 2012 年该村元宵节"闹三官"的组织情况为例。一提起南岩村的"闹三官"，村里人就会谈起刘培义，他原本是该村人，后外出求学、工作，20 世纪 90 年代退休以后，每年都会回村过元宵节，由于他本人从小喜爱村里的文化活动，也因此习得和继承了一些传统习俗，南岩村元宵节"闹三官"常常需要他回乡参与和指导。2012 年正月初三、初四，南岩村的几位"闹三官"爱好者聚到一起商量怎么"闹三官"，随后不久村委出面组织，活动便由村委管理了。大队的组织管理主要体现在两个方面，首先是资金支持，其次是承担相应的责任；而民间社火头主要是组织"闹三官"的具体活动。

由于这一年新村长刚上任，新的村委会班子给村里的社火队置办了一套统一的服装，用他们的话说是"排场排场"。襄垣地区的村长是三年一选，工资是每月 390 元，元宵节期间，当地人把村长称为"元宵夜团长"。经过民间社火头和元宵夜团长商量后决定，初五就开始组织排练元宵节的文化活动，场地定在村里的那所小学，要经由村支书同意并告诉大家开始报名了；对于参加的人员几乎没有限制，2012 年全村共 40 人参加，其中男女各 20 人；年龄不等，有两位七八岁的小女孩，还有七十多岁的老妇人，但大部分成员都在三四十岁左右。具体的规定是每天下午两点半到三点报到，由刘培义以及其他几个人带着大家排练节目，晚上六点左右各自回家吃晚饭，晚饭后酌情排练。

南岩村社火的道具都是以往集资买回来的，他们喜爱这些，觉得正月里唱一唱、跳一跳很好，当地挑高词里有一段说"响环摇来家具响，谁唱挑高谁上场；正月放声唱一唱，一年四季都顺当"。

队里出面组织元宵节活动是有政治原因的，就是为了完成一项政治任务；不过从文化的角度看，其中也有一些潜在的传统因素，在某种程度上，村委会充当着已消失的乡绅的功能。村委会出面组织，社火队就要听从他们的安排，即参加乡镇上的会演。现在，政府虽然出面组织元宵节活动，但在完成相应的会演活动前后，并不妨碍各村落按照传统的习俗开展活动。南岩村在正月十四到西营镇会演过后，镇政府赠给他们三条红旗渠牌香烟。会演结束后，他们又到土管所、镇医院、几个大的商店去闯灯，也得到了一些礼物。另外，他们回村后还有一项重要的事情，就是到邻近的村落去表演节目，叫作"拜三官"。

（二）三官棚

虽然襄垣人在"闹三官"里用一个闹字来突出其娱乐性，但整个活动还是建立在严肃的信仰之上，这便是三官信仰。所谓三官乃天官、地官和水官。襄垣的信仰体系较为复杂，三官在元宵节期间单独出现，人们以村为单位来祭拜三官，以前各村的庙宇里会有三官的塑像，"文化大革命"时期庙宇大多被毁坏。祭拜三官需要一个特殊的神圣空间，这在襄垣叫作"三官棚"，是临时搭建的供人们祭拜三官的地方，此地要与"闹三官"的文化活动相配合，因此，三官棚一般选择建在村里一处较为宽敞的公共场地上。

南岩村在正月十三由社火头组织人搭三官棚，棚高三丈，宽四五丈，用木头搭成，元宵节一过便拆卸。三官棚三面挂有布匹，一般都是坐北朝南；正北面摆放神像（实际上没有神像，一般用木质的神位或画像代替）和香案，另外两面张贴该年闹三官的集资情况。三官棚是村里集资搭建的。这一年，南岩村共集资了1200多元，其中，每家20元、30元、50元不等，村干部和社火头交得多一些。最后，将集资的情况写在一张红纸上，张贴于三官棚内。此外，他们还在三官棚的外面挂上两盏灯笼和"吊子"，并贴上对联，南岩村的三官棚对联为"贺佳节万民欢乐，庆元宵吉祥如意"，横批为"风调雨顺"。"吊子"上写着"欢庆元宵佳节，龙年大吉，财源广进"。

村里集资的钱一部分用来购买烟火和香蜡，正月十五晚上，村人集中在三官棚前放烟火，大闹三官，没参与"闹三官"的也要到三官棚里上香。正月十四夜间南岩村人在三官棚张灯结彩，正月十五的夜晚，三官棚前面要摆一盆旺火，它代表整个村落的旺火，另外，每户人家也在三官棚周围垒一盆火，这个晚上一般要闹到夜里两点多。在三官棚前垒旺火有祈福的含义，特别是求子的人家，为表虔诚，要连续在三官棚前垒三年旺火。"闹三官"的文化活动就在三官棚前面展开，而且各村之间还会相互拜访，地点也是在三官棚，用当地人的话说就是给三官老爷说唱、歌舞。

另外，村与村之间对于所搭的三官棚也有竞争的观念，至少不能让本村的三官棚显得过于寒酸。

（三）拜三官

襄垣地区"闹三官"里有一个约定俗成的做法，就是附近的村子之间要相互拜三官。所谓的拜三官就是到别村的三官棚前以一种特殊的方式来祭拜三官。围绕着拜三官衍生出一系列礼仪，比如当地有接秧歌的说法，即每个村子对前来拜三官的社火队要尽地主之谊，除了村委会和社火头出面热情接待以外，还要向社火队赠送礼物，以前是枣馍和黄蒸，现在大多为香烟，但每个村赠送的香烟规格不等；如果遇到临时情况，没有准备好礼物，也可以直接给钱，100元、200元均可。对于拜三官所得的礼物，一般是社火队的人平分掉。另外，只要有一个村子到本村来拜三官，本村就一定要抽空去该村拜，是为回礼。

关于拜三官，有一定的规则，一般是在正月十四、十五和十六三天的白天出去拜三官，正月十五晚上在自己村子"闹三官"。2012年元宵节期间，南岩村准备拜三官的村子分别是崔家岭村、暴堖村、花果园村、南堖凹和港北等。由于当地是山区，村与村之间山路遥远，南岩村专门雇了三辆面包车。正月十五的上午，南岩村开始出村拜三官，他们选择由远及近的顺序拜三官，第一站是花果园村。

花果园村在六里地以外。他们到达时，该村正忙着在三官棚前垒旺火。花果园村的三官棚内的三官神像下贴着大字，上面写着"五谷丰登""三官赐福""人兴财旺"。三官棚外面贴着两副对联，分别是"三元三品降福祥，五圣五尊增福禄""处处花灯献彩，家家烟火呈祥"。花果园村的三官神像是1999年请画匠画的。南岩村在花果园村表演的节目是秧歌舞《欢乐庆元宵》、挑高《贺新春》。今年只表演了两个节目，他们说以往有七八十来个。拜完三官之后，花果园村的村长出面代表本村赠予他们一条红金龙牌香烟。到花果园拜三官显得冷清，南岩村人认为是两个原因：一个是因为花果园村今年因为选举闹出两派，以致他们到时，两派僵持都没有人出来迎接；第二也是因为他们今年来得有点早，对方还没有完全准备好。

第二站是崔家岭。崔家岭没有三官棚，只有一盆很大的旺火在燃烧，他们村人说这盆旺火是"红火通三界、青烟照九州"。这个村子之所以不搭三官棚是因为2010年村子在打谷场上修建了一面画有毛主席像的墙,自那以后,该村元宵节期间就不再搭三官棚了,因为他们觉得没有办法搭,搭了的话就等于让三官把毛主席挡住了,要不挡住的话,就必须把神位置于偏位,村人觉得两种情况都不妥当,于是干脆就不搭了,但还是在毛主席像前面备了三官的神位和香案。

第三站是南垴凹。这个村子只有16户人家,三官棚搭得也简单,南岩村人到那里时,该村无人迎接,他们便敲起锣,目的是让村子里的人知道,果然不一会就有人来接待了。这个村子三官棚上的对联是"爆竹声声元宵夜,神人共享太平村",横批为"天赐百福"。拜完三官后,南垴凹村赠给南岩村的香烟很低廉,对此,南岩村的社火头们很气愤,其中一位甚至把烟扔在地上说:"这样下去,连车费都不够,以后不搞了。"他们之所以懊恼也是因为南垴凹村去南岩村拜三官时,送给他们的是5元一包的红河烟。

第四站是暴垴村。南岩村和暴垴村的关系较好,南岩村有这样的说法:"南岩暴垴村挨村,世世代代有交情。今年南岩闹红火,不能忘了暴垴人。"这个村有关帝庙,里面有三官神像,因此这个村子不用搭临时的三官棚,但他们并没有在关帝庙接秧歌,而是在村活动室接的。之所以不去庙里,暴垴村的解释是庙里尚未通电,不方便用音像设备,另外,那里地方也小。暴垴村前一天已到南岩村拜了三官,他们双方赠送的都是5元钱一包的红河烟三条。比较有意思的是,拜完三官之后,暴垴村的支部书记、村长、主任和会计都分别请南岩村的社火队到自己家里闹红火,图个吉利,请他们到院子里唱一唱、喝点水,也分别赠给他们一条红河烟。

第五站是港北村。这个村有戏台,因此也没有搭三官棚,而是在戏台上布置了一个香案,上面供奉三官的神位,并写着"供奉天地水三官之神位",神位两边贴着对联"四季平安迎新春,万事如意贺佳节",横批为"欢度佳节"。

20世纪90年代,村里的元宵节活动几乎家家有人参加,唱完吃点糖果、喝点水、给点烟,当地有句挑高说道:"挑高来到某某村,干部招待很热情,喝茶喝的碧螺春,抽烟抽的处处红"。但渐渐地参与的人数越来越少了。

从馈赠的角度而言,拜三官也是一项极有意思的文化活动,拜三官处处体现着礼仪关系,虽然拜完之后要赠送礼物,而且从个体角度讲,礼物代表着利益,但是从群体以及整个活动看来,最终相互赠送的礼物在总体上是平衡的。

闹夜　　　　　　　　　　　　　　祭三官

第三节　填仓节

　　襄垣有一个较为特殊的岁时节日，其特殊性主要体现在两个方面，一个是节日中仪式的地方特色，另一个是此节日在襄垣地区尚可见到，这就是填仓节。现在，襄垣的填仓节是在正月二十五，仪式包括祭祀五谷神、送诸神和祖先，以及占卜新年的庄稼收成情况。按照襄垣人对春节的界定，正月二十五乃春节的最后一天，填仓节也是春节期间的最后一个节日，因此这一天最后要祭拜全神爷、天地爷、财神爷、老君爷、孔圣爷、门神、灶王爷、马王爷等，以及三代宗亲，还要祭拜五谷神，祭拜完毕，便将其全部送走。填仓节主要期盼新的一年里风调雨顺、五谷丰登，襄垣有句俗语说："填仓，填仓，糠窝窝，喷喷香，小米稀粥杂面汤。一年四季吃得饱，年年丰收粮满仓。"

　　填仓节是汉民族的一个传统节日，曾在我国北方尤为盛行，但因社会生活方式的变迁，现在很多地区已经不过此节了。襄垣填仓节的普查资料中有人提到历史文献中关于"填仓"的说法，一个是宋代孟元老《东京梦华录》有载："月二十五，人家市羊彘肉，客至苦留，必竟而去，名曰填仓"；一个是清代潘荣陛《帝京岁时记胜》记载："每年正月二十五日，全家加菜盛餐；有客来，必苦留，使之醉饱而去。俗称填仓，取预祝填满谷仓之吉兆。"

　　关于该节的名称，襄垣有两种同音不同字的写法，分别是"填仓节""添仓节"。另外也有"老填仓"的叫法。襄垣人之所以说"老填仓"，其实是因为大、小填仓节的区分，民间将正月二十定为小填仓，正月二十五为老填仓。普查资料里有人提到，原先襄垣地区大、小填仓节都过，到后来就渐渐只过正月二十五的老填仓了。襄垣人解释，"填仓"蕴含节约之意，人们在整个春节里吃和穿都大为浪费，从填仓节这一天开始，人们又要重新过起勤俭节约的生活。襄垣有个歌谣云：

> 二十五，过填仓，
>
> 仓满缸满煤火旺。
>
> 过罢填仓没指望，
>
> 端上大碗吃干饭。

我们的一份普查资料对此做了这样的解释："人们也觉得正月吃了二十四天的有鱼有肉的美食，肠胃受不了，该吃点素食助人消化。"这显然是今人的一种说法。

关于填仓节，襄垣当地有这样一种传说：炎帝带领族人从长子羊头山转战襄垣南罗山及五谷神岭一带，尝百草、播五谷，使得该地区年年丰收有余，于是在介山下寻一个大岩洞，将余粮藏于其中，以便荒年救济族人。谁知太上老君路过介山种煤，太上老君的坐骑嗅到洞中粮香，便将其吃个精光。看粮官开山伯得知，怕炎帝怪罪，便连夜带人到湖广一带将那里的粮食搬至介山洞，搬运完毕恰好是正月二十五。为纪念粮官开山伯，人们将这一日定为"填仓日"。

我们通过普查资料将襄垣填仓节的过法总结如下：

1. 人们用柴灰在院子里画地为仓，将五谷杂粮置于其中，意为填仓，寓意新年五谷丰登。

2. 填仓节当日不向别人家借东西，也不借给别人家东西，这天讲究的是"喜进厌出"，因此，在填仓节这一天，每家每户的水缸要添满、煤池要足、囤中要填粮，并在大门外放置黑炭以镇宅。

3. 蒸仓圪峦供奉填仓官，祈求填仓官保佑一年四季风调雨顺、五谷丰登、六畜兴旺；同时，用古老的勒勒腔（当地的一种古民歌）念叨："上天昌昌兮，地上苍苍兮，人心昌昌兮，五谷也仓仓，五谷仓仓兮，人寿万年长。"

4. 二十五日晚，人们用仓圪峦供奉诸神和三代宗亲，并在天黑以前将诸神和三代宗亲送走。

但是，襄垣的填仓节在慢慢简化，正如《襄垣县志》中的描述：

> 填仓节，各户均用谷子、玉米和黄豆三种面粉掺和，蒸制圆形尖顶（形似谷仓）窝头（俗称仓圪峦）祭神、送祖宗（烧点三代宗亲牌位）。并要把水缸担满、煤仓填满，以表敬仓官，保丰收之愿。今仅存送祖宗，其余皆废。（《中华人民共和国襄垣县志》，第656页）

我们将襄垣填仓节的基本文化要素总结为三个，分别是仓圪崂、送诸神和祖先、泼汤。从这三个方面来看，说襄垣填仓节渐渐简化甚至消亡，其实是说简化和消失了的仓圪崂这一部分，即襄垣人现在基本上没有人在正月二十五蒸仓圪崂，也不太讲究在这一天将水缸担满、煤仓填满等事了，与之相关的用仓圪崂祭祀五谷神、占卜就自然消失了。至于正月二十五送诸神、送祖先，现在依然盛行，这与襄垣地区请诸神和祖先回家过春节的习俗直接相关，因为请回来的神和祖先最后不得不送回去。另外，在送祖先的仪式中，有一个东西必不可少，那就是挂面汤。对于送诸神和祖先以及挂面汤，我们将分别在仪式和实物民俗部分详谈。

仓圪崂：仓圪崂是填仓节中的祭祀和占卜之物，制作原料以玉米为主，掺少量黄豆、小麦一起磨成面粉，用开水和起来，捏成各种各样的东西，比如布袋、粮斗、谷穗、玉米、高粱、牛、马、鸡、猪、麻雀等，最重要的是要捏十二盏高座的灯，并在高座上用筷子扎小孔，一个孔的代表一月份的灯，两个孔的则代表二月份的灯，以此类推，直到做好第十二月份的灯，这些统称仓圪崂。仓圪崂首先用来占卜年成的好坏：将捏好的仓圪崂放在锅里，蒸熟时，观测那十二盏灯，哪一盏里的水最多，则代表新年哪一个月份的雨水多，水少的则代表干旱，据说这种预测相当准确。正月二十五晚，在蒸好的灯盏里添少许食油，置棉捻点燃，分别供于水缸、煤池、门楣、窗台等十二处。水缸里设供的灯盏放在碗里漂于水上，然后观看灯头是否都偏向一方，如是则寓意好年景。"布袋"置于储粮器具上，"粮斗"供于天地神前面。另外，仓圪崂也用来祭祀，人们还用高粱秆做成仓官爷骑马模样，用红纸糊上衣服鞋帽，放在水缸中，并念语"仓官爷饮马来，黄米绿豆驮到俺家来"。填仓节要祭拜的对象是填仓爷（也叫五谷神），即专司五谷播种之神，襄垣人用仓圪崂来供奉五谷神，寓意请五谷神吃五谷，感谢其为人们播下五谷的功劳。在农耕时期，填仓节一过，人们就要开始忙碌着准备春耕了，收拾车套、农具等。襄垣人也在送诸神和祖先之前，用仓圪崂等供品做最后的祭拜。

仓圪崂

仓官爷

祭品

第四节 二月二龙抬头

一 尘封的襄垣二月二

现在，二月二只能在襄垣的少数村落见到。至少在20世纪90年代，襄垣人就已基本淡化且不过二月二了，这从《襄垣县志》中可见一斑：

> 二月二，引龙节，旧时此俗颇繁。其一，初一到初三，妇女不可动用针线。其二，用草灰围撒庭院四周，曰"围墙"。其三，当晚用面捏灯盏，到处点燃。其四，饮食特定为：初一浇（煎饼），初二包（包饺子或蒸包子），初三、初四吃顿油炸糕（油糕），以示"挑龙头""吃龙胆""龙翻身"。有"二月二龙抬头，冰塌河消水长流"之说，取人们祝祈"风调雨顺，五谷丰登"之意，此俗已废，但特定饮食仍多沿袭。（《襄垣县志》，1998年版，第656页）

因此需要指出：第一，我们关于二月二的普查资料大多是当地人依回忆而来的，其当下性相对较弱；第二，对于襄垣二月二的理解和总结也是部分地基于这些回忆中的资料的。

如果说襄垣的元宵节体现出较强的公共性、填仓节体现出较强的信仰基调，那么，二月二龙抬头则表现出很强的自然节律和生活常识。概言之，襄垣二月二龙抬头的文化因素包括三个，分别是龙王信仰、除五毒和春耕、玩生铁花，同时这三个因素分别对应着襄垣二月二的三个方面，我们分别用信仰世界、生活世界以及审美世界来理解，而这三个方面又通过襄垣当地一则二月二的传说关联为一个整体。

1.信仰世界——龙王信仰。襄垣地处山地，水系不发达，特别是在过去，百姓确实是靠天吃饭；二月二龙抬头也叫"引龙节"，龙在人们的神话世界中是专司降雨之神，因此，从这个层面上说，二月二是个祈雨的节日。襄垣人说二月二这一天通常都会下点雨，人们将之理解为龙抬头，对此，当地有句俗语云："龙不抬头雨不行，龙腾百虫去藏身。"

既然是龙王信仰，便有相应的祭祀仪式。在人们的记忆里，过去大家在这一天会通过几种形式来祭拜龙王。首先，用填仓节时供在家里门垴上的苍圪峦供奉龙王，具体做法是在苍圪峦上插上香，作为供品献给龙王，并燃放爆竹，意思是引龙出来行云布雨。其次，在庙宇尚未遭到破坏的年代，基本上每个村落都有龙王庙，二月二这一天，村民都要到庙里烧香、敬奉龙王；"文化大革命"以来，庙宇遭到破坏，并且随着生产技术的发展，求雨的必要性在逐渐降低，即便在庙宇恢复的时代，龙王庙的修复并不是最突出的，因此，二月二进庙烧香敬龙王的仪式也就渐渐隐去了。第三，据当地人回忆，以前襄垣人还会在二月二当日用草灰在院子里撒成腾龙的形状，意思也是引龙出来行雨。另外，这一天忌讳女人穿针引线，以防刺伤龙眼。

2.生活世界——除五毒和春耕。"二月二龙抬头"还有个别称叫作"围墙节"。二月二当日人们为了祭祀龙王，用草灰在院落里撒成腾龙的模样，这是从信仰的角度所做的解释；襄垣人也从生活常识角度来解释这个行为，通过长久的生活经验，人们发现草灰可以起到驱虫害的功能。以前，现代技术尚未将人与自然世界间隔如此之远，一些虫害常常会威胁到人们的生命，人们将五种危害性最大的动物称为"五毒"，分别是蛇、蝎、蜈蚣、壁虎和蟾蜍。二月二，冬眠的害虫开始出没，正是消除它们的最佳时期。各家手提箩筐，加上草灰，绕着墙根四周撒，据说草灰有驱五毒的功效，这样可以防止一年里五毒进家来伤人。另外，人们还会沿着房前屋后的四面墙一一查看，看经过一个严冬，墙根屋角有没有鼠洞，一面查一面用草灰做标记，然后动手修补。在以前，这的确对人们的生活和安全起到了很大的作用。在这个叙述框架下，我们的普查资料还提到，二月二这一天女人不能做针线活、男人不能下地干活，是为了避免针线将五毒拉出来、避免男人下地被害虫伤到，这显然和龙王信仰中所说的避免针线刺伤龙眼的解释不同。

在生活世界里，二月二这一天代表着一个特殊的时间分界点，对此，唐代诗人白居易有一首《二月二》："二月二日新雨晴，草芽菜甲一时生。轻衫细马春年少，十字津头一字行"；李商隐亦有诗《二月二》："二月二日江上行，东风日暖闻吹笙。花须柳眼各无赖，紫蝶黄蜂俱有情。万里忆归元亮井，三年从事亚夫营。新滩莫悟游人意，更作风檐夜雨声"。人们觉得从这一天开始，阳气开始上升，万物复苏，除了防备复苏的五毒之外，人们也要开始准备春耕了。襄垣有句民谚说道："二月二，龙抬头，冰塌河消水长流。男人整地脱棉袄，女人做活晒日头"，此外还有"九九耕牛地里走"。二月二这一天，襄垣人会到村镇去赶集会，购置春耕用的农具。

3.审美世界——打生铁花。普查资料里提到，以前襄垣地区在二月二流行打生铁花的习俗，不过这个习俗早已被废除。打生铁花需要提前几天做准备，主要是制作坩埚和准备生铁，生铁主要是指废弃的犁铧等，将其捣碎置于坩埚中，用炉火将其化成铁水。到了二月二晚上，村中的男人们集中在一起，用铺上一层谷糠的木板,将铁水勺在上面,对着大树向上一扬,火树银花,煞是好看,有时也可以在生铁中加入一些铜,那么,打出的铁花便有了几种色彩。

此外,襄垣地区以前还流行二月二放河灯的习俗,河灯随着河水流动,金光闪闪。

二 理解襄垣的二月二

(一)二月二的饮食

以前,襄垣人在二月二前后几天讲究初一浇、初二包、初三和初四油炸糕。人们对此的解释是,初一浇是指做煎饼,象征用火烤死五毒;初二包是指包饺子或蒸包子,意思是堵住五毒的出口,也有的解释为包住全家安康;初三和初四油炸糕是寓意用油烟熏死五毒,让人们平安度日。此外,人们还将二月二的饮食与龙王信仰关联在一起,浇、包、油炸糕分别象征"挑龙头""吃龙胆""龙翻身"。

现在,二月二的这种饮食习俗只有小部分被延续下来,那就初二包。现在的襄垣人仍然讲究二月二吃饺子,但原来与饮食相关的那些象征意义渐渐消失了。

(二)地方性解释与象征

襄垣有一则传说,其中包含了各类因素:相传唐代武则天当了女皇,玉帝轻视女性便下令青龙三年内不得向人间行云布雨。武则天女皇行贿青龙,青龙便偷着布雨,人们喜获丰收。玉帝听闻大怒,将青龙打下天宫,压在大山之下,并立碑"龙王降雨犯天规,当受人间煎熬罪,要想重登凌霄殿,除非金豆开花时"。为了拯救龙王,人们在这一天吃包子,因为包子形似花瓣,玉帝猛然一见以为是人间遍地开花,于是召回了龙王,并下令其二月二后适时行雨。

这就可以解释为什么二月二要吃包子、打生铁花了,人们觉得包子和生铁花看起来像盛开的金花。另外,以前二月二放河灯也可依此解释,在河里流动的河灯也像极了金花。

三 个案与特殊性

从我们的普查资料中发现,有些乡镇二月二的过法有些独特。以侯堡镇的一份普查资料为例,其中就出现了二月二的另外一个叫法——"扶龙节"。下面是侯堡镇戴家庄的一份普查资料的内容:

扶龙节。"二月二龙抬头，冰消河开水长流。男人整地脱棉袄，女人做活晒日头""九九耕牛地里走"，开始春耕整地修田等工作了。

按照习惯，这天家家买豆腐二斤，早饭后到院场给土地爷烧香，供上豆腐。村中有一处高圪梁，连接侯堡十多亩黄土地，称为"龙圪节"。每年二月二早饭后，住在堡里的乡亲们，担土，把去年被雨水冲毁的地方，用土填起来扶高，是为"扶龙"。此外，堡里不少居民住在黄土高丘地的崖下，挖了一排排窑洞，他们怕断了龙脉，要受穷，故每年二月二都要来龙圪节扶龙。扶龙的另一用意是祈求风调雨顺、五谷丰登。龙是治水之神，雨水这一节气一过，春雨渐渐多起来，人们认为是龙抬头的缘故。

二月二这一天，家家吃榆皮面和玉米面混合做的面条，有的人家用细玉米面掺榆皮面，用北瓜和豆腐做成馅，做蒸饺。

为了备耕，要购买农具，如锄头、鞭竿、铲、耙等。二月二被认为是春耕的开始。惊蛰龙抬头，春风龙登天，秋风龙潜渊。二月二时值惊蛰。

我们在上文提到的二月二的文化因素在这里大多可以看到，但是表现形式却不尽相同。这种特殊性并不破坏抽象的文化因素，而且这种特殊性更多的是建立在时间因素以及地理因素上。比如这里的"龙圪节"便是地理因素，别的地方没有此物便不会将此节称作"扶龙节"；再如榆皮面和玉米面混合做的面条则是时间因素，人们生活条件转好以后，就没有人再吃树皮了。

四 部分普查调查表展示

虎亭镇高崖上村

相传二月二龙抬头，蛇、蝎、蜈蚣等害虫也开始出洞。

二月二称为龙抬头日，同时害虫也因天气逐渐变暖而横生，人们为了消灭害虫，所以成了灭虫节日，所以，初一浇，浇煎饼，浇死害虫；初二包，包饺子和大包，包住其嘴不让它来咬人、咬粮、咬物；初三和初四，炸油糕，用油味呛虫、炸死虫。

虎亭镇温家庄村

二月二，蛇、蝎、蜈蚣要行凶，传说龙要抬头为民下雨得丰收，五毒害虫要出来伤害人和庄稼。

二月二，家家户户要把房前屋后、四角旮旯打扫干净，并用炉灰（或石灰）围住，不让五毒（蛇蝎、蜈蚣、臭虫等）出来，而且初一要吃浇煎饼来祭龙，初二包饺子或包子，初三和初四吃油炸糕。都是要祭龙、防止五毒。这三天，妇女绝对不准拿针线做缝补活动，说是会拉出蛇等五毒来。

相关的民俗活动：除打扫卫生外，去祭井神、庙社（进去祭龙王），耍龙灯等（无龙灯的可放生铁花）。

善福乡苗家岭村

二月初二是龙抬头之时，此时已是惊蛰时节，天气逐渐暖和，大地解冻，从事农业生产的人们开始下地劳动了，为预祝今年丰收，当地人都要包饺子吃，这叫"初二包"。

二月二龙抬头，蛇、蝎、蜈蚣入坨芦。

上马乡老岭村

每年二月二吃饺子，除五毒，保证人们一年健康，相传每年二月二要吃饺子、除害虫。

上午，清除院里、家里四角，防止蛇、蝎、蜈蚣等害虫出来。每家每户到中午都包饺子吃一顿，吃饭前还要先给天地爷烧香、摆供、叩头。

古韩镇小郝沟村

民间谚语"二月二龙抬头，冰塌河消水长流"。

其一，初一到初三，妇女不可动针线；其二是用草木灰围撒庭院四周，曰"围墙"；其三，当晚用面捏灯盏，到处点燃；其四，饮食特定为，初一浇（煎饼）、初二包（饺子或包子）、初三油炸糕（油糕），以示"挑龙头""吃龙胆""龙翻身"。取人们祝祈"风调雨顺、五谷丰登"之意，此俗已废，但饮食仍延续至今。

西营镇丰曲村

人们打扫院内四角，撒石灰，灭害虫；要给龙王烧香、上供。

人们初一挑，吃面条（拉面），挑龙头；初二浇，熏蛇、蝎、蜈蚣，不让其出没；初三和初四煮油糕，这一习俗从古传至今。二月二这一天妇女不做针线活，怕拉出长虫（蛇）来。

传说至今，每年二月初二是龙抬头（龙抬头指这一天开始下雨不下雪了），为了纪念龙王，民间初一浇、初二包、初三和初四油煮糕。初一挑是指吃拉面，挑龙头；初二浇是指煎饼，熏蛇、蝎、蜈蚣不能随便出入，打扰人们的正常生活；初三和初四油煮糕同上。

王桥镇原庄村

传说，二月二，龙抬头。是万物复苏的日子，龙抬头，也就是说这一天一般要下雨，在我们这里一般都要去龙王庙给龙王爷烧香，祈望当年风调雨顺有个好收成。

第五节　清明节

一　概述

襄垣清明节的特殊性不在于节日的框架和仪式，而在于其中的实物，诸如清明穗（襄垣方言也叫清明圪坨）、挂面汤以及五碗菜。就清明节而言，其中包含着两层含义，正如唐代诗人杜牧《清明》一诗所云："清明时节雨纷纷，路上行人欲断魂"，一来，清明节预示着天气由冷转暖，可以播种了，所谓"清明时节，种瓜种豆"；二来，清明节也是中华民族行孝美德的具体展示，襄垣人认为清明节上坟敬祖先，乃大孝。与二月二龙抬头不同，清明节偏重于对第二层含义的重视。概言之，清明节是祭祖的日子。

我们先来看《襄垣县志》中对于清明节的描写：

旧时当日上午进行墓祭活动。祭毕，席地而坐，略进冷食。应时食品为凉拌豆腐、青菜、粉条等配蒸馍、油条、油炸糕。下午以家族集中上老坟，祭品由耕种先祖遗留土地户备办（族人轮流耕种，不出地租，只承担本族祭祖活动支出），祭仪结束祭供分食，名曰"吃祖宗"。1942年，将民间祖业地、社伙、公地全部分给无地农民，吃祖宗之俗即废。今清明当日早饭后，全家同往坟地。先铲除坟头杂草，谓之"扫墓"，接着添新土，称"复墓"，继而在坟头树枝挂白彩一束，摆供品，焚香，烧纸钱、纸衣，叩拜。再向坟头、坟外泼汤。

1946年后，机关、学校在清明节组织辖内人员前往烈士陵园（县城）、烈士碑（农村）扫墓，缅怀先烈，并进行传统教育。

习俗中，清明节为"无忌"日，节前二日至节当日伐树、移坟、办白事，无须"阴阳先生"卜算，均为吉期。（《襄垣县志》，1998年版，第656～657页）

这段描述不仅概括了襄垣清明节的基本文化要素，同时也展示了襄垣清明节的变迁。总体而言，襄垣清明节包括家庭上坟、家族上坟以及给烈士扫墓三种形式。其中，随着土地制度的改革，家族上坟或者襄垣人所说的"吃祖宗"这部分不复存在，"祭祖节"的称呼也随之消失，而中华人民共和国成立以来，清明节给烈士扫墓逐渐成为惯例。可见一些内容在消失，一些新的内容在出现，比如清明节戴柳圈和清明圪坨就越来越少见了，而受现代扫墓仪式的影响，给先人坟上植树、献花的越来越多了。但需要指出的是，清明节给烈士扫墓很大程度上不属于老百姓生活世界里的事情，更多的是属于特殊群体，如政府人员和学生，因此，这里我们仅是将扫墓视为清明节的新生事物，在文化层面的描述将很少涉及扫墓这一部分。下面，我们分别从几个方面来看襄垣的清明节。

1. 时间及其特殊性。清明节是在阴历三月初三，虽然清明节仅过一天，但大约在节前一周左右，人们就要为过节做准备了，主要是备齐各种祭祀用品。另外，襄垣人讲究媳妇不能上坟、出嫁的女儿要在清明节前一天或后一天回娘家上坟，因此，严格说来，阴历三月初二和初四也属清明节的时间范围。清明节又叫寒食节、鬼节，基于其祭祀对象的特殊性，在襄垣文化体系中，清明节前后三天可以砍伐坟里的树木，可以迁坟，丧葬日期也都不用请阴阳先生推算（襄垣人称之为"观天气"），这三天就是给家中故去人办事的好日子，但是，这三日忌给活人办喜事。

2. 鬼节。清明节乃第一鬼节，又叫寒食节，是专门为故去之人过的节日，基于清明节对时间禁忌的消除，清明节是襄垣人上坟祭先人、为家里故去之人配阴婚以及迁坟的约定俗成的时间。其中，配阴婚和迁坟只是偶尔发生，上坟祭祖先才是清明节最重要的、也是最基本的部分，主要是给先人送吃、送喝、送钱，同时祈求先人的保佑和庇护，祈求全家平安。

3. 寒食节。襄垣清明节的普查资料中有几份提到，清明节又叫寒食节，是因纪念介子推而来的。这份资料来自于襄垣县北底乡冯村，具体如下：

> 清明节祭祖是全国性的传统节日，来源于晋文公追悼功臣介子推拒封而死的壮烈行为，定为全国性祭拜日子，民间开始祭祖上坟，至今流传了三千余年。介子推不食周食，饿死在介休绵山，人们为纪念介子推的爱国情怀，俗定清明这天为纪念介子推纪念日，俗称"寒食节"。

将清明节叫作寒食节也是因为襄垣人在清明节的上坟仪式中，以供食物为主，包括挂面汤、馍馍、五碗菜，象征给先人送吃的。

4.仪式。清明节的三大内容，即上坟、配阴婚、迁坟，都有相应的仪式，但这里只重点介绍清明节的主体部分，即上坟的仪式。首先是上坟的主体，以家中的男性为主，包括未出嫁的女儿，媳妇不能上坟，对此，襄垣有句俗语"媳妇上坟，家里必穷"。

其次是仪式行为。清明这一天，家家都要上坟祭祖，一般都在上午，由长辈带着，携带挂面汤、五碗菜、馍馍、冥币以及铁锹等工具。在祭拜先人之前，要先祭后土和前脉。之后，按照先人辈分的大小先后摆放供品、敬香、叩头、上香、泼汤、烧纸钱、填土，意思是给先人送钱、送衣、送吃、送喝的。另外，以前襄垣人讲究在清明节前用彩布条给家里7岁以下的孩子做清明穗戴，到清明节这一天，孩子们将清明穗取下挂在先人坟头上；大人们也会用柳条编制柳圈给孩子戴，到时也摘下挂在坟头上。戴清明穗和柳圈皆不论孩子的性别。以前，除了清明圪坨（即清明穗），襄垣地区还会用布做公鸡，也在清明节戴在身上，寓意是公鸡吃糠，孩子们便不生天花，因为生天花俗称"出糠"。以前也会在仪式结束后专门把生好的绿豆芽埋在坟墓深五寸以下，意在生根发芽、儿孙满堂。此外，还要在坟前大哭，意思是告诉祖先的灵魂，后代们来祭祖先了，不忘祖辈养育之恩，并祈求先人庇护，希望一生平安。与此同时，通常由长辈念叨："你吃得好，给你烧钱花，要保佑全家安康。"

5.实物民俗。襄垣清明节中的清明穗（也叫清明圪坨）、挂面汤、五碗菜、绿豆芽是其独特性的表现，其中清明穗和绿豆芽现在在襄垣清明节中很少见到了，挂面汤和五碗菜依然盛行。

清明穗：以前，清明穗尤为盛行，是家里大人在节前将红黄绿色的布条穿在秸秆上，给家里7岁以下的孩子佩戴的一种物品，襄垣人称之为"清明穗"或"清明圪坨"。男孩戴在右肩，女孩戴在辫子上，一直戴到清明节当日，上坟时才会取下挂在先人的坟头上。相传，红布代表辟邪，绿色与黄色代表人一生与五谷不离。清明穗的寓意为后继有人，坟头上挂的清明穗越多说明这一家人丁越旺。

挂面汤：襄垣地区的挂面汤不仅仅出现在清明节中，襄垣的诸多祭祀活动都需要用到挂面汤，因为泼汤是当地诸多祭祀仪式中的一个部分。挂面本是襄垣地区的特产，做汤也是当地女子必学的家庭技艺之一，而且当地也有很多挂面作坊，在春节前后为周边的人供应大量的挂面，此类作坊现在尚可见到，但大部分都被市场挤垮了。挂面是襄垣的主食，泼汤象征给先人供奉主食。此外，这一天虽然给先人泼汤，但活人中午不能吃面条，据说吃了面条，祖先便会在阴间受皮肉之苦。

五碗菜：又叫凉菜，是用煮熟的绿豆芽、粉条、油炸豆腐切成的丝、红萝卜条以及青菜，加香油、盐和醋调拌好的，上坟时，再一碗一碗分开，摆在每个坟头。因为是由五种菜做成，便叫"五碗菜"；另外，襄垣人觉得鬼不怕冷食，因此也叫凉菜。通常，祭拜完先人后，一家人就在坟前席地而坐，吃点坟前的供品，对此，襄垣人有三种说法：首先，凉菜是供品，是被先人祝福过的，吃了对自己有各种好处；其次，清明时节已进入仲春，人们即便吃了凉菜也不会拉肚子。另外，据说只要清明当天吃点凉菜，那么一年里吃凉东西都不会伤胃。

绿豆芽：以前襄垣人在清明上坟时，祭祀最后要在墓侧挖一尺五寸小坑掩埋半把生好的绿豆芽；这是因为人死后通常会放麻、麦、谷、豆、黍五谷入棺封墓，襄垣人认为豆芽乃豆中首选，药用可下火解毒，用在墓地上寓意生根发芽、人丁兴旺、传宗接代、光宗耀祖。现在，这个仪式已经消失了。

清明祭品   坟祭

6.游艺。以前，襄垣人在清明节时盛行放风筝，因为清明前后风和日丽，特别适合放风筝。那时的风筝形状也颇为多姿多彩，最常见的是"八角"和长尾巴"蝌蚪"，也有不少制作较为复杂的风筝，如"七星""蜈蚣""蝴蝶""老鹰"等。但现在清明节放风筝的习俗已然消失了。

这里以几种儿童娱乐方式为例来看游艺中的乐趣。娱乐是人不可或缺的范畴之一，大人有大人的娱乐方式，儿童有儿童的娱乐方式，比如襄垣的儿童喜欢折纸和放风筝。这类娱乐可以是自己玩，也可以和伙伴一起，而且它们不是单纯的行为游戏，而是需要有一个具体的玩的对象，那就是游戏的道具。而就道具而言，它们本身除了有供人娱乐的功能之外，还具有一定的审美价值，因此，儿童们会将各自的折纸和风筝放在一起相互媲美，在这个过程中，人们开始追求工艺的精湛。

（1）折纸

折纸是一种十分普及的儿童娱乐形式。可用简单的纸折成各种动物、器具的形状，比如鸟、车、轮船、房子、衣裤、风车、金鱼等。这种艺术形式既可以开发智力，又能增添生活的乐趣。

（2）风筝

风筝的制作工序主要包括选料、下料、造型、绑扎、贴糊、绘画、组装、拴角线和试飞。制作工具主要有钳、刀、锉、锯、剪、镊、尺子和烤灯等。襄垣的风筝有十余类，比如吉祥类、祝寿类、平安类、祈神类、爱情类、花卉类、鸟虫类、硬翅类、软翅类、串式类等。风筝的型号分为大型、中型、小型和微型四种。首先要按照设计的要求，即不同的长宽和厚度来准备材料。选材主要以毛竹为主，毛竹要干燥，节距要长，韧性要好，不脆不霉，无虫蛀。首先，将竹子刮去青皮、剔除虫蛀、内伤等，按照所需长度截劈毛坯，当地也有用高粱秆代替竹子制作的。其次，做造型的时候，要用火烤，火烤要适度，不能焦煳。对称部位经纬度要对称，竹子要细劈、等重。绑扎骨架是制作风筝的基础工艺，一旦走样就会导致起飞不稳。风筝的蒙面要糊得松紧适度，平展而不扭曲。糊好之后就可以在上面绘画了，颜色要明快、对比强烈，润色要自然、层次分明。拴角线要按照不同规格的风筝，确定角线的长度，线头要整齐、牢固，母线拴在一起，子线扣的位置要适宜，合拢成大约30度角的样子。角线拴得合理，风筝才能起飞高稳。最后是试飞，一般风筝试飞3米以上，风筝角线当空定点，一分钟内不摇头、不翻转，在2～5级风下起飞至适当高度后，就能平稳升空了。

下面是两则普查资料，其中可以看到诸文化要素的表现形式：

王村镇温家垴村

清明节全国统一祭祖。该村特殊之处是出嫁女儿在清明节要回娘家祭祖，还有谚语："媳妇上坟，家庭必穷。"

清明节为鬼节，至今盛行。是日，家户进行墓祭，俗谓烧纸，上坟烧纸的人三五成群，络绎不绝。人们带着供品及铁锨之类，到坟地，先铲除坟头杂草，叫扫墓；然后填土，谓覆墓；覆墓后在坟头压一块黄表纸，接着烧纸。先祭后土、前脉，最后祭近祖。祭毕，席地而坐，略进冷餐。

时日，最突出的应时食品是凉菜。中午家家户户往往制烙饼、馅饼、馍馍等，与凉菜配食。

侯堡镇垴上村

每年的三月清明时节，故乡的杏花开了，桃花红了，山坡上的草儿绿了，沿河两岸杨树、柳树长出了新的嫩芽，绿满了河的两岸。家家户户要上坟扫墓。先上远祖老坟，上完祖坟之后才到近三代的坟地扫墓。祭祖扫墓时，担上挂面汤和供品，带上香蜡、纸马、黄表金印、锡箔、元宝等，并在坟头上填土、上香、点酒洒汤，祭奠祖先在天之灵。

二 普查中的现场描述

下面这份资料非常特殊，是我们的普查人员对西营镇清明节参与过程的具体描述。

1. 扫墓

此日是男子祭拜先祖的日子，前一天或两天是出嫁的姑娘回娘家给先祖上坟、祭拜的正日子。上坟讲究的是在中午吃饭前进行，大多数是在 10 点左右。

我们预约的采访对象分别是赵俊文（33 岁）和赵玉文（36 岁）兄弟，他们今天是给老爷爷、爷爷、大爹、三爹上坟。坟地远离村庄住宅，要步行两三里才能到达。赵玉文肩上扛着铁锹，赵俊文手拿各种供品，小女孩拿着彩色的清明穗和白色挂纸。

祖坟呈椭圆形状分布，排序是根据阴阳先生推算的，以求人旺财旺。老爷爷的尸骨并没有埋在此处，是将老坟里的灵魂迁过来后修建的，坟头只是一个牌位，一个象征性的代表。

他们到达坟地后，先是绕坟地一周分别给各个坟头摆上馍馍，或四个或五个不等。坟头分别有几块青砖铺成的小平台，以利于摆放供品等物。香火点燃后，先祭拜位于祖坟外面的后土神位（土丘不高，很小），磕一个头。然后接着跪爷爷、奶奶、大爹、三爹。然后在坟前烧黄纸、纸钱等物。嘴里还要念叨"好好花吧，给你送钱来了"。紧接着用铁锹在旧坟上培植新土，又称"填土"。最后将带过来的汤泼到各个坟头上，里面有挂面、豆芽、红萝卜、粉条等，"干的稀的都有"。制作汤时不放盐酱醋等调料。人们认为"如果是放盐的话，灵魂就会跟着回去了"。上坟的最后一个过程就是将坟前的各种祭品都撕下一块扔在坟前，剩下的拿回家继续食用。

2. 修坟

本地习俗，每年的清明节、十月初一是孝顺的儿子为长辈砌坟的好时候。我们在西营镇城底村地界遇见了为77岁的父亲砌坟的史田珍兄弟。时间为2008年4月3日。整个修坟的过程大概需要两天的时间。首先得经过阴阳先生推算，决定坟的朝向与破土的时间，然后就是找坟工。坟工的选择并没有太多的忌讳，只要避开本命年的男子即可。匠人是史田珍从武乡县请过来的，名叫崔布钢，现年70岁，从事泥匠工作已有近50年的时间。

第一天，是将坟坑挖好。早上，首先破土，即象征性地用镐头刨上三下。旁边用土块压着一块红布，挖坑吊中线时，也是用红色的毛线，以辟邪。坟坑大多深3米，长3.5米。如果加门窗需4米，宽2.2米。如果男子有两个老婆，即坟坑要容纳三个人的话，就需要加宽50厘米，约2.7米左右。因为坟坑多是由人工挖成，所以用时在一天左右。坟坑挖好后，从当天晚上开始直到砌坟完成，不能离开人，必须有人看坟。这通常是女婿的责任。从晚上直到天亮，看坟的人要不间断地用锣敲上一下，防止小动物之类的进入。

第二天主要是进行砌坟工作，即把坟坑用砖砌成窑洞样。正对窑门有一镇物，为阴阳先生推算后画的八卦图。八卦图是用两块灰色的砖制成，居于正中。砌镇物一侧的砖壁时，不能完全砌实，在镇物的下面还要留有九个"十"字形的空隙，俗称"八卦套九星"。在死者下葬后，空隙里面可以放上红蜡烛以照明。左右窑壁也要留有"十"字形空隙，俗称"东仓西库"，放米面。砌坑底时，要留些空隙以走地气。砌坟完成后，在上面还要浇上水泥水以凝固。然后砌上窑门，关闭。最后将土盖上，上面还能种庄稼。

史田珍表示，今天砌好坟后，父亲还要过来看看是否满意。除此之外，老人的寿服、棺木已经准备了十年，对此老人并不生气，反而很高兴。史田珍有两个姐姐、一个哥哥，他是与哥哥一起商量给父亲砌坟的。砌好坟后，姐姐还要过来，拿上红布（对匠人吉利）、铜钱（感谢匠人）、五碗菜、25个馍馍等供品来烧香、摆供。

在整个砌坟过程中，残疾人不能靠近坟地。

3. 配阴婚

当地风俗，清明节前后三天是为死去的亲人举办冥婚（俗称"配阴婚"）的好日子。此三日不用请阴阳先生推算（又称"观天气"）。此三日内，活人不办喜事。

西营镇观岩村上庄，李家兄弟正在为已经死去的老三举办阴婚。李家兄弟四人，老三于16年前去世，时年40岁。去世后媳妇改嫁他人，留有一女一子。操办冥婚是兄弟几个互相商量着办的，这是他们一直未了的心愿。冥婚中的老婆来自白杨岭，去世时只有7岁，已经去世了39年。当时没有入祖坟，只是简单地埋起来。举办冥婚和现实中的婚礼一样，也要找媒人。考虑的因素包括双方的实际年龄是否合适，年龄不能差太多，还有男方的性格、品性等。几项因素都符合，女方才答应这门亲事。

4月3日（清明前一日）是男方订婚给彩礼（2400元）的日子。主要是男方拿上衣服、食品之类的东西到"人主"家（女方娘家），双方最后商定阴婚事宜。吃饭过后，到坟地里，将女方原来的小棺材挖出来，捡起尸骨重新拼凑后，装入带过来的新棺材中，抬走。

4月4日上午，将女方棺材抬到坟地附近，放进临时搭设的灵棚内。棺材上放着浅红色的被子以备随葬。还有一个筒形的陶罐，入葬时要将供菜、馍馍等食品装进去随葬。还有两个分别放着面和米的杯子，是要放入坟坑里的"东仓西库"的。此外，还有一些五谷，随葬时抛洒，意思是以后不再迁动了。棺材前面摆着长条凳，上面摆着十碗供菜，分放两边。中间是馍馍。长条凳下面点着三炷香。前面还有一个供桌，放着衣服、鞋、化妆品、香皂等日常生活用品。旁边有嫁妆盒，入葬时生活用品要放到里面随葬。棺材的小头上写有"李府先妣路氏之位"。灵棚外几个花圈迎风摇曳。

在男方的坟前，有几个坟工一直在紧张地忙碌着。他们已经将坟刨开并深挖，16年前的棺材漏出一角。男方的棺材并不需要重新抬出，只是在他的旁边再加宽一些，以利于合葬。女方棺材的左右安排要根据男方与他故去的父亲的位置而定，男方要挨着父亲的墓地。在坟的旁边放着一块红布包裹的包，里面是给坟工准备的香烟和白布。红布的意思是为坟工趋利、辟邪。在挑选坟工时，需要避开本命年的男子，其他没有禁忌。

时近中午，墓地已经挖好，只要"人主"的到来便可以抬棺材入葬了。这时还有一个程序就是只有男方的儿子、闺女、侄子回家，将孝帽交到"人主"手里，方可以开始下一个程序。然后"人主"才可来到坟地，在灵棚前给死者烧香、祭拜、叩头。最后将女方的棺材抬起，入葬，掩埋。当地习俗入葬后"人主"不能回男家吃饭，只能一路返回。

这次冥婚的花费由亲人们共同分担，彩礼由已经长大成人的闺女出，挖坟这边的花费由兄弟们几个承担，几个侄子也一直在忙前忙后。

第六节　端午节

一　概述

与襄垣的其他节日一样，襄垣的端午节与整个汉民族端午节的基本框架是一致的。首先，是节日的时间，襄垣端午节在阴历五月初五，不过端午节从五月初一就开始了，五月初一被称为小端午；其次，端午节是以对屈原的祭奠为基调的，其中渗透着浓厚的爱国主义情怀，这衍生出端午节吃糯食的习俗；第三，端午节的内涵也包含着对气候节令变化的应对，由于此时正值春夏之交，蚊蝇虫毒萌生繁殖，这在现代卫生技术尚未出现的情况下，促生了人们对于瘟神的信仰与禁忌，随之，一方面产生了端午祭瘟神的仪式，另一方面也衍生出端午节插艾草、抹雄黄酒以及戴香包等习俗，其中雄黄酒又与白娘子有关。

襄垣端午节在节日框架上并无独特性，其特殊之处在于其与地理环境有关的习俗内容。比如襄垣本无稻米，江米传入之前，当地人在端午节时吃的是用黏性较大的黍米（襄垣人将蒸熟的黍米叫馏米）做成的蒸糕，也用黍米加上姜黄水泡几天后用苇叶包成粽子。再如香包里所装的药草自然也是基于襄垣地区植被的特殊性而定。

2008年，我国法定节假日开始实施，作为法定假日之一的端午节，其习俗有所复兴，这在襄垣亦是如此。不过总体而言，襄垣端午节在习俗内容上一直处于淡化的趋势。以《襄垣县志》的记述为例：

> "端午"为纪念伟大诗人屈原，并有"白蛇传"中白娘子故事传说之习俗。节日当天，日出前到田野、山丘采集荆芥、黄芩、枸杞、车前子等药材（统称香药）备消炎解毒用；门首插艾株、柳条以避妖邪；妇女将用彩布缝制花鸟禽兽为外形、内装香药的"香包"佩挂于身，男女幼儿手腕、脚腕戴"百索"（五色线拼合而成），双肩和帽顶掇彩鸡、彩凤（即香包），以避瘟邪、驱五毒（蛇、蝎、蜈蚣等）；牲畜头悬香包，以驱病瘟和放牧时驱蛇，防草挂（蛇放出

毒汁附于草上，畜食而亡）。1949年前此俗盛行，近年少见，仅存吃粽子、食枣糕节日饭，忌从初一到初五理发、下河洗衣洗澡，或将脏水倾倒河湖。（《襄垣县志》，1998年版，第657页）

首先要指出的是，《襄垣县志》中的这段对端午节的描述具有很强的分析性，比如用辟邪驱虫来分析人们在端午节戴香包、插艾草和柳条的原因，这种分析具有一定的科学性，但从文化的角度而言，人们是依照传统在践行习俗，而非有明确的意图来思考自己行为的功能性。相较而言，端午节因为有对历史人物的祭拜因素，加之与政府所提倡的爱国主义教育相契合，所以形成了较为强烈的节日文化氛围；但另一方面，随着科学技术以及卫生知识的发展，人们在生活上对健康和卫生问题的处理已逐渐告别了传统时代的方式。因此，总体上看，端午节吃粽子纪念屈原的习俗在襄垣依旧得以保存，不过诸如佩戴香包和百索、抹雄黄酒等习惯已很少见，门插艾草和柳条的习俗依稀存有，但伴随城镇化的发展引起的自然环境特别是植被的变化，这些习俗也会受到影响。

概言之，襄垣端午节包括两大文化要素，一个是纪念屈原及其爱国主义情怀；一个是应对季节变化而促生的驱毒避害习俗。各地区之间的端午节差异便体现在文化要素的具体内容上，下面我们来看襄垣的具体情况。

（一）纪念屈原与粽子

在我们的普查资料中，大部分都会首先提及端午节与历史人物屈原之间的渊源，同时也会引用历史文献加以证明，诸如梁《续齐谐记》："楚大夫屈原遭谗不用，是日投汨罗江死，楚人哀之，乃以舟楫拯救。端阳竞渡，乃遗俗也。"对此，虒亭镇小河村人填写的一份普查资料如是说："相传，屈原是楚国伟大诗人，他建议楚王不要扩张领土，兴师动众，劳民伤财，结果被奸人所害，被流放，最后国家反被侵略，他跳江而死，人们为怀念、纪念他，包粽子扔在江河以纪念屈原。"

北底乡冯村的资料："据传是为纪念伟大爱国诗人屈原进谏国王、军政而遭放逐，国家快要灭亡，最后跳江而死。过节前，家家纷纷采购粽叶，包好粽子或蒸江米、馏米（黍米）。煮熟后，祭拜屈原，之后大家享用，同时送给亲友。"

襄垣端午节对屈原的纪念表现在两个方面：一个是祭拜屈原的仪式，另一个是食粽子。

襄垣端午节祭拜屈原的仪式与当地的信仰体系结合在了一起。屈原在当地庙宇中并无塑像，人们一般会到河边去祭拜，另外，人们也会在家中的天地窑前来祭拜屈原。在某种意义上，襄垣人是将屈原当作神来敬奉。在河边纪念屈原的仪式是在河边朝南方摆供，供品以粽子（以前是蒸糕）为主，还要上香，此间，各地的河流具备了神圣性，因此，端午节期间忌往河里倒脏水，比如洗衣水、洗澡水等。此处需要说明的是，有的资料里提到在河边用粽子抛江来祭拜屈原，我们认为用粽子摆供而非抛江应该是更为合理的，因为屈原是投江而亡的，人们认为用黏性较大的蒸糕或粽子来供奉，不容易被水融化掉，屈原可以吃到。

除了祭祀屈原，人们在端午节期间也以包粽子、吃粽子、送粽子作为节日习俗。节前，家家户户就要忙着包粽子，以前襄垣地区不产稻米，人们用黏性较大的黍米来做粽子。包粽子，首先要准备好包粽子的米，其次要采摘苇叶或粽叶。并不是所有人都会包粽子，而且在一个小型的社区里，人们一般都会讲究谁的粽子包得最好，这类人在端午节前往往是最忙碌的，总是有邻人请他们帮忙包粽子。粽子除了用来祭祀屈原之外，还可以作为节礼，节前亲友之间互相赠送。端午节当日的早饭一定要吃粽子。

（二）季节性与驱毒避害

艾草、柳条、雄黄酒、香包也是端午节的关键词，这是端午节的另一个方面，即对季节变化的强调。有句俗语说道："吃了端午粽，才把棉衣送"，这说明端午节到了春夏之交的时候了。应对这一季节变化的同时，产生了诸多端午节习俗，大致而言便是端午节家家门上要插艾草、柳条，小孩身上要抹雄黄酒、佩戴香包和五色线等。这些之所以成为节日习俗，是由于人们将之不同程度地复杂化、细致化了，形成了一套自在的文化体系。以襄垣为例，对端午节插艾草和柳条就有相当精细的细节规定：襄垣地区在小端午即五月初一这一天，家家门上插艾草，到了端午节即初五这一天要换成柳条，因为当地有这样一种约束性的观念体现在俗语中："初一不戴艾，死后变成老鳖盖，初五不戴柳，死后变成老黄狗"。

除了在家里门上插艾草和柳条之外，人们在端午节期间还特别看重对小孩子身体的装饰，因此衍生了几种约定俗成的端午节饰物：端午节要给家里孩子手腕和脚腕佩戴五色丝线"逼束"，五官等部位要涂上雄黄酒，女孩子要佩戴香包。香荷包是用红布缝制成鸡心形状，内装艾叶绒、雄黄、蒿木、朱砂、琥珀、麝香等药物，外用五色丝线在香荷包的布面上绣出各种花样，清香扑鼻。

人们一方面将这些作为习俗在遵守，一方面也会从常识的角度对之进行理解和解释。人们觉得这些习俗之所以在以前盛行，是因为端午节正值春夏之交，蚊蝇虫毒开始繁殖，不管是在门上插艾草、柳条，还是给孩子身上佩戴饰物，都有辟邪驱瘟的功效。这样的解释自古有之，梁宗懔《荆楚岁时记》有载："五月五日，四民并踏百草，又有斗百草之戏。采艾以为人，悬门户上，以禳毒气"；富察敦崇《燕京岁时记》："端五日，用菖蒲、艾子插于门旁，以禳不祥，亦古者艾虎、蒲剑之遗意"。

在现代医疗技术渗入中国广大农村之前，人们往往要凭借信仰和常识来保全性命，这是人们经过漫长的生活经验而得出的知识。以前，阴历五月是瘟疫横行之时，人们用瘟神来解释因此而发生的诸多对生命的威胁现象。所以，襄垣普查资料里也有提及，襄垣地区端午节期间有祭拜瘟神的仪式。

对此，襄垣人还有恶五月的说法："五月恶，恶五月，避灾驱邪香袋多，五月五天不推头，以防害死老舅父"，所以襄垣端午节除了给门上、小孩戴几种佩饰之外，还忌初一到初五理发，否则便会害舅舅。

二　普查资料展示

虒亭镇祝家岭村（提及伍子胥）

相传端午节是纪念伟大爱国诗人屈原和忠烈伍子胥的。

该县建有子胥庙，忠良大臣伍子胥为吴国人，他逃于吴国，扶保幼主，但越王勾践利用美人计，卧薪尝胆，迷惑吴王，伍子胥看出其中的诡计，但越王用珠宝诱惑奸臣，说他反抗君王，逼伍子胥自杀。

虒亭镇阳坡村

五月初五端午节，传说是为了纪念屈原，端午不吃粽，必定忘忠臣。相传公元前528年，楚平王不听屈原之谏，非要向外扩张土地，结果被打败，自己的臣民也倍受欺负，被流放在外的屈原得知消息后，跳江而死，人们为纪念他，将这天作为端午节。

本村临漳河，有水，人们这天中午会成群结队来这里祭拜屈原。一些人不来河边也会在家中祭拜。在全神面前烧香，摆供品、佳肴，全家叩头拜祭。有文人还会读屈原的爱国诗，重温他的爱国诗作，让后代们怀念他，学习他的爱国精神。插柳、插艾，孩子们戴五色线等。这些都是为了给屈原驱五毒。

侯堡镇戴家庄村

单五（方言中对"端午"的发音）节是农历五月初五，过单五我们这里大概和其他地方一样。单五节人们总要拿些江米、大枣或者其他好吃的东西去岳父、舅舅等长辈家尽孝心。单五节早上煮俊子（方言中对"粽子"的发音），提前几天去苇地打苇叶，我小时候记得母亲就是这样。回来把苇叶洗净煮熟，然后包黍米（小米），黍米要连泡几天，包着才好吃。近几年生活条件好了，包"俊子"有江米、大枣，有人家还在里面包肉。单五这天早上要早起去拔一些艾草，据说单五节的艾草能治百病，还能辟邪，把单五节的艾草挂门上，以后牛鬼蛇神都不敢来。

虒亭镇赤壁村

端午节吃粽子是主要习俗。传说怀念伟大诗人楚国三闾大夫屈原跳江而亡，人们怕他遭受鱼食之苦，扔粽子让鱼虾吃。

节前，家家买粽叶，淘好江米或黍米，泡一天，包成粽子。在端午节煮熟冷却后，供神（对着南方）摆菜肴和酒，上香。家家插艾柳在门上，辟邪。7岁以下的小孩戴荷包在身上。早上吃粽子，中午吃饺子或包子，有的吃馏米或江米，也是为纪念屈原的。有的地方纪念伍子胥。

王桥镇五阳村

端午节前备苇叶，泡软米（黍米、江米、熟谷米），煮红枣，用煮熟的苇叶包粽子，为节日饭，并在亲友中互相赠送。

旧日端午，村民常以五色线束拴在儿童腰胸，门悬柳艾，青年男女特制"香荷包"，牲口也戴"香袋"，用以避瘟解毒，今已不流行。

第七节　六月六

一　襄垣六月六素描

阴历六月初六也是汉民族的普遍节日，不过与其他节日尤为不同的是，六月初六有许多节名，比如暴晒节、晒衣节、晒书节、姑姑节、迎女节等，这些不同的名称代表着该节的地方性差异及其节日文化的不同侧重点。不过总体而言，六月六主要包含两大民俗要素：一个是晒物，一个是出嫁的女儿回娘家。

但是，襄垣的六月六除了此两大要素之外，还有一个主题，那便是祭拜马王爷和山神爷，这与襄垣的地理特征以及由此而产生的生活方式紧密相关。因此，襄垣的六月六主要有三大节名，分别是羊工节、望夏、晒衣节。其中，襄垣人最为重视的是羊工节和望夏，而且在通常情况下，人们是将此二者分开叙述的，在具体的行为上也是将其视为两个节日来过的，以《襄垣县志》中的表述为证：

> 六月六，朝山节。旧时此节为羊工祭"山神"，凡养牲畜户，这天都要给"马王爷"上香叩拜，并在畜圈内燃放鞭炮，犒劳喂养者；小羊工叩拜大、二把作（羊工头）。今仅留："佳肴待羊工。"早食煎饼，午食黄瓜捣蒜泥、鲜北瓜拌凉面。此日有晒衣之俗，可防虫蛀。（《襄垣县志》，1998年版，第657页）

> 望夏。夏收结束，女儿、女婿都要带着用新麦面蒸制的大馍，看望岳父母，一为通报自家夏季收获，秋禾长势，二来了解岳父家今年收成。岳母多用北瓜丝和面粉烙饼待之。相传此俗为"西阁画眉张京兆，东床（指女婿）袒腹王右军（王羲之）"流传民间。（《襄垣县志》，1998年版，第657页）

不管是祭拜马王爷和山神爷，还是晒衣物，抑或是望夏，襄垣的六月六习俗深刻地体现了农耕社会中人们的生活方式和价值观念，以及对自然的神圣敬仰、对土地的敬重。

1. 羊工节。至少在土地改革之前，襄垣六月六羊工节非常盛行，羊工节主要是指养羊户祭祀马王爷和山神爷，并给羊工们放假的节日。这既体现了当时的社会结构以及雇主和雇工的社会关系，同时也体现了襄垣六月六的地区特色，即一方面是当时襄垣地区养羊的兴盛，同时也体现了山区特色。

在这个意义上，六月六的主体是异常丰富的，既是羊的节日，同时也是与羊有关的一群人及与羊相关神的节日。因此，六月六除了羊工节的节名之外，尚有"朝山节""山神节""拜把节"等节名。

"朝山节"和"山神节"。首先，是给与养羊相关的神过节，襄垣地区与此相关的神为山神爷、马王爷和土地爷。六月六这天，户主要带领羊工们在羊圈旁边祭拜山神爷、马王爷和家里的土地爷，并在羊圈里燃放鞭炮。因为六月山上水草肥美，但毒虫也尤为猖獗，此节期间的祭拜是请诸神保佑羊群无恙、快快长膘。

其次，要给羊过节，襄垣人认为六月六是水草和牲畜的"寿日"。这天，人们将羊群圈起来，喂上好的饲料，让它们在这天吃饱喝足。

"羊工节"和"拜把节"。羊工即是对受雇于养羊户的负责专门饲养羊群之人的称呼，这是特定社会结构下的产物，土地改革以后，羊工的称呼随着这个群体的消失而渐渐废除了。过去，羊工又细分为羊工头、二把手和放羊孩。羊工是一门讲究手艺的职业，要想当一名羊工需要自小拜师学艺，随着手艺和年龄的渐长，放羊孩也可以转变为羊工头或二把手。这三种角色有较为清晰的分工，羊工头主要负责养殖技艺的指导，他不需要到野外去放牧；二把手主要负责送饭、查圈、担角皮等；放羊孩负责早出晚归地放牧群羊。

六月六这一天，雇主让羊工将羊圈起来，集体放假休息一天、改善伙食犒劳羊工、适当赠予一些财物、结算工钱并协定下一年的雇佣计划。过去，羊工节这一天，羊工们的早饭吃煎饼，中午吃冷面，并配有凉拌黄瓜，主家还会给羊工们分发一些蒜头，据说吃蒜可以预防多种疾病。

此外，六月六之所以又叫"拜把节"，是因为放羊孩要在六月六拜谢师傅，感谢师傅教授放羊技术之恩。

襄垣人现在基本上不过羊工节了，原因很简单，因为羊工这个职业已经不存在了，更深层次的原因是整个社会结构的变革以及现代饲养技术的出现。不过，我们在普查中发现，有些村落尚有小型的养羊户，由于羊群较小，他们都是自己放牧。对于这些人而言，山神爷和马王爷依然重要，但凡有养羊户的村落均可见山神庙，而且大多是在原先被废除的基础上重建的，养羊户们每月初一、十五都去敬香，春节前也会给庙前贴上春联。

2.望夏。也叫"走夏"，别的地方通常叫"姑姑节"，有"六月六，请姑姑"一说，意思是这一天出嫁了的姑娘要回娘家。现在，襄垣人也很少过"望夏"了。六月六正是夏收结束之时，以前讲究女儿女婿带上用当年新麦面蒸的馍馍回家探望父母，一为通报自家夏季收获情况，二来也了解和关心一下娘家的收成情况。襄垣人李留锁对此总结得非常好：

> 春天下种夏天长，秋天收获冬天藏。
> 一年四季无闲时，夏收偷闲串亲忙。

另：

> 南方有个三月三，媳妇提篮回娘家。
> 北方有个六月六，女儿抱娃去望夏。
> 岁岁有个月六六，年年有个三月三。
> 一年一次回娘家，不忘爸妈拉扯大。
> 婆家孝敬婆老公，相夫教子人人夸。
> 长辈送鱼照外甥，盼望儿孙快长大。

望夏风俗渊源长，继承发扬要光大。

亲朋好友互相帮，中华美德传佳话。

当地人认为望夏传自狐偃和女婿和睦相处的故事。相传在春秋战国时期，晋国有个宰相叫狐偃。他是保护和跟随文公重耳流亡到列国的功臣，封相后勤理朝政，十分精明能干，晋国上下对他都很敬重。每逢六月初六狐偃过生日的时候，总有无数的人给他拜寿送礼。就这样狐偃慢慢地骄傲起来。时间一长，人们对他不满了。但狐偃位高权重，人们都对他敢怒不敢言。

狐偃的亲家是当时的功臣赵衰。他对狐偃的作为很反感，就直言相劝。但狐偃听不进苦口良言，当众责骂亲家。赵衰年老体弱，不久因气而死。他的儿子恨岳父不讲仁义，决心为父报仇。

第二年，晋国夏粮遭灾，狐偃出京放粮，临走时说，六月初六一定赶回来过生日。狐偃的女婿得到这个消息，决定六月初六大闹寿筵，杀狐偃，报父仇。狐偃的女婿见到妻子，问她："像我岳父那样的人，天下的老百姓恨不恨？"狐偃的女儿对父亲的作为也很生气，顺口答道："连你我都恨他，还用说别人？"她丈夫就把计划说出来。他妻子听了，脸一红一白，说："我是你家的人，顾不得娘家了，你看着办吧！"

从此以后，狐偃的女儿整天心惊肉跳，她恨父亲狂妄自大，对亲家绝情。但转念想起父亲的好，亲生女儿不能见死不救。她最后在六月初五跑回娘家告诉母亲丈夫的计划。母亲大惊，急忙连夜给狐偃送信。狐偃的女婿见妻子逃跑了，知道机密败露，闷在家里等狐偃来收拾自己。

六月初六一早，狐偃亲自来到亲家府上，狐偃见了女婿就像没事一样，翁婿二人并马回相府去了。那年拜寿筵上，狐偃说："老夫今年放粮，亲见百姓疾苦，深知我近年来做事有错。今天贤婿设计害我，虽然过于狠毒，但事没办成，他是为民除害，为父报仇，老夫决不怪罪。女儿救父，尽了大孝，理当受我一拜。并望贤婿看在我面上，不计仇恨，两相和好！"

从此以后，狐偃真心改过，翁婿比以前更加亲近。为了永远记取这个教训，狐偃每年六月六都要请回闺女、女婿团聚一番。这件事情张扬出去，老百姓各个仿效，也都在六月六接回闺女，应个消仇解怨、免灾去难的吉利。年长日久，相沿成习，流传至今，人们称为"姑姑节"。

女婿和岳父母之间的关系是非常微妙的，原本乃陌生人，因同一个女性而结成亲缘，这种关系常常包含着诸多复杂的因素，处理不好，难免矛盾重重。襄垣人认为，六月六望夏，女儿带着女婿回娘家探望父母也是消除女婿与岳父母间可能有的隔阂的方式之一。现在，因家庭结构的变化以及交通的便捷，出嫁的女儿回娘家不再受到时间和礼节的限制，此节在人们的日常生活中便渐渐地消失了。

3. 晒衣节。六月六也叫"晒衣节"。以前，人们的储衣设备较为简单，衣物容易发霉、遭虫蛀，通常情况下，六月六这天是骄阳似火，非常有利于晾晒衣物，起到防霉、防蛀的功效，遂成习俗。这一天，人们将棉衣、棉被、毛毡、毛毯、甚至书籍等都拿出来暴晒。现在，随着居住条件的改善，人们无须阳光来防霉、防蛀了，此节渐渐作废。

总体而言，随着生活方式的变迁，主要是养羊户的减少，襄垣的朝山节渐渐衰落；六月六晒衣的习俗也只有部分老人在遵守。另外，人们的流动越来越便捷和频繁，特别是乡村的人口流动越来越大，村落往往只剩下留守的老人和孩童，土地在人们的价值观念中的地位在急剧下降，相比之下，人们往往选择放弃家里的土地到外面打工，因此，襄垣地区六月六望夏的习俗也基本上消失了。

二　普查资料展示

我们对该节的概述远没有当地人的表述精彩与复杂，其中也体现了襄垣地区乡镇之间的些许差异。

王村镇南姚村过六月六习俗

羊工节。有专制北瓜臊子咸面条打牙祭的俗尚，流行至今。

古代六月六是晒衣节，晒衣防蛀。清代，放牧之家还要在牧场祭祀山神爷、土地爷。有的地方把此日称为"牛羊节"，此日牧工多以精食精料饲喂牲畜，主人以酒肉犒劳牧工。有的地方把此日叫作"羊神节"，当地人传说这天是羊神的生日，羊主要请羊工吃好饭，羊工和主家要协定未来合同。

西营镇观岩村六月六羊工节

六月六羊工节，要供奉山神爷。也是羊主家盛待羊工的节日。

据该村放过羊当过羊工的老李回忆，这天放羊孩要拜敬羊工头和二角（羊工的二把作，管送饭和看坡），放羊孩要送礼物感谢师傅教他放羊。这天主家给山神爷烧香摆供品，放羊人给主家叩头。主家给放羊人吃黄瓜菜拌大蒜、凉面条和酒，早饭吃煎饼，犒劳羊工，也有在今天结算工钱的。

善福乡赵家烟村羊工节

六月六，朝山节——羊工祭山神爷或"马王爷"，烧香摆供，在羊圈内供奉。因为六月里水草颇盛，但有毒虫，祈求山神爷马王爷保佑羊无病。

早上，将羊群圈了，羊工休息过节，把马王爷供在圈旁。养羊户主率羊工头和二把作以及放羊孩等，先由户主烧香三柱，然后相继叩拜。过节期间，也有拜把作一说，即小羊工叩拜羊工头。吃饭多放蒜，主家会赏给羊工好多蒜头，实际上起到预防瘟疫的功效，所赏之物也随着时代的改变而有所变化，也会赏衣物等。

侯堡镇暴庄村六月六姑娘回娘家走夏

每年六月六日前后，中青年妇女和丈夫拿上用新麦面蒸的馒头，穿上新衣服，夫妇欢欢喜喜回女方娘家看望爹娘。女婿看岳父岳母，这一礼节叫"走夏"。六月六姑娘回娘家，它有利于消除岳父母女婿之间的某些隔阂，在今天仍有一定的影响和作用。

王桥镇岭后村

六月六是传留下来的请羊工的节目。原因是怕羊工不好好放羊，于是在青草旺盛时期，要请羊工好好吃一顿，让羊工给放好羊，让羊吃上好的青草长肥。

王村镇龙王堂村

农历的六月初六，这天为牧羊节，人们家中养有羊、牛、驴、马等牲畜的，都要在这天进行祭祀活动，烧香、摆供。希望当年水草茂盛、家畜健康。

王村镇南铺村

农历的六月六为水草动物的寿辰，羊、牛、驴、马牲口一类的动物都要饱食一顿。人们要烧香、摆供，祝愿各种牲畜成长迅速、快快长膘。

上马乡磨垴村

在 1949 年前，养羊户和羊工在这天要朝祭山神，在羊圈内放炮、上香、摆供品。这天犒劳羊工，放羊孩要叩拜羊把作（懂技术的羊工头），感谢教授放羊技术的大恩。主人早上给羊工吃煎饼，中午食黄瓜和面条。

善福乡赵家烟村

羊工六月六烧香的来历：古时候，据说放羊的羊工头不起床，早上送饭迟，放羊孩在地里等得饥肠辘辘，无法忍受。当时有个放羊孩叫赵保，饿急了，他就把羊头全部砍下来放在地里中央，羊工头一来傻了眼，只好从此早送饭。到六月六时，养羊的人家，这天专门不让羊工们放羊，而是给改善生活。羊工头、二角（负责送饭的）、放羊孩，早上吃小米饭和黄瓜菜，中午吃面条和大蒜，避暑、驱邪。给被人们传为羊神话的赵保羊工老爷烧香、供奉凉菜佳肴和酒。用放羊鞭甩响，表示礼貌。

第八节　七月七剪影

我国大部分地区都将七月七叫作七夕节，也有部分地区从仪式的角度称其为乞巧节、从参与者角度称其为女儿节等。襄垣地区习惯于将七月七称为乞巧节，首先来看《襄垣县志》中的描述：

> 七月七，乞巧节。此日夜间，凡七岁以上女子，均结彩缕、穿七孔针、备瓜果祭织女星，乞求智巧。今仅少数山庄人为之。（《襄垣县志》，1998 年版，第 657 页）

县志中的记载主要是从仪式或节日习俗的角度出发，不过在我们的普查过程中，现在襄垣人基本上都是从节日传说来讲述本地的七月七。正如县志所言，乞巧在襄垣地区已然没落了，随着乞巧仪式的衰落，与七月七相关的传说故事在人们的记忆中反而越来越浓烈了。

在五百多份襄垣岁时节令的普查资料中，只有八个村庄提到七月七这个节日，而且这八份资料大多是以讲述牛郎织女的故事为主。因此，我们也可以暂做总结，现在襄垣的七月七以传说故事为主。另外，人们也渐渐开始将七月七对应于西方的情人节，认为七夕节是中国的情人节，恋人之间也会在七夕节赠送鲜花和巧克力。总体上说，襄垣的七月七包含了两个主题：一个是乞巧，一个是牛郎织女的传说，而现在这两者均只存在于当地人的记忆中。

1. 作为仪式的七月七：乞巧节。襄垣人回忆七月七的晚上，星空清明、月亮初照，女孩子们烧香、摆供，祭拜织女星，乞求织女施智巧，乞求织女保佑自己能找个好婆家、好郎君，同时在月光下穿七孔针。以下是普查资料中几个村庄对七月七的讲述：

王桥镇原庄村

七月七日，牛郎织女会天河，凡 10 岁以下少女学习针工的日子。

人间小女孩这天可以向织女学习针工活。人们上香、摆供向织女供奉。小女孩们此日夜间结彩线缕，穿七孔针，时逢七月瓜果已熟，供瓜果，学习智巧。妇女们此日绣枕头、做嫁衣，说是向织女汇报儿时学习针工的成绩。

虒亭镇温家庄村

在牛郎和织女夫妻二人相会期间，凡间妇女尤其是少女就上香，乞求织女传授技艺，称为"乞巧节"。

乞巧前夜，妇女带女儿们烧香摆供，特供有剪、针、布料，等到夜深人静，天空中织女星与牛郎星相逢时刻，大家都跪下，烧香、祷告"请织女教授我们织艺吧"。说来也怪，女孩子们从此针工活巧起来了。

七月七日夜里，人们去葡萄架下，可以听到牛郎织女说话，所有的喜鹊到天河给他们搭桥。

2. 牛郎织女传说。襄垣人关于七月七的传说主要是从牛郎织女故事演变而来的，虽然普查资料中对牛郎织女故事的讲述各有差异，但基本的叙述框架是一致的。

上马乡老岭村

七月七日传说牛郎织女见面，到七月七日那天，夜里天上会出现一条白色线条，传说是一条银河，端一盆清水放在葡萄树下，可以看到牛郎织女见面。

王桥镇原庄村

传说，天上织女星下凡，与放牛的牛郎互相爱慕成婚。织女在人间传授织锦手艺给妇女们，让天下百姓有衣穿，布施仁德。有仙人忌妒，向玉皇诬告织女星，说其思凡配凡人，要玉帝树自己的公德。玉帝大怒，命天兵天将捉拿织女，织女不得不回天。老百姓尤其是妇女们上香祷告，请求赦免织女，加上观音恳求，玉帝才免其二人死罪。但只允许每年七月七日可以相会。观音画一条天河让二人见一天。喜鹊们巧搭桥让二人见面，人间小女孩这天可以向织女学习针工活。

王村镇东坡村

"七夕"叫农历七月七日。相传，每年七月七，"牛郎织女哭"，一层意思是这天必定下雨，牛郎织女的泪点就是雨点。

据说，牛郎织女是好夫妻，太上老君不让七仙女之一的织女下凡嫁牛郎，说是破坏了天规，要将仙女收回天宫，但又怕仙女私自与牛郎见面，就在天上设了一道江河叫天河，用天河相隔。又规定每年七月七可隔江相望一次。所以就流传下来"七月七牛郎织女哭"的典故与传说。

王村镇南姚村

在当地，每年的七月七日是情人节，是牛郎和织女会面的日子。这天家家户户的人们都要在夜晚观赏天河，数着星星，指认星座，讲述牛郎织女的故事。

王村镇南铺村

每年的七月七日是我们传统的情人节，是牛郎与织女相会的日子，因他俩相会很难，每年只有一次，见面时挥泪成雨，每年的这天总会下雨，这种传说流传至今。

王村镇杨桃村

农历七月初七称七夕节，相传人间的牛郎与天上的织女喜结良缘，男耕女织，互敬互爱，生儿育女，非常美满。然而，当玉帝闻知织女下嫁人间，勃然大怒。七月七日，王母娘娘奉旨带着天兵天将捉住了织女，悲痛欲绝的牛郎在老牛的帮助下，用箩筐挑着一双儿女追上了天，眼看就要追上，却被王母娘娘拔下的金簪一划，他脚下立刻出现了一条波涛汹涌的天河。肝肠欲断的织女和牛郎，一个在河西，一个在河东，遥望对泣，哭声感动了喜鹊，霎时无数的喜鹊飞向天河，搭起一座鹊桥，牛郎织女终于在桥上相会了。王母娘娘无奈，只好允许牛郎和织女在每年的七月初七相会一次。

虒亭镇温家庄村

传说汉朝时（公元前138年），有一放牛郎非常勤劳，天上织女星下凡与其成亲，传授女子织艺。玉帝知后大怒，拆散二人良缘。织女星留恋丈夫，二人相抱不忍分开。村里附近妇女们皆烧香摆供央求，观音向玉帝求情："织女星下凡配凡人应罪责，但织女星把织艺传授人间，使天下女子会织艺，这也是咱天界造福人间之职所在呀……"玉帝只好允许二人每年七月七日可以相会一次。在夫妻二人相会期间，凡间妇女尤其是少女就上香乞求织女传授技艺，称为"乞巧节"。

第九节　中元节与"羊"

从总体上来看，中国民间社会将七月十五称为"鬼节"，是围绕鬼魂设置的节日，襄垣地区有谚语："阳间正月十五闹元宵，阴间七月十五过鬼节"。从名称上讲，主要有道教和佛教之分，佛教称之为盂兰盆会，道教里则叫中元节，相较而言，中元节的说法在民间较为多见，道教有三元之说，分别将正月十五、七月十五、十月十五称为上元、中元和下元，中元节便由此而来。不过，襄垣中元节又有其独特之处。

除了具备通常意义上的中元节基本要素之外，襄垣中元节还有一个与"羊"有关的要素，从而形成襄垣中元节的特殊性。《襄垣县志》中这样描述：

> 旧为盂兰盆会故事，即戏剧《目莲救母》故事纪念日，宋代为祭祀阵亡将士节，后民间已演变为祭祀祖先祈求"五谷神""马王神"保佑丰收的节日。节前，户皆备发酵面团，造型成面人、面羊、面鸡、谷穗等，作为节日祭品。届时，到畜圈祭"马王神"。祭毕用好饲料和祭品犒劳牲畜。此俗，县西与沁县接壤村庄尤盛。县内，节前长辈要给晚辈赠送"面羊"，借"乌鸦反哺，羊羔跪奶"之说，教育后代孝敬父母。过节当日，均上坟祭祖，献品为包子。田间挂象征五谷丰登的红、绿纸条或五色纸旗。今仅存送羊祭祖。（《襄垣县志》，1998年版，第657页）

此外，我们现在的普查资料也明确提到襄垣中元节祭神农。比如夏店镇南底村的普查资料说道："七月十五祭禾神。每逢农历七月十五，庄稼人都要祭禾神，届时要采数穗谷子，放在本户的粮仓内，同时摆上供品，烧香祭神，有的还要到庄稼地里烧香，以求来年大丰收。"

襄垣中元节围绕着"羊"延伸出相应的仪式和传说，其中既包含着中元节祭祀、祈福的诉求，也体现了两种关系；襄垣中元节祭祀和祈福的内涵突出地体现在祭祖和祭神农的仪式上，而中元节中包含的两种关系分别是家庭内的长幼之序、少数民族与大汉族间的民族关系。

（一）上坟祭祖

祭祖是襄垣中元节的基本精神，这在我们的普查资料中有所体现：

王村镇南铺村

七月十五上坟。每逢农历七月十五，我们这里都要家家户户上坟烧香，蒸馍馍，拿上挂面汤，摆上供品，到坟前烧香。

上马乡西岭村

中元节是农历七月十五，此日有上坟祭祖习俗，旧时流行放河灯。

（二）"羊"

不管是当地的县志还是现在的普查资料，其中在描述中元节时都屡屡提到"面羊"。一方面，祭祖时需要用"面羊"；另外，中元节祭祀神农也需要"面羊"，而且"面羊"也是中元节亲友间相互馈赠的礼物。比如普查资料里提到：

王桥镇炉沟村

农历七月十五是中元节，祈求"五谷神"保佑年年丰收，发酵面团，造型成面人、面羊、面鸡、面兔等，到地头、地边祭奠。

虒亭镇西底村

七月十五送羊。每年的阴历七月十五，姥姥、姥爷、舅父、舅母，都要给小外甥送羊，祝愿孩子活泼健康、少儿无病。

侯堡镇暴庄村

七月送"羊"习俗。每年的七月，是当地人们送羊的习俗。送"羊"就是人们祈盼能五谷丰登、六畜兴旺，有一个好的年景、好的收成。送"羊"都是长辈给晚辈送，出嫁的女儿给娘家送，干儿子给干爹干娘送，同时，也可能有一层尊敬长辈、孝敬老人的意思。

王村镇北姚村

每逢七月十五，家家户户都要蒸羊，互相走亲戚。

（三）关于"羊"的传说

襄垣中元节送羊的传说包含了胡、汉民族关系，王村镇南姚村和侯堡镇东周村的普查资料对此如是说：送羊的习惯起于北魏，北魏时孝文帝诏令胡汉通婚，胡女必须嫁汉家。七月草茂羊肥，是胡人丰收的季节，所以七月十五日胡人要杀羊祭天，以告丰年。胡人是以牧为业，汉人是以农为业，汉人家没羊、少羊，每逢佳节倍思亲，胡人的女儿嫁汉家了，汉家没羊少羊，故胡人每到七月就给汉家女儿、女婿送活羊，过了十五就不送了。

七月十五以前，家家都做面羊、送面羊，并且俗定是外婆家给女儿、女婿、外孙送羊。又因汉人没有活羊，只好用小麦磨面，做成面羊，让儿子到岳父家回敬，俗称"望夏"，岳婿交谈当年丰收情况，计划来年种植打算。

（四）蒸制"面羊"

中元节中的"羊"是象征性的，所谓象征性是指仪式和馈赠行为中所用的羊而非真羊，是用面蒸制的面羊。因此，在中元节前夕，人们就要忙着蒸面羊。所谓面羊，就是襄垣人用面粉捏制的一种形似羊的面食，做法较为简单，类似一个长方形馍，两头剪为四脚，馍中间的身背镶上两颗黑豆，这就表示羊有四脚两眼。

除了面羊，人们也会蒸制六畜、五谷等形状的面食，用于祭祀以及亲友间的馈赠，既表达对先人和神灵的祭奠，同时也祈求有一个丰年，另外还强调了社会中尊老爱幼的美德。

面羊

不过，现在已经少有人家再蒸制面羊了，中元节也同样萧条下来。即便节间亲友之间拜访，所赠礼物也用现代食品代替了原来的面羊。

第十节　中秋节

相对而言，襄垣的中秋节并无太多独特之处，主要有三个要素：祭月、亲人团聚以及节日传说。

（一）祭月

祭月又叫望月，祭拜"月亮神"的意思，由于有信仰的因素，因此有一种约束性，襄垣人常说一句古话："八月十五不望月，出门就要遭风雪"。祭月有一套仪式，可参见《襄垣县志》：

> 旧时流行拜月、望月风俗，是夜各户院内设香案陈月饼，瓜、果、梨、枣、葡萄等应时鲜水果，酒肴，焚香拜月，拜毕全家人围坐月下，边吃丰盛祭供品，边谈家常。今仅存赏月吃团圆饭，直至炒菜饮酒，并要特制一大月饼，按家中人口之数切成扇形分食之（即便有缺席者亦要设一空坐、留一份）。
> （《襄垣县志》，1998 年版，第 657 页）

襄垣现在依然存在祭月的仪式，比如我们的普查资料显示：

西营镇拐沟村

八月十五中秋节有供奉"月亮神"的习俗，中秋节在该村人的心目中是一个重要节日，每家在这天晚上都要供奉月亮，摆奉月饼、瓜、果、梨、桃、枣、葡萄，也上香。表示合家团圆。从古流传至今。

侯堡镇邑子村

中秋节，正忙于秋收，在丰收的喜悦中，节日过得更愉快，晚上明月当空，家家对着月亮在院中摆上香案，贡献月饼、葡萄、石榴、苹果、梨、枣等，然后全家老少焚香叩头，待香烛熄灭，撤回香案，祭月完毕，全家吃香油烙的面饼，以象征全家团圆，之后再吃月饼、水果，到第二天，小辈提月饼和水果给长辈送礼。

一般是由女人来祭月，妇女拜月象征向嫦娥学习，学会看守门户、勤俭持家。

上马乡西南沟村

农历八月十五，是我国民间传统的节日，我国民间在中秋节有"走月亮""拜月娘"、祭月、挂彩灯等习俗，其中，以中秋赏月、吃月饼的风俗最为盛行。

拜月即祭月，是在八月十五月亮升起来的时候举行，祭月时因月属阴，有的地方是妇女先拜，男人后拜，有的地方还有男人不拜月的规矩，祭完后，一家人再吃"团圆饼""赏月饭"，家家户户都吃月饼和水果。

（二）追月

"追月"是指中秋前后，亲友之间互相拜访、互赠月饼的习俗。这是在信仰的基础上，衍生出来的一套礼仪规范，有利于更新亲属关系以及社会关系。这套礼仪讲究的是中秋节前后，晚辈要给长辈赠送月饼以及其他食品，是为孝敬。与此礼仪相关的是月饼的制作工艺，不过，随着食品生产的机械化，人们逐渐抛弃了做月饼的手工艺，而选择去市场上购买加工好的成品。《襄垣县志》中是这样记述"追月"的：

> 本县还流行"追月"的风俗，十五之前，新婚女家及亲戚，要携带月饼、梨、果、葡萄等往婿家探视新娘，叫作"送十五"。节前邻里节后亲友之间均以月饼为节礼互相赠送。农家常以节日晚上阴晴，预测来年年景歉丰，农谚有"八月十五云遮月，正月十五雪打灯"，为丰年之兆。（《襄垣县志》，1998年版，第657页）

现在，襄垣依然保存"追月"的习俗，比如古韩镇崔村村民讲道："中秋将至时，当地家家户户都要打烧饼、月饼，购买新鲜的水果等食品，并要给老辈亲人等送上自己亲手打制的烧饼、月饼等食品。"

（三）传说

有关中秋节的传说主要是嫦娥奔月和洪武起义，老人们平时和中秋节期间会给孙儿们讲起这些故事。嫦娥奔月的故事主要是：周朝时的美女嫦娥成仙之后，被王母安排管理月宫，每年的八月十五，嫦娥在凄冷的月宫中盼望和家人团聚。

关于洪武起义，从我们的普查资料来看，每个村镇在讲述朱洪武起义的故事时，都会将故事与本村相联系，仅以虒亭镇小河村为例：相传元朝末年，蒙古族为了强化统治权力，曾在中原地区每十户设一名蒙古人管理汉人。明初朱洪武和其军师刘伯温为了推翻这种统治，曾在月饼中夹字条联络汉人，驱赶蒙古族人，名叫"八月十五杀鞑靼"。相传，元兵到本村，将所有男子都抓去当壮丁，还在村里派有元兵监督。为了一起打元兵，朱元璋和其军师刘伯温决定在一年的八月十五日，以打月饼为信号，在月饼里包上纸条，上面写着：统一杀元兵。大家心知肚明，不能说，月饼进口（入嘴）便全村一起动手，杀了元兵。

八月十五供品

月饼模具

第十一节　寒衣节

寒衣节在农历十月初一日，主要节俗是祭祖先、送寒衣，与清明节、中元节一起合为三大鬼节。和全国其他地区一样，襄垣地区的文化及其细节经历着历史的变迁，《襄垣县志》中记述的送寒衣就和现在可见的有所差别了：

> 十月初一，送寒衣，旧称"下元"节。是日集同族"五服之内"的人，自备应时蒸食糕点与五色纸、纸冥币、冥衣或少许棉花，到坟地焚烧叩拜亡灵，俗称送寒衣。

届时为无忌日，这天为迁坟、合葬、伐树、办白事之吉日，无须向阴阳先生问卜。(《襄垣县志》，1998年版，第658页)

总体而言，襄垣寒衣节有两个要素：仪式和无忌日，前者属于上坟祭祖的范畴，无忌日属时间范畴，二者均与清明节、中元节期间的节俗类似。

从普查资料来看，现在襄垣的中元节和寒衣节不如清明节隆重，体现为普查资料的相对单薄。现将襄垣寒衣节的普查资料展示如下：

西营镇观岩村

十月初一和清明节都有祭祖先的习俗，这两个节叫"鬼节"。是晋文公纪念功臣介子推逝世的节日传到民间后，成为统一祭祖的日子。十月初一要给祖先送寒衣。

每年的十月初一每家每户都要到自己的祖宗墓地上坟，这天各家的善男善女身穿净衣，着装整齐，带祭品、纸钱、元宝、香蜡和黄纸，到祖先墓地上坟。拜祖尽自己的儿女孝心。

当媳妇的在该节的前一天或后一天也要回娘家上坟。带上冥纸、黄纸、祭品、五色菜和馍馍，现在也流行带上亡者身前爱吃的东西。

这个鬼节也是可以迁坟、埋葬、伐墓地里的树，不须选择日期。

虒亭镇西底村

十月初一鬼节，是纪念老祖宗的节日。儿孙后代都要回家给老祖宗扫墓，买五种颜色的纸。用红萝卜、芹菜、粉条、豆腐煮汤，前往坟地纪念。

通常这一天村里的人都不去河里洗衣服，说是怕祖先喝脏水。

王村镇王村村

农历的十月初一，家家户户都要上坟，拿上点心、祭品，在祖先们的坟前烧香、磕头、烧纸钱。闺女们是头天来上坟。

善福乡苗家岭村

十月初一是一个祭祖之日，虽然没有清明节隆重，但人们也要拿祭品到坟地祭祀先人，以表示对亲人的怀念之情。活着的后人为先人备上供品、香烛、纸马以及纸糊的衣服，到坟地上焚香，俗称给先人送寒衣。

侯堡镇戴家庄

每年农历十月初一日，同清明节一样是我们祭拜祖先、上坟的日子。下午是上坟的最好时机，传说"酆都城(传说中的鬼城)下午才开门，鬼们才能出来"，所以习惯十月初一下午上坟。但也有一种说法，清明、十月初一的前后一天都能上坟，这三天阴曹地府放假了，所以也可以提前或推后一天上坟。

第十二节　冬至节

冬至是一个节气，之所以将其视为一个节日是基于其所形成的浓厚节俗。从普查资料来看，襄垣地区的冬至节俗主要包括礼仪上的敬师以及饮食上的吃饺子，不过，现在敬师一项逐渐式微。

另外，与冬至相关的一项习俗是数九。从冬至次日开始数起，每九天为一个时段，共有九个时段。冬至阴气达到极盛，同时也是阳气开始回升之时，故自冬至开始代表阳。流行比较广的《九九歌》这样说道："一九二九不出手，三九四九冰上走，五九六九河沿看柳，七九冰开，八九雁来，九九加一九，犁牛遍地走。"

冬至原本是备受人们重视的节日，但是随着社会的变迁，该节愈发不如从前隆重了。对此，《襄垣县志》是这样描述的：

> 过去是仅次于过年的一个大节，有"亚岁"之称。"冬至阳生"开始日长，从此"数九"严寒开始。1949年前，此节为祭拜孔子的敬师日。是日学董（管理学校的村民代表）设宴招待教师（当时称先生），家长命孩子携食物赠送教师，感谢教书一年辛苦。还有按学生人头摊钱，师生、学董与村中头面人物共进午餐，谓踏（摊）冬至。今祭拜孔子已废，教师节改于九月十日，仅留早食南瓜粥，午食羊肉饺，民谚有"冬至饺子夏至面，吃它一顿百病去""吃了冬至饺子，孩子冬天不冻耳朵"之说。（《襄垣县志》，1998年版，第658页）

我们的普查资料中有一份提到从前冬至敬师的习俗：

侯堡镇邕子村

冬至这天，全校学生穿上新棉衣、排着队、唱着歌去朝拜孔子，这次唱的歌大意是：大成至圣，先师孔子，教吾后生，爱仁行义。每次朝拜完毕，返回学校后，每个学生将得到一份赠品——两个蒸馍，并放假半天。

其他的都是在强调冬至吃饺子这一风俗，而且也给出了吃饺子背后的观念解释，即饺子与耳朵形似，起象征作用，冬至吃了饺子，一来耳朵可以防冻，二来老了以后耳朵不会聋。以下是几个村子的普查资料展示：

侯堡镇桥上村

老百姓代代相传，一直延续至今。冬至，这一天是 24 个节气中最寒冷的一个节，而且也告诉人们，严寒的冬天过去后，春天就不会太遥远了，过节的这一天家家户户都要吃饺子，为的是饺子能包住耳朵，不怕受冰冻。

北底乡东宁静村

冬至是村里人较为重视的一个节气，到了冬至这一天，各家都要割肉、剁馅、包饺子。传说冬至吃了饺子，一是不怕冻耳朵，二是人到老年耳朵不聋。

上马乡榆林村

冬至，一年最寒冷的日子。是过年前的大的节日，有"亚岁"之称。从冬至起白天变长，人们吃羊肉饺子，防寒。

上马乡西岭村

冬至意味着这一年冬天已经开始，是村里人较为重视的一个节气。到了冬至这天，家家都要包饺子吃。传说冬至吃饺子包耳朵，一是不怕冻耳朵，二是人到老年耳朵也不聋。现在还有此俗。

第十三节　腊八节

腊八节，是在农历腊月初八，主要节俗是吃腊八粥，相传此日乃佛祖得道之日，但在节俗上却并没有与此相关的仪式行为。《襄垣县志》中这样描写：

腊月初八，腊八节。此日为佛祖释迦牟尼得道日，有牧羊女以粥救佛之说。南北朝时各寺供应居民腊八粥，后来宫廷亦煮腊八粥。上行下效，宋朝流传民间。本县腊八粥是以小米为主，另加适量小麦、大豆、小豆、绿豆、豇豆、眉豆、大枣、核桃仁、花生米、杏仁等营养丰富的佐料（限定八种），煮熬成粥。除全家食用外，还要喂家畜、家禽，并撒于树枝、屋顶，供野鸟食。讲究"腊八粥、鸡猪野鸟都要吃"。（《襄垣县志》，1998 年版，第 658 页）

（一）腊八粥

首先是腊八粥的做法，通常是讲究采用八种谷物熬制而成，要基于地理特殊性而形成的独特作物种类，襄垣地区一般是小米和豆类。

另外是腊八粥的功用，它分为实际功用和象征性功用两个方面。襄垣人认为腊八已是一年中最冷的时候，喝了腊八粥有御寒的功效。另外，襄垣人在当日喝腊八粥之前，要先供神，之后，还要用粥喂家禽，以及抛在树上和屋顶上喂野鸟，意思是家禽和野鸟吃了腊八粥它们的嘴便会被封住，丰收季节便无法祸害谷物，象征丰收。

（二）普查资料展示

王村镇店上村

传说老辈人也不记得具体的时间，从他们记事起就有过腊八节的习俗。每逢每年的腊月初八，家家户户熬小米粥，用小米粥来祭祀本宅院中的各种树木。

虒亭镇东城村

腊月初八，这是一年最冷的一天，这天当地习惯吃腊八粥，老米加花生仁、豆、红糖等熬成粥，喝了可防寒、保健，老年宜用。

王村镇杨桃村

传说腊八这天早上家家都做小米粥，还将小米粥扔到树上和墙上，让小麻雀吃，吃了小米粥，可以糊住小麻雀的眼睛，今年不怕小麻雀吃谷子，祸害庄稼。

古韩镇侯村

相传十二月初八是佛教创始人释迦牟尼的成道日。在当地周边地区有腊月初八喝"腊八粥"的习惯，主要用大米、小米、花生、大豆、小豆、豇豆、江米、枣等原料制作。在当地有庆丰收的意思，也是对祖先崇拜的意思。这也可能是目前市场上卖"八宝粥"的由来，因为先有了"腊八粥"后才有了"八宝粥"。

上马乡榆林村

每年腊月初八，传说是纪念佛爷成仙的日子，这天家家户户做腊八粥。先供神，后全家食用，并给牲畜、野鸟吃。以施行善。

上马乡关上村

农历腊月初八是腊八节，腊八节早上家家户户要吃腊八粥，腊八粥以米为主，适量加一些小豆、绿豆、豇豆等煮成粥。除全家人吃以外，还要喂家畜，放在树枝上、房顶上供野鸟吃。

第十四节　祭灶节

农历腊月二十三是祭灶节，祭灶是小年，过年也就是从这一天拉开帷幕的。襄垣的祭灶节与全国大部分地区基本上一样，主要包括两个部分：一个是祭灶神，一个是家里进行大扫除，这两个部分分别为神圣事务和日常生活事务。同时，祭灶这一天也是"无忌日"，人们可以在这一天"乘空"嫁娶，无须向阴阳先生询问吉日。灶神有不同的称呼，如灶王、灶君、东厨司命、灶王爷等。就襄垣地区而言，人们通常会在神名的后面加上"爷"。除此之外，襄垣地区的神学体系尤为发达，老百姓一年四季都会在家里灶墙上贴着灶王爷夫妻的神像，并且供奉枣馍。

《襄垣县志》中的描述：

> 祭灶节。旧时民间流传有腊月二十四诸神登天之说，故于日前——二十三晚燃放鞭炮祭送灶神。由于主宰人间祸福的"灶君"神，登天后要向玉帝启奏凡间各户善恶、领受赏罚，故祭送特别隆重，恳乞"上天言好事，回宫降吉祥"，即在玉皇面前乞求恩赏福禄。此节沿袭至今，但迷信色彩渐减，节后至年终，为无忌日，宅基伐树，动土不暇择日，民间有"乘空"嫁娶之习。(《襄垣县志》，1998 年版，第 658 页)

普查资料中是这样提及的：

王桥镇官道村

腊月二十三，灶王老爷要给上天，这天是过小年送灶王爷回天的节日。为灶王供奉佳肴，用糖蜜封住他的嘴，让他别向玉皇说人间不好的话，让他"上天言好事"。大家很重视。

王桥镇五阳村

祭灶节，农历腊月二十三，晚上每家要燃放鞭炮送灶君上天。次日过后，方可大扫除，准备过年，并有"乘空"嫁娶之习。

上马乡关上村

农历十二月二十三，老灶爷要上天，上天言好事，二十三上天走，初一五更回来。

夏店镇付村

每年腊月二十三要烧香，饮马送灶神，盼灶神爷上天言好事，不要给人间降祸害，希望平安吉祥，并写对联："上天言好事，下界保平安"。

北底乡杨家咀村

腊月二十三叫小年，送灶神上天。来源具体年代不详，老早一代一代传下来的，传说灶神管民间家庭里的一切事，所以叫一家之主。每年腊月二十三，是过年的开始，叫小年。人们这天打扫房前屋后、房屋内部之后，就要摆菜肴送灶王爷上天去汇报这家一年的好坏（劳动和生活安排如何）给玉皇爷。所以人们给他吃好的，希望他上天言好事，不要说人间坏话。到灶前烧香，还给他供上糖。

第二章
民间信仰

　　人类对自身所处的世界充满了诸多的不确定，对死亡以及死后的世界都充满了恐惧与好奇，民间信仰同时关涉人们的现世和阴间生活，而对阴间的安置最终也是为了现世的安稳，人类对自身局限的认知，需要借助神灵来保佑自己、整个家庭、家族甚至是一方。因此，民间信仰在空间上可以划分为天庭、冥界和人世，关涉的主体则包括神灵、鬼魂和人，人与神灵以及鬼魂之间的沟通通过祭祀仪式，人们也借此向神灵与鬼魂祈福。人在祭祀仪式中往往表现出对祭祀对象的讨好，但也有威胁与惩罚的做法，比如襄垣地区向龙王祈雨仪式中就有将龙王抬在太阳底下暴晒的做法，以此来"逼迫"龙王降雨。

　　民间信仰与人们的生活有着紧密的关系，这种关系首先存在于人们的观念中，经过人们的观念又可以转化为一种实实在在的因果关系。下面是我们在普查中听到的两则故事，故事讲述的是村子中的圣物如何决定了村子的命运。故事分别是这样的：

　　故事一：

　　襄垣县的一个村子东头有一个土山，近几年大家忙着修新房，就将这个土山推平了，结果从那以后，村子里几乎家家都出了交通事故，不少人伤亡。后来，村上的老人们才记起这个土山是原先村子里的峰脉，是动不得的。与之相邻的一个村子，在村子里的龙王庙前面也有一个类似的山头，该村人就没有敢动这个山头，而且每年村子里还会集体给山头培土。

　　故事二：

　　襄垣县的一个村子，村口有一棵三百多年的古树，主干里面都空了，看起来枯了，但树还活着而且枝叶很茂盛，村民都视之为神树。但就在 1979 年，村里的两个光棍儿失手放火将这棵古树烧死了，现在村里上了年纪的人回忆起来说，当年这个棵树被烧起来时，发出阵阵响声，犹如泣声。从此以后，这个村子发生了很多匪夷所思的事情，其中，在全县流传较广的是一起杀人事件。

那是 1983 年的事情。村子上一个 28 岁的光棍与长自己一辈、四十多岁的婶娘发生了婚外情，虽然这个男子与这个女子的丈夫两家出了五服，不过村民都认为他们二人之间的关系依然属于乱伦和有辱世风的丑事。这个女子的丈夫是个老实人，在发现他们二人的奸情之后，女子先发制人，跑到奸夫家的小窑里住了一个月，二人商量想除掉女子的丈夫。于是，女子回家后对丈夫非常好，丈夫一下子没了防备心理。某天傍晚，丈夫去镇上接女儿，他们俩就埋伏在途中，将他杀死，并将他的腿筋割断，装进了麻袋里，运到附近的铁路上，放在铁轨上，火车撞过来之后将尸体的头颅撞掉了，造成了卧轨自杀的假象。最后，这个案子被侦破了，两个人也被依法处以死刑。

从人们对这两则故事的讲述中，我们可以清晰地看到信仰与人们的命运、道德生活之间的决定性关系，在襄垣人看来，诸如突然的灾祸、重大的伤风败俗之事的发生，一定与人们的信仰实践有关。反过来看，民间信仰不仅仅起到保护人类的功能，同时也是人类文化和道德生活的决定性力量。另外，我们在普查工作中也获得一份相关的普查资料——"虒亭大池村拜槐求福"。资料里提到：据老人们一代一代传下来，此槐树为唐槐，传说很灵。从腊月二十五开始，人们要在村中老槐树下烧香、摆供、叩拜，虔诚祷告，求福许愿，到月底结束。约从唐代开始直到今日。家家老少男女都会来。

但作为人类生活有机组成部分的民间信仰却经历了近现代的悲惨遭遇。襄垣地区的民间信仰作为中国民间信仰的一部分，和其他地区一样经历了被质疑、否定、革命的过程，其中以"文化大革命"期间最为严重。而基于襄垣曾经所处的特殊地理位置，该地区的民间信仰从抗战时期就开始被摧毁了。下面是我们在当地某村进行访谈的相关资料整理：

原先，这个村子里有五龙庙、真武庙、观音庙、土地庙、老爷庙（供关公）、五道庙、五龙庙。其中的巷龙庙又叫东沟庙，在村子外面，信的人很多，甚至有外县的人来烧香，即便在"文化大革命"期间，五龙庙也没有被拆，那时还有人去拜，这主要是因为在沟里，比较隐蔽，外人不太知道。每个月的初一、十五，尤其是春节期间的正月初一，当地人都争着去烧香。因为去五龙庙烧香的人比较多，供品就多，就够庙官吃的了。供的是龙王，什么都能管，现在村子里的四月十九庙会，都要去请五龙庙里的老爷，也叫"东沟老爷"，很灵验。

村子里设各类庙宇，供奉的神都是分管不同的事务，比如五道庙是管这一片的人畜平安，但是管不了魂魄，因此村子里有人去世，还要去土地庙"押魂"，意思是不让魂魄乱跑。除了这类基于庙宇的信仰之外，村子里还有"善婆婆"信仰。"善婆婆"是通灵的人，谁家里遇到人力无法解决的事情，就会请"善婆婆"到家里做会。这些信仰的存在是因为人们的需求，存在总是有它的道理。因为人们相信，因此也就愿意投入精力和物力，以前老爷庙有40亩的庙产、五龙庙有60亩庙产，"看庙的"自己种田、办活动。此外，香首都是村子里有威望的人，也会为庙里捐献一些物资。

但是，八路军来了之后就不让弄了。文化上的极左做法从抗战时期就开始了，那时有这样的口号："边区有三害，文盲、迷信、不卫生。"八路军来了就开始反迷信了，把老爷①从庙里抬出来，将庙宇用作住所、办公室、学校或者拆了取材料。村子里原先的五龙庙前后被用作学校和办公室，不过也正因此，庙宇被保留下来了。当时，村里的真武庙是要被拆掉的，但村上老百姓都不愿意拆，因此拖到了第二年的春天，后来风声不紧了，就没有拆，留作学校的一间房。当时的政策是村子里的庙归村委会所有，村子里的五龙庙也因此被留作公用而保留下来，1942年秋季村委会让拆这座庙，但村民说快到冬季了，拆了也没用，等过完年再拆吧，后来也就没拆。

老百姓不愿意拆庙是因他们有风水、神明等方面的神学观念。果然，当相关政策稍一放松之后，村民就陆续想办法修复旧庙了。

一提到中国文化的近现代遭遇，我们最先想到的就是"文化大革命"，但对于一个特定的地域，我们还需要考虑其区域特色。中国文化是一个整体的概念，但当我们谈襄垣地区的民间信仰时，一方面它是中国文化的一个组成部分，同时也应该注意其地域特殊性。民间信仰是人们在历史长河中创造出来的、与生活紧密相关的观念和行为的结合体，因此，我们不能简单地从现代科学，甚至政治的角度，将之贬低为"迷信"或"封建迷信"并加以破除和压制。下面，我们分别从襄垣地区信仰的诸神、庙宇以及相应的祈神仪式来讲述该地区的民间信仰。

---

① 襄垣人将男性的神祇称为"老爷"，女性神祇称为"娘娘"。

第一节　襄垣地区的诸神

襄垣地区的神祇并无明显的体系，从宗教的分类上讲，该地区的神祇杂糅了佛教、道教以及民间宗教中的诸神。可以从两个角度来看民间信仰的功能，首先是从神祇分管的事务来看，不同的神分别管理人间的不同事务，出现交叉的情况较少，譬如襄垣人供奉太上老君，因为他们认为太上老君分管人间的冶炼，因此可以保佑下煤窑的人以及煤窑的安全生产；其次，还可以从诸神发挥功能的空间角度来看，譬如襄垣地区的天地爷信仰，天地爷一般属于家神，再如襄垣人对宅神"扶星"的信仰也是在家庭的范围内。我们这里将从家庭、村落、县域以及襄垣地区特殊的一类单位——煤矿四个空间范畴来讲述襄垣地区的诸神。

关于家神和村神，我们在普查中获得一些相关资料，比如虒亭镇进士街的普查资料："虒亭镇进士街的家庭供神和村供神。传说我们这里从西周开始供神，家庭供有全神、天地爷、灶神、财神、土地神、门神、老君（有煤矿工人）、孔圣（有人上学的人家）等；村里有龙王庙、观音庙、山神、五道庙等。每逢过年、元宵、端午、六月六、中秋节都要上香、摆供、叩头、参拜，如遇事不顺心、家里人生病、年受大灾，皆要像节日时那样烧香、供佳食、叩拜。还要身带'朱砂'红布条、桃条、兵器、柳条来镇宅压邪。结婚、出嫁、寿诞也要烧香、摆供祭神。如打架、离婚、出事故，还要请巫师驱鬼，请阴阳来看宅摆治，或者送请神仙保佑等活动。"

一　家神

襄垣的家庭中主要供有全神、天地爷、灶神、财神、土地神、门神、老君爷（有煤矿工人或开矿的人家）、孔圣（有人上学的人家）等以及祖先。其中有的神是兼家神与村神，比如财神、老君爷和孔圣等，人们既在家中祭拜，同时也会为之修建庙宇，整个村子或其他村子皆可来祭拜。

以财神为例，我们在普查中所得的资料显示，特别是商铺或做生意的人家尤其信仰财神，如侯堡镇张村的普查资料中说道："家里供财神，每月初一、十五给财神爷烧香，春节给财神爷烧高香，崇拜、信仰财神，让财神给家庭带来福和财。"

又如古韩镇东关村的资料提到："财神分为文财神（赵公明）和武财神（关羽）。本村大部分人家有拜财神的讲究，农历每月的初一和十五都要在家中拜财神。原来主要是做生意的人家拜财神，发展到现在一般老百姓家中也拜。"北底乡杨家咀村的普查材料则特别提到了春节正月初五接财神的仪式："民间传说，正月初五是财神爷的生日，所以过了年，到了初五早上，全家人起床后，洗漱完毕，由长辈带领到村口上香，把财神爷的像挂在全神旁，再摆供品、佳肴五盘及二十个大馍，上香，全家叩头供奉，祷告财运亨通。今天贫穷送走，把垃圾或煤灰摆五堆，每堆上香送走，意思送走贫穷，接了财神。放鞭炮后才吃早饭，这天不走亲戚，怕给人带去穷气。"

顾名思义，家神是在家户空间内信仰和供奉的神祇，这类神几乎每家都有，而且从神祇的外在表现形式（譬如牌位）到人们的信仰观念和行为（譬如仪式）都表现出强烈的一致性。襄垣地区的家神体系具有复杂、细致的特征，从院子里的一口井、一棵树、一群家畜到整个家庭，都有相应的神来保佑；但是，襄垣地区家神体系的整体性已经受到现代生活方式的剧烈冲击，最直接的影响就是人们居住房屋形式的变化，从窑洞到平房使得襄垣地区原本供奉天地爷的天地窑变小了，自来水的普及使得庭院内的井与井神也渐渐消失了。另外，襄垣家户内的信仰的另一个较为突出的特点是这类信仰的外在文化表现形式，除了体现在对诸神的表现形式以及人们的祭祀仪式之外，这种特点还体现在襄垣人的住宅建筑上，这方面的主要代表是"天地窑"和"扶星楼"。综合我们具体的普查情况，现主要以祖先、天地爷、老君爷以及灶神为例来简单讲述襄垣人的家神信仰。

扶星楼与住宅建筑（宋红娟 摄）

（一）祖先

家中的去世之人经过规范的祭祀仪式（即丧葬礼仪）之后，就成为这个家庭的家神了，对整个家庭以及家庭成员的现在和未来都将起到积极的保护作用，这是建立在对人死后魂魄不死的观念之上。对丧葬仪式的强调和遵守则是因为人们认为未经安抚的魂魄将会变为一种危险力量，一般称之为"孤魂野鬼"，譬如意外死亡、没有后代祭祀、客死他乡的魂魄等。

襄垣人以他们独特的方式来祭祀他们的祖先。首先是祖先的牌位，以前襄垣人用名裔轴作为祖先的象征，一般是在白布上依照辈分用树状图将去世之人表示出来，类似于家谱。但是名裔轴在"文化大革命"期间遭到了重大的破坏，很多人家的名裔轴都被销毁，政策放宽之后，又由于制作名裔轴的手艺渐渐消失，因此，鲜有人家能重修名裔轴。现在，祖先牌位主要包括两种形式，分别是木质和纸质的牌位，上面写着"三代宗亲之祖位"。纸质的牌位主要是专门用于接祖先仪式，特别是春节前襄垣人置办年货时，一定要到市场上买一张写有"三代宗亲"的纸质牌位，回家裱糊起来以备接祖先仪式用，到了正月二十五，经过相应的仪式之后，再将牌位烧掉，意为送祖先。现在，襄垣人大多到集市上购买制作好的纸质牌位，以前，大部分人家都是手工制作。另外还有一种类似于祖先牌位之物，那就是去世之人的遗照，在祭祀先人的日子里，若家中存有逝者的遗照便会拿出来摆在香案上。

其次，是祭拜祖先的时间和空间。襄垣人祭拜祖先的空间主要包括家中香案前、坟前以及家族祠堂。襄垣地区以家族为单位的祭祖活动在"文化大革命"以来基本上消失，但近年来已有部分村落在重修祠堂，恢复春节期间大型的祭祖活动[1]。家中人去世除了丧礼之外，还要敬孝三年，每逢忌日不仅在家中祭祀，还要上坟祭拜；这三年期间，过年时不能像正常人家那样贴红色对联，而是当年不贴春联，第二年贴黄色的，第三年贴蓝色的，到了第四年又恢复正常的红色，也叫作"脱符"。除此之外，每年春节、七月十五中元节以及十月十五下元节，襄垣人都要在家里或去坟上祭拜祖先。其中，春节前夕，襄垣人更是要通过相应的仪式将祖先"请"回家过年，直至正月二十五才送走。

下面是普查资料中有关襄垣人供奉祖先的部分：

古韩镇南丰沟村上党连氏祭祖习俗

上党地区聚集的连氏族人主要分布于襄垣县阳泽河、南丰、南丰沟、南关、

---

[1] 这部分内容请见"节日体系"。

黄楼北、九庄等十余个村落。目前南方以及海外的连氏族人其祖籍也都来自上党连氏，据漳州《高阳上党衍派凤阿连氏坝头族谱》记载："连姓入闽始祖为上党连恺公。"综上所述，全国连氏"族谱"一致认根：中华连氏根在上党，这也是无可置疑的。《左传》《史记》等正史和宋郑樵《通志·氏族略》、明《万统谱》、《姓氏博考》等共有两种记载：一种记载是"连姓，周公之后，上党开宗，葵丘著迹"，这里的"葵丘著迹"就是连氏的先人连称；另一记载是"连姓，春秋时齐国大夫连称之后也，葵丘著迹、上党开宗"。以上两种解释就是连氏族人开祖的最早记录。

连氏族人在当地仍为首族，连姓仍占本村村民的95%以上，连氏族人历来就崇尚男耕女织、勤俭持家。自连氏族人在南丰沟建村以来，主要以开荒种田为主，自供自食。他们主要种植谷子、小麦、玉米、小杂粮和旱地蔬菜等。每年收成的50%都要作为来年应急的口粮，于是就有了储存粮食的传习，也就是连氏族人常说的一句话"家有余粮，旱年不荒"。历史上他们也曾种过棉花，棉花主要用于妇女们织布，织布也是连氏妇女常年的工作。在改革开放以前村里仍有许多织布机，改革开放以后，随着纺织工业的高速发展，本族妇女才逐步从传统的织布工作中解脱出来。

连氏族人的尊祖敬宗活动主要集中在春节期间。对于祭祖活动，各家各户都要出劳力，一起将祠堂内外打扫得干干净净，摆上水果、点心、馒头。连氏的长辈在腊月三十日十二点前烧香祭拜，并放鞭炮，表示与先人共同欢度春节。正月初一的早上连氏族人陆续到祠堂拜祭祖先，一般是每人点香三炷、磕头三个，约成定俗。在祠堂祭拜后，才按先近亲后远亲、先近邻后外邻及好友的顺序到本村各家拜年。主要是到被拜人的屋内叫清辈分、磕头一个。一般人家都要提前在屋内摆好磕头的垫子，意为对拜年者的爱护和关心，家里也要准备好香烟、糖果等食品。祠堂的开放时间一般为农历正月初一至初四。初一主要是本村连氏族人祭拜，初二至初四主要是连氏在外工作和生活的族人回村拜年过节，到祠堂祭拜。

连氏族人历来就有苦读诗书、报效国家的传统，这也成为连氏族人学习前人、警示后人的祖训。目前我们从连氏祠堂建筑的文化底蕴、连氏族人的居家摆设就可以看出他们世代崇文的家风，他们的族谱中也有他们的先人曾为国效力的记录。连氏历史上的名人可追溯到周朝齐国大夫连称、唐高宗李治时期募征过辽东的飞骑尉连简、元朝的进士连肇等，连肇本人历任潞州、汾州等地教官和元集贤院大学士。明朝时期的连楹，朱元璋于洪武十二年（1379）任他为承事郎监察御史。

连氏族谱。连姓谱牒从北魏到隋唐，可以说都有记录。到元朝又有了族谱，一直记载到1936年，中间隔了一个宋代，族谱缺失无记。其原因显然有二，一是在这段时间，这里连姓无任何一位达官显贵出现，史无名人，造成族谱缺失；二是即使有过族谱，也因不断地战乱被毁灭无存了。现在的这部南丰沟连氏族谱，是汇集了襄垣县连姓聚居村落历代的分散谱记，于1937年在长治石印出来的本子。族谱从元朝至元年间的连肇开始，止于1936年，共二十五册，已连续七百多年。

连氏祠堂。旧南丰沟连氏祠堂始建于明万历二年（1594），嵌于该祠西壁石碑载："连族乃知氏源周鲁、系出佰禽矣"，由当时连氏族人集资修建。现祠堂及附属建筑面积近2000平方米，主要包括祠堂的主堂、东西偏房、山门、台阶以及祠堂东的休息室和祠堂南40米处的戏楼。祠堂的主殿供奉着连氏族人的祖先春秋时期齐国大夫连称等连氏的先人。东西偏房主要是连氏先人留下的一些主要的生产、生活以及文字物件。祠堂的广场矗立的是唐朝大周飞骑尉连简的塑像。连氏族人宗族文化倡导的崇拜先祖、崇文爱国、勤俭持家的习俗是中华民族独有的文化表现形式。

大周故飞骑尉连府君墓志铭并序

一般情况下，连氏族人在本村或本地区进行对祖宗的祭祀，具体活动有展示连氏家谱、上香祭拜等活动，目前也有外省的连氏后人在每年清明节期间有组织地到南丰沟连氏祠堂进行祭拜，并参观家谱和一些保存在祠堂和本村族人手中的相关资料。但是随着当今文化习俗的多元化、时代化，这种思想在接受新鲜事物的青年一代那里有所减弱。长期以来，连氏族人的尊祖敬宗、勤俭持家的思想理念是维系整个连氏族人的精神支柱。改革开放以来，南丰沟村外出上学、务工的人员增多，这种连氏族人特有的传统习俗逐渐被淡化。下面是国民党前主席连战 2009 年清明节回襄垣连氏宗祠祭祖的祭文：

维

己丑年三月十一日，连战夫妇及上党连氏族人，拜四方嘉宾，聊备薄奠，具祭于襄垣县古韩镇南丰沟连氏宗祠前。祭曰：

天下连氏，望出上党。迄今祖系绵延凡二千七百余年。遍及我国晋、闽、粤、浙、豫各省，并见于满、蒙、苗、壮、土家等民族。特别在中华宝岛之台湾，连氏早成大姓，突显于台北、台南、基隆、苗栗各市县。可谓独木参天，荫蔽九州。

粤者，连氏始祖称公，戍守葵邱。正值国难当头之际，连公诛昏王，助霸业，建立不世功勋。著迹见于《春秋》《左传》《史记》。言之凿凿，堪为信史。著在简册，昭如日星。此后，由汉至今，连氏代有良将，代有人杰。或赴沙场，或护宗庙，或为鸿儒，或为良医，或为上党开宗，代代与天同党的襄垣结牒，辈辈似襄筑垣。人为干城，数代良将保社稷；族为英烈，一门忠勇护中华。

然千年姓氏，合久必分。每逢天下纷攘，或有避秦，或有远征。终于各奔东西，天各一方。其中连氏由闽入台一脉，梦绕魂牵，在水一方。客家游子，每念父母手植桑梓，泪流不干。

回望古韩发宗故地，连祠犹在，连氏更健。袍泽东望，延颈企踵。年年盼族人团聚。望兄弟还乡。

欣喜天下有变，春风轮回。国泰民安，海峡喜见虹霓；青鸟传书，有朋自远方还家。更喜破冰第一人，又是我连氏族人。中华幸甚，天下幸甚。

祖宗有灵，请领后辈蒸尝之盛。

尚飨！

连战 2009 年回襄垣连氏宗祠祭祖（赵志强 摄）

王村镇胡岩村供奉祖先习俗

供奉"三代宗亲之祖位"，在正月二十五送冥仪。古时候传下来的，在头年腊月三十日也就是除夕日，将自家的祖先请回家，标志就是用大红纸写上供奉"三代宗亲之祖位"的牌位，从正月初一开始都要将饭食供奉于前，以此来寄托对祖先的哀思与怀念，一直延续到正月二十五晚上将红纸牌位、香火、供品等送出。

虒亭大池村家庭祭祖

封建社会到民国时期，本地百姓皆讲究兴家置业，共建祠堂或家庙，集中祭祖。

一般是过年的上午祭神庙，拜年后下午到祠堂集中祭族谱，由族长主持，各家上香，摆供叩拜，把各家今年去世的人填入家谱。如无祠堂家庙则全族人到族中最高长辈家祭祖。

各家在家中从除夕夜开始祭祖先，一日三餐祭祖，上香，摆供，叩头。

上马乡下庄村郭氏家谱

郭氏家族于明朝万历年间迁至大平，与孙氏为邻，生五子，葬于孙氏坟东祖茔。郭氏长支迁移上郭庄，二支迁移河口，三支迁移南凹，四、五支迁移下庄，形成"郭四村"五大门，共同议定把祖祠修在下庄。每年元旦都来下庄祭祖，各年筹办事宜由四村分担，传到五世，郭姓又有人迁往东回辕，六世兄弟七人，起了二十辈的字，从此分为七友，世代相传，各成体系，尊卑有序，现在已有二十五世传人，族人排到二十字将完，恐后世无所遵从，又起二十字，世代相传。逢年过节祭祖。

下良镇郝村栗氏家庙、族谱、祖茔

栗氏始祖于明洪武三年（1370）从山东大名府小滩镇奉诏迁居郝村，栗氏族谱重修于大清雍正元年（1723），栗氏家庙修于乾隆十七年（1753）。

栗氏家庙建成已有255年的历史，祠内有万历八年（1580）皇帝圣旨，两边有光绪二十年（1894）皇帝圣旨，一边立碑以记。栗氏族谱记载了栗氏一至二十三世行辈排行，栗氏数百年光辉历程和历史名人，栗氏祖茔有治葬择茔大略，光茔图说，始祖后迁葬卧龙坪等珍贵文字记载。

农历正月初一为栗氏拜祖日，正月十五闹社火、游黄河祭三官，三月初三为庙会，以唱戏来纪念。正月初一下午，由族长召集栗氏全部人员到家庙名裔谱前上香，摆供品，全部跪下三叩头。族长将各家该年去世的人填入族谱。还要介绍栗氏祖宗及其业绩，让子孙铭记祖上功德，勉励后代效之，并且要告诫劣性子孙，以致改之。祭完祖宗之后，各家才开始给长辈拜年、相互之间拜年。

（二）天地爷

天地爷在襄垣人的观念中类似于我们常说的"天""爷"，是襄垣人对男性神祇的称呼，按照道教的说法，襄垣地区的天地爷即"天地十方万灵真宰神光普照天尊"。对于"天"的信仰在中国较为普遍，譬如甘肃省南部地区也有"天爷"信仰，除了对"天爷"浓重的信仰及信仰行为之外，"天爷"在当地的日常用语中都较为常见，比如当吃惊时，当地人常说："天爷啊！"

"天地爷"在襄垣地区的家神体系中处于较高地位。襄垣人用来供奉"天地爷"的空间，是天地窑，以前，几乎每家院子里都有一个天地窑。"窑"的说法来自于当地人对居所的称呼，改革开放以前，襄垣的大部分村落都以山为居，将居所称作"窑洞"。顾名思义，"天地窑"就是为"天地爷"建的住所。天地窑修建在主屋面朝院子的墙壁正中，但随着襄垣人居住环境的变化，天地窑的尺寸越来越小，而且对于一部分盖起楼房的人家来说，天地窑也随之消失了，但也有一些没有天地窑的人家会在春节期间用红纸在墙壁上贴成天地窑

天地窑

的模样，再在其中贴上纸质的天地爷神位，进行祭拜。

以前老窑洞的天地窑（宋红娟 摄）　　　　　现在平房中的天地窑（宋红娟 摄）

从时间上讲，现在襄垣人对天地爷的祭拜主要集中在春节期间，除了春节之外，当地人已很少会在每月初一、十五拜天地爷了。现在，对天地爷最隆重的祭拜就是除夕夜，襄垣人在除夕夜要进行接各位神祇以及三代宗亲的仪式，当晚在庭院中间摆上一张圆桌，朝向北方，同时也朝向家中天地窑的方位，桌子上面摆放好香炉、蒸好的面猪、一刀肉、枣馍以及枣山。十二点一到，各家都到庭院中点响爆竹，然后点起两根长香，家中成员按照长幼之序依次跪拜各位神祇和三代宗亲，仪式过后，长香一直在庭院中燃烧至天明。

以前，春节期间对诸神的祭拜有相同之处也有区别，这种区别主要体现在供奉的物品上，比如以前襄垣人用填满谷子的斗或升为天地爷设供，给天地爷上的香以及供品都放在里面，而斗或升中的谷子一直到元宵节过后才能倒出，倒出来的谷子要保留起来过正月二十五的填仓节。现在，这样的区别已基本上消失了。

（三）老君爷

老君即太上老君。襄垣人对老君爷的信仰主要是与当地的煤矿资源以及煤矿开采有关，按照道教的说法，太上老君是专司人间冶炼的神仙。因此，但凡有下井、开矿的人家都会供奉老君爷，祈求保佑家人的平安。当地有专门卖老君爷神像的，除了特殊节日如春节、元宵节、填仓节之外，家里有人下煤矿或者开煤矿的，每月的初一和十五都要祭拜老君爷，有的人家甚至会天天祭拜。此外，在下井的人准备下煤矿之前以及煤矿开工之前，往往也要给老君爷上香、摆供。

（四）灶神

灶神的信仰非常普遍，还有以祭灶神为名的一日，即春节前腊月二十三的祭灶日，祭灶一过就标志着进入春节了。襄垣地区祭灶仪式中最核心的一点便是要给灶神供一种麦芽糖，据说这种糖具有很强的黏性，灶神一旦吃了之后便无法开口说话了，人们在观念上认为这样可以阻止灶神上天说坏话。对于给灶神供奉麦芽糖的原因，还有另一种解释，即人们认为灶神吃了糖之后，上天专门汇报好事。

春节供灶神（宋红娟 摄）

在相关的普查资料中，我们发现侯堡镇邕子村关于当地灶神信仰的记述较为详细：

侯堡镇邕子村供奉"灶神"的习俗

说到灶神，据考查，有多种说法，一说他是古代炎帝。有的说他是火神祝融。到晋朝以及后来的司马彪都说，灶神，穿赤衣，状若美女。隋代有说灶王姓苏名吉利，妇人姓王名博颊。唐朝段成式说灶王姓张名单。相关的传说很多。本地每家厨房贴的灶神爷都是木板彩画刻制的男女二人，男穿古代衣服，女头戴凤冠，都很庄重。

在灶王爷两旁贴有对联"上天言好事，回宫降吉祥"，横批"一家之主"。敬奉的牛马王，也是木版彩画，牛王人面、头上有一对牛角；马王是三只眼——在两眉中间鼻子的上端有一只竖眼，给马王爷供奉的是鸡，传说他爱吃鸡。财神供奉的是猪头。财神有关公像、赵公明像，也有的财神只有"护宅财神"的木板子而没有像。总之，三十日除夕是家家户户请诸神入宅的时刻，同时每个农户也把祖先"爷谱"（即宗亲族谱）请在家里，把"爷谱"挂在前面放有桌的墙壁上，桌上设香炉、摆供果以示孝敬，过年时每顿饭必先将第一碗饭供给祖先，直到过了正月十五元宵节为止。

二　村神

村神一般以固定的庙宇的形式呈现，村神庇佑的是一方百姓。从信仰空间讲，村神一般都是在庙宇中祭拜；从信仰主体上讲，除了庙宇所属的本村村民之外，周围的村民亦可来祭拜并求得该神的保佑；从祭拜行为上讲，既可以是个人行为，也可以是家庭行为，还可以是整个村落的集体行为，比如各个家户去奶奶庙祈愿就是家庭行为，而向龙王庙祈雨又往往是以村落为单位的集体行为，此外，也有以个人名义去庙里求财、求官的个人行为。这里，我们主要以三官和奶奶信仰来讲述襄垣人的村神。

（一）襄垣的三官信仰

襄垣的"三官"分别为天官、地官、水官，也称"三元"，为道教较早供奉的神灵，亦称"三官大帝""三元大帝""三官帝君"。一说天官为唐尧，地官为虞舜，水官为大禹，《道经》中称："天官赐福，地官赦罪，水官解厄。"天官名为上元一品赐福天官，紫微大帝，隶属玉清境；天官由青黄白三气结成，总主诸天帝王，负责校定人之罪福，故称天官赐福。地官名为中元二品赦罪地官，清虚大帝，隶属上清境；地官由元洞混灵之气和极黄之精结成，总主五帝五岳诸地神仙，负责校戒罪福，为人赦罪。水官名为下元三品解厄水官，洞阴大帝，隶属玉清境；水官由风泽之气和晨浩之精结成，总主水中诸大神仙，负责校戒罪福，为人消灾。从道教的角度讲，三官下界的时间分别为农历正月十五、七月十五以及十月十五，即上、中、下三元；但在襄垣地区，人们集中在正月十五元宵节来祭祀三官，以祈福消灾。

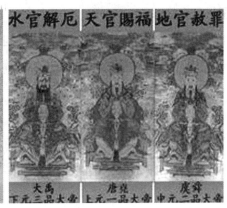

三官图

天官　　　　　　地官　　　　　　水官

襄垣人对三官的信仰基本上表现为以村落为单位的集体行为，在时间上，主要集中在元宵节，襄垣人将这种在元宵节以村落为单位对三官的祭拜行为称为"闹三官"，也有一种诙谐的说法叫"胡闹三官"。祭拜三官需要一个特殊的神圣空间，这在襄垣叫作"三官棚"，多是临时搭建的，供人们祭拜。如果相邻的村落之间在正月十五都搭起三官棚"闹三官"的话，那么，这些村落之间还要相互祭拜对方的三官，叫作"拜三官"。

也就是说，襄垣是用社火、烧旺火等形式来"闹三官"，即祭祀三官，对此，当地有句话说："正月十五闹元宵，围着旺火唱挑高，家垒旺火年年旺，人看挑高步步高。"改革开放以来，当地政府自上而下提倡元宵节的社火活动，并从各乡镇挑选优秀的代表队，正月十五这一天统一到县上会演。但是，在村落中，社火、烧旺火逐渐与"闹三官"分离开，譬如有的村子在元宵节依然会起一台社火，每家也会点起旺火，但却不一定会搭起三官棚来祭祀三官。下面是我们在普查工作中获得的有关三官信仰的资料：

善福乡庄里村三官信仰

善福乡庄里村有三官庙、五道庙、龙王庙和土地庙，这些庙皆建于明朝。因干旱而建三官庙（天官、地官、水官）和龙王庙，因本村受狼和土匪的侵害而建五道庙和土地庙。

该村为祭拜三官，专门成立了三官神社组织，由村长担任社火队的社首，祭拜活动实际上就是正月十五闹红火迎神赛社的活动。另外，还坚持每年搭"黄河阵"，另挂九曲黄河灯，村里婚后不育的妇女来逛黄河阵，偷上一盏灯放在三官前以求子，如果一年后生了小孩，次年正月十五再到三官庙里还灯，叩谢三官爷送孩子。据老人讲，以前村子里的绝大部分妇女在偷灯后都能怀孕，因此，人们特别信奉三官。

善福乡赵家烟村求三官降雨

本村无雨干旱厉害，故于明嘉靖年修了三座庙（天官、地官、水官），现三官庙尚存。中华人民共和国成立前（明、清、民国）每逢干旱全村男人（不许女人参加）都赤脚、头戴柳枝柳叶圈，由村里香首带领在三官庙里敬供烧香，再抬上三官老爷绕村里地头，一边走一边喊"南无阿弥陀佛'求雨'"。如无乌云，再传队求雨，并向三官许诺，如果降雨就说鼓书、请戏班唱戏来回报老爷。这样反复直至降雨。

（二）襄垣地区的老奶奶信仰

中国的民间文化曾经在"文化大革命"中遭遇过极大的创伤，十一届三中全会之后，中国民间社会激起了文化复兴的浪潮，具体到襄垣地区，自20世纪80年代以来，从县域到乡村，民间庙宇的重建和修葺之势蔚为壮观，其中最具代表性的要数奶奶庙的修建了。这主要与襄垣人的生育观念直接相关，襄垣人遵循"不孝有三，无后为大"的古训，讲究多子多福，这尤其体现在他们对老奶奶的信仰上。老奶奶其实就是送子观音，襄垣人习惯称之为"老奶奶"。襄垣地区的村落基本上都有四座庙，分别为五道庙、奶奶庙、财神庙和三官庙，五道庙管死，奶奶庙管生，财神庙管生计，三官庙则掌管百姓祸福。其中，奶奶庙管生是指一个人从出生到十二周岁，这期间都归奶奶庙管，十二岁之后，就入了花名册，开始归阎王爷管了。在十二岁以前，一个人的诸多人生礼仪都与老奶奶相关，比如求子、拜锁、开锁等仪式。

从空间上讲，"老奶奶"应属村神，人们对老奶奶的祭拜首先是在奶奶庙里，因为当地人的生育观念，奶奶庙在襄垣地区村落社会的庙宇重建和修葺工作中尤为显著。另外，在当地的一些跨越村际的大型庙宇中，也都有专门的奶奶殿，十方的百姓也可以前去祭拜。除此之外，元宵节的黄河阵是人们祭拜老奶奶的特殊形式，这分为两种情况，如果摆黄河阵的村子已有奶奶庙的话，那么当晚村民游完黄河阵之后，就到奶奶庙去敬香、求子、还愿；如果没有奶奶庙或者奶奶庙离摆黄河阵的地方较远的话，村民就在黄河阵旁边临时设一个奶奶的神位，前面摆好香案，供村民前来献供、烧香、请愿。

从时间上讲，襄垣人祭拜老奶奶的时间除了农历正月初一之外，还有个特殊的时间，那就是老奶奶的诞辰农历三月十八。从物的角度而言，"小鞋"是襄垣人祭拜老奶奶的一个核心要素，小鞋在当地老奶奶信仰中象征人们求子中的"子"，人们用鞋子的款式进一步将这个"子"区分为"男孩"和"女孩"。相应地，偷小鞋和送小鞋是襄垣人老奶奶信仰中最重要的仪式行为，二者互为因果。求子的人家在以上特定的时间到奶奶庙去烧香、献供品，最后要从老奶奶那里"偷"小鞋子，如果是求男孩，那么就偷一双男式小鞋，当地叫作哥哥鞋，如果是求女孩，那么就偷一双女式小鞋，当地叫作奶奶鞋。奶奶那里的鞋总是不会间断的，原因与"还愿"有关。到老奶奶那里求子的人要向老奶奶许愿，承诺一旦得子必须要还愿，而还愿时，除了给老奶奶烧香、献供，最重要的一个环节就是送小鞋（即还小鞋），而且，归还的数量要遵照"偷一还三"的规则，因此，奶奶庙里的鞋子才会源源不断。下面是普查资料中关于老奶奶信仰的部分。

下良镇郝村奶奶庙的传说

郝村奶奶庙建于明朝，传说当时有一位一百多岁的老人，手扶拐杖，到村里专为儿童看病，一看就好，村里人感到这是不可缺少的老人，所以就依依不舍，老人向村里人说，小孩子到十二岁就不会再生病了，也就长大成人了。所以为纪念老人，在村里为老人盖起庙，凡每年的三月十八，满十二岁的小孩就到奶奶庙里开锁，也就是说开完锁后小孩子就成人了。

郝村盖的观音老母庙，俗称奶奶庙，每年农历三月十八，村里十二岁的小孩子，由家长带领，身穿红衣，佩戴铜锁一把，到奶奶庙上香、摆供品。这一天也有来求子之人，上香，摆供品，许愿。

善福乡赵家烟"抱娃娃"

相传汉武帝正宫久不生育，朝拜观音后生儿，随之流传民间，已有二千多年。凡不生育的女子，就要到奶奶庙，摆贡品后就去"抱娃娃"。"抱娃娃"的意思是在庙前庙后的地上找虫子，虫子分圆形和长形，如果找到的是圆形的虫子那就表示要生个男孩，如是长形的就是女孩。求子的人将找到的虫子带回家，放在炕头，来年或若干年后必生育。

善福乡郝家沟搭黄河

每年的正月十五村里都会搭黄河，流传至今已有百年。搭黄河有专门的负责人，搭好黄河之后，村里各家各户要去送灯，到时灯火通明。当晚，人人都要到黄河内走一趟，祈求家庭平安、来年丰收。男人游黄河会长命百岁，女人游黄河一生幸福。另外，还没生孩子的女人到黄河杆上偷一盏油灯，据说第二年就能生一个胖娃娃。

侯堡镇任家岭村民间信仰

村里有座古庙，北院为奶奶殿，年年正月初一、十五全村人都会去拜祭。老人们讲，奶奶掌控着全村人的生育和孩子们的平安，人们祭拜她是为了让她保佑自家儿女的幸福安康。在祭拜时要摆供品、放鞭炮等。此外，平时有一些村民在每月的初一、十五也会去祭拜。

侯堡镇安沟村黄河灯会

该村黄河灯会历史悠久。每年元宵节前后，从正月十三至正月十七举行五天，每逢佳节游黄河观灯，烧香求子，祈求五谷丰登，本村以外的人也来参加，人山人海，有说书唱戏、扭秧歌等各种表演。在本村中有黄河场的地方设神位祭祀，烧香，供有娲皇圣母、送子观音之神位，多为家庭主妇携老奶奶鞋及点心和供品，焚香，祈求来年得子、合家欢乐。鞭炮声不断，气势壮观。该村黄河灯会由村民自发举办，每年由娶媳妇生孩子的人家自动筹集资金，自正月初六开始，搭黄河彩门，请戏班说书。

（三）孔圣人信仰

家中有人求学往往会祭拜孔圣人，不仅在家里祭拜，还会在村落的范畴中祭祀，因此，襄垣地区的村落空间设置中往往有文昌阁，文昌阁中供奉的就是孔夫子。在重修庙宇的浪潮中，文昌阁并不是重修的重点，但有些村落在原有旧貌的基础上已做了修复，比如善福乡庄里村。

善福乡庄里村文昌阁供奉孔圣夫子爷

文昌阁创建时间不详，约在明清，传说很神奇，人才辈出。据说不拜礼圣和魁星，后代子孙难成器。文昌阁供奉孔圣夫子爷，也叫魁星老爷，据老人回忆，神像手中握有两支笔，一支指向西，一支指向东北，这笔所指方向出过秀才，中华人民共和国成立后这个方向上也有人当了大官，因此香火旺盛，供拜丰盛。虽在"文化大革命"中被毁，今已捐资修复，每逢大年初一、中秋、端午节、教师节等节日，全村必参拜。元宵节，闹文娱活动也要给文昌阁欢闹一番。

虒亭镇祝家岭祭拜文公庙

此庙建于1705年，至今已有300多年了，1849年重新修复戏台。文公祠在虒亭镇的祝家岭村，包括东小楼、西小楼和正殿，底部全是2～3米长的石条，前面石阶20层，四墙用石条和砖垒起。大殿顶棚全为木装，大、二、三梁架在四根紫红大顶柱上，古代称墙倒屋不塌。梁上雕刻蓝天白云。四角翘首仰天。殿房檐前木刻龙头象首，绘有菩萨送宝鲜桃盛会。

村民祭拜文公爷，以求后人学有所成，考取功名。村民认为人死后，鬼魂都要到庙中报到。

古代无专门执法机关，就靠神仙惩罚坏人。相传，对犯严重过错者，神灵拿他叫"马"，每年惩罚1～2名。所谓"马"有两种：贯锥马和开山马。这两种马在七月十五日上午会赤脊、昏昏迷迷、自动来到正殿香炉旁栽倒入睡（手中带刀、锥、铁绳）。直到午后

文公庙

送（西神）起驾鸣炮三声后马醒来，贯锥马拿铁锥将自己的腮帮子穿透直流血，同时开山马拿刀将自己的额头砍破，然后自用铁鞭打自己背部，左一下、右一下地跟随送神。就这样一来二去，年长月久，吓得人不敢犯伤天害理、损人利己的过错。但现在这种说法已经越来越少了。

三 县一级的信仰

县一级的信仰自然是随着作为行政单位县的出现而出现的，县一级的信仰往往是以村级信仰为基础发展起来的，这通常是在 20 世纪八九十年代以来慢慢出现的文物保护、景点建设等工作的激发下出现的。在襄垣县的古八景中，有一景就属县一级的信仰，那就是凉楼寺及其庙会。

凉楼寺位于襄垣县城南 7 千米的西里村北南罗山东麓，北倚浊漳河，东靠淤泥河，西枕南峰，南临潞矿，四周山环水绕，颇为幽静，素有"凉楼胜观"之美称。凉楼寺也叫凉楼庙，因正殿供奉黄飞虎又叫东岳庙。黄飞虎原为商朝大臣，因纣王暴虐无道，遂反殷投周武王伐纣，屡建大功，直至战死沙场。道教祖师姜太公封他为"东岳泰山天齐仁圣大帝"，执掌阴曹地府、十八层地狱，总管人间吉凶祸福、生死转生之大事。每年农历的三月二十八是黄飞虎的诞辰，此日即享誉全县乃至其他省市的凉楼庙会，也叫凉楼祝寿会。当地有"暮春神会冠五省，妇姑童叟进香灵。阳间赶了凉楼会，阴间不受阎王罪"的民谣。

据载，凉楼庙可追溯至元代。庙内现存明代重修东岳庙碑记两通，据记载，元朝太师河南王察罕那延在南峰兴福寺与东岳庙屯兵，发现兴福寺后山风景秀丽、树木参天、气候凉爽，便在此地兴建了避暑行宫，名曰"凉楼胜观"。后因年久失修，胜景遂废。兴福寺僧人为纪念察罕那延功德，便在东岳庙原山门处增建佛阁一座。万历年间塑佛像。从此寺庙合一，神佛共奉。后人亦将东岳庙称凉楼寺。凉楼寺和凉楼庙会除了在本省有巨大影响之外，另有冀、鲁、豫、陕四省的香客前来敬拜，算得上是襄垣县历史最为悠久、规模最大的古庙会之一。凉楼寺原先是当地几个村落之间的共同寺庙，凉楼庙会也是当地人操办的庙会，但由于"文化大革命"期间庙宇被破坏，庙会被中断，改革开放之后在庙宇重建和庙会恢复的过程中，当地几个村落之间产生了矛盾，再加上被县级文物单位收管，凉楼寺及其庙会遂为县级所有。

从原址资料来看，该庙坐北向南，共为三进院落，占地面积 6600 平方米，建筑面积 1502 平方米，共有殿宇房舍 62 间。中轴线上依次有山门、佛阁、戏台、大殿、后殿。东西两侧有钟鼓二楼、耳楼、配殿、朵殿。前院有僧房、茶房。东小院有井房、厨房、库房等建筑。山门外有御道、拱桥、卧龙池和上下马碑。戏台、大殿、后殿皆在"文化大革命"期间被拆除。庙内现存东岳大帝黄飞虎、圣母娘娘、崔府君、十殿阎罗、送子观音、一佛二菩萨等彩塑二百余尊，修缮工作还在进行中，正殿塑东岳大帝武成王黄飞虎的神像。庙内现存建筑有山门、佛阁、十殿阎罗殿、包公祠、观音殿、东西配殿等殿宇。佛阁是东岳庙中最高的建筑，阁内塑有如来佛和观音菩萨等坐像，为庙中佛事活动的中心，佛阁建于山门之上，面阔三间，进深四椽，五架梁通达前后，单檐悬山顶。

凉楼庙会的规模是非常大的，我们从相关资料中就可见一斑：

> 每年农历三月二十八日是襄垣县凉楼村一年一度的祝寿会。凉楼村建有东岳庙，庙内供奉东岳大帝。传说，农历三月二十八日是东岳大帝黄飞虎的寿诞之日，故这天善男信女都要来东岳庙为东岳大帝敬香祝寿，久而久之便成庙会。此会素以"暮春神会冠五省，妇姑童叟敬香灵"而著称，闻名晋、冀、鲁、豫、陕广大地区，是上党地区历史悠久、规模最大的古庙会之一。庙会期间，赶会人次逾十万，成交金额超百万元以上，就连"文化大革命"期间，也从未间断。

1998 年版《襄垣县志》第 597 页载："每年农历三月二十八日举办庙会，广泛进行春播前的物资交流，各种货物品种齐全，晋冀鲁豫均有人赴会，人山人海，异常热闹。"下面是我们普查工作中获得的两份资料：

古韩镇西里村凉楼祝寿会

每年农历三月二十八是凉楼寺一年一度的祝寿会。此会素有"暮春神会冠五省，妇姑童叟致香灵"而闻名晋、冀、鲁、豫、陕广大地区，是襄垣历史悠久、规模最大的古庙会之一。襄垣县城南 7 千米处的西里村有座古刹叫凉楼寺，是襄垣古八景之一。凉楼寺传说是东岳泰山天齐仁圣大帝黄飞虎手下的护法将军三月僧，生前为了赎罪，免下地狱，讨好执掌幽冥地府大权的黄飞虎，而为其修建的一座规模宏大的祝寿圣地。时至今日，这里乃至冀、鲁、豫、陕广大地区仍流传着"生前赶了凉楼会，死后不受阎王罪"的顺口溜。

传说终归是传说，据考证，凉楼祝寿会始于宋元年间。该寺现存残碑记载：在元代，身为当朝太师、官拜河南王的察哈那延久慕凉楼寺胜观，专程到襄垣凉楼寺进香，并捐款维修了凉楼寺东厢房地产 13 间。由此可见，寺院兴建早于元代。寺院建成之时，即为开光庆典之日，庙会由此而起，现在古庙会已变成了物资交流大会。

古韩镇南丰村凉楼古庙会

凉楼古庙源于襄垣县城的南罗山，也就是目前的古韩镇南丰村、西里村一带，它东起襄侯路，西至仕女湖，南毗南丰村，北邻长安道，总面积2平方公里。自古以来就是当地文化览胜、避暑观光胜地和佛教、道教圣地，史称"凉楼胜观"。因此当地以及周边的善男信女非常信奉佛教、道教，所以自古以来就产生了长治地区"三大古庙会"之一的凉楼古庙会。

凉楼古庙会可追溯到北宋元祐年间，因为当地有座古庙叫东岳庙，又名凉楼寺，所以人们自古以来习惯上叫凉楼会。庙会自北宋元祐年间创办以来，每年的农历三月二十八日为庙会的第一天，庙会期间赶会人次逾十万，成交金额超100万元。就连"文化大革命"期间，庙会也未中断过。古诗云："暮春神会冠五省、妇姑童叟进香灵。"

古庙会的主要仪式是当地的"迎请"仪式，当地村社首（村里负责人）组织人员和佛教人士拈香叩拜、敲锣打鼓地到东周村和侯村请仁圣大帝黄飞虎和玉皇大帝赶会，以此来保佑一方百姓风调雨顺、丰衣足食。随着历史的演变，凉楼古庙会由烧香拜佛、求神保佑逐渐变为今天的集物资交流、文化娱乐与旅游观光于一体的综合性、群众性大型经济文化活动。

庙会的迎请仪式：古时的迎请仪式由当地的社首到东南方向文王山下东周村的迎圣塔去请仁圣大帝黄飞虎神圣赴寿宴。当五村社首拈香叩拜毕，迎请队伍即回返。接近凉楼东岳庙时，民间的迎圣文武社火夹道恭迎，花棍队开道打场，神鞭队甩响护卫，扛装队童男童女进行祈福表演，和尚各列庙宇山门两边，跑幡诵经。现代的古庙迎请仪式由当村社首（村、庙的负责人）敲锣打鼓，到侯村玉皇庙迎请玉皇大帝的真身到凉楼庙，接受凉楼寺周边地区善男信女的朝拜，以此来求神保佑人民风调雨顺、丰衣足食。

凉楼东岳庙的石碑记录、有关凉楼古庙会的文字记录，目前在襄垣县志、县文物局的有关资料中都可以找到。该寺碑文记载："邑里大黄庄社首尹列鼎撰、潞安府冯冠五书、怀庆府陈钥罡篆。凉楼胜观者，故东岳泰山天齐大帝庙也。东岳泰山天齐仁圣大帝执掌幽冥地府、动以善恶洗礼、甚公也。"民各自矜奋："将善恶因果、阴阳报应示以警人、以淳风化。若不化服、我则非人焉！"古往今来就有当地民间谚语"赶了凉楼会，不受阎王罪"的说法。

四 煤业求安习俗

（一）概述

山西是产煤大省，煤窑（矿）是一个特殊行业，"襄垣地处山陬，矿质颇厚，向以煤炭为大宗"（《襄垣县志·民国版卷二·物产略》），煤行信仰习俗正是应煤炭生产生活需要而产生的一种民间事俗。自古道"天下百业圣人作"，在过去，民间各种行业都有着自身的主管神灵，对于煤炭行业的窑神爷是谁，众说不一。就襄垣而言，因有太上老君在此种煤与羿射九日五乌坠地"五阳"而化煤的传说，加之老君用煤烧炉炼丹，故当地煤业尊老君爷为窑神，以保佑行业的安全与兴盛。我们在普查工作中发现，襄垣地区的大小煤矿基本上都建有老君爷庙，而且在近几年中，一些煤矿正在扩建自己的老君爷庙，据说祭祀仪式也越来越隆重。同时，我们也发现，该地区煤矿中的安全生产知识与设备也在逐步普及和完善中，现代安全生产知识与老君爷信仰之间形成了一组有意思的辩证关系。

襄垣的煤行信仰习俗包括祭祀、忌讳与相关传说。煤业祭祀是从业者向神灵祈求保佑和驱灾避难的一种民俗事象，由祭祀对象、祭祀人员、祭祀程序以及祭供礼品等诸多元素组成，是人神相通的一种主要方式。煤业禁忌是人们心理防范观念和预防及制裁与控制的一种手段，其中的忌讳语主要有两方面内容：一是忌讳说出的词语，二是替代性的说法。煤业的民间传说则是表达从业人员的生活愿望，表现人们的理想和追求，并与民众生活相融合，世代流传。窑工凭借神灵的威望获取心理上的抚慰，同时也利用祖师爷的神圣地位提高本行业的声望和地位，具有很强的向心力与凝聚力，统一着群体的行为与思想，能够增强构建群体团结友爱、互相帮助的精神，使行业生产生活维持稳定，对社会和谐起到不可忽视的重要作用。煤业求安习俗对行业祖师爷的崇拜属于自发性的原始信仰，信仰往往又与人们的生活掺和在一起，民众从长期的生产生活当中找到了它的合理性，并把这些事象从迷信的桎梏中提炼出来，在生活中、口头上、心理上、行为上加以利用，形成一种传统的习俗。应当说这种信仰与封建迷信不是一回事，它们之间有着本质的区别。关心民俗标志着人们心灵的成熟，煤行信仰习俗保留了煤炭行业民间信仰这一传统民间文化，是研究我国煤业民众世界观和生活状况的重要依据，也是研究煤文化的一个切入点，同时也是研究山西历史文化的一个切入点。

传说故事是某些历史史实浪漫主义方式的记载，是人们理想和希望的一种通俗的表达方式，是神话和现实的交融。自觉地开采煤炭、使用煤炭，是人类生产和生活中的一大进步，煤炭的开采使用促进了社会生产力的发展，促进了社会的发展，一定意义上讲，煤炭具有兴邦立国的伟大作用。关于煤行信仰习俗的起始虽无确切记载，但窑工对窑神的信仰超过了其他任何神佛，可以说煤业求安习俗是伴随采煤历史形成的，有采煤的历史就有煤行信仰习俗存在。明代时任山西、河南两省巡抚的于谦（后为兵部尚书）历时19年往返于两省，并留下了《行过虒亭》（虒亭在襄垣境内）与《咏煤炭》等诗作，其曰："凿开混沌得乌金，藏蓄阳和意最深。爝火燃回春浩浩，洪炉照破夜沉沉。鼎彝元赖生成力，铁石犹存死后心。但愿苍生俱饱暖，不辞辛苦出山林。"襄垣矿质颇厚，向以煤炭为大宗，邻境各县甚形畅旺，可见当时产煤，业已形成规模，煤业求安习俗，也随着煤业的兴盛流传下来，不断满足着人们战胜自然的生存需求。窑工这些生活在社会底层的劳动者利用尊祖敬神的求安形式同大自然进行抗争，煤行信仰习俗也就成了窑工群体利用窑神老君爷的神圣地位提高本行的声望和地位，激励内部团结一致、齐心协力，维护行业生存的依托。

（二）信俗

1. 煤炭传说

襄垣煤炭资源丰富，周边的黎城、潞城、屯留、沁县、武乡几个县，也有煤，只是没有襄垣多，因此在民间广为流传着"老君爷种煤"的故事。相传很久以前，太上老君为保佑人类生存，来到天脊上党为民布煤，他在沁源种煤后，来到沁县，由于劳累饥渴，便向一户史姓财主家求水喝，却被拒之门外，出村才知此地属"上北里"（方言中的"上不里"）。走到王村境内，遇到一耕田老农，问："种不种煤？"老农看到这黑黑的东西怕脏了土地，连声说："不要，不要。"老君以为仍在沁县境，长声叹气，继续往前，不远就来到邻近的下良，碰见一老太太，问她这里要不要种煤，老太太忙说："要，要，要一沟。"从此就出现了北姚（方言音"不要"）村和窑峪沟（方言音"要一沟"）两个村名。事实上虽然两地相隔不远，可王村境内至今尚未发现煤层，而相邻的下良一带自古以来就到处是煤窑。另外还有羿射九日与三峻山（襄垣县城西南）五乌（乌，三足金乌）坠地"五阳"而化作潞安煤田之说。

2. 供奉老君爷

在襄垣人的神学观念中，太上老君爷为民种煤，并用煤烧炉炼丹，因此，人们尊其为窑神爷以保佑平安。自古以来，每个煤窑都要建庙设坛供奉老君爷，窑主、窑工均要真心真意给老君爷上供、烧香以保平安、出好煤。襄垣地区大兴煤矿，因此老君爷信仰在此地尤为兴盛。老君爷信仰分为两个范畴，一个是我们前面提到的将其作为家神在家庭内祭拜，还有一种是以煤矿为单位的老君爷信仰。煤矿上对老君爷的祭拜主要祈求两方面的内容：一是祈求保佑矿上工人的人身安全，一是祈求保佑整个煤矿生产顺利，归根结底是祈求安全。但是，我们都知道现在任何一个煤矿上都有相应的现代安全管理知识与设备，这就说明了安全问题对于煤矿来说是有双重意义的。煤矿上的老君爷信仰首先是源于人们对于煤矿开采工作中危险情况的恐惧，因此需借助信仰的力量来慰藉心灵，但是，为什么随着人们对于煤矿安全生产知识的健全，老君爷信仰反而越来越浓厚了呢？换言之，按照科学的逻辑，随着现代安全管理知识和设备的改进，煤矿上的老君爷信仰应该越来越淡才对，但我们在调查中看到，很多煤矿的老君爷庙却在不断地重修、扩建，祭祀仪式也愈发隆重。这说明，我们无法也不能用现代科学的逻辑来理解人们的信仰及其行为。

这里主要介绍煤窑上对老君爷的祭拜方式。祭拜老君爷时，窑主通常要请戏班来给老君爷唱戏，唱戏时还得给老君爷留出座位。相传老君爷爱红火，剧目尽可能荤一点，每年都要请戏班进行演出数次。一来感谢老君爷保佑平安有功，特地为他老人家祝福庆贺；二来祝煤业兴盛，窑工发财；三是招徕远近摊贩客商，扩大影响，为日后煤业招工、售煤、发展事业创造更好的氛围。对窑工而言，老君爷就是保护神。传说老君爷开天辟地，钻山下洞，主管山林、矿藏等资源，保护矿工安全，每个煤矿都修建有老君庙，厂大门正对窑口，家中有矿工的也全都供奉老君爷以保平安。矿上每逢初一、十五都要祭祀老君爷，矿工就是碰上在家也要祭祀。腊月二十三、正月初一、正月初六（开工日）、二月十五（老君生日）的祭祀，规模较大、供品较丰富。仪式的主持者过去叫窑主，即现在的矿长。关于供品，腊月二十三、正月初一、正月初六的供品比平时要丰富，主要是全猪（必须是黑色的公猪）、馍馍、供菜、烟酒、水果等。全猪为杀好的生猪（扒肚、留肠、拔毛）；馍馍点红点，每五个摆在一个盘子里；供菜五碗，分别是一碗熟肉、一碗用油炸过的豆腐、一碗煮过的海带、一碗炸过的粉皮、一碗炸过的粉条，最后用红萝卜或黄花菜点缀，以美观好看。其他日子的供品只有肉或馍馍，没有全猪。水果根据季节有变化，主要是应季节的。供品由矿上提供，工人不用分摊。如果愿意，可以带上自己的供品。具体仪式过程是：窑主带领工人先摆供品，并第一个上香、跪拜，其他人按照顺序敬香、祈祷（说吉祥话）、跪拜，同时放鞭炮，将供桌上的酒洒在地上，当一炷香烧完后，仪式结束，收供时每个供品都撕下一点放在供桌上，剩余供品由工人们分食，以改善伙食。每年腊月二十三吃过饭后，煤矿放假过年，还要生起"旺火"。正月初六是年后第一天上班，也要祭拜。祭祀活动有时也有将全猪改用猪头、猪腿、猪尾巴的情况。煤行信仰习俗的生命力极强，就是在"文化大革命"期间也没有间断，只是转为半公开祭祀。在当地每个窑工家中都供奉有老君爷，此项习俗一直延续至今。下面是两份相关的普查资料：

古韩镇崔村煤矿工人祭太上老君

由于在中国古典神话中太上老君的职责是炼丹，当地在煤矿工作的人都信仰太上老君，每逢初一、十五都会为太上老君烧香叩拜，并摆上食品祭祀。目前，煤矿、铁矿的矿主也拜祭太上老君，并且煤矿都修有小型的太上老君庙，方便工作的人祭拜。

古韩镇煤窑风俗

上党是煤炭之乡，煤炭开采历史久远。旧时，小煤窑作业条件十分低劣，安全没有保障，人们对于井下劳动的恐惧相当严重。当地流行的民谚说："下南州，煽败火，走投无路滚窑窝。""攀住花车令，照住枉死城。"因此，产煤区形成了特有的民俗，那就是敬老君。产煤区群众把老君作为至尊来供奉。居室、井口均设有老君神位，村里建有老君庙。平时逢农历初一、十五，用一斤猪肉小祭。一年还有四大祭日，分别在农历二月十五、五月初一、八月十五和腊月二十三。大祭时，举行较为隆重的仪式，除室内设供外，还要结伙在老君庙及井口燃香添供，鸣鞭放炮，并搭台唱戏，举办娱乐活动，但无须像过节一样改善饮食。窑工敬老君主要是为了祈求平安。旧时，窑工第一次下井，必须先在井口给老君神敬香、磕头，并以干草烧火烘烤，表示驱除鬼祟，然后方可下井。过去的窑主也敬老君，但目的与窑工不同，他们认为老君是"火里求财"，所以窑主敬老君主要是为了生财。

老君庙

老君爷

3. 煤窑忌讳

矿工钻窑下洞挖煤是地下作业，工作场所一天不见天日，感觉就像阴间。人们说下煤窑的人是被埋了却没有死的人，两石板夹一块肉。冒着崩顶、透水、黑风（瓦斯）的危险而劳作，在生死线上挣扎，出来后才敢说是又活了一天。过去没有安全设备，安全就靠神灵保佑，靠吉利护身，所以煤窑上忌讳的说法很多：（1）下窑前家里妻儿老小不能大声哭喊。（2）不许吹口哨，怕叫来黑风。（3）东西掉到井下叫"奔干"，回避说"掉下"二字。（4）做了噩梦，当天就不入坑，认为是不祥之兆。（5）受了别人不吉利的破骂，特别是妇女瞎骂，当天就不上工了。（6）早上出门碰上妇女送尿盆或碰上穿孝（丧）衫的人不入坑，下井不能穿白色的衣服，不能戴孝。（7）矿工使用的碗筷必须经常确保完整无缺。（8）老鼠被视为"窑魂"（死于矿难的人的灵魂），不得杀伤，送饭时剩下的要喂老鼠。（9）女人不得靠近矿窑。（10）不能说带有"塌""没""死""砸""滥""破""倒运"等字样的话，怕引起不良后果，塌方叫"冒顶"，木头叫"坑木"，伤着叫"靠着"等。（11）在坑下不准叫名字，平时窑工一般也不轻易让人背。（12）工作中吵架不能记心间，一般当下就和解不影响工作。（13）柳木不做顶柱下坑。

4. "拨师"神通

拨师，就是现在的技术员、安全员，他们负责煤窑的全部工作，凡是煤窑就得有"拨师"支撑，尤其是老拨师，在坑上是矿长负责，到坑下是拨师全权负责。他神通广大，在地面上通过看山势能测出有煤无煤及煤有多深。在坑下能够指导走大行开巷眼，恰到好处。"水是命，风是病"，拨师用木棒顶到墙壁上能听到要透水的预兆，一旦透了水，他能有办法砌住水，不外流。用镢头敲傍问顶，看炭的颜色，能知傍测水。顶快塌，立即剥顶、打柱、插栅。他还能闻到"黑风"（瓦斯）味，一旦发现，停止挖煤加强通风，待黑风消散后再投入生产。拨师是窑上技术安全的一把手，所有人听他指挥。

5. 窑庵柜房

窑庵柜房，相当于现在煤矿的宿舍楼、办公室，是职工活动、社会交往的场所。窑庵是靠山打的土窑洞或者用木料土坯修的简易房。内有土炕、炭火、板凳，供工人休息，换工作衣用。里黑外黑到处黑，外来人一般不进去。柜房是办公的地方，室内布置比窑庵好一些，接待来往人员，卖煤、收钱、开单。卖煤不论斤计，以箩筐为单位，一筐或一箩头多少钱。昼夜有人守候看场。另外还有灶房，供场上人员吃饭，还负责井下人送干粮及开水。

6. 把头卖煤

把头就是专管井口的工人，从井底吊上来的煤筐由他拽回到井边，摘脱挂上空筐，一次以一根"抽"（方木棒）计数。他还管井上井下的联络。筐里运送东西，吊干粮到井下就喊"喂，筐里抹了吃粮"，如有专门买碳客户就喊"喂，来两筐大碳"。一旦掉井下东西就喊"奔干"，叫挂筐人躲避。井口上来的煤靠卖煤人负责腾场，装煤只多不少，优惠穷困担煤人，邻近村常有人担煤不出钱的情况。

7. 窑变

起初，人们只知道用地表溢煤，用完地上的煤才架井挖地下的煤。挖煤的井口场地叫作煤窑（即现在的煤矿）。过去场地上建筑仅有窑庵柜，后进化到机房。坑下的挖煤工具由用铁锤、铁钻、铁寨、圪镂铁、马牙爨、平钎等工具手工操作到用电钻打眼，炸药放炮，又到机床。提升工具，由辘辘、麻绳、筐篓、滑车、转车到绞车，县志载民国时多处已启用大型起重机。坑下运输由驮车、平车、灌斗改为输送带。产量由每日生产几吨发展到几千吨。照明由素油灯、电石灯一跃成了电灯。经营体制从个体、股份、联营发展到现在的集团，安全设施大为改善，但一些煤行信仰习俗仍被许多从业者承习。

原来的生产生活信仰与煤业组织形式是一体化的，现在生产生活组织形式已与信仰逐步分离，信仰活动也由原来的公开化转为半公开化，由集体趋向小群体、个体。随着科学生产，现代化生活和生产组织形式不断成熟，煤行信仰习俗也融入了社会，成为当地民众习俗与生活方式的重要内容。

（三）讨论

煤行信俗是煤文化的组成部分，煤业文化是农耕社会煤业的缩影，对研究我国农耕文化的产生、发展以及民情风俗、意识形态等具有特殊价值。千百年来广大窑工长期从事井下工作，干的阴间活，吃的阳间饭，工作条件十分恶劣，劳动强度非常高，特殊的环境构成了特殊的生活方式和生活习俗，形成其对窑神的崇拜，产生了一系列祭祀礼仪与忌讳，世代相传，可以说煤行信仰习俗有着广泛的群众性和民间传承性。因其源于煤业生产生活需求，所以具有相应的功利目的，与本人、本地、本行业的利益有密切的关系，其实质是求福避祸，增加自己的安全感，从而得到精神上的一种安慰。煤行信仰习俗以襄垣当地人们关于煤的认知活动和窑工崇拜、祭祀文化现象为基本表现，承载着煤炭行业许多相关历史信息和原始记忆，煤炭长期的采挖历史和相对固守的行业文化环境，使大量原始祭祀礼仪在求安活动中被保留下来，具有以下几种意义。

首先，通过一系列信俗活动的宣泄、补偿以及娱乐等方式，从业人员生产生活和心理本能得到了调剂。尤其是井下作业处于安全的不确定性环境中，必然受到一定程度的压抑，无论是肉体还是心理的压抑，对人来说都是一种破坏，若不在某种程度上得到宣泄，一旦积郁起来集中爆发，往往会造成严重的行为失范。人们在现实生活中难以得到满足的需求，往往在民俗中会得到某种补偿和慰藉，使其忘却恐惧，把艰苦的境遇变为奋斗的乐园，煤行信仰习俗的宣泄、补偿功能与价值不容低估。

其次，祭祀是通神的主要手段，同时也能加强行业内部的团结，提高战斗力。过去窑（矿）工处于社会的底层，他们为了生存，为了保护自身利益，为规范行规和经济原则，设立了神权，作为互助联系的一种手段。窑工可以利用尊祖敬神的形式，同那些以权势欺压本行业人员的官员豪强进行抗争，祖师爷的神圣地位也就成了窑工的精神寄托，同时还可利用祖师爷的地位提高本行业的声望和地位，对行业生存与发展起着积极的作用。

第三，信俗中保存的神话、传说、娱乐等内容，作为一种文化现象能够起到教育和模塑作用，对从业成员的安全行为方式具有一定的约束作用。求安习俗可以说是一种行业规范助推剂，像一只看不到的手，无形中支配着人们的行为，统一着群体的行为与思想，能够增强群体团结友爱、互相帮助的精神，使行业生产生活维持稳定。从井上到井下，人们都在不自觉地遵从着安全的指令，对从业者的控制虽是一种"软控"，却是一种最有力的深层控制。

第二节　襄垣地区的民间寺庙与古庙会

庙宇和庙会分别是民间信仰在空间和时间上的集中表现形态，庙宇提供了人们祭祀的空间，人们首先依据神学观念修建庙宇以及神祇的形象，又反过来激发一代代人的信仰观念；庙会也是民间信仰的核心要素之一，它首先从时间上对不同的神祇进行了区分，人们也借此集中表达对某个神的祭拜。一般来讲，庙会常常是以村落为单位的，所祭祀的神往往是村神，也包括跨越村落的神祇，纯粹的家神很少有相应的庙会。下面是相关的普查资料情况：

王桥镇炉沟村奶奶庙

据说，本村的奶奶庙已经有很久的历史，但究竟有多久，现已经无法考证，庙宇在"土地改革"和"文化大革命"期间都曾被破坏过，最近的一次修建是20世纪80年代末，由附近的村民集资修建而成，也就是现在所见到的样子。传说奶奶是从黎城山上而来，当她行至五阳岭一带后，便停留下来，对当地百姓施恩，后来人们为了纪念这位老奶奶，便修建了奶奶庙，从此流传至今，香火不断。

传说：老奶奶姐妹三人，分别前往各自不同的目的地。本村的老奶奶排行老三，她是最后一个出发的，当她行至五阳岭一带后，见当地百姓生活贫困，就决定停下来帮一帮当地的穷百姓。老奶奶在当地走村串户停留了一个月，后来再也没有踪影了。而村里人都过上了不错的日子，粮食年年大丰收，人们才想起了前段时间在村里经过的一位老奶奶，想起一定是老奶奶的恩泽，于是人们专门修了一座奶奶庙来纪念。

当地老百姓逢年过节，求子祝福的都会到奶奶庙来烧香祭拜，从那时一直流传至今，香火不断。每逢三月十五老奶奶生日这一天，烧香的人更是络绎不绝。天还大黑时，人们就来到了庙门前，抢头一炉香，尤其是求子的妇女们，即使抢不到头一炉香，人们也会自觉地排起队来，人人手中拿着各式各样的供品。如今周围村子里修了不少奶奶庙，但炉沟村的奶奶庙最灵验，像五阳、天仓、官道等村的人还会到炉沟来烧香。

下良镇郝村古庙

唐王庙。郝村唐王庙坐落于东头以东约七百米处靠北的一个土圪台上，庙坐北向南。北面有内外大殿，内塑有唐王李世民像，向南两边有睡佛爷像，殿外左右两侧有一对石狮狗，靠东边有两块石碑，1957年被烧为石灰用；南面有戏台，东西房上下两分口有耳房，分东西两道大门，院内东西有两棵大柏树，院中间有观戏台是青石做的。走出东大门，靠东边后面有骡房院，院内三间厦棚有水窖。北庙源于两村系伙大约在1950年由县拆迁，所以查不到修建的年限，据老人们估计大约在明末清初时修建。庙内一对石狮狗在2002年被盗走，后被县文博馆查获，现已收藏在文博馆内。

山神庙。郝村山神庙坐落在村东阴圪廊，从青南村往北走交叉口处北面一个地圪台上。

大园门。坐落在后圪廊栗树田大门前，因年久失修在20世纪60年代倒塌。

二门伏寺。二门伏寺是姓栗二门人修建在西头前的西南侧圪道东坡上的，因年久失修已倒塌。

奶奶庙。坐落在晒头院东南角的一块地面上。有坐北向南的一个正殿。正殿分三大间，两侧有东西耳房，戏台院内有一棵柏树和一棵松树。正殿塑造有老奶奶像。西山北墙有奶母画像。东山墙画有送子图像，年久失修倒塌，在1996年由本村栗海荣、栗春旺、郭有贤等几个同志通过村民自愿捐款重新修复。间架没有原来那么大，但式样还是原来那个样。

北阁。上有真武帝塑像，本阁有二十个大台阶，两侧有小台阶。三路都能上去北阁，北大殿阁分内外厅，每年三月三庙会，就是为了祭祀玄武赵君。郝村北阁坐落于郝村当街进水口处，阁内正殿内塑真武大帝泥像，有两个棚厅，两个棚厅的水流到东侧后分为两股水流，北水流往下良河内，南水流入东边阳河内，到黎城石板上合河口相遇。

南阁。是观音庙，也叫桃庙，庙内有观音塑像，后来翻修，成为现在的烈士亭。南北阁中间路西有仓谷楼，每年积蓄粮食，待灾荒年之用，一旦灾荒年就开仓救济，有专人分管。南面有戏台，在1950年已翻修。

大麻池。在南院的背后、当街的十字中心，用青石修造而成，有三个口往池内流水。它的地面上都有花墙，非常壮观，1958年此池被填平。

佛爷庙。坐落在郝村旧桥南头西南角，坐西向东，院内有两棵大柏树，正厅有一佛二菩萨塑像，年久失修，在20世纪50年代已倒塌。

一　襄垣地区的民间寺庙

对普查资料进行统计可得，襄垣的庙宇遗址有45处，尚存建筑样态的庙宇有168座。具体情况如下表：

襄垣庙宇遗址概括

庙宇名称	始建时代	现处位置	简　介
南垴上洪圆寺遗址	唐～清	侯堡镇南垴上村东小山顶上	南垴上洪圆寺遗址位于襄垣县侯堡镇南垴上村东小山顶上。创建年代不详，现存有唐至清建筑遗物，东西宽100米，南北长60米，占地面积6000平方米。遗址坐北向南，地基呈现为并列三院，现存正殿遗址堆积完整，露出砂石佛雕像半截，头佚，从衣纹手法可看出为唐宋遗物。其余范围内遍布唐至清建筑砖瓦碎片。

庙宇名称	始建时代	现处位置	简 介
石佛寺遗址	唐	王村镇北河村东	石佛寺遗址位于襄垣县王村镇北河村东。东西长约 10 米，南北宽约 15 米，分布面积约为 150 平方米。创建年代不详，20 世纪 40 年代毁。庙宇布局不详。尚存部分基址。地表散布有灰板瓦和砖等。
长生观遗址	元~清	王村镇王家沟村	长生观遗址位于襄垣县王村镇王家沟村，遗址坐北朝南，南北长约 60 米，东西宽约 40 米，分布面积约 2400 平方米。据清乾隆《襄垣县志》载：创建于元至元十七年（1280），明、清皆有修葺，1950 年损毁。现地留残存。
观岩洞贞观遗址	元	西营镇观岩村西南五郎殿	观岩洞贞观遗址位于襄垣县西营镇观岩村西南。坐北朝南，原布局不详，遗址南北长约 60 米，东西宽约 40 米，分布面积约 2400 平方米。据清乾隆《襄垣县志》载：创建于元至元十七年（1280），明、清多次重修。1950 年拆毁，地表散落有条石砖瓦残块，存碑 1 通。
东垴头二仙庙遗址	明	北底乡东垴头村北 2 千米处	东垴头二仙庙遗址位于襄垣县北底乡东垴头村村北 2 千米处，遗址坐北朝南，遗址面积约为 500 平方米，遗址上新建奶奶庙一座，东垴头、南娥村、赵家烟村三家共用此庙。地表残留有柱础、残墙、香台、瓦当、残存碑首、碑座等遗物。碑首为蟠龙碑首。
蒲池圆明寺遗址	明	夏店镇蒲池村东南	蒲池圆明寺遗址位于襄垣县夏店镇蒲池村东南。坐北朝南，东西长约 35 米，南北宽约 53 米，分布面积约 1855 平方米。据《襄垣县志》记载：直至明、清，辖内有圆明寺、仙堂寺、开化寺等十八座寺院。该寺于抗日战争时期毁于战火。现残存部分正殿基址，民国重修禅房碑 1 通。正殿为夯土基址，夯土厚度约 3 米，在夯土基址上，散落有大量明代砖、瓦、条石等建筑遗物，存碑座 1 个。禅房在原址上新修。
井关桃庙遗址	明~清	王桥镇井关村南	井关桃庙遗址位于襄垣县王桥镇井关村南。坐北向南，东西长 15 米，南北宽 26.7 米，分布面积 400.5 平方米。创建年代不详，现存为明、清时期桃庙遗址，地表现为耕地，地表散落着明、清时期的砖瓦等建筑构件。基址已经模糊不清。
井关元神庙遗址	明	王桥镇井关村北 2000 米山巅	井关元神庙遗址位于长治市襄垣县王桥镇井关村北 2000 米山巅。坐北向南，一进院落布局，东西长 10.8 米，南北宽 12.25 米，占地面积约为 132.3 平方米。创建年代不详，据碑记载明隆庆四年（1570）、清道光庚午年（1810）曾有重修，现存为明、清遗迹。仅存院墙基址与正殿基址，存明、清重修碑各 1 通，围墙、山门皆毁不存。近年在原基址上新修筑了正殿三间。
安宁村千佛殿遗址	明	王桥镇安宁村中部	安宁村千佛殿遗址位于长治市襄垣县王桥镇安宁村中部。坐北朝南，东西长 10.6 米，南北宽 9 米，分布面积 95.4 平方米。创建年代不详，现存为明代遗物。现仅存正殿青石台基，高 1 米；前刻浮雕开光花卉纹饰。台基上遗存明代青石雕花柱础 2 个。2004 年在正殿原基址上新建正殿三间。

庙宇名称	始建时代	现处位置	简 介
安宁洪门寺遗址	明	王桥镇安宁村东1500米洪门山之巅	安宁洪门寺遗址位于长治市襄垣县王桥镇安宁村东1500米洪门山之巅。创建、毁弃年代不详，现存为明清遗迹。东西宽约60米，南北长约55米，分布面积约3300平方米。现存部分建筑基址，地表散落有砖瓦、琉璃等建筑残件。
戴家庄龙建山慈云庙院遗址	明～民国	侯堡镇戴家庄村西	戴家庄龙建山慈云庙院遗址，位于长治市襄垣县侯堡镇戴家庄村西，现存为明清建筑砖瓦碎片。遗址坐北向南，东西宽70米，南北长60米，占地面积4200平方米，中轴线上原来由南向北依次有南殿、毗卢殿、正殿，1948年拆除修建夏店小米加工厂。八块青石大碑，修建回墙水库时移去。现存遗址地表为耕地，地基不存，地面残存大量明清建筑砖瓦琉璃残片。现存《龙建山慈云院》青石碑首，宽107厘米、高80厘米、厚30厘米，有浮雕双龙戏珠纹，前为篆书阴刻，后为楷书阴刻"龙建山慈云院"，保存于戴家庄学校院内。
香严寺遗址	明	古韩镇桃树村南	香严寺遗址位于襄垣县古韩镇桃树村南。遗址坐北朝南，南北长约80米，东西宽约50米，分布面积约为4000平方米。据清乾隆《襄垣县志》载，明正德年间（1506～1521）重修。1940年毁。庙宇布局不详，地基尚存。地表散布条石、琉璃瓦、灰板瓦、筒瓦和砖等。地表现新建塔一座。
南坪永平禅寺遗址	明	西营镇南坪村西北角浊漳北源东岸台地上	南坪永平禅寺遗址位于襄垣县西营镇南坪村西北角浊漳北源东岸台地上。坐北朝南，南北长28米，东西宽20米，分布面积约560平方米。创建年代不详，据庙碑载为明代遗存。1983年坍塌，地表残存戏台基址，东厢房基址及南两间残墙断壁，东耳殿基址及大部墙体。遗址上遗青石覆莲瓣柱础石一件，高0.30米、直径0.60米，宋代特征。东厢房残墙存碑1通，为明成化二年（1466）"重修永平禅寺碑记"，通高1.27米、宽0.80米、厚0.25米。
东口周公庙遗址	清	下良镇郝村	东口周公庙遗址位于下良镇郝村东口自然村，遗址面积约为1000平方米，地表残留有柱础、残墙等遗物。遗址上新建奶奶庙一座，有布施碑一通。
北底龙王庙遗址	清	北底乡北底村西50米	北底龙王庙遗址位于襄垣县北底乡北底村西50米。坐北朝南，该遗址面积约为1000平方米，遗址上新建龙王庙一座，地表残留有柱础、残墙等遗物。
暮头全神庙遗址	清	北底乡韩村暮头自然村	暮头全神庙遗址位于襄垣县北底乡韩村暮头村，该遗址面积约为400平方米，遗址上新建全神庙一座，有清道光二十年（1840）布施碑一通，地表残留有条石、柱础、残碑等遗物。

庙宇名称	始建时代	现处位置	简 介
牛王庙遗址	清	北底乡东宁静村新庄自然村	牛王庙遗址位于襄垣县北底乡东宁静村的一个自然村——新庄村，该遗址面积约为 800 平方米，遗址上新建牛王庙一座，庙坐北朝南，地表残留有柱础、残墙、瓦当等遗物。碑为清光绪九年（1883）布施碑。
郭庄三眼阁遗址	清	王桥镇郭庄村西	郭庄三眼阁遗址位于襄垣县王桥镇郭庄村西。创建年代不详，现存拱券石为清代遗物。遗址东西长约 9 米、南北宽约 6 米，分布面积 54 平方米。遗址处现新辟为村路，拱券石六块散置路旁，其中两块刻有文饰。另遗存"本山土地尊神之位"碑 1 通，1930 年立石。
黄岩黑龙王洞遗址	清	王桥镇黄岩村北庙圪岭南麓	黄岩黑龙王洞遗址位于长治市襄垣县王桥镇黄岩村北庙圪岭南麓。分布面积约 850 平方米。创建年代不详，据存碑载清顺治三年、清光绪二十九年重修。现存石窟 1 座、泉眼券洞 1 座、蓄水池 1 座、偏殿基址 1 处、正殿基址 1 处、重修碣 1 方、青石匾额 1 方。泉眼与蓄水池中均有水，泉眼券洞额题楷书双钩"溢海涌津"四字，落款为"清顺治三年（1646）"。
路家沟万圣甘泽王庙遗址	清	善福乡路家沟村东	路家沟万圣甘泽王庙遗址位于襄垣县善福乡路家沟村东。坐北朝南，东西长约 15 米，南北宽约 16 米，分布面积约 90 平方米。创建年代不详，20 世纪 40 年代毁于战火，仅存正殿基址，为清代遗存。存清代重修碑 3 通。村民集资在原址上复建大殿，新建耳殿。
虎口村龙王庙遗址	清	虒亭镇虎口村村中	虎口村龙王庙遗址位于襄垣县虒亭镇虎口村中部。坐西朝东，东西约 4 米，南北约 5 米，分布面积约 20 平方米。为清代遗存。因村中修建道路时，部分被占用。现仅存正殿的部分基址和村中道路两边残留的重修碑 2 通。其中一通为青石质，碑通高 1.7 米、宽 0.75 米、厚 0.24 米。额题"万善同归"，碑文楷书，11 行，每行 40 字。碑首阴刻二龙戏珠，上书"狼虎峪口重修庙碑志"，落款"民国八年（1919）岁次己未清和月中"，碑刻：前清襄垣县儒学便行生员荣国氏郑起凤敬序、前清襄垣县童生之乐氏孙守虎校订、前清襄垣县高等学校毕业殿卿氏赵凤銮书等。碑阴刻有捐赠人员名单。另 1 通碑高 1.7 米、宽 0.7 米、厚 0.24 米。另一通刻捐赠人员名单。

庙宇名称	始建时代	现处位置	简　介
宝峰寺遗址	后周	虒亭镇蔡桥村中	宝峰寺遗址位于襄垣县虒亭镇蔡桥村中。坐南朝北，南北长约300米，东西宽约200米，分布面积约为6万平方米。据《中国文物地图集山西分册》记载：据清乾隆《襄垣县志》载，创建于后周，历代均有修葺、扩建。20世纪50年代毁。遗址坐南朝北，南北长约300米，东西宽约200米。三进院落布局。中轴线上曾建有山门、天王殿、千手佛大悲殿和雷音殿。部分遗址尚存。现存历代碑刻多通，部分基石。地表散布有琉璃筒瓦、板瓦和砖等。现存基址上新建山门、中殿、后殿等建筑。仅山门在旧基础上新建。庙内存碑碣十通。分别是：（1）宋元丰七年（1085）重修宝峰寺记；（2）金贞元二年（1154）高公山主塔铭；（3）金大定五年（1105）重修罗汉洞题记；（4）金大定十八年（1178）紫严山金峰寺前后知事僧众；（5）明正德八年（1513）县丞关西静，党天礼赋诗；（6）清嘉庆十六年（1811）重修麻衣洞记等碑碣。另有部分残缺不全，无法辨认。青石质，圆首，通高1.7米、宽0.72米、厚0.22米，金大定十八年（1178）立石。记载宝峰寺前后知事的任职情况。铜川乡贡进士杨予撰文，张道人书丹。北宋元丰七年（1084）立石。记载宝峰寺亡僧建寺功德。门徒普济撰文并书丹。金正隆元年（1156）□元五日立石主塔碑。清嘉庆十六年（1811）重修麻衣洞碑明万历辛亥年（1611）钦赐紫岩山宝峰寺创建东西二殿施财碑金大定五年（1165）宝峰寺重修罗汉洞二伯赊间明正德五年（1510）宝峰寺紫岩山修建塑形记碑。清乾隆十四年（1749）重修麻衣相师庙碑。
子胥庙遗址	清	古韩镇西港村中	子胥庙遗址位于襄垣县古韩镇西港村中。坐北朝南，东西长19.5米，南北宽32米，分布面积624平方米。据正殿梁架题记，清道光二十三年（1843）重修。一进院落布局，中轴线残存有山门、戏楼、正殿，两侧有东西耳楼、东西配殿、西耳殿，均为近年改建。
虒亭铜鞮文庙遗址	唐	虒亭镇虒亭村西北	虒亭铜鞮文庙遗址位于襄垣县虒亭镇虒亭村西北。坐北朝南，南北约70米，东西约40米，分布面积约2800平方米。据清乾隆《襄垣县志》及碑载，创建于唐代，宋熙宁年间（1068～1077）、元贞元年（1295）重修。20世纪40年代毁。庙宇布局不详。原存元代重修碑1通，现移置襄垣县文物馆内保存。地表散布有灰板瓦、砖和部分绳纹陶片等残片。
燕家沟观音堂遗址	清	上马乡燕家沟村中	燕家沟观音堂遗址位于襄垣县上马乡燕家沟村中。坐东朝西，一进院落布局，东西约26.2米，南北约18.9米，分布面积约为495.2平方米。现存为清代遗存。1949年后做村中学校时，在院门、戏台、正殿和北厢房的基址上重新修建了此庙。院内现存布施碑2通，沙石质，圆首，碑高1.75米、宽0.7米、厚0.2米，碑文楷书，记载了重修观音堂的过程及捐赠人员名单，碑首重修观音堂记，1921年立石，另1通碑仅刻捐赠人员名单。

庙宇名称	始建时代	现处位置	简 介
崔家庄三官庙遗址	清	古韩镇崔家庄村	崔家庄三官庙遗址位于襄垣县古韩镇大郝沟崔家庄村南。坐北朝南。面积约为65平方米（东西长9.55米，南北宽6.8米）。一进院落布局，中轴线残存的正殿、东西偏殿、东西厢房，均在旧基础上新建。院内残存碑清嘉庆五年（1800）记事碑。碑，青石质，圆首，通高0.92米、长0.45米、宽0.14米。
护驾垴关帝庙遗址	清	西营镇护驾垴庄村西	护驾垴关帝庙遗址位于襄垣县西营镇护驾垴庄村西。坐北朝南，东西15米，南北25米，分布面积约375平方米。创建年代与原布局不详，现建筑已毁，仅存清道光十七年（1837）创建关帝庙香火地碑1方。该碑卧地而置，青石质，长方形，长0.72、宽0.53米，厚0.15米，占地面积0.38平方米。碑文楷书14行，满行9字，记述了清道光十七年（1837）修建关帝庙的经过。
三圣庵遗址	清乾隆十五年（1750）	下良镇红土坡村东北1千米	三圣庵遗址位于襄垣县下良镇红土坡村东北1000米，坐北朝南，东西长8米，南北宽6.8米，占地面积54.4平方米。遗址内残存柱础、碑等遗物：（1）青石质，高1.2米、宽0.62米、厚0.15米。清乾隆十五年（1750）立碑。首题"重修三圣庵"；（2）青石质，高1.37米、宽0.57米、厚0.17米。清乾隆二十八年（1763）立碑；（3）青石质，高1.3米、宽0.67米、厚0.2米。1911年立碑。
白云寺遗址	清	善福乡七里脚村	白云寺遗址位于襄垣县善福乡七里脚村中。坐北朝南。南北长32米，东西宽20米，占地面积约为640平方米。一进院落布局，现存旧址为中轴线残存的清代遗构。正殿在旧基础上新建。残存碑4通：碑1，青石质，长方形，圆首，通高1.9米、宽0.7米、厚0.2米。道光元年（1821）碑首题"重修祥龙白云寺原委"；碑2，青石质，长方形，圆首，通高1.58米、宽0.58米、厚0.22米；碑3，青石质，长方形，圆首，通高1.46米、宽0.57米、厚0.2米。
常沟关帝庙遗址	清	侯堡镇常沟村南	常沟关帝庙遗址位于襄垣县侯堡镇常沟村南。坐北朝南。东西长5.5米，南北宽4.6米，分布面积约为25平方米。一进院落布局，中轴线仅存正殿。在旧基础上新建建筑。旧址内残存柱础、供台、基石等。
东回辕佛爷庙遗址	清	侯堡镇东回辕村中	东回辕佛爷庙遗址位于襄垣县侯堡镇东回辕村中。坐北朝南。东西长15.5米，南北宽7.5米，分布面积约为116平方米。一进院落布局，中轴线仅存正殿。在旧基础上新建建筑。旧址内残存柱础、供台、基石等。碣长0.7米、宽0.4米。青石质。碑内容为修建佛爷庙布施者名单。
小河高庙遗址	不详	虒亭镇小河村北部高庙山上	小河高庙遗址位于襄垣县虒亭镇小河村北部高庙山上。南北约50米，东西约20米，分布面积约为1000平方米。具体创建年代和布局不详，由于年久失修毁于战乱，现已基本消失，仅存正殿的部分土坯残墙和基址，遗址地表散落着残砖破瓦。

庙宇名称	始建时代	现处位置	简　介
赤壁佛爷庙遗址	不详	虒亭镇赤壁村西南部	赤壁佛爷庙遗址位于襄垣县虒亭镇赤壁村西南部，太焦铁路西侧。南北约80米，东西约50米，分布面积约4000平方米。现地表遗留有部分残砖残瓦和佛像1尊。此佛像大部分埋于耕地中，沙石质，地表残留部分长0.6米、厚0.55米。佛身上的衣服纹饰还依稀能辨。庙宇毁于太焦线的修建。
西洞上奶奶庙遗址	不详	虒亭镇西洞上村西道场岭山上	西洞上奶奶庙遗址位于襄垣县虒亭镇西洞上村西道场岭山上。南北约50米，东西约30米，分布面积约1500平方米。具体年代不详，据说此庙规模不小，在日本人入侵时被烧毁，还残留一些原建筑构件。农历2月19是奶奶庙会。虽然此庙已烧毁，但是每年的2月19仍然有不少人到此烧香拜佛。
郝家坡玉皇庙遗址	不详	虒亭镇种家岭村郝家坡自然村东	郝家坡玉皇庙遗址位于襄垣县虒亭镇种家岭村郝家坡自然村东。坐北朝南，南北约30米，东西约20米，分布面积约为600平方米。具体创建年代和布局不详，现存正殿和戏台的基址以及部分残墙。正殿基址的沙石质台阶保存较完整，高约1.2米。
固村玉皇庙遗址	不详	上马乡固村村中	固村玉皇庙遗址位于襄垣县上马乡固村村中。坐东朝西，南北约12米，东西约20米，分布面积约为240平方米。具体创建年代和布局不详，因年久失修毁于战乱，现已基本消失，现地表仅存部分正殿基址和一些残损的瓦砾。
韩家庄西神庙遗址	不详	上马乡韩家庄村西西神庙山上	韩家庄西神庙遗址位于襄垣县上马乡韩家庄村西。坐北朝南，南北约100米，东西约60米，分布面积约为6000平方米。具体创建年代和布局不详，因年久失修现已基本消失，现仅存正殿部分房屋基址和土坯墙及1孔坍塌的窑洞。
下庙开化寺遗址	不详	王村镇下庙村村西500米县级路北侧	下庙开化寺遗址位于襄垣县王村镇下庙村村西500米县级路北侧。遗址坐北朝南，原为两进院布局，并有东、西跨院，南北长约100米，东西宽约25米，分布面积约2500平方米。创建年代不详，1976年人为拆毁。现地表残存山门砂石基址，残高1.76米、残长4.5米。周边散落有砖瓦残块等。该遗址为研究当地佛教文化的传波及建筑发展史提供了实物资料。
杜村佛爷庙遗址	不详	王村镇杜村村南路口处	杜村佛爷庙遗址位于襄垣县王村镇杜村村南路口处。坐北朝南，南北长约10.5米，东西宽约9.5米，分布面积约99.75平方米。创建年代不详，1998年修建乡村路时拆毁。现地表残存山门基址，四周散落砖瓦残块等，西侧发现宋代砂石覆莲瓣柱础1件，边长1.5米、高0.60米、孔径1.1米、孔深0.60米。砂石质，覆莲瓣，四角有卷叶纹，据调查1998年庙内佛头丢失，佛身尚埋于路基之下。

襄垣可见的庙宇概括

庙宇名称	时代	庙宇类别	现处位置	简　介
付村周成王庙	不详	坛庙祠堂	夏店镇付村村中	付村周成王庙位于襄垣县夏店镇付村村中。坐北朝南，一进院落布局，东西长15.6米，南北宽34.45米，占地面积537.42平方米。创建年代不详，据庙内碑碣记载，清乾隆十七年（1752）修葺。现存正殿为宋代遗构，其余皆为清代建筑。中轴线上由南向北依次为山门（倒座戏台）、献亭、正殿。正殿面阔三间，进深四椽，单檐硬山顶，四椽栿用两柱构架，柱头铺作四铺作单抄，原隔扇装修不存。庙内存重修碣1方。襄垣县人民政府1981年公布为县级文物保护单位。
郭庄昭泽王庙	金	坛庙祠堂	王桥镇郭庄村西北	郭庄昭泽王庙位于襄垣县城东南7.5千米的王桥镇郭庄村西北。坐北向南，三进院落布局，东西26米米，南北68米，占地面积1768平方。据大殿前檐石柱题记记载，始建于金大定二十七年（1187），现存大殿主体结构为金代遗构，其余建筑为清代遗构。中轴线上从南到北仅存山门、大殿；两侧依次为前院东、西夹房各五间，东、西配楼各五间，东西配房各三间；后院东西配楼各三间，东西配房各三间，东西耳殿各三间；耳殿两侧，又各东西小跨院各一所，各建正殿三间，西跨院存清代圆门，东跨院门新建。大殿建于石砌台基之上，前设月台，面阔三间，进深四椽；三椽栿前对札牵通檐用三柱，单檐悬山式，琉璃瓦布屋面，施琉璃正脊、垂脊及鸱吻，吻尾佚失，柱头铺作为四铺作单下昂，装修已毁。正脊两侧题刻："本村琉璃匠米代宿、米德鲍、门徒韩尚交合作"。前檐柱为黄砂石质，四角通体抹棱起线，石柱高三分之二处均开长方形雕花池，楷书阴刻题记："大定二十七年六月乙酉施柱十一条"；梁头砍成蚂蚱式耍头，泥道拱上隐刻慢拱，补间不设铺作，在正心第一道素枋上隐刻异形拱；后檐无铺作。大殿深架结点金代风格突出，前檐铺作、替木、檐柱等构件均为金代遗物，内部梁架中，毡笠式驼峰和两瓣驼峰、合楷、蜀柱、叉手均保持了金代建筑风格，三椽栿为自然弯材，断面近圆形。梁架残存彩绘，山墙残存壁画。2006年被国务院公布为国保单位。
灵泽王庙	金、清	坛庙祠堂	夏店镇太平村东北	灵泽王庙位于襄垣县夏店镇太平村东北。坐北朝南，东西长25.88米，南北宽34.67米，占地面积为897.3平方米。据前檐现存金柱题记为金大安二年（1210）创修，清咸丰十一年（1861）创建神楼七间。现存正殿为金代遗构，其余为清代遗构。中轴线现存戏台、正殿，两侧为东、西妆楼、东西耳殿、东西厢房。正殿建于石砌台基上，面阔三间，进深四椽，梁架为三椽栿对前搭牵，通檐用三柱，殿顶为悬山顶，柱头斗拱为五铺作双下昂。前檐石柱四根为四角抹棱起线，均有金代确切纪年，廊部以隔扇装修，保存完好。庙内存碑两通。该庙为研究金代建筑提供了重要的实物资料。2006年被国务院公布为全国重点文物保护单位。

庙宇名称	时代	庙宇类别	现处位置	简　介
太平周成王庙	不详	坛庙祠堂	夏店镇太平村东南	太平周成王庙位于襄垣县夏店镇太平村东南。坐北朝南，两进院落布局，东西长 19.5 米，南北宽 34.5 米，占地面积 672.75 平方米。创建年代不详，现存正殿为金代遗构，其余皆为清代建筑。中轴线上由南向北依次为山门（倒座戏台）、正殿，两侧分别有东西妆楼、东西厢房、东西配殿、东西耳殿。正殿建于高 0.7 米的砖砌台基之上，面阔三间，进深四椽，四椽栿通檐三柱，单檐悬山顶，琉璃脊饰，柱头铺作五铺作双下昂，原门窗不存。长治市人民政府 2007 年公布为市级文物保护单位。
王家庄慕容将军庙	清	坛庙祠堂	古韩镇王家庄村中	王家庄慕容将军庙位于襄垣县古韩镇王家庄村中。坐南朝北，南北长 45 米，东西宽 24 米，面积为 1080 平方米。据现存碑记载始建于清咸丰元年（1851）。现存建筑均为清代遗构，一进院落布局，中轴线现存有戏台、献殿、正殿，两侧为东西妆楼、东西厢房、东西耳殿，庙内存碑 1 通。正殿位于高 0.6 米的石砌台基上，面宽三间，进深四椽，单檐硬山顶，五檩前廊式构架，柱头斗拱单翘单下昂。是一处保存较好的清代建筑群。存清咸丰元年（1851）重修碑 1 通。2007 年被长治市人民政府公布为市级文物保护单位。
东岳庙	不详	坛庙祠堂	古韩镇西李村北	东岳庙位于襄垣县古韩镇西李村北，俗称凉楼。坐北朝南，东西长 25 米，南北宽 47 米，面积约为 1175 平方米，创建年代不详。据庙内现存碑记明景泰二年（1451）重修。现存建筑为清代遗构。一进院落布局，中轴线由南向北现存山门、正殿，两侧有东西配楼和东西厢房。东厢房面宽九间，进深四椽，五檩前廊式构架，柱头斗拱为梁头出挑，单檐硬山顶。院内保存着明景泰二年（1451）重修东岳庙碑记、清嘉庆元年（1796）重修东岳庙记等碑碣八通。
南峰三教庙	不详	坛庙祠堂	古韩镇南峰村西 5 0 米	南峰三教庙位于古韩镇南峰村北。坐北朝南，南北长 29 米，东西宽 24 米，占地面积 400 多平方米。创建年代不详，正殿随檩枋上存有题记："大清道光二十七年岁次……"（1847），现存建筑为清代遗构。一进院落布局。中轴线建筑现存正殿，两侧依次为东厢房、东西耳殿。正殿面宽三间，进深四椽，单檐硬山顶，五檩式构架，柱头斗拱为异型拱。庙内还存有清乾隆三十八年（1773）的记事碑一通。
娘娘庙	清	坛庙祠堂	古韩镇南峰沟村北 50 米	娘娘庙位于襄垣县古韩镇南峰沟村北。坐北朝南，南北长 16 米，东西宽 15.7 米，占地面积 251 平方米。据碑文记载始建于清道光十二年，现存建筑为清代遗构，一进院落布局。中轴线上建有山门、正殿，两侧有东西厢房、东西耳殿。正殿面宽三间，进深四椽，单檐硬山顶，五檩前廊式梁架结构，柱头斗拱为三踩单昂。庙内存壁画 4 平方米。原有碑碣不存。

庙宇名称	时代	庙宇类别	现处位置	简　介
南峰沟龙王庙	不详	坛庙祠堂	古韩镇南峰沟村东	南峰沟龙王庙位于襄垣县古韩镇南峰沟村东。坐北朝南，东西长10.55米，南北宽5.2米，占地面积为54.86平方米。创建年代不详，据石柱题记为清乾隆四十年（1775）创修，现存建筑为清代遗构，现仅存正殿和东耳殿。正殿面宽三间，进深四椽，单檐硬山顶，梁架为五檩前廊式构架，梁头出挑做要头，前檐柱为石柱。仅存的正殿和东耳殿保存较差，濒临坍塌。
侯村玉皇庙	不详	坛庙祠堂	古韩镇侯村西约200米	侯村玉皇庙位于襄垣县古韩镇侯村西高地上。坐北朝南，东西长20.1米，南北宽19.1米，占地面积为384平方米。创建年代不详，正殿攀间枋上有题记"大清同治十年岁次"，现存建筑为清代遗构，一进院落布局。中轴线上建有山门、正殿，两侧东西厢房、东西耳殿。正殿面宽三间，进深四椽，单檐硬山顶，梁架为五檩前廊式构架，柱头斗栱为三踩单昂，殿内山墙存壁画40余平方米。庙内存有清道光二十五年（1845）立施地守庙碑记和清光绪十二年（1886）布施碑1通。
小郝沟行宫庙	不详	坛庙祠堂	古韩镇小郝沟村	小郝沟行宫庙位于襄垣县古韩镇小郝沟村北。坐北朝南，东西长17.8米，南北宽25.7米，占地面积为458平方米，创建年代不详，现存建筑为清代遗构，现存正殿、戏台，两侧为东西配殿、东西厢房、东西妆楼。正殿面宽三间，进深四椽，梁架为五檩对前廊，柱头斗栱三踩单昂。庙内存民国重修碑1通。
仓上三教庙	不详	坛庙祠堂	古韩镇仓上村南	仓上三教庙位于襄垣县古韩镇仓上村南。坐北朝南，南北长30米，东西宽23米，占地面积为690平方米。创建年代不详，现存建筑为清代遗构，一进院落布局。中轴线上由南向北建有山门（倒座戏台）、正殿，两侧有东西妆楼、东西厢房、东西耳殿。正殿位于1.2米高的砖砌台基上，面宽三间，进深五椽，五檩对前廊式构架，单檐硬山顶，柱头斗栱为异形栱，前檐为木装修，隔扇门窗。戏台为实心台，东南和西南两侧辟门。庙内存碑1通。
西王桥关帝庙	清	坛庙祠堂	古韩镇西王桥村南50米	西王桥关帝庙位于古韩镇西王桥村南河边。坐南朝北，东西长5米，南北宽4.1米，面积约为21平方米。据庙内碑文记载，清同治四年（1865）重修。现仅存正殿为清代遗构。正殿面宽三间，进深二间，单檐硬山顶，柱头斗栱三踩单昂。庙内存清同治（1865）重修关帝庙碣2方。
施家岭土地庙	不详	坛庙祠堂	古韩镇八里庄村中	施家岭土地庙位于襄垣县古韩镇八里庄村施家岭自然村中。坐北朝南，东西长10.4米，南北宽8.05米，占地面积约为84平方米。该庙创建年代不详，现存建筑为清代遗构，一进院落布局。中轴线现存山门、正殿，两侧为东西耳殿。正殿面宽一间，进深二椽。梁头出挑做要头。单檐硬山顶。

庙宇名称	时代	庙宇类别	现处位置	简　介
狐燕窝龙王庙	不详	坛庙祠堂	古韩镇狐燕窝村南	狐燕窝龙王庙位于襄垣县古韩镇狐燕窝村南。坐东朝西，东西长27.45米，南北宽21.45米，占地面积约为589平方米。创建年代不详，现存建筑为清代建筑，一进院落布局。中轴线上建有倒座戏台、正殿，两侧为南北厢房、南北耳殿。正殿位于1.2米高的台基之上。面阔三间，进深四椽，单檐硬山顶。梁架为五檩前廊式构架。明间辟门，木隔扇门，两次间为方格窗。庙内存清嘉庆二十五年（1820）重修龙王庙记。西南角辟门。
艾河关帝庙	不详	坛庙祠堂	古韩镇上庄村艾河自然村	艾河关帝庙位于古韩镇上庄村艾河自然村中。坐北朝南，东西长16.9米，南北宽13.65米，占地面积约为231平方米。创建年代不详，现存建筑为清代遗构，一进院落布局，中轴线现存正殿，两侧有东西耳殿、东西厢房。正殿宽面三间，进深四椽，单檐硬山顶，柱头斗拱为异型栱，五檩前廊式构架。前檐被改建，明间辟门，两次间为木格窗。
马岭垴村土地庙	不详	坛庙祠堂	古韩镇马岭垴村南	马岭垴村土地庙位于古韩镇马岭垴村南低地内。坐北朝南，东西长31.95米，南北宽19.95米，占地面积约为637平方米。创建年代不详，现存正殿为清代建筑，一进院落布局。中轴线上存有山门（倒座戏台）、正殿，两侧为东西妆楼、东西厢房、东西耳殿。正殿面宽三间，进深四椽，单檐硬山顶。柱头斗拱为单抄单下昂。梁架为五檩对前廊。正殿前檐被改建。庙内存有清乾隆二十二年（1757）的功德碣1方。
北偏桥龙王庙	明	坛庙祠堂	古韩镇北偏桥村	北偏桥龙王庙位于古韩镇北偏桥村。坐北朝南，东西长27.85米，南北宽19.9米，占地面积约为554平方米。据碑文记载始建于明嘉靖元年（1522），现存建筑为清代遗构。一进院落布局。中轴线由南向北依次为山门（倒座戏台）、正殿，两侧东西妆楼、东西厢房、东西耳殿。正殿面宽三间，进深四椽，梁架五檩对前廊，柱头斗拱为异形栱。前檐装修被改，为新装修。正殿内存壁画约4平方米，内容不详。庙内存有清咸丰三年（1853）重修碑1通、清咸丰三年（1853）功德碑1通。
东曲里龙王庙	清	坛庙祠堂	古韩镇曲里村南100米	东曲里龙王庙位于襄垣县古韩镇曲里村南100米。坐北朝南，东西长12.05米，南北宽5.65米，占地面积约为68平方米，据庙内碑文记载，创建于清咸丰九年（1859）。现存正殿为清代遗构。其余为新建。一进院落布局，中轴线有山门（新建）、正殿，两侧有配殿（新建）。正殿面宽五间，进深四椽，单檐硬山顶，梁架五檩构架，柱头斗拱三踩单昂。庙内存清咸丰九年（1859）重修碑1通。

庙宇名称	时代	庙宇类别	现处位置	简　介
东北阳龙王庙	不详	坛庙祠堂	古韩镇东北阳村南	东北阳龙王庙位于古韩镇东北阳村南。坐东朝西，东西长28.95米，南北宽14.25米，面积约为413平方米。创建年代不详，现存主体结构为清代遗构，一进院落布局，中轴线现存庙门、倒坐戏台、正殿，两侧为南北妆楼、北厢房、南北耳殿。正殿面宽三间，单檐歇山顶。柱头斗拱三踩单昂。该庙保存完整，规模较大。该庙为研究清代建筑提供了重要的实物资料。
甘露庙	不详	坛庙祠堂	古韩镇桃树村中	甘露庙俗名甘泽庙，位于古韩镇桃树村中。坐北朝南。东西长21.5米，南北宽8.65米，占地面积约为186平方米。创建年代不详，现存建筑清代遗构，现存正殿，两侧建有东西耳殿。正殿面宽三间，进深六椽，单檐悬山顶，梁架为七檩前廊，柱头斗拱为五踩双下昂。庙内存清嘉庆三年（1798）改建碧霞元君菩萨碑记一通。
后庄龙王庙	不详	坛庙祠堂	古韩镇后庄村西	后庄龙王庙位于古韩镇后庄村西。坐北朝南，东西长10.2米，南北宽9.7米，占地面积约为99平方米。该庙创建年代不详，现存正殿为清代建筑。正殿位于0.7米高的青石质台基上，面宽三间，进深四椽。梁架为五檩对前廊，柱头斗拱为五踩单杪单下昂，单檐硬山顶，前檐装修被改。东西耳房和厢房均为近年来新建。
韩堡三圣庙	不详	坛庙祠堂	古韩镇后庄	韩堡三圣庙位于古韩镇后庄村。坐北朝南，东西长35.3米，南北宽21.8米，占地面积约为770平方米。创建年代不详，现存建筑为清代遗构。中轴线上建有山门（倒座戏台）、正殿，两侧为钟鼓楼、东西厢房。正殿面宽三间，进深四椽。梁架为五檩对前廊，柱头斗拱为五踩双下昂。庙内存有明万历三十年（1602）和清乾隆元年（1736）的记世碣各1方。
南田漳龙王庙	不详	坛庙祠堂	古韩镇南田漳村中	南田漳龙王庙位于古韩镇南田漳村中。坐北朝南，南北长25米，东西宽18米，占地面积为810平方米。创建年代不详，现存建筑为清代遗构，一进院落布局。中轴线上建有戏台、正殿，两侧为东西妆楼（下有腋门）、下院东西厢房、上院东西厢房、东西耳殿。正殿为重修，东西厢房被改作学校。戏台基本保持原样。面宽三间，进深四椽。明间开间大，为实心台。
文公祠	不详	坛庙祠堂	古韩镇东南上村	文公祠位于古韩镇东南上村中。坐北朝南，东西长21.2米，南北宽15.8米，占地面积约为335平方米。该祠创建年代不详，现存建筑为清代遗构，一进院落布局。中轴线上建有山门（倒座戏台）、正殿，两侧为东西妆楼、东西厢房、东西耳殿。正殿面宽三间，进深八椽，梁架为九檩前后廊式构架，前檐封堵改建。殿内残存壁画18平方米，内容不详。

庙宇名称	时代	庙宇类别	现处位置	简 介
西城庄王公祠	不详	坛庙祠堂	古韩镇西城庄村	西城庄王公祠位于古韩镇西城庄村。坐北朝南，东西长20米，南北宽15米，占地面积为300平方米。该祠创建年代不详，现存建筑为清代遗构，一进院落布局。中轴线上仅存正殿，两侧为东厢房。正殿前檐面宽三间，木构装修，后为砖砌窑洞三孔，进深10米，窑内存清雍正五年（1727）的《建立堂窑碑记》记事碣一方。
崔村龙王庙	不详	坛庙祠堂	古韩镇崔村中	崔村龙王庙位于古韩镇崔村中。坐北朝南，南北长25米，东西宽17.8，占地面积为445米。创建年代不详。现存正殿为清代遗构，二进院落布局。中轴线残存有戏台、正殿，两侧为东西厢房、东西妆楼。正殿面宽三间，进深四椽。单檐硬山顶梁架为五檩对前廊。正殿内后墙和东西山墙有壁画，其内容为龙王出巡图。
上峪玉皇庙	不详	坛庙祠堂	古韩镇上峪村中	上峪玉皇庙位于襄垣县古韩镇上峪村。坐北朝南，南北长31米，东西宽26米，占地面积约为806平方米。创建年代不详，现存正殿结构为清代遗构。一进院落布局。中轴线上建有山门（新建）、正殿，两侧为东西厢房、东西耳殿。正殿面宽三间，进深四椽。梁架结构为五檩对前廊，梁架出挑做要头。前檐新装修，殿内新塑像5尊。
吕祖庙	不详	坛庙祠堂	古韩镇朝阳社区	吕祖庙位于襄垣县古韩镇朝阳社区。坐北朝南，东西长9.1米，南北宽9米，面积约为平方82米。该庙的创建年代不详，现存主体结构为清代遗构，现仅存东大殿和西大殿。东大殿面宽三间，进深四椽，单檐硬山顶。灰瓦饰顶。前檐和顶部被改建，无法看到梁架和斗栱。庙内存有1936年的功德碑1通。
娲皇庙	清	坛庙祠堂	古韩镇府前社区	娲皇庙又名奶奶庙，位于襄垣县古韩镇府前社区。坐北朝南，东西长16.85米，南北宽5.66米，占地面积约为95平方米。现存建筑为清代遗构。一进院落布局，中轴线仅存戏台、正殿，两侧仅存东看楼。正殿面宽五间，进深三间，单檐硬山顶，柱头斗栱三踩单昂，殿内梁架无法看到，殿内被改建。东看楼和戏台均被改建。
天齐庙	不详	坛庙祠堂	下良镇下良村北50米	天齐庙位于襄垣县下良镇下良村村北高地上。坐北朝南，东西长58米，南北宽45.6米，占地面积2644.8平方米。创建年代不详，据戏楼题记为清雍正八年（1730）重修，现存建筑均为清代遗构，二进院落布局，现存东西两院，东院中轴线布局为戏台、正殿，两侧为东西厢房；西院为戏台、正殿，两侧为东西配殿，西厢房。戏台台基高1.5米，面宽三间，进深四椽，单檐歇山顶，顶饰灰瓦，明间开间较大，为移柱做法。院内有古树4株。

（续表）

庙宇名称	时代	庙宇类别	现处位置	简　介
下良关帝庙	清	坛庙祠堂	下良镇下良村南50米	下良关帝庙位于长治市襄垣县下良镇下良村南。坐北朝南，东西长17.6米，南北宽29米，占地面积约为510平方米。现存建筑为清代遗构，一进院落布局，中轴线现存有戏台、正殿（大部塌毁）。戏台面宽三间，进深四椽，卷棚顶，砖木结构，明间开间较大。柱头斗拱被毁，梁架为六架梁。
水碾二仙庙	清	坛庙祠堂	下良镇水碾村南20米高台上	水碾二仙庙位于襄垣县下良镇水碾村南20米高台上。坐北朝南，东西长31.55米，南北宽19米，占地面积约为599平方米。始建于明崇祯三年（1630），清康熙、嘉庆年间均有修葺。现存建筑为清代遗构，中轴线现存山门、正殿，两侧为东西耳殿、东西配殿。一进院落布局，正殿面宽三间，进深四椽，梁架五檩对前廊，单檐歇山顶，灰瓦布顶，柱头斗拱为异型拱。前檐改动封堵。殿内新塑像3尊。
文公土地庙	清	坛庙祠堂	下良镇西邯郸村东南100米	文公土地庙位于襄垣县下良镇西邯郸村东南100米。坐北朝南，东西长27.25米，南北宽12.45米，占地面积约为339平方米。现存主体建筑为清代遗构，一进院落布局，中轴线分布有戏台、正殿，两侧为东西耳殿、东西厢房。正殿为硬山顶，砖木结构，灰瓦布顶，面宽五间，进深四椽前檐装修被改。东西厢被改建。
曹家坪关帝庙	清	坛庙祠堂	下良镇曹家坪村东50米	曹家坪关帝庙位于襄垣县下良镇曹家坪村东50米。坐东朝西，南北长10.4米，东西宽4.56米，占地面积约为47平方米。现存建筑为清代遗构，仅存正殿、南北耳殿。正殿面宽三间，进深四椽，梁架五檩前廊式构架，柱头斗拱为三踩。正殿南山墙存碑刻1通，为清代乾隆四十二年（1777）"关帝庙桩塑圣像"布施碑。
西神爷庙	清	坛庙祠堂	下良镇西故县村东500米	西神爷庙位于长治市襄垣县下良镇西故县村东500米。坐北朝南，东西长30.3米，南北宽30.9米，占地面积约为936平方米。创建于嘉庆十九年（1814），1940年重修。现存建筑为清代遗构，一进院落布局，中轴线分布戏台、正殿，两侧为东西厢房，东西配殿。正殿台基高1.5米，面宽六间，进深六椽，单檐悬山顶，梁架为七檩前廊式构架，顶饰灰瓦。
青南关帝庙	清	坛庙祠堂	下良镇青南村中	青南关帝庙位于长治市襄垣县下良镇青南村中部。坐北朝南，南北长29.6米，东西宽20.75米，占地面积约为614平方米。现存建筑为清代遗构，一进院落布局，中轴线现存有戏台、正殿、东西厢房、东西耳殿。正殿面宽五间，进深四椽，单檐硬山顶，梁架五檩前廊式构架。戏台为实心台，面宽三间，进深四椽，卷棚顶，砖木结构，明间开间较大。柱头斗拱被毁，梁架为四檩。东南角辟门。

庙宇名称	时代	庙宇类别	现处位置	简　介
栗氏家庙	清	坛庙祠堂	下良镇郝村中	栗氏家庙位于襄垣县下良镇郝村中。坐北朝南，东西长17.85米，南北宽16.5米，占地面积约为295平方米。一进院落布局，该庙创建于清乾隆十七年（1752），现存建筑为清代遗构。中轴线现存正房、院门，两侧有东西配房。正房面宽五间，进深四椽，单檐硬山顶，梁架五檩前廊式构架，柱斗拱为三踩，顶饰灰瓦。院门为垂花门。该庙为本村栗姓家族家庙。
南桥烟村关帝庙	明	坛庙祠堂	下良镇南桥烟村西50米	南桥烟村关帝庙位于襄垣县下良镇南桥烟村西50米。据庙内碑碣记载该庙创修于明崇祯（1628～1644）年间，坐东朝西，东西长30.08米，南北宽24.5米，占地面积约737平方米。现存建筑为清代遗构，一进院落布局。仅存正殿、北厢房。正殿为，面宽三间，进深四椽，梁架为五檩前廊式构架，单檐悬山顶，无斗栱，前檐装修为新建。戏台面宽三间，明间开间大。
和坡龙王庙	不详	坛庙祠堂	下良镇和家坡村南100米	和坡龙王庙位于襄垣县下良镇和家坡村南100米。坐北朝南，东西长27.55米，南北宽19.3米，占地面积约为532平方米。创建年代不详，现存建筑为清代遗构。一进院落布局，现存正殿、戏台，两侧为东西配殿、东西厢房。正殿位于1.5米高的石砌台基之上，面宽三间，进深四椽，单檐硬山顶，梁架五檩前廊式构架，柱头斗栱为异型栱；戏台为卷棚顶，面宽三间，进深四椽，无移柱，明间开间较大，砖木结构。
段堡龙王庙	不详	坛庙祠堂	下良镇段堡村南30米	段堡龙王庙位于襄垣县下良镇段堡村南30米，坐北朝南，东西长24.6米，南北宽12.7米，占地面积约为312平方米，创建年代不详，现存建筑为清代遗构。一进院落布局，现存正殿、戏台、大门。正殿为近年新建。戏台砖木结构，石砌踏垛，台基高1.4米，面宽三间，进深四椽，单檐硬山顶，梁架为五檩对前廊，明间开间较大。
段堡土地庙	不详	坛庙祠堂	下良镇段堡村土地垴自然村	段堡土地庙位于襄垣县下良镇段堡村的一个自然村——土地垴村。坐东朝西，东西长19.45米，南北宽18.1米，占地面积约为352平方米。创建年代不详，现存建筑为清代遗构。二进院落布局，中轴线现存正殿、戏台，两侧有东西耳殿。正殿台基为石砌，高0.9米，面宽三间，进深四椽，单檐硬山顶，梁架五檩对前廊，柱头斗栱为三踩，明间为木隔扇门，此间为隔扇窗，前檐攀间有木雕装饰。戏台台基高1.5米，面宽三间，进深四椽，单檐硬山顶，明间开间较大。

庙宇名称	时代	庙宇类别	现处位置	简　介
白杨岭关帝庙	不详	坛庙祠堂	下良镇白杨岭村东	白杨岭关帝庙位于襄垣县下良镇白杨岭村东。坐北朝南，东西长24.9米，南北宽20.7米，占地面积约为515平方米，一进院落布局，创建年代不详，据碑记载为道光十一年（1831）重修，现存建筑为清代遗构，中轴线现存正殿、戏台，两侧为西配殿、东西厢房（后建）、东西妆楼。正殿位于高1.2米的台基之上，台基为砖砌，面宽三间，进深四椽，梁架为五檩前廊式构架，单檐硬山顶，砖木结构，灰瓦饰顶，柱头斗拱为单抄单下昂。
北底三圣祠	不详	坛庙祠堂	北底乡北底村西北	北底三圣祠位于襄垣县北底乡北底村西北。坐北朝南，东西长22米，南北宽19.6米，占地面积约为431平方米，一进院落布局，创建年代不详，据碑记载为乾隆四年（1739）重修，现存建筑为清代遗构。中轴线存正殿、戏台，两侧为东西厢房（后建）、东西耳殿。正殿面宽三间，进深四椽，梁架为五檩前廊式构架，前檐封堵改建，殿顶为新修。戏台为过路台，卷棚顶，面宽三间，进深五椽。
韩村关帝庙	不详	坛庙祠堂	北底乡韩村村东约100米	韩村关帝庙位于襄垣县北底乡韩村村东约100米。坐东朝西，东西长22.9米，南北宽20.6米，占地面积约为472平方米，创建年代不详，现存建筑大部分为新修。据现存碑记乾隆五十八年（1793）重修，为一进院落布局，中轴线现存门楼、正殿（新修）东西厢房（新修）。门楼为垂花门式，有抱鼓石1对。存碑1通，碑首为圆形，青石质，高1.56米、宽0.62米、厚0.21米，碑文记载关帝庙修建经过，碑阴为布施人名单。存经幢1尊，青石质，八角形，高1.38米，上面所刻有陀罗尼经内容。
长畛全神庙	不详	坛庙祠堂	北底乡长畛村南	长畛全神庙位于襄垣县北底乡长畛村南。坐北朝南，东西长19米，南北宽28米，占地面积约为532平方米，创建年代不详。现存建筑为清代遗构，一进院落布局，中轴线现存正殿（新建）、戏台、东西耳殿。正殿和东西厢房均改建，东西耳殿面宽各一间，进深四椽，单檐硬山顶，柱头斗拱为三踩，梁架为五檩式构架。庙内存碑2通，其一为清乾隆四十二年（1777）"打井选土碑"，另一不详。
冯村三教庙	不详	坛庙祠堂	北底乡冯村村西	冯村三教庙位于襄垣县北底乡冯村村西。坐北朝南，东西长28米，南北宽32米，占地面积约为896平方米。创建年代不详，现存建筑为清代遗构。一进院落布局，中轴线现存戏台、献亭，两侧为东西耳殿、东西厢房。献亭位于0.9米高石砌台基之上，面宽三间，进深五椽，梁架为六檩构架，柱头斗拱为异型拱。戏台为过路台石砌踏垛，台基高1.65米，卷棚顶，面宽三间，进深五椽，无移柱，明间开间较大，砖木结构。

庙宇名称	时代	庙宇类别	现处位置	简　介
杨家嘴关帝庙	不详	坛庙祠堂	北底乡杨家嘴村村北	杨家嘴关帝庙位于襄垣县北底乡杨家嘴村村北，坐北朝南，东西长 5.7 米，南北宽 5.5 米，占地面积约为 31 平方米。创建年代不详，据庙内存碑为清嘉庆二十四年（1819）重修，现存正殿为清代遗构。正殿前檐面宽三间，进深 10 米，前檐式构架，后接窑洞式，顶为单檐硬山顶，砖坯包面。庙内存清嘉庆二十四年（1819）重修"关圣帝君庙"碑记 1 通。
东宁静龙王庙	清	坛庙祠堂	北底乡东宁静村中	东宁静龙王庙位于襄垣县北底乡东宁静村中部。坐北朝南，东西长 19.3 米，南北宽 18.5 米，占地面积为 357 平方米，一进院落布局，现存建筑为清代遗构。中轴线现存戏台、正殿，两侧为东西耳殿、东西厢房、东西妆楼。正殿位于 0.5 米高的台基上，面宽三间，进深四椽，梁架为五檩前廊式构架，柱头斗拱为梁头出挑，单檐硬山顶，顶饰灰瓦。戏台位于高 1.5 米的台基之上，面宽三间，进深四椽，单檐硬山顶，砖木结构，无移柱。
土合龙王庙	不详	坛庙祠堂	北底乡土合村村西约200米处	土合龙王庙位于襄垣县北底乡土合村村西约 200 米处。坐北朝南，面积约为 222 平方米（东西长 16.05 米，南北宽 13.87 米），为一进院落布局，创建年代不详，现存建筑为清代遗构。中轴线现存正殿、东西耳殿、戏台。正殿位于高 1.2 米的石砌台基之上，面宽三间，进深四椽，梁架为五檩对前廊，砖木结构，单檐硬山顶，灰瓦饰顶。山门由两部分组成，一层为入庙山门，二层为倒座戏台。戏台面宽三间，石砌台基，西辟小门。东西厢房已塌毁。
西宁静河神庙	不详	坛庙祠堂	北底乡土合村	西宁静河神庙位于襄垣县北底乡土合村。坐北朝南，东西长 4 米，南北宽 3.4 米，占地面积约为 14 平方米，创建年代不详，据庙内碑为清道光十年（1830）重修。现存建筑为清代遗构，现仅存正殿，面宽三间，进深四椽，无梁架。单檐硬山顶，灰瓦饰顶。存碑 1 通，为清道光十年（1830）《重修河神庙碑》。
东岸底土地庙	不详	坛庙祠堂	北底乡东岸底村东北	东岸底土地庙位于襄垣县北底乡东岸底村东北。坐北朝南，东西长 14.5 米，南北宽 13.2 米，占地面积约为 191 平方米，创建年代不详，现存建筑为清代遗构。一进院落布局，中轴线现存山门、正殿，两侧为东西耳殿、东西厢房。正殿石砌台基，高 1.5 米，面宽三间，进深四椽，单檐硬山顶，梁架为五檩前廊式构架，通檐用三柱，后墙置龛，供神像。
堡底龙神庙	不详	坛庙祠堂	北底乡堡底村东南	堡底龙神庙位于襄垣县北底乡堡底村东南。坐北朝南，东西长 30.7 米，南北宽 21.8 米，占地面积约为 669 平方米，创建年代不详，现存建筑为清代遗构。一进院落布局，中轴线现存山门、正殿，两侧为东西厢房。正殿面宽三间，进深四椽，单檐硬山顶，梁架为五檩前廊式构架（前廊已拆毁），梁架做工规整，前檐被改建无装修。戏台为实心台，西南角辟门。东厢房廊下存清嘉庆九年（1804）《乐施碑记》碑 1 通。

（续表）

庙宇名称	时代	庙宇类别	现处位置	简 介
南邯三教庙	不详	坛庙祠堂	夏店镇南邯村村东约50米	南邯三教庙位于襄垣县夏店镇南邯村村东约50米。坐北朝南，一进院落布局，东西长31.08米，南北宽31.08米，占地面积965.97平方米。创建年代不详，现存正殿和山门为清代遗构，其余皆为民国建筑。中轴线上由南向北依次为山门（倒座戏台）、正殿，两侧分别有东西妆楼、西窑、西角殿、东西耳楼。正殿建于长9.7米、宽3.65米、高1.06米的石砌台基之上，面宽三间，进深五椽，六檩构架，单檐硬山顶，柱头科三踩单昂，原门窗不存，两山墙残存壁画约6平方米。
马前头奶奶庙	清	坛庙祠堂	夏店镇马前头村中	马前头奶奶庙位于襄垣县夏店镇马前头村中。坐北朝南，一进院落布局，东西长20米，南北宽26米，占地面积520平方米。创建年代不详，据庙内正殿扶脊木题记记载，清光绪十四年（1888）重修。中轴线上由南向北依次为山门（倒座戏台）、正殿，两侧分别有东西厢房、东西配殿、东西耳殿。正殿建于高1米的石砌台基之上，面宽三间，进深六椽，七檩前廊式构架，单檐硬山顶，灰布筒板瓦屋面，柱头科三踩单昂，原隔扇装修不存，两山墙残存人物故事壁画约10平方米。
马前头三嵕庙	清	坛庙祠堂	夏店镇马前头村西北	马前头三嵕庙位于襄垣县夏店镇马前头村西北。坐北朝南，一进院落布局，东西长18.69米，南北宽19.88米，占地面积371.56平方米。创建年代不详，现存建筑皆为清代遗构。中轴线上仅存山门（倒座戏楼），两侧仅存东妆楼、东西厢房。山门面宽三间，进深四椽，五檩构架，单檐硬山顶，灰布筒板瓦屋面，装修已改。
南底三佛庙	清	坛庙祠堂	夏店镇南底村东	南底三佛庙位于襄垣县夏店镇南底村村东。坐北朝南，东西长9.31米，南北宽9.08米，占地面积84.54平方米。创建年代不详，仅存正殿，为清代建筑。正殿建于高0.83米的砖砌台基之上，面宽三间，进深六椽，单檐硬山顶，七檩前廊式构架，柱头科三踩单昂，原隔扇装修不存，代之以墙体，两山山墙上残存壁画约8平方米。
董家岭昭泽王庙	清-民国	坛庙祠堂	夏店镇董家岭村东南	董家岭昭泽王庙位于襄垣县夏店镇董家岭村东南。坐北朝南，一进院落布局，东西长17.12米，南北宽8.47米，占地面积145平方米。创建年代不详，据庙内碑刻记载清光绪十四年（1888），1924年均有修葺。正殿为清代遗构，其余皆为民国建筑。仅存正殿、东西耳殿。正殿建于长8.9米、宽2米、高0.8米的砖石混砌台基之上，面宽三间，进深四椽，单檐硬山顶，五檩前廊式构架，门窗装修已改。庙内存重修碑2通。

庙宇名称	时代	庙宇类别	现处位置	简　介
大平大庙	清	坛庙祠堂	夏店镇大平村村南	大平大庙位于襄垣县夏店镇大平村村南。坐北朝南，一进院落布局，东西长 9.7 米，南北宽 7.64 米，占地面积 74.69 平方米。创建年代不详，现存建筑为清代遗构。仅存正殿，建于高 0.5 米的石砌台基之上，面宽三间，进深五椽，单檐悬山顶，六檩前廊式构架，柱头科三踩单翘，原装修不存。
合漳大悲庙	清	坛庙祠堂	夏店镇合漳河村北约50米	合漳大悲庙位于襄垣县夏店镇合漳河村北约 50 米。坐北朝南，两进院落布局，东西长 27.21 米，南北宽 46.06 米，占地面积 1253.29 平方米。据庙内碑碣记载，清雍正元年（1723）创建，清道光五年（1825）、1931 年均有修葺。现存建筑皆为清代遗构。中轴线上由南向北依次为山门（倒座戏台）、正殿，两侧分别有前院东西妆楼、东西配楼，后院有钟鼓楼、东西配殿、东西角殿。山门为倒座戏台，面宽三间，进深六椽，单檐悬山顶，七檩构架，柱头科三踩单下昂，装修已改。庙内存清雍正元年（1723）创修碣 1 方、清道光五年（1825）重修碣 1 方。
九龙村九龙庙	清	坛庙祠堂	夏店镇九龙村北	九龙村九龙庙位于襄垣县夏店镇九龙村北。坐东朝西，一进院落布局，东西长 33.74 米，南北宽 23.55 米，占地面积 794.58 平方米。创建年代不详，据庙内碑碣记载，清康熙二十四年（1685）重修。现存建筑皆为清代遗构。中轴线上由西向东依次为山门（倒座戏台）、正殿，两侧分别有南北看楼、南角殿。正殿面宽三间，进深四椽，单檐硬山顶，五檩构架，屋面塌毁，柱头科三踩单翘，明、次间均设四扇六抹头隔扇门。存清重修碣 1 方。
向村三教庙	清	坛庙祠堂	夏店镇向村村中	向村三教庙位于襄垣县夏店镇向村村中。坐北朝南，一进院落布局，东西长 25.16 米，南北宽 11.28 米，占地面积 283.8 平方米。创建年代不详，现存建筑为清代遗构。中轴线上仅存正殿，两侧分别有东西配殿、东西角楼。正殿建于长 9.94 米、宽 1.4 米、高 0.6 米的砖砌台基之上，面宽三间，进深四椽，单檐硬山顶，五檩构架，原门窗不存，新砌前檐墙体。
王北佛爷庙	清	坛庙祠堂	夏店镇王北村村北	王北佛爷庙位于襄垣县夏店镇王北村村北。坐北朝南，东西长 8.74 米，南北宽 7.25 米，占地面积 63.37 平方米。创建年代不详，现仅存正殿，为清代遗构。正殿建于高 0.76 米的砖砌台基上，面宽三间，进深六椽，单檐硬山顶，七檩前廊式构架，柱头科五踩双翘，原隔扇装修不存，两山山墙残存壁画约 3 平方米，梁架彩绘色泽艳丽。

庙宇名称	时代	庙宇类别	现处位置	简　介
九庄古佛庙	清	坛庙祠堂	夏店镇九庄村村北	九庄古佛庙位于襄垣县夏店镇九庄村村北。坐北朝南，一进院落布局，东西长 23.84 米，南北宽 29.33 米，占地面积 699.23 平方米。创建年代不详，现存建筑皆为清代遗构。中轴线上由南向北依次为山门（倒坐戏台）、正殿，两侧分别有东西妆楼、东西厢房、东西配殿、东西角殿。西厢房面宽三间，进深四椽，单檐硬山顶，灰布筒板瓦屋面，五檩式构架，装修毁坏无存。被襄垣县人民政府 1981 年公布为县级文物保护单位。
冀家岭姑庙	清	坛庙祠堂	夏店镇冀家岭村东	冀家岭姑庙位于襄垣县夏店镇冀家岭村东。坐南朝北，一进院落布局，东西长 33.08 米，南北宽 27.39 米，占地面积 906.06 平方米。创建年代不详，现存建筑为清代遗构。中轴线上仅存正殿基址，两侧为东西看楼、东西厢房、东西配殿。
西南坪三官庙	清	坛庙祠堂	夏店镇西南坪村村北	西南坪三官庙位于襄垣县夏店镇西南坪村村北。坐北朝南，一进院落布局，东西长 24.52 米，南北宽 33.55 米，占地面积 822.65 平方米。创建年代不详，现存建筑为清代遗构。中轴线上由南向北依次为倒座戏台、正殿基址（后人在基址上新修房屋），两侧仅存东便门、东西厢房。戏台建在高 0.86 米的砖砌基座上，面宽三间，进深五椽，六檩构架，屋顶为卷棚顶，灰布筒板瓦屋面，柱头科三踩单下昂，装修毁坏无存。
太平真武庙	清	坛庙祠堂	夏店镇太平村北约 100 米	太平真武庙位于襄垣县夏店镇太平村北约 100 米。坐北朝南，东西长 27.77 米，南北宽 8.7 米，占地面积 241.6 平方米。据庙内碑刻记载，清道光二十九年（1849）创修，咸丰九年（1859）重修。现存建筑皆为清代遗构。中轴线上为正殿，两侧分别为东西耳殿、东西角殿。正殿建于高 0.65 米的石砌台基之上，面宽三间，进深五椽，单檐悬山顶，六檩前廊式构架，柱头科三踩单翘，门窗新修。正殿扶脊木上有道光二十九年（1849）创修题记。西耳殿前廊西侧嵌有清咸丰九年（1859）重修碑。
炉沟村土地庙	清乾隆四十七年（1782）	坛庙祠堂	王桥镇炉沟村西	炉沟村土地庙位于襄垣县王桥镇炉沟村西。坐西向东，一进院落布局，东西长 33.7 米，南北宽 16.7 米，占地面积约为 562.8 平方米。创建年代不详，据清代移建碑记载，清乾隆三十二年（1767）至四十七年（1782）移建于现址，现存为清代遗构。中轴线上由东向西依次有戏台、正殿各三间；两侧对称有妆楼各一间（一层均东向辟门），配房各五间，耳殿各三间。正殿建在 1.4 米砂石台基上，面宽三间，进深五椽，五架梁对前单步梁前廊式，单檐歇山顶，柱头科三踩单下昂，近年新砌前檐墙遮蔽前端，仅见斗栱后尾部分。隔扇门满面装修。殿内存清乾隆四十七（1782）年重修碑 1 通。2007 年被长治市人民政府公布为市级文物保护单位。

庙宇名称	时代	庙宇类别	现处位置	简　介
原庄老君庙	清	坛庙祠堂	王桥镇原庄村中	原庄老君庙位于襄垣县王桥镇原庄村中部。坐北向南，一进院落布局，东西长 18.2 米，南北宽 30.3 米，占地面积约为 551.5 平方米。创建年代不详，现存为清代遗构。中轴线上从南到北依次有山门（戏台）、正殿各三间；两侧建东西妆楼各一间、西配房五间、东西耳殿各一间。正殿建于 0.9 米青石台基上，面宽三间，五架梁对前单步梁，六檩前廊式，单檐硬山顶，明间设板门，次间设窗，1953 年进行了落架维修。山门由上下两部分组成，下部石砌台基，砖砌方形入庙通道；上建倒坐戏楼，面宽三间，进深四椽，五檩构架，单檐硬山顶，檐下设坐斗交异形栱出麻叶头，前檐墙为近代加建。
安德老君庙	清	坛庙祠堂	王桥镇安德村中	安德老君庙位于襄垣县王桥镇安德村中部。坐北向南，一进院落布局，东西长 19.3 米，南北宽 29.8 米，占地面积为 575 平方米。创建年代不详，现存建筑为清代遗构。中轴线上从南向北依次有山门（戏楼）、正殿。两侧建有东西配殿、东西耳殿。正殿建在 1 米高青石台基之上，面宽三间，进深四椽，五檩构架，单檐硬山顶，屋顶、前墙及门窗为近年新修。耳殿均为面宽一间，屋顶为近年新修。山门（戏楼）由上下两部分组成，一层为砖砌山门通道，二层为倒座戏楼，面宽三间，进深四椽，五檩构架，单檐硬山顶，柱头为一斗二升交麻叶，山墙与梁架上残存清代壁画与彩绘。西耳殿前立《禁止赌博碑》1 通；青石古佛像 1 尊，由衣纹风格判定，应为明代遗物，头为后配。
善政三圣祠	不详	坛庙祠堂	王桥镇善政村东	善政三圣祠位于襄垣县王桥镇善政村东。坐北向南，一进院落布局，东西长 17.6 米，南北宽 29.3 米，占地面积约为 515.7 平方米。创建年代不详，现存为清代遗构。中轴线上从南到北依次有山门（戏台）、正殿，两侧对称有东西妆楼各一间、东西配房各三间、东西耳殿各一间。正殿建在 1.5 米高青石台基上，面宽三间，进深五椽，六檩构架，单檐硬山顶，柱头科三踩单翘，明间装修设隔扇门，次间设隔扇窗。庙院内存隋开皇元年（581）十月二十日造像残碑 1 通，残高 0.67 米、宽 0.6 米、厚 0.53 米，四面楷体，阴刻造像铭文，碑额处浮雕力士托供案图案，两侧对称浮雕狮子、供养人各一名。铭文 30 行，满行 31 字。正殿前存光绪元年（1875）碣 1 方，内容为"乡约社规"，楷书阴刻，15 行，满行 20 字。

庙宇名称	时代	庙宇类别	现处位置	简　介
南偏桥行宫庙	清	坛庙祠堂	王桥镇南偏桥村东	南偏桥行宫庙位于襄垣县王桥镇南偏桥村东。坐北向南，一进院落布局，东西长20.4米，南北宽23米，占地面积约为469.2平方米。创建年代不详，现存为清代遗构。中轴线上由南向北依次为戏楼、正殿；两侧建东西妆楼各两间、东西配殿各三间、东西耳殿各两间。正殿建在1.4米青石台基上，面宽三间，进深四椽，五檩前廊式构架，明间与东次间塌毁，装修不存。正殿东坎墙嵌青石碣1方，首题《东西庄重修戏楼行宫庙碑记》，清乾隆四十八年六月十八日立石。东西妆楼均设有入庙门。
渠东龙王庙	清	坛庙祠堂	王桥镇渠东村西	渠东龙王庙位于襄垣县王桥镇渠东村西。坐北向南，二进院落布局，东西长23.7米南北宽35米，占地面积约为829.5平方米。创建年代不详，现存为清代遗构。中轴线上从南向北依次有山门（戏楼）、献亭、正殿。两侧东西妆楼各两间、东西配楼各三间、东西配房各五间、东西耳殿（窑洞）各三间。正殿建在1米高青砖台基上，面宽三间，进深五檩，单檐硬山顶，隔扇门满面装修；前接面宽三间，进深五椽，六檩构架，单檐卷棚顶献亭，柱头科一斗两升出耍头，柱间设木雕动物、花卉纹雀替。戏楼由上下两层组成，一层设为庙门；上建戏楼面宽三间，进深四椽，五檩构架，单檐硬山顶，柱头科五踩单翘单下昂，补间斗栱为五踩重翘，45°出斜栱，耍头做龙首形。阑额木雕琴棋书画、凤凰等图案，保存完好，手法精细。正殿山墙镶嵌清嘉庆十五年《重修龙王庙施地志》、道光十年《立社规碑记》青石碣2方。
上王行宫庙	清	坛庙祠堂	王桥镇上王村中	上王行宫庙位于襄垣县王桥镇上王村中部。创建不详，现存为清代遗构。坐北向南，一进院落布局，东西长20.5米，南北宽35米，占地面积约为717.5平方米。中轴线上从南向北依次有戏台、正殿，两侧建东西妆楼各两间、东西配房各五间、东西耳殿各两间。正殿建在1米高青石台基上，前出2.6米宽月台，面宽三间，进深五椽，六檩前廊式结构，单檐硬山顶，柱头科三踩单翘，装修不存，墙壁与屋顶近年重修。庙院内存五代乾祐元年（948）八棱柱体青石造像1座，覆莲基座，仰莲覆盖，共三块。东西妆楼一层均设庙门。
王桥西玄帝庙	清	坛庙祠堂	襄垣县王桥镇王桥村南	王桥西玄帝庙位于长治市襄垣县王桥镇王桥村南。坐西向东，二进院落布局，东西长35米，南北宽21.5米，占地面积约为752.5平方米。创建年代不详，现存为清代遗构。中轴线由东向西现存戏楼三间、献殿三间、正殿三间，两侧建有北妆楼一间、南北配殿各一间、南北耳殿各三间。正殿建在高1米青砖台基上，面宽三间，进深四檩，单檐硬山顶，五檩构架，装修不存。戏楼有山下两部分组成，一层为砖砌基座，中辟入庙通道；二层倒座戏台，面宽三间，进深四椽，单檐硬山顶，五檩构架，柱头科三踩单翘，装修不存。院内存清道光二十一年（1841）碣2方，分别为《施地碣》《重修碑记》。

（续表）

庙宇名称	时代	庙宇类别	现处位置	简 介
西山底观音堂	清	坛庙祠堂	王桥镇西山底（原范家沟）村南	西山底观音堂位于长治市襄垣县王桥镇西山底（原范家沟）村南。坐北向南，二进院落布局，东西宽25.3米，南北长30.85米，占地面积约为780.5平方米。创建年代不详，现存为清代遗构。中轴线上从南到北依次有山门（戏楼）、正殿各三间，两侧建东西妆楼各三间、东西廊房各五间、东西配殿各三间、东西耳殿各三间。正殿建在80厘米高青砖台基上，面宽三间，进深六椽，七檩前廊式构架，单檐硬山顶，屋顶塌毁大部；前檐用直径20厘米砂石圆柱，柱头科为五踩重翘，补间科五踩单昂单翘异形拱；东山墙镶嵌清嘉庆十二年（1807）《文公社捐赏置田记》碣1方。戏楼下部明间为山门通道，上为倒座戏楼，台口高2.1米，面阔三间，进深四椽，五檩构架，硬山顶，柱头科三踩单翘。东耳殿塌毁仅存基址，西耳殿塌毁一半；东妆楼屋顶塌毁，西妆楼仅存基址。
西山底关帝庙	清	坛庙祠堂	王桥镇西山底村东	西山底关帝庙位于长治市襄垣县王桥镇西山底村东。坐北向南，一进院落布局，东西宽25米，南北长33米，占地面积825平方米。创建年代不详，现存为清代遗构。中轴线上从南向北依次有戏台、正殿各三间，两侧仅存东妆楼三间、西廊房五间、东耳殿三间。其余均塌毁。东妆楼一层间南向辟院门，额题楷书双钩"关帝庙"。正殿建在0.9米高青石台基上，面宽三间，进深四椽，五檩构架，单檐硬山顶，柱头科一斗两升交麻叶，装修不存，前檐处近年封墙。
东山底崔府君庙	清	坛庙祠堂	王桥镇东山底村西	东山底崔府君庙位于长治市襄垣县王桥镇东山底村西。坐北向南，二进院落布局，东西宽22.75米，南北长39.15米，占地面积约为890.7平方米。创建年代不详，现存为清代遗构。中轴线上从南到北依次有山门（戏楼）、正殿各三间，两侧对称有东西妆楼各三间、东西配房各三间、东西配楼各六间、东西耳殿各三间。正殿建在高0.6米青石台基上，面宽三间，进深五椽，五架梁前对单步梁，六檩前廊式构架，前檐木雕已毁，前檐墙为近年新砌，遮蔽斗拱。山门由上下两部分组成，一层青砖砌筑，中设庙门；二层倒座戏台，面宽三间，进深四椽，五檩构架，单檐硬山顶，柱头科三踩单翘，装修不存，立栏图案雕刻精美。庙内存清道光元年（1821）重修碑1通。
五阳行宫庙	清	坛庙祠堂	王桥镇五阳村中	五阳行宫庙（现为古阳禅寺）位于长治市襄垣县王桥镇五阳村中部。坐北朝南，一进院落布局，东西宽28.8米，南北长40.4米，占地面积约为1163.5平方米。创建年代不详，现存为清代遗构。中轴线上由南向北依次有山门（戏楼），正殿各三间，两侧有东西妆楼各三间、东西配楼各三间、东西配房各五间、东西耳殿各一间。正殿建在3.5米高青石台基上，面宽三间，进深五椽，六檩前廊式构架，单檐硬山顶，琉璃瓦屋面，前檐斗拱为一斗二升，明间装修设隔扇门，次间设隔扇窗。

庙宇名称	时代	庙宇类别	现处位置	简　介
安沟奶奶庙	清	坛庙祠堂	侯堡镇安沟村东	安沟奶奶庙位于长治市襄垣县侯堡镇安沟村东。坐东向西，南北两院并列，均一进院落布局，东西宽28米，南北长32.95米，占地面积约为922.6平方米。创建年代不详，现存为清代遗构。南院中轴线上从西到东依次有山门（戏台）、正殿各三间，两侧建配房各一间、配楼各三间。正殿建在60厘米高青石台基上，面阔三间，进深六檩，2007年失火烧毁，仅存前墙、山墙和前檐砂石方柱。正殿两侧耳殿向东各辟一边门，仅存北耳门，南耳边门塌毁不存。戏楼面阔三间，进深六檩，卷棚顶，一斗三升栱，屋顶塌毁。两侧夹楼塌毁。北院现存正殿三间与北窑三孔。正殿祭祀三皇，名三皇殿，建在60厘米高砂石台基上，硬山顶，面阔三间，进深五檩，前廊式，一斗三升栱。
暴庄三教庙	清	坛庙祠堂	侯堡镇暴庄村南	暴庄三教庙位于长治市襄垣县侯堡镇暴庄村南。坐北向南，东西宽19.88米，南北长31.6米，占地面积约为628.2平方米，一进上下两院，现存为清代遗构。中轴线上从南到北依次有山门（戏楼）、正殿。东西两侧对称有夹楼各一间、配房各五间、耳殿各三间。正殿建在1.2米高青砖台基上，硬山顶，面阔三间，进深七檩，前廊式；梁架残存彩绘，两侧山墙存悬塑城门、云山等，一斗三升栱，次间屋顶塌毁。西耳殿屋顶塌毁，东配房塌毁不存。
西回辕镇安庙	清	坛庙祠堂	侯堡镇西回辕村东	西回辕镇安庙位于长治市襄垣县侯堡镇西回辕村东。坐北向南，东西宽7.5米，南北长7.2米，占地面积约为54平方米，仅存正殿，建在高1.5米青石台基上，面宽三间，进深五椽，六檩前廊式，单檐硬山顶，前檐斗栱三踩单翘，梁架残存民国彩绘，前檐墙为近年新修。殿壁镶嵌清乾隆八年（1743）、嘉庆二十二年（1817）重修碑各1通。
南垴上三尊圣庙	清乾隆三十五年（1770）	坛庙祠堂	侯堡镇南垴上村东小山包上	南垴上三尊圣庙位于长治市襄垣县侯堡镇南垴上村东小山包上，坐北向南，一进院落，东西宽8.33米，南北长11.65米，占地面积约为97平方米。中轴线上从南到北依次有山门一间，正殿三间。正殿面阔三间，进深五檩，硬山顶，前廊式，两侧山墙后墙有彩绘壁画，正脊枋下有"乾隆三十五年"创建题记，西山墙立嘉庆十九年重修碑。正殿前有月台。
常隆关帝庙	清	坛庙祠堂	侯堡镇常隆村南	常隆关帝庙位于长治市襄垣县侯堡镇常隆村南，坐北向南，东西宽39.20米，南北长39.4米，占地面积788平方米。一进上下两院，中轴线上由北向南依次有山门（戏楼）、正殿，两侧对称有夹楼各三间、廊房各八间、耳殿各三间，均为硬山顶。正殿建在1米高青砖台基上，面阔三间，进深五檩，前廊式，三踩单翘斗栱，单檐硬山顶，前廊墙后期加修。戏楼面阔三间，进深六檩，三踩单翘式斗栱。屋顶均有塌毁开裂。

庙宇 名称	时代	庙宇 类别	现处 位置	简　介
戴家庄文昌阁	清	坛庙祠堂	侯堡镇戴家庄村东	戴家庄文昌阁位于长治市襄垣县侯堡镇戴家庄村东，坐东向西，东西宽 6.1 米、南北长 14 米，占地面积 85.4 平方米，创建年代不详，现存主体结构为明清建筑。上下两层，下为正窑三孔，上为阁，面阔三间，进深五檩，前廊式，三踩单翘斗栱，南耳殿三间，已塌毁。阁前 50 米有古槐一棵。
任家岭三教庙	清	坛庙祠堂	侯堡镇任家岭村东南	任家岭三教庙位于长治市襄垣县侯堡镇任家岭村东南，坐东向西，东西宽 36.9 米，南北长 31.9 米，占地面积 1177 平方米，并列两院。南院中轴线上依次有山门（戏楼）、献亭、正殿，两侧有廊房各五间。正殿建在 0.8 米高砂石台基上，面阔三间，进深五檩，两侧山墙后墙残存清代壁画，梁架残存彩绘，屋顶 2008 年新修。献亭面阔三间，进深五檩，卷棚顶，砂石方柱，三踩单翘斗栱。戏楼面阔三间，进深七檩，三踩单翘斗栱。北院倒座南楼七间，两侧有廊房各五间、配殿各两间、耳殿各一间。正殿建在 70 厘米高青砖台基上，面阔三间，进深五檩，两侧山墙残存壁画，前廊式，三踩单翘斗栱。庙前有两棵古槐。
任家岭文公土地庙	清	坛庙祠堂	侯堡镇任家岭村西北	任家岭文公土地庙，位于长治市襄垣县侯堡镇任家岭村西北，坐北向南，东西宽 4.06 米，南北长 4.5 米，占地面积 18.27 平方米，该庙建在 4 米高的黄土台地上，面阔三间，进深五檩，前廊式，硬山顶，灰脊灰瓦，前后都为耕地。
高家岩观音庙	清	坛庙祠堂	侯堡镇高家岩村东南	高家岩观音庙，位于长治市襄垣县侯堡镇高家岩村东南，坐东向西，一进两院，东西宽 51 米，南北长 32.7 米，占地面积 1667.7 平方米，现存为清代遗构。中轴线上从东到西依次有西殿、戏楼、献亭、正殿，两侧对称有夹房等。正殿建在 0.6 米高青石台基上，面阔三间，进深五檩，前廊式，门窗已毁。献亭建在 1 米高砂石台基上，卷棚顶，面阔三间，进深四檩，三踩单翘斗拱，献亭前墙为近年新加。戏楼建在 1 米高青砖台基上，悬山顶，三踩单翘斗栱。后院墙塌毁不存。
桥上关帝庙	清	坛庙祠堂	侯堡镇桥上村西	桥上关帝庙位于长治市襄垣县侯堡镇桥上村西。坐东朝西，一进院落布局，东西宽 15.75 米，南北长 21.75 米，占地面积 342.6 平方米。创建年代不详，现存主体结构为清代遗构。中轴线上由西向东建有庙门、正殿，两侧为南北廊房及南耳殿。正殿石砌台基，面宽三间，进深五椽，六檩前廊式构架，单檐硬山顶，柱头斗栱五踩重翘，前檐墙新砌，装修不存。

庙宇名称	时代	庙宇类别	现处位置	简　介
东周村文公土地庙	清	坛庙祠堂	侯堡镇东周村南	东周村文公土地庙位于长治市襄垣县侯堡镇东周村南。坐北向南，一进院落布局，东西宽18.6米，南北长26.3米，占地面积489平方米。创建年代不详，据梁架题记记载，清光绪九年（1883）重修，现存为清代遗构。仅存正殿与东耳殿。正殿建在高0.9米砖砌台基上，面宽三间，进深五檩，六檩前廊式，单檐硬山顶，柱头斗栱为一斗二升出耍头，明间装修设隔扇门，次间设窗，梁架有清光绪九年（1883）重修题记。
向家庄观音堂	清	坛庙祠堂	夏店镇向家庄村西	向家庄观音堂位于襄垣县夏店镇向家庄村西。坐东朝西，一进院落布局，东西长18.22米，南北宽16.47米，占地面积300平方米。创建年代不详，据庙内碑碣记载，清道光三十年（1850）扩建。现存建筑皆为清代遗构。中轴线上由西向东依次有大门、正殿，两侧对称有南北厢房、南北耳殿。正殿面宽三间，进深四檩，单檐硬山顶，五檩前廊式构架，原门窗装修不存，代之以新砌前檐墙体。南山墙存有清道光三十年（1850）捐地扩建碣1方。
庄里渤海龙王庙	清	坛庙祠堂	庄里渤海龙王庙	庄里渤海龙王庙位于襄垣县善福乡庄里村村南。坐西朝东，一进院落布局，东西长46.8米，南北宽24.6米，占地面积1151.28平方米。创建年代不详，现存建筑为清代遗构。中轴线上仅存正殿，两侧分别有北厢房、南北配殿、南耳殿。
郝家沟三圣庙	清	坛庙祠堂	善福乡郝家沟村村南	郝家沟三圣庙位于襄垣县善福乡郝家沟村村南。坐北朝南，一进院落布局，东西长15.76米，南北宽6.19米，占地面积97.55平方米。创建年代不详，据庙内碑刻记载，清乾隆年间和嘉庆六年（1801）重修，1916年进行过维修。现存建筑皆为清代遗构。仅存正殿、东西耳殿。正殿面宽三间，进深五檩，单檐硬山顶，六檩前廊式构架，柱头科五踩双翘，装修毁坏无存。正殿山墙残存壁画约15平方米。庙内现存1916年维修碑1通。
崔家庄关帝	清	坛庙祠堂	善福乡崔家庄村村中	崔家庄关帝庙位于襄垣县善福乡崔家庄村村中。坐北朝南，一进院落布局，东西长20.23米，南北宽22.3米，占地面积451.13平方米。创建年代不详，现存建筑为清代遗构。仅存正殿、东西配殿。正殿建于高1.65米的砖砌台基之上，面宽三间，进深四檩，单檐硬山顶，五檩前廊式构架，柱头科一斗二升，门窗不存。庙内存清重修碑1通。

庙宇名称	时代	庙宇类别	现处位置	简　介
石楼关帝庙	清	坛庙祠堂	善福乡石楼村村南	石楼关帝庙位于襄垣县善福乡石楼村村南。坐北朝南，一进院落布局，东西长 16.74 米，南北宽 22.09 米，占地面积 369.79 平方米。创建年代不详，据庙内碑刻记载，清道光九年（1829）重修。现存建筑为清代遗构。中轴线上由南向北依次有倒座戏台，正殿，两侧仅存大门、西配殿。正殿建于 1.03 米高的石砌台基之上，面宽三间，进深五椽，单檐硬山顶，六檩前廊式构架，柱头科为装饰性斗拱，门窗装修不存。庙内现存清道光九年（1829）重修碑 1 通。
苗家岭白衣大士玄天上帝庙	清	坛庙祠堂	善福乡苗家岭村中	苗家岭白衣大士玄天上帝庙位于襄垣县善福乡苗家岭村。坐北朝南，一进院落布局，东西长 16.4 米，南北宽 5.8 米，占地面积 95.12 平方米。据庙内碑碣记载，该庙创建于清康熙五十五年（1716），乾隆三十五年（1771）和同治五年（1867）均有修葺。现存建筑为清代遗构。仅存正殿、东西耳殿。正殿建于高 0.56 米的石砌台基之上，面宽三间，进深五椽，单檐悬山顶，琉璃脊饰，六檩前廊式构架，柱头科五踩双昂，门窗新修。庙内现存乾隆三十五年（1771）重修碑 1 通、同治五年重修碑 1 通及捐资碑 1 通。
黄楼北三圣庙	清	坛庙祠堂	虒亭镇黄楼北村东	黄楼北三圣庙位于襄垣县虒亭镇黄楼北村东。坐北朝南，一进院落布局，南北 21.7 米，东西 20.7 米，占地面积 449 平方米。现存建筑为清代遗构，中轴线上现存有正殿，西侧有耳殿一间。正殿建于高 1.9 米沙石砌台基上，面宽三间，进深五椽，六檩前廊式构架，单檐硬山顶，柱头斗栱一斗二升，灰布仰瓦屋面，装修已改。正殿西、北面墙上有壁画 50 多平方米，内容为神话故事。正殿前有白皮松 1 棵，直径约为 0.6 米左右。
祝家岭文公祠	清	坛庙祠堂	虒亭镇祝家岭村中	祝家岭文公祠位于襄垣县虒亭镇祝家岭村中。坐北朝南，一进院落布局，南北 25.3 米，东西 23 米，占地面积 582 平方米。现存建筑为清代遗构，中轴线上现存有戏台、正殿，两侧有南夹楼三间、东厢房三间、西耳房一间，均为砖木结构建筑。正殿建于高 1.80 米的沙石砌台基上，面宽三间，进深五椽，六檩前廊式构架，柱头科五踩重翘，象鼻龙头做昂头，平身科五踩异形拱，单檐硬山顶，灰布板瓦屋面，装修毁坏无存。正殿东山墙上嵌碣 1 方，青石质，高 1.1 米、宽 0.5 米，上楷书阴刻着"龙天一地社内感德，清乾隆四十一年立石"，现碑文字迹模糊，内容看不清楚。
白堰底全神庙	清	坛庙祠堂	虒亭镇白堰底村东	白堰底全神庙位于襄垣县虒亭镇白堰底村东。坐东朝西，东西 6.5 米，南北 17 米，占地面积 110 平方米。现仅存戏台一座和北妆楼三间，为清代遗构。戏台建于高约 1.3 米的沙石砌台基上，面宽三间，进深四椽，五檩式构架，单檐硬山顶，灰布板瓦屋面。

庙宇名称	时代	庙宇类别	现处位置	简　介
温家庄龙王庙	清	坛庙祠堂	虒亭镇温家庄村东	温家庄龙王庙位于襄垣县虒亭镇温家庄村东。坐北朝南，南北5米，东西9米，占地面积45平方米。现仅存正殿，为清代遗构。正殿建于0.9米的沙石砌筑的台基上，面宽三间，进深四椽，五檩构架，后墙上残存壁画3平方米。正殿东山墙上嵌碣1方，红沙石质，碑文楷书，刻有"信士尚文尉父终遗命请愿拾地壹截坐落南坡山甲捨与"，于1914年9月23日立石。院内散落有部分原建筑构件。
暖泉龙王庙	清	坛庙祠堂	虒亭镇暖泉村中	暖泉龙王庙位于襄垣县虒亭镇暖泉村中。坐北朝南，一进院落布局，东西18.4米，南北17米，占地面积312.8平方米。现存建筑为清代遗构，中轴线上现存有正殿，两侧有东西偏殿各一间、东西厢房各三间、东西耳殿各一间，均为砖木结构建筑。正殿为龙王殿和阎王殿，建于高0.8米的沙石台基上，面宽四间，进深五椽，六檩前廊式，单檐悬山顶，灰布筒瓦屋面，柱头斗栱三踩单翘，八棱沙石柱，装修已改。中南部辟院门。龙王庙为研究当地清代寺庙建筑提供了实物资料。
北畛沟山泉庙	清	坛庙祠堂	上马乡磨盘垴村北畛沟自然村南50米	北畛沟山泉庙位于襄垣县上马乡磨盘垴村北畛沟自然村南50米。坐北朝南，一进院落布局，南北40.7米，东西23.4米，占地面积952.4平方米。现存建筑为清代遗构。中轴线上现存有正殿，两侧有东配殿三间、西厢房三间，均为砖木结构建筑，其中，西厢房为二层楼房。正殿建于高0.95米的沙石台基上，面宽五间，进深六椽，七檩前廊式构架，单檐硬山顶，灰布筒瓦屋面，柱头斗栱三踩单翘，龙头象鼻做耍头，装修毁坏无存，正殿东、西山墙上方残存壁画约15平方米。院内现存重修山泉庙碑2通，青石质，圆首，楷书，碑高1.75米、宽0.67米、厚0.2米，1927年立石。正殿门前有古柏二颗、古槐二棵。曾作为学校的教室使用，现无人使用。
流渠张家祠堂	清	坛庙祠堂	上马乡流渠村中	流渠张家祠堂位于襄垣县上马乡流渠村中。坐北朝南，一进院落布局，南北21.45米，东西15.4米，占地面积为330.3平方米。现存建筑为清代遗构。中轴线上现存有正殿，东侧有厢房五间，均为砖木结构建筑。正殿面宽五间，进深五椽，六檩前廊式构架，单檐硬山顶，灰布板瓦屋面，装修毁坏无存。正殿前有创建祠堂碑1通，清道光二十四年（1824）立石；重修祠堂碑1通，1922年立石。二通碑均为圆首，青石质，楷书，碑通高1.65米、宽0.65米、厚0.17米。

庙宇名称	时代	庙宇类别	现处位置	简　介
北庄徐茂公庙	清	坛庙祠堂	上马乡北庄村中	北庄徐茂公庙位于襄垣县上马乡北庄村中。坐北朝南，二进院落布局，南北 36 米，东西 24.6 米，占地面积 885.6 平方米。现存建筑为清代遗构。中轴线上现存有戏台、正殿，西侧有耳殿二间、东西配殿各三间、西厢房五间，均为砖木结构建筑，其中西厢房为二层楼房。正殿面宽三间，进深五椽，六椽前廊式构架，单檐硬山顶，灰布板瓦屋面，装修毁坏无存。院内东墙下有布施碑 1 通，青石质，圆首，通高 1.7 米、宽 0.7 米。徐茂公庙为研究当地清代寺庙建筑提供了实物资料。
下庄郭家祠堂	清	坛庙祠堂	上马乡下庄村中	下庄郭家祠堂位于襄垣县上马乡下庄村中。坐东朝西，一进院落布局，东西 36.3 米，南北 22.3 平方米，占地面积 809.5 平方米。现存建筑为清代遗构。中轴线上现存有山门、正殿，两侧有南北配殿各五间。正殿于 1952 年重新修建，面貌已基本改变。山门由两部分组成，下为砖砌基座；中辟过道；上建倒座戏台，面宽三间，进深四椽，五檩式构架，单檐硬山顶，灰布通瓦屋面，柱头斗拱三踩单翘，装修已改。北配殿前脸上嵌有建筑学校碑碣 1 通，青石质，高 0.8 米、宽 0.55 米。1952 年曾更为村务小学。
东坡府君庙	清	坛庙祠堂	王村镇东坡村西	东坡府君庙位于襄垣县王村镇东坡村西。坐西朝东，一进院落布局，东西长 29.4 米，南北宽 26.25 米，占地面积 771.75 平方米。据庙碑载创建于清乾隆年间（1736～1795），光绪九年（1883）增建。中轴线上由东向西依次遗存戏台（山门），正殿，两侧遗有南北妆楼、南耳殿、南北厢房。正殿砖石台基高 0.85 米，面宽六间，进深五椽，单檐硬山顶，布灰仰瓦屋面，门窗改制，檐下无斗，前檐外墙嵌石碣两方。院内柏树一株。山门由上下两部分组成，下为山门过道，设板门为入庙通道；上为南妆楼。该庙为研究当地清代古建筑提供了实物资料。
史北龙王庙	清	坛庙祠堂	王村镇史北村中	史北龙王庙位于襄垣县王村镇史北村中。坐北朝南，原两进院布局。创建年代不详，现仅存戏台一座为清代遗构。东西长 8.9 米，南北宽 6.8 米，占地面积 60.52 平方米。戏台由上下两部分组成，下为山门过道，现状为后人改修；上为倒座戏台，面宽三间，进深六椽，单檐悬山顶，筒板灰布瓦屋面，后人增设格扇门窗装修，檐下设三踩单翘斗拱。该庙为研究当地清代古建筑提供了实物资料。

庙宇名称	时代	庙宇类别	现处位置	简　介
夏教奶奶庙	清	坛庙祠堂	王村镇夏教村村南	夏教奶奶庙位于襄垣县王村镇夏教村村南。坐北朝南，一进院落布局，南北长33米，东西宽20米，占地面积660平方米。创建年代不详，据正殿明间脊檩枋下"时大清嘉庆贰拾二年岁次……上梁"题记，证明为清嘉庆二十二年（1817）重修。现存建筑为清代遗构。中轴线上由南向北依次遗存戏台正殿，两侧遗有东西耳殿和后人在原址上新建的东西厢。正殿建于高1.23米砂石台基之上，面宽三间，进深五椽，单檐悬山顶，灰布筒板瓦屋面，琉璃脊；六檩前廊式构架，檐下设一斗二升交麻头斗栱，门窗已毁坏无存。山门由两部分组成，下为山门，明间设板门为入庙通道；上为倒座戏台，面宽三间，进深四椽，单檐硬山顶，灰布筒板瓦屋面，琉璃脊；五檩构架，前檐柱头设异形栱交要头。院内有柏树两株、砂石碑座三件。该庙为研究当地清代古建筑提供了实物资料。
南铺三教庙	清	坛庙祠堂	王村镇南铺村西	南铺三教庙位于襄垣县王村镇南铺村。坐北朝南，一进院落布局，南北长29米，东西宽15米，占地面积435平方米。创建年代不详，现存建筑为清代遗构。中轴线上仅存戏台（山门），两侧存东西化妆室。戏台建于砖砌台基之上，由两部分组成，下为山门，明间设板门为入庙通道；上为倒座戏台，面宽五间，进深五椽，单檐硬山顶，灰布仰板瓦屋面，檐下设异形栱交要头。戏台梢间为化妆室。该庙为研究当地清代古建筑提供了实物资料。
史属佛爷庙	清	坛庙祠堂	王村镇史属村村中	史属佛爷庙位于襄垣县王村镇史属村村中。坐北朝南，一进院落布局，南北21米，东西20米，占地面积420平方米。创建年代不详，现存建筑为清代遗构。中轴线上仅存正殿，两侧遗有东西厢房，院门为村人近年新建。正殿建于高1.08米的砖石台基之上，面宽三间，进深四椽，单檐硬山顶，灰布筒板瓦屋面；五檩前廊式构架，檐下设异形栱交要头，门窗为村人改换。东西厢房面宽三间，进深四椽，单檐悬山顶，灰布仰板瓦屋面；五檩前构架，明间辟板门，次间设窗装修，门窗仅存槛框。该庙为研究当地清代古建筑提供了实物资料。
东庄三官庙	清	坛庙祠堂	王村镇史属村东庄自然村村南土台之上	东庄三官庙位于襄垣县王村镇史属村东庄自然村村南土台之上。坐东朝西，一进院落布局，南北长17米，东西宽15.2米，占地面积258.4平方米。创建年代不详，据庙内现存清咸丰三年重修碑载，清康熙、咸丰年间均重修过，现存建筑为清代遗构。中轴线上仅存正殿，两侧遗有南北厢房、南北耳殿。厢房建于石砌台基之上，面宽三间，进深四椽，单檐硬山顶，灰布仰板瓦屋面；五檩构架，明间劈板门，次间仅存窗槛框，南厢房东次间辟板门为入庙通道。正殿建于高0.35米的砂石之上台基，面宽三间，进深五椽，单檐硬山顶，灰布筒板瓦屋面；六檩前廊式构架，门窗为村民改换，檐下设异形栱交要头。正殿南次间廊下存清咸丰三年重修碑1通。该庙为研究当地清代古建筑提供了实物资料。

庙宇名称	时代	庙宇类别	现处位置	简 介
下庙娲皇圣母庙	清	坛庙祠堂	王村镇下庙村村西	下庙娲皇圣母庙，原名为"孝文皇帝庙"，位于襄垣县王村镇下庙村村西。坐北朝南，一进院布局，东西长55米、南北宽36米，占地面积1980平方米。创建年代不详，戏台西耳殿明间脊枋遗有："时大清嘉庆六年……上梁"题记，现存建筑为清代遗构。中轴线上现存戏台及正殿基址，两侧遗有戏台、东西耳殿、东配殿、正殿、东西耳殿。戏台建于石砌台基之上，面宽三间、进深六椽，单檐悬山顶，灰布筒板瓦屋面；七檩构架，前檐下设三踩单翘斗栱。东配殿建于砖砌台基之上，面宽七间，进深五椽，二层单檐硬山卷棚顶，六檩前廊式架，廊、檐柱直承梁头，门窗装修遗失无存。戏台、东西耳殿，均为二层单檐硬山顶，西耳殿明间辟板门，东尽间为砖券门洞，为入庙通道。正殿东西耳殿面宽五间，进深四椽，单檐硬山顶，灰布筒板瓦屋面；五檩构架，装修遗失无存。西耳殿东三间坍塌无存，东耳殿内墙壁遗存壁画及建筑彩画。正殿仅存两山墙体。该庙为研究当地清代古建筑提供了实物资料。1981年被公布为县级文物保护单位。
后村三皇庙	清	坛庙祠堂	王村镇龙王堂村后村自然村西侧山岭长太高速路旁	后村三皇庙位于襄垣县王村镇龙王堂村后村自然村西侧山岭长太高速路旁。坐北朝南，原为一进院落布局，东西长11米，南北宽7.2米，占地面积79.2平方米。创建年代不详，现仅存戏台，为清代遗构。戏台建于高0.94米的砖砌台基之上，面宽三间，进深六椽，单檐硬山顶，灰布筒板瓦屋面；七檩构架，檐下一斗二升交麻头斗栱。该庙为研究当地清代古建筑提供了实物资料。1981年被公布为县级文物保护单位。
杜村奶奶庙	清	坛庙祠堂	王村镇杜村村东偏南	杜村奶奶庙位于襄垣县王村镇杜村村东偏南。坐北朝南，一进院落布局，南北长16米，东西宽15.7米，占地面积251.2平方米。创建年代不详，正殿脊檩枋下遗有清道光八年（1828）重修题记，现存建筑为清代遗构。中轴线上由南向北依次遗有山门、正殿，两侧遗有东耳房及东厢房。正殿建于砖砌台基之上，面宽三间，进深四椽，单檐硬山顶，灰布仰板瓦屋面；五檩前廊式构架，檐下设一斗二升交麻头斗栱，村民将门窗改换到廊柱间。东厢房面宽三间，进深四椽，单檐硬山顶，灰布仰板瓦屋面；门窗装修为村民维修时改换。该庙为研究当地清代古建筑提供了实物资料。

庙宇名称	时代	庙宇类别	现处位置	简　介
南姚夫子庙	清	坛庙祠堂	王村镇南姚村村中	南姚夫子庙位于襄垣县王村镇南姚村村中。坐北朝南，一进院布局，东西长20米，南北宽19米，占地面积380平方米。创建年代不详，西耳殿明间脊檩枋遗有清咸丰五年（1855）重修题记，现存建筑为清代遗构。现存西耳殿及正殿东、西山墙，正殿与耳殿间夹房。西耳殿建于高1.50米的砖石台基之上，面宽三间，进深五椽，单檐硬山顶，灰布筒板瓦屋面；六檩前廊式构架，檐下设一斗二升交耍头斗栱，门窗已毁无存。西耳殿西山墙内嵌碣1方。该庙为研究当地清代古建筑提供了实物资料。
南姚诸神庙	清	坛庙祠堂	王村镇南姚村村小学院内王村镇南姚村村小学院内	南姚诸神庙位于襄垣县王村镇南姚村村小学院内。坐北朝南，东西长38米，南北宽12米，占地面积456平方米。创建年代不详，据正殿明间脊枋下"大清国康熙贰拾捌年闰叁月初捌日重修"题记，正殿为清代遗构。现仅存正殿及东耳殿。正殿建于高0.97米的砖石台基之上，面宽三间，进深五椽，单檐硬山顶，灰布筒板瓦屋面；六檩前廊式构架，檐下设一斗二升交耍头斗栱，装修为村人维修时改换。该庙为研究当地清代古建筑提供了实物资料。
店上灵山庙	清	坛庙祠堂	王村镇店上村村中	店上灵山庙，又名李卫公庙，位于襄垣县王村镇店上村中。坐北朝南，一进院落布局，南北长30米，东西宽26米，占地面积780平方米。创建年代不详，据戏台随檩枋题记"清道光十年"重修，现存建筑为清代遗构。中轴线上由南向北依次遗存山门（戏台）、正殿，两侧遗有东西耳殿及东厢房。正殿建于高0.85米的砖石台基之上，面宽五间，进深四椽，单檐硬山顶，灰布仰板瓦屋面；五檩构架，门窗装修为后人维修时改换。山门建于石砌台基之上，由两部分组成，下为山门，明间砖券拱门，为入庙通道；上为倒座戏台，面宽五间，进深四椽，单檐硬山顶，灰布筒板瓦屋；五檩构架，前檐设异形栱。稍间为化妆室。该庙为研究当地清代古建筑提供了实物资料。
官道汤王庙	清	坛庙祠堂	王村镇北姚村	官道汤王庙位于襄垣县王村镇北姚村。坐北朝南，一进院落布局，南北长30米，东西宽19米，占地面积570平方米。创建年代不详，现存建筑为清代遗构。中轴线上由南向北遗存戏台、正殿，两侧遗有东西厢房。戏台建于高1.16米的砖砌台基之上，面宽三间，进深六椽，单檐硬山顶，灰布仰覆板瓦屋面；檐下设异形栱。厢房建于石砌台基之上，面宽三间，进深四椽，单檐悬山顶，灰布仰板瓦屋面，明间设门、次间设窗装修，门窗仅存槛框。该庙为研究当地清代古建筑提供了实物资料。

庙宇名称	时代	庙宇类别	现处位置	简　介
南岩五龙庙	清	坛庙祠堂	西营镇南岩村北端	南岩五龙庙位于襄垣县西营镇南岩村北端。坐东朝西，一进院落布局，东西长25米，南北宽19.5米，占地面积487.5平方米。创建年代不详，据庙内清嘉庆"重修紫薇阁布施功德碑记"，正殿明间脊檩枋题记：清嘉庆二十五年（1820）、1916年重修。现存正殿为民国遗构，余皆清代遗构。中轴上由西向东依次存有戏台、正殿；两侧遗有南北化妆室、南北厢房、南北耳房；院西北角辟山门。正殿建于高0.95米的石砌台基之上，面宽三间，进深五椽，单檐硬山顶，布灰筒板瓦屋面；正殿梁架彩绘金龙，六檩前廊式构架，檐下设异形栱；明间设隔扇门，次间设隔扇窗，门窗装修均2008年村委维修时改换。戏台建于砖砌台基之上，面宽三间，进深五椽，单檐卷棚硬山顶，布灰筒板瓦屋面；六檩构架。庙内存碑1通。该庙为研究当地清代建筑提供了实物资料。
崔家岭关帝庙	清	坛庙祠堂	西营镇北崔家岭村西	崔家岭关帝庙位于襄垣县西营镇北崔家岭村西。坐西朝东，一进院落布局，东西长20米，南北宽18.5米，占地面积370平方米。创建年代不详，现存建筑为清代遗构。中轴线上由东向西依次存有正殿、戏台，戏台北侧遗有掖门。正殿建于高0.75米的石砌台基之上，面宽三间，进深五椽，单檐硬山顶，灰布筒板瓦屋面；六檩前廊式构架，檐下异形栱交要头已人为锯断遗失，门窗隔扇毁坏，仅存横批。戏台建于石砌台基之上，面宽三间，进深五椽，单檐硬山顶，灰布筒板瓦屋面；六檩构架，台内隔断装饰已毁无存。正殿梁架绘龙形彩画，殿内山墙镶嵌碣2方。该庙为研究当地清代建筑提供了实物资料。
暴垴关帝庙	清	坛庙祠堂	西营镇暴垴村西	暴垴关帝庙位于襄垣县西营镇暴垴村西。坐北朝南，一进院落布局，南北长21米，东西宽12米，占地面积252平方米。据大殿脊檩枋题记载，创建于清嘉庆二十二年（1807），光绪二十二年（1896）重修，现存建筑为清代遗构。现中轴线上由南向北依次存戏台与正殿，两侧建筑毁坏无存，院东侧南端辟院门。正殿建于高0.88米的石砌台基之上，面宽三间，进深四椽，单檐硬山顶，灰布筒板瓦屋面；五檩前廊式构架，檐下设一斗二升交要头斗栱，现在的前檐墙及门窗装修为2007年村委维修时改换，正殿山墙壁残存清代壁画3平方米。庙存碑1通、柏树2株。该庙为研究当地清代建筑提供了实物资料。

庙宇名称	时代	庙宇类别	现处位置	简　介
拐沟关帝庙	清	坛庙祠堂	西营镇拐沟村北头	拐沟关帝庙位于襄垣县西营镇拐沟村北头。坐北朝南，一进院落布局，南北长 20.5 米，东西宽 15.5 米，占地面积约 317.75 平方米。创建年代不详，现存建筑为清代遗构。中轴线上由南向北依次现存戏台（山门）、正殿，两侧遗有东西耳殿。正殿建于高 0.70 米的石砌台基之上，面宽三间，进深五椽，单檐硬山顶；六檩前廊式构建，檐下斗拱七攒，均为一斗二升交麻叶，2008 年新改换门窗。山门由上下两部分组成，下为山门，明间设板门为入庙通道；上为倒座戏台，面宽三间、进深四椽，单檐硬山顶。正殿前廊墙上镶嵌碣 2 方。2008 年村委组织对该庙进行了大修，整体彩绘，新建东西厢房，正殿、戏台屋顶更换为黄色琉璃瓦面，面貌焕然一新。
花豹拐三官庙	清	坛庙祠堂	西营镇花豹拐村南	花豹拐三官庙位于襄垣县西营镇花豹拐村南。坐北朝南，一进院落布局，南北长 14 米，东西宽 9.7 米，占地面积 135.8 平方米。创建年代不详，现仅存大殿一座，为清代遗构。大殿建于高 0.45 米石砌台基之上，面宽三间，进深五椽，单檐硬山顶，灰布筒板瓦屋面；六檩前廊式构架，檐下设异形栱。格扇门窗已毁，仅存槛框。梁架遗有彩绘。殿前有砖砌花墙，中辟月亮门。
郭家垴三官庙	清	坛庙祠堂	西营镇郭家垴村西路旁	郭家垴三官庙位于襄垣县西营镇郭家垴村西路旁。坐西朝东，南北长 6.9 米，东西宽 4.5 米，占地面积 31 平方米。创建年代不详，现仅存正殿，为清代遗构。正殿面宽三间，进深五椽，单檐硬山顶，灰布仰板瓦屋面；六檩前廊式构架，檐下设异形栱，门窗毁坏无存，梁架遗有彩绘。正殿前存松树 1 株，正殿山墙上嵌清咸丰三年"禁赌"碣 1 方。该庙为研究当地清代古建筑提供了实物资料。
兴民全神庙	清	坛庙祠堂	西营镇兴民村中土台之上戏台对面	兴民全神庙位于襄垣县西营镇兴民村戏台对面。坐东朝西，一进院落布局，南北长 23.5 米，东西宽 23 米，占地面积 540.5 平方米。创建年代不详，山门脊檩枋遗有乾隆四十五年（1780）重修题记，北厢房脊檩枋遗有乾隆五十六年（1791）重修题记，现存建筑为清代遗构。中轴线上现仅存山门；两侧遗有山门南北耳殿、南北厢房，山门南侧辟便门。山门建于高 0.80 米的石砌台基之上，面宽三间，进深四椽，单檐硬山顶，灰布筒板瓦屋面；五檩前廊式构架，檐下设一斗二升交要头斗栱，西檐墙及门窗装修为村人改换；梁架绘有龙图案彩画，四壁残存壁画 3 平方米。院内存碑 2 通、碣 1 方。该庙为研究当地清代古建筑提供了实物资料。

庙宇名称	时代	庙宇类别	现处位置	简　介
磁窑头关帝庙	清	坛庙祠堂	西营镇磁窑头村村东路口	磁窑头关帝庙位于襄垣县西营镇磁窑头村村东路口。坐北朝南，南北长 8.1 米，东西宽 5.7 米，占地面积 46.17 平方米。创建年代不详，据随檩枋题记：清道光二十一年（1842）重修，现仅存正殿一座，为清代构构。正殿建于高 1.02 米的石砌台基之上，面宽一间，进深四椽，单檐硬山顶，灰布筒板瓦屋面；五檩前廊式构架，檐下设三踩单昂斗栱，梁托彩画色彩艳丽，门窗村人维修时改换。随檩枋有清道光二十一年（1842）重修题记，殿后墙设有神龛。该庙为研究当地清代建筑提供了实物资料。
城底三官庙	清	坛庙祠堂坛庙祠堂	西营镇城底村中	城底三官庙位于襄垣县西营镇城底村中。坐北朝南，东西长 5.1 米，南北宽 4.5 米，占地面积约 22.95 平方米。创建年代不详，正殿为清代遗构。正殿建于高 0.37 米的石砌台基之上，面宽一间，进深三椽，单檐硬山卷棚顶，灰布筒板瓦屋面；四檩构架，中为六抹头斜格眼格扇门、两边连二抹头斜格眼窗，殿内梁架彩绘，山墙残存壁画约 3 平方米。该庙为研究当地清代建筑提供了实物资料。
水碾沟奶奶庙	清	坛庙祠堂	下良镇水碾沟村中	水碾沟奶奶庙位于襄垣县下良镇水碾沟村中。坐北朝南，东西长 8.4 米，南北宽 4.9 米，占地面积约为 41 平方米。一进院落布局，创建年代不详，现存正殿为清代遗构，正殿面宽三间，进深四椽；五檩前廊式构架，单檐硬山顶，斗栱为一斗二升，前檐新装修。四周新砌墙，东辟门。
东岭三官庙	清	坛庙祠堂	虒亭镇东岭村西南	东岭三官庙戏台位于襄垣县虒亭镇东岭村西南。坐南朝北。东西长 16.8 米，南北宽 8 米，占地面积约为 134 平方米。一进院落布局，创建年代不详，现存建筑为清代遗构，现存戏台、东西妆楼。戏台砖木结构，位于 1.5 米高的砖砌台基上。戏台面宽五间，进深四椽，单檐硬山顶，五檩式构架，无柱头斗栱。
烟里文公土地庙	清	坛庙祠堂	下良镇梁家庄村烟里自然村中	烟里文公土地庙位于襄垣县下良镇梁家庄村烟里自然村中。坐北朝南，南北长 6 米，东西宽 4.05 米，占地面积 24 平方米。一进院落布局，创建年代不详，现存正殿为清代遗构，正殿，面宽三间，进深五椽，梁架为五檩对前廊式构架，单檐硬山顶。庙内存新碑 2 通，碑文中记载庙创修于清乾隆三年（1738）。
张村佛爷庙	清	坛庙祠堂	侯堡镇张村中	张村佛爷庙位于襄垣县侯堡镇张村中。坐北朝南，南北长 21.1 米，东西宽 18 米，占地面积约为 380 平方米。一进院落布局，创建年代不详，现存建筑为清代遗构，中轴线分布有正殿（已毁）、两侧为东西耳殿、东西厢房、戏台（已毁）。东西厢房各 5 间，二层棚楼式建筑，面宽三间，进深四椽，单檐硬山顶，五檩式构架，拱券式门窗。西厢房门楣上有"勤劳克俭"牌匾。正殿仅存东西山墙，戏台仅存基础。

（续表）

庙宇名称	时代	庙宇类别	现处位置	简　介
白草坪汤王庙	清	坛庙祠堂	夏店镇背里村	白草坪汤王庙位于襄垣县夏店镇背里村。坐北朝南，南北长9.2米，东西宽8米，占地面积约为74平方米。一进院落布局，创建年代不详，现存建筑为清代遗构，中轴线分布仅存前殿，面宽三间，进深四椽，梁架为五檩对前廊式构架，单檐硬山顶。前檐被改建封堵。
辘凹佛爷庙	清	坛庙祠堂	西营镇辘轴凹村南高台上	辘凹佛爷庙位于襄垣县西营镇辘轴凹村南高台上。坐东朝西。南北长13米，东西宽5米，占地面积约为65平方米。一进院落布局，创建年代不详，现存建筑正殿梁架题记清代为乾隆十六年（1751）重修，现存建筑为清代遗构，中轴线分布仅存正殿、东西耳殿、南北配房。正殿面宽三间，进深四椽，单檐硬山顶，前檐封堵，斗栱为一斗二升，梁架为五檩式构架。
韩家庄关帝庙	清	坛庙祠堂	西营镇常家坪村	韩家庄关帝庙位于襄垣县西营镇常家坪村。坐北朝南。南北长9.7米，东西宽4.3米，占地面积约为42平方米。一进院落布局，创建年代不详，仅存正殿为清代遗构，正殿面宽三间，进深四椽，五檩前廊式构架，单檐硬山顶，柱头斗栱为三踩。庙内存碣为清道光五年（1825）"关帝庙碑记"。
磁窑头三教堂	清	坛庙祠堂	磁窑头村中戏台对面	磁窑头三教堂位于襄垣县西营镇磁窑头村村中戏台对面。坐北朝南，一进院落布局，南北长27.5米，东西宽17米，占地面积467.5平方米。创建年代不详，现存建筑为清代遗构。中轴线上由南向北依次遗存戏台、正殿，两侧遗有东西耳殿。戏台建于高1.47米的砖石台基之上，面宽三间，进深五椽，单檐硬山卷棚顶，灰布筒板瓦屋面；六檩式构架，檐下设一斗二升交麻叶。檐墙及门窗装修为2007年修缮时改换。院内存碑5通。该庙为研究当地清代建筑提供了实物资料。

二　襄垣地区的庙会

从时间上看，襄垣地区的庙会主要集中在农历的二月到十月之间，尤其是二月和三月较为密集；从空间上看，整个区域内的庙会时间呈现出地域间的衔接与交替。但需要指出的是，很多村落的庙会已经消失。下面是我们在普查中所获的相关资料：

下良镇东故县古庙会

当地每遇大旱，老百姓便自发组织到沁县的西圣山西圣爷庙去求雨。相传，有一年，西圣山突发大火，西圣老爷无处可去，连夜外奔，一口气跑到了卧龙滩，突然发现眼前有一座古庙，进了庙门，心花怒放，感到此地甚好，适合他安身。此地当年就风调雨顺，五谷丰登。因为当时西圣爷入住本地庙宇的时间是农历七月初一，老百姓为了纪念他，在庙里塑了神像，并且定于每年七月初一起连续举办三天庙会。这个规矩一直流传到今天，这就是人们历代流传的"沁县火烧西圣山，西圣爷跑到卧龙潭"的故事。

庙会期间会唱戏、说鼓书，人们还可以买到日常用品。

下良镇郝村三月初三庙会

明朝珍珠爷在郝村行善，为纪念他的功绩，特定每年农历三月初三为庙会，为他唱戏三天。这天，搭舞台，由村里社首带领全村人上香，摆三牲（猪头、鸡、鱼）供品，叩头。赶集的人也要上香、摆供品。

王村镇杜村三月二十庙会

每年的农历三月二十为杜村庙会的正会，会上有戏剧、杂技、说唱等。此会为奶奶庙会，每到此日，村里周围的十二岁孩子都会来这里烧香，以表示自己已经成人。

王村镇店上村古庙会

据民间传说，在明朝初期，年年六月大旱，人们为了祈求上苍降雨，解救天下苍生，就在六月天跪在炎阳下，祈求上苍下雨，久而久之，农历六月十九日这天就下起了大雨，解决了当年的大旱，为了纪念这天，人们就把庙会定在六月十九这天。庙会当天，人们会自发组织搭台唱大戏、说鼓书，还有附近县的人们来参加。

王桥镇安宁村安宁佛庙与佛庙会

相传安宁佛庙修建于唐朝顺治年间，该庙位于村中央，坐北朝南，正面是千佛殿，殿内供奉千手千眼大慈大观世音菩萨（俗称千年佛老奶奶），原塑像高3米、宽2.5米多，殿左东耳房供奉马王爷，殿右西耳房供奉送生奶奶，左侧还有东看楼，右侧有西看楼，佛殿迎面是戏台。

过去本佛庙内有专人看护，俗称守庙，每年从农历二月二十一开始唱四天戏，农历七月还要唱三天梆子戏，年年有庙会，月月有香，最非凡热闹的是农历二月二十二日的佛庙会。1949年前佛庙会唱戏的资金由邻村和本村的人摊小米为戏资，每资约八石小米，1949年后三村摊了几年，集体化后由安宁集体筹集戏资和会场开支。

由于千手佛老奶奶不断显灵度众生，深深感动了全村男女老少，村民为了祭拜这位灵佛，便借农历二月十九日千手佛老奶奶生辰之际，将农历二月二十一定为佛庙会，会期四天（从二十一到二十四），农历二月二十二是正会。庙会期间，全村男女老幼都要到庙内上香拜佛，邻近十里、几十里甚至百把里的黎城、潞城及市邻的善男信女成群结队前来上香拜佛。佛殿内外香烟滚滚，烛光四射，拜佛的男君女徒默默祷告，祈求生子、生财、祛病消灾、平安、功名等。许愿还愿者合手跪地。当年还广泛流传这样一句话："赶庙会，赶庙会，不要忘了赶安宁会，只要赶了安宁会，男女老少增智慧。"

王桥镇东山底村文王山庙会

文王山坐落于襄垣县东南部、浊漳河畔西部，又称鹿台山，毗邻潞城市曹家沟村，文王山庙会历来以农历七月十二为主。古时传说文王以德、贤而得天下，流传至今，为传承文王传说及文明，而命名为文王山，形成了古庙会。

王桥镇王桥村庙会

王桥村西岭上有一个圆形的小山坳，山坳里有一座水母娘娘庙、一座白龙王庙和一座黑龙王庙，沟口还有一座黄飞虎庙，沟底有口龙洞，潺潺清水从洞里流出，流到漳河里去，因为庙宇都不大，人们叫作小庙沟，是王桥六大景点之一。1949年前这里每年正月十八有庙会，庙会虽然规模不大，只有一上午，但因它是襄垣一年之中的第一个庙会而闻名。这天早饭后，邻近各村的社首们便带领村里的社火秧歌来这里，沿庙进香上供，祈祷风调雨顺。各村社火秧歌在各庙前轮流尽情地吹打演唱，清静的山谷，鼓乐喧天，有浓厚元宵节热闹的气氛。还有许多卖玩具的摊贩，也有捏面人的，吹糖人的，还有算卦的，起名的，行医看病的，叫买叫卖热闹非凡，直到中午时分祭祀完毕，人们才会离开，小庙沟又恢复了往日的平静。

西营镇南岩村五龙庙会

龙是神话传说中在水里统领水族的王，司雨职，掌管兴云降雨，因此龙王治水成了民间普遍的信仰。每逢风雨失调，久旱不雨，或久雨不止时，民众都要到龙王庙烧香祈愿，以求龙王治水，风调雨顺。西营镇南岩村的五龙庙始建于明代，清康熙二十五年、乾隆三年、道光三十年、1919年都曾进行过重修或维修，龙王祭祀活动长期延续。

当地传说四月十九日是龙王生日，在龙王聚会时烧香、祭拜，龙王们都能知晓，所以很灵验。五龙庙位于村东，正殿供奉五龙王。据现五龙庙内题壁介绍，五龙庙为南岩村十三所庙宇中之主建筑。题壁说道："五龙是金（白）、木（青）、水（黑）、火（红）、土（黄）诸神，相敬之，可望风调雨顺，国泰民安。"内有对联"洒润甘德合五行扶造化，御灾患灵符二字变乾坤"。

清代至民国曾是该村五龙庙香火最鼎盛时期。每年农历四月十九至二十一日，南岩村举行盛大的祭祀仪式，并伴有各种文武社火、戏剧表演和商贸往来。村中百姓一向乐于参加，民谣曰："为人为村为自己，贴钱贴工贴东西。"五龙庙会的影响波及周边县区群众，襄、武、黎、辽（今左权县）等周边百姓争相来此拜谢神灵，至今仍香火不断。庙会由村中的七八个管事（或叫香首、纠首，不同时期有不同的称呼）组织领导。纠首辈分大，威望高，其推选要照顾到血缘、地缘的因素，具有召集和带头捐款的作用。庙会通常在四月初即着手准备，四月十几日开始彩排，纠首们决定各种节目的去留。举办庙会的各种费用来源于庙会的资产和村民的自愿捐助。活动的各种款项由纠首们管理，收支要详细记录，并于事后公之于众。

活动的具体过程如下：四月十九日早上，纠首们首先敬五龙爷，烧香、叩拜、许愿，祈祷普降甘霖、风调雨顺。然后众人将五个龙王的神像相继抬上神架，谓之"请神"。随后进行游村活动。队伍的最前头是马队，几个人骑着高头大马在前面清场，或到暴垴村，或到崔家岭（两村隔年与南岩村合办）打一个来回。然后是一个壮汉喝过酒后手拿大刀，碰头出血，开道。紧接着是锣鼓队，又称"威风锣鼓"，敲锣打鼓地渲染气氛，众人举着"风调雨顺"等神牌、灯、蜡、盘、花等供品，其后是五位龙王的神架，按照红、黄、青、白、黑的顺序前后相继，后面跟着文武社火。文社火有挑高秧歌、地圪圈秧歌、小花戏、扇子秧歌等，武社火有刀枪剑鞭等。转到暴垴村或崔家岭后再回来，将神架放回，祭祀仪式才算结束。从下午开始进行各种社火或戏剧表演，一直持续到二十一日。

西营镇西营村农历三月二十西营庙会

传说农历三月二十是赵公明妹妹（即老奶奶）回娘家的日子，是西营村也是整个西营镇最大的庙会。以前，西营镇（村）进行庙会要举行隆重仪式，往往镇官亲自主持，给奶奶重塑金身，张灯结彩，全镇各村干部手捧香炉参加拜供活动，三牲大供，请戏班助兴，会上沁县武乡县人们来烧香，摆供品，叩头参神，然后起会，人逾过万，是北半县最大一次庙会，各村秧歌也来参神表演。

虎亭镇送返村三月十五五神庙会

明朝村建五神庙，传说是从沁县传到本村的。每年农历三月十五为五神庙会，起初十三先到沁县请五神来，请回后才在本村五神庙祭供上香，唱戏七天，预祝村庄五谷丰登、风调雨顺、人人平安、健康长寿。

善福乡郝家沟玉皇庙庙会

明代嘉靖二十年（1541）修建，"文化大革命"时有损，今修复，传说郝家祖先在这一年的大年初一夜梦玉皇大帝来村做客，相助郝家沟村。原先郝家沟村久旱无雨，粮食歉收人丁不旺，由于玉皇托梦就动工修建了大殿，东西偏殿、正南戏台，正殿供奉玉皇大帝，偏殿请天君，每年初一、十五日祭拜，由族长（或社首）带领全村人叩三头六拜，摆佳肴，烧香，祈保全村风调雨顺，五谷丰登、人丁兴旺。

善福乡善福村四月十三庙会

善福乡善福村四月十三大会是从老辈代代相传下来的。善福村四月十三大会，南麻池靠东搭有大戏台，对面靠西，用席子搭成神棚，十三日一早村里的香首和有头面的人排成队，带上祭品，行里家（音乐队）穿上唱戏衣裳，带上祭品，先到大庙给玉皇大帝烧香，然后往南沟河去，到了龙洞沟、龙王庙，恭恭敬敬地给龙王爷摆供烧香，把龙王爷用轿子抬到南麻池神棚内。大会有几省几县的人前来助兴，有卖西洋景的，大喊"上海十层大楼"；卖洋针的喊"南京到北京二十五个算一封"。

善福乡七里脚村三月十八庙会

乾隆十九年（1754），修建佛爷庙于祥云山白龙寺内。每年三月十八举行庙会，凡每年每户满十二岁要到庙内观音老母像前上香摆供开锁，佛爷庙正殿供有佛爷泥像，东殿关公泥像、老龙王、天官，西殿观音奶奶。后殿有和尚塔，石碑记有清灯和尚一生，庙外有三个塔（几个和尚死了就有几个塔），另外有大镜一个，每逢庙会或有大事，由香首召集商议。

庙会期间，可以购买春播物资，村里还表演文艺节目。

善福乡庄里村龙王庙会

龙王庙初建不详，重建于清光绪二十年（1894）。每年阴历二月初七和四月十九分别举行一次庙会（四年一次较大的庙会），相传很灵，能保全村风调雨顺，保全家平安。四月十九的庙会除了唱戏三天，还要给龙王爷重塑金身，油彩庙亭，隆重朝拜。

侯堡镇东周村农历三月二十庙会

土地庙坐落在村西南，占地约三亩，分上下两进院，由于此庙在村南，所以叫前庙，现庙宇已大部分倒塌，只有上院正殿和东角殿。前庙始建于宋代，当时为了纪念唐代的韩愈而建，所以叫文公土地庙。距今已有千年历史。正院正殿供奉着文公土地爷，掌管一方平安。角殿供奉牛马大王牌位。上院有东西厢房各五间供护庙人居住。下院正南有古戏台一座，东西有阁楼各五间。

农历三月二十是文公土地爷的寿诞之日，为了纪念而举行庙会，并为土地爷唱大戏。当时由于东周镇有驻军，并有许多军马服役。服役军马是年强力壮之马，老马需要更换，所以每年农历三月二十日又成了骡马大会，十里八乡的村民把小马卖给军队，军队退役之马卖给村民用以耕作，故叫骡马交易大会。

根据访谈以及历史资料，我们总结出襄垣地区的古庙会情况，具体如下表：

襄垣地区的古庙会情况

乡镇	村名	时间（农历）
王桥镇	王桥村	正月十八
王村镇	史北村	二月初二　龙王庙
夏店镇	夏店村	二月初四
善福乡	善福村	二月初八
王桥镇	王桥村	二月初八
夏店镇	九庄村	二月十一
侯堡镇	侯堡村	二月十二
古韩镇	川里村	二月十五
虒亭镇	虒亭街	二月十五
侯堡镇	常隆村	二月十九
夏店镇	付北村	二月二十　奶奶庙
王桥镇	安宁村	二月二十二　洪门寺
王村镇	南姚村	二月二十五　住神宫
王村镇	王村	二月二十五
古韩镇	下峪村	三月初一
古韩镇	南关村	三月初三
下良镇	北郝村	三月初三
西营镇	南坪村	三月初三
王村镇	下交村	三月初四
下良镇	强计村	三月初五
虒亭镇	虒亭城壕	三月初八　疮疱瘩爷庙
古韩镇	西河底	三月初八
古韩镇	南里信村	三月初八
王村镇	龙王堂	三月初十
北底乡	土合村	三月十三
下良镇	故县村	三月十四　西神爷庙 七月初一　青龙庙
虒亭镇	送返村	三月十五　龙王庙
王村镇	杜村	三月十八　奶奶庙

乡镇	村名	时间（农历）
下良镇	水碾沟村	三月十八　奶奶庙
北底乡	南娥村	三月十八
善福乡	苗家岭	三月十八
下良镇	曹坪村	三月二十
西营镇	西营村	三月二十
善福乡	上丰村	三月二十
王村镇	井峪坪村	三月二十八　奶奶庙
古韩镇	凉楼村	三月二十八
下良镇	下良村	三月二十八
王村镇	白阳沟	三月二十八　奶奶庙
王村镇	李后沟	三月二十八　观音庙
虒亭镇	宝峰湖	四月初八
善福乡	善福村	四月十三
下良镇	上良村	四月十一
王村镇	史北村	四月十九
王村镇	孔家洞村	四月十八　奶奶庙
西营镇	管烟村	四月二十　五郎庙
夏店镇	董家岭村	四月十九
古韩镇	甘村	四月二十四
虒亭镇	祝家岭村	四月十八
西营镇	南岩村	四月十九
侯堡镇	阎村	四月初一、六月二十二
北底乡	冯村	五月初一
虒亭镇	小河村	五月初五
侯堡镇	西回辕村	五月初八
古韩镇	原城北街	五月十三　关岳庙
北底乡	韩村	五月十三
古韩镇	阳泽河村	六月初六
侯堡镇	苏村	六月初六
西营镇	城底村	六月十二

乡镇	村名	时间（农历）
西营镇	丰曲村	六月十二
古韩镇	南丰沟	六月十九
王村镇	北店上	六月十九　河神庙
西营镇	磁窑头	六月十九
上马乡	流渠村	六月十九
西营镇	兴民村	六月二十
富阳园区	西北阳	六月二十二
富阳园区	兴庄村	六月十八
下良镇	故县村	七月初一
古韩镇	原城北街	七月初三　龙洞庙
下良镇	水碾村	七月初五
虒亭镇	虒亭街	七月十五
王村镇	西岭甘露村	七月十五　甘露爷庙
侯堡镇	东周村	七月十五
虒亭镇	祝家岭村	七月初一
夏店镇	韩家沟村	七月二十　高庙岭将军庙
王桥镇	天仓村	八月初一
王桥镇	五阳村	八月初五
下良镇	梨树烟村	八月十五
下良镇	苗庄村	八月十五
古韩镇	东关村	九月二十六
古韩镇	西城庄村	九月初九
北底乡	东宁静	九月十二
西营镇	西营村	十月初二
古韩镇	桃树村	十月初五　甘泽庙

（注：五月十三是关岳庙会，该庙位于县城上寺北路（原县城北街）。新中国成立前由城内商号集资共同举办，在关岳庙内举行祭祀仪式，并唱大戏三天，会期县城街道商贾云集，赶会者人山人海。七月初三是龙洞庙会，该庙位于县城上寺南路（原县城北街）。1949 年前由全县农村集资举办，在龙洞庙举行祭祀仪式，并唱大戏三天，会期县城商贾云集赶会者人山人海。1949 年以后，破除迷信将庙会改为"物资交流大会"，只有商业活动和文艺团体演出，不搞祭祀活动。这两个大会会址仍在城内，20 世纪50 年代由县工商联、城关镇政府负责举办，后来由工商管理部门举办。1981 年县城拓宽街道后，才决定五月会由北关村举办，七月会由西关村举办。）

庙会戏

古庙会

第三节　祈禳仪式

祈禳是指民众习惯采用的缓解自己、家庭、村落乃至更大范围的群体所面临的各种麻烦、困难乃至灾难的手段，这些手段是建立在信仰之上，所以并非技术性的。襄垣地区的祈禳仪式主要集中在求雨仪式上，求雨仪式主要是向龙王祈求。根据我们的普查资料可见，襄垣地区的求雨仪式分为两类，分别是祈祷式求雨和逼迫式求雨，而且后者在当地占主导地位。

一 祈祷式求雨

祈祷式求雨主要是用祭祀的形式来表达对神的敬畏之心，希望以此感动神祇、普降甘霖；这个仪式中的核心要素是要念"南无阿弥陀佛"，具体的情况可见以下几份普查资料：

北底乡东宁静龙王庙会求雨

龙王庙建于明代重修于1931年。每到干旱年代，村里的男人们就要到龙王庙求雨、上香、摆三牲大供（猪头、羊头、鸡头）；全部下跪，口念"南无阿弥陀佛"，赤诚求雨。奇怪的是三日后必降大雨，秋禾长势好，丰收在望。每到白露节，唱戏一台，举行庙会欢庆，给龙王爷重塑全身，三牲大供祭，俗叫"白露庙会"。

虒亭镇暖泉村龙王庙求雨

暖泉村有龙王庙，庙底两眼泉水长年不断，每年春节、元宵和清明节，村里人要去上香摆供，以求风调雨顺，保一年不旱。如果天旱，村里庙首要组织本村男人赤脚，头戴柳圈来庙里，上香，摆三牲大供，三叩头，庙首祷告"天灵灵，龙灵灵，龙王，关老爷显神灵，降甘露，能救旱情保丰收，一定给神塑金身，说书，唱戏贺两天"。

侯堡镇暴庄村"请龙王"祈雨习俗

在以前，每当遇到天气干旱，迷信的人们便说是龙王爷发怒了，就鼓动人们请龙王祈求降雨。龙王，是传说中掌管降雨的神仙，请龙王的时候，家家户户都要准备祭品，由村子里的长辈带领抬着龙王的神像，由村子里的"八音会"（民间吹打乐在当地也称"八音会"）领着，到干涸的河边，一边磕头一边祈求龙王降雨。1949年以后，这一活动被禁止，特别是现在科学发达，人们知道了天气的阴晴冷暖，风雪雨霜，都是自然的规律，所以这一活动就再也没有出现过。

侯堡镇常隆村求雨

相传每临三伏天，天气大旱不下雨时，村里就有专人组织一些属龙的人，到村西的龙王沟，龙王沟有个老柳树，树下有个几米见方的小池塘，每遇大旱，只要人们将池塘里的污泥挖出，重新淘洗一遍，再将龙王爷祭祀一番，天气就会在三天内普降甘霖。

侯堡镇胡家沟村求雨

在农历六月至七月，天气炎热无雨，庄稼无法生长，所以老百姓组织起来，头戴柳条编的圈子不穿鞋，蒸上点心到龙王庙前，跪在地上求雨，老爷要三天内下雨，人们就再给烧香，不准女人参加，如果七天内降雨就给龙王爷唱大戏。

二 逼迫式求雨

逼迫式求雨主要是指祈祷式求雨失败的情况下，人们换用另外的求雨方式来逼迫神仙降雨，这主要表现在暴晒龙王、让求雨的男孩赤身裸体、让寡妇拿着木棍求雨。具体情况如下：

王村镇北姚村（孔洞村）求雨

本县黄土高原，十年九旱，早在汉初就有"求雨传说"。本村龙王庙早在宋朝就建好了，因为那时分里甲制，故建在"三岔口"可以让附近村摊粮钱。天旱时，就要到龙王庙烧香，摆丰盛的佳肴，带领大家供祭；如果三天不下，全村家家肉菜大馍，由男人（男孩女孩不让参加）再供祭；如果再不下，男人们打赤脚、头戴柳畔圈沿街沿田喊"南无阿弥陀佛"。倘若还不下雨，就把龙王抬在大场晒，直到下雨为止。一旦下了雨，村民就给龙王重塑金身，穿新衣，锣鼓喧天送回庙中隆重祭拜。

西营镇观岩村求雨习俗

求雨有雨官（一般为村领导者）组织，首先祭祀洞真观中的龙王爷，烧香、跪拜。然后选七个七岁的属龙小男孩，赤身，头戴柳条编的帽子，在龙洞里洗擀杖，还有念词"七个小孩洗擀杖，不等上坡雨赶上"。雨官用雨瓶取回水后，敲锣打鼓地游街，最后放回雨官家里供奉。传说三天后即下雨。

夏店镇圪塔头村求雨

在大旱之年，由青壮男人赤脚、戴柳帽到五龙庙求雨，跪拜着口中念道"南无阿弥陀佛"，或把龙王爷抬在太阳下晒，直到下雨再还愿，期间不准妇女观看。

夏店镇岸底村求雨

以前每逢遇上天旱，尤其是干旱无法播种，或是秧苗刚长出过尺高遇上干旱无法生长，这时村上寡妇就主动组织起来，拿上笤帚，担上水桶，去洗碾，每次大概要洗一个多小时，连洗三天或五天，说来也怪，到第三天或第五天果真会下雨，事后还要烧香还愿。

虒亭镇丰岩村求雨

天旱之年，百姓备受田禾干枯之苦，由社首带全村男人小孩子头戴柳圈帽，赤脚到龙王庙求雨，摆素食佳品菜肴，叩拜后沿村求雨，口念"阿弥陀佛"，或把龙王像抬在大场上暴晒，让龙王爷受干旱之苦，直到下雨为止，下雨后还供奉。求雨的过程不允许妇女参加、观看。

虎亭镇阳坡村求雨

过去人们不知道天文地理，认为无雨是得罪了龙王爷，于是开始求雨。传说龙王是玉皇管的，所以要向玉皇告状说龙王懒，不下雨。

本村有龙王庙，天大旱时，由社首召集本村男人，赤脚，头戴柳圈到龙王庙跪下，摆上供品，跪下求雨；如果仍不下雨，就把龙王爷的像抬到太阳下暴晒，三至五天，一般就会下雨了。下雨后给龙王爷重塑金身，上香，摆供，甚至请音乐，说鼓书，唱戏。求雨时不准妇女参加，认为不吉利。

虎亭镇送返村求雨

本村因久旱无雨，明朝嘉靖元年修龙王庙。久旱不下时，全村男人头戴柳圈，手柱棍，赤脚在龙王像前，上香摆丰盛佳肴，齐跪叩头，然后在全村道上喊"南无阿弥陀佛"。求雨时不许女人参加。几天后如还没有下雨，就把龙王像抬到大场里暴晒，直到下雨为止。求得雨之后，就给龙王换新衣，请音乐敲锣打鼓送回庙里享受香火佳肴供奉。

虎亭镇赤壁村求雨

过去无雨天旱，有求雨的习俗。人们不懂科学，认为雨是龙王管的，干旱就要去求龙王爷下雨。村里有龙王庙，1949 年前，为保风调雨顺，人们就盖了龙王庙，每年天旱，由庙首组织村里青壮男子，赤脚，头戴柳枝圈，到龙王庙里下跪叩拜求雨口喊"南无阿弥陀佛"。如还不下雨就把龙王爷的像搬出来在太阳下晒，直到下雨为止。下雨后，又要隆重地给龙王爷上香，摆供品；有时还为其重塑金像身，请说书、唱戏来谢龙王爷。

虎亭大池村求雨

每逢旱灾严重，久旱无雨时，村中 7～8 岁男女儿童十名以上，均赤身裸体，头戴柳圈，童男手持擀面杖，童女手持簸箕，由长辈带到水池，先洗浴，然后念咒语"南无阿弥陀佛"。

虎亭镇暖泉村求雨

暖泉村 1942 年久旱无雨，便修龙王庙。求雨时将龙王从庙里抬出放在日头最毒的高场上晒，还不下，便把五个龙王都抬来一起晒，五个龙王都得流眼泪，受不了就哭，雨就有了。这时人们才念"南无阿弥陀佛"，并将龙王送回龙王庙，上香、摆供、佳肴庆祝。有时村里还会唱戏贺雨，村里有句俗话"趁着龙王吃贺雨"。

侯堡镇西回辕村求雨

在新中国成立前，如逢天旱无雨时，农民看着田间的枯苗十分心疼，于是就由村里德高望重的老人带领十二个未满十八的孩童，光着屁股，拿上家中的擀面杖，排成一行长队，正午时分，冒着炎热的太阳赶往龙王庙前的水井；烧香拜祀后，将擀面杖掷于水中，口中念道："光屁股孩洗擀面杖，细风细雨下几场。"

三 另外几例求雨的资料

一般情况下，人们多是向龙王求雨，但有的情况下也会向其他的神祇求雨，譬如夏店镇和虒亭镇的普查资料就显示向山东爷求雨的例子，也有向龙王庙中的神树求雨的例子，还有两例分别向禹王爷、井神求雨的。此外，还有一则求雨停的例子。

夏店镇化岩岭村向山东爷求雨

过去求雨用山东爷，一般在入伏天，如果伏天不下雨，村民就拿着山东爷到地里，让山东爷看看地里旱的情况，然后村民许下愿，如果下雨，就给山东爷说书、唱戏、放电影等，一般把山东爷放在向阳的地方，晒上他3～5天，保准下雨，下雨之后，村民执行承诺，每户出几斗米，请说书的来说书，让山东爷听。

虒亭镇种家岭村求雨

1949年以前该村有求雨的习俗，崇拜的是山东爷。传说这山东爷很灵。一般是三伏天无雨，村民由庙首带领把山东爷抬到地里，让他看地里的干旱情况，如果下了雨，就由每户拿出几斗米，请说鼓书，唱戏，让山东爷听着。如果仍不下，就把山东爷放在暴晒的大场地里晒3～5天，保准下雨。

老人们传说山东爷不知几代了，是何代何时有的不详。传说山东爷有弟兄五个，种家岭村的是老大，山东爷由七个村供养香火，每个村住一年，等待每年三月初七庙会，下一个村再接过去。"文化大革命"时，山东爷正好被送到该村，原供奉在庙里，由于破旧立新，村民只好从庙里把山东爷藏到南圪台洞里，后又放到村民来喜家，直到如今。

虒亭镇赤壁村求雨

龙王庙据传建于元末明初，为全县最高的地方，传说挂雨必下大雨，保佑风调雨顺，五谷丰登。庙内有一棵五人抱不住的大槐树，当地干旱时，村民就会给槐树摆供香，可降雨，十分灵验。可惜此庙和槐树被日军毁坏。

侯堡镇安沟村求雨

该村求雨习俗已有二百多年的历史，每当春秋干旱严重时，由村里的老年社首组织拜祭禹王神，祈告求雨。直到 1947 年，有人还组织了一次求雨活动。求雨时，由村里老年社首组织四个以上的寡妇，带领数个光着屁股的孩子，排着队，光着脚，手持香烛、擀杖，头戴柳条圈到村西头沿河叫龙凤沟的地方，朝着西老爷山方向，跪拜烧香，祈告禹王庙的禹王爷说："老天，老天，光屁股小孩洗擀杖，大雨赶到坡顶上；光腚闺女洗簸箕，大雨下到坡根底。"

侯堡镇东坡村求雨

求雨在该村是很早以前就有的习俗，当遇到大旱之年，庄稼干枯急需求雨时，就会有人组织去求雨。相传在我村小河西有一口不知何时修建的琉璃井，上口小，下面离地面有三米余，井底有一个碾盘大的石块，中间有空，遇旱年时，所有男人头带柳枝，手持香火，带供品去那口井旁祭奠，以求得一场及时雨，以解旱情。保证全村庄稼有个好收成。

上马乡下庄村求雨

若遇年景阴雨不断，久下不停时，人们便在院中钉一火柱，点上蜡烛，让男孩念诵："光腚小孩来顶天，明天就是大红天。"以防雨涝成灾。

第三章
人生礼俗

　　人生礼俗一般是指人的一生所经历的重要时刻及其相关的仪式活动。总体上而言，一般将出生、成年、成家、死亡列为人生最重要的四个时刻，每个社会都会设置相应的仪式，帮助人们度过这些特殊的时段。本章即是从出生礼俗、成年礼俗、嫁娶礼俗以及丧葬礼俗四个方面来描述襄垣人的人生礼俗的。

第一节　诞生和生日礼俗

一　襄垣地区的生育文化

　　1. 生育文化与奶奶庙。襄垣人对生育极其重视，遵循"不孝有三，无后为大"的古训，讲究多子多福；这不仅体现在襄垣人对诞生和生日礼俗的重视上，还尤其体现在他们的宗教信仰及相关的活动中，那就是对老奶奶的信仰。老奶奶其实就是送子观音，襄垣人习惯称之为老奶奶。中国的民间文化曾经在"文化大革命"中遭遇过极大的创伤，十一届三中全会之后，中国民间社会曾经兴起过一股文化复兴的浪潮；20世纪80年代以来，襄垣地区从县域到乡村，民间庙宇的重建和修葺之势蔚为壮观，其中，最具代表性的就数奶奶庙了。在庙宇重建的浪潮下，村人将奶奶庙的重修工作置于首位，不管经济条件如何，目前襄垣地区基本上每个村落都有一座奶奶庙。

2. 襄垣地区求子文化的诸要素，主要包括空间、时间以及象征物。襄垣人求子的地方主要在奶奶庙。求子的时间有两个：一个是每年农历的三月十八，即奶奶（送子观音）的诞辰；另一个是正月十五。奶奶诞辰时，求子的人到奶奶庙烧香、偷奶奶的小红鞋，得子的人也要连续三年到奶奶庙烧香、还愿、送小红鞋；正月十五元宵节时，若村子里举办黄河阵，求子和得子的人也要到奶奶神像前去许愿和还愿。

3. 诞生与生日礼俗的文化性和社会性。襄垣的诞生和生日礼俗表面上看是对新生儿的重视，对于家庭而言，是传宗接代，对于整个社会而言，是种族的繁衍；不过，在这背后恰恰隐含着一套文化机制，这套机制指导和规范人们对待生育的态度和情感价值，这便是诞生与生日礼俗的文化性。此外，该礼俗还有一定的社会性，尤其表现在娘家与婆家之间、邻里之间、干亲之间的关系上，相应的礼俗活动能够起到对这类社会关系进行更新和强化的作用。

4. 两个村子对于求子活动的表述。

侯堡镇常隆村观音阁求子

相传每年的二月初八是常隆村观音阁的老奶奶生日，每年这一天，常隆村周围的善男信女、无女无子的人们，都要扶老携幼、熙熙攘攘拿着各种供品，来到观音阁，设坛摆供，祈求多子多福、全家平安。

夏店镇南底村

南底村是到二仙奶奶庙（沁县两姐妹受后娘虐待死后成仙）或到北底村奶奶庙去摆供烧香许愿，只要送子，全家必谢恩来报答，有喜或生育后，要在正月十五元宵节黄河灯阵去还愿（送油、钱、馍馍），每年的四月初八观音老母寿诞之日，去奶奶庙再大摆供品、烧香、送寿鞋和寿衣等。

5. 襄垣生育文化的变迁。受到现代性的影响，襄垣生育文化与其他的文化一起都经历着变化。首先是人们对于孕期和产后禁忌的改观，在现代科技普及的情况下，人们逐渐意识到有些禁忌是不科学的，这反应在襄垣生育文化上便是人们对相关习俗的舍弃或淡化；但是，需要指出的是，科学话语的普及并未削弱襄垣人对于送子观音的崇拜，这表现在奶奶庙在襄垣地区的兴盛，以及人们对奶奶信仰的浓烈。

襄垣生育文化的现状

要素	现状
向奶奶求子	兴盛
黄河阵	式微
孕期饮食和行为上的禁忌	式微
催生	式微
临盆	发生很大变化
催奶	式微
满月剃头	兴盛
抓奶	基本消失
抓阄	式微
四十天	式微
叫百天	式微
十圪装	式微

二 诞生和生日礼俗的三个部分

（一）求子和孕期习俗

1. 求子

求子可以包括向神灵祈子、向别人求子以及通过现代科技方式得子，但我们这里所说的求子主要是指向神灵祈子，襄垣人主要是向送子观音（奶奶）求子。过去，如果婚后一段时间，女子尚未生育的话，襄垣人就会认为是自己哪里没有做好，神仙怪罪下来了。于是，在每年的农历三月十八以及正月十五的元宵节，要分别到奶奶庙内和黄河阵上的奶奶像前去上香、摆供、放功德钱，以求子。如果来年得子了，要在相应的时间和地点去还愿，而且还要给村子里的人办黄河阵。

新婚夫妇或久婚不孕的夫妇，在每年农历的三月十八和正月十五要到奶奶庙去求子。到奶奶庙求子首先要准备一块红布，带上供品，到比较灵验的奶奶庙烧香、许愿，祈求老奶奶赐子，并许诺如果得子将如何还愿。祭拜完之后，他们在庙内偷一双鞋，如果想要女孩就偷女鞋，如果求男孩则偷一双男鞋；此外，人们也会在庙宇墙角下挖一些活着的小虫子带回，比如蜈蚣、蝎子、蚯蚓等。将这些东西用准备好的红布包好，拿回家摆上供品，烧香，待一炉香烧完之后，将这包东西放在儿媳妇睡的炕上藏好；等怀孕生子后，再到庙里还愿。下面是虒亭镇后湾村人对求子的讲述。据说，虒亭镇桥沟底的奶奶庙很灵验。农历三月二十四是奶奶庙会，周围的乡人会去那里求子。妇女带上香蜡、黄纸，在奶奶神像前烧香、摆供，口头祷告：请给我送个八宝男子，我一定要来重礼还愿。来年若得子，则一定要来庙里还愿，给奶奶送衣鞋。有的人还送神匾和功德钱，让庙社修缮。

求子祭拜

2. "害口"

襄垣人把怀孕叫作"害娃娃""害口""得喜""有身子了"等，"怀孕"是新近出现的时髦说法，用村里的话说，城里人才说"怀孕"。有了身孕后，家中人往往想预先知道孩子的性别，这是重男轻女思想的反映，一般有"酸儿辣女"之说。

妇女在"害口"期间要遵循一些禁忌。首先是饮食上，不能吃兔、骡、马、驴等大牲畜的肉，不能喝酒；人们觉得如果这些饮食上的禁忌不被遵守，生下来的孩子有畸形的可能。其次是行为上的禁忌，比如不进庙、不进产房、丧房以及洞房，不与怀孕的女人待在一起，尽量回避修房、盖房、杀树等事情，这样可以避免生怪胎。另外，在怀孕七个月后，孕妇还要绞一次脸，这样生下来的孩子眉目清秀。

3. 催生

襄垣人讲究出嫁的女儿绝不能在娘家生孩子，这会影响到娘家今后的命运，而且对孕妇本人身体也会不好。从社会人类学的角度讲，这实际上是与家产继承有关，排除外甥继承家产的可能性。但另一方面，出嫁的女儿在怀孕期间，娘家人又要表达出来相应的关心和照顾，这同时也关系到女儿在婆家的地位。临产前，娘家人要带上礼物和食品来探望，叫作"催生"。食品中除了上好的点心之外，必须要有一个烧饼，隔门让女儿吃一口，据说，这样生下来的孩子是双眼皮。"催生"不只限于娘家人，也有娘家的其他亲戚。所带的礼物一般是鸡蛋、红枣、红糖、糕点和奶粉之类；现在人们还会送些水果、饮料，直接的意思是给孕妇增加营养，实际上，是一种社会关系的表达。以前，邻居还要给孕妇喝疙瘩汤，将疙瘩汤分别盛一个满碗、一个半碗，放在门墩的两边，让孕妇挑选，如果是选了满的那碗，则说明近日临产，如果是半碗则说明尚有一段时间。

（二）诞生礼俗

1. 临盆

临产前，婆婆要到"奶奶庙"里去烧香、祈祷，祈求产妇母子平安，也祈求早生贵子。20 世纪 80 年代以前，襄垣人大多是在家临盆，请接生婆到家中，在炕上铺一层谷草，让产妇坐在上面，叫作"坐草"。现在大多是去医院生产或者请大夫到家中。孩子一出生，奶奶就用围裙将孩子包起来，意思是孩子长大后会很合群、好养活。分娩当天就要到孕妇娘家去报喜，娘家人在三天后带上油、菜、糕点等物来探望。孕妇生完孩子要坐三炉香的工夫才能躺下睡觉。生完孩子的家庭要在大门上挂一块红布条，意思是告诉村人家中有产妇，男人们不要随意进出。家里要做一大锅汤面，给左邻右舍送一碗"喜汤"，告诉人们家中添丁；三日之内，邻居们要带上营养品去看望。此外，孩子的父亲要去上坟，给祖先烧香，告之后继有人。对于胎衣，襄垣人一般会找一个比较僻静之处埋掉，主要是避免被家禽吃掉。

2. 催奶

孩子出生三天后，娘家人要带上礼物和食品前来探望，襄垣人将这个行为叫作"催奶"，意思是吃了这些食品，产妇就会有充足的奶水。此外，亲戚和邻里也会在这天送来小米、鸡蛋等补品，让孕妇熬汤补身体。

同样在这一天，要为婴儿洗澡、穿上新衣服，然后由孩子的奶奶抱着敬神、祭拜祖先，并且供鸡、洒油饭。在过去，这一天给婴儿洗澡要用婚嫁时的嫁妆腰桶，洗澡水是用桂花心和柑叶煮成，还要在盆中放三块小石头和十二文铜钱，分别象征健壮和财气。而且，供鸡时，要使鸡的两只脚伸直，这与平时供鸡鸭将脚倒插腹中不同，伸直表示婴儿长大成人后身体壮健。

3. 半个月

孩子出生半个月后，外婆要给新生儿用红布缝制一个小枕头，里面装上绿豆、南瓜子，意思是让孩子像绿豆一样生根发芽、母亲像南瓜一样生满地，小枕头里的绿豆要留着满月时生芽敬神用。半个月时，家里人要给孩子起名字，可以按照家谱辈分起，也可以按照生辰八字起。有的为了让孩子好养活，按照习俗还会给孩子认干亲，一般是找陈、刘、赵、乔等姓氏，取其谐音。

4. 坐月子

以前，孕妇生完孩子，一般要回娘家住四十天左右，一方面是为了养身体，另外也是为了避免和丈夫同房带来身体的不适，这段时间叫作坐月子。在去娘家的途中，凡经过十字路口，都要放块红纸压上小炭块，以辟邪、图吉利，保佑大人和孩子都平安。

坐月子对于妇女来说是件非常重要的事情，月子坐不好会对以后的身体状况造成很大的影响。1955年以前，妇女坐月子不能吃干的，顿顿都喝米汤，必须喝满四十天，怕没有奶水。前七天是在汤中放几粒米，半个月后放半酒盅米，满月时放一酒盅米。虽然经常饿得不行，但也不敢多吃一点干粮，因为那时在人们的观念中，觉得产妇吃了干粮就会断奶水。科学接生法出现以后，产妇可以在十天之后吃稀面条汤、鸡蛋和少量的肉食。实际上，产妇生产完之后身体非常虚弱，需要足够的营养。襄垣人规定了坐月子期间的忌讳，不吃生冷、硬、油腻的食物，不吃剩饭。但现在这些饮食上的忌讳已逐渐变淡了，鸡鸭鱼肉和海鲜都能吃。

5. 闹满月

闹满月是一件不大不小的事情，也是父母乐意给孩子办的一件事，父母负责给闹满月的花销，不用儿子花钱。闹满月的时间男孩女孩不一样，一般情况下，男孩是在满29天、女孩满31天时举行闹满月仪式；男孩剃头、女孩整理头发，产妇要给娘家母亲磕头，感谢母亲在月子里的照料。满月的一个筹备阶段叫作"布喜"，大概半个月到二十天，家里要准备礼物去媳妇的娘家告诉满月的日期。自己挑选一个吉利的日期，由孩子的父亲带着一斗小米、四十个烧饼到丈人家去，这天只能吃干粮，不能喝汤，忌讳满月当天下雨，以防邀请的亲友来不了或者来了走不了，这主要是基于过去道路泥泞、交通不便，而且来喝满月酒的一般都是妇人。娘家则用女婿送来的烧饼作为礼物登门去告诉亲友，数量上多余少补。

首先，要到奶奶庙里去烧香，带上做好的布鞋、十五个大点心、五碗菜，意思是新添的孩子是老奶奶送的，现在来还愿。亲友们前来祝贺，姥姥要买新衣服和玩具，其中一定要有圆镜、关刀和长命锁，圆镜是照妖、关刀是驱魔、长命锁是锁命。如今，年轻人兴贴对联、放鞭炮、摆酒席，请亲戚好友和近邻。

通常，闹满月主要是给男孩举行，这一天要剃头，同时敬神、祭祖、庆祝请客。也有在产后第 24 天剃发的，取二十四孝之意。剃头前预先在水中放三块黑色小石头或铜钱 12 文、葱一根、12 个红鸡蛋，小石头和铜钱分别象征健壮和财气。剃好头之后，将红鸡蛋放在孩子头上轻轻地滚 3 次，取红顶之意，预示将来升官发财。然后，取出一些蛋黄与葱汁混合，摩擦在婴儿头上，既有去垢的功效，也寓意孩子将获得智慧。剃下的头发很有讲究，要全部收拾起来分成两份，拧成两个圆蛋，观察圆蛋，如果搓时有小尾巴出现，说明下一胎是男孩，否则便是女孩。取一只毛蛋挂在小孩的帽子上，另一个喂给黑狗吃掉，意思是头发越长越黑。后将剃下的头发和石头用红纸包好放在屋顶上。

6. 抓奶

满月当天，娘家人要雇一辆车，召集亲戚，带上礼物、大被、小被、大小人衣服、鞋、帽、布老虎，另外还有抓奶用的馍馍、小米、荽子、没腰红裤、老爷帽，这些都不能落地。到了之后，先让闺女坐在门槛上穿好没腰抓奶裤，开始抓奶。馍馍、小米先由闺女抓三把，然后，母亲再添三把，荽子抓一小把，这些都是想多产奶水的意思。这时，由孩子的舅舅顶着姥姥缝的帽子先进去给小外甥戴上，其余人才可进屋。吃过酒席后，娘家要留下一个人，一般是孩子的姥姥（实在不能或没有人能留下来，可以留一件衣服做替代）住三天，叫"压奶"。

7. 拜锁

"拜锁"即认干亲。凡孩子小的时候多灾多病，孩子命硬或三代单传的，根据襄垣本地习俗，家人就会给孩子认干亲。其中，姓氏最为重要，最好是姓刘、程、连、陈等，用以调节孩子的命运，使孩子能够健康成长。仪式为：将孩子抱到干亲家，叩头、赠一些礼物，干亲给孩子摸头，赠一串用小钱串成的锁戴在孩子的脖子上，并一起到奶奶庙烧香、摆供。从此，两家人在抢种、抢收、修房、结婚、红白喜事时都要互相走动、互相帮忙。

8. 四十天

生完孩子到四十天，要挪窝，由邻居将产妇和小孩接到自己家中过一天。去时要带少量的小米和白面，孩子帽上要别七个针，让去看望孩子的妇女们每人从帽子上拔一个，这个象征意义有两层，既拔了孩子的汗毛，又可以让妇女们心灵手巧。这天，要先喝一碗米汤，意思也是多流奶水。下午回家时，邻居也要给产妇拿一些小米、荳子之类的东西。

9. 叫百天

产妇到了四十天左右，身体基本恢复，这时娘家人要分开小夫妻，怕以后落下月子病，要让产妇回娘家住到百天以后，到时，选一个吉日，由父亲或兄弟去接产妇回家。奶奶要给新生儿准备一个碗、一双筷子、米、面和馍馍等，沿途包括出小门、大门、十字路口、桥都要放一寸见方的小红纸，上面用小炭块压着，到了娘家门口，产妇要先拿出馍馍吃一口，然后拿起准备好的水壶，从大门一直流到家中，象征奶水要长流。抱着孩子要到厕所蹲一下坑口再进屋，孩子的帽子上照样别着七个针，让姥姥家邻居来看望时拔走。一百天时，要给孩子剃头，让孩子定时大小便，养成习惯；百天过后，产妇就可以同家人吃一样饭菜，母子随时可回婆家，从此，产妇也可以干农活、做家务了。

10. 十忔装

十忔装是孩子满十个月后为求孩子健康成长而举行的一种民俗仪式。相传很久以前的一个灾荒年，襄垣有一女子怀抱十月婴儿逃走，天寒地冻，孩子冻得发烧，路上人见了便赠衣物，孩子才活了过来，这样便形成了十月穿十忔装的习俗。孩子到了十个月，为了让孩子茁壮成长，姥姥做衣服，奶奶缝裤子，姨娘做鞋子，姑姑做袜子，舅舅做帽子，穿戴整齐，把孩子抱到喂牲口用的石槽里躺好，口里念叨"甚（某姓）家外甥，甚家子，石槽烂了孩子不死"，意思是长命百岁。

（三）生日礼俗

襄垣人讲究新生儿第一个生日一定要在奶奶家过。当天，孩子的姥姥和干亲都要给他们买新衣服，头顶忔勒（当地小孩生日时姥姥给外甥送的一种食品礼物）。而且，干爹干妈要在这一天给孩子送锁，一直到十二岁为止。以前，孩子满周岁时的礼俗非常隆重。首先是孩子当日所穿的服饰很有特点，一般男孩是麒麟、老虎、狮子等兽形，女孩则用鱼、莲花、八宝等；而且，不管男孩还是女孩，还要在周岁穿虎头鞋，这种虎头鞋用黄布缝制，鞋尖上绣一虎头，虎的额头上绣一"王"字。亲友所送的鞋不能少于三双，多的五双、七双，均是奇数。另外，条件好的家庭还会请戏班子、八音会、设香案、支锅开灶、大摆筵席。当日要上三次香。首先是早晨孩子的父母在天地爷前祭拜，中午开席前，孩子在换洗一新后由本族族长抱着在天地爷前跪拜，晚上掌灯之时，父母牵着孩子到厨房祭拜灶王爷。

抓阄。有预测的意味。孩子过一岁生日时，用抓阄来预测孩子以后的命运。一周岁那天，孩子穿着新衣服，母亲抱着孩子给天地爷烧香、摆供、叩头，然后把孩子放在炕上，炕上放着笔、书、算盘、称、尺子、剪刀、烧饼等让他们自己抓，如果抓到了书，说明孩子将来读书读得好，如果抓到钱说明长大后会挣钱，如果抓到锄头就是会种地的意思。

第二节　成年礼俗

一　与成年礼相关的神学观念

襄垣地区村落里的庙宇设计一般少不了两座庙，一个是奶奶庙，一个是五道庙。奶奶庙是管出生、送子，五道庙则是管人的死亡。人们到奶奶庙里去求子，老奶奶为人间送新生命；当人去世之后，襄垣人认为首先要到村头的五道庙去报到。五道庙属道教，五道庙里供奉五道将军；按照道教说法，五道将军是东岳大帝的属神，掌管世人的生死与荣禄，是阴间的大神，地位比阎罗王前的判官都高。在中国的古典小说中，五道将军可以代阎罗王判决世人寿限，但与阎罗王不同的是，他颇具同情心，能帮助、成全弱者实现自己的理想，是个具有正义感的冥神。

与此神学观念相关的是，襄垣人对新生儿进行的拜锁和开锁仪式，这两项仪式是前后相关的，都是由干亲主持。拜锁仪式要在奶奶庙里完成，祈求老奶奶保佑新生儿的成长；等孩子到了十二周岁，要进行开锁仪式，意思是从此以后，孩子不再归老奶奶管，而由阎王爷管了，同时也表明，当孩子长到十二周岁时才真正成为社会中的人。

二　开锁

1. 开锁仪式。开锁仪式曾经在"文化大革命"中被取消，十一届三中全会之后又慢慢恢复并流行起来。在开锁仪式之前要先去奶奶庙进香，这天太阳没出以前，全家人引着孩子到奶奶庙前祭拜，或者在自家院子里贴一张老奶奶神像或者摆放一个牌位，摆设供桌。要给老奶奶敬献的供品有五碗菜、十五个大点心、三双小鞋子（如果是女孩就是奶奶鞋，男孩则是送生哥哥鞋）；另外还要给庙里一些功德钱，百元、十元、几元不等，主要用于庙宇的修缮。

正式的开锁仪式一般是在午饭前举行，首先让孩子穿戴一新，头顶由谷草杆编织成的头圈，上戴五色鲜花，身穿红衣红裤，脚穿红袜，表示用红色逼走各类邪气，以免疾病缠身。在孩子眼睛上各画一个红眼圈和黑眼圈，红的代表"天"，黑的代表"地"，期望孩子成人后，心明眼亮、洞房花烛、金榜题名。还要在孩子嘴巴上涂上口红，背上插彩色旗，意思是让孩子占尽金、木、水、火、土，今后知识渊博、文武双全、口若悬河、出口成章。再用红布条将七根谷草杆缠上三圈，其中，每一条红布上挂几个小钱，合数正好为十二；孩子的父亲或母亲拿着谷草杆在孩子的背上轻轻打三下，一打"长命百岁"、二打"聪明伶俐"、三打"荣华富贵"，然后将谷草杆扔上房顶。最后，将十一年来攒下来的二十二条长命锁一齐挂在脖子上，然后再在脖子上挂上一把旧式铜锁，由干爹干娘象征性地用铜钥匙打开，即"开锁"之意；开锁时，干亲还要念叨"长大了，开窍了，孩子定大富大贵"之类的话。自此以后，孩子便不再需要戴锁、算是长成了。在麂亭镇，孩子长到 12 岁，当地人就要给孩子举行开锁仪式，写对联、张灯结彩、孩子身穿红衣、胸戴一个大铜锁，跪在天地爷前面；亲友特别是姥姥家、舅父舅母、干亲家都必须到场，街坊邻居也前来祝贺。由干爹开锁放钱，表示孩子已经开始成人了。

2. 开锁仪式的象征意义。开锁的象征意义主要体现在对孩子长大成人的强调。襄垣人认为，小孩子直到十二周岁以前，魂魄尚未健全，每长大一岁就会增加一分，因此才要用干亲的长命锁锁住；一直到十二岁，孩子和大人一样，有了完全的魂魄，也在阎王爷的花名册上有了名字。襄垣人一直强调，孩子在十二岁以前都是归老奶奶管，十二岁开锁仪式之后就归阎王爷管了。

另外，在社会生活的层面，孩子在十二岁以前都需要干爹、干娘的象征性庇护，具体表现在干亲必须在孩子每年的生日当天给其戴锁，保佑其健康成长。开锁仪式之后，干爹干娘再无须给孩子戴锁了，至此，干亲对孩子的象征性庇护终止。因此，开锁当日，孩子要在其父母的陪同下去答谢干爹干娘在过去十二年里的照料和关心；送的礼品通常是上好的糕点、衣料、鞋子、被面等。

3. 作为一种特殊社会关系的干亲。开锁仪式之后，虽然干亲无须每年再给孩子挂锁，但相互之间建立的干亲关系却一直存在。干亲关系属于类亲属关系，即类似于亲属但并非是真正的亲属关系，它与其他社会关系一样，基于相互的社会资本、符号资本、相互间的私人性情等，会呈现非常紧密的或者疏松的关系。有的干亲会在开锁仪式之后疏远，甚至是割断来往，而大部分干亲关系会跟随孩子一生。

圆锁祭　　　　　　　　　　　　　画眼圈

送圪勒　　　　　　　　　　　　　插彩旗

开锁仪式在襄垣的下良一带花样较为繁杂，如画眼圈、插彩旗、戴彩花等。

第三节　婚姻礼俗

一　婚姻礼俗变迁的思想文化背景

　　一谈起传统的婚姻礼俗，一套现代的恋爱、婚嫁观念就会与之抗衡，这已经深入人们的内心并极大地影响了人们的行为；一种新的价值观念出现以后，其影响并不仅仅在于对现实实质上的改造，更在于它为人们的行为提供了正当性。在襄垣地区的普查工作中，我们发现与全国其他地区一样，一代代的年轻人在改变着婚姻礼俗，而恋爱自由、新式婚嫁观念正是他们的有力支柱。实际上，从"五四"新文化运动开始，对整个社会革新的矛头首先指向的就是家庭，特别是婚姻制度。鲁迅根据挪威作家易普生的戏剧而写成的短篇小说《娜拉走后怎样》，就代表了这一思潮。对家庭结构、婚姻制度的改造，反抗家长制、提倡恋爱自由，这其实是对个体自由的强调。

比如我们在普查中就听到侯堡镇苏村的村民这样说道：

> 旧社会，男女青年到了结婚年龄，都是经媒人说合，双方生肖不相克，家长同意才能结婚；1949 年后，媒妁之言、父母之命被取消了。新社会提倡自由恋爱，只要是男女双方情投意合，符合结婚条件，两个人到民政局办理登记，领结婚证，就等于结婚了。

但是，新文化对传统婚姻制度以及婚姻观念的否定，经过一段极端的时期之后，关于婚姻的文化又渐渐形成新的复杂性和丰富性。

二 襄垣地区婚姻礼俗的纵向比较

纵向比较的视野主要聚焦于 1949 年前后两大段时间。需要指出的是，不管是在延续性较强的时代还是革命性凸显的时期，文化都会因内外两方面的因素而发生变化，只不过，在社会变革比较剧烈的时段，文化的变化往往呈现出根本性的转型。

1949 年前，襄垣地区的婚姻礼俗主要包括七个方面的因素，分别是提亲、结生庚、请人、纳采、迎亲、送饭、回门。1949 年之后，我国自上而下提倡一切礼俗从简，将从前传统社会的丰富的礼俗行为界定为铺张浪费；1950 年，《婚姻法》正式出台，法律逐渐替代原先以礼俗为基础的不成文法，结婚之事更为从简，登记领证便获得了合法的夫妻身份。在此背景下，1949 年后，送饭和回门两个因素逐渐从襄垣地区的婚姻礼俗中淡出。但改革开放之后，随着民间文化的复兴，襄垣人重新开始装点和重视各项礼俗，婚姻礼俗又以新的形式呈现出兴盛的态势；但婚姻礼俗的复兴并不体现在因素的增加上，而是人们往往集中重视某几个因素，比如对婚礼中物质和内容的重视。下面是侯堡镇文化站在该镇搜集的两份婚姻礼俗的材料，一份是对旧时婚俗的回忆，一份是对 2008 年一场婚礼的叙述。

旧时婚姻嫁娶礼俗

1. 提亲。旧社会男女青年婚姻大事，是以"父母之命、媒妁之言"决定的。一般以"门当户对"，门风、财产、才能、品德、美丑、健康等为择偶条件。在媒人说合和父母包办下，未婚男女二人是无从知道对方情况的。只要男女双方生辰八字不冲犯，经阴阳先生占卜，避开"金鸡怕玉犬""白马怕青牛""猪猴不到头""兔龙泪交流""蛇虎如刀割""羊鼠一旦休"等，就可以考虑提亲了。但有的人家为了攀亲结贵，也会刻意隐瞒属相，将冲犯属相改为相配属相。

2. 结生庚。提亲基本成熟之后，便准备写生庚。写生庚要用红纸，开首以《诗经》首篇"关关雎鸠"为生庚首句，接下来写"秦晋联盟，化干戈而联婚"，接着是"梁鸿孟光举案齐眉传为美谈"，再接着可以写百年好合、夫唱妇随、兴家立业、延续桂子兰孙等赞词；接着写男女双方的生辰八字，若遇单数，在其下加一个"祥"字；最后，写明立庚的年月日，还有媒人。这一天，男方要举行小宴，招待媒人和重要的亲友，他们便是结生庚的三媒六证。生庚写好之后，男方赠女方一件礼物，如钗、镯之类，作为定生庚的凭证，男女二人分别吃一份团圆订婚饼。

3. 请人。迎娶的日期要请阴阳先生根据男女二人的生辰八字推算。如阴阳先生常讲的"成开皆可用，闭破不相当"，即成日开日为黄道日，闭日破日为黑道日，黄道日大吉大利，为婚娶的好日子。定了迎娶日期的当天，男方也要设宴待客。一般人家请厨师摆八盘八碗，即便贫寒人家也至少要招待四盘六碗。宴席结束后，待娶的男子向当场的亲友行跪拜礼，表示感谢。第二天，由媒人将迎娶日期通知女方父母。女方根据婚期准备嫁妆。

4. 纳采。又叫"下送"，即男方长辈到女方家中送婚礼，一般包括凤冠、裙袄、霞帔、银镯、戒指、绸缎等，还包括食品如喜饼和挂面。这些东西都放在高五尺、六格大的木制食箩中抬过去。女方接受礼物之后，待嫁之女将送来的衣物和首饰穿戴起来，在家中天地窑前向宾客行跪拜礼。

5. 迎亲，也叫"娶媳妇"。纳彩之后，男女双方依照阴阳先生定的结婚日子，迎亲一般是抬一乘红花轿，有钱人家要摆排场可以用两乘轿。一个轿子由四个人抬着，吹鼓手敲锣打鼓在前面开道，还有放火药铳、背毡放鞭炮、打旗、扛火把、灯笼、屋扇等。具体的迎亲仪式又可以细分为以下几种：

戴首饰。迎亲轿子到了女方家之后，新娘要打扮穿戴，开始戴凤冠和穿绣鞋时，吹鼓手要配合，在院子里吹打以表祝贺、喜气。

跪拜天地爷。新娘上轿前，要在娘家天地窑前行跪拜礼，祝告天地、辞别父母，施行祭天祭祖礼俗。

"哭好命"。新娘上轿后，娘家父亲要扶轿三进三退，表示对女儿的恋恋不舍。

女儿在轿子内要哭泣：一是即将离开生养自己的父母，内心难过；二来过门后不知道丈夫对自己如何，心里有些担忧。

红盖头。新娘一上轿就要蒙上"红盖头"，这是古时的婚俗六礼之一。

踩红毡。新娘到了婆家，花轿放在大门外，婆家要绕着花轿放鞭炮，庆祝兼辟邪。新娘下轿前要接受下轿礼，大多是给钱。出轿要踩红毡，茶房手持三条各五尺长一尺宽的红毡，在吹鼓手的吹打之下，轮换传递，象征传宗接代之意。

铜镜、葫芦、织布珓和秤杆。新娘下轿后，两位伴娘将这几样东西交给新娘抱在怀里。铜镜代表花好月圆、葫芦代表婚后多子、织布珓代表勤俭持家、秤杆代表精打细算过日子。

跨马鞍。新娘下轿后，在两位伴娘的搀扶下，踩红毡来到大门口，要过马鞍才能进门。马鞍上贴一张红纸。马鞍取谐音，安家的意思。

拜天地。结婚当天，新婚夫妇在天地窑前行跪拜礼，上至天地诸神，再则送礼宾客，然后是家里长辈和高堂，最后是夫妻对拜。

传灶。拜完天地之后，由伴娘引新娘到厨房用火柱通火三下，表示新娘接受婆家司厨之命，从此以后，新娘便要参加家庭烹调煮饭等家务活了。这一做法有的地方在回门以后才去做。

闹洞房。由新郎姐夫牵头，伙同同龄青年戏弄新郎新娘。有让新婚夫妇口对口换金钱、让新郎抱起新娘向上采花等，一般要闹到夜里十二时左右。当晚，新婚夫妇共盖结生庚时的大红被，表示合婚同眠。

6.送饭，又叫送梳头饭。婚后第二天，新娘将垂发改梳成天宝式发髻。这天，娘家派一青年妇女头戴凤冠，身穿罗裙、披肩、霞帔、银铃等，宛如新娘一般，坐在四人抬的红花轿到新郎家送饭，又叫作望客。新娘与之见面行拜。礼后，由新郎家的接饭人前面引路，新娘每走三步转身向送饭人拜三拜，送饭人还礼三拜。

7.回门，襄垣人也叫"出戚"。新娘过门的第三天，新婚夫妇一同回女方家，带上食箩，里面装米、面、枣糕以及糕点，作为礼物送给岳父岳母，女婿要给岳父、岳母和长辈们叩头。岳父岳母在新婚夫妇住的客房里放两个新碗或一对新的茶杯，在新婚夫妇离开时，新郎要偷偷地拿走，意思是让新娘在婆家睹物思人。

李某的婚事

当代青年的婚姻大事，大都是自由恋爱，婚姻自主，经过一段时期交往，能够谈得来、心心相印的，再经双方父母许可便可结婚。

李在外打工期间，认识了一个邻村的姑娘，两人自由恋爱一年多，婚事有成，双方家长开始谈婚论嫁（中间没有说媒人）。

准备结婚过门前，首先请阴阳先生选择一个好天气，最后根据男女双方的生辰八字定在了农历十一月二十六。随后，将这个吉日送到女方家，再根据这个日期邀请亲友和邻人，请当地一位德高望重之人担任婚礼的总管。婚期的头几天，村子上同族和关系较好的邻居都过来帮忙。安大灶、小灶，准备宴席。主家用便饭招待帮忙的人。

新婚这一天，全家起大早。姐姐给弟弟准备较好的早饭，因为将是一个忙碌的日子。帮忙的人也陆续过来，有的拣菜、有的炒菜、有的蒸米饭、有的烧火。同辈的小伙子们或同学都在帮忙布置洞房，洞房内现代家具整齐有序，有大电视、梳妆台、席梦思双人床，床头挂上结婚照，天花顶下悬挂着彩色连串花，被装饰得五彩缤纷、金光闪闪。

早饭后，总管照名单，给帮忙的人每人一盒红河烟，大家各负其责、各办其事。九点左右，八音会打开坐场，开始吹前奏曲，摄像师也开始工作了。帮忙的人贴窗花和对联，将租用的彩色大红拱门也竖立起来。新郎西装革履走出洞房，跪在家中天地窑前面；新郎的父亲将新买的黄金锁套上红线绳挂到儿子脖子上，进行开锁、抓富贵仪式；富贵钱是 999 元，本人抓三把，父亲添三把，最后留下一张人民币。然后上拜天地、下叩父母。

随着八音会锣鼓喧天的热闹声、火鞭连声，新郎、伴娘、迎亲队伍乘坐八辆黑白色豪华轿车，驶向新娘家，一路上摄影师所乘的车子一会儿跑在前面，摄下前面的镜头，一会儿停在旁边，掠下车辆经过的影像。

下午，迎亲队伍回来，村头炮声响起，八音会吹奏起来。同龄小伙子围着新娘，把领带扎在新郎的头上，一会儿让新郎和新娘手拉手，一会儿又让新郎背着新娘往家里走。八音会进门吹打着"过街红"，人们涌进院子，看新郎探花。新郎抱着新娘一次又一次去抓花，大家欢声笑语。傍晚时分，宾客们逐渐离去，留下同龄人准备开始闹洞房了。

下面是我们在北底乡堡后村普查时获得的一则婚礼资料，堡后村民给我们回忆了学大寨时期村里人的婚礼。

学大寨时期的婚礼

一对恋人经过媒人撮合，准备结婚。结婚当天，男人担着箩头担杖，女人扛着铁锹，这表明夫妻二人同心同德学大寨，赶昔阳。夫妻二人肩并肩、膀靠膀，不怕出力流汗，献身农业大干快上。

虽然，婚礼的形式和内容都经历了时代的变迁，但我们发现，人们在取舍之间，对于婚礼的基本仪式框架并未进行根本性的改变。变化的往往是人们对婚俗中某些因素的舍弃或重视。

襄垣地区各时代对婚姻礼俗中诸要素重视程度的变化

	提亲	结生庚	请人	纳采	迎亲	送饭	回门
1949 年前	重视	重视	重视	重视	重视	重视	重视
20 世纪 50 年代~80 年代	重视	重视	简化	简化	简化	重视	重视
20 世纪 80 年代至今	流于形式	淡化	取消	非常重视	非常重视	取消	取消

纳彩的时代变迁

时间	纳彩
1949 年前	凤冠、裙袄、霞帔、银镯、戒指、绸缎
20 世纪 50 年代~80 年代	两套被褥、三套衣服
20 世纪 80 年代	自行车、缝纫机、手表
20 世纪 90 年代至今	冰箱、自动洗衣机、彩色电视机、沙发、铺盖和家具、摩托车、席梦思等

三 襄垣地区婚姻礼俗的横向比较

襄垣作为一个行政单位，虽然在文化上能够具备整体性，但在其内部，不同的乡镇甚至是村落之间又存在着显著的差异；不过，这种差异性并不破坏县域文化的整体性。下面是襄垣九个乡镇对于婚俗的表述：

王村镇夏教村

1. 婚姻类型有：自愿婚、招婿婚等；

2. 有媒人介绍，小相家、大相家、订婚、男方给女方订婚礼金和衣物、女方准备嫁妆；

3. 迎娶日期要由阴阳先生确定；

4. 迎亲要有鼓乐手和鞭炮手，离开娘家前要拜天地和父母；

5. 入洞房后，黑夜要有人听门、滚瓜、喝疙瘩汤；滚瓜时候要念叨"头年滚瓜，来年生娃"。

6.第二天要见父母，父母要给儿媳妇红包，儿媳妇送给公婆被子；第三天回娘家。

善福乡崔家庄村

女儿出嫁的时候不能踩地，要由父亲背着出门；迎亲队伍过桥时要压红纸，碰到结婚的要相互交换东西，一般是手绢。

侯堡镇戴家庄村

结婚嫁娶是一个人一生中最大最幸福的事情，所以当地风俗办得非常隆重，但也要看各家的经济实力。现在，基本上都要有礼车和礼炮。

一般的风俗是，根据两人的生辰八字，确定时间后就开始张罗婚事了。首先要订婚，男家提亲，各摆宴席，届时，女方家所有女眷都要到男方家去，往往要雇一辆中巴车。然后就是过门结婚。这天非常隆重，叫上八音会、准备礼车和礼炮。有条件的人家，女方还会要求男方十几辆小轿车去迎亲，其中只有一辆是白色的，其余都为黑色，意思是"白头到老"。夜里闹洞房。第三天，到岳父岳母家去回门。

西营镇拐沟村

结婚是一种仪式，通常习俗是在结婚这一天男女双方都要请村里的人及亲朋好友前来祝贺。这天早晨要去上坟，中午十二点进行烧香、开锁。请鼓乐队来演出，新郎新娘戴红花。新娘由父亲背着上轿。

上马乡

女儿出嫁时，爹娘要准备嫁妆，必须有箱子和椅子，意思是希望婚后女儿有依有靠，还要有两套棉衣、棉被，都要成双成对。装箱子时，箱子内的四个角先放上红纸，红纸上面再放上圆饼和铜钱。结婚那天早上，母亲要为女儿抓富贵，钱数不等；母亲将钱用围巾包上，让女儿抓三把，母亲添三把，保证不能被抓完，否则就把娘家抓穷了。

北底乡长畛村

到了适婚年龄，并有了中意的对象，男方家长便设宴邀请女方家长和媒人，一起选定迎娶的日子。由于人们认为这个日期将影响男女双方的一生，所以非常谨慎。由双方家长往来磋商。

下良镇南沟村

闹洞房活动很多，比如在铁勺上沾上面，让新郎新娘各舔一面，一抽铁勺，二人就亲嘴了；再比如用一节花结放在新娘嘴里，新郎用嘴吸花结，别人一推二人也会亲嘴。

夏店镇蒲池村

相亲满意后便要进行订婚，男方到女方家中，女方热情款待。男女双方商谈结婚的事情，主要是男方看女方有什么要求。

王桥镇米坪村

订婚是指男女双方家长见面、同意了并定下婚期；相家是女方去男方家去看看家庭情况；结婚，按照定好的婚期，新郎将新娘迎娶回家。

可以看出，各乡镇对婚俗的讲述侧重点有所不同，基于普查资料中襄垣十个乡镇对于婚俗的表述，我们统计出每个乡镇所涉及的婚俗因素的数量以及各乡镇之间的差异，如下图：

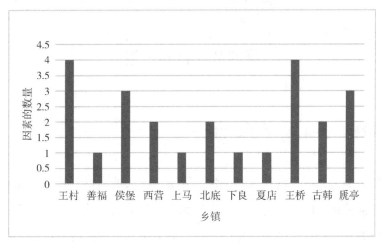

襄垣十个乡镇婚俗因素差异比较

婚礼服饰（孙喜玲 提供）

骑马婚俗（采自县政协《岁月回眸》）

探花

婚宴

第四节　丧葬礼俗

一　丧葬礼俗的社会性与文化性

死亡是人类无法抵抗的最大局限性，随着一个人的离世，其原先充当的社会角色和所处社会关系中的位置将处于悬空的状态；从普通百姓到君王，死亡都会打破既定的组织关系，给社会带来一定的危机。有人类学方面的研究指出，葬礼较为有效地将原本面临断裂的社会关系又重新弥合起来，达到更新和强化的作用。因此，有句古话叫"隆丧厚葬，香火永继"。这是丧葬仪式的社会性方面。

围绕着丧葬仪式产生的一套规则以及人们对于丧葬和死亡的观念，共同构成了丧葬礼俗的文化性方面。首先是灵魂观念，人们认为人类是由灵魂和肉身组成的，人死之后，只是肉体停止了生命表征，灵魂依然活着。其次是根深蒂固的鬼怪观念，认为人死后的灵魂需要祭拜，使之变为祖先，得到敬重的那些祖先的灵魂将会保佑家庭和整个家族；但是，如果死后的灵魂得不到祭拜的话，往往会变成一种恶的力量，对生者及其家庭、家族甚至是整个村庄造成伤害，因此，人们特别强调"事死如事生"。第三，中国人对待死亡以及丧葬仪式的态度杂糅了儒家的孝道、佛教的来世观念、道教的风水和福荫观念。

二 襄垣地区丧葬礼俗的地区差异

襄垣人将去世叫作"天故",俗称"老地下"。在天故前或后,家人要给死者洗头、理发、洗脚、洗脸、剪手脚指甲。此外,襄垣人还要在死者嘴里放一枚噙口钱,以前是放铜钱,民国时期放银圆,现在主要放硬币,以前的大户人家还会放一两粒珍珠。

通过普查,我们将襄垣丧葬习俗的基本要素总结为寿材寿衣、择茔、小殓、停念、着孝搭灵棚诸事、某殃、成殓、打葬、坟祭等九项。我们对襄垣县每个乡镇的普查资料显示,至少在我们的访谈以及当地人的文字表述上,每个乡镇对丧葬习俗的表述都没有顾及这九个方面。其中,囊括因素最多的乡镇有虒亭镇、古韩镇、下良镇和侯堡镇,但即便是这几个乡镇,也未能全部涉及当地丧葬习俗的方方面面。我们先将襄垣地区丧葬习俗的几个方面总结如下:

1. 寿材和寿衣。襄垣人将寿材又叫作"棺椁",是子女为年迈的父母准备的棺木。现在,襄垣地区的棺椁通用柏木和松木,厚度一般为三寸,长度为七尺五寸,一头大一头小,斜方型六面体。底盖帮木板为四、八、十或十二块,挡头板为前三后二。寿衣也叫送老衣,布料主要为绸缎或棉布。一般由亡人的子女购买原料,大嫂组织妯娌缝制,包括衬衣一件、单衣两件、夹衣一件、棉衣一套,男性则加袍和大汗衫,女性则加小袄和长裙;多者七件,少者也要五件,并缝制鞋、袜和帽子。襄垣地区,去世之人,不论男女均不穿裤衩和背心,据说人死后,穿裤衩要经常出差,穿背心则难转世。现在,寿衣可以到寿衣店去选购,已经越来越少有人自己动手缝制了。

2. 择茔。祖坟是关系整个家族将来命运的重要因素,当地流传"阳宅主平安,阴宅出人才",因此,人们极其重视坟地的选择。《襄垣县志》中记载,早在春秋时期,羊舌赤请方士为其择茔:"羊舌三公墓,位于县城西35千米虒亭镇赤壁村西,为春秋晋大夫羊舌赤与其父、弟之墓,现碑墓冢封土完全。"在择茔上,注重太曾祖山,双山五形;二十四向,发脉入手;来水去水,局向宫运;生化制克,名堂岸砂;以此为主要标准,再结合山势水口,选择墓茔。襄垣地区新建茔地也要进行破土仪式,当地人称之为"开山",现在开山仪式比较简单,用三尺红布、十五个馒头、一斤猪头、一瓶酒、三炷香以及一响鞭炮供于香案上,即可开工。

3. 小殓。襄垣人俗称"装裹",就是给死者穿上寿衣。贴身穿白色的衬裤,外面穿一或两套绸缎罩衣。寿衣的款式采用旧时绅富人家的打扮，男子头戴六合一小帽、外穿棉袍马褂，女子头戴头箍脑包，身穿大褂绣裙。之后，用麻皮将两臂和身体紧紧地束在一起，如果是夏天，还需在尸体上放一条等长的高粱秆，寓意"等身富贵棍"。最后，用白麻纸盖在面部。

4. 停念。将尸体从炕上抬到椿凳或门扇板上，在上面放上犁墒，表示镇压的意思。随后，用红纸将神像遮住，在门首贴上白纸，告诉邻人家里有人去世。

5. 某殃。就是请阴阳先生理丧，告诉主家亡灵出殃、压殃，阴阳先生主要根据亡人的生卒日期时辰推算出入殓的时间、埋葬日期和下葬时辰；并指明棺材内和墓穴内应放何镇物，镇物一般为丝麻、木炭、铜、铁、桑条、桃条、花籽、朱砂、雄黄等。另外，阴阳先生还要根据亡人的生辰八字推算出丧房中应该忌讳哪些属相的人。阴阳先生还负责写砖瓦和引魂幡。男性用砖，女性用瓦，上面竖着写上"雷令"二字，下面写上"镇墓"，中间用朱砂勾画，有如一道符。牌位上竖写三行字，第一行写享年几旬又几，中间一行写先考讳、某府君、某某（女性则写先妣某氏）之灵位，末行写卒于何年何月何日。引魂幡是用纸和高粱秆糊制而成，形状像一个敞开的棱柱。上面写道"幡引曰，三魂飘飘超仙界，七魄悠悠归地府"。

6. 出丧报。襄垣地区的丧报经历了不同程度的变化，这里主要以民国时期、1949年后以及改革开放三个时期的为例。襄垣地区，民国年间通用的丧报格式如下：

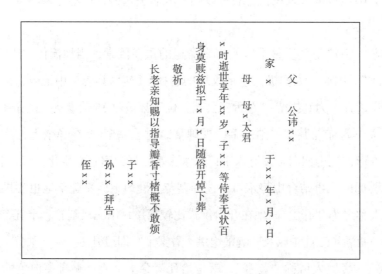

家 × 　　父　　公讳 ××

母　母 × 太君　　于 ×× 年 × 月 × 日

× 时逝世享年 ×× 岁，子 ×× 等侍奉无状百身莫赎兹拟于 × 月 × 日随俗开悼下葬

敬祈

长老亲知赐以指导瓣香寸楮概不敢烦

子 ××
孙 ×× 拜告
侄 ××

1949 年后的丧报格式为：

```
不孝男×× 等侍奉无状痛遭
考公　　府
显　　老
　　姓母　　君恸于×× 年×月×日×时
　　正　　太
　　内
寿终寝距生于×× 年×月×日×时享寿年×下×
岁孝男×× 等亲视含敛遵礼成服停枢在堂朝夕哀奠
谨择×月×日起随俗建斋至×日告竣×日家奠成主
世族　　×日×时发安葬×处×山之阳叩属
友戚　　谊谅蒙衿恤瓣香寸楮概不敢谨阴确辞哀此卜
　　孤（哀）子×× 泣血稽颡
```

改革开放以后，襄垣的丧报变得较为简洁了：

```
丧报
我父（母）×× 因病医治无效，
于×月×日谢世，享年×× 十×岁，定于
×月×日安葬，届时烦街坊邻居审拨帮
忙，亲朋好友吊唁。
不孝子×××× 泣叩
×月×日
```

7. 着孝搭灵棚诸事。"着孝"就是给亡人的儿孙制孝服，又分重孝和轻孝。亲生儿女、儿媳、侄儿女、侄媳穿重孝；重孝为大孝衫、腰上系麻绳、穿白裤、脚穿白鞋、头戴白帽。轻孝仅需穿孝裤、戴孝帽。孝帽一般是挑角帽，亲生儿女要拖后孝，即在帽子上戴两条飘带，右边一根短的表示去世之人为父亲，反之则代表去世的为母亲，两条一样长代表父母双亡。"丧棒"也叫哀杖，襄垣人俗称哭棍，是用周长 6～10 厘米粗、长 80 厘米的柳棒、斜贴一寸宽牙边纸条数圈制成的。亡人的儿子、侄儿和孙子，人手一根；下葬时，丧棒插在坟前。"叫画匠"，家里有人去世，要请画匠到家里做纸扎、油棺材。纸扎有童男、童女、金斗、银斗、香幡、颗幡、桃蜜挂纸、摇钱树等。襄垣油漆棺材有诸多讲究。首先，如果丧家是新坟地，那么不论死者的性别，棺材的颜色一律以大红色为主、沥粉金边、开池雕刻。其次，如果是老坟地，死者为男性的话，棺材以黑色为主，女性则以红色为主。"总管"，一般是德才兼备者担任，襄垣地区的丧事总管一般不少于两人，一个掌管全盘，一个具体实施，二人互相配合。"定乐班"，襄垣地区人们办丧事大多要请乐班助兴。乐班分两种：一种是音乐队，即八音会，也叫行里，十人左右，以吹唢呐为主音，配笙、弦、笛、锣鼓、小锣等；主要吹奏曲牌迎送和坐场吹戏，以哀乐为主；另一种是管乐队，叫铙钹队，也是十人左右，以吹管拍铙钹为主，配笙、箫、鼓波玉、金钟、银铃，主要用于设道场、进行佛事活动。"灵棚"即举办丧事的灵堂，用木杆、麻绳、棚布等搭成；较为讲究的灵棚要请棚位，用黑白土布遮顶起脊，前额写上"极本堂"三个大字，两边用白布挽成白花。

8. 下葬。在下葬前，亡人的大儿媳妇要往墓穴里扫三下，大女儿往外扫三下，然后从下往上扔三把钱币。棺材放到墓穴之后，经阴阳先生封径吊线，放准方位，放入盛食罐、长明灯、镇物、砖瓦、东仓西库（面罐、米罐等）、长流水（在河中打的一罐水）、童男、童女、金斗、银斗、摇钱树等；另外，还会根据亡人生前的喜好陪葬一些纸扎物品，比如水烟袋、酒和酒具、书画、自行车、电视机、手机、手表等。之后，用砖或篷墓石将墓穴封住，用土填平成墓冢，中间插上柳栽；然后由三姓人（大孝子和两位坟工）背三下柳栽，嘴里念叨"起，起，起"，大孝子用锹朝脑后扬三锹土，再将哭棍插入墓与祭台中间，整理好墓，放上纸扎、撒上五谷，孝子上供烧香；埋葬完毕之后，要点一堆旺火，将工具在旺火上过一遍，才可带回家。

9. 坟祭。坟祭有四段时间，首先是复三，即葬后的第三日，太阳不出山，儿女和侄儿女身穿重孝到坟前摆供烧香；孝子从墓地直奔姥姥家谢丧，回家后守孝到尽七，脱孝服戴黑纱或孝字，过百日解除。第二是做七，俗称"过七"。从亡者去世之日算起，逢七日便要家祭，上坟坟祭，一般只做头七、三七、五七和七七，这四个七的祭祀供品分为馒头、饺子、饼子、麻糖或油糕，现在还增加了蛋糕、果脯、饮料、牛奶、水酒、时令水果等。第三是过百天，即亡人去世百天时，儿女上坟祭祀。第四是过周年，一般过一年、三年、五年、七年和九年，儿女们都要到坟上去烧香。襄垣人特别注重"孝行纯至，哀毁三年"的礼俗，表现在春节贴对联上便是"一年不贴二年灰，三年贴黄对对"。九周年时要给亡人送衣被，包括纸衣两身、布衣一身、被褥一套以及鞋袜，以感谢和追思父母的养育之恩。

我们在普查中发现每个乡镇的普查资料都未能全部包含这九项因素，借此，将各乡镇所含因素的情况表示如下：

襄垣各乡镇丧葬礼俗所含因素情况表

乡镇	数值
虒亭	6
古韩	6
王桥	1
夏店	2
下良	6
北底	3
上马	3
西营	3
侯堡	6
善福	1
王村	3

下良镇一户为亡人修建墓穴

王村镇北姚村一户丧葬仪式

西营镇南岩村出丧仪式

三　与丧葬习俗相关的文化事项以及普查资料展示

古韩镇普查资料

立墓碑是旧时风水先生常采用的一种保护茔地风脉的方法。一般是在安葬死者之后次年的清明节方可立碑。墓碑，通俗点说，就是镇墓驱邪之石。本镇有一无名墓碑，现将碑文记录如下：

　　仰继厚德，允协无疆。魄藏福地，保护弥彰。坚碑表墓，镇静五方，永垂福荫，感佩不忘。

而今，襄垣人为其祖先所立的墓碑，已经与从前大不一样。一是立墓碑的时间由过去次年清明节改为下葬当日；二是墓碑内容有了根本性的变化，除了记录生殁日时之外，还包括对去世之人歌功颂德的华丽辞章，以及不少祭文。

西营镇南岩村丧葬习俗

当地人称死为"老了"或"不在了"。儿女们要趁着死者没有咽气之前，给死者用热水擦身，马上穿寿服，俗话说"死后三魂走了，等于没有穿衣服"。寿服有七件或五件之说。七件包括衬衣、衬裤、棉袄、夹袄、袍（男）或褂（女）、棉裤、小棉袄。衣服的里子多为黄色，外面是红、蓝、绿等色。另外若死者是女性，头上还要箍上头巾，死者是男性还要戴帽。死者咽气后，用麻纸盖住脸，不能看见脚，手脚用麻绳绑住，防止诈尸。死后不能接触炕，因此要卸下死者住着的房子的门板，放在炕上，将死者放上去。等到死者的身体完全凉了之后，入棺。死者入棺前，要将棺材内壁围好。条件不好的仅用麻纸糊一圈，稍好的用黄布围，再好的用松香，或是用猪血、蜡、麻的混合物（称为"黄香掉里"）涂上一圈。棺材的最底下用煤铺垫，以吸收死者腐烂后流下的脓水。上面依次铺干草、褥子。褥子是死者闺女准备的，一般情况下，每个闺女做一套。放褥子时，任何人的不能压着别人的，要紧紧地并着，人们认为"被压着的那个闺女没有理"。给死者盖上被子后，拿掉蒙脸纸。等待人主到来钉棺。俗话"穿闺女，盖小儿（即儿子）的"，即死者的衣服、鞋之类的用品是闺女准备好，被子是儿子准备。除此，儿子还要准备棺材。棺材一般用榆木、杨木、松木做成，其中松木在当地最好，杨木最差。将木头打成棺材样后，不上漆，停放。惯例是老人过了60岁"花甲之年"就可以准备这些丧葬用品了。接着请阴阳先生，主要是决定破土、移灵、出丧的时间，写殃单（通行证）、放镇物等。阴阳先生推算好下葬日期后，由侄子向人主家报丧。报丧者头戴白帽，进院子后，不说话，只是磕头，起来后说"××不在了"。在人主家吃过当地的面食拉面或揪疙瘩后返回。其他亲戚家报丧的人任选家中的晚辈。人主过来后要摸摸死者的手脚，看看是不是正常死亡，儿女是不是孝顺。此时，人主高高地坐在上面，孝子、孝女们按照顺序各排成一列，跪着听候人主的训斥。人主让起来才能起来，这时是"娘家人争理的时候"。人主看好后，才能钉棺，又叫作"封口"。钉棺多用七颗钉子，一边四个，一边三个，讲究左三右四。其中第一颗钉用七彩线缠着，称作命钉。钉这颗钉时不能钉死，留一截，意为轮回。钉时，儿女们要大声哭喊"快躲钉"。

移灵，将死者的棺材从丧房挪到院子外面的灵堂。时间由阴阳先生推算而定。过程就是八个坟工袖子上缠着红布，架着棺木抬出来放在灵堂里，期间伴随着音乐吹奏。灵堂外面挂有各种挽联。棺材的前后两面各有儿女守灵。讲究是儿子在棺材的大头，女儿在小头。他们都坐在干草上，脸上蒙着一块蒙脸纱，意思是跪着流泪，蒙住脸后就是阴阳两个世界。

出殡前一天晚上是丧礼正式的开始。主要程序首先是招请，即家中晚辈手中端着"招魂三代宗亲之位"的牌子，在前面吹鼓手的吹奏下，到村外，面对祖坟方向烧香、跪拜，把三代以内的先人的灵魂招回来。有人在沿途放灯。招请回来后，再到土地庙呀（音 ya）魂。人们认为，人死后，魂灵在村中的土地庙。呀魂就是到土地庙将死者的灵魂招回来。

接下来的转灯是尽孝的表现。大致情况是在灵堂前摆上供桌，上面铺上一层沙子，用白色石灰写成"寿"字样。在离灵堂100米的地方开始，孝子们手端一个碗，碗中放着红色的小蜡烛，点燃后走过来，将蜡烛插到沙子里。开始时是一盏，然后一盏一盏往上加，直到90（死者年龄数）盏灯为止，最终拼成"寿"字样。期间，吹鼓手一直在旁边吹奏以渲染气氛。村中各家办丧事时，都以转灯为荣，因为越是高寿，孝子们越多，转灯的规模越大。

转灯后的程序是吹棚，即出嫁的孝女们（闺女、孙女、侄女等）出钱，轮流请吹鼓手吹奏乐曲，孝女们依次烧香、祭奠。当天晚上的最后一道程序是送魂，即两三个晚辈将死者及先人的灵魂送回去，仪式较为简单，只是烧香、磕头而已。第二天早上的主要仪式是"进馔"。孝子们端上食品放到灵堂前的供桌上，这是对死者的最后一次尽孝，也是向周围群众的一种炫耀。第一，进馔规模的大小表明家庭条件的好坏；第二，进馔人数的多少表明老人生育能力的大小，孝子越多，表明生育能力越强。接下来主要是祭奠、烧纸、倒酒、唱戏等，直到出殡。

出殡前夕，由儿子带着其他孝子们列队磕头，到上房请人主。然后人主到灵前烧香、跪拜，其他的亲戚们按照亲疏顺序也是先后磕头、祭拜，然后就开始扶柩出殡。出殡队伍的最前边是由人肩挑的供品和小供桌，后面跟着扛柳栽的人，柳栽上还飘着灵幡，紧接着是各种随葬的纸扎花圈，吹鼓手，孝子手里端着老人的遗像，儿子后面是一列的孝子们，手中扯着一根白绫前进，接着是八人抬的棺木，后面孝女们紧跟，互相扯着前面人的衣衫前进，边走边哭。吹鼓手一直送到村外，即停止前进，任务到此结束。其他远方的亲戚及看热闹的人群也纷纷离去，只有至亲的人及坟工们抬着棺木来到祖坟下葬。坟工们将墓道打扫干净，放进棺材及其他供品、棉被、米面、金山、童男童女等随葬物，最后封土，掩埋，栽上柳栽等。至此，整个的丧葬仪式才结束。

古韩镇葬礼——祭哭文

祭文，是写在纸上或布上的文章，哭文一般是指孝子边哭边念的文章。祭文的种类较多，哭文的种类较少。祭文的种类有以下十余种：祭父母文、祭久故父母文、祭岳父母文、祭姨父母文、祭舅父母文、祭伯叔父母文、祭祖父母文。现将最常见的祭父文、哭母文范文本抄录于后：

祭父文

呜呼，父逝矣，父长逝矣，从此诗废蓼莪，悲深风木恸哭无穷期矣，缅想吾父生平立身处世，可纪可风，守谦和，明礼义，见乡党老成极表尊崇，待家庭子侄尤钟慈爱，事父母孝训兼全，待兄弟友恭笃尽，守俭朴，戒奢华，章身者，四时不外布衣，果腹者每日无非粗食，摒挡家事，井井有条，披星戴月，沐雨栉风，多少艰辛，竟能以碗米杓水之家，仰视俯畜，皆无缺憾，其劳心劳力真可馨笔难宣者，呜呼，恸哉，吾父之于儿，兄弟姐妹也。当年无知时，以饮食寒暑不善保养为虑；及其长也，又恐所学不精，无恒业以谋生活，自少至长在关怀，无时无刻不在愁苦中也。数十年，日养日教，不知费尽几许劬劳，日嫁日婚，不知费多少劳瘁，欲报之德，真昊天罔极矣。今者，儿辈皆已成年，满拟以从前所学职业，供职社会，获微利以终养余年，使吾父得享数年清闲福，谁知昊天不吊，一病不起，致儿长抱皋鱼之恸，莫报罔极之恩，不孝之罪诚有擢发难数者矣，呜呼痛哉。人之所最难忘者，恩也情也，恩情之最笃者，父也子也，吾父与儿千秋永诀，回想父子恩情，又何能割断也，而今已矣，儿亦无多言矣，彼苍者天，儿之命薄亦何至于斯之极矣，今而后谁来顾复我耶，谁来教训我也，惟有陟彼岵兮，瞻望父兮，痛哭而已矣，兹当堂奠之期，谨以清酌庶馐，含哀致诚，哭奠灵座，不知我父仍如在生之日，欣然来赏否耶，呜呼痛哉。

哭母文

哭母赴幽京，难舍难分，终天惟有思亲泪，寸草痛无益母灵，空望白云。

哭母无了期，泪泣沾衣，惊春花染杜鹃血，倚门深得子规啼，儿失瞻依。

残月夜能圆，愁向谁宣，怀念慈母泪染血，月临中秋月不圆，抱恨终天。

母爱有谁知，儿失瞻依。而今失去慈母爱，三更月冷杜鹃啼，好不孤凄。

母德实堪夸，慈爱有加，莫报春晖伤寸草，空余血泪泣萱花，寒月无暇。

房空昔雨寒，月落西山，倚门人去三更月，泣杖悲儿五夜寒，永别人间。

母恩实难忘，恩似海洋，慈竹临风空有影，晚萱经雨不留香，哭断肚肠。

凉月写凄清，忆母情深，但愿此景成梦景，怎奈哀情是真情，能再相亲。

苦雨更添愁，人去空楼，如今撒手归阴去，一生劳苦到白头，分外添愁。

出身就吃亏，少食少衣，世人只知黄连苦，有苦不肯向人提，能有谁知。

萱萎月光寒，痛失慈颜，望母驾赴蓬莱岛，苦雨添愁泪难干，位列仙班。

撒手万事空，何日相逢，一生俭朴留典范，半世勤劳树嘉风，谁不钦崇。

千古留芳名，德昭后人，想见音容云万里，欲闻教诲杳无音，只在梦中。

慈母永别离，驾鹤西归，悲声难挽留云驻，哭音相随野鹤飞，泪泣沾衣。

忆母在堂前，四德俱全，养大儿女受的苦，幼娴姆训是名媛，能有谁知。

儿偶感伤风，母急心胸，千方只求儿病好，求神问卜请医生，感谢苍穹。

儿女到学龄，操碎心机，只望儿女成绩好，早饭半点不差移，名列前茅。

儿女到成人，还未放心，为了儿女谋门路，如无恒业怎谋生，到处求人。

儿女已长成，男娶女婚，只要喜事办得好，一用就是数千金，从不抠门。

娶媳又望孙，操碎母心，添了孙子无限喜，头胎最好是男丁，后继有人。

为女选夫君，费力劳心，家道富裕相抵好，头胎最好是男丁，母才放心。

母寿宜期颐，寿与天齐，人间万般哀苦事，大限到来各自飞，死别生离。

夜月影茫茫，灵堂哀丧，母亲灵泉路有知，哀词奠语忆老娘，驾鹤飞翔。

丧祭

送魂

出殡

送葬

第四章
生产商贸习俗

生产和商贸原本是两个不同的概念，但生产主要是指身体参与其中的劳动，亦指与工业社会、机械化相对的生产活动；而商贸则主要是指基于物资和商品交易的行为，且大多脱离了纯粹的体力劳动。概而言之，生产商贸习俗是指在生产和商业贸易活动中所形成的行为规范。

不论是西方还是东方，自古以来都会在政治和意识形态的层面依照行业的不同对民众进行优劣的区分，比如柏拉图就曾经指出城邦的公民不包括手工业者。就中国而言，也一直对行业进行高低的区分。首先，关于行业的分类极其细致，乃至有"七十二行""三百六十行"的夸张说法。对行业的划分和排列传统上有"三教九流"之说，"三教"即儒、释、道，"九流"是仿照九品的模式，分为上中下三等，上九流包括一流佛祖、二流仙、三流皇帝、四流官、五流斗、六流秤、七工八商九种田；中九流包括一流举子、二流医、三流阴阳、四流卜、五流丹青、六流相、七僧八道九琴棋；下九流包括一打狗、二提篓、三修脚、四剃头、五抬食盒、六裁缝、七娼八唱九忘（王）八。

由于种类繁多，加上老百姓日常生活、生产生活均在发生着天翻地覆的变化，在此，我们只选择性将生产商贸习俗大致划分为生产、服务和贸易三类来加以叙述。

第一节　生产民俗

物质生产民俗是指群体为了获得生活资料、生产资料并对它们进行交换和利用所形成的活动模式，此活动大致可以分为生产、加工、交换、利用四大环节。生产是指人工利用自然规律获得物质资料的活动，是一个以少生多的过程；在此过程中，形成了相应的仪式活动和行为规则，从而产生了我们所说的生产民俗。依照人类从古至今的多种生产方式，传统的生产民俗主要包括农业民俗、渔业民俗、采掘、捕猎和养殖民俗，其内容则包括劳动的技能、过程以及伴随期间的俗信和仪式。

襄垣地区地处太行山西麓，多为山地，渔业的发展较为有限，捕猎曾是重要的生产活动，但随着农业的快速发展，人们渐渐放弃了收效较低的捕猎。基于襄垣地区的地理环境，以及当下人们的生产生活的特点，在生产民俗方面，我们将主要介绍襄垣地区的农业民俗、林业民俗以及畜牧业民俗。

一 农业民俗

襄垣地区的农作物以小麦、玉米、谷子、大豆为主，经济作物主要有油类和麻类。以前是传统的手工耕种，并通过饲养驴、骡、马、牛等提供畜力结合人工劳动进行耕作。传统的施肥方式为猪、牛、羊的圈肥，土坑肥，以及植物秸秆粉碎后浇大粪腐烂的自作肥，整个施肥过程全部靠人工完成。在传统时代，人们的耕作主要依赖于自然气候，有句俗语叫作人靠天吃饭。因此，人们一方面努力掌握着季节变化的规律及其对农作物种植与耕作的影响；另一方面，人们也将视野投向非自然界，创造出各类祈求丰收的仪式与神灵。关于季节变化主要表现在襄垣人对二十四节气的重视上，对神灵的祭拜主要体现在相应的祭祀仪式上。但需要指出的是，随着农业科技的发展以及青壮年劳力进城的热潮，村落以及农业逐渐在萎缩，相应地，农业民俗也在人们的观念和日常生活中越发淡化，尤其是祈祭仪式已基本消失。

（一）二十四节气

襄垣地区的农事活动主要是根据一年中的二十四节气进行的，襄垣人关于二十四节气的界定和相关的农谚主要表现如下：

1.立春。襄垣人把立春叫作"打春"，民间认为立春日是万物开始萌动之时，将立春日定为一年农事之始。相关的仪式是打春牛。在古代中国，立春前一天，各地方官沐浴穿上素服，步行至郊外"迎春"；次日，乡民聚集在此，焚香上供，并有安排专人扮演"芒神"，举鞭抽打耕牛，意思是去其惰性。后来，人们用竹编扎成牛的样子，并用纸在外糊起，内装花生、核桃、枣之类，然后用鞭子击牛，打破之后，周围的人们争抢撒落出来的食品。现在，打春牛的仪式已经基本上消失了，人们也不再重视立春这个节气了。但襄垣及其周围地区依然流传着"春打六九头，种上芝麻吃香油，春打五九尾，种上谷子也吃米""立春清明又和暖，农人鼓腹皆翘天，倘若风阴与昏暗，五谷不丰人不安""立春晴一天，农夫好种田""立春三日晴，今年好收成"等说法。另外，按照夏历，有的年份会遇到两个立春日，有的则没有立春，襄垣人将后一种叫作"黑年"，并且认为"黑年"不宜嫁娶。

2. 雨水。入春之后，随着东南风的到来，雨水开始增多。雨水过后，人们就开始忙着植树了。对此，与中国大部分地区一样，襄垣流传着"春雨贵如油""冬春雨水贵似油，莫让一滴白白流""一场春雨一场暖，一场秋雨一场寒""雨水无雨天要旱，清明无雨多吃面""雨水节，把树栽"等农谚。

3. 惊蛰。惊蛰时地表气温开始上升，万物复苏。有"雨水早，春分迟，惊蛰育苗正适时""惊蛰不过不下种"等农谚。人们还讲究惊蛰如果有雷声，那么意味着这一年将风调雨顺、有个好收成。对此，有"雷打惊蛰谷米贱""惊蛰闻雷米如泥""过了惊蛰节，耕地莫停歇""雷打惊蛰前，高岗能种田""雷打惊蛰后，河湾能种豆""惊蛰打雷，小满发水""惊蛰云不动，寒到五月中""惊蛰不放蜂，十箱九笼空"等农谚。

4. 春分。春分当日，太阳光直射赤道，地球各处的昼夜时间相当，因此，古代将春分、秋分称为"日夜分"，民间有"春分秋分，昼夜平分""麦过春分昼夜忙""春分麦起身，一刻值千金""春分有雨病人稀"等农谚。

5. 清明。清明在老百姓看来是种植的大好时光，有"清明十天种高粱""雨水清明紧相连，植树季节在眼前""清明前后，点瓜种豆""清明喂个饱，瘦苗能长好"等农谚。老百姓期望清明日天晴，即丰年的象征。有"清明晒干柳，窝窝撑死狗""明清明，暗谷雨""清明无雨多吃面"等说法。若清明不明，则为荒年之兆，"麦子不怕四季水，只怕清明一夜雨"。

6. 谷雨。谷雨在每年阴历四月二十日前后，天气开始变暖，雨量增多，宜种高粱、玉米等秋作物。有"谷雨下秧，立夏栽茄""谷雨麦怀胎"之说。人们祈求谷雨下雨，即丰年之兆，正所谓"明清明，暗谷雨""清明要明，谷雨要雨"。

7. 立夏。立夏为夏季之始，小麦齐穗、扬花上浆。农谚有云："立夏荬籽小满谷，芒种玉荬大疙哚"。人们期盼立夏有雨，无雨则表示干旱，"立夏不下，旱到麦罢""立夏不下，高挂犁耙""立夏刮东风，药铺把门封"。

8. 小满。小满是指小麦初步长成，农民开始预备好各种农具，准备收割小麦，之后套种晚秋作物。有"小满不满，芒种不忙""小满十八天，不熟也要干""小满种谷，憋满仓屋"等农谚。

9. 芒种。芒种往往已经进入夏季，天气相当炎热。夏收、夏种和夏管统称"三夏"。由于气温较高，庄稼成熟很快，因此，芒种期间的生产要快。首先是抢收，麦子蜡黄就要收割，不能等到熟透，否则就会撒在地上；襄垣有"收麦如救火，龙口把粮夺""麦穗发了黄，绣女也下床""七成收，八成丢""麦熟八九动手割，甭等熟透籽粒落""等了一粒青，损了十粒黄"等俗语。其次是抢种，麦子收完之后，就在麦地改茬豆、黍、红萝卜等晚秋作物。三是抢打，襄垣人常说"拉到场里算一半，装到囤里才收完"。四是抢管，即要及时定苗，所谓"人误地一时，地误人一年""人懒地不懒，全在人照管"。

10. 夏至。襄垣民间认为夏至天气变化会对农作物造成很大的影响，因此农家在夏至忌讳较多。夏至最忌有雷电，"夏至有雷六月旱，夏至逢雨三伏热""夏至西北风，十雨九场空""夏至翻白云，平地见鱼鳞"；此外，襄垣地区还流传"夏至五月端，麦子贵三千""夏至五月头，不种麻油也吃油""夏至五月终，十个油房九个空"的说法。

11. 小暑。小暑之后，天气转热，汛期来临，作物开始旺长，这时要注意田间作物的管理。小暑前后可以种绿豆，人们期盼小暑降雨，如果无雨则预示着年成不好。襄垣有农谚"六月怕干，九月怕淹""六月旱，喝稀饭""六月要雨难得雨，八月要晴难得晴""小暑南风十八天，坑里泥巴都晒干"。

12. 大暑。大暑为一年中气温最高之时，正值伏中。谷子甩大叶，黄豆二棚楼，这时要注意防虫、防旱、防涝。襄垣地区有"冷在三九，热在三伏""三伏不热，五谷不结""小暑大暑，热死老鼠""小暑不算热，大暑压草肥""头伏有雨，二伏旱，三伏有雨吃饱饭""伏里有雨，多种麦""大暑到立秋，割草压肥不能丢""头伏萝卜，二伏菜，三伏里头种荞麦""伏天三场雨，抱地长好麻"等农谚。

13. 立秋。立秋说明秋季伊始，农事上有"立了秋，挂锄钩""立罢秋，万事休"的说法，意思是庄稼无须再锄了，各种作物也不宜再播种。在过去，立秋是襄垣农家的大节气，是庄稼接近成熟的时候，所谓"立秋三天遍地红"。

14. 处暑。暑尽天凉，炎热的天气将于是日结束，农谚有"处暑不种田，想种等来年”"处暑不露头，割倒喂老牛”"过了处暑不种秋，就是种上也不收”"处暑谷渐黄，大风要提防”。

15. 白露。时值中秋，天气转凉，夜间露水发白，开始收获高粱和早玉米。农谚有"白露种高山，寒露种平川”"白露没有雨，犁地要早起”"秋收打谷又犁田，来年又是大丰年”"八月初一洒一阵，旱到来年五月尽”。

16. 秋分。秋分即秋季的一半，气候夜长昼短。秋分之后，即要抓紧秋收、犁地、播种小麦。襄垣地区的农谚有"白露早，寒露迟，秋分种麦正适时”"秋分过五，小麦入土”。

17. 寒露。进入寒露，天气明显转凉。农谚有"哪有寒露不割谷”"寒露不刨葱，等到立了冬”"打蛇打在七寸上，庄稼种在气节上”"一早三分忙，一壮三分旺”"割寒露，打霜降”等。

18. 霜降。主要特征是气温变冷，露水结成薄霜。霜降日要有霜，否则来岁将遇饥荒。如"霜降有霜，米谷满仓”"十月不下霜，种地一包糠”等。

19. 立冬。立冬意味着冬天到来，冬至之后要将田里泥土翻过来，可以冻死里面的害虫，襄垣有俗语说道："立了冬，把地耕，能使土里养分增”，另有"冬耕深，出黄金”。立冬日忌吃生冷食物，如萝卜、水果等，容易伤身。

20. 小雪。气温下降，始飘雪。开始整道修路，修缮水利设施。对此，有"农闲全在冬，水利莫放松”的农谚。此外，小雪到冬至这段时间是冬灌的好时机，"小雪到冬至，浇麦正适时”"麦子浇五水，馍馍送到嘴”。小雪日降雪预示丰年，"小雪雪满天，来年是丰年”"小雪要是下雪多，来年五月旱天多”。

21. 大雪。农事继续以水利建设、整修道路为主，开始磨粉，生产粉条、粉皮。农谚有"场光地净，五沟挖通”"薄地想丰收，冬闲挖深沟”。大雪要下雪，俗谚有"大雪不见雪，来年不收麦”"今年大雪把门封，来年一定好收成”"雪水化成河，麦收不会薄”"大雪丰收来，无雪少吃麦”等。

22. 冬至。太阳直射南回归线，是日交九，自此天气转寒。《冬九九歌》："一九二九闭门塞手，三九四九冻死鸡狗，五九六九沿河看柳，七九河开，八九燕来，九九加一九，耕牛遍地走。”

23. 小寒。小寒开始进入严寒天气，"小寒大寒，滴水成团”"小寒冻土，大寒冻河”。

24. 大寒。大寒进入一年中最寒冷的时候，时值农历十二月，准备过春节，因此有"小寒、大寒、杀猪过年”的农谚。

（二）祈祭

襄垣地区的农业祈祭仪式主要包括三大类，分别是春祈、秋祈以及祈雨。这三类仪式皆为礼、俗、法的结合，是官与民之间的互动。

1. 春祈。一般在农历二月初二，襄垣地区的春祈则安排在立春后第五个戊日推算，也就是二月二前后，同时二月二又是土地爷的诞辰，因此春祭仪式尤为隆重。襄垣县的西北乡的史北，二月二还要唱春祈戏。以前，开戏前首先要在戏台前设坛开祭，祭祀时打鼓五通，不鸣金，取"鼓打五通，五谷丰登，牛皮鼓响，农事呈祥"之意。祭祀完毕后方可开戏。

2. 秋祭。一般是在农历八月初二，即开镰收割之前。祭品一般为一碗黄米饭或炒米、十五个馍馍、一斤猪头、一只白条鸡、一尾鱼、一只兔、一斤白酒、三炷香、五张黄纸。祭祀仪式在社庙内举行，祭毕，分与邻里街坊共食之。清末民初，襄垣县县衙还要出官银分别于县城、下良、虒亭、常隆唱秋祭社戏，以报土地之恩。

3. 祈雨。祈雨在以前较为普遍，襄垣地区祈雨的形式主要有三种。其一，烧香祈雨。当旱情出现时，人们自发到龙王庙、沼泽王庙、洪洞脚、五龙洞焚香祈祷，祈祷时，以跪香为主。属虎的村民不能参与，其他人要一起集体顶坛跪香，一日三次。其二，晒龙王。找九个属龙的人，到龙王庙里将龙王像抬出，九个人皆赤背赤足，穿短裤，手摇柳枝条，嘴里念叨："龙王，龙王，大旱光光，快快施雨，解民遭殃。"其三，祭坛取雨。当地传说，这种祈雨仪式曾在明朝崇祯年间、清朝光绪年间、1920 年举行过。主要是在特殊的大旱之年，由官府出面，地方士绅参与，延请僧道行法师，举行三天三夜祭坛活动。祭坛活动多在县城北关五龙庙内举行，祭坛完毕，由各村推荐的青壮年人若干，组成取雨"马匹"，用淤泥抹腿，身背柳编圪篓，头戴柳条帽，手捧长香，往河南林县五龙洞取雨，到达之后，将圪篓舀满水，沿途返回，将水供于五龙庙的龙王爷神龛前。

（三）普查资料展示

虒亭镇后湾村粮食加工

神学观念，人们认为神农氏是五谷之神，神农氏播谷之后，人类结束了茹毛饮血的生活，开始食五谷，接着就产生了加工，先是用简单的工具捣，后来又创造了各种机器来磨合压碾。襄垣人在 20 世纪 80 年代以前，普遍用石碾石磨加工粮食；大碾大磨用畜力拉，小碾小磨用人力，将粮食磨成细面再食用。

虒亭镇送返村农家肥及春耕

襄垣县在 1987 年有了化肥之前，农民种地都用农家肥，农家肥主要是指人粪、牲口粪以及自作肥。冬季，特别是村子里的老年人有拾粪的习惯，主要是在公共地盘上，用粪篓将牲口的粪便收拢。

襄垣人有句俗话说道："一年四季春为首，春耕工作最当头。二三月份就修犁，耙地送粪打圪垃，春分把耧土地。有风不耙地，如同蒸馍透了气。"过去用的是土犁、畜力。先选好种粮，阴历五月份之前，整地、播种、间苗、锄草。秋收之后，老人们要烧香祭拜五谷神爷，之后才开始将粮食归仓。1978 年之后，机器收割和播种逐渐在襄垣流行开。人力也渐渐从耕种中解放出来。

虒亭镇温庄播种忌讳

辈辈相传，不管种什么庄稼，绝不可以在月忌日下种，否则必定没有好收成。月忌日是农历每月的初五、十四、二十三日这三天。相反，如果避开这三天，就会苗全、苗壮、粮食大丰收。农具主要有锄头、耙、耧，1960 年后有了拖拉机、收割机、播种机，畜力逐渐被替代。

夏店镇西石村

小麦收割时要考虑麦黄三晌，这样收割会增产 10% ～ 20%，黄多了会减产 20% ～ 30%，谷子要黄透了再收割，会增产 20% ～ 30%，如果没有黄透就收割会减产 10% ～ 20%。有俗语"麦割连晌一包面，谷割连晌一包糠"。

二 林业民俗

一棵老槐树的神圣性与道德约束力

在普查工作中，一位公安局退休人员给我们讲了一个犯罪故事。他说 20 世纪 80 年代某天早上，他们局子里破过一起杀人案件。杀人犯有两个，一个是男性，28 岁；一个是女性，四十多岁。女子有家室，男子是光棍且与女子丈夫一个辈分。二人有染，最后二人合谋将女子的丈夫杀死。

讲完这个故事之后，旁边有人开始议论说，这主要是就在这起案件发生的前两年，该村村口的一棵三百来年的老槐树被两个光棍点着给烧了。他们说，从那以后，这个村子就没有安宁过。据当地人传言，那棵老槐树的树心虽然已裂开，但每年依然枝叶茂盛；老槐树被点燃的时候，据说人们听到了近似哭泣的响声。

公安局退休人员感叹说，改革开放之后，村落好像一下子没了道德约束，游手好闲的年轻人越来越多，后来有了歌舞厅，几十块钱就可以去玩耍了。

可见在过去，树尤其是古树在襄垣人的观念里是具有较强的道德约束力的，这一方面促使人们去种植树，同时，也产生保护树木的思想。襄垣的林业民俗除了关涉如何植树的常识，还包括与树有关的信仰和仪式活动。

襄垣人历来认为植树是荫及子孙后代的好事，但凡村中山上空地、房前屋后、河滩路边都要种树。对此，襄垣人有这样多种说法："栽杨栽柳不栽花""栽花养鸟一场空，不如种树荫子孙""栽上梧桐树，引来金凤凰""树挪死，人挪活""十年树木，百年树人""要想富，多栽树""吃水不忘挖井人，乘凉不忘栽树人"。栽树的方法有两种，一是栽幼苗，二是接苗。接苗先在山林里取芽，取芽后洒土，之后烧香摆供，祈求成活。杀树一定要在正月至三月之间。摘果一般要留几个不摘光，留下的果子叫"庄树果"，如果摘光的话，来年结的果子会比较少且小。

襄垣人对树木有一定的分类，人们对树种分类的不同导致对树的应用也不一样。首先是柳树。柳树非常容易成活，所谓"有心栽花花不成，无心栽柳柳成荫"，砍根树枝插在地上便可生根长出小树。清明时节，儿童将柳树枝用手反复搓拧，等到树皮松动后将枝抽出，可以制成柳笛。人们将柳圪毛和家杨的嫩叶摘下来煮熟后，可以拌成凉菜吃。另外，坟地多栽柳树和松柏树，一般情况下，家庭院落内不栽柳树。所谓"前不栽桑，后不栽柳，院内不栽鬼拍手"，鬼拍手是指杨树，因为杨树稍遇风便哗哗作响，像鬼拍手似的。其次是松树。松树喜阴，要栽在背阴处，栽时有讲究，"带上土蛋，支上权杆，方向不变，顺顶浇灌"，据说只有这样才能成活。

枣树适应性强，耐干旱，栽上一棵就可以支出无数棵。枣子成熟时，要用棍子打下，襄垣人认为若不敲打，枣树来年就不会好好结果；枣树一般栽在庭院里，腊八节时要给枣树喂米饭。正月初一天明时分，人们会拿火在自己枣树下照一遍，认为这样可以避免虫害。枣木非常坚硬，适合做案板、擀面杖、木槌。

榆树开的花叫"榆钱"，过去缺粮时期，襄垣人常用榆树皮和榆钱充饥，现在人们还会以新奇的心态再品尝榆钱。榆树皮的食用方法是将榆树皮晒干后，碾成榆皮面，搅在玉米面内做饸饹、抿圪斗。榆木木质有韧性，适于做家具。槐树开花时，满树黄白花，一串一串，香飘数里，非常漂亮；人们也会食用槐花。槐木非常适合做家具，襄垣人常说"槐木割圪囤，合适又对缝"。桃树在襄垣人看来可以辟邪，以前常会在门上或枕头下放桃枝。椿树有香椿和臭椿之分，只有前者可食。香椿芽既可炒食，也可凉拌。

襄垣人忌给果树泼脏水，认为这样会"气死果树"。人们对古树和大树怀有敬畏之心，认为古树上面住着神仙，或者认为古树会成精，因此，不得砍伐，如果砍伐树会流血，伐树之人将会有灾难和不幸。年节期间，襄垣人会给古树和大树披红敬香，祈福求安。庵庙、路边和村口的荫树都忌砍伐。

三　畜牧业民俗

襄垣人所说的"六畜"主要是指马、牛、羊、猪、鸡和兔。养马主要是为了拉车，一般不用其耕田，耕田主要用牛。养猪主要是为了经济效益，也可以屠宰，养兔亦然；养鸡可以食其蛋和肉，还可以获取经济收益。其中，养羊的习俗最为丰富和复杂。

（一）一年四季放羊的经验与禁忌

牧羊是一项季节性较强的劳动，其中，夏季是放羊最省力的时候，春秋两季比较繁杂。春季，羊刚刚经过漫长的冬季，缺少足够的食物补给，羊倌要格外照顾羊群，尽量避免让羊群走上坡路以节省体力。另外，忌让羊群吃新长的嫩草，一是春季嫩草不足，羊长期食用不足量的嫩草会使其体重减轻；二是因为嫩草中含草酸量较高，会使羊的牙齿变酸而影响进食。

夏季，羊群要忌食蓖麻、芹菜、苜蓿等植物，一旦食用会导致肚胀。夏天牧羊要避免羊群扎堆；遇到阴雨天气要将羊群赶至通风处，蒸发掉体表的水分，否则会导致羊的体温升高，严重时羊的耳朵后面会长小疙瘩，最后诱发传染病而致死。立夏之后，天气逐渐炎热，野外牧羊的时间要加以延长，一般情况下，早上十一点左右出门，这时青草上的露珠完全蒸发掉以后才能放牧，因为露水会影响羊的食量。夏季放羊出门前要用食盐和麦麸搅拌均匀给羊群食用，一般按照每只羊三钱盐和一斤麦麸的比例调和，这样可以增强体质和食欲。进入夏季三伏天，羊群进入发情期，要通过增加其食量诱发交配，俗称"调水"。

秋季是收获的季节，收割后的田地里布满庄稼的根、茎、叶，正是放羊的最佳时机。羊倌一大早就将羊群赶至田里，除中午喂水的时间外，羊群整天都在进食，俗称"刨茬儿"。晚上，羊群不入圈，而是用绳网圈在田地里，只留一个很小的出口，出口处有一条母狗把守，俗称"茬圈"。羊倌们在旁边搭一个临时的帐篷，就地而寝。这样既可以让羊群最大限度地吃饱，同时，羊群的粪便也可以留在田中用作肥料。

冬至以后，放羊的时间大大缩短，一般早上九点钟开始给羊喂饲料（主要为玉米梗、谷子糠、豆荚皮），十一点开始放羊，下午三点左右赶回圈中，下午和晚上继续喂饲料。

（二）头羊的选择和培训

选择和培训头羊是放羊中极其重要的一个部分，头羊即羊群中的领头羊，用襄垣人的话来说，就是"一只好头羊足以抵得上一个好羊倌"，同时，头羊的好坏也可以鉴定羊倌的水平。头羊的选择有两条途径，一种是某些羊天生就具有辨别方向、带领群羊认路的能力，另外是在羊群中选择个头大、身体壮、认路能力较强的公羊，将其阉割进行训练。具体的训练方法是将这些阉割后的公羊赶入一个封闭的山谷中，用羊铲抛甩土块来训练它们的反应能力和记忆能力，经过这样的训练之后，这些羊不仅能够很准确地认路，而且还可以带羊群找到草地和水源。有些时候，头羊还会救人，比如据有些访谈人回忆，以前有羊倌失足跌落山谷，头羊不仅将羊群完好无损地带回羊圈，同时还领着村民到发生事故之处，使受伤的人得到及时抢救。

（三）与养羊相关的习俗

旧时养羊人家有拜山神、水草大王的习俗。每年农历的六月初六，养羊户和羊倌们一起到本村山神庙祭拜山神和水草大王，祈求保佑草肥水美。

随着社会的发展，原来给地主放羊变为羊群养殖管理员。

以前，只有地主才能养得起羊，他们雇人为他们饲养羊群，这些人又细分为总管"羊把头"，管送饭的"二角"，另外是承担所有具体的饲养工作的"放羊孩"；放羊孩要捆玉米秆、担豆角皮、喂羊羔、茌圈子等。

与养羊相关的民俗以羊工节最为代表。至少在土地改革之前，襄垣六月六羊工节非常盛行，羊工节主要是指养羊户祭祀马王爷和山神爷，并给羊工们放假的节日。六月六除了羊工节的节名之外，尚有"朝山节""山神节""拜把节"等节名。首先是给与养羊相关的神过节，即"朝山节"。襄垣地区与此相关的神为山神爷、马王爷和土地爷；六月六这天，户主带领羊工们在羊圈旁边祭拜山神爷、马王爷和家里的土地爷，并在羊圈里燃放鞭炮。其次要给羊过节，襄垣人认为六月六是水草和牲畜的寿日。这天，人们将羊群圈起来，喂以上好的饲料，让它们在这天吃饱吃足。

另外，还要给羊工们过节，因此又叫"羊工节"和"拜把节"。羊工是一门讲究手艺的职业，要想当一名羊工需要自小拜师学艺。六月六这一天，雇主让羊工将羊圈起来，集体放假休息一天、改善伙食犒劳羊工、适当赠予一些财物、结算工钱并协定下一年的雇佣计划。此外，六月六之所以又叫"拜把节"，是因为放羊孩要在六月六拜谢师傅，感谢师傅教授放羊技术之恩。

喂羊　　　　　　　　　　　　放羊

第二节　服务业民俗

一　襄垣服务业民俗概况

在现代市场经济尚未发展起来之前，襄垣地区的服务业主要包括开铺坐店、拉车挑担、走村串户的挑货郎、蹲摊守位、沿街叫卖等特殊的生意人群。这些生意与现代市场经济所要求的明码标价、公平交易的观念不太一样，与市场经济下的交易相比，以前这类生意掺杂着人情，因而在价格上有变动的余地；另外，市场经济在制度上对商品和服务进行尽量统一的规范，而以前各类生意都是包含着生意人身体的嵌入。因此，围绕着各个服务行业形成了多种风俗。

1.当铺。1949 年前，襄垣城内有名的当铺有大丰当、天益当，至今旧址仍在。开当铺有两个讲究，一是早上开门要放一串鞭炮，一方面取"炮仗一响，黄金万两"之义，另一方面是鞭炮可以驱邪；二是，第一个用裤子抵押者，要给以高价，铺主会将此裤贴上"一本万利"，挂在当铺的仓库里。当铺押物一般分"大押"和"小押"两种，大押期限为一年或十八个月，小押则为半年。当铺利润很高，通常是"九出十三归"，比如一件物品，押金为一元的话，实则给人仅九角，月息则要收三角，因此又被称为"出门眨眼利"。赎金的计算方法是以头一个月"九出十三归"为底线，然后加代存的费用，襄垣人将这样算出的钱数叫作"雷公轰"。如果过期不赎，那么物件便归当铺所有。当铺大多要雇专人看铺，这类人基本上来自武馆，一般情况下，贼人不敢行窃。

2.挑货郎。以前襄垣有一种挑着货担走乡串户、专门做妇女儿童生意的，叫"挑货郎"。货担是一个扁担两边分别挂一个四周用透明玻璃镶嵌而成的木箱子，下面带有抽屉，里面装着针头线脑、纽扣、鞋面、胭脂、小镜子、儿童的玩具、零食等。除了用扁担挑着，也有用小推车推着的，有了自行车之后，也有骑车串乡的。挑货郎用来招揽生意的是一个拨浪鼓，雅名叫作"惊闺"。拨浪鼓是个下面带半尺长柄的小鼓，鼓的两旁系着短绳，绳子上各系一个纽扣大小的重物，小鼓上面是一面小锣，锣架在铁丝上，两旁也系一个小木球，摇起来很悦耳。挑货郎在襄垣地区基本上已消失。

3.剃头匠。像挑货郎一样，剃头匠中有一类也是带上剃头工具走村串户给人剃头的，他们有一种专门的招幌器物，用手一弹发出特有的声音。以前，剃头匠是用扁担挑着挑子，所谓"剃头挑子一头热"说的是热的一头是个长圆笼，里面安着一个小火炉，上面放一个黄铜盆，可以保证热水，用来给顾客洗头、敷面、焐胡子、刮脸。圆笼一般有三条腿，其中一条腿向上，成刁斗旗杆状，上面搭着毛巾板，挂着钢刀布。扁担凉的一头是个凳子，从上到下依次有几个抽屉，分别作为钱箱、盛放剃头工具的地方。

二 关于牙行的民族志访谈

被访谈人：李，1954年生人，襄垣县王村镇史北村人。

问：什么是牙行？

答：牙行是以前交易时主要因为买卖双方往往是熟人，不好讲价钱，这时就需要一个中间人，后来慢慢发展成为一个专门的行当，牙行是靠嘴吃饭的。以前大部分生活物资的交换都需要中间人，后来只剩下牲口交易才需要牙行了。牙行与买卖双方的关系是相互依靠、共生的关系，襄垣人常说："两手交钱，不为刁拐""他们保证我们有饭吃，我们保证他们有钱赚"。

问：你是如何接触到牙行的？

答：初中毕业后在村子里务农，后来因为具有初中文化水平，便担任了队里的会计。那时，队里经常需要买粮食，我便开始从农户手里买进粮食。然后再转手卖给队里，从中可以赚得一些差价。后来，慢慢地，队里事情不多的时候，我就开始到外面贩卖粮食和木头。这在当时被叫作"投机倒把分子"，我跟队里都是说出去走亲戚。那时，当地的玉米卖一毛三分五一斤，我收购以后运到北河涉县、山东菏泽这些缺粮的地方，就可以卖到三毛五一斤。襄垣地区的北乡和西乡土地比较多，因此，产粮也多。这些信息主要是通过同行相互告知的，那时，就已经渐渐有一些人偷着出来做小商贩，这些人相互之间就成了同行，相互告诉哪里有粮食买，哪里好卖粮食，有时还可以相互差额转让粮食。

1981 年，李开始到镇里的养殖场工作，那个养殖场主要以养牛为主，他也因此接触到了牙行。牙行的功夫靠天赋，也有家庭影响的成分。李的父亲以前是放羊的，和牲口打交道；李年轻时给队里当会计锻炼了经济头脑，另外，在实践中慢慢练就了看牲口的能力。他说做牙行是有一定窍门的，比如你要想压低卖家的价格，那么就要多挑牲口的毛病，吓唬卖家，让他们觉得这个牲口不卖拉回家也没用了。比如，他就曾经用面团在牛头上捏出一块癣，然后对牛的主人说这个癣不好，这样就顺利低价买进一头牛，回头将面团洗净，转手可以卖个好价钱。

官牙行和私牙行

1949 年以后，襄垣的牙行有官牙行和私牙行之分。所谓的官牙行是新中国成立后，政府用"交易员"替代牙行的结果。政府规定要想做牙行必须先到工商局考"交易证"，形式是现场考核。首先是考察能不能根据牲口的牙齿判断其年龄，其次是要考核能够根据推断的情况给出较为合理的价格。考核通过之后，当场就可以发证。考取交易证之后，牙行就叫作"交易员"了。加入官牙行之后，每个月要按时向工商局缴纳管理费 400～450 元，如果低于这个价格就要被没收证件了。交易费用的缴纳主要通过"单子"进行管理，按照规定，官牙行的每一笔交易都要经过正规手段，那就是下单。单子的格式为：

> 甲方：xxx　　乙方：xxx
>
> 品种：
>
> 预定价格：
>
> 　　实收管理费：（3% 以下，由卖方交）
>
> 　　交税：（3% 里的 40%）
>
> 　　　　　　　　交易员签字：

但实际情况下，一般只有陌生人之间才要求"下单"，这时，单子主要是作为凭证和保障；熟人之间不要单子，否则还会伤交情，熟人社会中人们之间是靠道德约束的，具有法律效能的单子主要是规范陌生人之间的交易。由于官牙行要下单，因此排除了那些不识字的人。相比而言，即便要交税，官牙行还是比私牙行赚得多很多。一方面，官牙行由于有证件在手，容易受到人们的信任，而私牙行要想做得好，基本上是靠自己经营多年获得的名声；相比而言，特别是陌生人之间的交易更愿意选择官牙行，因为有单子，买卖便有了保障，交易之后发现有什么差错还有挽救的余地。另一方面，政府规定，只有考了证的官牙行才有资格赶任何一个庙会，这样，官牙行除了本县的庙会之外，还可以赶比如沁县、武乡、黎城、长治等周边地区的庙会，这样，行业内部的联系大大增多，挣钱的机会也因此大增。而私牙行通常只能赶本村及周边的集市和庙会。私牙行是民间认可的。私牙行和官牙行之间是相互配合的关系，没有官牙行，那么从法律意义上讲就不存在牙行了，但官牙行也要依托私牙行才能持续下去。

牙行"太鬼了"

跟牲口打交道的人什么话都能讲，什么事都能做，用襄垣的土话形容牙行就是"太鬼了"。比如，两个牙行一起合作出去贩卖牲口，为了多挣些钱就装成兄弟俩。讲好价钱后，一个让卖，一个不让卖，最后甚至会打起架来，打得出血的都有，这时，买家往往就会多加几百块钱，最后，两个人平分这些钱。再比如，李以前在北关庙会上看到一匹骡子，个子很大，但一看身上的皮毛就知道没有拉过磨；他就拉着骡子转几个圈，圈子绕得很小，骡子便晕了；他就对卖家说骡子有脑膜炎，卖家原先的要价是1500元，他就砍到1050元成交。买下之后转手卖给养殖场，净赚几百元。李说，这主要还是得靠经验、分析和眼力。牙行就是靠嘴吃饭的，以前粮食、水果、煤炭等生活物资用品的交易都需要中间人，现在只剩下牲口交易的牙行了。其实，现在很多服务行业的中介公司类似于牙行，挣中间的差额。

牲口的审美

李讲了一下关于牲口的审美。以牛为例，牛主要看腿长不长，牛腿一般讲究要粗但不能太长，牛蹄要是爪土虎，走路、干重活比较稳。脖子不能太长，他们将脖子太长的牛叫作五条腿。腰要短，要让牛下坡以确认腰部是否受伤。腮帮要宽，这样才能吃。其他的大牲口比如驴、马、骡子大多如此。

现在牙行的状况

20世纪80年代，一个县差不多有二三十个牙行。以前，史北村每年二月二有个"骡马大会"，最多时，有五千多头牲口。现在，以王村为例，大概还有三四个牙行，比如汾阳有人来买牛，到了这个村子首先找的就是牙行，由牙行带着他们到户上收购。每成一笔交易，给牙行 50 元的回扣。这主要是因为襄垣当地的一个观念和习俗，养牲口的人家忌讳别人上门直接问是否要卖牲口，据说是为了怕牲口听到。另一方面的原因是，牙行对本村和附近村子谁家养了什么样的牲口、打不打算出卖都了如指掌。这基本上已经成了不成文的规矩了。

现在由于外出务工人员增加，耕作的机械化，人们对牲口的依赖性逐渐降低；另外，留在村子里的老年人也养不动牲口，年轻人都出去打工了，人们觉得光是种地养不活人，养一头牛一年只能赚两千多元钱。牲口的养殖主要集中在养殖场了。以前一个三十来户的村子基本上家家都养牲口，现在只有几户人家还在养。李现在还会做牙行，去年他跑了文水、祁县、清徐三个县。他与这三个县建立的关系有十几年了，一年能卖五百多头牛；今年正月里跑了三四天，卖了 20 头。山东来的贩牛的，住在沁县，在那里设了个收购点，他收了牛就可以到那里卖。这些外地来的收购商和当地牙行的关系比较好，有时还会在李家落脚。

三　几份普查资料展示

襄垣的牙行已经基本上很少见了，少数尚存的几位也说光靠牙行已经无法填饱肚子。

北底乡堡后村牙行

堡后村农家使用牲畜以骡、马、驴为主，既作为畜力使用，也可通过让其繁殖获得一定的经济收益。到街上买卖，因为是熟人社会，买卖双方不好意思直接讲价，就需要找中间人来商量价钱，俗称"牙行"。他们也不直接讲价，而是用手在衣袖下捏指头。拇指表示大价钱，食指表示百元，小拇指代表零头，然后分别低声告诉双方出价和要价。牙行人通过在中间调停促成一笔生意，而获得一定的酬劳，这笔钱是由卖家出。

王村镇孔家洞村交易牲口

买卖牲口必须有口好牙齿，牙齿好坏决定牲口的买卖价钱。一买一卖，由于大多是熟人，相互之间不好搞价，中间需要一个穿针引线之人，在我们当地把这个叫作"牙行"，把商定的数字叫作"捏们"；又因为他们搞价时，习惯用手在衣服角下面互相捏手指定价格，古时叫作"论嘎"。买卖成交后，牲口的笼头必须交还原主，意思是卖牲口不卖脑袋。

王村镇史北村牙行

从前叫牙行，1949年后改为交易员。一开始只有牲口交易时有牙行，后来粮食、瓜果、煤炭等各行各业负责说价的中间人都叫牙行；牙行主要是靠嘴吃饭。

虒亭镇赵村牲口交易

我们所说的牲口交易，中间人必须公正无私，据传交易员在进入集市贸易前，必须先洗身体，至少要洗手，要在自己家的天地窑前给天地爷烧香，摆供发誓，要保证公正、不可看人穷富下价、不可私看其财等。牲口交易必须评定牲口的好坏、不可明叫而是在衣服底下用手搞价，直到双方都满意才可喊价，俗称"唱响"。一般情况下，大拇指表示一千或一百、食指代表零头，比如一千零一百的一百就伸大拇指和食指。

襄垣牙行（采自县政协《岁月回眸》）

第三节　商贸民俗*

一　襄垣商贸习俗概述

一般情况下，我们将商贸民俗划分为小贩、集市、店铺三种类型，这主要是

---

* 本节部分内容参考了张茂德、韩保才、刘太行等提供的资料。

从交易形式出发，比如小贩是要主动找顾客，店铺则是顾客自己找上门做买卖，而集市则是介于二者之间，是顾客和商贩约定到一个公共的、公认的地点进行商品交易。从历史角度而言，这三种商贸类型在襄垣地区皆存在，但却并不能完全代表当地的商贸形式和商贸民俗。由于受到晋商文化的影响，襄垣地区的商贸民俗主要体现在集市和古商道两个方面。

襄垣地区的商贸活动是整个晋商文化的一部分。晋商是对山西商人的总称，晋商首创了历史上的票号，"票号"是当时通商的一种方式，汇通天下，曾在中国历史上显赫一时。襄垣的商贸活动可以追溯到唐宋，尤其是宋朝，襄垣地处边界，贸易比较繁盛；现在的虒亭镇、西营镇是南北物资交换的要道，比如南方的茶叶、北方的皮毛，以及当地的铁货、砂锅等，都在这里进行交换。当时的官道是"潞安府—襄垣县城—虒亭"；"东阳关—王桥—县城"。此外，襄垣还有一条古商道"襄垣县城—史北—太谷"。最早的商贸交易以物物交换为主，后来钱庄渐渐开始自己印制"小票"，"小票"的使用范围往往与钱庄的实力直接相关。当时，襄垣县最好的钱庄是"祥泰盛"，发行的小票在本省以及河南、河北三地一度广为流通。

商业行为一直伴随着人类社会，但相较而言，现代社会中的商业呈现出很强的一致性，即同类的商业行为基本上都一样；而传统社会中的商业行为则具备极强的地方特色，因此，才会形成独特的商贸习俗。

襄垣乃晋商文化的发源地之一。下面这则普查资料可以佐证：

晋商文化发源之地襄垣

晋商文化源远流长，早在春秋末叶晋国大夫赵襄子筑城于甘水之北，襄垣就成为晋商文化的发源地之一。根据县志查考，有文字记载以来，城乡的扩建，矿山的开发，道路的修建，在襄垣境内发掘出了属于新石器时期龙山文化中大量的粗细泥质灰陶制品。金正大二年（1225），上丰村，磁窑头，就开始生产粗细泥质陶器，远销晋冀鲁豫。元朝初年，县城南关，东畛由李姓开始生产麻纸。为当时传承记载科技文化、人文地理、自然地貌状况，做出了大量的贡献。元大德年间（1297），本县开始有人生产挂面，一时驰名上党各州县，远销京津、晋冀鲁豫等地，丰富了当时人民的饮食文化。元朝年间，炉沟人李麦，创办了全县第一家炼铁厂，铁制品开始广泛应用。明万历十一年（1583），北郝村李富红，开办了第一家粗瓷锅碗窑。杜村崔氏、冯氏两家开始生产白酒，上述产品远销潞府八县。清朝初年，襄垣黑酱，已驰名上党府州各县，乾隆四十四年（1779），被列为皇家贡品。乾隆四十九年（1784），阁老凹李富春开始制醋。

至此，襄垣的陈醋、黑酱、挂面已成为名优产品，极大地丰富了人们的饮食文化。由于李麦铁厂开办，极大地带动了当地的铁制产品。清光绪年间，南田漳人武四保的翻砂厂铸造的铁锅、蒸笼光滑轻便耐用，深受用户欢迎，远销潞府八县。王桥、西营一带出现大量的小熔炉、翻砂厂，南田漳崔玉田、魏三孩生产的大铁锅、双耳炒菜锅，西营的大环锅、各种铁火炉已名噪上党各县，远销河北、河南、山东各府各州。铁制品的大量生产，促进农业技术的进步，城乡人民收入猛增，为保证物资交流畅通，钱庄、钱铺、票号、当铺应运而生。

当地票号票证

清咸丰二年（1852），冯村李四贞，石峪牛怀保两家合资六千两白银，创办了当地第一个钱庄——北街口"恒茂昌"。清光绪二十四年（1898），杜村的崔海贞，开始创办第一家票号，资本三千元左右。为本地区商品流通、金融汇兑提供服务。

为了让工商业者融资和部分群众暂度困难，当铺应运而生。清末民初，有名的当铺有：冯村李四贞在东街开设的"晋盛当"；虒亭的"晋丰当""恒升当"；东北阳王维新在东街开的"大丰当"；庙坡人连钟灵、连钟秀在后街的"德昌当""天益当"；太谷人在南关开的"三通当"；屯留人在西营开的"中和当"；史北村的"德兴当"；夏店人李广和开的"三益当"。

民国年间，李四贞又在东街开设了"恒兴隆"。东北阳王维新的"大丰厚"，东北阳人王三有在东街的"义聚和"；陕西人黄国梁在后街开的"鼎恒茂"，西街的"鼎恒庆"；西河底苗勃然在后街开设的"天裕厚"；夏店桥头人王海云在南街开的"天心园"；丰曲村何焕文、郭海江合伙开的"德成庆"，阳泽河连花苟在小圪廊开的"华泰永"。最有声势的是庙坡的"祥泰胜"，庄票流通山西东南部、河北北部及河南北部，达十多年之久。

票号除杜村的崔海贞"争胜源"外，还有店上的"恒生源"，井峪村的"德和久"，李后沟的"天一堂"，水岩山庄刘氏也曾出过小票，但资本不大；随着时代进步，上述票号的存在时间不长，但为促进当地经济发展曾起到了一定的推动作用。这些钱庄、票号、当铺的迅猛发展，不但调解人民群众文化生活的一时困难，对市场的流通、工矿业的发展起到了资本积累的作用。由于资本的不断积累流通扩大，民国初年当地工矿业发展较快。

1916年七月，黄国梁在道沟坪开办了第一家煤窑。1922年七月米正海在县城的西南开办了第二家煤窑。1925年，王桥村人杨守贞通过借贷也在五阳岭开办了一家煤窑。1926年十一月二十四日，王维新凭借钱庄、当铺资金的积累扩大，在善福石门沟开办了第四家煤窑，煤炭生产的发展不仅促进了手工业的发展，也提高了人民的物质生活水平。

民国初年上丰村的缸碗窑，善福的"瓦钵"曾名闻全县，曾有民谣流传"上丰善福瓦钵缸，故县闺女不用相"。（另有"回辕瓦钵上丰缸，黄楼北闺女不用相。"）也说明其产品质量极为上品，曾远销潞府各县及临近省份地区。民国年间，县城西街开办了平民工厂，从业人员115人，能生产畜力大小车辆和平立、卧式织布机，极大地推动了当地运输业、纺织业的迅猛发展。值得一提的是北关孟、路、李三大家，曾在归化城（今呼和浩特市）创设钱庄、当铺、京货铺、杂货铺及客栈、饭庄。北关贵江沟孟代新在孝义创办麻绳铺、北关十字街李氏老二曾在河南沁阳开办杂货铺、旱烟店，为晋商文化走出襄垣起到了一定的带头作用。

1949年初，襄垣城内大街小巷一片繁华景象。当时酱坊、酒坊、醋坊有名的分别是西街的"源顺昌""祥瑞德"；北街的"协顺昌""源公昌"；南关的"德胜昌""和顺昌"。饭庄、客栈有名的是"小庙口饭庄"，上寺楼"鸿泰饭庄"，北十字郤家烧饼铺，北关张姓，东关街的胡姓，南关街王姓蒸馍铺，北大街的"东升车马店"，南大街周银圆车马店，南街赵氏的肉铺等，其他行当也应运而生，南大街赵天宝的照相馆，董华秀的镶牙馆，李贵和的修表铺，杨突财的"恒盛鞋店"，上南街的张治安、李毓秀、李和福合伙开的杂货铺，城西北角魏小苟杂货铺，东北街鲍计生理发铺，上南街付根堂，南麻池米兰庭的药铺，南庙北傍的锅碗铺，襄垣的私营工商业非常发达。

二　襄垣县的几个古商道

王桥镇原庄村商道
地处襄垣县与黎城两县交界处的王桥镇原庄村，距襄垣县城四十里，历来被称为襄垣县的东大门。东出原庄村，经过井关、普头两个村，便到了马鞍山与黄岩山两山谷底的石圪廊。出了石圪廊，经过黎城县的上遥镇、黎城县城和东阳关镇，然后东出阳关下太行，便直奔华北、华东两大平原，莅临河北、山东两省。

襄垣人们常说："邑子、安沟、原庄、普头。"这四个村出名的原因是它们的地理位置特殊。原庄、普头被称之为襄垣的东大门，邑子、安沟便被称之为襄垣的南大门。中间有二十一个村把襄垣的东大门和西南大门连成了一条通道，这便是襄垣人常说的原庄商道，在襄垣县境内全长近百里。南出候堡镇的邑子、安沟、横过屯留、沁源、安泽、临汾，跨过黄河，便长驱陕西、宁夏、内蒙古。

由于原庄特殊的地理位置，自古以来便成为我国华东、华北、西北各省相互通商贸易的一条重要商路。原庄村因而也成为东西各省商贩互相交易商品的重要场所，成为襄垣八小镇之一。从清朝初年到抗日战争爆发前，原庄街商客不断，生意兴隆。

相传清康乾年间，原庄就是上千户人家的大村，全村有三千多人，是方圆百里的经济、商贸中心。村中有"双龙和""义恒盛""义和堂"三个商号，九大店铺、五座煤场。仅"双龙和"一户在原庄街上就开设有粉坊、木铺、斗铺、杂货铺、银匠铺等店铺五座。盖有藏粮楼一座，收纳武乡、沁县粮贩大批商粮，销往黎城、潞城及河北、山东。义龙和是种地兼买卖的商户，老掌柜郭丙明曾是安德、善政、安宁、返底、原庄、井关、普头等村村长，五个儿子种地经商，成为原庄村首屈一指的富户。

原庄村的苏金龙在村开设煤场两座，骆驼车马店各一座。大批煤炭每天从潞城小河堡运往原庄煤场，黎城、涉县、武安商贩又前来原庄买煤买炭，人车如流，生意十分红火。苏金龙的车马骆驼店也很出名，每天来自宁夏、内蒙古的驼队住店投宿，六口骆驼为一帮。其他各地的牛马脚车、牲口驮货也有不少人投宿过夜，其他八个旅店也是夜夜客满，久盛不衰。

经过原庄商道的货物齐全，从东来的主要有山东、河北及黎城的棉花、布匹、核桃、柿饼、软枣、花椒山货，从西来的有牲畜、食盐、煤炭、粮食等。相传原庄的义龙和老掌柜郭丙明原居岭南后村，以种地为业。有一年从河北贩运棉花的商贩经原庄，失落一批棉花，后被郭丙明所拾。之后，郭丙明一时发财，又是买地，又是养羊，很快兴盛起来，便在原庄村买地购房，开起了义龙和号商行，由其大儿子郭金海当掌柜，红极一时。

原庄商道过往客商长期往返，为当地经济发展和文化发展，带来了勃勃生机。

有不少当地农民加入商队，弃农经商，走向富裕之路。清代咸丰、同治年间，安德村有韩辛卯、韩生卯兄弟两人，常与来自宁夏的驼队商人接触，日久便成为熟人与朋友，兄弟两人便步入商界，加入商队，一人经营骆驼行店，一人跟随往返于山西、陕西、宁夏，从事贩运骡马牲口的生意。光绪年间，这支商队转移到晋城一带做买卖，这兄弟两人便从安德村迁居到泽州，在大阳镇开骆驼行店，贩运牲畜。后来在泽州县大东沟镇南坪村落户定居，开设铜、铁农具商品的作坊和油料加工的作坊，从事商业和手工业生产活动。所产商品运往陕西、宁夏销售，距今已有一百多年历史。据原任《山西日报》副总编、《人民日报》海外版副总编、现居北京市的离休干部韩钟昆同志回忆说，他爷爷就是在光绪年间从襄垣安德村迁居晋城的，他爷爷和父亲曾到过宁夏的贺兰山一带，他父亲生前是个有名的牙行、兽医。

每年农历二月二十二日开始的安宁古庙会更是千里商贩汇集之时。据传，安宁庙会原来是襄垣、黎城、潞城当地农民出售和购买农具、牲畜的春季生产物资交流会。由于安宁村地处原庄商道之要地，明清以来各地商贩便慕名而来，山东、河北、安徽、河南、陕西、宁夏、内蒙古及本省安泽、沁源、武乡、榆社、太谷、榆次等地的客商每年必来。据记载安宁古庙会最多一年的商贩来自全国十八省、市，其规模越来越大。

日寇侵占襄垣，原庄商道因战乱凋敝。抗战胜利以后，原庄集贸市场一度得到恢复。特别是土地改革以后，以粮食、煤炭、棉花交易为主的原庄集贸市场再度兴盛，每月逢六为集日的原庄集贸市场更是显示出它的勃勃生机和活力，成为襄垣、黎城、潞城个体商贩和当地群众生活生产的重要场地。

王村镇史北街古商道

史北街，位于原沁州中心，距襄垣县、武乡县、沁县三县城都是 25 公里，属于潞安府管辖。此地虽属丘陵山区，但交通四通八达，在襄垣县居八小镇之首位。史北街集市起源于明朝末年，繁盛于清代，衰落于抗日战争时期，复兴于改革开放年代。由于地域条件优越，明朝后期已有小客商在此交易。一位史姓财主在上府川做生意荣归故里，看到本地条件优越，可以开设集镇，便联络游商和坐商规划投资修建街镇，以方便于商贸。由于史姓财主出资最多，占地最大，市房门店均占首位，又建在襄垣县的西北部，便取名为史北街。到清朝顺治年间又有一户马姓财主召集马姓家族在史北街的西面续建一里长的街，叫马北街，但终因不及史北街宏大繁华而没有传承下来。

史北街到清代康熙年间已经十分繁盛，街长二里多，南北两行楼房林立。各类店铺已经发展到一百多家，仅街上饭铺、蒸馍烧饼铺及各商号店铺用面的磨坊就有十五家。由邯郸、武安、邢台等地人经营的棉花店就有十几家，染坊十多家，以德茂昌染坊技术为最好。大型饭铺十三家，以大兴店、连开店等饭铺最为兴隆。药铺六家，以保和堂、志和堂两药铺医术和药品信誉最高。油坊八家，以晋寿轩油坊的大梁油质量最好。酒坊四家，玉源酒销量最大，销路最广，多销于上府川等地。百货商号店铺四十多家，以景升春商号为门面最大，经营货物品种最多，生意最好。最具襄垣风味特色的大鏊烧饼二十多炉。粮食交易百斗二十多支，有果品交易牙行，牲畜交易牙行，有煤炭交易牙行，肉铺、纸坊、盐店、皮坊、银匠铺、估衣铺、蒸馍铺应有尽有。当时史北集镇是双日集，到集日除商号店铺外，街上货摊、货郎担、粮食、水果、蔬菜等一街两行，井然有序，人头攒动，熙熙攘攘，叫卖声吆喝声、讨价还价声此起彼伏，不绝于耳。

由于史北街周边民风淳朴，加之各商号共同出资公推有三名巡街，负责地方治安、管理秩序、检查货物真伪等，对违法商贩有很大的制约性。所以周边地区对史北街集市有夜不闭户、路不拾遗、货真价实、诚信服务、童叟无欺之美名。由此吸引了更多的商家和顾客，使史北街更加繁荣，当时棉花来自于彰德府（今河南安阳）、顺德府（今河北邢台）、武安等地。绸缎、染料等货多数来自于京津等地。铁货多来自于荫城、泽州等地。从乾隆年间，有史北李家的玉龙厚和杜村崔家的积义昌两家出票，方便流通，只在襄垣北半县范围内流通。一开始只有李家"玉龙厚"一家当铺，到清代宣统年间，山西平遥有一名叫郭成的财主，闻史北街之名，通过实地考察，认为史北街乌龟探水，是可发财的吉地。在史北东街占地三亩，投资十万两白银，修建三进院当铺，堂号为昌晋源，并兼做平遥城内各票号的汇兑业务，日进斗金。京津两地，彰德、顺德两府，以及涉县、武安等地客商多在此办理汇兑业务。昌晋源当铺的宏伟建筑和红火生意在襄垣北半县是首屈一指，当铺兼做票号汇兑在襄垣更是绝无仅有的。

三千年商道话虒亭

相传，上古时期的后羿射日就在虒亭南面的老爷山。老爷山南山巅属屯留县，北山巅属襄垣。夏、商时期在全国建驿道，虒亭恰在驿道上。遂成为盛极一时的商品集散地，也成为一处重要集镇。

虒亭不仅是名不虚传的千年古镇，而且是山西通往河南乃至江南的交通要地，同时也是整个中原地区通往山西、蒙古乃至俄罗斯的必经之地。80年前，阎锡山未修白晋公路之时，大官道往北经沁阳驿、权店驿、出长治市直达太原、北京。

往南经赵村、关上、鲍店驿、大堡头驿出长治市下晋城到河南，历经三千多年。当时，在官道上约三十千米有一驿站，虒亭是其中一驿；约五千米有一亭以维护驿道安全，虒亭又是一亭。约有一铺（即虒亭铺），所以虒亭还为一铺。通信设施有烽火台，俗称招坑堆。虒亭有一招（招坑堆有土窑、土坑供看烽火台使用）虒亭招坑堆在木业社院内，1958年拆毁。递邮局（虒亭递邮局在唐、宋时就有文字记载）地址在东街。虒亭向东通往襄垣、黎城、邯郸有小官道（此路称东大路）；西经土落、虒亭岭通往故县、沁源、临汾也有小官道（此路称西大路），东西两道，同样有烽火台（以上四条路有的虽废，但都有烽火台尚存）、驿站等。在大官道上凡有驿站的地方都有差务处，虒亭差务处在东街马王庙东侧，负责人由县官委任，差务处在其马号内常年备有马车数十辆，以备官差急用，闲时在官道上跑官办的短距离运输。官道即为商道，因商人依托官道运货，不仅食宿方便，而且安全系数高，特别是用官办的差务处运输安全系数更高，且昼夜不停，速度快，通信也方便，因此，虒亭是襄垣对外的"水旱码头"之地。1949年前，因商业繁荣，虒亭一直是襄垣四大镇之首。要说虒亭的商业，还得从这里的地理位置和沿革说起。

西周商业出现，商人借用官道做商道，虒亭商业兴起。自周平王迁都洛阳后，货币出现。春秋开始为商业比较成熟时期，就在这个时期，晋国扩至清徐和寿阳以南，东至河北永年，虒亭在晋国北部中心位置，为巩固边防，晋国在这里建别都，筑宫室。据《乾隆襄垣县志》载明朝杨彬《虒祁宫》诗一首以飨读者：

> 宫殿倾颓不计秋，萧萧满目尽逢邱。
>
> 徘徊故址今何在，想象繁华不久留。
>
> 霸烈千年推晋业，雄风百代忆韩侯。
>
> 往来凭吊思遗事，惟见漳江空自流。

从此，虒亭成为晋国第二大城市，这时中原的青铜器等，经虒亭运往北面。北面的马匹等经虒亭运往中原，虒亭成为晋国北部商品的集散地和政治中心，这时，虒亭的南北大商道逐渐形成。从我国铁器的出现到唐朝虒亭废县，这一千多年是我国商业成熟时期，关内的商人积极参与了北方边境蒙汉互市的边贸，他们以自己故乡的商业为基地进行多业经营。如南方的茶叶、关内的丝绸、铁器等源源不断地经虒亭的大商道运往北面。形成了通往西边的"丝绸之路"之后，又形成了通往北边的"茶丝之路"。这条北上的"茶丝之路"又称"茶道"或"驼道"。是晋商等开拓的通往外蒙和俄罗斯的一条漫长的通路，它对于塞外的开发、边疆的繁荣功不可没，是北方疆土与世界沟通的重要纽带。

明清年间，在晋商的大力推动下，逐步形成了一条以山西、河北为纽带，北越长城，贯穿蒙古，经西伯利亚通往欧洲的国际茶叶运输线。比如，福建武夷茶的运输线是：由福建崇安县过分水关，入江西铅山县，在此装船。顺信江下鄱阳湖，穿湖而入九江口入长江，溯江抵武昌，转汉水至攀城，起岸贯河南入泽州经鲍店、虒亭出子洪口上太原、大同、天镇，贯穿蒙古草原到库伦至恰克图，真是水陆兼程，千里迢迢。可以想象当年虒亭的大官道上车拉、驼运、蹄声嗒嗒，驼铃叮当的壮观景象。

在京汉铁路未通之前，以小米为主的小杂粮，主要销于晋城、河南一带，虒亭是双日集，每逢这一天，沁县的粮商从北大路来虒亭；沁源、故县镇一带的粮食从西商道经故城、虒亭岭、土落运到虒亭，当时群众有"拉不完的故县镇，填不满的虒亭街"之说；襄垣东乡一带的粮食，从东大路经夏店来虒亭；武乡的粮食则从武乡经史北、送返来虒亭；东武乡、西营一带的经店上、王家峪、西岭、高庙岭、送返来虒亭，到虒亭上"码头"后，则通通走上"茶丝之道"，经鲍店、晋城下河南，每年运走的粮食均在 100 万石以上。同时也借此机会在虒亭采购廉价的四方来货。此时虒亭南北两个集场同时开。据温家庄村 80 岁老人李昌东回忆，由于虒亭一带小米的米质特佳，晋城和高平一带群众称虒亭米、余吾麦为粮中极品。京汉铁路通车后，由于粮食减少，两个集场轮流开，一家半个月，斗铺也减少了一半，沁县、沁源、屯留一部分和虒亭附近的粮食，从虒亭口岸上路，经上遥、黎城出东阳关下邯郸，每年不下 60 万石。

明朝时期，西营、下良一带生产的一种铁货，还有西商道来的沁源铁货，同荫城铁货一样，格外受到北方蒙古牧民的欢迎，是互市交易的重要产品，从虒亭"码头"上"茶丝之路"有的顺北大路，经太原出雁门关销往国外，有的顺南大路销往北方铁货集散地荫城。

自从棉花传入中国后，因气候原因，襄垣、武乡、沁县一带所产棉花远远不够当地使用，除一小部分从武安购进外，绝大部分是从洪洞一带经西大道购回虒亭，进行销售，当时人们车拉、年运量不下一万担，如虒亭镇西庄村的张义元一家祖上，从明朝年间在虒亭开棉花店一直到 1949 年前，张家院老宅还被叫作花店院。当时襄垣、沁源、黎城及沁县南半部棉布从北大路销往雁门关以北与大同一带或出口到国外，年销量不下十几万匹，后来由于西洋机织布的涌进，逐渐消失，至民国年间，纱场废弃，成了垃圾场。现抄录当时《织机》诗一首以飨读者：

穿蔻才完便上机，手串梭子快如飞。

早晨织到黄昏后，多少辛苦自得知。

隋唐时，潞酒在全国就享有盛誉，宋以后则声誉更高，大大地吸引了河北、山东一带酒客。当时虒亭一带，如赤北酒、果沟酒、冀家岭的稀泥沟酒，都是被虒亭的驮运队经上遥出东阳关运往邯郸及济南一带，年运量不下15万斤。民国年间，虒亭街上两家皮坊合计五十多人，大皮坊四十多人，据八十多岁的皮坊老人侯马驹回忆，有三十多人常年在长治市北五县收皮，大批生皮销往邢台，每月两次，三十多驮，合10000多斤，折皮一千八百多张，年发生皮两万多张，少量皮经加工后，顺南大路，销往长治，每年两季，收羊毛约20多万斤。全部顺东大路出东阳关销往邢台。

虒亭有药店十多家，其中以"同兴熙"为最大，侯马驹回忆，该店有店员五十多人，常年有人在东北、河北、山西，收购人参、虎皮、黄芪等北方药材，发回虒亭到鲍店药会（全国四大药会之一）销售。然后再从鲍店购回南方药材再销往北方。当时的襄垣、武乡、沁县一带药店都来虒亭进药，最后一任掌柜叫李全林。虒亭的京货铺在清朝年间，全为武安、邢台一带的河北人经营，货物全从河北经东大路运来。

据石家岭村的一位老人刘如孩讲述，其祖上以贩运发家，历经六世到其曾祖父清末文秀才，二祖父刘宝林清末武安秀才，父辈有四人，其中老大刘怀玉，即刘如孩生父，负责贩运，先养骆驼后换成驮骡有二十三匹，叫驴一头，贩运果沟酒。他和贩赤北酒、稀泥沟酒的商贩结成驮帮，约五六十头牲口，从虒亭运上酒顺东大路经邯郸到济南，有的则经西大路往临汾，还有的送到黄河边的永和关，再由货主用船渡到对岸的延水关，用陕西驮帮经过安泽运到陕北的集散中心延安，回来则驮西部药材、棉花等返回虒亭。在清朝年间，虒亭有骆驼帮、驮骡帮，至民国初年因阎锡山修成白晋公路后逐渐消失。老二刘二怀，在虒亭南街，紧靠正楼底东侧开有恒和成杂货店，门面五间，并出有小票，老三刘怀魁在石家岭经营有土地三顷，宅院四所，老四刘怀景在石楼开有煤窑，刘宝林还一度身兼虒亭街街长之职。

虒亭除去大小商道构成的交通十字架以外，还有一条通往虒亭东北面昆仑山经送返、南姚、善福三个大村，到距虒亭30千米的石楼坪拉煤的"煤道"，因为在清朝年间，襄垣只有石楼坪一带开有煤窑，当时沁县的人全部从北、西两条大路经虒亭上"煤道"，屯留北半部吾元一带从南大路经虒亭上"煤道"。特别是到了冬天，卖煤的车一辆接一辆来虒亭上市，再加上四条官道上的车马，可以想象虒亭当时车辚辚、马萧萧、驼声嗒嗒"五道通衢"的"旱码头"是多么热闹繁忙。正因如此，煤道所经的三个大村，都成了清朝年间襄垣的"八小镇"，到民国年间，因在虒亭东南面，距虒亭20千米的道沟煤窑出煤后，"煤道"消失，以上三个村又由镇改为村。

虒亭街开店有十多家，有远近闻名的石柱店，这是明末清初韩家沟村—韩姓财主名"金猴"的人在虒亭因开店发家，喂马棚木桩经不住牲口啃，耗巨资在十字村附近高庙岭下的炉子沟弄的十三根丈长的石条做柱子，在分店院还打井一口，人们俗称韩家井，此井至今还在。他经营的分店六个，一直开到邯郸。他家的驮帮从虒亭到邯郸一路不住别人的店，有一年因国家遭"蝗旱"，朝廷号召捐资救灾，韩财主因捐资有功，朝廷给其挂牌以做褒奖，因此人们又称"朝财主"，韩财主发家至极，在虒亭有驮骡帮，供有戏班，自己娶有老婆九个，儿子十多个。在其过世后有坟两座，一在南坡堖、一在沟北村坪上，一真一疑，都有相互联通的十个墓穴，十口大棺材，有空有实，每个老婆墓下有真人童男童女各一个，每个坟就有童男童女十八个，两个坟共有童男童女十八对，金银元宝放得都一样，韩金猴出殡那天更气派，灵棚从家门口一直搭到坟里，足有3千米长，从起丧到下葬，灵柩一直没有见太阳。虒亭古镇数千年来，一直是襄垣唯一的"水旱大码头"，不知孕育了多少豪商富客。

三 几例集市资料展示

虒亭镇大池村集市

虒亭大街地处南北交通要道，甘陕、内蒙古等地就有马队来此运走所需的盐、粮食，带来棉花、皮张等，集市有当地政府主持，有中介人从中交易，虒亭集、送返集两大集市交叉进行，现在仍延续，虒亭集每逢每月三、六、九，送返集是每月二、五、七。

下良镇下良村商贸集市

古镇坐地店铺有一百多家，从西街到东街，染房、醋房、盐店、饭铺、豆腐坊、挂面坊、油坊、皮坊、锅碗铺、绸缎庄、当铺、车马鞍具店、铁货铺等店铺一应俱全。每月逢三、六、九集市。街店、门面、各店铺的生意十分红火，各路商客届时云集古镇，十分热闹。

王村镇店上村集市

逢初一为集市日，人们都会聚集在大街上，买卖各种各样的物品，这给村民的生活带来便利，使大家不用出远门都能买到自己所需要的物品，也给一些卖家提供了方便。

襄垣县西营镇集市

据说，这是元代时，襄垣人李执中在朝中任礼部尚书，有一年，他奉旨返乡在西营延留数天，为西营镇的繁华热闹所感动，留下即兴诗句"天边几处有镇落，物阜天华人灵杰。拟于皇城丽色景，山郭酒肆醉游客"。西营，为襄垣县北部的一个古镇，距县城26千米，在浊漳河北源河畔。据《襄垣县志》载：东晋大兴二年（319），石勒进据襄国，称赵王。此地系石勒的西兵营，故得名"西营"。唐时，西营已初具规模，有宽敞壮观的建筑，镇东、西、南、北四条街，酒旗猎猎，店铺林立，各条小巷如网挂带，通向四面八方。环镇青山如锦似画，浊漳河水金波粼粼，风光胜景融为一体，颇有山郭小城之色，吸引着不少官吏和墨客到此一游。

抗日战争时期，西营是活跃在太行区革命根据地的一个重要集镇，十分繁荣。当时，八路军在镇上开办毛巾厂、纸厂、鞋厂、煤矿，为西营镇市场的兴旺发达起到了重要作用。每逢二、五、八为集日，每逢集日，武乡、左权、榆社、黎城、涉县等地的商客云集于此，摊点密布，商品琳琅满目，上至绸缎，下至葱蒜，应有尽有。大街小巷，人流如织。市场上买卖公平，秩序井然。

到20世纪50年代后期，由于受到"左"的思想束缚，集镇日显冷落。特别是"文化大革命"期间，集市被关闭。十一届三中全会以来，西营镇的集市又得以恢复，过去的二、五、八集改成"隔日集"。

襄垣县古韩镇集市

古韩镇为襄垣县原城关镇，在历史上集市贸易一直比较活跃，位列潞州八县前列。民国初期最为兴盛，当时有大小店铺三百余家，从业人员千余人。其中，京货业有华泰永、祥云吉、三意号、意巨号、意心和、三合成、永茂公等五十户；医药业有元顺和、金兴堂、恒和堂、三心堂、元顺堂等八户；杂货业有天顺昌等二十余户；钱庄当铺有恒茂昌、祥泰盛、意心和、顶恒茂、顶恒庆、大丰当、天益当、德昌当等九户；棉花土布业十余家；还有染坊、酒坊、挂面坊、醋坊、酱坊等各种作坊二十余家；当地名产丰酒、黑酱、挂面，以其独特的风格名扬河北、河南等地，外地客商争相购买。此外还有农民季节性的临时摊贩一百余户。每日赶集的人流量大约三千余人次，日成交额五千元左右。其中，仅粮食一项，每日成交量可达百石以上。城关镇每年还有五次规模较大的庙会，逢会期间，设摊摆点，赶会的人熙熙攘攘，川流不息。

襄垣解放六十多年来，城关镇几衰几盛，历尽沧桑，直到近几十年来才得到真正的恢复和发展。目前，全镇有国有企业195家、集体企业480家、个体工商业者915户、临时摊点307户、集贸市场7个，市场繁荣，生意兴隆。特别是南街农贸市场更是热闹非凡，这里有襄垣著名传统名吃，诸如宫膳挂面汤、荤汤素饺、龙须挂面、硬面馍、灌肠、凉粉、半疙瘩、关公脸烧饼等。1985年，美国灭鼠专家、联合国世界卫生组织高级顾问霍华德夫妇看了南街市场后，满意地伸出大拇指用汉语说："这个市场好。"同年，国家十部局授予食品卫生"先进单位"称号。

四 襄垣县以前的老字号

（一）夏店镇桥头村老字号——三元堂

据说是元朝年间，桥头王家，其祖辈为躲避抓丁逃难而来，最先在夏店镇靠经商帮衬、做短工维持生计。因人老实、勤快，王家逐渐兴盛起来，家族扩展到王北、池岩、小庄、荒庄，最大的当数桥头王氏家族。桥头王家传到王来元、王成元、王向元这一辈时，他们已经成为拥有土地五百亩、骡马十几匹的大户，时谓之"三元堂"。三兄弟联手修建了王家大院，一排五院，每院一进三门，加之牲口院、猪场等，共十五串院，半道街，后又创建了王家祠堂，扩建了后花园。王家在当时的襄垣县也可谓门第显赫了。

"三元堂"中最有抱负者当数老三王向元，他虽读书不多，但好求上进，闲暇时常向私塾先生了解一下国家大事，学习文化知识。为了使本村穷富人家子弟皆能上学读书，他于1923年修建了私塾，让全村穷孩子免费入学。为此他荣获民国大总统授予的黄绶带及银质奖等。

王向元膝下有二子，长子王海云，次子王缙云，兄弟俩从小聪明伶俐，人见人爱。二人长大后，王向元根据孔子"长子不远门"的古训，让王海云在家务农，打理自家产业；让次子王缙云出外求学、救国。后来王缙云从山西大学毕业后，远赴英国伦敦大学留学并获硕士学位。归国后，在全国农商部任要职，成绩斐然、不负众望。

王海云学习一向也很优秀，在私塾连年考第一，但父亲让他留在身边打理家业并孝敬父母，他是长子，就遵循父训，安心当起了管家，耕种土地。当时因技术落后，又无优质种子和优质肥料，即使是遇上风调雨顺的好年景，其产量也是极低，更何况还有灾荒年。王海云一向喜欢动动脑筋琢磨事情，他想如果产的粮食酿成酒，再用酿酒后剩下的废料喂猪，这样一来，就可以使产量有限的粮食价值翻好几番。想好后，就和父亲谈了自己的想法，父亲王向元非常赞成儿子的想法，于是他就创建了王记酒坊和海云猪场。

王记酒坊每月能酿制 100 坛白酒，到腊月年关能突破 200 坛，其酒香味醇厚，不仅满足了夏店镇，还供应县城，甚至销往屯留、潞洲等地。猪场养的猪销路也极广，年出栏约一千五百头。当他的酒坊和猪场发展势头蒸蒸日上时，王海云并不满足于已有的成果，而依靠在桥头村积累的经商经验，把目光投向夏店镇，可以说这是王海云为了实现商业扩展走的第一步棋了。

他在夏店镇上先后开了三家店铺，即天顺成（杂货铺、捎带售猪；居夏店后街到中街拐角，掌柜任继东）、源兴合（京货铺，时间为 1898～1945 年，当时其经营的京货在镇上独占鳌头）、三益当（当铺兼放账）。王海云做生意一向以诚信为本，而依靠薄利多销，不久便占领了全镇相当的市场。王海云在鲍店镇开了"天景裕"酒店，他把猪场的猪销往屯留县、潞安府等地。他还包了潞安八县的税款，鲍店成为其收税站，并且也打开了南边的商路。

王海云此时不仅积累了足够的从商之道，而且其眼界越来越广，涉足的领域也越来越多，对于商机的把握不仅敏锐而且精准。于是他开始走出了他商业扩展的又一步棋：在县城先后开了"德和进"杂货铺、蛋厂、王记猪场、酒铺。无论是开钱庄，还是其他商业，王海云经商的信誉度极高，口碑不错，于是他很快占领了县城西街市场，并开始向南街拓展。

在王缙云于农商部任职期间，京城猪肉紧张，王海云得知此消息，就马上把生猪运往京津地区，他也就成了名副其实的把猪从晋东南销往京津的经纪人。那里由于军阀混战，赶上猪不敢走军民官道，只好吆上猪从黎城东阳关，经邯郸入保定，进京津。后来王海云在邯郸设立了猪站，一来可以休息，二来可以从京津捎回百货，实际上又成了商业转运站。转运站很大，可以容下 2000 头猪，并临时能收猪，就又独霸了邯郸猪市，另外还设有客房。他把从京津转运回来的百货，批发给县城各商家。他凭着独有的商业才能，已成为远近闻名的大商贾，又因为在京津猪市上占有一席之地，他又名"震京华"。

（二）古韩镇潞商老字号

庙坡连家由阳泽河连家一脉支出。大约在明末清初迁至庙坡，庙坡之所以有此村名，皆因村西北有一香火鼎盛的将军庙的缘故。相传，东晋时期，北魏孝文帝将都城由大同南迁洛阳，途经襄垣之时，恰遇日食，白昼之时伸手不见五指。随行的慕容赤士将军，见孝文帝为迁都之事有违天意，有悔转之念，乃剖腹明志，劝阻魏孝文帝。之后，为表彰其忠贞，孝文帝便将其就地厚葬，后又为其建庙，将洛阳白马寺部分僧众遣来主持佛事，从那时起，庙堂音乐也随之引入襄垣，这里也就有了香火绵延不绝的将军庙。襄垣县十里八乡的百姓家中办丧事，都习惯请来"将军庙"音乐来超度亡灵，历久不衰，一直到"文化大革命"前，才因为庙堂音乐失传而逐渐衰落。庙前的村庄因坐落在山坡上，也就得名——庙坡。

清朝嘉庆年间，襄垣西街新开了一家祥泰盛杂货铺，店面坐北向南，东西八开间，店内柜台、货架全部效仿省城太原的流行式样，就连板杖门也较其他门面要讲究。店铺开张之日，城内各大商号纷纷前来祝贺，东家就是城西庙坡村连家四兄弟，人称"连氏四杰"。老大连福元、老二连福亨、老三连福利、老四连福贞。这兄弟四人，一个个精明干练，识文断字且又各有所长。在他们之前，庙坡连家祖上已经是方圆十里小有名气的富户，只不过是雇用长工，耕种土地，过着农耕生活，从未出外经商。到了他们这一辈，兄弟四人相继成家，闲暇相聚，兄弟四人总觉得固守在庙坡周围这咫尺之地，不能施展他们的抱负，便有心另辟蹊径，成就一番事业。于是，经过一番考察之后，用家中积蓄，在县城西街购置一块地皮，因而就有了此后久负盛名的一家商号——祥泰盛。

庙坡连家的祖上并不发达，在"连氏四杰"祖父以前，农忙耕种之余，家中男子学得一手掌鞋手艺，便到十里八乡为人修鞋，挣些零用钱，行当虽然不起眼，但生意相当红火，就凭着这个手艺，到其祖父这一辈家中已经相对富足，且为子孙后来的发展奠定了有利基础。直至如今，连氏后裔仍保存着祖上留下掌鞋用的拐钉、铁锤，祭祖时，仍要拿出向后代做一番交代。只不过后世人有主尊者讳的习惯，不愿意向世人宣称巨富之家的先祖曾是几个掌鞋匠的典故，便编造了一个祖上积德行善，救助过一个落难的掌鞋匠，这鞋匠留下的拐钉、铁锤因感动上苍，竟然一夜之间变成黄金云云。

到了"连氏四杰"祖父这一辈，家中一脉单传，仅有其祖父一位男子可以继承香火，而其祖父眼看要过壮年，膝下仍是一帮女娃，苦无一位男丁。无奈之下，便从邻村石灰窑连家近门过继一男，此人便是"连氏四杰"的生父。祖父对"连氏四杰"疼爱有加，生活上照顾细微自不待言，请来教书先生，办起私塾，督促四人读书上进、寒窗用功，更是用心良苦，兄弟四个有幸不负祖父厚望，一个个出落得知书达礼，诚信为人，却又各有胆识，从而为庙坡连家后来发迹造就了人才优势。

追溯连家发迹的历史，老大连福元可以说是不可或缺的人物，此人颇具其祖风范，为人大度厚道，处事谨慎缜密，且又胆识过人，敢为人先。祥泰盛尚在酝酿阶段，连福元即打点盘缠，让老二福亨、老三福利结伴到当时经商已具规模的平遥城蔚泰厚、协同庆两家有名商号去学徒。两家商号闻知是襄垣城里首富兄弟二人前来学徒，也颇感意外，以往商号收学徒，多是贫家子弟，进得商号，烧茶担水看孩帮灶，三年不得工钱，碍于连家声望，这兄弟二人自然免了一应杂役，直接到柜台上经营业务，一来二人相当有文化，二来天资聪颖，不到两年时间，兄弟便成为行家里手，老三福利竟然当了协同庆的学徒领班。

连福元并不满足于二弟、三弟在平遥学的这些本领，三年合同期满，又让二人先后到太谷、榆次，最后到太原多家商号中见习，既掌握了五金杂货、布匹、绸缎的经商门道，也涉猎到了斗行、盐商、茶叶、铁货等诸多行业，同时也在全省商界交了一帮为后来在商界闯天下的朋友，到"连氏四杰"孙辈时，连家能在平遥、介休大展宏图，以致把生意做到归化城（现在呼和浩特市），不能不说是此时打下的基础。

兄弟二人学成归来，连福元也已经在西街购得地皮，盖起了气派考究的商号。商号柜台一改以往高出地面尺余的做法，使买卖两家平起平坐，使购货者感到了尊严。仅这一项，年内开张，就招来了几倍于其他商家的顾客，加之福亨、福利精通商道，常有出人意料的神来之笔，令同行咋舌。从而使祥泰盛创始之初就有了一个高起点。

在雇用学徒上，祥泰盛也有别于其他商号，学徒进店免除杂役，直接跟师傅上柜，并且每日晚上商号打烊之后，要学习两个小时的文化，学徒工资直接和工作、学习成绩挂钩，因而祥泰盛的学徒比其他商号出徒早、水平高，从而为后来的发展储备了足够的人才资源。祥泰盛的一些做法，其他商号纷纷效仿。从而为襄垣在咸丰、道光年间以及后来清末民初造就了大批精通业务、熟悉商道的人才。这些人成为晋商中的一支劲旅，为铸造晋商做出了不可磨灭的贡献。

前面讲到祥泰盛在经商之道中往往有神来之笔，其故事流传很多，现辑录其一二于此，管中窥豹，可见一斑。

清咸丰年间，布匹印染开始在外兴起。人们原来在家中用草木灰印出的粗布自然就显得落伍。当时襄垣没有一家染坊，印染布匹到最近的地方也就是河北的武安、涉县一带，往返费用加大了成本，以致畅销了一段的作坊染布又冷落下来。其时，连福利提出派人到武安、涉县学习印染，然而老大连福元却决定重金到武安、涉县聘用印染师傅。"连氏四杰"向来雷厉风行，说干就干。很快便在西街开起了一座染坊，这样，大大节约了成本，祥泰盛的布料以颜色鲜艳且色泽不掉闻名，从而大大地赚了一笔。后来，其他商号也仿效办起了染坊，然而只能是紧步后尘而已。而祥泰盛这时却又要出新招了。

其时，祥泰盛不仅坐店经营，且对外界的商贸信息十分重视，每年兄弟四人必有一人外出考察。一日小弟福贞从云南归来，带回了那里蜡染花布的工艺，一时间"祥泰盛""青雪花"布料盛行起来，城乡妇女皆以穿一件"祥泰盛""青雪花"布料为荣，婚嫁时赠送礼品也必有"青雪花"被面、褥表，而这种工艺多年一直为祥泰盛所独有，二十多年后，才在周围传开，就因祥泰盛独占这一商机，着实赚了一把好钱。

在日常经营中，祥泰盛也有妙招。他们在襄垣商界首倡"包退包换"，初时众商号皆不以为然，有人甚至预测，不出数年，这一招必致祥泰盛大败。孰料大批城乡顾客就奔着这一条都涌到了祥泰盛，而祥泰盛的货物因货真价实，实际退换的微乎其微，当其他商号纷纷仿效时，已是难挽颓势。

祥泰盛还制订了一系列优惠回头客和老顾客的制度。譬如：凡第一次进店购货者，可得到店铺掌柜的名片，背面用小楷写明购物品名、数量，持名片再来购物者，便可享受打折优惠，手中名片还可在新春佳节酬宾时换取一样礼品，这种无形广告为祥泰盛的发展起到极大的推动作用；对老顾客和大主顾，祥泰盛实行记账销售，全面打折的办法，有的一季一对账，半年一结账，甚至有的一年一结账。逢年过节，祥泰盛必备丰厚礼品到大主顾家登门造访，既推销了货物，也融洽了人际关系，祥泰盛的信誉也逐渐如日中天。到清末民初，祥泰盛竟然依托自己的极高信誉度，发行了自己的货币，人称"祥泰盛小票"，这种小票曾在襄垣以及毗邻各县潞城、屯留、武乡、沁县、黎城流通近三十年，这在襄垣商界是独树一帜，在潞商队伍中也称得上是凤毛麟角。

经过创业阶段的资本原始积累，到了道光二十年，祥泰盛已跻身襄垣商界前列。"连氏四杰"呕心沥血，励精图治，把一个名不见经传的庙坡连家打造成了上党有名的巨商大贾。此时，连家人丁兴旺，生意兴隆。老大连福元虽已年迈，却仍雄风不减，开始为后世基业做出谋划。

首先，兄弟四人商议，在村中新建三处宅院，以利弟兄四人及子孙分居另过。经过一番筹划，道光二十五年春，三处宅院同时开工。一年之后，三处新宅相继落成。这就是后来的西酒坊、上头院、下头院。三座院落各具特色，门楣砖雕木刻，院内影壁廻廊，一色青砖到顶，飞檐挑角，屋脊瓦兽，称得上古朴雄浑；梁枋交错，屋明几净，好一派繁华气象。每座院落均为一进三窜，东西厢房，前庭后院，楼阁相望，亭榭互映。正院以外，有厨房院、账房院、门房。朱红大门外，有系马桩、下马石。街门口一律用净面青石铺就。家中雇用的奶妈、丫鬟、保镖、听差数十人，长工、短工更是难以数计，真可谓堂上一呼，堂下百应。

此后，"连氏四杰"便着力开发新的产业。用连福元的话说就是"先安居，后乐业"。

一是充分利用家有千亩良田，粮食富足的优势，开办了酒酿造业。开始时，产出酒来销给长途贩卖的"驼帮"，后来见"驼帮"长途贩运利润可观，便建立了自己的"驼帮"，并在归化城建立了自己的货栈，依托自己的货栈，把白酒远销到俄国的恰克图，蒙古。鼎盛时期祥泰盛有骆驼200头，传说驼队从归化城驮着银两毛皮回来，头驼已经到家，尾驼还在大郝沟一带，午后开始卸货，一直要忙到掌灯时分。

二是开设当铺。在县城后街，设立"德昌当""天益当"。其中"德昌当"，股本一万吊，分为五股。兄弟四人各认一股，房主以门面出租认半股，楼角底亲戚认半股。当铺生意由楼角底黄姓亲戚任大掌柜，其下人员各有顶身股一股至二股不等。一股每年可预支六十吊，三年一结账，分红时扣除预支款。学徒没有顶身股，分年代长短工资三吊钱至三十吊钱不等。这种顶身股也系祥泰盛在襄垣所独创。当铺经营的好坏直接关系到个人所得，以顶身股为纽带，全部员工成了一个牢固的利益共同体。顶身股分红与年俱增，年代愈久，分红愈多，因而中途跳槽的员工极少。

三是长途贩运。有了自己的"驼帮"之后，祥泰盛的贩运业也日渐兴盛。往口外运送白酒的同时，捎带给归化城的潞安商贩运去五金、铁货、茶叶、绸缎。其时上党有名的荫城铁锅、襄垣挂面、黑酱等特产，均是祥泰盛"驼帮"推销到归化城的。"驼帮"常年行走于上党和归化城之间，沿途商号、旅店均晓得祥泰盛大名，当时有顺口溜广为流传："潞安襄垣祥泰盛，管吃管住价不问"，"潞安襄垣骆驼帮，沿路从不拉饥荒"。"驼帮"回程时也不空放，为内地带回大量的皮货、药材，隆冬时分，口外的牛肉、羊肉也因此能供应襄垣及周边各县的年关市场，大大促进了汉、蒙的物资交流。

祥泰盛的生意在"连氏四杰"手中发迹，到同治、光绪年间，"连氏四杰"相继逝世，他们的几个儿子，惨淡经营，仅维持祖业而已，没有留下多少佳话。到

"连氏四杰"的孙辈,连家又有一段相对辉煌的时期,他们的十个孙子中有两个比较有名的连钟灵、连秀灵,尤其是连钟灵,乳名秃根儿,此人颇具"连氏四杰"遗风,熟读四书五经,却无意仕途,唯对生意买卖之道情有独钟,且脑子聪明、胆识过人。据传说:店铺进货过秤时,监秤人边过秤边报数,账房先生在算盘上逐码相加,连钟灵在一旁边和货主品茶闲聊,并用心算计数,之后报数,竟和账房先生一两不差,送货客商亲眼看见之后,佩服得五体投地。

在连钟灵手上,连家又利用"驼帮"优势,从蒙古购回廉价质优的羊毛,办起了毡铺。毡铺用羊毛加工毛毡和毡帽,毛毡由于保暖、防潮,是家家必备的日用品,毡帽、礼帽更是时髦一时。而其他毡铺却是就地收购羊毛,一来品质欠佳,二来价格不菲,因而不能大批量生产,而连家毡铺凭着"驼帮"优势,一时间独领风骚,着实赚了一把。

随着经济实力的日益壮大,祥泰盛已是远近皆闻。凭借这一优势,连钟灵把生意做到了平遥、介休,连秀灵却向北发展,联络一帮襄垣富商,在包头城联袂发展,到了民国初年,这伙人的生意日渐红火,在包头城独占一方,有了"襄垣街"之称。

连钟灵看中了平遥、介休这两块西连陇陕、南控汾洛的风水宝地。在那里纵横捭阖、大显身手,到鼎盛时期,在平、介两地,以祥泰盛为字号的斗行、钱庄、当铺、皮货、珠宝行业达三十家之多。连钟灵凭借着超人的智慧,过人的胆识,出类拔萃的经营管理之道,在商界独来独往,游刃有余。

到了1931年前后,祥泰盛进入了全盛时期。在襄垣县城,从十字街西到城门,一条街全归祥泰盛独有,后街"德昌当""天益当"年营业额多达一万两千吊,最后多达两万多。在庙坡村,西酒坊年产白酒三千桶。毡铺年毛利也达七千吊之多。雇用长工开办的粉坊、豆腐坊、醋坊、养猪、养羊,其余收入难以数计。包头、归化、平遥、介休的生意更是盛极一时。据老人讲,每年腊月,各地商号都要将银两悉数运回庙坡老家,其时家中雇用银匠,将全部银两冶化贮藏,炼银炉火连续半月不熄。

1933年,连秀灵长女出嫁。出嫁之前,上党名优"三义班"在庙坡搭台唱戏三天,方圆百里的达官贵人前来贺喜,边看戏,边吃着八盘八碗。而连家一行人等,一个个狐皮紫袍、灰鼠披风,端立村前拱门外,满面春风地迎来送往。夜晚,西酒坊、上头院、下头院,老宅祥泰盛灯火辉煌,厅外对对宫灯,与月争辉;厅内楠木桌椅,湘绣靠背,陈设富丽堂皇,男女宾客杯觥交错,猜拳行令;厨房炉火正红，面案肉案，人影攒动；捧盘的、献菜的、斟酒的、倒茶的、捧痰盂的、打毛巾的、穿东过西，厨房内鸡鸭、鱼翅、海参、燕窝、松花、火腿、口蘑、银耳、八大名酒，琳琅满目、应有尽有。

出嫁之日，从庙坡村一溜走出十二辆装潢华丽的马拉轿车，车队前后各有两匹顶马，骑顶马的人头戴红缨春帽，身穿青宁绸长袍，黑羔皮马褂，项系锃光瓦亮的铜吊铃，走起来叮当作响。"三义班"乐队紧随顶马之后，敲的敲、打的打，笙管唢呐，一曲"过街红"引得围观村民齐声叫好。头一辆轿车坐着祥泰盛的大管家，他手捧水烟袋，车内盘膝而坐，膝上放着手炉，边抽烟，边烤火，怡然自得；第二辆车上坐着新郎官，头戴双插花礼帽，身穿旱裘皮袍，十字披红，胸前红花格外耀眼；第三辆车是新娘乘辇，新娘子凤冠霞帔，金丝小袄，苏绣长裙，足蹬一双橘红色的皮鞋，四邻八村的大姑娘，小媳妇争相一睹为快。后面的车上都是送亲的家眷，穿着考究，打扮应时，令看者一个个目呆舌咋。每辆车上左有执鞭的，右有骖车的，一律长袍马褂，头戴礼帽，帽插红缨。车辚辚，马萧萧，鞭炮火铳，响声震耳，乐器轰鸣，此起彼落。队伍绵延一里之长。

迎亲队伍进得县城西门，一街两行的门面早已张灯结彩，廊檐下纱灯上"祥泰盛"三字分外醒目，这大号纱灯几百盏挂出，颇有气势。各家字号门前摆出长桌，桌上茶水、点心、香烟、水果一应俱全。店掌柜率全体员工恭立两厢，作拱打揖，齐声道贺，走过谁家，谁家便燃起长长的鞭炮。"德昌当""天益当"还雇了两班吹鼓手，一班在西门外相迎，一班在十字街相送，整个襄垣城是锣鼓喧天、热闹非凡。

日寇入侵，祥泰盛遭到了致命性的打击。忻口战役期间，日本鬼子在忻口以北将祥泰盛驼帮劫去，货物洗劫一空，全部装上弹药，运往前线。驼帮领班不从，被鬼子枪杀。忻口战役之后，日本鬼子只将人员放回，骆驼全部强行征用。不久，襄垣沦陷，鬼子汉奸轮番到祥泰盛敲诈勒索，百姓不敢进城购物，商号生意一落千丈。1942年春，鬼子威逼连钟灵出任商会会长，连力辞不受，鬼子汉奸几次三番登门胁迫，连钟灵连气带吓，一病不起，一年之后去世。平遥、介休那边的商号，闻知东家病逝，都纷纷做自己的打算，有的携资外逃，有的藏匿货物，趁火打劫的不在少数。

恒义昌粮斗

极少数良善之人，见国难之际、东家潦倒、盘点货物、闭门交差，一派树倒猢狲散的景象。襄垣县城的商号、当铺，也因生意受挫，信誉度江河日下。人们对祥泰盛小票失去信心，纷纷前来挤兑。这就是后来人们口口相传的"祥泰盛小票拥门"。连家索性将城内全部不动产尽皆盘出，才平息了这场飞来横祸。从此，盛极一时的祥泰盛退出了三晋商界，一蹶不振，再没有东山再起。庙坡连家饱尝了国破家亡，覆巢之下无完卵的苦痛。不久，连秀灵和其他几个兄弟也相继饮恨而亡，连家一门孤儿寡母，只能仍靠土地出租维持生活，虽然家底还在，仍不失一方首富，但光景和当年相比已是大相径庭。

如今，步入庙坡村，坐落在山坡上的连家四大院落遗迹尚在，青砖磨砌的窑面，大门前的上马石，经历了百年风雨，已是斑驳陆离，但它们在那里默默地向人们陈述着祥泰盛昔日的辉煌。

供销社

分销店

五　计算工具的活化石：连氏算法

连氏手指计算法，俗称"手掌经""一掌清"。是一种以手指作为计算工具的快速核算计数方法。主要用于经商活动。这种方法仅限连姓族人学习和传承。主要流传于襄垣西北地区。

（一）算法介绍

其基本原理是以手指的不同伸屈分别表示十个基本数字，一般左手表示十位数，右手表示个位数。然后按照口诀进行任何数的加减运算。

具体算法是当手指表示某数后，五个指头自然地分成两部分，同拇指方向相同的部分叫作该数的外指，和拇指方向相反的部分叫内指。规定如下：

1. 右手，食指、中指、无名指各指的三个关节，分别表示个位数 1、2、3、4、5、6、7、8、9。

2. 左手手指伸屈表示十位数。（1）拇指屈指表示 10，外指是 1，内指是 4；（2）拇指、食指同时屈指表示 20，外指是 2，内指是 3；（3）拇指、食指、中指同时屈指表示 30，外指是 3，内指是 2；（4）拇指、食指、中指、无名指同时屈指表示 40，外指是 4，内指是 1；（5）五指同时屈指表示 50，外指是 5；（6）拇指伸出表示 60，外指是 1，内指是 4；（7）拇指、食指同时伸出表示 70，外指是 2，内指是 3；（8）拇指、食指、中指同时伸出表示 80，外指是 3，内指是 2；（9）拇指、食指、中指、无名指伸出表示 90，外指是 4，内指是 1；（10）五指全部伸出表示 100，外指是 5，内指是 0。

3. 手指计算法是按照五位数凑的方法，右手记个位数，左手记十位数，脑汇百位数。这样减少了思维运算上的多位负担，提高了运算速度。

（二）历史源流

连氏手指计算法，流传已近千年之久。据说早在明清时期就受到了潞商和晋商的青睐，经常用于经营活动中。较有根据的说法是明朝御史连楹（1353～1379），字子聪，号栋宇。自幼聪明，能用手指计算，后称"一掌经"，经连姓世代在本姓相传。民国初年连花苟（商人）学得最精，20 世纪 30 年代去世后，传给其本姓连小正。连小正去世后，由本姓侄儿连汝华续传。

传承谱系：

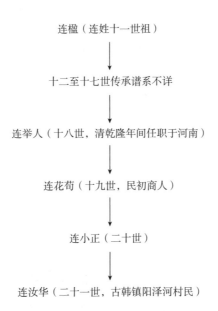

连楹（连姓十一世祖）

↓

十二至十七世传承谱系不详

↓

连举人（十八世，清乾隆年间任职于河南）

↓

连花苟（十九世，民初商人）

↓

连小正（二十世）

↓

连汝华（二十一世，古韩镇阳泽河村民）

（三）价值

用手指的伸屈表示数，不借助任何计算工具，速度快，方便实用。使心算、口算、连算巧妙融为一体，对开发智力、增强思维能力和加强记忆力大有益处。手指计算法是中国古代北方极少数地区的一种计算方法，对于研究襄垣地区民间知识有一定的参考价值。

手指计算法是襄垣县阳泽河连氏族人用口传心授的方法传授给连氏后人的一种经商、核算计数方法，外姓族人很少知道。

第五章
消费习俗

　　总体而言，中国人的消费习俗呈现出一个现代化的转向，即近现代以来，人们的消费民俗开始从等级化走向普遍化、从相对稳定的制度化走向以流行为导向的时尚化。封建社会的生活消费表现出强烈的等级化特征，国家用法律制度来固定物质消费的秩序，因此，衣食住行这些日常事件却首先成为法律问题、意识形态问题，其对于个人、家庭、家族以及村落的日常层面上的意义则在其次。

　　随着近现代一系列的社会运动和思潮的出现，等级制度和等级观念被打破，与此同时，个人意识开始增强。这集中体现在消费文化对礼序的违背，平民百姓也逐渐可以立庙、祭祖，丧葬、服色、宴席、乘轿、符瑞等都在民间以不同的方式在流行着。现在，只要经济条件好，消费已经毫无限制，即便是龙凤图案、凤冠霞帔，也可以占有。于是，中国社会开始有以经济条件和个人兴趣为基础的时尚流行。

　　但需要指出的是，这种表面上基于个人选择和个人追求的流行文化，实际上是一种结构性选择。比如，现在襄垣地区女性冬季流行一种穿衣打扮，烫一头小卷发、皮质的包臀短裙、肉色厚丝袜、长筒靴。这种打扮成为当地很多女性的时尚选择，作为调查者，我们发现在襄垣的大街上到处可见这样的穿着。我们很难将这种选择视为简单的个人性的选择。但不可否认的是，这种群体性正在不断地形成着新的习俗。

第一节　服　饰

一　从礼仪时代到消费时代

　　首先，从纵向上讲，服饰在传统社会中与其他礼仪一样，是社会等级结构的外在体现。与"礼不下庶人"的逻辑一致，不同的服饰风格对应着不同的社会等级和地位，比如草民只能穿粗布衣，绝不允许穿官服。实际上，从服饰角度来区分人与人之间的社会等级是国家权力向老百姓日常生活渗透的策略，所以，中国近现代史上，随着一个新生政权的建立，自上而下地变革服饰往往成为首举。随着消费时代的到来，不同群体之间在服饰上的边界基本上被取消，虽然某些亚群体比较容易形成服饰流行时尚，但这样的时尚并不是基于不同群体之间的等级关系。从根本上讲，服饰在社会中角色的变化是社会结构变革的表征。

其次，从横向上讲，受现代性的深刻影响，我们很难在当下的时间范畴内来界定和呈现襄垣人的服饰特点；影像和市场对人们的日常生活形成强大的穿透力，范围广、周期短的服饰流行已经覆盖了我国的城市和乡村，现在，襄垣人的服饰审美和实践亦然。现在冬季，襄垣的妇女们中间正流行这样一种打扮：头顶小卷的烫发，下穿超短的皮裙和肉色丝袜，脚蹬长筒靴子，外穿一件大衣或者羽绒服。我们很难将之界定为襄垣地区的服饰特色，因为它在电影、电视、广告、杂志等现代媒体中都可以见到，而且我们也不能排除这种流行时尚在全国其他地方的存在。可以说，影像时代的到来以及强大的市场已经瓦解了原本具有相对边界的服饰文化。因此，对于襄垣服饰的普查工作只能回归历史资料。

二 举例说明襄垣服饰的变迁

《襄垣县志》中如是指出，襄垣人的服饰特点是涵盖上党地区的服饰风格；追溯至清末，襄垣地区服饰风格的变迁主要经历了五个阶段，分别为清末、1949年之前、抗战时期、1953年至1970年、1970年至今。

清末，男子蓄发梳长辫，官宦依制穿戴，士绅富贾服饰考究、质料多系绫罗绸缎、裘皮毛料。因在外经商者较多，思想开化，时将京、津等地新款式和花色引入，境内稍有余资者，不分男女竞相仿效。虽系小邑，装束不亚省城。男人胸前吊挂眼镜盒、胡梳、牙签、挖耳、荷包；女人耳环、手镯、戒指等俱全。劳苦大众多穿家织布做的短袄、折裆裤、腰系布带，多用毛巾包头，冬日戴毡帽；妇女衣着质料与男人相同，只别于花色。

1949年之前，富者男穿长袍马褂，头戴礼帽，冬季戴猴帽或火车头帽，改偏衿袄为对衿袄，足穿圆口鞋、两块瓦、二道眉鞋，公务人员多穿制服；妇女发型则由原来的"元宝头""麻花头"改为扎银针的"小圆头"，继而出现"剪发头"，穿旗袍者渐多。其他服装由紧腰紧袖改为宽衿大袖，绑脚带取代了绑脚裤；衣料多为市布、绸缎、咔叽。劳动人民仍以家织的黑、白、蓝粗布为主，式样无大变化，若有喜庆事外出，借衣帽者不在少数。不论男女，严冬一身棉，夏日一身单，春秋一身夹，内无衬、外无罩，皆有搂肚。

抗日战争时期，境内解放区衣色多为柴灰或果树皮熬汁自染的灰色或黄绿色家织土布，样式多仿八路军服，由宽大改为合体。传统中式服装仍占多数，长袍、马褂鲜见，妇女头饰簪绾少见，儿童则戴三色六块拼制而成的瓜皮形圆帽。

1953 年后，家织布基本绝迹，居民多穿市平布、华达呢、斜纹和条绒。中山服、列宁服、学生服普及城乡。冬季以有一棉"大小衣"为荣。背心、裤衩、衬衣、秋衣、秋裤具备。首饰无人佩戴。中青年妇女多用二尺见方的花格头巾包头，梳双辫以长为美。男女发型城镇多分头、背头。农村多平头、光头，农村人买鞋穿者极少，多为自做。1967 ～ 1972 年，青壮少年不分男女多穿军服、戴军帽，以有一件军大衣为时髦。

70 年代后期至今，县人服饰急剧变化，特别是青年男女竞相追赶"潮流"，广州、北京流行的服装款式、花色、发型和妆饰，不出一月在本县即可见到，爱美传统在改革开放中得以发扬。此间除少数老年人和儿童的服装、鞋帽，因喜爱传统民俗式样，仍有手工缝制外，绝大多数是从市场选购或挑样用缝纫机自做。(《襄垣县志》，1998 年版，第 648 ～ 649 页)

虒亭镇送返村服饰

在过去，平日里男人们的上衣要合身得体，俗话讲，男人穿是女人手，就是说，虽土布但针工精细，裤子不肥大而合身，妇女更是衣上绣花，鞋子小巧玲珑。每当过节，赶会进城，男人穿大衫，礼帽，就是种地人也和财主城里人差不多，虽料不如他们好，但样式都不会比他们差。妇女善于刺绣，男人衣胸上的口袋有花记，男人的烟袋绣荷包。女人们的上衣胸上绣牡丹或者蝴蝶，下衣裤边绣花边。

清代女装*

民国女装

中华人民共和国成立初期女装

清代男装

民国男装

中华人民共和国成立初期男装

---

* 本节图片由李玉庆等提供。

20 世纪 60 年代的夫妻照

20 世纪 70 年代的夫妻照

20 世纪 40 年代的家族照

20 世纪 50 年代的家族照

20 世纪 50 年代的女学生

20 世纪 60 年代的女农工

第二节　饮食

一　饮食与中国的面子文化

社会动乱导致的民不聊生，中国老百姓容易陷入饥饿之中，直到现在，一些偏远山区的百姓，吃饱饭依然是件不容易的事情。古诗中有云"谁知盘中餐，粒粒皆辛苦"，这是对节俭食物、反对浪费的提倡。这其中包含了两方面的内容：其一，节俭被誉为中华民族的传统美德；其二，随着物质条件的改善，有钱有权势之人逐渐形成以铺张浪费来体现地位和实力的亚文化。但我们很难从文化角度对此浪费行为进行批评，因为在很早以前，人们就通过故意的浪费来显示自己的富庶和对邻人的友好，比如夸富宴。

襄垣地区的饮食文化也具有这两方面的张力。襄垣人尤其重视敬神和祭祖，在仪式中，人们通过供奉大量的、样式繁多的供品来表达敬仰之心。在过节、待客以及红白喜事中，人们也以宴席上是否有大量剩余的饭菜作为衡量主家是否大方、热情的标准。在日常交往中，比如请朋友下馆子，点的菜要多，一定要有剩余，而且不能打包，打包是一种小气的表现。总之，饮食文化不单单是指个体和家庭内的饮食习惯，它还是囊括在社会关系之中的社会交往与互动的一个方面。下面，我们分别从家庭和社会两个空间来看襄垣的饮食文化。

二　三种饮食类型

（一）日常饮食

受到地理环境的影响，不同地域盛产和适合种植的粮食作物不尽相同，再加上气候和水质等因素，不同地区的饮食习惯往往呈现出一定的差异。从文化上讲，在衣食住行四种消费行为中，饮食是至今最具边界性的一项，而服饰和行旅则是越来越没有边界。

日常饮食主要是指以家庭为单位形成的一日几餐以及相对固定的饮食内容。襄垣地处北方，农作物以小麦、玉米和小米为主，加上冬季严寒，人们的日常饮食以面食为主，主要为面条和馒头（当地人也叫馍馍）。但日常饮食也不单单是为了解决吃饭的问题，长久以来，襄垣人对于面食的钻研和发明，产生了多种多样的面条和馍馍。比如面条不仅有现吃现做的手擀面、刀削面、拉面，还有可以保存一年左右的手工挂面；吃面时还有各种各样的配料。馍馍除了一般的馒头，还有枣馍和抓钱。面条和馍馍在襄垣人日常饮食的重要性还进一步体现在祭祀活动中对它们的使用。但凡敬神和祭祖，襄垣人都会在仪式中使用挂面汤和枣馍，都含有祈福的意思。此外，襄垣人在日常饮食中还离不开香醋。对此，襄垣人有两方面的解释。首先，他们喜爱食醋；另外，襄垣地区的地下水偏碱性，醋恰恰可以平衡碱性。总而言之，襄垣人对醋的喜爱是自然原因影响下的身体选择，最后形成了文化特殊性。烧饼是襄垣人日常饮食的重要组成部分，这里以云长烧饼为个案来介绍襄垣烧饼的来历及其制作工艺。

云长烧饼又称关公脸烧饼与红脸烧饼，为襄垣虒亭镇的传统小吃，距今已有一千多年的历史。虒亭古时曾设亭、驿，历来就是三晋道衢，为交通要道。据传这种烧饼与三国时期的关云长路经虒亭的一段佳话有关。

这一传统面食制作技艺弥足珍贵。按照历史学家的说法，中国烧饼是由班超通西域时传进来的，当时称胡饼、馕，盛于唐朝。明代，国人用铸铁做成吊炉，加工工艺得到改良。用上等的精制面粉、纯小磨香油、上等芝麻、精制红糖熬制的糖稀等做原料，手工制作烧饼。襄垣的饼类食品历史悠久，种类繁多，制作工艺精到。据太谷史料记载，早在四百年前的明末清初，在太谷城南东沟子村有一家襄垣人开的"饼面铺"，饼面铺的饼香、酥、软、甜，在当地很有名气，老字号"文堂"继承了这一技艺，改为"太谷饼"。这种饼在当地已不多见，但其他各种做法的饼类应运而生，让人目不暇接。在过去，每逢八月十五，家家都要打月饼（烧饼）。一是用来祭月；二是用来馈送亲友，孝敬长辈。还有一个说法是：元朝时，老百姓不满当朝统治，约定八月十五起兵，联络的方式就是把纸条夹在烧饼中间，送到各家各户，内容为"驱鞑靼"。烧饼的做法是将发好的面包入红糖，擀成饼，用模子压上花印，再涂上"料饧"，放在专用的烧饼鏊上焙，再放入鏊下铁圈中用火烤。烤好的烧饼色泽红润，口感甘甜香软。

明末清初，虒亭人家秉承云长烧饼技艺，在此基础上不断改进，云长吊炉烧饼制作是以面粉等为主要原料的饼状面点的传统手工技艺。其主要用料面粉为襄垣地区特产的小麦精粉，具有明显的地方特色。饼形饱满，色泽金黄，香脆肥润，热食尤佳。云长红脸吊炉烧饼制作技艺已有着悠久的历史，经多年的演变，具有以下基本特征。其一，属纯天然绿色食品，无任何添加剂。其二，用料考究，必须是襄垣地方产出的。它的主要原料有面粉、猪油、花生油、芝麻等。其三，制作工艺独特，从揣酵（和面）开始就很讲究，天冷烫酵，天热"雪花籽"，不冷不热"老鼠喷沙"。兑碱也要因时而定，飘碱面起泡，反之则粘牙。馅和酥分别用猪油和花生油拌面粉擦酥，做烧饼时，酥搭于面团上，用手搓长再卷起，然后用响子轻捶一下，翻转至底上再锤一下，调转方向再锤，然后将底翻朝下，刷上糖稀，撒上去皮芝麻，放入火炉烤。其四，烧饼的风味独特，其色、香味均不同于其他面点，外形饱满美观，色泽金黄如蟹壳，入口酥松，不焦不糊、不油不腻，色泽金红，形制美观，香酥可口，适合各种消费者的口味。虒亭街云长吊炉烧饼的形美、味美与其复杂的工艺不无关系，制作要经过和面、发面、擀片、抹油、粘芝麻、上炉等十几道工序，如下：

（1）首先要用温水和面。取面粉（9千克）放缸内，用85℃热水（春秋季用75℃热水，夏季用70℃热水）将4.7千克面粉拌成面絮出缸。面要和得软一些，你可以拿一双筷子搅动干面粉，边搅边徐徐地加入水（这样和成的面才能比较松软），当搅得没有干面的时候再用手揉成软面团。

（2）揉面。将醒后的面团反复多次揉好，要靠悟性，用手拍打听声决定成色。

（3）发面。放在大圆盆中揉拌成卵石状，把酵种撕碎放入，用双手握拳不断摭揉至软韧、发光，无疙瘩为止。盖上棉被（夏季用单布）保温，静置发酵约4小时。

（4）上碱。在案板上撒些面粉，放上发面团，将用沸水溶化的碱液分次兑入，搓揉至面团光滑不粘手，然后搓成长条，摘成大小相等的面剂。十分之七的未发面加入十分之三的发面揉匀。

（5）醒面。醒发半小时以上至面团增大。

（6）排气。常温醒发十分钟。吊炉烧饼用的是半发酵面。

（7）擀饼。取一半面团擀成饼，再擀成长方形薄片。

（8）制饼丕。再在长方形薄片上刷油，后卷起成长条下成二或三个剂子，把每个剂子由两头拧挤起来，用手按扁，擀成圆形饼丕。

（9）包馅。逐个将面剂拍扁，在边上摘1小块面皮包上油酥，放在面剂中心，用手压成直径约3厘米的片，挑入馅心后包拢捏紧，用面杖擀成直径约十厘米的圆饼。用250克温水稀释饴糖，然后刷在烧饼表面，撒上芝麻。抹上油酥，撒上盐和花椒面，喜欢吃甜的撒上白糖。

（10）热炉。用柴草烧热炉坑，再加入十几块小碳把火炉生好。烧尽的草灰分拨炉膛两侧，随即用水刷把炉壁刷洗干净。烤盘刷油，烤鏊预热，中层上下火约二十分钟。为了区分口味，给糖饼撒上了芝麻，而咸的不撒。

（11）上炉。吊炉大鏊放油烧热，后放入一饼丕（注意一定要用中火，慢慢烙制），待到一面鼓起后翻面刷油，再烙另一面，然后放在大鏊烤炉内侧里烤熟。待两面都刷油饼烙制金红色时即可出炉。吊炉烧饼讲究 7 分烙 3 分烤，就是将烧饼烙到 6 ～ 7 分熟，熟后面呈金红色。

（12）出炉，大鏊放油，依次烙制另外的饼胚。

云长吊炉烧饼的种类有：半疙瘩、狗舌头、嘉圪拉等。半疙瘩，将发好的面用食油搓成条，撒上花椒盐后，盘成椭圆状，擀开，边厚中间薄，用刀从中间一切两半，故叫"半疙瘩"。同烧烤饼一样，焙烤至熟。其特点是油香味浓。狗舌头，用发酵好的面，中间另包一小块滚有花椒盐和食油的面，擀成像狗舌头一样的形状，咬开后中间又有一"舌头"。枷圪拉，也叫"圪勒（此处方言音变 lui）"，是一种火烤中空大饼，意寓索住、套住小孩。圆形，直径约一尺半，花边，中间有孔。枷圪拉有两种，一种中间是圆孔，能容下小孩脑袋，是姥姥送给外甥的一种礼品，年年送一个，直到 12 岁"开锁"，"开锁"时送两个。另一种中间为方形，烤前用刀在饼中间切一十字，把四个角折叠，就像古钱币的形状。过去儿童要种牛痘以预防天花，接种后要发烧、起疮，约一个月后痊愈。这时姥姥要来看望并送这种饼，往小孩儿头上顶一顶，叫"剥痂"，也含有预示小儿日后安康富贵的意思。嘉圪拉的用料为白面、料饧、芝麻。做法是将白面和好发酵，用"碱水"将发酵面中的酸性中和，取适量面摊在案上，擀成圆形，起花边，中间留孔，涂上料饧，撒上芝麻，而后放入吊炉中烤至发红，取出即可。烤制云长吊炉烧饼原用劈柴、玉米芯做燃料，在炉底盘上点燃平铺并放上十几块小碳达到火力均匀少烟。现在多用锯末，加煤球火力更均匀持久。虒亭街的云长吊炉烧饼，还作为一种镇邪和吉祥的食品在当地流行，每逢教会在圣斋期间和无常（逝世）人时，多用烧饼给小孩和老人吃。当时民间流传着"儿童吃了不生病，老人吃了免灾祸"一说。三年自然灾害时期以后，虒亭街红脸烧饼作为"资本主义尾巴"被割掉，不准制作，不准销售。粮食实行计划管理时期，烧饼也作为粮食制品，极少制作出售，必须用粮票购买。十一届三中全会以后，农村实行家庭联产承包责任制，粮食取消计划供应。为增加收入，村民重操旧业，虒亭街云长吊炉烧饼这一濒临失传的面食制作技艺得以流传，虒亭街村民重新立灶制作云长吊炉烧饼出售。虒亭云长吊炉烧饼制作技艺在传承中，已扩展至襄垣各个乡镇民户。云长烧饼因物美价廉、颇具传统，成为襄垣一大特色食品。

襄垣虒亭云长吊炉烧饼：有圆形、长形、方形、椭圆形、斜角形以及大型空心的圪垒。烧饼店出售的一般是圆形的和椭圆形的两种，咸甜皆备。这种烧饼是用油酥和面，而且还有馅，馅是用火腿或猪油等做成。烧饼在缸炉里一烤，酥脆焦黄，香喷喷，非常可口。虒亭云长吊炉烧饼吸取了古代烧饼制作法，成为一种半干式面点，保持了香甜两面黄，外撒芝麻内擦酥这一传统特色，并在花色品种上不断改进，已从一般的"擦酥饼""麻饼""脆烧饼"等品种，发展到葱油、豆沙、白糖、红糖等多个不同馅的精美品种，形色香味俱佳。

云长（红脸）烧饼的实用性、史料性、经济性、民俗性价值明显。实用价值体现在，历史上一直是贩夫走卒及群众方便快捷的餐饮食品，也是亲朋好友间的馈赠佳品。著名的上党战役打响后，虒亭镇12家磨坊，30只烧饼炉，日夜赶做烧饼送到前线阵地，谱写了一曲军爱民、民拥军的壮丽凯歌，为上党战役的胜利立下了汗马功劳，武圣云长红脸烧饼的威名也随之传往各地，曾有外地青年慕名来学习制作技艺。这是其史料价值。云长烧饼不仅满足了人民的生活需要，而且也成了乡民就业的平台。此外还具有民俗价值，其一是用来祭月；其二是用来馈送亲友，孝敬长辈。

（二）节俗饮食

除夕吃饺子。襄垣人除夕夜大多吃饺子，又叫"捏鼻儿"。一般来讲，境况较好的人家通常是包肉馅饺子多一点，贫寒人家吃不起肉馅，也会包素馅饺子。除夕吃饺子在襄垣人的观念里起到消灾除病、耳聪目明的象征作用；另外，饺子形似元宝，也寓意来年发财。

大年初一吃挂面汤煮饺子，又叫"银丝吊葫芦"，也是祈福、吉利的意思。现在，"银丝吊葫芦"已经成为襄垣地区的名小吃了。

正月十五吃"黄蒸"。"黄蒸"是用当地盛产的黍米磨成面，内包绿豆、豇豆、红枣做成的蒸糕，黍米的黏性较大，类似于糯米面做的元宵。至少在1949年以前，襄垣县因为不产糯米而没有元宵，元宵是20世纪五六十年代才传入襄垣的。现在，由于市场流通带来的便捷，襄垣人在元宵节时大多改吃元宵了。

填仓节吃仓圪峦。用谷子、玉米和黄豆三种面粉掺和，蒸制圆形尖顶（形似谷仓）窝头，俗称仓圪峦，来祭神、送祖宗，仪式结束后，仓圪峦即可食用。

二月初一浇，初二包，初三、初四油炸糕。襄垣人的解释是，初一浇是指做煎饼，象征用火烤死五毒；初二包是指包饺子或蒸包子，意思是堵住五毒的出口，也有的解释为包住全家安康；初三、初四油炸糕是寓意用油烟熏死五毒，让人们平安度日。此外，人们还将二月二的饮食与龙王信仰关联在一起，浇、包、油炸糕分别象征"挑龙头""吃龙胆""龙翻身"。

清明节吃凉菜。凉菜又叫五碗菜，是用煮熟的绿豆芽、粉条、油炸豆腐切成丝、红萝卜条以及青菜，加香油、盐和醋调拌好装入袋里；上坟时，再一碗一碗分开，摆在坟头。因为是由五种菜做成，便叫"五碗菜"；另外，襄垣人觉得鬼不怕冷食，因此叫凉菜。通常，祭拜完先人后，一家人就在坟前席地而坐，吃点坟前的供品，叫作吃凉菜。襄垣人认为清明当天吃凉菜，一年里吃凉东西都不会伤胃。

端午节吃馏米。端午节之前，家家户户就要忙着包粽子，以前襄垣地区不产稻米，人们用黏性较大的黍米来做粽子，或者直接将黍米蒸熟了食用，蒸熟的黍米叫馏米。

入伏吃伏面。襄垣有句民谣"入伏吃伏面，冷水拔面浇大蒜"。襄垣人认为伏是一种恶魔，因此用浇上大蒜汁的冷面来克制。

七月十五蒸面羊。所谓面羊，就是襄垣人用面粉捏制的一种形似羊的面食；做法较为简单，类似一个长方形馍，两头剪为四脚，中间馍的身背镶上两颗黑豆，这就表示羊有四脚两眼。除了面羊，人们也会蒸制六畜、五谷等形状的面食，用于祭祀以及亲友间的馈赠。既表达对先人和神灵的祭奠，祭拜先人，同时也祈求有一个丰年，另外还强调了社会中尊老爱幼的美德。

八月十五吃月饼，襄垣人又称之为"追月"。是指中秋前后，亲友之间互相拜访、互赠月饼，特别是晚辈要给长辈赠送月饼以及其他营养品，这有利于更新亲属关系以及社会关系。

冬至吃饺子。饺子与耳朵形似，起象征作用，冬至吃了饺子，一来耳朵可以防冻，二来老了以后耳朵不会聋。

腊八节吃腊八粥。腊八粥通常是讲究采用八种谷物熬制而成，基于地理特殊性而形成的独特作物种类，襄垣地区一般是小米和豆类。腊八粥的功用分为实际功用和象征性功用两个方面。襄垣人认为腊八已是一年中最冷时期，喝了腊八粥有御寒的功效。另外，襄垣人在当日喝腊八粥之前，先供神，之后，还要用粥喂家禽，以及抛在树上和屋顶上喂野鸟，这个象征家禽和野鸟吃了腊八粥便会封住它们的嘴，丰收季节便无法祸害谷物，象征丰收。

（三）宴席饮食

这里的宴席饮食主要指的是红白喜事中的饮食习俗。襄垣人在操办红白喜事时，午饭为主餐，讲究四盘四碗、六盘六碗或八盘八碗，主食一般为拉面。以前，是先将拉面煮好捞出来放在大荆莱上，吃时再进锅热一热，现在主要是现吃现煮。对于家境贫寒的人家来说，也可以不招待主餐，以便饭代之，比如吃烩菜或焖锅面。以前，红白喜事期间，主家招待帮忙人的早饭和晚饭，一般是黄蒸与醋饭，黄蒸是用黍米面包红豇豆蒸熟的扁状食品，醋饭类似和子饭，里面有豆芽、油炸豆腐等。现在，大多吃挂面汤和枣糕（用黍米面与大枣蒸制而成）。

下良镇下良村过节饮食

下良是襄垣名吃胜地。蒸、煮、烤食品样样都有。冷、热、汤、干食物俱全。过节的饮食大致有以下几种：

1. 小吃：发面馍，鲜白细嫩、绵软清甜。川汤饺，爽口喷香、汤干混伙。硬面馍，白亮硬实、口感沙甜。水煎包，鲜艳色黄、浓香不腻。炉黄点心，香脆酥甜、食后余味。

2. 大餐：喜庆名节，设宴上桌这是民间习俗，历代相传古色大餐有四种：

八盘八碗：俗称宴席，也叫八八。定味四荤四素。八盘分别是：过油肉、炒肉丝、猪头肉、俊肉、炒鸡蛋、凉拌粉皮、官尝、鸡蛋。八碗是：烧肉、松花肉、酥肉、清蒸丸、海带、粉皮、杂烩、穰饭。

六盘六碗：素称"六六"，定味三荤三素，从八八菜谱中各减荤、素两样末位盘碗即成。

五碗菜：定味三荤二素，分别是：烧肉、松花肉、清蒸丸、海带、粉皮。

古韩面食

面条是我国城乡百姓最常吃的传统面食之一，历史悠久，源远流长。上古传说：炎帝神农氏为了部落的生存，辗转到上党老顶山、羊头山、五谷圣岭开始尝百草定五谷，终于选出麻、黍、稷、麦、豆可食，第一次把人类从"鸟兽为肉，草木为食"转向粮谷，进而制成面粉，做成面条。面条成为历史饮食文化先河。

"煮饼""水溲饼"，即最早的水煮面条。魏晋称"汤饼"，南北朝称"水引"，什么是水引？《齐民要术》介绍，做种面条，先用肉汁将面和好，然后用手将面捋成筷子粗细的条，一尺一断，放在盘里用水浸，做时手临锅边，面条要捋得如韭叶一样薄，用沸水煮，即为"水引面"，也就是现在的"一根面"的做法，不过现在是油浸泡面条，而不是用水浸面条。

唐代以后有"冷陶""温陶"。到宋朝,吃面条风尚进入一个新的发展阶段。不仅在文字上出现了"面条"这个名词,而且面条的形状也成为长条形,花样增多,各具地方风味特色。

元代"挂面"问世,它储存年余不变味,很受人们的喜欢。襄垣农户一进腊月开始制作挂面,远销晋、冀、鲁、京、津等地。据《襄垣县志》载:"本县挂面始于元大德年间,清康熙年间驰名上党。"(《襄垣县志》,1998 年版,第 254 页)

明、清时期,吃面条的习惯在全国日益普遍,吃法口味也各有地方特色。襄垣面食又加了"三和面""刀拨面""刀割面""饸饹面""抄蚪面""拨的""刀割犁",浇上荤、素卤,配上韭花、腌蒜、生萝卜、豆腐乳,再淋上香醋、酱油,风味独特,常食不厌。

第三节　居住

一　风水

风水主要是利用周易八卦结合特定的地理走势来设计宅院,以达到趋利避害的效果;而老百姓祈求好运的内容无外乎人丁兴旺、财运发达。襄垣人讲究风水,不管是坐北朝南、坐西朝东、坐南朝北还是坐东朝西,都有相应的生克之道。比如,坐北朝南,当地有"坎宅离门水流丁,发家发财发人丁",主要有三个向道,一为癸山丁,二为子山午,三为壬山丙;坐西朝东有"兑宅寅门水绕门,人丁兴旺财运通",三个向道分别是辛山乙、酉山卯、庚山甲。坐南朝北讲究"离宅坎门灶延年,人寿财富好光景",一为丁山癸,二为午山子,三为丙山壬。坐东朝西讲究的是"震宅离门五福春,桂子兰孙步青云",一为乙山辛,二为卯山酉,三为甲山庚。

坐东北向西南,宜立兑门,丑山未,艮山坤,寅山申向。坐东南向西北,宜立坎门,辰山戌,巽山乾,巳山亥。坐西南朝东北,宜立艮方门,未山丑,坤山艮,申山寅。坐西北朝东南,宜立坤门,戌山辰,乾山巽,亥山巳。

襄垣民居普遍讲究门、水、灶、厕,首先确定大门的方位,灶房的位置与其相应，院落的出水口多为环门走向。在开门上，以罗盘摆位，讲究十六个不开门，即乾坎二宅互不开门、乾震二宅不宜开门、乾巽二宅互不开门、乾离二宅互不开门、坎艮二宅不宜开门、坎坤二宅不宜开门、坎兑二宅不宜开门、艮震二宅不宜开门、艮巽二宅互不开门、艮离二宅互不开门、震坤二宅互不开门、震兑二宅互不开门、巽坤二宅互不开门、巽兑二宅互不开门、离坤二宅互不开门、离兑二宅互不开门。襄垣人认为宅门尤为重要，门为纳气，大门与便门需要相合，宅内门窗务必相对，不可半对半不对，对此，襄垣有句民谚："相人论品行，看宅瞧风水。"除了讲究开门之外，人们对宅基的外围水形也颇为重视，十分重视"阳宅之地，龙欲必其长，宅心欲其阔水必欲其大，合聚大弯曲"。

正是由于这种观念，襄垣地区的民居也要讲究住宅之外水的流向，当地民居多分布在南北浊漳河两岸、甘水河、史水河畔，背靠山冈山坡。最常见的对水流的应用有三种：

> 宅前水抱后有山，西南发源流艮篡。
> 人居环境多优雅，勤学苦读成就然。

> 朱玄龙虎四相全，男子富贵女子贤。
> 耕读之家福常在，后辈儿孙福绵绵。

> 右临白虎北环山，左有青龙水湾湾。
> 人杰地灵平安宅，学文学武前程远。

除此之外，襄垣民居还讲厨房、院中井池、碾磨以及六畜饲养的方位，一般都不外乎以下几种格局。坎宫：厨灶宜甲方大吉，井池仓库宜巽方生气宫大吉，碾磨宜东北五鬼方大吉。离宫：厨灶宜甲方大吉，井池仓库宜东方生气宫大吉，碾磨宜西五鬼方。震宫：厨灶宜离方大吉，丑寅方亦吉；井池仓库宜离方生气宫大吉，坎方亦吉；碾磨宜西南祸害鬼方，西北五鬼方大吉。乾宫：厨灶宜酉方大吉，辰巳壬癸依吉。井池仓库宜西方生气宫大吉，坎方亦吉；碾磨宜东南方五鬼地，正南祸害方不吉。坤宫：厨房宜乙方大吉，甲乙壬癸方亦吉；离方亦吉；碾磨正东生气方，正南五鬼方大吉。艮宫：厨灶宜天乙方大吉，井池仓库宜坤方生气宫大吉，酉方大吉；碾磨宜正南祸害方，西方大吉，西北方次吉。兑宫：厨灶宜坤宫大吉，艮方大吉，井池仓库宜乾方生气宫大吉，寅方亦吉；碾磨宜正东绝命方，正南五鬼方大吉。

马牛六畜的方位一般是：八宫牛马俱遇生气方；六畜坎宫俱遇辰巳方；离宫遇辰巳方；震宫于癸方；巽宫遇丙午方；兑宫遇未甲方；乾宫遇未甲方；坤宫遇寅丑方；艮宫遇庚辛方。直到现在，襄垣县一般七旬以上的老人还能依稀唱出马牛六畜方位图的民谣：

> 一德申宫宜，三台位上定猪方；
>
> 牛马及骒驴为上善，阳生紫气定高强；
>
> 贪狼伍上着鸡鸭鹅，太阳六畜最为良。
>
> 虎豹狐狸最不祥，更兼四忌大难当，
>
> 刀兵连及刀砖车，六畜定教见灭亡。

二　民居习俗

本县住宅有窑、房、楼三种。过去县城、集镇居民多住两滴水拱脊瓦房，有楼户不足十分之一，楼者仅为二层，上层存物，底层住人。一般是石块做基，基于地平，再上砌砖五至七层，而后用土坯垒成，以棚檩木板分隔为二层次。纯砖到顶者少。丘陵山区多选背风向阳、坐北面南山坡掘土挖洞而居，俗称"入山窑"，此窑除门窗需请技工外，刨直窑面、挖土掘窑均可自力。窑深 5～8 米，使用面积 15～30 平方米，冬暖夏凉，舒适宽敞，睡觉、做饭、储物兼用。窑顶（称堖面）可打场、晒粮功能多样。另一种是在平地上用石、砖、土坯修筑的拱碹式窑洞，俗称"碹窑"。此窑造价比入山窑要高，但比修楼房低，平川较多见。山区富户住宅为北面入山窑 3～5 孔，东西配以土木结构瓦房（或楼房）各 3 间，南垒街门院墙，或随房街门，院落讲究方正。贫困之家，孤窑独居，秸秆围墙。另外在城、镇、平川地带富户住有为数不多的天心院，田字院、四合头楼院、里外院。自 20 世纪 70 年代起，城镇、农村居民碹窑盖房，逐步淘汰土坯，全部用砖，20 世纪 80 年代居民开始兴建二层、三层钢筋混凝土结构楼房，宅居建筑注意了采光通风，门窗由原来的 1.5～2.5 平方米，发展为 4～5 平方米。居住习俗，哥东弟西，家长居中。山区窑洞，厨灶必设家中长者住处。（《襄垣县志》，1998 年版，第 650 页）

山居

窑院

棚窑

闺绣窑

靠山窑

楼窑

三 房屋建筑习俗

奠基。民间兴建房屋动工时俗称"破土",一般情况下,每户人家都要请风水先生择定破土的吉日,因为这影响到整个家庭以后的命运。破土当日清晨,设香案于宅基,主人上香、叩拜、敬神,并亲自刨第一锹土,是为破土之意。但需要指出的是,从抗日战争到 20 世纪 70 年代末,此俗被废,十一届三中全会之后,又渐渐复兴。此外,现在国家或集体单位兴建时也讲究破土,即在开工之前,行奠基典礼,届时领导人到场挥锹破土。

上梁。民间券窑封口,盖房上梁都要举行一种类似于祭祀的仪式,窑洞的叫作"合龙口",平房或楼房的叫作"上大梁"。仪式一般在上午进行。在建筑物正中设香案,供馍馍、五碗菜、二至三市尺的红布一条以及一定数量的现金(过去是一到两元钱,现在逐渐增加到几十元甚至上百元不等);近年来,供品也增加一到两条香烟、一至两瓶白酒、三至五斤猪肉。主人敬香叩拜之后,所有供品都赠予施工人员。20 世纪 70 年代以来,不少人家还会再上梁当晚放一场电影或者请八音会,以示庆祝。上梁时,忌讳孕妇到场,若孕妇无意撞上,上梁匠人则认为比较晦气,要随即在梁上砍一斧头,据说这样可以去晦;而对于孕妇来说,撞见别人家上梁也有可能给自己带来厄运,据说会生豁口的孩子。

暖房。又叫"温居",这一习俗在襄垣县至少沿用百年以上,至今仍经久不衰。尤其是改革开放以来,随着经济水平的提高,人们盛行修建房屋,原先以窑洞为主的居住形式逐渐变成了以瓦房、楼房为主的新村面貌;原先以沟壑为主的选址变为以平坦、开阔、交通便利为主的新村选址;一些偏僻的、人口稀少的村落逐渐向大村或城镇迁徙。在此过程中,暖房习俗又开始盛行。

暖房要遵循以下几项规矩。第一,择吉日暖房。第二,贴暖房专用对联,横批如"温居大吉""大吉大利""燕迁乔木"等,竖批如"新屋生辉""浮云耀日""燕入新居春正暖,莺迁乔木日初长"等。第三,祭祀神灵,如天地爷、土地爷、灶君、财神、菩萨、太上老君、圈神、门神、马王爷等,均贴新联。吉时到时,要在诸神前面设香案、上供品,其中要有酒、五碗菜、馍馍和炒米。其中,只有菩萨食素,其余诸神都要献肉。另外,宅主在祭祀前要沐浴更衣,一般是三叩首、三作揖、献三杯酒。之后,在新居各屋从门一侧开始逆时针沿墙撒些炒米,一直撒至门的另一侧,自后合于门的正中,是为谢土之意。随后,用麦麸在庭院中或客厅里写一个"富"字,再用麦麸将富字围起来,意思是今后一天比一天富裕,也有纳福接富之意。

最后，还要进行"吊糕""翻盘"仪式，角色的扮演者以宅主妻子的娘家为主。宅主在房上或窑顶，娘家人在下面，准备一份年糕或油糕，将其置于一个盘子内，上面再扣一个盘子，放在篮子里，用绳索往上吊。期间，上下双方说些吉祥的对话，比如，娘家人问："高了没有？"上面答道："高了，高了"，吊起糕后，将盘子翻个身，即翻身之意。

暖房主要是驱邪，以前往往是先让羊群进新房住几天，取羊的谐音，壮阳趋阴邪之意。后来，渐渐改为请老年人比如宅主的父母亲先住三至五日，襄垣人认为老年人道行深、阴邪不易上身。暖房期间，娘家还要送些灶具；现在礼物逐渐变大，除现金之外，还会送冰箱、彩电、洗衣机、毛毯等贵重家具用品，主家也要设宴招待。

四　普查资料展示

古韩镇

阳宅动土仪式。根据其宅主的年命生辰八字择年值月值日值时修造兴工。宅主备红布三尺，供品馒头至少十五个，生猪肉一刀（少则一斤多，多至五六斤），炒米一碗，至少半碗（因米为五谷之首），煮鸡蛋最少一个，最多五个，酒若干，水果类诸如桔、苹果、香蕉类最好，但不设梨，每样至少五个，香若干。供品备好后，红布铺在院中宫，或新建宅基的中心（五黄点上，即中央戊己土位）摆好供品，面对宅基主体的朝向开始祭祀。祭祀时需宅主虔诚慎重，净手、净面、净口、净身后，先在中宫开始上上等香（檀香）三炷，倒地酒三杯，或火化些金银纸各七张。叩首三次，中宫毕，依序从西南角、东南角、东北角、西北角逆时针各焚香三炷，倒三杯酒，三叩首，燃香片刻，将鸡蛋剥皮埋于中宫，其次西南角、东南角、东北角、西北角也各一颗（本身埋鸡蛋的过程也是动土的过程）。最后取红布在香上正转三圈，天上正转三圈以示取天地之灵气，这块红布要做成红旗一面，作为专用的开工旗。同时要根据所建宅基的方位坐向找出其福德位将红旗插起来，便可开工了。供品之归属应给风水先生带走，或分给匠人受用，宅主不可食供品，以示吉利、功德圆满，后放鞭炮，以趋阴邪。这为通用的动土法，过去的大户人家其动土仪轨要比此复杂得多，破费也多。

祭祀供品要上三牲祭，大三牲为猪、牛、羊；小三牲为鸡、鸭、鱼；一般的为一刀猪肉。另外，还备有香烛，红烛，高香，檀香，上等酒，上等菜五碗、十碗、二十五碗，用"火化土牛符，以制五方土煞，也有的用红布或黄布风水先生朱书姜太公"之符来保平安施工。

竣工后要择日谢土，谢土仪式为待阳宅修建完善竣工后，要择月日进行谢土仪式，与动土仪式有区别。"早动土、晚谢土"，动土最好为上午、早晨，谢土最好安排在晚上。早阳盛、晚阴行之理。仪式为，除动土仪式之供品皆有外，还要增好多东西，类似"金猪还愿"，烤全猪或生全猪，整羊"大光元宝""禄马贵人""转运宝牒""必定如意"等火化神前向神祈福保宅主通达顺畅。谢土之神包括天地三界、本宅土地神、元皇灶君神、五方土地神、太岁神、日脚神，还有谢财神、菩萨等。谢土程序为由天及地、由大即小，先佛后神的程序祭祀。在民间还有的给先祖送喜汤，以告先祖后辈修好新宅以示报喜，共享乔迁之喜。

襄垣县民宅居住风俗。在黄河流域一带，人们一直保持我们祖先的居住习惯，即以洞穴式为主。尤其在山西、陕西、甘肃一带的黄土高原上，由于地势地貌的特点、土层厚、沟壑多，所以多以窑洞为主要居所。窑洞又以造价低、冬暖夏凉、寿命长的特点著称。因此在北方几千年的历史长河中，窑洞一直没有被淘汰，只是在古人的简易式洞穴基础上发展成为比较整齐的、工艺水平较高的、经久耐用的、实用性较强的、比较集中的居住点，这些居住点逐渐形成多个村落，由于交通或赖以生存的水源、土地、森林、河流等资源的多寡优劣而形成大小不同的城池村镇。

襄垣县历史悠久，就居住方面，一直以窑洞为主要居所，除个别重镇县衙有房舍楼宇外，80%的人口住在窑洞内。自改革开放后襄垣经济飞速发展，由窑洞转为房舍成为一种时尚和潮流。并由灰瓦房变为红瓦房，由庭院式变为公寓式、别墅式已不新鲜。

在此将几百年前就已经形成的民间居住之习俗情况介绍如下：

居住原则：在每个家庭由其家庭成员的辈分而决定其居住的位置。

住宿配置：一户人家的先祖至高无上，其位置也显赫，其次为父母高堂列居第二，然后才是兄长各得其位，女儿在未出嫁前只可在闺房居住。

先祖在一所居宅正宫的正中央位置，然后高堂在其坐向的左边，而儿子以长子次子依次一左一右排行居住，不可乱来，否则叫欺主，女有闺房（闺房有明显的标志，没有房脊不上兽头），其次牲畜一般在中大门西侧，酉为鸡位，亥为猪栏，戌为狗窝，丑为牛棚，各得其位。碾磨为青龙白虎，当然青龙列东，白虎伏西，此为规范的位置了。

修造讲究：一般一所宅居，习惯正面三孔窑洞，多数为四孔窑洞，也有少数五孔窑洞为一幢院，坐向90%以上为坐北向南（朝阳）的坎宅式，其向又有三种，即壬山丙向、子山午向、癸山丁向，为二十四山的其中三山，在罗经上每一山各占15°，而定向修宅，首先请阴阳先生正线方即定向，同时要找出此向的大门位置、水口位置、厕所、灶房等位置，施工时要按照风水先生的嘱咐，施工时门窗的高低、宽窄的尺寸都有讲究。

坎宅式住宅虽说在当地占大多数，但也有少数的艮宅式、震宅式、巽宅式、离宅式、坤宅式、兑宅式、乾宅式，以其各有开门走水定向的规范，总之，东四宅与西四宅不可相犯。比如坎宅式为东四宅，切不可开西四宅的大门，这样会给人带来意想不到的厄运，同时根据其特殊的位置会影响到其相应的人员，比如乾位有煞影响老父，坤位不合式会影响老母，诸如此说法，均可得到应验。所以不得盲目瞎修。又加之每年轮值太岁的区别，"空"与"不空"，"空"的方位宜动土修造，"不空"的方位当然就不可轻易动土修造，否则为冲犯太岁，即可生凶灾。从年太岁到月建、日建、时辰，皆有此讲究，大同小异，道理相同。

中国五千年的文明，可谓在此方面文化底蕴特别深厚，我们老祖先留下的文化遗产被外国所利用，却被我们自己一味斥责为封建迷信，搁置一边，不理不睬，实属可悲。韩国为亚洲仅次于日本的经济发达国家，其国旗上的标志为中国的太极图，可想韩国自上而下对此门学问的推崇到了何种地步，这些学问在过去除宫廷中供帝王将相使用外，不得传入民间，有很多都是被证实为是科学的东西，为什么不能造福人类，在预防灾害发生时使用呢？有好多散落在民间的绝招绝技只作为家传口述，不外传，这些确实是国家的文化财富，应予以重视，搜集整理，发扬光大。

襄垣县民居建筑风格及讲究。襄垣县多以四合院为标准，多为坐北向南，大门有中门称离字门，别名延年，偏门东南门为巽字门，别名生气，少数的东门"震"门为天医，各门讲究不一般，第一吉利门为东南巽字门，为五子登科，排卦为风水涣，主男女尊贵、必生五子、登科及第、贪狼得位。三种大门建筑风格相像，比较完美的大门起角上兽，十字升斗，骑马石或狮子一对，还有的出门三五台阶，大门上有类似龙生九子的"椒图"护宅的兽头，大门内（巽门）对面有砖雕照壁。有百福图样，有梅鹿喜鹊图样，呈现出一片祥和态势，又有戒备森严之感。中门的一般规范，为了切断水火相射之故，都上有"复避"（类似屏风功用），站在门外看不到院内，进大门从复避两侧进入院里。一般有"复避"门的，车马牲口不可入院，只供人员通行。东门一般不用，纯阳不化育，坎为阳，震为阳二男同居不能化育，因此，开"震"门只可财旺而丁稀。

壁上的内容也有讲究，龙头福字"富字"百福图等吉祥图案，又庄重又美观，也是一个缓冲弯，水火虽属东四宅，但也有不调和之时令，夏火旺要蒸腾水，冬水旺要灭火，所以切断水火相射就不至于给家人带来凶灾，南门别名为"延年"，所以人们常写横匾为"延年光泽"就是此意了。中门对女人不利，有心腹之患。但财源旺盛，很多人为了求财，为此开中门，同时从建筑美学上看，中门对称工整，东西厢房均衡，再有南房、北宫，这叫玄武得地、龙虎相当、朱雀展翅的格局。再加之外五行吉秀，可达到催官、催贵、旺财、旺丁的功效。再加灶房得位，厕所合宜，水口到位，那么这所住宿在风水上可谓完美无缺了。厨灶一般在东或东南，厕所安西或西南，东方属木，灶为火，木火通明之象，大吉大利，厕所安西南角为绝之位，用厕所来压祸绝位，民间的"吃东屙西"有一定的根由。

一所居宅纵观其应为正方形或长方形，同时仔细考究应前狭后阔为吉相，前阔后狭为凶相，所谓民间称之为簸箕状，四气不收四水不聚主凶。门窗尺寸要合鲁班尺（门光尺、曲尺）的吉数，形式美观，尺寸合吉。

根据其宅主的年命生辰八字择年值月值日值时修造兴工。宅主备红布三尺，供品馒头至少十五个，生猪肉一刀（少则一斤多，多至五六斤），炒米一碗（至少半碗，因米为五谷之首），煮鸡蛋最少一个（最多五个），酒若干，水果类诸如桔、苹果、香蕉类最好，但不设梨，每样至少五个，香若干。供品备好后，红布铺在院中宫或新建宅基的中心（五黄点上，即中央戊己土位）摆好放好供品，面对宅基主体的朝向开始祭祀。

上马乡温泉村

建房讲究破土。供品为五碗菜、十五个馍馍，烧香。

上马乡阳沟村

上梁时要在大梁上写"青龙缠玉柱，白龙架金梁"的对联；用五碗菜、二十五个馍馍、一块红布做供品，烧香；给匠人香烟和一点钱。

上马乡老岭村

上梁是为了求平安，上梁时要贴上对联，放鞭炮，给神摆供；放鞭炮，挂红布，供品为五碗菜，烧香求平安，告知天地爷吉日吉时上梁，大家犒劳匠人，不让怀孕妇女路过。

王村镇杜村

上梁通常是中午十二点，不能让妇女看到。首先是准备好各种供品，如烟、酒、钱、点心，烧香，烧香后木匠师傅将最后一块板和砖安好，也叫合龙口，接着放鞭炮，以示修建成功。

王村井峪村

在农村，一般家户房子修好后，都要举行合龙口仪式。在房顶上，留一空间，下方摆上各种供品，烧香，贴对联，烟、酒摆上小桌前，木匠师傅等烧香后再把留的空间补上，放鞭炮，意思叫合龙口。

王村镇史属村

建房时动土。在建住宅前须动土，动土以修主人为主，将主人的出生年月日用天干地支去记载，除去本命克害，取出动土，良辰吉日，在本宅内烧香，供品为炒米一盅、酒三杯、鸡蛋三个，埋宅院中央。

王村镇东坡村

建房时要动土。要在天地爷前烧香三炷；在建房处埋三个熟鸡蛋；放鞭炮；用红纸一张，写上"姜太公在此，诸神退位"的标志，贴在墙上，等修完房再取下。

王村镇王村

吊糕。当地村民谁家修起新房后，娘家人要来吊糕，通常是早上六点钟来，娘家蒸上糕，站在新建的屋顶上，把蒸的糕吊起来，意思是祝家业兴旺高高在上，生活越来越往上提高。

王桥镇西山底村

破土。在农村当地选择宅基一般都要请阴阳先生，并定下开工破土时日，这种习俗由来已久，一直传至今日。农村建房有很多礼仪。需先请风水先生看地脉，规定房子方向，选择黄道吉日破土开基。开基前，房主用白纸写上"李广将军"等贴于四周或墙角，用来镇妖驱邪。开基时燃香烛膜拜三次，边撒茶叶口中念："天无忌、地无忌、姜太公在此，百无禁忌。"上梁立柱时，要讲一些排场，口念祝词"荣华富贵万万年"之类的话语，以示房主平安大吉。

王桥镇天仓村

动土。上梁动土有请阴阳先生选址，祭敬土地爷、烧香等习俗。传说，这归土地爷管。村民兴建房屋动土时叫"破土"。由修建主家按照风水先生择定的吉日，在黎明设供于土地，由主人烧香点烛，供奉十五个点心，叩拜完，主人亲自刨第一镬土，并埋入土中一个熟鸡蛋，破土后，就可动土修建。

襄垣县古韩镇

起造房上梁仪式。当地居住虽以窑洞为主，但东西厢房都多以砖木或土坯及木料构筑的房子为主，南房也是如此，这样就构成北宫、东西厢房，南面对码房的四合小院。但在造作立木上梁时，要选吉日良辰，可立香案于中亭，备足供品、果菜酒、三牲、香纸、五色线、灯烛，匠师拜请三界地主，五方宅神，鲁班先师，十极高真。其祭祀法称为"打杀"，除了供品外，桌上放米一桶，其匠人取秤、丈竿、墨斗、曲尺放供桌米桶上，面对大梁（过去为木梁，现在为水泥梁），匠人备酒在碗或杯中，破鸡冠血点符上（符由风水先生提前做好），再在匠人额上点一点，耳上点一点，手上点一点，把符烧成灰放在酒中再喝了酒，然后口中念咒语"普奄祖师大神能，年年月月在家中，不论凡民碰三杀，神水落地尽皆通。天杀起，天杀退，日煞起，日煞退……"念毕将酒向地五方倒之以示谢五方之土而达到镇煞之目的。

在上梁时忌讳女人在场，要忌讳妊娠妇人在场，怕的是冲犯龙神。同时上梁对怀孕妇女有重大影响，会冲犯胎神，对胎儿不利，碰到匠人用斧砍梁时胎儿出生时会缺唇少齿。梁成后不可从梁上跨越或坐梁上，不吉。大梁上前要剥皮净面，还有的用油浸防止虫蛀，大梁上贴一对联"上梁大吉"字样，有画太极图样，还有的取"大吉叶"三片用朱砂书"平安太平大吉"几个字固定梁上以示吉利。如今多为钢筋混凝土大梁，做法也维持上木梁的习俗。上梁仪式祭祀完毕，米酒菜肉，请匠人享用，并且每人分得一点红布，绑在身上以表净身煞。

上梁是建房中最重要的一道程序，因为民间把栋梁作为此屋荣昌的主宰，所以对建房上梁极为重视，各地均有上梁仪式，尽管略有不用，但祝文、颂咒、烧香祭祀是必不可少的。

古韩镇下峪村

上梁习俗。民间盖房上梁时，因为迷信中怕小鬼出来作怪，影响正常上梁，因此会在上梁前举行一种祭祀仪式，驱除小鬼，保证安全上梁，这种习俗已流传有千年历史。在民间盖房上梁举行祭祀仪式一般是在午时，在新建房屋的正中摆设香案，供蒸馍、凉菜、一刀猪肉、红布等物品。然后房主烧香叩头，在房梁上鸣放鞭炮举行仪式。近年来又增加了供奉白酒、给工人发放红包等项目。

西营镇洞上村

动土。动土必请阴阳先生，选择吉地和动土日期。否则易出事故。选择好的位置，保全家平安，子孙人丁旺，可做官。选定吉日，立红旗，主人和匠人共同给土地爷（或护宅神）上香摆供有佳肴（酒肉），犒劳匠人吃好饭，另赏肉酒和红布，放鞭炮。

夏店镇坡底村

建房时上梁。建房上梁必请阴阳先生算出吉日，上梁时请姜太公神和本宅土地爷。上梁时写："姜太公在此诸神请退位"。烧香、摆供，放文房四宝。寓意是保人丁兴旺、前途无量。上梁时间要以建房主的出生日期、时辰定佳日，上梁时不让怀孕的女人在场，对出生的孩子不利。梁房中，挂起一尺红布。必须在上午12点前上梁结束。12时准时放鞭炮，烧香。建房时动土。修房动土有给土地爷烧香，摆小米，鸡蛋供奉的习俗。传说土归土地爷管，这样是让土地爷恩准不出事，吉利。按照建房户主的出生日期、时辰，定出建房的具体时间。在这一时间内，早晨太阳未出来，早晨5点左右，备一个熟鸡蛋、三炷香，在大墙正中院内烧，后将鸡蛋埋入院中，再在四周刨土，烧香、放鞭炮、插红旗，然后动土。

虒亭镇高崖上村

破土。建屋是农家的大事之一，请阴阳先生选址、定方向、破土、打地基，是鲁班爷传下的。开工之日，高处挂红布，给鲁班爷上香，摆供品，放鞭炮后主家匠人皆下跪，按阴阳先生定的位置，开工，挖好地基打夯，后才起墙，上梁，又烧香摆供品，要用红布、酒、菜。中午犒劳匠人，盖顶又要上香，摆供，房上放镇宅物。

虒亭镇东坡底村

建新居。新居动土初，要请阴阳选址、烧香拜神、给匠人犒劳、赏红布、吃好饭、合龙口、上梁等，上梁大吉，建成房顶插红旗等，贴"太公在此诸神退位"。上香、摆肉，忌讳过往的怀孕妇女，怕生出的孩子不健康，家中男主人烧香，敬供品，还念："保佑我全家平安、招财进宝、后继有人。"放书、笔和文方四宝做镇宅物。放鞭炮，和匠人共进午宴。

侯堡镇桥上村

修建房屋。在新建房屋时，人们做的第一件事就是要请阴阳先生看好靠前还是靠后、什么时候可以破土，而开工时又要烧香、放炮，完工后也要做同样的事情，其目的就是让土地爷知道，什么人在什么地定居，希望能得到土地老爷的保佑，希望一家人平安，万事如意吉祥。

第四节 交通行旅习俗

一 行旅习俗的文化内涵

在传统中国，人们都生活在熟人社会，社会关系主要基于血缘和联姻的亲属关系和基于地缘的邻里关系；在熟人社会中，人们通过建立长期、不断更新的人际关系以及以集体为单位的神灵信仰，从而获得一定的安全感。另外，在家庭之内，人们也供奉着各类保护神。一旦超出这个圈子，人们将进入一个陌生的世界，因此，人们创造出一系列行旅民俗来应对陌生世界带给自己的恐慌与不安全感。

二 襄垣行旅习俗

襄垣人旧时出远门必须要选择吉日，有"七不出门，八不回家""三、六、九，扬长走"之说。即农历每月逢三、六、九为吉日，一般忌每月初五、十四、二十三日出门，襄垣俗称"月忌"。对此，有"在家不望月，出门招风雪""父母在，不远游"以及"在家敬父母，何必远烧香"等说法。

行装。以前，骑牲口时的行装为"背搭"，即用布做成的长方形大口袋，中间开口，衣物装在两头，搭在身上或牲口背上，既可保护牲口的背部，而且人骑在上面也比较舒服。以前，还有用篮子和包袱。现在，一般用背包、编织袋、行李箱等。

行具。过去襄垣人出门，除步行之外还会搭乘车、骑、轿等交通工具。大车是闲忙两用，农忙时用作农用拉车，农闲时在车上拉起席棚或布棚。以前，轿子是官府专用的交通工具，民间只婚嫁丧葬时使用，结婚时用的叫作"花轿"，丧葬时用的叫作"素轿"。乡间每十里八乡，都有专营此业的人家，叫作"养轿"，并且还会训练几位轿夫。20世纪50年代之后，素轿渐渐作废。骑包括骑马、骡、驴等，也有专营此业的，叫作"赶脚"。

礼让。行旅中如果遇到侠道、桥梁、渡口时，要主动让行，一般遵从轻车让重车、徒手让负重、青年让老年、健壮让病残。现此俗渐废。

问路。襄垣有句民谚"见人不行礼，多走三二里"，意思是出门在外赶路要多多问路，问路时有一套礼仪，这主要体现在称呼上。要根据被问者的性别、年龄来琢磨称呼大爷、大娘、叔叔、婶婶、大哥、大嫂、大姐、小朋友等。1949年之后至80年代初，一般称"同志"，80年代多称"师傅"，90年代多称"先生""女士""老板""小姐"等。

铁脚车

行旅

第五节　古韩十大怪与地方人情风貌

"古韩十大怪"根植于历史悠久的襄垣，这里文化底蕴丰厚，战国时期为赵襄子的领地，韩、赵、魏三家分晋，地归韩属，故称"古韩"。在襄垣这块土地上，由于气候、地貌、经济、文化等多方面原因的影响，人们在衣、食、住、行、乐等方面，形成了一些独特的方式。外地人对此十分好奇，最具地域文化色彩。到过襄垣的人都知道古老的襄垣地区有十大怪之说，一怪"做好的面条挂起来"，二怪"红脸烧饼大鏊盖"，三怪"火烧不吃脖上戴"，四怪"调和佐料都是菜"，五怪"素扁食当作荤食待"，六怪"招待官家用荞面"，七怪"画俩圪圈当二饼戴"，八怪"说书的家伙用脚踹"，九怪"秧歌不扭上舞台"，十怪"襄黎情缘没里外"。所谓怪，实为独特性也，是展示在我们面前的一幅幅情趣盎然的乡土风俗画卷，而外乡人的感受不一样，对他们来说怪也不一样。这些风俗凝聚着数千年来存在于民众中的创造性和活力以及美。仔细分析这些怪异现象，我们发现这实际上正是自然和历史赐予他们的一种独有的气质，是一种气势磅礴的大气度的怪，怪得令人忍俊不禁，同时也怪得令人荡气回肠。

"做好的面条挂起来"。是指襄垣手工挂面，其于元大德年间小有气候，元代文献载有"补中益气"之用，明兵部尚书刘龙（襄垣人）曾将其作为特产上贡，人常有"宫膳"之称，方志载刘龙为感皇恩建"特恩堂"，遂荣以为号。"特恩堂老铺"在域内开设分店多处，尤为万里茶商古道重镇虒亭驿店铺"德义取信，童叟无欺"的经营理念让更多的商客认识了襄垣手工挂面。明清之际，襄垣人还在晋商腹地榆次、祁县、太谷一带设店开铺经营挂面，襄垣手工挂面也以其易贮、便携、方便、原质等特征伴随晋商的足迹走遍天下，广受山西商帮青睐。其易贮、便携、方便、绿色，亦被专家戏称为方便面的鼻祖、慢制作的快餐佳食、舌尖上的精灵。入清后更有"上党亭外三千铺，庶民饶食悬丝绪"之盛。1949 年初，全县共有挂面作坊22 家，由集体开办，挂面制作也成了当地农村集体经济收入的一项重要来源，县城北街还有传统店铺演化的县营专门从事挂面制作的食品加工厂，20 世纪 60 年代襄垣手工挂面进京参加了全国农业产品展览会，之后襄垣手工挂面以其传统的制作工艺、悠久的历史、色白味甘、食之柔滑、便携易存、茎直中道、绿色环保等特点多次在国家、省、市农产品展览中受到赞誉，产品销往京、津、沪、广、深及其他各个省市。襄垣手工挂面在山西的名面食中是制作工序最为复杂、耗时最长的，在该地域纷繁复杂的非物质文化遗产资源中独树一帜，可谓食中之奇葩。襄垣手工挂面传统制作的每道工序，都浸润着慢的基因，原料配方独特，制作工艺考究，历经和、压、卧、盘、架、分、醒、拉、晾、潮、裁、装等十多道工序，从和面到成型耗时两个昼夜方可成型。

襄垣手工挂面受当地气候影响，它的生产周期具有明显的季节性，制作配方随节令变化而不同，这也是其制作技艺上的特别之处。它需要在适时的季节做，它需要在窖中酵醒，它需要冬日阳光的晾晒，它在慢制作中彰显个性。食时干、汤、荤、素、软、硬、浓、淡吃法多样，形成了具有地域特色的民间饮食习俗，长期以来，之所以深受民众欢迎，除其口感柔嫩，绿色营养外，便于贮藏、保质时长、食用方便也是重要的因素。

襄垣人对手工挂面情有独钟，情意交融，也催生了挂面食俗。大年初一吃挂面，风调雨顺幸福绵长。订婚吃挂面，情牵缘合白头到老。敬老祝寿吃挂面，长生无极寿比南山。走亲访友送挂面，情缘连绵。襄垣挂面其细、其匀、其长超出人们的想象。然而，您可别只被它的外表迷倒，当您捧上一碗正宗的挂面汤，再调和上几滴老陈醋，撒上绿莹莹的韭菜、葱花和红艳艳的胡萝卜丝，上面再卧上两个金灿灿的荷包鸡蛋，这碗挂面汤简直就是餐桌上的艺术品了，让您不忍心下筷去破坏这绝妙的面食景观了。看到端上来的这碗银丝圪芦面，白、绿、红、黄四色相间，寓意冬、夏、春、秋四季，美不胜收；闻起来，酸香扑鼻，连天上的神仙也会摇摇欲坠；吃起来入口柔浓，嚼起来又劲道顺滑。襄垣人送给这种小吃一个既好听又吉祥的名字——"银丝吊葫芦"。襄垣挂面作为依存于民众生活层面的一个实际存在的、能够体现地方文化特征的民俗事象，是我国传统手工技艺传承并不断发展的一个典型代表与活化石。

随着人们生活节奏的加快和对传统文化关注度的上升，襄垣挂面这一传统生产制作技艺彰显出更加持久旺盛的生命力和广阔的发展空间。2008年由特恩堂老铺申报的襄垣手工挂面制作技艺被山西省人民政府公布为省级非物质文化遗产名录。在山西省文博会上又被入选进驻山西省面食博物馆，并被山西会馆作为接待贵宾的指定面食之一。

"红脸烧饼大鏊盖"。红脸烧饼又称"关公脸烧饼""云长烧饼"，为襄垣虒亭镇的传统小吃，距今已有一千年的历史。据载，东汉末年，关云长因遭命案，逃往河北涿州，途经襄垣虒亭镇时，饥饿难耐，在一个烧饼摊前吃饼，却发现无钱付账，只好许诺日后定还。摊主宋二吾见云长衣履不整，硬是不肯。关云长急怒，将宋二吾痛打一通。宋二吾憎恨这"红脸大汉"，便把自己做的烧饼叫作"红脸烧饼"，意即将"红脸大汉"烧吃了。后来关云长真的派人持重金千里迢迢前来还账。当宋二吾知道当年赊账大人的"红脸大汉"就是关云长时，对他千里还账既敬佩又惭愧，感恩不尽，便用关云长赠给的钱修建了5间高大的店堂。店堂正中悬挂一块巨额横匾，上书"宋记关公脸烧饼铺"并立关云长牌位，每日烧香供奉。其烧饼生意也因此而声名大振。云长烧饼的制作要经过和面、发面、擀片、抹油、粘芝麻、上炉等十多道工序。烧饼的做法是将发好的面包入红糖，擀成饼，再涂上"料饧"，放在专用的烧饼鏊上焙，再放入鏊下铁圈中用火烤。烤好的烧饼色泽红润，口感甘甜香软。特别是其用当地一种火在上面朝下烤的大鏊烤饼法别具一格，令人称奇。烤饼种类还有：半疙瘩、狗舌头、月花、栖圪拉等。有题诗曰："吊炉底下有乾坤，皮脆里嫩美味香。名士何须惭画饼，旅人用此做干粮。"

"火烧不吃脖上戴"。火烧，即栖圪拉，又称圪勒（方言音 lui），这也是襄垣十大怪之一。其分两种，一种形制中间是圆孔，能容下小儿的脑袋，是姥姥送给外甥的一种礼品，从满月到每年生日（小孩不在生日当天送），年年送一个栖圪拉和一把穿有铜钱的锁，意为孩子好存，将其栖住、锁住，直到12岁，共送12个。另一种中间为方形。烧烤前用刀在大饼中间切一十字，把四个角折叠，中间形成一方孔，类似钱币的形状。过去儿童要种牛痘以预防天花病，接种后要发烧、起疮，约一个月后痊愈，疮也结痂。这时姥姥要来看望，并送这种圪勒，往小儿头上顶一顶，叫"剥痂"，也含有预示小儿日后富贵安康之意。

"调和佐料都是菜"。襄垣人讲究排场，无论城镇乡村，家家吃饭时有个习惯，这就是将面、菜、佐料分别端上，一碗面条能给你盘盘碟碟摆上大半桌子佐料，让食客根据本人喜好自己调味，有葱、姜、蒜、韭菜、香菜、黄瓜、芝麻、韭花、辣酱、味精、油、盐、酱、醋等多达一二十样任你挑选，因而在襄垣吃饭总能满足各种各样人的胃口，让你食欲递增，食而有味，回味无穷。由此俗还延伸出襄垣鼓书传统经典书目《反菜园》，经久传唱。

"素扁食当作荤食待"。本地人也叫腥汤素饺，为襄垣的传统小吃。在民间人们总喜欢把一件事加上有声色的内容不断完善，自圆其说，是真是假反正乡下人都这样一代代流传。据说，宋朝一位名叫苗广义的算卦先生在辅助宋太祖统一天下后，不愿在朝做官，便到民间逗留走访民情，体察百姓疾苦，一日当他走到襄垣境地正好中午时分，看见有一卖素饺子的与一卖肉片汤的，一荤一素吸引不少乡客，他走上前去见摊主将五花肉切成片，旺火煸炒，配入黄花菜、黑木耳、海带丝、豆芽等再移至小火慢炖入味，便想各来一碗解馋，一掏腰包才知口袋银两不够，于是先各买半碗兑勾在一起吃，吃罢顿觉精神舒畅，休息片刻，便打开卦包取出笔墨，题诗于墙上："四白为素食，五味调荤腥。饱餐各半碗，素饺伴腥汤。入腹提精神，味美赛鸡鲜。劝君常食之，益寿亦延年。"另一说认为，襄垣人爱面子，即便是没有足够的肉，也要沾些腥味，体现襄垣人性格的腥汤素饺作为一种地方小吃名片经过多年流传至今。

"招待官家用荞面"。荞面，是做官尝的材料，官尝，又名"灌肠"，是山西省上党襄垣一带民间的夏令小吃，清凉透心，老少皆宜。他是用荞麦面粉加水搅拌成稠糊状，舀入数个碗盘内，上笼蒸约三十分钟左右取出晾凉扣出，切成扁条、块状，浇上蒜泥汁或椒油汁即可食用的一种黑色食品，因成品色泽棕黑，故百姓称之为"黑皮麦团"。荞麦盛产于晋西北、内蒙古一带。据史书记载，盛唐时期，从西域引进中原广泛栽种。由于它是高寒作物，所以在山西省雁北、忻州地区重点栽培。长治地区只有襄垣、武乡和沁县、沁源种植，而且粒大、皮薄、粉白。制成的面食食品，无论是热食还是凉吃（辣拌碗饪即灌肠）都抗寒耐饥，营养丰富。《食物本草》载：荞麦有壮体益寿，防病治病之功能。特别是对动脉硬化、心脏病、血压高、糖尿病等中老年人疾病有预防和治疗效果。荞麦面制成的"灌肠"在山西为通称。为什么在襄县一带甚至在上党地区称"灌肠"为"官尝"呢？相传，元朝有位官员名叫李执中，他是襄垣县人氏。有一年他奉旨回乡选贤举能，一路辛苦，口干舌燥，行至襄垣县西营村，见有摊贩在卖"黑皮麦团"，于是他让随从人士买了两碗充饥解渴，食后连声称赞，并另赠了几个小黄钱。他的随行人员告诉小贩："这是当朝礼部尚书大人，是你们襄垣人，他多给了你几个钱，是赏赐你的，祝你的生意兴隆发达。"小贩听了高兴地说，我的黑皮麦团，当官的尝啦，明天我不叫黑皮麦团啦，改名叫"官尝"。于是次日他为了炫耀自己的品种质高味佳，就在摊前竖起了一块很大的招牌，上写"我的'灌肠'，'官尝'也"。后来四邻八乡小贩们为了打品牌多赚钱，都把"黑皮麦团"的灌肠，改称"官尝"，一直流传至今。

"画俩圪圈当二饼戴"。二饼是当地人对眼镜的别称。民间认为，12岁生日是人一生中较为重要的一个日子。12岁是人生第一圈的结束、第二圈的开始，标志着成人的开始。"开锁"的意义在于给那些将要告别童年的孩子开启智慧的锁头，解脱蒙昧，增强聪明才智，立志成人成才，让孩子感到已经脱离童年，即将加入到大人的行列。早先，主要流行于襄垣农村，开锁的对象一般只限于年龄刚满十二岁的长子，现已大大超出这一范围。对于"开锁"前文已详述，此处不再赘述。

"说书的家伙用脚踹"。襄垣鼓书是山西省襄垣县及其周边县区等地流行的一种古老曲艺形式。它上承宋元"鼓儿词"的说唱传统，融会了当地"莺歌柳"即"柳调"的表演艺术，并与之合流，成型于明末清初，兴盛于清朝中叶，至今仍是当地百姓娱乐教化的重要乡土艺术。襄垣鼓书的传统演出方式为：由一人、二人或多人分持鼓、板、锣、钹和二把、二黄、胡呼、月琴、三弦、八角鼓、二胡、笛子、笙等乐器，自行伴奏，说唱相间表演。其中的演唱，就有独唱、轮唱、对唱、领唱、合唱、伴唱等丰富的方式；根据不同的场合与需要，还分别有坐、站、走等多样的舞台演出动作方式。特别值得一提的是说唱掌板艺人技艺超凡，可以一人手脚并用，以脚代手，用脚打锣，同时演奏平板鼓、挂板、脚锣、小锣、镗锣、脚梆、木鱼、镲、钹、惊堂木等全套击乐。

"秧歌不扭上舞台"。襄垣秧歌源于明末清初的民间社火活动，是一种充满乡土气息和生活意味的地方戏曲。它是在当地说唱艺术、民间歌舞的基础上，吸收社火挑高、地圪圈及西火秧歌、上党梆子等艺术成分，而逐渐成为行当唱腔齐备的舞台戏曲艺术。光绪十年，在襄垣上良村成立了由襄垣十三个村、武乡五个村组成的襄垣秧歌发展史上第一个正式职业班社——"十八村秧歌班"。将襄垣秧歌搬上舞台演唱，而后逐步发展成为一个行当齐全的地方小剧种，历史上盛行襄垣的曾有"正宗""挂面""铁嗓"三大流派，后逐渐演变为襄垣和武乡两支，广泛流行于"上党十九县"，抗日战争与解放战争时期曾红遍整个晋冀鲁豫边区及其周边的部分县区。20世纪80年代，一些学者通称两者为"襄武秋歌"。

"襄黎情缘没里外"。长治境内的襄垣和黎城两县，有一个奇特的习俗，襄垣人见了黎城人叫"外甥"，黎城人见了襄垣人唤"小舅子"，不分官民老少，不分性别年龄，互相嬉戏，无论相识与否，从不气恼。但若谁有了为难之事，对方都会倾力相助，可谓我国民俗风情百花园中独具特色的奇葩。

相传在清代嘉庆年间，襄垣城北关有一个王员外，年过半百，身边却只有一个女儿，其女生就聪明可爱，被王员外视为掌上明珠，娇惯之下多少带些任性。这年又到农历四月十八黎城广志山娲皇庙会的日子，王员外夫妇要去广志山敬香，想再求得一子，女儿也吵着闹着想去。自古广志山庙会求子有个规矩，那就是未婚少女不得上山，见女儿要去，夫妻俩怎也劝不住，好不为难，只好以山上有老虎、豹子伤人来蒙吓女儿，总算给唬住了。于是二人急忙上路，然而让王员外夫妻俩怎么也没想到的是，当他们刚刚进到女娲神大殿时仅看见女儿已经在神像前跪着，这一惊非同小可，王夫人又气又急随声喊道："哎呀，我的小奶奶！"顺便一巴掌打向女儿，不料，没等巴掌打下去，女儿却已倒在地上气绝身亡。这时庙中的老道急忙走来，把小女的尸身随手扶在女娲神旁的座椅上，跪倒即拜，口称："小奶奶大驾光临，在下接驾来迟。"从这一刻起，广志山娲皇庙中多了一位襄垣小奶奶，并塑起了真身包骨像，十里八乡的百姓都说王员外女儿是娲皇圣母身边的侍女转世，本与广志山的小青龙有前世姻缘。从此以后，襄垣与黎城两县的百姓便开始互以儿女亲家相称，时至今日每年广志山庙会仍香火不断，庙会之前还派员来襄垣城北关请小奶奶家后人去上头炉香祭拜，为小奶奶更换新衣。

以这些民俗事象是当地人情风貌的重要内容，是当地祖祖辈辈流传下来的乡村民间文化，对民众的生活是有价值有意义的，是人们心灵栖居家园的表征，许多关系到村落社区的公共精神。乡村民间习俗和信仰不同于城市文化，也不同于官方传统，而是适合乡土生活在村落社区的人们认同的文化，乡村传统的民间强调地方化认同的表达方式，以社区集体仪式、礼俗及民间信仰为表现形式的乡村文化包含有对群体、自然和他人的互惠互报和终极关怀。

关于地方人情风貌的征示，可以是张彼此勾连的民俗事象网，也可以是表征性较强的某些事项，有时更可能是方言戏谑的速写。其实，每个地方都有自己的人情风貌，俗间人们时有相互吹嘘，相互打诨，以为趣事，而打趣中总能描摹一二。

"长子疙瘩屯留瓜，襄垣鬼的没脑凹，晋城推的小车卖他妈"，说的是地方人的体貌特点，如长子一带人的头前额后脑原凸（俗称绷虙），所谓"前绷金，后绷银"，而襄垣一带人的后脑较平，小孩出生后便开始注意其睡姿，必要时要枕平正的硬物（如书）纠正头型，以求人平脑正，人常言"你瞧人家孩儿的脑袋长得嘅好啊，平展展的"。而晋东南几乎每县也有代号，基本是他称，也有由他称转自称，如沁县"疙针"，武乡"刷子"，长治"瓜皮"，襄垣"鬼子"，潞城"汉奸"，壶关"疙瘩"，阳城"猴"，晋城"嗲"，高平"疙台"，陵川"忽木"……俗语云"三个长治瓜皮斗不过一个襄垣鬼，三襄垣鬼整不过一个武乡刷的，三武乡刷干不过一个阳城猴，三个阳城猴弄不过一个晋城'嗲'，十个晋城'嗲'解不开一个壶关疙瘩"，形象地突出了各地人风特点。在襄垣方言中，"鬼"本义是精明的意思，如果精明不在地方，人们便说"鬼谁呢""你就鬼吧""咳能鬼嘞"，意为骗。襄垣当地还有"一鬼，二光，三勤谨，夫子门前当先生"的说法，意思是人要做到精明、行礼重仪、勤快、谨慎，便可做有学问人的老师了。确实，襄垣人重教育，精于谋划，行事谨慎，注重礼教、仪表，爱讲究，顾面子，喜干净，接受能力强，赶时髦，特点鲜明。《通志》云："其俗悲歌慷慨而尚气节"，《郡志》云："其俗崇俭务本，力学好儒"，《县志》云："襄垣地本山陬，其俗颇好礼义。虽家无长物，而读书继世恒不忍有歇绝。女工尤勤苦，日食糟糠而纺绩不辍，每至夜分不寐。且闺门严肃，若子妇于翁、弟妇于伯，非礼不见面。届秋获，则男妇毕出，竞采豆叶为御冬之计。至于地亩所出，必先急正供，而用度不奢，盖樽节崇俭，习俗有如此者"。可见，古今无异志。

扶困

剥玉荬

春点圃

石碾

种谷耧

扇车

老井

村口洗刷

第六章
游艺与武术

相较而言，游艺与武术是具有很强的地域性，襄垣的游艺与武术带有很明显的地域文化特色。虽然，游艺与武术自成一套系统，但它们与襄垣的民间信仰、节庆仪式以及人们的日常生活紧密相关，很大一部分游艺与武术都发生在民间信仰里面。

第一节　游艺

襄垣民间游艺根据其发生时间大致可分为两类：一类主要依托民俗节日存在，包含传统体育（武术）、民间社火（小老送闺女、旱船等）、民俗仪式（游黄河等）以及由于在一定时节进行而被赋予民俗意义的游艺活动（放风筝、荡秋千），这类活动与民俗相依而存，在日常生活中并不常出现。如社火类游艺，由于春节在中国的重要地位，最盛大的社火类游艺活动就在这个阶段进行。一般是从正月初一开始，至正月十五达到高潮。一类与老百姓的日常生活密切相关，发生场所就是田间地头、农家小院等充盈于百姓生活的场合，有蕴含数学思维的、有发展肢体协调能力的、有作为幼儿玩具而存在的。

一　依托节日的游艺活动

（一）社火类游艺
社火类游艺，指在迎神赛社、元宵节等传统节日进行的群众聚会活动。有武术、高跷、二鬼扳跌、跑旱船等。除武术外，其余的基本都以锣鼓乐伴奏，伴之滑稽搞笑的表演形式娱乐大众。这类游艺都有悠久的历史渊源，依托于民俗流传至今。

1. 武术。武术在当地也有"国术"之称。一般都在元宵节的社火展演及村中迎神赛社中进行。襄垣的武术涵盖拳术、太极剑等几个门类。不同的地区有不同的套路。侯堡邕子村是单刀对枪、溜星、枪刀对打；上马下庄村主要为"小混拳""八发枪""五路棍""小鞭杆""鬼车转""西洋掌""十二趟弹腿"等；王村店上村则主要为太极宝剑、太极棍、推手等；王村东坡村以大、小红拳、黑灵套、单双刀、单双枪等而闻名。人们在农闲时期聚集练习武术，迎神赛社等活动则为大家提供了一个可以切磋的契机和平台。同时，武术也是民众敬献给神灵的美好礼物，是解除人们劳作之苦、发泄生活压力的一种方式。

2. 杂技。杂技与武术的表演场合基本相同。流行于虒亭赤壁村、王村北河村尖塔自然村。有详细记述的是尖塔村的杂技："用铁丝编成笼，里面放上拔去玉米粒的芯，倒上灯油，点着。两手一手一个，上下舞动。胜似其观。做各种动作。"①

3. 秧歌。《沧州县志·秧歌》载：

> 秧歌，新正农民暇预时，好事者聚村童而扮演之，各村相赠送以取乐，非有专业而求值者。其命名之义有谓：南人种稻，插秧而歌，是其所由昉也，其或然欤；又谓，因其起于凤阳，故曰阳歌。其装扮之制略如古之社火，大率饰美女装者或四，或六；饰公子装者，或二，或四，状若戏剧中之丑脚。老人一、丑旦一、黑面披发戴笠持鱼竿者一，曰尉迟敬德钓鱼。又有长袍短褂皂靴羽缨持红罗伞者或二或四，两手各持一箸者或二或四，状如前清官吏之随从，此其定制也。以外杂脚添减无定规，不伦不类，实无理可解，其演唱之法先击鼓鸣铙，全班往来穿插，急走稍定则鱼贯而成一大环，徐步围绕老人出至场中，高声独歌，歌毕而退，美女及公子出，美女手竹板，公子持乐子（以竹竿长二尺许，每节整扁孔，孔缀铜钱三四枚，振之作响，名曰乐子）男女相间成一小环，且歌且舞，以相调笑，所歌为时曲，率男女相悦之词，鄙俚殊甚其相赠送也，先日以贴至书，某日敬送秧歌一场，某村仝拜受者至日择广场旁设几凳，几上置茶点，闻鼓铙声渐近则年长者三五人出迎于路，歌者下车排两行率者前行，长者与率者揖引入场长者择壮者十余人，两人各持竿之一端以拦观者

---

① 摘自襄垣非物质文化遗产普查材料。

勿使搀越,演毕复列两行,长者以果点强置其囊云酬歌者送至村外,登车去率未至而申去是虽无足观而亦农家作苦岁时行乐之一端也,又有高跷者即宋之踏跷也其扮演概同,特足下缚木高二尺余,行走为难耳。[①]

从文献可看出,传统社会的"秧歌"内涵是很丰富的。如其中所提到的乐子(长治地区称为花棍)、高跷皆属此列。另外,跑旱船、跑驴、踩高跷、猪八戒背媳妇亦为秧歌。

襄垣地区的挑高秧歌是襄垣秧歌的早期形式。流传于西营城底、南岩、善福赵家烟村、王村北姚村、东坡村、高家沟村、胡岩村、史北村、西岭村、夏教村、杏坪村等地。挑高秧歌的演出形式为一人领唱,多人和之。由七至八人持鼓、锣等打击乐器伴奏。唱词一般为即兴现编。如"参神赛社:进庙来向三官老爷问个安,三官老爷好威风,多给百姓下甘霖,风调雨顺兆丰年。"[②]"当编好唱词时,手掰'响环',乐止,起唱。唱完一句后,再起音乐,如此循环。"[③]舞步为普通的"8"字剪弧和长蛇阵,也可以踩着高跷唱。除此之外,也有传统的演唱名目有《三英战吕布》《西游记》等。挑高秧歌一般在正月十五闹红火时,以走村串户的方式表演。民众则要准备接秧歌,被视为良好祝愿的传递。

4. 跑旱船。根据不同的故事情节又可称为跑船、老两口送闺女、小老送闺女,流行于侯堡东回辕村、上马韩庄村、上马燕家沟村、王村东坡村。跑旱船的主要道具为旱船,旱船由木棍、水银镜、花布或绸缎搭建而成。表演成员一般为三人,角色分别为老两口和闺女。锣鼓乐伴奏。闺女坐于船中,老汉持桨前行,做划船动作。老婆子跟在船后。随音乐节奏跳八字秧歌步。这也是跑旱船又叫老两口送闺女或者小老送闺女的原因。作为同系列,如果道具换作驴子,称为跑驴。还可用轿子、车子代替旱船,亦称为跑旱船。虒亭白堰底村的小老送闺女较之前面所述有所不同,是"小老以矮个子扮演,道具为担子。闺女则由大个子来扮演。二人都化装,形成大小个子的对比,向观众展示技艺"。[④]还有一种被称为"跑船",形式与跑旱船类似,只是故事情节有所不同。由两人演出,一人充当船公,一人于船中架船跑动。旱船上的彩布随之飞舞,十分漂亮。跑旱船在元宵节、迎神赛社等时节演出。除烘托气氛外,还象征着早生贵子。

① 《沧州县志》,民国版,第29页。
② 摘自襄垣非物质文化遗产普查材料。
③ 摘自襄垣非物质文化遗产普查材料。
④ 摘自襄垣非物质文化遗产普查材料。

踩高跷也是秧歌的一种。取其"高"，象征芝麻开花节节高之意。流行于侯堡东回辕村和王村井峪村。高跷与其余秧歌类游艺一样，在元宵节或其他村里节庆时演出。表演时，用1~5米高不等的木棍紧缚于人腿上，化妆成各色历史人物，以秧歌步伐与锣鼓和之，通过变换队形等方式进行表演。

5.二鬼拌跤。又称为二鬼打架、二鬼摔跤。傩舞的一种，流传于王村东坡村、上马燕家沟村、下良下良村。其道具用木条构架，并经彩画，做二人纠缠打架状。表演时，一人手、足伸进道具，趴下剧烈运动。伴以锣鼓乐，呈现给观众是两人剧烈打架的景象，十分精彩。

6.猪八戒背媳妇。与二鬼拌跤类同，皆为身背固定道具进行表演。只是故事情节有所不同。流行于虒亭下良等地。

7.扒山虎。扒山虎流行于侯堡东回辕村。形式是四个大汉扛着特定的道具，一个十来岁的小女孩趴在道具上。寓意美好的未来。

8.狮子舞。又称狮滚绣球、舞狮、滚狮等。象征着吉祥如意。流行于侯堡东回辕村、王村胡岩村、王村井峪村。表演至少需要五人，两只狮子需四人着狮皮扮演。另一人手拿绣球做逗弄状，两只狮子做抢绣球状。

9.打生铁花。于过年、元宵节、二月二龙抬头夜里进行。流行于西营镇西营村、上马乡上马村、下良镇下良村。人们用火把生铁化水，待其略凝固之时，以木板将其抛向空中，呈礼花状落下。类同于今日礼花。

10.舞龙。流行于侯堡东回辕村。以纸和秸秆做成的龙为道具。人们以木棍将其撑起，模仿长龙飞腾之状。

11.火流星。又名火流绣。流行于虒亭镇虒亭村。据当地人称已有三百多年的历史。在元宵节晚上表演。"用铁丝制成小铁笼，内装木炭，用火点燃。由光膀子的青壮年双手拢起来，形似大绣球。耍龙灯时，在前开道，夜晚时光彩夺目，十分耀眼。"①

12.风火龙舞。流传于襄垣虒亭地区的一种独特的大型民间社火活动，是农耕文明产生的一种民间艺术。先民们在与上天斗争之外，把对美好生活的希望寄托在风火龙舞中，千百年来随着历史变迁，人们赋予风火龙舞的意义越来越多，将图腾崇拜、避灾降福、祈神祀祇、镇邪祈祥等意念悉化入风火龙舞，充分体现了劳动人民的创造精神。对于研究我国农耕文化以及民俗风情、意识形态等具有重要的参考

---

① 摘自襄垣非物质文化遗产普查资料。

价值。风火龙舞源于虒亭寨沟，历史上由于该村关帝庙独具规模，八方显灵，每年正月这里都要燃放烟火，其间人们便把一种叫火流星的表演与龙灯舞相结合产生了"风火龙舞"，虒亭寨沟的龙灯就被周围各村称之为"老龙"。习惯上只有寨沟老龙先出游，然后其他各村的龙灯才能出来，当地流传有"老龙不登台，其他甭出来"之说。每年正月人们都要对龙灯进行折制翻新，表演前还要举行祭祀与饮龙仪式，以求龙神保佑风调雨顺，五谷丰登。

（二）仪式类游艺

这类游艺是集体性活动，全部村民都作为"表演者"参与其中，意在祈福许愿。襄垣的仪式类游艺主要包括放天灯和游黄河，二者都在晚上进行，形式上也颇为类同。不同之处在于，放天灯的流行区域不靠近河流，游黄河的流行区域则一般靠近河流。如北底土合村就靠近漳河。总之，人们由于祈福的需要而采用了相同的方式，但囿于固有条件有所调整。

1. 放天灯。流行于夏店邢村，于元宵节晚进行。人们把破鞋、破布蘸柴油挂于天灯底部，由于点燃后在灯内产生热气，使之升空。

2. 游黄河。又称为点黄河灯。一说意在感谢三官爷，祈求来年风调雨顺。流行于北底土合村、古韩南关村、王村井峪村、西岭村、夏店渠街村、侯堡阎村等。于每年正月十四到正月十六晚进行。据说无法生育的女人，若在游玩黄河后偷拿一盏灯，即可顺利生育。但要在来年游黄河时补上一盏灯。

（三）时令性游艺

这类游艺的进行依赖一定的天气条件。荡秋千和放风筝都需要有风的助力，而春天正是最好的时节。久而久之，人们把这两者与一定的节日联系起来，并赋予其一定的民俗意义。

1. 荡秋千。荡秋千有多种形式，一般在正月十五进行。届时男女皆穿彩衣，随秋千飞舞，煞是好看。寓意来年事业生活都能"起来"。流传于善福郝家沟村、王村东坡村、侯堡暴庄村、侯堡邕子村、王村南铺村、王桥五阳村、北底北底村、虒亭申家岭村、王村北姚村、王村王村、王桥东山底村、王桥官道村、王桥炉沟村、王桥南沟村、王桥南偏桥村、夏店化岩岭村、夏店渠街村、夏店邢村。除最基本的秋千外，还有多种形式。（1）车连秋。又名车连丘、车链秋、车流秋。可供若干人同时玩乐。其形制为：先竖起"一根长十几米的大杆子，正面固定着一个大'车轴子'，轴子上对称着两条粗绳两头系在上面，中间垂到下面离地一米的地方，在其45°角的地方也对称地系着一根粗钢丝。一头系在车轴上，另一头紧紧地绑在一根粗横木上，横木用铁棍联结到大杆子上，打秋千时，下面人推动横木，两个人分别或站或坐在两条绳子上，慢慢地转动，人就飞一样地转动起来了"。①"喝一壶"也与此类同。（2）八挂秋。"八挂秋的主体骨架是一条可以转动的柱子，也叫老杆。老杆下端不固定，是转轴。推杆与老杆绑结为一体，推动推杆使老杆转动，同时，以老杆为中心搭设圆形木台，中间设置枢纽，台座周围以棚布遮盖。台沿搭两架木梯供上下。老杆顶端搭成一个八角亭式的伞形儿，复杂一些的是搭成八角楼阁。其装饰方法与装檐台相同。顶面以蓝白布条交错组成，檐下装饰各种彩绸和玻璃镜。八个檐角高高挑起，每角悬吊一挂秋千。玩者登台上秋，人力推动推杆，八挂职秋千便同时旋荡起来。不过转速较慢，荡升幅度较小。"② 类似于今天的旋转木马。（3）纺车秋。纺车秋形制类同于早期妇女的纺车。必须坐够八个人才能转动，否则就转不起来。类似于今天的过山车。

2. 放风筝。放风筝一般在清明节这天进行。流行于侯堡常沟村、侯堡邑子村、王桥东山底村、王桥天仓村、王桥原庄村。

3. 猜拳。猜拳一般发生于红白喜事及其他大事的酒宴上。通过各种方式来决定胜负，输者喝酒。决定胜负的方式有多种。（1）压手指。通过不同的手指来决定胜负。游戏规则是大拇指压二指，二指压中指，中指压无名指，无名指压五指，五指压大拇指。二人同时伸指头来，然后根据游戏规则来决定胜负。（2）明七暗七。又叫拍七，是大家顺序数数，在遇到 7 或 7 的倍数和约数时，不能出声，而以其他方式代替。否则为输。（3）行酒令。游艺双方一起行酒令，要求酒令中必须带有数字（如：一点高升哥俩好，三桃源，四起材，五魁首，六六顺，七星高照，八匹马，快喝酒，满十在）。若能准确说出自己的数字加对方数字之和，则为赢；否则为输。

4. 抓阄。流行于王村北姚村、王村南铺村、王村南姚村、王村王村、下良下良村。儿童一周岁左右时，家长在儿童面前放上算盘、称、吃的等。观察儿童抓什么，如果抓到算盘和称，说明儿童将来大有前途。抓到别的东西则稍逊一筹。

二 不依托节日存在的游艺

这类游艺不依托节日存在，只为百姓娱乐而存在。包含竞技游戏与非竞技游

---

① 摘自襄垣非物质文化遗产普查资料。
② 摘自襄垣非物质文化遗产普查资料。

戏，非竞技游戏的一般形式为儿童通过把玩玩具来获得愉悦。襄垣的儿童玩具有打玩儿、吹哨、编蚂蚱篓、编种谷篓、不老鼓、泥人、猴儿跳杆、竹哨、小板胡、扎线圈、打线球；竞技游戏则是多人通过一定的道具和规则来分出输赢。成人游戏则皆为竞技游戏。总之，竞技类游戏或意在训练人的逻辑思维，或意在培养人的数学思维能力，或意在训练肢体运动和平衡能力。

（一）借助道具游戏

1. 棋子类

这类游戏很多。游戏场合可以是农家炕头，也可以在田间地头。一个游戏图加几个石子就可以进行。

（1）鸡毛舔猴。又称玩猴、鸡毛捻猴、鸡毛玩猴。流行于善福槐树庄村、善福贾垴村、善福桑家河村、善福善福村、善福石楼村、善福庄里村、王村胡岩村、西营吴北村、虒亭进士街村、王村店上村。玩法是：两人玩，每人四子。决定胜负后，轮流走子。若甲方子与乙方子中间空两步时，口念："鸡—毛—舔—猴"，就可以吃掉对方。棋子先被吃完者为输。

（2）捉鳖。流行于善福槐树庄村、善福贾垴村、善福善福村、善福石楼村、善福庄里村、西营暴垴村。游艺双方各持三子置于棋盘上，决定胜负后，轮流走子。先将对方三子都逼得无路可走者为赢。

（3）倒驴球。流行于虒亭赵坡村、王村王村。与捉鳖玩法基本相同。两人，一人用小石块，一人用小土块，各站一方，将对方的小块压到划0的1方为胜。

（4）下山。流行于善福桑家河村、善福善福村、善福庄里村、王村孔家洞村、西营暴垴村。甲方黑子，乙方白子。每次只能下一颗子，谁成山多，谁为胜。每成一个山，就去掉另一方一颗子，直至对方的子去光。

（5）一条龙。流行于西营暴垴村。二人玩游戏。每人持三颗石子。分别摆在图案的上边和下边的交叉点上。通过某种方式决定先后顺序。每次走一步，三颗石子先成一条线者为胜。

（6）下六。与下山属同类游戏。流行于善福乡善福村、庄里村。首先在地上画个棋盘，平六道，竖六道。成方格形。甲乙两方各拿一种石子或短棒做自己的代表，轮流往棋盘上下子，不论哪方，谁先成方，压对一个石子，如果成了六，要压对方三个子，将所压的石子全部拿掉，谁没有子就算输了。方块流行于善福贾垴村，与下六应是一个游戏。一人执黑子，一人执白子，每人一先一后下子，每四子成二方，可以拿对方一子，如果直线成一六子，可以拿对方三子，以先拿完对方子的一方为胜方。

（7）黄瓜上架。流行于善福庄里村、善福善福村。黄瓜上架至少要有三人参与，还可四人、五人参与。以三人玩黄瓜上架为例，每人四子，一子放于黄瓜上架图上，另外三子握于手中。三人同时出子，其数量为3时，甲出；数量为6时，乙出；数量为9时，丙出。若数量为此三者之外，作废重来。若四人玩，则有效的数字分别为7、4、1；五人玩，有效数字为2、5、8。一次上一步，从上台阶，到中心东高街，西饭铺，反出来往上吃黄瓜，吃完三支黄瓜后再往上走，顺时针转圈坐大堂，坐了大堂就算赢了。还有一种称为夺红旗的游戏，与其玩法相似。流行于上马上马村。三人同时出手，如果三个人右手中的小石头的个数的总和是1、4、7，甲就向上走一步；是2、5、8，乙就向上走一步；是3、6、9，丙就向上走一步。先走到图案上方拿到红旗，则为赢。

（8）撑四角。流行于善福庄里村、王村孔家洞村，两人玩，每人三颗石子，每人各走一步，谁的石子走到四角顶，对方的两子撑在角顶。直到对方有两三个子，有两个撑在角顶，谁就算输。

（9）踢四方。与其玩法基本相同的还有瓦片踢方、跳飞机格、跳方格、跳田字格。流行于麂亭赵坡村、上马上马村、王村温垴村、王村西岭村。游戏由2人以上参加，旨在训练参与者的肢体平衡能力。根据不同的游戏图案，游戏稍有不同。主要是游戏者根据不同的游戏图案，单腿踢动石块，把石块提出图案外或双腿着地者为输。换人进行。若顺利完成，则为赢。

（10）小孩打老虎。流行于王村垴上村、西营暴垴村、上马上马村、麂亭进士街村、王村王沟村。游戏之前，先画好游戏图案，"老虎"有一颗子，放在四边形的中间。"小孩"用不同的一十八颗子，分别放在正方形下边第一行五颗，第二行五颗，第三行五颗，第四行中间放三颗，也就是线段的交叉处放子。"老虎"的第一步要走在四边形和正方形的交叉点，然后每走一步都要跳过一个交叉点，如果跳过的交叉点上有一个"小孩"，这个"小孩"就被"老虎"吃掉。"小孩"每一步只能走到下一个交叉点，如果"小孩"所在的点的左边和右边或上边和下边都有一个"老虎"，这两个"老虎"就被"小孩"打死。最后"老虎"或"小孩"谁的子先被对方吃完谁就为输。

（11）担旦旦。流行于王村王村、王村西岭村、王村杨岭村。在固定的方格内二人进行比赛，每十个子担完对方子为胜利者。

（12）老子围和尚。流行于西营暴垴村，两人玩耍。和尚一个子在中间，老子五个子在图案下边，和尚可以连走几步。老子只能走一步。老子把和尚挤在无路可走，老子胜。和尚把老子的子吃光为和尚胜。

（13）中国打日本。流行于西营暴峧村。与老子围和尚属同类游戏。"日本"用十颗子，放在正方形的上两行每条线段的交叉点。"中国"用另外两颗不同的石子，放在正方形下边的第二个交叉点和第四个交叉点。"中国"先走，走时要隔过一个交叉点走到另一个交叉点，如果走到的交叉点上有"日本"就被吃掉。"日本"把"中国"围的没路可走，"中国"就被吃掉。

（14）打娃娃。又称拍娃娃，流行于王村西岭村、王村东坡村、王村王村、王村杨岭村。玩家多者六个，少者二人，一份两下；再画二道线，相距5步。有多种玩法：①分前后：人人拿一块小石头，双脚并立，扔石头（照住线）。全队人马扔完后，根据远近分前后，但不能超线，否则重来。②跳一：头下先打，一脚立线，一脚向前一步，弹跳一步，拿石头打界线上的石头，一脚弹起，一脚落地，打倒为胜，否则为败。如一方有人打不倒，打倒的人可以替。如打倒为胜，打不倒为败。③打跳二。④打跳三腿疙瘩转：弹三步用石头从腿疙瘩对住石头打去。⑤打前火：先将本人石头扔去，如超界线，对方要罚。先对方石头放在线上，用脚后跟一扔，前火往前，后火往后，用弹跳腿不落地。落地腿用脚尖对住界石扔去，跳四步必踩住本人石头。⑥打后火：扔石头必到线后，弹五步必踩本人石头，用脚尖扔打界石，打倒为胜，否则为败。⑦打黄燕：将界石上的石头竖起，与线为十字形，一方一人双脚并立站在线上。且往界石的石头打去，如打倒为胜，打不倒为败。⑧打馍馍：将界石平放界线，让对方打，如打准为胜，如打不准为败。如哪一方，先完成整个过程者为胜，后者为败。

（15）比狗经。流行于王村北河村尖塔自然村。三人玩游戏。每个8个棋。红卒三，黄卒三，一对红士，一对黑士，一对黑象，一对红象，一对红马，一对黑马，一对黑车，一对红车，一黑炮，一对红炮，也叫"狗经对"，红士领狗经。最后三丁够本，二丁就输，四丁赢，五丁更赢。

（16）小孩打狼。流行于王桥井关村。狼吃完15只羊就算获胜，15只羊围住了狼就算获胜。

（17）拿魁。又称为拿核、抓子。流行于夏店化岩岭村、王村王村南沟村、善福善福村、善福庄里村、王村店上村、侯堡侯堡村。以石子或者杏核为道具，有多种玩法：①5颗石子或者杏核握在手心，然后扔起手心的石子，变手背接住，多者为胜。②5～6个石子放于手中，扔起一个，其余撒到地下。再扔起手里这个，抓下面的几个，花样繁多。顺利过关者为胜。③把杏核一面雕成黑色，一面雕为红色。先上抛一粒，再抓起地面上的同色杏核，计数多者为胜。

2.绳索类

（1）跳皮筋。流行于侯堡侯堡村、王桥东山底村、王桥南偏桥村。多为女孩玩耍。道具为一条橡皮筋。参与者至少三人，二人架皮筋，一人跳，有多种花样。从皮筋形状来说，有双腿架、单腿架、三角等；从跳皮筋的名目来看，有马兰花、钻地洞等。

（2）拔河。流行于北底南娥村、王桥落江沟村等地，是一种团体游戏。分甲乙两方，一方大概十人左右。须找一开阔平坦的场地。道具为一条粗麻绳。在麻绳中间系一条红布。先在地上画一组约距2米的平行线。甲乙双方分别站在两条线后拿起麻绳。裁判使麻绳中间的红布位于两条线的中间。双方听哨声一起发力，越过面前白线者为输。

（3）操绞。又名抄绞、翻花。流行于王村南沟自然村、善福桑家河村、善福善福村、善福庄里村、侯堡侯堡村。道具为一条三尺左右的线绳，打结成环形。通过五根指头挑动线绳形成多种花样，如降落伞。可以自己玩，也可以多人玩。

（4）跳绳。流行于善福桑家河村、善福善福村、善福庄里村、夏店河坡村。道具有单绳和大绳两种。单绳是由一人操作，一般是村里的细麻绳，约两米左右。跳绳者手握绳的两头边甩边跳。有一人跳、双人跳、双摇等花样。大绳是比较粗的麻绳，比单绳要长。两人分别握着绳的两端甩绳，跳绳者抓住时机钻进绳中，随绳甩动的速度进行跳跃。二者皆是计数多者为胜。

3.其他

（1）打阎王。又称对玩、对砖头、打瓦、砸阎王、打石碗、打碗、打砖、磕碗。流行于虒亭赵坡村、西营西营村、善福善福村、侯堡暴庄村、上马上马村、王村南姚村。首先在地上画两条线，一般起线到终线相隔七米左右。凡参加人员，每人手拿一块圆圆的石片，也叫石碗，站在起线上，用石碗投到终线上竖好的石碗里，投不准者换人。程序是：一打碗，二捂眼，三圈羊，四扛肚，五瘫拐，六夹饼，七切草，八背过，九了油，十顶盖，谁先完成这十个动作，谁就算赢。

（2）踢毽子。又叫不倒翁。流行于北底东宁静村、古韩东南上村、古韩西关村、善福庄里村、上马温泉村、王村孔洞村、王桥东山底村、王桥炉沟村、王桥南偏桥、王桥天仓村。毽子可以是内装玉米的布毽、用麻绳（鸡毛和五色线亦可）和小钱插做成的"麻绳毽"。计数多者为胜。

（3）丢沙包。北底冯村、北底土合村、王村店上村等地，沙包其实就是个小小布袋，里面装一些沙子或玉米粒，找一小块空地。三个人一组，"石头、剪子、布"一猜，决定出一个人在中间躲包，剩下的两个同伴便是丢包的，分在两头，游戏就算开始了。

（4）推筲箍（筲箍：套在木桶上的铁圈）。又名滚铁环、推铁圈。参与人数不限。流行于侯堡侯堡村、北底长畛村、善福贾垴村、善福上丰村、王村北姚村、王村杜村、王村孔洞村、王村李坪村、王村垴上村、王村温垴村、王村西岭村、王桥炉沟村、夏店岸底等村。道具为一个圆形的铁圈和一个特制的小钩子。游戏时，用小钩子套在铁圈上推着铁圈往前走。若铁圈倒了，则为败。在相同时间内，持续时间长者为胜；相同距离内，失败次数少者为胜。

（5）打宝。流行于王桥井关村。道具为宝，由纸折而成。参与人为两人。游戏时，决定先后顺序后，败者把宝放于地上，胜者用自己的宝打它，若打翻，就可赢得对方的宝。否则，则换对方来打自己的宝。如此循环。

（6）鞭打牤牛旦。又称鞭抽皮扭。流行于善福善福村、善福郜家烟村。它类同于"抽陀螺"的游戏。牤牛旦和皮扭都是陀螺，形制基本相同，只是制作材料不同。游戏时，用皮鞭或者缰绳抽动陀螺，使其旋转。转动时间长者为胜。

（7）撂套。又叫料套、丢手巾、拿手套。流行于王村东坡村、虒亭进士街村、善福桑家河村、善福善福村、善福庄里村。撂套就是众所周知的丢手绢。游戏时，先决定谁来扔套（或手巾），剩余的人蹲下围成一圈。扔套（或手巾）的人一边转圈，一边偷偷把套（或手巾）放在某人后边，继续转圈。若被发现，被放人就绕圈追扔套（或手巾）的人。如果被追住，则放套（或手巾）的人输；追不住，被放人输。若不被发现，则被放人输。输者要在圆圈中间表演节目。

（8）下窝。流行于王村王村。道具为玻璃珠子。游戏时，在地上挖一小窝。距离"窝"一定的距离，手握珠子，用拇指一挑，进窝即胜，否则为败。

（9）打水漂。流行于古韩东北阳村。参与人数不限。参与人蹲在河边，手里握经过挑选的薄石片，像掷飞镖一样，扔向水面。石片可能一下即沉，也可能在水面上跳跃好几下才沉入水底。以石片跳跃次数多者为胜。

（10）滴三面。流行于侯堡东周村。滴三面是用三个清朝的钱，汉文字朝上摆在右手手指端，然后举手一甩把三个铜钱掷在平整的砖头上或石板上，如果这三个钱都翻成满文朝了天，这叫"真山"；如果三个铜钱一个也没翻转，依然是汉字朝天，这叫"黑背"也叫黑疤；如果其中两个铜钱翻成了满文朝天，这叫"二面"，如果其中一个钱翻成了满文这叫"一面"。

（11）打木耳。流行于古韩西关村、侯堡暴庄村。"木耳"为一长约10厘米、直径约3厘米的两头被剔尖的短木棒。参与人数不限，分为甲乙两方。玩的方法是用稍宽点、长约33厘米的打耳板，将木耳打出。然后由另一队的队员反掷，在打木耳的队员脚下画一圈圈叫锅，另一队员将木耳反掷至锅内后，这队队员就需放下打耳板让另一队员打。如没有反掷入锅，则由打木耳的队员用打耳板敲打地上木耳的一头，待木耳跳起时，再用打耳板将其拍打至远方，每人只能敲打三次，如三次打进锅则可继续，打不进锅就由另一队照样玩，开始规定打多少，谁先打到这个数，谁就是优胜者。

（12）劈三角。流行于王村西岭村。道具是小刀。游戏时用小刀在湿地上画一方格，然后两个在小方格的两侧轮流用小刀分割，最后谁的地域较大谁获胜。

（13）推蹦蹦。收秋时，孩子们在地里选取合适的光玉米秆，将其前端折曲，秆儿太粗、太湿或太干都不行。做好后，以前端着地，边走边推，随路面起伏弹跳，秆儿和苞叶随着孩子们行走节奏，发出时紧时松的嘣嘣、沙沙声。彼此以形状好看、持久耐用、发声好听为优，好的蹦蹦孩子们往往会收藏数天。

（14）骑（茭）马。秋收时，选粗壮茭子秆（高粱秆），以镰于根部约半尺处，两侧对削一下，从削处将秆根端回折90°，意为马首，使削出的短皮前凸似马耳，儿童将茭马至裆，手执马脖，以"鞭"击马，吆喝摹奔马状，相互追逐。

（二）无道具游戏

1. 摸瞎子。流行于上马董家庄村、侯堡侯堡村。有几种玩法：（1）众人拉手呈圆圈状。圈中两人，一人用红布把眼睛蒙住扮演瞎子；另一人把左手捆在左腿上扮演拐子，手摇铃铛。"瞎子"循铃声摸拐子，摸住为胜。（2）先决定胜负。由败者以红巾蒙眼，要求在一定区域内摸其他人。摸着为胜。由被摸着者蒙眼继续。流行于虒亭进士街村的"藏猫猫"应亦属此列。

2. 老鹰抓小鸡。流行于侯堡西周村、古韩西川村、虒亭进士街村。参加人数不限。先决定胜负，由败者当老鹰。再从剩下的人中推选一人扮老母鸡，其余皆为小鸡。游戏时，"母鸡"张开双臂站在最前面，"小鸡"拉着母鸡的衣襟藏其身后。"老鹰"要想办法抓小鸡，"母鸡"则尽力保护小鸡。有两种玩法：（1）被抓住者为败，为下一局的"老鹰"，游戏重新开始。（2）老鹰要把所有小鸡抓完，游戏才结束。

3. 顶缸尖。流行于善福庄里村、善福善福村。有些地方又叫"斗鸡"。是参与两人扳起一腿放在另一腿的膝盖上，互相顶撞，被撞至双腿着地者为输。

4. 骑大马。流行于善福善福村。趴下一人，上骑一人走，两旁使劲呼叫。胜之，骑人者当马。

5. 压油。流行于善福善福村。是多人压在一人身上。后因危险不再流传了。

踢方

第二节　武术

襄垣的武术多以强身健体为目的，以元宵节等民俗节日为契机而习练。襄垣有闹社火的习俗，社火又分为文社火与武社火。通常武社火需要这些会武术的人到各个村子表演，配以威风锣鼓以增气势。此外，每逢元宵、元旦晚会等一些场合也会被请外出表演，而各村村民则会赠送烟酒及少许酬劳给表演者以示感谢。

对于武术传入襄垣的时间和过程，各地说法不一。但可以确定的是在明清之际，当地习武之风颇盛。至今，不少村落仍有练武的习俗，具代表性的有上马乡下庄村、司马村；西营镇观岩村；王村镇东坡村、店上村，王桥镇天仓村，侯堡镇邕子村、常隆村等。

襄垣武术整体可分为拳术、器械两类，形式分单打、对打。拳术如小路拳、溜腿架、西洋拳、十二趟弹腿、鬼车转、大洪拳、小洪拳、黑灵套、太极拳等；器械如十二棍、花枪、小鞭杆、五路棍、八法枪、单双刀、单双枪、太极剑、太极棍、太极伞等。练武者常用的兵器主要有鞭、手分刀、手分枪、双刀、大拐、小拐、虎头钩、大刀等。练习武术招式则常有提示性的口诀，如"手是两扇门，全凭脚打人；拳打脚不跟，还是一场空""心为主，肺为承；眼是令箭，手是先行"等。

襄垣武术流传情况

代表性区域		类属	武术名称
西北部	上马乡下庄村	拳术	小洪拳
			西洋拳
			十二趟弹腿
			鬼车转
		器械	八法枪
			小鞭杆
			五路棍
	上马乡司马村	拳术	（佚名）
东北	西营镇观岩村	拳术	（佚名）
			少林长拳
		器械	五虎刀
			罗家枪
			猿猴棍
中部	王村镇东坡村	拳术	大洪拳
			小洪拳
			黑灵套
		器械	单双刀
			单双枪
	王村镇店上村	拳术	太极推手
			十一手
			形意拳
			连三掌
		器械	太极剑
			太极棍

代表性区域		类属	武术名称
东南	王桥镇天仓村	拳术	太极拳
		器械	太极剑
			太极伞
西南	常隆镇常隆村	拳术	（佚名）
	侯堡镇邕子村	拳术	小路拳
			溜腿架
		器械	十二棍
			花枪

调查显示现在仍有活动的由北向南的几个主要地区，武术流传情况亦各不相同：

上马乡下庄村

以拳术闻名于襄垣地区，明清时期该村就有此活动，当时称上马乡为"武术之乡"。每当逢年过节，下庄村就会举行拳术表演，具体有小洪拳、八发枪、五路棍、小鞭杆、鬼车转、西洋拳、十二趟弹腿。20世纪上半叶，当地更有"学会鬼车转，天下英雄打一半；学会西洋掌，打人不用想"之说。

上马乡司马村

本地村民马润则会拳术，并且有数十个徒弟。

西营镇观岩村

本地自清代起已有要拳的习惯。每年的元宵节前后，村里搭起三官棚，打拳、唱挑高、要娱乐三天。要拳有单打和双打等形式。代表人物赵云飞，平常所使的便是三代祖传的少林长拳，为了强身健体，从十六时，赵云飞就开始练习扎马步、金鸡独立和蹬腿等基本功，练习两个月后，又开始在腿上绑沙袋跑步，这样的基本功至少要持续一年，此后师父才开始正式传授招式。在长年累月的苦练之下，赵云飞学会了少林拳、五虎刀、罗家枪和猿猴棍。值得一提的是，赵云飞的师父就是自己的父亲，同时一起学习的还有兄弟几人以及同村的其他人，当中还包括一位女性。不同于赵云飞，哥哥赵云巧更喜欢太极拳，所学的是柔软性更大的杨氏太极以及十三式太极剑。而另一位学伴的赵玉文亦有小成，至今他还和赵云飞共同练习有三四十式的套拳，二人也时常在各种场合一起表演。二十岁时，赵玉文曾在上庄煤矿做活，一次有人挑衅，二十个人将他团团包围。眼见被人欺侮到了跟前，赵玉文不得不将师父的嘱咐放到一边，一人空拳打倒了二十人，这也是赵玉文迄今为止唯一一次出手伤人。

王村镇东坡村

本地现在流传的是 1949 年以前史北一带的武术。有大洪拳、小洪拳、黑灵套、单双刀、单双枪等十余种。每逢庙会、正月十五闹元宵等时间，村里的年轻人们都要聚在一起，耍耍拳。

王村镇店上村

本地拳术主要以家传为主。代表人物连晋国随其岳父王木生学拳，门类有太极剑、太极棍、推手等。本村村民李小堂也称其九岁开始跟父辈学拳术，现在已经掌握太极拳的各种套路。也经常学习散打、太极棍对打、十一手、形意拳，连三掌等套路。

王桥镇天仓村

本地流传有拳术，内容有太极拳、太极剑、太极伞。

侯堡镇邑子村

本地武术大约有五百年的历史，始于明朝中叶，盛行于清代，一般认为邑子武术源出于少林寺，清代曾有《少林拳谱》传于邑子，因而邑子村的武术属于少林拳。据传曾由攀林传授过小路拳、溜腿架、十二棍等简单武术。当时以单刀对枪、溜星、枪刀对打等形式为主，武术高手首推张洪元、王文立二人，其次是张文化和张洪元，花枪耍得好的则是上街的张长盛。直到现在，邑子村人在冬季闲时亦常练习武术。而每隔数年安沟村摆香会迎神到邑子，地接神摆香也会耍武术，迎神路线一般经由村西头到村东头，再由村东头迎至村西百宝寺门前广场。

侯堡镇

本地武术在清末民国初期武术兴起，传说张上元、段广和以及张晚来开创了当地的武术，常隆村人到黎城请来武术师父，最初由三四十人参加，入冬到次年春种为学拳阶段，经三年学习，出师的只有三四人。后来这些人又到外地出师，如此流传，现今常隆村尚有三人会使拳术。

习武者一般于"农闲"时集中学习武术，这个时间段由于生产事务较少，人们精力旺盛且热情最高。而对于平日要上学的少年儿童，一般的习惯是晚上由师父教授，白天空闲时自行练习。

当地习武者尤重武德，这是他们的一种共识。被调查的习武者指出：师父在传授弟子武术之初便会一再强调，宁可自身吃点亏，也切不可出手伤人。一来以武欺人有违学武的初衷；二来不能克己之人，武术终难有所成。

对打

拳术

第二编

语言类文化遗产

第一章
栖居与民间叙事

对于民间文学的讲述，襄垣人有"拉古"的说法，"古"带有真实的意味，但却不是史书所追求的真实，而是一种社会真实。在"访古"过程中，我们发现在神话、传说和故事等叙事中蕴含着千百年来人们栖居在当地的过程中与周围世界的互动、认知和阐释，附带着民众的道德价值，凝结成为当地的民俗模式，并在日常生活中被不断重新塑造。

在襄垣县西营镇南岩村，刘培义老人讲起先辈们到这个村子之后在落脚当地的过程中先后建起村里几座庙宇的历程。相传在宋末元初从大名府逃荒到此地之初，人们建起的第一座庙宇是观音庙，供奉消灾解难的观音娘娘，护佑众人的平安，接下来为了摒除邪魔，建起了紫薇阁，供奉真武大帝，保卫整个社区，从而形成了村民常提到的南岩村"北阁南庙"的格局。为了在这个干旱少雨的地方生产生存，人们又建起了五龙庙，供奉龙母和四海龙王，来进行祈雨。之后又建起五道庙，供奉五道爷，五道爷管辖人去世之后通过另一个世界的出行问题，所有村里过世的人都要到五道庙"销户口"。再加上村里每年社火都会搭起的三官棚，每至正月十五前后，各村都要搭起三官棚，走村串舍闹社火，一方面祈祷风调雨顺、四季平安，同时也达到了相邻社区之间的交流的目的。就这样，在这一个建庙的过程中也同时围绕着社区生活建立起了天地人神鬼的秩序，也向我们展示了一个栖居的过程。

栖居是德国哲学家海德格尔提出的概念，栖居是人对于周围世界的适应与筑造，它的基本特征是一种保护，而通过栖居所显现出来的是周围世界和物，世界和物都是天、地、神、人四重的整体，任何事物只有是在这四重整体中才能做到物之为物，海德格尔说："如果我们思物之为物，那我们就要保护物之本质，使之进入它由以现身出场的那个领域之中。"① 物就是在这四重整体构成的周围世界的循环映射中生成、发生的。周围世界和物正是在栖居的过程中逐渐进入到人的生活之中，成为人的生活世界和意义世界中的重要组成部分。

作为人所栖居的周边世界的生态环境，已经不是单纯的自然环境。栖居把天地人神四重整体保藏在作为物的自然环境中，使其成为人所依赖的文化地理环境，这样一种保藏的外显和延续依赖于人的群体所传承的民俗模式，通过信仰、仪式、生产、口头叙事等民俗模式对天地人神四重整体的展演和表述，生态环境作为人所栖居的周围世界的特性得以彰显和强调，根据人的生活和感受被命名、阐释和组织起来，并在人群之中传承和传播。没有经过命名和阐释，人周边的自然环境和其他生物都无法进入人的生活世界里，与人毫无关联。人要生活在这样的环境中必须通过生产、信仰、叙事等方式对周边事物进行命名、阐释和组织。一个地方的生态环境和生活方式的意义从而只有放在本地的民俗模式的传承和变迁中才能得到充分的理解。民间文学以具有特殊审美特性和诗意的方式出现，一地的风土人情都被纳入民间文学的叙事范围之中，无论是本地产生的或者由外部传播至此的民间叙事类型和情节母题经过长期居住在此环境中的人群，尤其是卓越的民间文学传承人的传承和不断地组合和增删，这些民间叙事与本土的风土人情紧密地结合起来，使后者具有了人的周边世界的四重整体物性，包含着本土居民的心意，寄托着人们的乡土意识，而且唯有通过民间叙事所赋予的四重整体物性，一地的风土人情才能够进入到人的生活世界之中。正是由于包含民间叙事的民俗模式，人周围的生态环境成为更具地域性的人文地理空间。

民俗模式，即生活世界中的完成的表演程式，"当活动呈现为民俗时，那些既定的文化因素必定呈现为某种稳定的结构，呈现为程式，这就是民俗模式"②。民俗模式既体现在风俗中，也体现在口头传承的民间文学当中。那些口头传承的民间叙事与书面文学不同，它们往往具有共同的叙事情节和模式，而这一特征正是民间叙事的权威的体现，对于一个群体及其周围世界而言，民间叙事的模式正是周围世界四重整体的物性的保藏的重要途径，通过这种模式化的传承和传播，对于周围世界及其四重整体特性的认知一代一代的传承。当然民间叙事等所包含的民俗模式并不是凝固的，而是也处在不断地变迁中，正如高丙中所说，民俗模式是已经完成，

① 〔德〕海德格尔，《演讲与论文集》，孙周兴译，生活·读书·新知三联书店，2011 年，第 190 页。
② 高丙中，《民俗模式：民俗研究的操作单位及其属性》，《北京师范大学学报》(社会科学版) 1994 年第 4 期，第 104 ~ 110 页。

但又是正在开放和等待实施的。包含在民间叙事中的民俗模式正是作为一地人民的栖居活动一部分而形成和不断变迁的。我们也是从这一栖居中的民俗模式角度开始认识和理解襄垣千百年来传承下来的丰富的民间叙事资源。

襄垣县现隶属于山西省长治市，地处山西东南部，太行山西麓，上党盆地之北，现辖 8 镇 3 乡、323 个行政村，面积 1160 平方公里，人口 25 万。襄垣文明史源远流长，据考，早在石器时代就有人类在这块土地上栖息繁衍。公元前 455 年，赵襄子筑城于此，襄垣由此得名，迄今 2500 多年历史。韩、赵、魏三分晋地，襄垣为韩国别都，史称"古韩"。秦代始建县制。之后，县、亭、郡、州交错相沿，襄垣之名一直沿用至今。襄垣区位优越，交通便利，便于民间文学的流布，同时襄垣地形地貌较全，民风民俗兼具山区平原特点，在民间文学的体裁和题材上也更加丰富。根据 2008 年 3 月开始的襄垣县非物质文化遗产普查显示，襄垣县民间文学的存量有近 1200 个类目的存量，这些民间文学作品包含关于本地地形、名人、地名、日常生活等各个方面，展示了千百年来在栖居的过程中当地人民对于所处周围世界的认知和理解，体现了在生产生活中，当地民众与周边生态环境和周边社区、区县之间的良好的互动。

在襄垣我们听到了两个词"访古"和"拉古"，"拉古"是当地人对于讲述神话、传说、故事等行为的说法，"访古"则是像我们这样去了解相关的讲述。"古"这个词在一定程度上带有历史真实的意味，从民俗学学科来说，无论是神话还是传说都由于其自身的性质和在人们社会生活中的位置具有或多或少的真实性，而对于故事这样的民间叙事类型，虽然在民俗学和民间文学的研究中通常认为他们不具有真实性，但是如果我们从民俗模式的权威性和它们本身所附带的民众的道德价值来说，不得不说故事在一定程度上具有一种社会真实性。根据对襄垣非物质文化遗产普查成果的整理、田野调查和当地文化部门的介绍，可以看出有四个传说及其异文在襄垣的传播比较广泛，与当地人的生活和信仰也具有紧密的关联，这四个传说包括崔生遇虎传说、昭泽王传说、北关小奶奶传说和二仙港的传说。除此之外还有大量关于名人、地名、饮食、信仰等的传说、故事、谚语等民间叙事类型，也有不少的在全国流传广泛的民间故事在传播的过程中与襄垣人的乡土情结共鸣而转化为当地的传说。

在此，我们将首先介绍在襄垣流传广泛的几个故事类型，之后再按照类别介绍襄垣的其他民间叙事。

第二章
主要故事类型

　　崔生遇虎、昭泽王、北关小奶奶和二仙港等传说都非襄垣所独有，但这些在全国流传广泛的民间故事在传播过程中与襄垣人的乡土情结共鸣而转化为当地的传说。

第一节　崔生遇虎传说

　　崔生遇虎传说发生在虒亭镇，位于山西省襄垣县城西 30 公里处，山峦起伏，为丘陵半山区地形，虒亭与沁县毗邻，古时曾设亭、驿，汉代还曾在此设县，历来就是三晋道衢，为交通要道。同时由于本地多山林丘陵，很多当地人曾以养羊为主要生计。在这样一个背景下就产生了一个动人的传说——崔生遇虎，当然这一传说并非虒亭本地首创，也并非仅在此一地流传，但是这一传说在传承中与虒亭当地的山山水水以及民众的生活紧密地联结在一起，里面包含着虒亭人对于自己乡土和生活的解释。这一传说流传时间颇为长久，根据《襄垣县志》所记，在唐代已有异文出现，而且后世的传播已经超乎了虒亭的界限，流传到襄垣及周边区域。在《襄垣县志》中的文人诗文中也有不少提到这一传说，如乾隆《襄垣县志》记载有《铜鞮怀古》诗碑："漫过紫岩复转西，清秋晚眺驻铜鞮。故宫寂寞寒烟布，废县凄凉落日低。古驿马嘶歌舞散，长桥水咽霸图迷。我来此地多怀古，不把崔生事浪题。"还有《女虎》云："旅宦相逢不偶然，人间自有恶因缘，书生耽色何轻命，三载真成抱虎眠。"虒亭特殊的地理环境孕育出崔生遇虎的美丽传说，并顺沿而成相关的文物、村落、地名等遗迹多处以及尚虎崇虎的习俗，世代流传承袭至今。

从全国范围来讲，崔生遇虎故事比较成熟形态的记载最早出现在唐代，唐人《集异记·崔韬》记载：

> 崔韬，蒲州人也。旅游滁州，南抵历阳。晓发滁州，至仁义馆宿，馆吏曰："此馆凶恶，幸无宿也。"韬不听，负笈升厅。馆吏备灯烛讫，而韬至二更，展衾方欲就寝，忽见馆门有一大足如兽，俄然其门豁开，见一虎自门而入。韬惊走，于暗处潜伏视之，见兽于中庭脱去兽皮，见一女子奇丽严饰，升厅而上，乃就韬衾。出问之曰："何故宿余衾而寝？韬适见汝为兽入来，何也？"女子起谓韬曰："愿君子无所怪，亲父兄以畋猎为事，家贫，欲求良匹，无从自达，乃夜潜将虎皮为衣。知君子宿于是馆，故欲托身，以备洒扫。前后宾旅，皆自怖而殒。妾今夜幸逢达人，愿察斯志。"韬曰："诚如此意，愿奉欢好。"来日，韬取兽皮衣，弃厅后枯井中，乃挈女子而去。后韬明经擢第，任宣城。时韬妻及男将赴任，与俱行。月余，复宿仁义馆。韬笑曰："此馆乃与子始会之地也。"韬往视井中，兽皮衣宛然如故。韬又笑谓其妻子曰："往日卿所著之衣犹在。"妻曰："可令人取之。"既得，妻笑谓韬曰："妾试更著之。"衣犹在井，妻乃下阶将兽皮衣著之才毕，乃化为虎，跳踯哮吼，奋而上厅，食子及韬而去。[1]

此故事无论是在主人公还是在具体的故事情节方面已经与目前襄垣流传的崔生遇虎故事有很多的类似，只是虽然已经有了具体的主人公的名字和发生的地点，但是这则故事从群体认知和解释的角度来看还没有与特定地点或者风物联系起来，更多的应该被看作故事。

根据《太平广记》卷四二七所载，大概是处在同一时期的唐《原化记·天宝选人》记录了类似的故事，只是这一故事中，除了发生的时间之外，主人公并没有具体的姓名，也没有具体的发生地点。与《集异记·崔韬》所载情节上也稍有不同，这里虎女不是自荐枕席而是被迫嫁给男主人公，至于最后虎妻化为原形，跳脱而去，并没有吃掉男主人公，这点上更接近于当下襄垣所流传的情节。具体记录如下：

> 天宝年中，有选人入京，路行日暮，投一村僧房求宿。僧不在，时已昏

---

① ［唐］薛用弱，《集异记》，中华书局，1980年，第68页。

黑，他去不得，遂就榻假宿，鞍马置于别室。迟明将发，偶巡行院内，至院后破屋中，忽见一女子。年十七八，容色甚丽。盖虎皮。熟寝之次，此人乃徐行，挈虎皮藏之。女子觉，甚惊惧，因而为妻。问其所以，乃言逃难，至此藏伏。去家已远，载之别乘，赴选。选既就，又与同之官。数年秩满，生子数人。一日俱行，复至前宿处。僧有在者，延纳而宿。明日，未发间，因笑语妻曰："君岂不记余与君初相见处耶？"妻怒曰："某本非人类，偶尔为君所收，有子数人。能不见嫌，敢且同处。今如见耻，岂徒为语耳？还我故衣，从我所适。"此人方谢以过言，然妻怒不已，索故衣转急。此人度不可制，乃曰："君衣在北屋间，自往取。"女人大怒，目如电光，猖狂入北屋间寻觅虎皮，披之于体。彩掖数步，已成巨虎，哮吼回顾，望林而往。此人惊惧，收子而行。①

此时，这类传说或故事的情节母题已经基本成型。这类故事类型在德国学者艾伯华著的《中国民间故事类型》一书中列为 37 "虎妻"，具体的情节母题序列包括：

（1）一只雌虎到一个孤独的男子处，成为他的妻子。

（2）另一人（或这男子本人）藏起了虎皮，虎妻遂变成了人。

（3）过了许久她又得到被藏匿的皮，又变回原形逃跑了。②

在美国学者丁乃通所著《中国民间故事类型索引》中这一类型的故事被称为"神奇的亲属"：

400D【其他动物变的妻子】仙侣（老虎、狐狸，雁，等等）只是去看看男主角，没有先秘密地为他做家务活。常常是男主角的亲戚找到了她的衣衫，隐藏起来。她离开的理由是多种多样的。除了她的小孩说了激怒她的话外，也可由于她丈夫或亲戚说她是畜生。有时在她离去以前她伤害或杀死她的丈夫或其他的人。③

崔生遇虎故事虽然说在唐代才有比较接近于当代母题序列的成熟形态，但是其中的一些母题在更早的时期已经出现，孙正国在他对于化身型虎故事的母题研究中将崔生遇虎故事看作化身型虎故事的一个亚型，提出化身虎故事是基于原始思维观照下的化身信仰，化身信仰在创世神盘古和女娲的神话中已经出现，可以看作一种原始初民图腾制度的遗留。具体的化身虎母题也许可以追溯到《山海经》

① 见《太平广记》卷四二七。
② 〔德〕艾伯华，《中国民间故事类型》，商务印书馆，1992 年，第 67 页。
③ 〔美〕丁乃通，《中国民间故事类型索引》，中国民间文艺出版社，1986 年，第 42 页。

中虎神尸解所呈现出的带有生殖力量的女性特征，这一象征不仅是在汉族文化中出现，在纳西族等少数民族中也可以看到。而虎皮所具有的巫术力量最早可以在应劭对汉代年节门神习俗的记载中看到。孙正国认为虎皮母题可以看作人类早期婚姻形式即强迫婚的象征的外化，象征着人类婚姻形式从"从妻居"到"从夫居"的过渡。[①] 不过在襄垣当下所流传的崔生遇虎故事由于附加了人们对于本地地理和习俗的解释而具有了传说的特征，其中的乡土意识在传承和传播中是非常重要的因素。

根据乾隆年间《襄垣县志》记载，襄垣的崔生遇虎故事最早也出现在唐代前后，其中卷八《杂纪志》记载：

> 崔韬，崞县人。之任祥符过虒亭，夜宿孤馆。似有虎瞰门。韬惊，潜避梁上。虎入门脱皮置炕侧，变一美妇人，婷娉顾盼，若有所待者。久之，睡熟。韬下梁，取皮投琉璃井中。妇醒失皮，向韬啼索之。韬佯不知也，绸缪一宿，欲纳为妻。店主人知其为怪，谏之不从。抵任，生二子。秩满后，仍携过虒亭。谈及往事，妇问："皮安在？"韬使汲井，得皮半朽。妇大笑，披之复成虎，咆哮而去。

这一记录的母题组合与《原化记·天宝选人》类似，但是主人公的名字又与《集异记·崔韬》相同，是两个异文的融合，同时在这里，除了主人公的名字和身份确定，故事发生地确定之外，还开始于当地风物——琉璃井相联系。

这一故事在虒亭和襄垣传播比较广泛，诸多当地文人和外地流官都有诗文评论，前文我们已经提到了两首诗，除此之外，乾隆《襄垣县志》还记载了癸酉拔贡孙继曾的《崔生遇虎说》：

> 崔生遇虎事载县志，由来久矣。访其轶事，土人犹能道之。其荒碑故址粉壁遗形，诚有令人难解者，而余独谓其事虽穿，其说不可附会也。学者读书稽古，求其可信者而已。想其时必有虎患，崔生因除之，以利行人，理或然也。若如土人言，崔生配虎妇，生狼哥，产虎姐，之官后，仍衣皮化虎而去，其说不经甚矣。吾闻之：狐百岁化为美女或为丈夫，是兽之能化人者，惟狐然也，虎则安能？故有牛化虎者矣，《淮南子》曰牛哀病七日，而化是也；有人化虎者矣，《述异记》所称、封邵《风俗通》所称李耳是也。然卒未闻有化人而仍

---

① 孙正国，《中国化身型虎故事的母题阐释——中国虎故事类型研究之二》，《湖北民族学院学报》（哲学社会科学版）1999 年第 1 期，第 65～69 页。

化虎者。今也，忽而虎，忽而女，忽而为人妻，忽而生男育女，且又返而为虎。当其视眈眈、欲逐逐，不至于哽人不止，胡为作狐媚之态耶？抑狐假虎威耶？此理之不可信者也。然谓此事之必无，则又有难焉者。《博物志》曰：江陵有猛人化为虎。又云：虎化为人。此又何说？当其为虎也，不知其尝为人也；当其为人也，不知其将为虎也。崔生之事与宋《高僧传》所载，始同而终异。其词曰：《释志》渊见狐变女子，有郎欲与偕去。谓之曰："此狐也。"不信。振锡作梵语，女遂化虎而走。由此观之，理之所必无，抑或事之所尝有也。惜崔生未遇高人以指其迷耳！然则，此事毕竟真耶？妄耶？曰：吾以不解解之，即以无说说之。

孙氏认为虎化为人而为人妻，而又生下狼哥、虎姐，转而又化身为虎，整个情节荒诞不经，具体的缘由可能是崔生除去虎患而为当地人纪念更为可信。孙氏的记录在一定程度上有一定的合理性，据当地志书记载，虒亭本地曾有虎患，而且从虒亭这一地名来看可能与虎有关，很多当地文人也同意这一说法，从我们后文即将讲到的当地相关的祭祀仪式活动来看，也一定程度上佐证了这一说法，但是我们在此并不纠结于具体的故事情节的合理性问题。从母题演变来看，虽然孙氏并没有完整记录当时虒亭和襄垣本地所流传的传说文本全文，但是从其中的只言片语的评论中可以看到这一时期当地崔生遇虎故事又朝前迈进了一步，崔生与其虎妻所生的两个孩子的化身和名字已经确定，就是狼哥、虎姐，这两个孩子在虒亭本地传说和习俗的后世发展中扮演重要角色。

在襄垣非物质文化遗产普查成果中，我们看到在虒亭镇收集到了四则崔生遇虎的异文，一则比较简单，用崔生遇虎的故事解释虒亭这一地名的由来：

> 虒亭原名铁梁城，四周原为山岑，岑高林密，常有虎豹吃人。唐代有一崔生去上任留宿古庙，夜向惊闻虎啸，遂上梁躲避。虎入大殿，在地上一滚遂变成美女睡了。崔生隐声下来，将虎皮拿出殿扔入庙后八角琉璃井内。美女醒来不见虎皮，央告崔生还她虎皮，泪流满面更是俏丽无比，崔生不给她，对她目不转睛，观其娇容，虎女也见崔生一表人才，二人便成夫妻了。在任四年，虎女为他生下一男一女。崔生任满又回经大庙，虎女问："吾皮何在！"崔生认为她和我情缘颇佳便去井内汲捞，虎皮已烂。谁料虎女竟拿虎头上的"王"字，贴于自身竟变成虎，大吼而去。从此，这村就改虒亭了。

这则传说是由当地居民冯世昌讲述，传说首先提到当地的虎患，为传说下文提供了背景，之后故事基本上与乾隆《襄垣县志》相同，中间添加了二人相互钟情的情节，不过最后一部分与前文不同，重获虎皮之后，虎女并不是披虎皮而现原形，而是见虎皮已经烂去，拿虎头上的王字贴在自己身上成虎而去。

第二则异文基本延续了之前的母题组合，同时增加了与当地地理环境和习俗的关联，不过文本中讲到虎妻离开时哭着对崔生说自己触犯了天条不得不离开，崔生因为孩子无人照顾而将其二人都交给虎妻，转化为本身，这似乎一方面为虎妻的变身提供了合理性，而且为后来狼哥、虎姐成神做了铺垫。同时这一个母题似乎也与牛郎织女等传说有着相似性，就化身型虎故事本身与毛衣女故事之间的这种相似性来说，这种借用显得非常简单而合理，这则异文由当地居民李兆华讲述：

> 唐上元二年，嶂县人崔韬之任祥符，途经虎亭，天色尚早，但见大小店铺都已关门，上前打听得知此地多有虎患，崔韬便于此一宿，饭后入夜欲睡，忽有一虎叩门，他惊潜梁上，只见一白窥吊睛之虎破门而入，就地一滚脱去虎皮置于炕侧，变为闭月羞花之妇，若有所候，许久便卧炕熟睡。崔韬轻轻下梁拿虎皮出门，将皮置于后院琉璃八角井之内，而后又翻身上梁细观动静。美妇醒来不见虎皮，便苦求于韬，崔佯装不知，美女欲痛哭，不时，崔见其变成一泪美人，月光下更显艳绝靓丽无比，况崔韬正年轻，且有见色忘形之感，顿生怜意，有道是"孤男寡女深夜中"，美妇观崔韬唇红齿白风流儒雅，也情欲难禁，二人四目以对互生好感，便成就了云雨之欢，一夜缠绵直到天亮，崔便欲纳为妻。
>
> 次日，店主知是虎怪，再三劝谏，崔还是携妻赴任，其间虎女为他生下儿女一双，秩满后崔生携妻儿复回虎亭，旧地重游，触景生情谈及往事，妻问韬："皮安在？"崔找人下井打捞，得皮半朽，妻试穿复成于虎咆哮而去。崔忙抱儿女追赶于后，一双儿女哭声悲切，惊天动地。虎女闻之，却也思夫想子难舍难离，迂回往返于虎亭之界，崔韬欲借子女留妻，道："你这一去丢下孩儿们叫我如何是好？"于是便将女儿抛了过去，虎女接后用爪一拍，女儿变成了一小虎随母而去，崔紧追不放，又曰："小儿离母又该如何？"虎女答："不然的话就将儿子也托于我！"崔又将子推于虎，虎接之，随即小儿变为一雏狼。虎女哭曰："是我触犯天条，你我姻缘已绝，还求夫君好自为之。"话罢携子女而去。崔本想借子女留住虎女，却落了个妻离子散，心灰意冷。无奈又回到驿馆。后人将小女变虎之地称为虎峪口，将儿子变狼之处叫作狼峪沟，并随之出现了大哭岭、小哭岭、麻烦沟、大难沟、照子沟、观虎圪嘴以及小返坡、

返头、送返、安家等一系列与故事有关的地名一直沿用至今。崔韬返回虎亭后便不思饭食，每日到妻儿离别之地寻找踪迹，多日后崔韬干脆就在此挖窑（此窑至今尚在）安家苦等，直到寿终。

人们为纪念崔韬就在其住所"安家"之地的狼峪沟修了一座山神庙，内供奉崔韬一家，墙上绘有崔生遇虎之事壁画多幅，每年二月初一到初三举办庙会。会前必须由戏班的老旦先扮成虎样，香首烧第一炉香后方能开戏。崔韬的一双儿女也被人们塑成狼虎像，称狼哥、虎姐奉于两侧，人们烧香时习惯地往它们的嘴里塞满好吃的东西，乞求保佑一方平安。虎亭的城隍庙壁上也绘的不是城隍故事而是崔生遇虎，庙内还立碑记载，对此事，除历代县志记载外，包括一些官员在内的历代文人墨客留下了不少相关诗文、碑刻壁画。故事在漫长的流传过程中不断与民众生活相结合已成为地方上的一个文化标识，当地人世代建立的传说完整的知识谱系与相应的自然景观人文景观构成了全方位多元形态的立体传说圈早已成为这里真正的集体记忆与文化符号。明代江西右布政使郝良臣《虎亭崔生遇虎事》诗中所曰：

崔生遇虎首前缘，试问今人敢共眠？
古庙墙间留胜绩，残碑石上志鸿篇。
徘徊瓮井今何在，仿佛妖形不记年。
漫说世间无怪事，尚留佳话至今传。

第三则异文则把重点放在了虎妻重新化身为虎之后，虎妻和崔生以及狼哥、虎姐之间的互动，用以详细解释了当地地名和习俗的来源。故事由虎亭当地居民张来旺讲述：

在很早以前，朝里有一崔氏武生到边关赴任，途宿虎亭，见虎亭有老虎出来伤人，就将其制服，把她的虎皮扔在琉璃井里和她成亲。成亲12年后，生下一男一女。任满崔生卸任携全家四口还乡，到虎亭之后，崔生便找人下井打捞虎皮交于夫人，夫人手接虎皮，心想我能不能再穿上虎皮回家看看父母，就把烂的只剩下"王"字的虎皮往头上一拍，就又还原成一吊睛白额大虎。只见她唰地扑出门外，顺大路朝着虎亭西面的一条大沟跑去，这里就叫成了虎口村，又名虎峪口。

老虎在跑时心里舍不得自己的孩子和老公，就停下来回头看自己的孩子和老公，这就是照子沟的由来。

老虎想自己的老公和孩子就越跑越慢被崔生携带儿女赶上来找到，崔生想留住自己的老婆，就问道："只管你走，孩子怎么办？"老虎想我何不把儿女带回让自己的父母看看，就答道："你带不了，把孩子们给我。"崔生将儿女朝岩石上所站的老虎地方轻轻一推，老虎赶快用双爪接住了儿女，在闺女头上用爪一拍，闺女马上变成只小老虎，俗称虎姐，老虎在儿子头上一拍，儿子马上变成一只小狼，俗称狼哥。人们把这个地方变成了大难沟，后来这个地方住上了人家，人们觉得大难沟不好听，就改成了大南沟，而这个大南沟在虎口村的西边。儿女变成了虎和狼后，崔生特别后悔，就每天到这个地方找自己的儿女和老婆，人们就把这个地方叫成了观虎圪嘴。崔生在找自己的儿女的同时也在为自己建房子，他在观虎圪嘴后挖了一个窑洞住在里边找自己的妻儿，后人就把这个地方叫成了安家。崔生在找妻儿时看到在观虎圪嘴下边的山沟里常有狼的脚印，他认为这是儿子想他常来这找他，他就常到这来找自己的儿子，后人把这个地方叫成了狼峪沟。后来崔生死在了安家，当地人就把他埋在了安家上边，人们觉得崔生为村里除了害，最后却是这样的结果，为了纪念他就在坟的边上修了一个山神庙，庙的中间供奉的是崔生，左边是虎姐，右边是狼哥，并在每年的二月初二给他们唱戏，在戏到后，由老旦穿上老虎的衣服，画上老虎的妆，坐上边，由乡手烧香后才能开戏。

这则故事把讲述的重点放在崔生一家四口在虎妻重新化身为虎之后的互动，从而生动地向我们展示了当地的人文地理环境的面貌。而且在这则异文当中，讲述者所构想出来的虎妻在离开时的犹豫和思考显现出更多的人性化特征，而不是从《集异记》以来的冷酷无情的动物特征。

这则异文在重新化身为虎的环节与前文冯世昌所讲述的异文相同，虎女并非披虎皮化身，而是将虎头上的"王"字拍在自己身上而化为虎，虎头上的"王"字在民间实际上是虎威及其在百兽中地位的体现，因此传说中将"王"字作为虎的特征的承载物，化虎通过"王"字即得以实现。这可能也是讲述者在为烂去的虎皮如何能够使虎女重新化身为虎寻找合理性。

在 2012 年春节前后，我们在襄垣调查期间也搜集到了崔生遇虎故事的三个异文，第一则异文是由虒亭镇大池村石家岭自然村居民刘太行提供，刘太行现年70 岁，1964 年中学毕业，辍学回家务农，不久开始在当地农业中学担任民办教师，1967 年开始担任乡镇农业技术员，热衷于研究当地历史和文化。据刘太行介绍，这则传说最早是在七八岁到十来岁听他三爷爷刘来全给其他大人讲的时候听来的，刘来全一肚子故事，这则传说是刘来全从传说中的崔生遇虎的发生地虒亭城隍庙的壁画上看来的，虒亭城隍庙和山神庙都有壁画描绘这一故事，基本类似。清·乾隆《襄垣县志古迹志·寺观》载："铜鞮城隍庙在虒亭镇。壁绘崔生遇虎旧迹，殿西有碧霞宫三楹。"在担任乡镇技术员之后刘太行开始有意识地采访。刘太行也曾因为在村里讲故事而被批斗，刘太行给我们讲述了他有意无意搜集来的崔生遇虎传说：

这个故事应该先拉一拉虒亭的历史，虒亭这个地方在商周也就是公元前的时候叫作羊舌邑，到了西周年间就有了崔生遇虎，虒亭修了城隍庙，说明在西周以前这里就是个城池，因为有了城池才能有城隍庙，西周年间，有一个崔生，是个武将，据说是个年轻后生，到北方边关赴任，途径虒亭，因为虒亭是个驿站，驿站就是老百姓说的官店，因为专门招待来来往往的当官的，他是傍黑的时候上来的，离下站还早，因为这里离下一站六十里地。这时候虒亭的店铺统统都关门了，到了驿站他就问为什么关门，驿站的人就告诉他这个地方有一个老虎精，每到夜晚傍黑的时候就出来伤人，白天就在深山老林，晚上就出来伤人，伤了人以后就住在西街这个城隍庙里头了。当时虒亭这个地方的城隍庙在西街，崔生听了这个事情以后，他是个武人嘛，就想着为民除害，这个心思就产生了，所以晚上安顿了行李就带了这个宝剑住在西街的城隍庙里头，他想这个老虎半夜出来伤人，他就住在城隍庙这个大梁上。到半夜的时候，他看到这个城隍庙进来一只老虎，在地上打了一个滚，人家这个皮脱下来，变成了一个美女，变成一个闭花羞月的美女，她把老虎皮放在地上就枕着睡了，崔生在大梁上也不敢下来，等到人家睡熟以后，从大梁上下来，挑上这个老虎皮扔在城隍庙后院这个琉璃八角井里头，他又上这个梁上睡了，第二天这个美女寻不着这个老虎皮了，非常着急，他从这个大梁上下来，对老虎说："你寻甚？""老虎皮呢？"他说："我不知道啊，丢了？"就跟着他成了亲了，成了亲以后跟他去边关赴任，有的说是十二年，有的说是三年，卸任以后，带着一个闺女和一个小子回来了，可能是十二年，三年就能有一个闺女和一个小子了？路过虒亭，快到虒亭的时候老虎就跟他说了，说："咱俩已经过了十来年夫妻了，感情也很深厚，这个虎皮到底给我弄到哪里了？我这已经变形，咱们要白头到老了。"他说："行。"他就打发人下到井里捞，捞起来发现这个虎皮已经烂了，但是头上这个"王"字还在哩。老虎在这个官店接着虎皮往身上一披，人家又变成个老虎了，往东边这个大山里跑，上山了，被人们拦下来了，从小路上跑，又被顶下来了，往南有个虎峪口，拦下来了，他就喊着说："你这都走了，我领上这俩孩子，这都活不了。"老虎就说："那你把闺女给了我。"他就把闺女给了老虎，老虎在闺女身上拍了一下，变成个小老虎了，一大虎和一小虎人家又往这北边山上跑了，崔生这又追着，说："我留下这个小子，我也还养不了啊。"人家说："那你把小子也给我。"他就把小子也给了人家老虎，小子身上拍了一下变成个狼了，崔生就在山上追着人家，追了一程哭了一顿，又追了一程，又哭了一顿，前一个人们叫小哭岭，后一个人家叫大哭岭。哭了以后，返回来住在虒亭镇里头，每天到这个山里看这个小老虎返回来没，但是也没返回来，哭了几天，后来人们就把这儿叫招子沟。崔生闹了一通就走了，走了以后，虒亭也没有老虎了，人们对崔生非常感激就送他，送他过了河到一个大沟里就不送了，送了大概有十来里地。回来以后人们就把崔生追这个老虎往东的这个山叫大翻坡，后来那个小路就叫小翻坡，送闺女、小子的那两个地方就叫虎峪口狼峪沟，这个崔生走的时候心里恋恋不舍，心里很麻烦，所以那条沟就叫麻烦沟。经过这回事之后老虎也不来伤人了，虒亭人们为了纪念他的功绩，就在他儿子变狼的地方给他盖了一座庙，叫山神庙，也叫三狼庙，正面供的是三个像，正中间是大老虎，旁边是一个小老虎，还有一个狼，在进门的这个东面就是崔生，供着四尊像。为什么不把崔生放中间呢？崔生是人啊，人家是神啊，人们在山神庙的墙上就画着崔生的故事，他在城隍庙住过，城隍庙东三间房也有几个像，也一样，也画着图，实际上崔生走了以后，回家交了任务，以后也不再为官了，因为惦记孩子老婆，又来了这个地方长期住下，这个地名叫安家，经常寻儿子的那个地方，人们叫望虎圪嘴，安家这个地名还在，实际上崔生最后就老死在虒亭这个地方了。

因为崔生遇虎这个事儿出了名了，人们就把官道上这个亭叫作虎亭了。

刘太行的这一则崔生遇虎的异文发生时间一下就提前到了西周时期，并且与虒亭最早的名字虎亭联系在了一起。这应该与刘太行热衷于研究当地历史有关。在讲完故事之后刘太行给笔者介绍他在当地文史杂志上发表的文章，在那篇文章中，刘太行实际上把崔生遇虎作为真实历史的一部分来讲述，在这段传说之后还附加了很多春秋时代当地的历史，以此演绎崔生遇虎所产生的"虎亭"如何转变为"虒亭"。这实际上是传说"真实性"的一种体现。

在调查期间，笔者也到了襄垣崔生遇虎传说中的发生地点虒亭镇虎峪口村进行了现场的考察和采访，在这里我们采访到了另外的一个母题，当天在采访时，参与的人比较多，故事由张碾成老人主讲，其他的村民也在一边不断地补充和提醒，所

以这则异文可以看作是"集体创作",也更全面地体现了当地流传的崔生遇虎故事的全貌:

崔生是一个武将,南方人,响应国家号召把守边疆,从南方启程路过虎亭。行走客人住的叫客店,凡是公家人住的叫官店。崔生住在官店,在日落西山的时候,派手下人上街上买些日用品,但商店都把门关上了,商家说:"这个地方是怕得不行了,这个前头现在叫大哭岭、小哭岭、松树山,没人家,哭岭山到处长着松柏树,老虎就是在山里住着,一到天黑,老虎就下来跑在城隍庙里头住下,到夜深人静的时候就吃人和动物。"

后来,崔生就想这还了得,于是独自进了这个城隍庙。崔生打了飞踢就上了梁上,就等它进来。不一会,老虎来到这个正殿供桌上休息,它进来以后把它的虎皮一脱便睡在这个供桌上,崔生下来一拿它的虎皮,它就没招架了,原来是个女人,最后崔生用这个虎皮裹了块石头将其埋在庙里的一个八角琉璃井里头了,它变不成虎了,就是个女的。它说:"我这也是个女人家,也没办法行走,也没办法生活。"崔生说:"那你嫁给我倒是。"崔生最后就和这女子一起到北疆,好像当时是北国征战中国吧,就去打了胜仗,后来他们生下两个孩子,一个小子,一个闺女,返回来了,又路过这里住在这个官店里。老虎说:"咱俩夫妻了一场,孩子们都多大了,你原来拿的我那个虎皮你放哪里了,你拿去做啥用了?"崔生心软了,就下井里头捞了,捞起来是虎皮毛毛,头上那个王字没烂,人家瞧了瞧,拿起来,往头上一拍,又变成个老虎,撇下俩孩子给他,又来到山上,来到大、小哭岭。后来这个村里头就来了一户人家,姓王,就是老虎这个王字,据说姓王的跟这个老虎是近门家道。

变了老虎以后来到这大、小哭岭,就停下了,崔生人才也好,也爱它,还有俩孩子啊,没办法,去追吧,追到大南沟做了为难了,领上孩子人家不要,硬给人家说好话:"你看你起来走了,变成虎了,我领上孩子,我能好了?好歹你领上个。"人家说:"那我领上一个。"人家领了一个闺女,领上这个闺女,人家就给这个闺女拍了一下子,就变成个小老虎了,领上人家就不管这个小子和崔生了,就跑在这个沟里头了。这个沟里头原来叫背后沟,最后因为老虎领上这个闺女,变成虎了,崔生没办法,跟着人家,悄悄看人家去了哪里,后来把这个地方叫作找子沟,遍地找闺女哩,现在找子沟这个名堂还有名呢,这是愣跟人家说好话,说:"小的你也领上,我哪怕一个人打光棍呢。"人家说:"那你丢下吧。"人家领上了小子,在小子身上拍了一把,变成个狼了，就是这么个叫狼哥、虎姐。崔生瞧了一下算是没办法了，人家背着狼哥、虎姐算是跑走了，他没奈何了，跑回来，找了个官店住下。不甘心啊，又是老婆又是孩子，后来他又来了这边，打了个窑洞，就在这罘岭山打了个窑洞，那个地方就叫作安家口。现在那个窑洞还在了，住下为啥呢？就是想着哪天还能再见见，哪天人家还能变成个女的领上俩孩子跟我团聚。这样考虑的吧，最后这母老虎也没再跟他相遇过，人家带两个孩子就变成神了。变成神以后，这姓王的人们说在这石头坡上有一个老虎和一个狼，这得给人家盖成庙才对。那时候讲迷信，村里人也多了，就跟人家在这儿盖成一个山神庙，这个山神庙有本方山神土地，一个白发老汉坐在中间，也有狼哥、虎姐的神像，狼是个红的，虎是个花的，最后供桌前面画着这个狼张着个嘴，拖着个尾巴，老虎也是有蹄有爪，尾巴带些弯，就搭在那横梁上。这就是土地爷两厢，整个就称为山神庙，山西的山，盖起这个庙，狼不是要吃羊哩？就形成了这周围放羊的要来上香，哪天哩？二月二敬山神。

二月初二来敬神，来敬神这个拉起来可是亲眼见到，看到这个情况，因为这个上香啊，虎口的这些个老香首们很重视这个事情，就是盖着东社、西社、南社、北社一家一栋房子，你从东边来了就来你这厢休息，按社休息，周围三十里地都要来上香，二月初二是在村里戏台唱戏，到初二前晌，唱周围来的这些香首们跟我们村里这些香首们写的戏，这个戏不能乱唱，敬神上香非得唱戏里头这个老旦，这个老旦就叫母老虎，老旦带着虎头帽子，披着老虎衣裳，出来到这山神庙开始点头，她得跟人家上香了，唱的就叫烧香戏，吹的唢呐，周边都是鸦鸦静静的，看着人家上香。嗵嗵一放炮，这周围二里多地的这道山上，第一是放羊的，第二是赶会的，庙里头，戏台前头，都是四家香首们，大袍二褂的，一放炮就要烧香了，这香首们在这院里就跟部队里喊个立正稍息一样，跪下就得磕头了，这满山满岭谁也不说，谁都得跪下正正经经磕头来敬山神。香首们一起来，烧上第三炷香才能起呢，起来以后这满山满岭的人们才能起来，不敢随便去站一下。正殿是正殿，因为烧香前面还有卷棚，卷棚底下就是个香桌，香桌往里头放着咱喂羊的那个羊草，周围二三十里地的人都来参香，还得有管理的人，（香桌上）肉、蔬菜摆着，烧了香以后进正殿，到这个老虎前头把这个猪油在老虎嘴上抿上，狼的嘴上也都抿上，个把钟头管理的人就得把它刮下来搁在这棚里，好像人家吃罢了，后来又有新的来了，一直从早上天不明就来了人，到晚起日落西山才能收摊，声势浩大，晚期（下午）赶会的就到村里来了，庙里就收摊了。

传说崔生就在这安家口生了病，死了，这是据说，那时候谁也没在，崔生就没在这个庙这个地方。上头是正殿，闺女、小子坐化了，对面是戏台，戏台前头有个大墓圪堆，谁也不敢上，上了香的香首们还得来这头上香。为什么要上香？这就是人家崔生在这里埋着呢。赶到这个母老虎老了以后，就跑来跟这个崔生合葬了，就是据说啊，像我十岁、十二三的时候，就听人说，崔生是个人啊，跟个老虎合葬了，都说里面埋着老虎骨头啊，可不敢去啊，都怕，就是这么个情况。

最后哩，我跟你拉这个就是崔生和虎合了葬，人家小子闺女是神了，他还是人呢，就是这么个结果下来。我拉的这个基本上就落在这儿，你说你不信吧，但是你瞅瞅这闹得嗨嗨呵呵声势浩大。是这么个跟你拉的。我就跟你拉这么多情况。

结合整个崔生遇虎的故事，在虎峪口村，张老先生和他的乡亲还为我们详细描述了与崔生有关的信仰和仪式，也让我们更清楚认识这一传说在当地的意义。

张（老先生）：崔生那个窑洞现在还在呢，1949年以后，农业社养羊就把这个地方圈了羊了，下了户以后附近这些地方都卖了，就是唯有这个窑洞没人敢买，就是当时这个俗话传下来，这个崔生人家是人不人、神不神、鬼不鬼的，心里就胆怯了，这个窑洞现在还在呢，我在这个窑洞这个位置住过四年。我在这个地方养猪，喂猪怕狼，我还给人家参个香。不然狼吃我的猪啊。

问：现在还有人烧香吗？

张：二月二还有人来烧香，他（指着屋里的一个中年男子）又在那边堆了个小庙庙，就在正殿的那个位置，他就是养羊的，喂猪喂羊就是很尊重这个事情。二月二唱戏三天，山神庙唱一天，在很早的时候有一次，我记得这个老香首在他之前的这个香首，二月二写上戏，这个戏班不来，要去其他地方唱，狼就在这路上等他，戏班就是不敢过，走不了，赶后来又来这里唱，狼搭着前蹄在对面的山上看哩，这不叫传说吧，但也不是硬捏的，老一辈传下来的。这个羊一百只算一群，山上从二月二早上到中午要来百把群羊，满山满岭都是羊，在山上这个圪梁种地，人们就不用上肥料，一群挨一群，满满的。现在还有人去拜，有小孩的也要去拜，就是人们这个思想里也怕狼吃小孩，这个山神庙啊，咱小时候，也不识字，你瞅，庙里头两厢的山墙上，一、二、三、四、五、六、七、八、九、十、十一、十二，这叫公案（壁画），就是画的这个崔生的这个历史。

问：现在二月二还有庙会吗？

张：没有，不过现在这二月二村里这人们还有去烧香的，我跟你拉，这个里头，这个正殿这个后墙，塌了以后，有三个孩子去抱砖，砸伤一个，砸死一个。后来就没人敢去抱人家这个砖了。

这个故事影响太深了，老百姓很敬仰这个神，咱这个村里有找子沟，就是在城隍庙人家变成虎了，来到这个地方了，原来咱这个地方还没人哩，来了以后呢，这个地方后来就叫虎口。虎口的来历就是崔生遇虎，老虎进了这个地方了，就叫虎口。找子沟就是崔生追这个老虎，领上俩孩子，来到这个沟里，老虎虽然变成老虎了，实际上还有点人性。崔生在后边追她在前头跑，还不断回头招，所以叫招子沟。到了招子沟，再往前翻过来是大难沟，就是崔生带着孩子一直追，当时老虎就站住了，崔生就一直说："你变成老虎起来走了，丢下我拖儿带女的我能都管了他们俩？"老虎就说："你管不了给我。"就把小子塞给他，崔生说："我闺女也管不了。"闺女也给了她了。人家拍拍就变成了一个老虎、一个狼，这时候崔生才机敏了，我把俩都给人家了，人家都变成老虎了，人家起来走了，丢下崔生一个人了，这就叫大难沟。这时候下了一场大雨，把崔生淋得生病，后来人们觉得大难沟不吉利，就改成大南沟了。实际上大南沟在咱虎口说是西面，只能叫大西沟才对，不能叫"大南沟"。城隍庙在虒亭，翻过来，这边有个大翻坡，有个小翻坡，就是老虎从城隍庙出来了，结果碰到人了，就往回返了，就有了大翻坡、小翻坡，才来到虎峪口了。

崔生得了病以后，人家还是回到虒亭客栈住，客栈人们就照顾他，瞧好病，还来这个地方寻，一直寻，咱们这个山上有个地方叫观虎圪嘴，就是崔生来到这儿一直瞧，看看她们出现不出现，山就叫作观虎山，崔生就是想我总有一天还能遇上她们。咱们这个地名多了，招子沟、大难沟、虎峪口、狼峪沟，就是这个狼峪沟还有个小故事，就是一只狼一只虎跑在这个沟里，就是狼峪沟，就是观虎圪嘴能瞧见的这个沟里。

在这则异文当中，前半部分讲述比较顺利，基本情节也与刘太行等人的版本相似，后半部分更加详细，而且在讲述的过程中，由于处在发生地，更能够看出人们在讲述过程中对于自己所处的人文地理环境的解释和认知。后半部分的情节在讲述的时候不断有人打断补充，很多情节并不是根据故事的发展，而是根据人们对自己周围的地理环境、地名的记忆来进行的，所以稍显繁乱，但是其中却更加清晰地显现出这一传说在此地人民栖居中的意义。

非物质文化遗产普查中搜集到的虎口村居民李有兰讲述的另外一则异文，与前面的文本相似，武状元为了解决虎患而遇虎妻，扔虎皮入井，之后虎妻得虎皮现原形，崔生携儿女追赶，儿女先后变为狼哥、虎姐。只是在李有兰的讲述中除了解释当地地名以及山神庙的由来之外，还加入了灵验传说：

> 据说很早以前，有个叫崔生的书生上京赶考，路过虒亭，听说有个虎精在这个地区残害百姓，他决心要除掉这个祸害，就住宿在虒亭。晚上睡觉看见床头有一美女，猛一惊，起来看见地下有一虎皮落在地上，心想一定是妖怪来了，急中生智把这虎皮急忙扔到后面井中。这美女知道自己再也变不成妖怪了，无法，就嫁给了这书生，生一男一女，过上了人间恩爱的生活。数年之后，这个妻子说："你我都有了自己的儿女，我还想看一下你扔进井里的那张虎皮。"于是崔生就把那张虎皮从井里打捞上来，看见虎皮在井里多年已经烂掉，只有王字还在，这时他的妻子把这虎皮上的王字拍一下，又变成老虎，越过漳河，跑到现在的一个村庄，后来人们把这个村庄叫成虎峪口。崔生背着两个可怜的孩子在后面一直赶到山顶，看到这沟里有她母女两人，后来人们就把这个沟叫作招子沟，后来这个老虎又跑到另一边沟，扭头看见他们父子三个，老虎说："你带着两个孩子很不容易，应该给我一子抚养。"于是崔生就把儿子送了过去，老虎在儿子头上拍一下，儿子变成一只狼，这个老虎又抢过女儿，立刻又在女儿头上拍一下，又变成一只小老虎，后来人们把他们叫作狼哥、虎姐。崔生看着两个孩子都遭了大难。后来这个沟叫作大难沟。人们为了纪念他们父子三人，把他们奉为三位神仙，在山顶上盖了一座庙，供奉起来，叫成了山神庙。每年的二月初二日，全村人和放羊人都带上美食和整猪、整羊来这里烧香，而且还要唱大戏，开戏之前都要烧香上供，据老人们说，唱戏时狼也在山顶看戏，并不伤害人。还有的说，那时如果写上戏不来唱，狼也在半路上把他赶来这村来唱。年长日久，这庙就不存在了，记得有一年，本村有个叫李巨恒、魏书文，抱庙上的砖差点送命，把脸面都损坏了，这也可能是山神显灵吧。

虎口村民徐少华所讲述的文本其他细节也都与上文基本一致，只是关于山神庙的形成的解释有独特之处：

> 据老人们讲，很早以前，武状元崔生领命到边关上任，路经虎亭住在了城隍庙，晚上在虎精脱掉虎皮变为一个美丽女人熟睡之后，将其虎皮取走，投

入城隍庙后的八角琉璃井里，返回大梁之上。在虎精醒后找虎皮之时，将其捕住，虎精变不成老虎，崔生见虎精所变成的女人美丽动人，便动了心，虎精女人也见武状元崔生身材魁梧，一表人才，相互产生了爱慕之情，结为夫妻，同往边关上任。十数年后共同生下一女一男，崔生和虎精夫人生活美满幸福，夫唱妇随，保卫一方平安。

崔生任满卸职，还乡养老，一家四口返家途径虎亭，又住到了城隍庙，虎精夫人向崔生问起了当年把虎皮藏于何处，崔生便告知说投到了城隍庙后的八角琉璃井里。虎精夫人请崔生捞起，带回故乡作为纪念，崔生同意，遂请了街民，到八角琉璃井打捞虎皮，结果只打捞上了额头上王字一块虎皮，其余都已经烂掉。崔生只好把残留之皮交给夫人，虎精夫人一看很是心痛，便把残皮贴于头上，瞬间变成一只猛虎，再在地上打滚变成人形，就跑出了城隍庙，过漳河，躲进一条松柏成林的大深沟里，后人称此沟为虎峪口。虎精夫人重新变成了一个老虎，从此不再见人，又很惦念崔生和女儿，就经常到深林边上的山头观望居住过的城隍庙，想看见自己的丈夫崔生和两个孩子，这条沟被称为照子沟。

崔生见夫人变成一只老虎，跑出城隍庙，就带着两个孩子追出寻找，已不见踪影，就每天在城隍庙周围寻找。日复一日，数日过去也不见踪影，崔生并不灰心，持之以恒，每天照常出去寻找，一天在一条深沟的山坡上看见老虎，崔生既惊又喜又怕，忙带着孩子上前，说："你自己变成老虎跑了，孩子们想你，以后生活怎么办？"老虎很想儿女，就顺手把女儿拉回，吹一口仙气，使女儿变成一个小老虎，称为虎姐，再次把儿子也拉到身前，又吹一口气，使儿子变成一只小狼，称为狼哥。后看着崔生发出了一声凄凉的长啸，转身而去。儿子女儿都见自己变了形，又惊又怕，急忙跟着老虎妈妈，顺着山岭跑去。

崔生一时惊呆，待反应过来后，只有自己，痛哭一阵，山沟里回荡着崔生凄惨的声音，这条沟后人称为大难沟，崔生不顾一切顺着老虎去的方向追去，一路痛哭声声，走到丛林深处也未见踪迹。一路哭泣返回了城隍庙，所过之山岭后称为大哭岭、小哭岭。

回来后，崔生数月一病不起，等起身行走，就又回到深山寻找老虎踪迹，历经数月未见其踪，忽一日在一条深沟内看见狼虎的足迹，崔生怀着对妻儿的思念，同时也担心着他们会出来伤人，影响到人们的正常生活，就在其沟出口打了窑洞住了下来，开荒耕地，定居于此处，也就是今天的"安家"。期间崔生每日都要到深沟高处的山头上张望，想看到儿女身影，日复一日，多年过去，都没见到儿女身影，直到自己衰老。

而狼哥、虎姐每年都躲在森林深处，看见父亲站在山头上，想出去又不敢出去，怕吓坏父亲，就在父亲返回时跟在其后，在离父亲居住的不远处，观望父亲，在天明之前离去，就这样坚持不懈。突然一日，父亲去世，狼哥、虎姐一气之下，坐化于此，村民知道后，把崔生安葬在狼哥、虎姐坐化的地方。虎亭成为南北交通要道，发展相当繁荣，有日进斗金之称，村民为纪念崔生遇虎这一人间奇事，更为崔生坚韧诚信等许多优良品德和精神感动，在此地安神立像。据说狼哥、虎姐都为包骨真像，修房盖庙，并在每年的二月初二到庙上敬香唱戏，胜传百世，有时也会显灵，致使方圆百里，人们代代深信不疑，流芳至今。虎峪口、照子沟、大难沟、狼峪口、望虎台、山神庙、安家等地名至今都没有变。

在这个文本当中，虎妻相对于之前的文本显著不同的是更有人情味，虎妻并不是完全被迫与崔生结婚，而是有着相互倾慕的感情基础，而且重新化虎也并非刻意，只是在不能再恢复人形之后被迫离开丈夫和儿女，并且对丈夫和儿女依然非常依恋。在此文本中崔生与虎妻、狼哥、虎姐之间的感情更加具有人性的闪光点。狼哥、虎姐的坐化和山神庙的建立也更具有中国民间信仰的色彩。

以上的几则异文基本上与艾伯华所归纳的"虎妻"类型的母题相差不远，只是在具体的情节上加以细化并加入了对当地的地名和景观的解释。在非物质文化遗产普查以及 2011 年春节期间的调查中还搜集到几则异文，与以上异文相比在母题情节上出现了更大的差异。

虎亭镇虎亭村李树廷讲述的文本中，将虎化人的母题与中国的修仙结合起来。狼哥、虎姐不是虎妻的儿女，而是修炼成仙的动物，崔生、狼哥、虎姐之间出现了三角恋情。崔生与虎妻之间的分离的缘由也是出自于仙与人之间的区隔。

虎亭"到送返"的地名传说

很久以前，虎亭的形状是龟状，虎亭的西边有山，山间有虎有狼，住虎的地方叫虎遇口，住狼的地方叫狼遇口，他们互称狼哥、虎姐。

龟状地也是虎狼常光顾的地方，后人将这块龟状地叫虎亭，也就是后世改为虎亭的地方。

后来虎狼修炼成仙，狼哥、虎姐结成了夫妻，不时也到虎亭买些食物。傍晚时分，虎姐到虎亭后先来到西街城隍庙中，把虎皮藏到庙门山墙窟窿里，便变成美女，再到街市。恰在此时，有一个书生名叫崔生，上京赶考落难，住在城隍庙厢房内，发现此女，互有接触，崔生英俊帅气，虎仙美似天仙，崔生虎仙相见恨晚，虎仙每到黎明总要还原虎身，返回山中。崔生为了长相厮守，就乘虎仙不注意，将虎皮扔入庙中琉璃八角井中，后来崔生虎姐之事被狼哥发现，狼哥就在虎亭东边一小沟里等候捉奸。后人把这小沟叫作狼嚎沟。

由于虎仙没有虎皮，不能还虎，所以就跟崔生在庙中安住下来，后生一男一女，男叫莹，女叫淑。

时隔几年，孩子们都渐渐长大懂事，崔生也把妻子是虎仙的事淡忘了，但虎仙忘不了多年修炼成仙之功，并要继续修炼得道。中秋过后，在崔生毫无思想防备时问崔生把虎皮藏到哪儿了，崔生就找出绳索用具在庙内八角井内捞出残缺虎皮，被风一吹大都风化，只有脑门上王字那一块还好。虎仙拿王字虎皮往头上一拍就变成一吊睛大猛虎，出东城门往山上跑去。崔生赶紧追，追出不远，崔生说："你看看孩子再走。"老虎就返回一截，此处后人叫小翻坡。

老虎返回看时，孩子们还距离较远，老虎又回头往山上去了，崔生紧追大叫，此时一双儿女莹和淑也赶了过来，老虎才停下往回返了一段，看了看莹和淑又回头向上去了，此处就是大翻坡。因老牛在冬天上坡时屙下粪便冻硬不便清理，后人逐渐叫成牛屎坡。

老虎看了几眼继续往山上跑，崔生在后紧追不舍，莹和淑也大声呼叫，这时老虎停住脚等崔生和孩子们过来。在一向阳旮旯地坐会儿，温顺的崔生抚慰孩子一阵，后人将此地叫温庄。

一会工夫，老虎起来，没吱一声又向前奔，崔生紧追，上一坡地后，地上有凹处有雨积水，崔生就跳入水中，威胁老虎说："你不返回，我就淹死水中。"但老虎只看了一眼就向上跑去，后人将此地叫大池。

又追不远，有一水坑，崔生又跳入水中大叫，可老虎看了说，前水深，此水浅，不怕淹死，后人将此地叫作小池。

崔生追得筋疲力尽，孩子们呼唤得声嘶力竭，眼看就要进入崇山密林了，这时老虎停下来，把身上所有的碎银钱两装在了崔生肩上的褡裢中，后人把此地叫作上庄。

崔生和孩子们追的已经快到山中密林边上，老虎回头说："你们回去吧，再追我也不能回去了，我得按仙界的规矩办事。"崔生和孩子哭叫不停，老虎返来说："我和你们回去。"崔生和孩子兴高采烈，要随老虎回家，突然老虎猛一回身，窜入密林之中，后人将此地叫送返。只是地名传说，无历史物证。

虎亭镇暖泉村居民张成虎讲述的文本中，主角变成了张生，虎妻与张生之间的结合也并非因为虎皮被扔进井中之后的无奈，而是经由媒妁之言，虎皮被扔也是出于无意：

琉璃八角井传说

相传古时候有一位秀才叫张生，路过虎亭街，天已晚，就住在行公庙，遇一女子，经王婆婆说媒，二人成亲，婚后生下一子一女，有一天晚上，张生发现一张虎皮，便顺手扔在庙中一口井中，就是琉璃八角井，后妻子发现虎皮丢失，便在井里打捞，打捞起只剩下一个"王"字，便放在头上，变成一只老虎，起身就走，张生领儿女追赶，儿女追上后变为老虎，这就是大翻坡、小翻坡由来和张生戏虎的传说。

在虎亭居民邱月英讲述的文本中，在崔生与虎妻的结合上与张成虎的文本有一定的类似，而在虎妻重新化虎及之后的情节上则与徐少华的文本类似，除此之外，与众不同的是情节中还加入了虎报恩的母题：

据老人们讲，很久以前，现在的虎亭原名为西亭，其中居住着一户人家，其周围都是深山老林，这户人家有一个老妇和一个儿子，人们称老妇为王婆婆，终年依靠儿子打柴维持生活。有一天，王婆婆的儿子上山打柴，被一只老虎吃了。王婆婆无法生活，就到县衙告状，让老虎偿命，县官接案后，到出事处找老虎。一天，衙役们遇到了吃人的老虎，将其捕住，押回县衙，县官向老虎发问："如果是你吃了这位王婆婆的儿子，你就点头三次，如果没吃，就摇三次尾巴。"结果老虎就认真地点了三次头。县官看到这只老虎很有灵性，又看到王婆婆失去儿子无人抚养，就问老虎："你现在能否供养这位王婆婆，能就点三次头，如果不能供养就摇三次尾巴。"老虎同样认真地点了三次头。县官说："你既然能养活了王婆婆，就把老人家接回家去，好好供养。"老虎听了就卧在王婆婆之前，让王婆婆骑在背上，老虎就把老婆婆驮到了城隍庙。到晚上，老虎在地上一打滚，把虎皮脱下，变成了一个美丽的女子，奉养王婆婆，从此，老虎就定居城隍庙。黎明时披上虎皮变为老虎到山里寻食，晚上回来变为女人供养王婆婆。时间一长，住在西亭及西亭附近的居民听说后，下午都很早地回家，把门关上，不再行动，从此，西亭更名为虎亭。

有一天武状元崔生领令到边关上任，途径虎亭，天色已晚，所有家户关门紧闭，叫不应答。崔生无法，前往城隍庙寄宿。进庙见王婆婆，上前行礼，请求王婆婆留宿，王婆婆不应，让崔生快走，告诉崔生，此处住一老虎，一会儿就回来，如遇生人就要吃掉。崔生想，这么晚自己能到哪里去住，就问王婆婆有什么办法不让老虎吃掉自己。王婆婆就告诉崔生，老虎晚上回来要脱掉虎皮变为女人，如果能把虎皮藏好，老虎找不见，就变不成老虎，就不会吃人了。说话间，外面飞沙走石，狂风大作。王婆婆说："老虎回来了，快躲起来。"崔生急中生智，跳上了正殿大梁。这时老虎回来了，闻见有生人味道，问王婆婆，生人在哪里？王婆婆告诉她，人已经走了。老虎将信将疑，在地上一打滚，将虎皮脱下，变为一个美丽的女人，侍奉王婆婆。

崔生在大梁上见老虎变成一个美丽女人，很是动人，就在其熟睡之后，溜下大梁，将其虎皮取走，投入城隍庙后的八角琉璃井中，返回大梁之上。待老虎醒来，找其虎皮之际，将其捕住，老虎不能复原，又见武状元崔生，便生爱慕之情，于是就与崔生结为夫妻，给王婆婆留下银两，随崔生到边关上任。

时隔多年，崔生卸任回乡，其间，崔生与虎精生了两个孩子，大的是女儿，小的是个男孩，在路过虎亭城隍庙时，又住下来。有一天，虎精夫人问崔生，当时把虎皮藏到哪儿了。崔生想，现在有了一女一男两个孩子，生活得也很和谐美满，时隔多年，虎皮也早该烂了。就如实告诉了虎皮扔到城隍庙后的八角琉璃井里。虎精夫人得知自己的虎皮藏处后，待晚上崔生和儿女熟睡后，就到八角琉璃井打捞自己的虎皮，当捞上来时，已经烂得只剩下额头上的王字一块虎皮还完好，虎精夫人很是心疼，就将这一块虎皮贴到头上，瞬间自己又变成了一只猛虎，再在地上打滚也不能变为人形。当时虎精夫人生怕自己的丈夫崔生和儿女醒后被变成老虎的自己给吓着，就窜出城隍庙，向东南方跑去，走走停停，难舍丈夫和儿女，再返回来，返回后感觉不妥，就又向前走，就这样反复多次，等到天亮也没有走出虎亭。这时已有行人出现，虎精夫人过漳河，躲入了离虎亭最近的森林茂盛的大深沟里，这条沟从此称为虎峪口，可她还是非常惦念自己丈夫和儿女，就走到大山的高处观望自己丈夫和儿女居住的地方，从此这条沟就被称为照子沟。

崔生醒后不见妻子，想起妻子的问话，忙到八角琉璃井旁观看，只见井旁有破旧的烂虎皮，心知不好，便赶紧带上儿女四处寻找，傍晚转回城隍庙，坚持每日寻找从未间断，突然有一天在一条深沟的坡上遇见了老虎，崔生既喜又惊又怕，儿女看见老虎都很害怕，这时老虎也看见了自己的丈夫和儿女，见他们很害怕，自己也很心痛，于是首先向大女儿吹了一口仙气，使女儿变成了一个小老虎，人们称虎姐，又向儿子吹了一口仙气，使儿子变成一只小狼，人称狼哥。看着崔生凄惨的一声长啸，转身上坡从岭上跑入森林深处，儿子和女儿在一时变为狼虎也很惊怕，赶紧跟着老虎妈妈跑去。崔生见妻子、儿女都已变成虎狼离己而去，仿佛人间最大的灾难降于自己。后人称此地为大难沟。崔生痛哭不止，一路向山岭追去，直到天黑也没有追上，前面崇山峻岭，森林密布，就痛哭一场，折回时一路顺岭而下，哭泣不止，后人称此路为小哭岭。回到城隍庙就一病不起，在王婆婆的精心照顾下经过数日恢复，又能起床走路。怀着对妻子的思念之情，对儿女的惦念，又开始到深山寻找老虎。这样日复一日，持之以恒，终于在狼峪沟看到了他们的足迹，崔生一方面是出于对妻儿的惦念，更主要的一方面是害怕虎亭及附近的人们受到伤害，于是就在狼峪沟出山口打了窑洞住下，开荒耕地，长期住下。每天都到大沟深处高山头上向狼峪沟方向观望，希望能再次见到妻儿。日复一日，年复一年从不间断，后人称此山头为观虎台。

狼哥、虎姐虽然能在森林里看到父亲的身影，可现在已经不是人形，怕吓坏父亲，也不敢出来相见，就在父亲回家时跟在后面，在距离父亲居住的不远高处，观望父亲，在天明之前才离去，就这样经过好多年，父亲逐渐衰老。突然有一天父亲崔生死去，狼哥、虎姐在观望父亲的地方得知父亲去世，一气之下坐化于此，村民知道后，把崔生安葬在狼哥、虎姐坐化的地方。这时虎亭成为南北交通要道，发展相当繁荣，客商来往交易于此，有日进斗金之称，村民为纪念崔生遇虎这一人间奇事，更为崔生坚韧诚信等许多优良品德和精神打动，在此地安神立像，修房盖庙，并在每年二月初二到庙上敬香，唱戏。据说狼哥、虎姐为包骨像，盛传百世，有时也会显灵，致使方圆百里，代代村民，深信不疑，流传至今。照子沟、大难沟、狼峪沟、虎峪沟、山神庙、观虎台、安家等地名至今都没变。

另外在与襄垣县文博馆的张继明聊天的过程中，他给我们提供了他所听来的另外一个崔生遇虎的异文，这则异文与当前所流传的其他的崔生遇虎的异文差别比较大，首先是整个故事的女主人公由虎妻变为狐狸精，而在虎妻重新变为本身之后的情节也与其他不同，崔生寻妻的过程变成了一个解难题的母题，而且最后的结果是全家团圆。

那个崔生遇虎的故事，还有一个版本是遇到狐狸精，这个是笔者调查到的，前半截基本上都一样，后半截是崔生带着他的儿女，这个狐狸精跑在这个庙里边，他过去就叫开庙门，出来一个看庙的老汉，崔生就说："我的妻子跑进这个庙里边了。"老汉说："这里边都是女的，谁知道那个是你婆姨，你进去认认看能不能认出来。"他进去认，里边全都是美女，一个一个看，他也认不出来，他就想了一个办法，他带着儿子、闺女，就使劲地打他们，儿子、闺女哭得不行，有一个女的流眼泪了，这样他就认出来了。老汉就说："既然是你老婆，你就领回去吧。"他们就又团圆了。他是给了这个故事一个圆满的结果。其他的故事都是说老虎跑了，崔生就一直等就老死在那里了。这个是虒亭烧土沟路东升讲的，大概也有六十多岁了，也是个农民。

虒亭镇暖泉村居民连华国讲述的西虎庙传说，虽然在母题构成上与虎口村流传的崔生遇虎传说类似，但是却与虒亭来由以及上文的虎峪口等无关，而是与另一个村落的庙宇联系在一起：

> 暖泉村西有座古庙，人称西庙，这里有个小亭，一口水井，有一个秀才路过这里，想在亭里休息一会，结果就睡着了。一觉醒来发现身下有一张老虎皮，就随手将虎皮投入井里。刚想走，迎面过来一位年轻女子问他："见没见我的虎皮？"秀才说："未见。"就走，女子拉着他央求，二人一见钟情就成了亲，生下两个小孩子。女子一天又问他要虎皮，秀才告诉他扔到井里了，女子就去打捞。结果虎皮烂了，只留下一个王字，女子就贴在头上，立即就跑，秀才接上孩子紧追，追到小翻坡，女子已成一只老虎，秀才把孩子给她手里，孩子也变成一只虎，人们就在这里建了一座庙叫西虎庙。

这则异文发生在古庙中，主人公变成了不知名的秀才，先见虎皮而后见虎女，丢虎皮也成了一个无意的行为，重新化身为虎的情节与上一则类似，只是在化虎之后也加上了虎女重新化身之后秀才带着孩子紧追不舍的情节，而且也与当地的地名小翻坡联系在一起，但是并不是为了解释小翻坡的由来，而是作为当地庙宇西虎庙的来历而出现。

现如今崔生遇虎传说中的主要事件发生地虒亭城隍庙已经被淹没在了水库之中，山神庙在抗日战争中被毁，只是在最近才由其中一位村民张秀明重新建起一座小庙。但是，从访谈当中在场人们争先恐后的发言来看，崔生遇虎故事在当地的传播依然很广泛和活跃，而且我们在现场考察中也看到了那位村民自己重新建起来的一座小山神庙，那位村民本身是养羊的，而且据他所言，除了他之外，还有很多周围的养羊的人还会到山神庙来祭拜。人们也能够对传说所牵涉的地名如数家珍。

为了更加清晰的展示以上崔生遇虎传说的不同异文，特列下表进行分析：

崔生遇虎传说的不同异文

文本	文本体裁	记录时间	发生地点	男子身份	兽妻身份	母题分析
《集异记·崔韬》	传说	唐代	滁州	旅者	虎	①人间男子与虎化成的美女相遇，地点为驿馆；②虎女嫁与男子为妻；③男子藏虎皮于井中；④婚后情况；⑤重游旧地，男子泄露虎皮藏匿之所；⑥虎女重获虎皮，披之化虎；⑦虎女吃掉男子及孩子之后离开。
《原化记天宝选人》	故事	唐	某村僧房	选人（候选官员）	虎	①人间男子与虎化成的美女相遇，地点为僧房；②男子藏虎皮于井中；③虎女嫁与男子为妻；④婚后情况，生子数人；⑤重游旧地，男子调笑妻子，妻子大怒，索皮，男子泄露虎皮藏匿之所；⑥虎女重获虎皮，披之化虎；⑦虎女离开，男子也携子离开。
《女虎》	诗歌		虒亭旅馆	书生	虎	①人间男子与虎化成的美女相遇，地点为驿馆；②虎女嫁与男子为妻；③男子藏虎皮；④婚后情况。
《襄垣县志·崔韬》	传说	唐	驿馆	官员	虎	①人间男子与虎化成的美女相遇，地点为驿馆；②男子藏虎皮于井中；③虎女嫁与男子为妻；④婚后情况，生二子；⑤重游旧地，男子泄露虎皮藏匿之所；⑥虎女重获虎皮，披之化虎；⑦虎女离开。
《襄垣县志·崔生遇虎说》	传说				虎	①人间男子与虎化成的美女相遇；②男子藏虎皮；③虎女嫁与男子为妻；④婚后情况，生狼哥、虎姐；⑤重游旧地，男子泄露虎皮藏匿之所；⑥虎女重获虎皮，披之化虎；⑦虎女离开。
刘太行讲述的《崔生遇虎》	传说	2012	虒亭城隍庙	武将崔生	虎	①人间男子路经虒亭，在驿馆得知虎患并决定为民除害；②与虎化成的美女相遇，地点为驿馆；③男子藏虎皮于井中；④虎女嫁与男子为妻；⑤婚后情况，生狼哥、虎姐；⑥重游旧地，男子泄露虎皮藏匿之所；⑦虎女重获虎皮，披之化虎；⑧虎女离开；⑨男子带狼哥、虎姐追赶虎妻，狼哥、虎姐化形；⑩对于地方地理环境的命名的解释。
路东升讲述的《崔生遇狐》	传说	2012	襄垣	武将崔生	狐狸	①人间男子与狐狸化成的美女相遇；②男子藏狐皮于井中；③狐女嫁与男子为妻；④婚后情况，生一儿一女；⑤重游旧地，男子泄露狐皮藏匿之所；⑥狐女重获狐皮，披之化狐；⑦女狐跑到庙里面；⑧男子带儿女追赶妻子；⑨男子解难题得以找到妻子，全家团圆。

文本	文本体裁	记录时间	发生地点	男子身份	兽妻身份	母题分析
《虎峪口崔生遇虎》	传说	2012	虒亭城隍庙	武将崔生	虎	①人间男子路经虒亭，在驿馆得知虎患并决定为民除害；②与虎化成的美女相遇，地点为城隍庙；③男子藏虎皮于井中；④虎女嫁与男子为妻；⑤婚后情况，生狼哥、虎姐；⑥重游旧地，男子泄露虎皮藏匿之所；⑦虎女重获虎皮，披之化虎；⑧虎女离开；⑨男子带狼哥、虎姐追赶虎妻，狼哥、虎姐化形；⑩虎妻和狼哥、虎姐成神，并与崔生合葬；⑪对于地方地理环境的命名的解释。
李兆华讲述的《崔生遇虎》	传说	2008	虒亭旅店	武将	虎	①人间男子路经虒亭，在旅店得知虎患；②与虎化成的美女相遇，地点为旅店；③男子藏虎皮于井中；④虎女嫁与男子为妻；店老板劝阻无效；⑤婚后情况，生狼哥、虎姐；⑥重游旧地，男子泄露虎皮藏匿之所；⑦虎女重获虎皮，披之化虎；⑧虎女触犯天条，离开；⑨男子带狼哥、虎姐追赶虎妻，狼哥虎姐化形；⑩虎妻和狼哥、虎姐成神，并与崔生合葬；⑪对于地方地理环境的命名的解释。
张来旺讲述的《崔生遇虎》	传说	2008		武将	虎	①人间男子路经虒亭，在驿馆得知虎患并决定为民除害；②男子制伏老虎，藏虎皮于井中；③虎女嫁与男子为妻；④婚后情况，生狼哥、虎姐；⑤重游旧地，男子泄露虎皮藏匿之所；⑥虎女重获虎皮，披之化虎；⑦虎女离开；⑧男子带狼哥、虎姐追赶虎妻，虎妻犹豫，狼哥、虎姐化形；⑨虎妻和狼哥、虎姐成神，并与崔生合葬；⑩对于地方地理环境的命名的解释。

虎口村山神庙碑碑记

第二节　昭泽王及其他雨神传说

在襄垣的地方传说中，有相当一部分是龙王传说，这与当地的地理环境和气候形态有关。根据《襄垣县志》统计，襄垣处于半干旱地区，年均降水量550毫米，且全年降雨分布较为不均，降雨多集中于七八九三个月份，各个年份降雨量也不平均，经常发生旱情，以最近的2012年为例，上半年总降雨量仅为61.4毫米，仅占全年降雨量的12%。而上半年是当地农作物种植的重要时期，这给长期以来以农业为主业的当地居民带来非常大的威胁。在这样的情况下，龙王等雨神信仰在当地人的信仰生活中具有很重要的地位，当地大部分的村社都有龙王庙，与之相关也就产生了很多与龙王有关的传说，而在其中流传最广、影响最大的是昭泽王的传说。在现存的乾隆《襄垣县志》中有昭泽王的生平记录。

乾隆《襄垣县志》卷六"仙释"有一个关于昭泽王生平的简短记载，将昭泽王的生活年代定为唐代，昭泽王的原本身份为道士：

焦道士

> 七岁不语，忽一日告其母杨氏曰：今日吾师至，少顷，果有道士来，授焦符箓，后修真龙洞山，捍患御灾屡有奇功，殁葬城南百步许，五代晋天福间祷雨辄应，邑人立庙奉祀，宋元历封昭泽王，明敕赐，每岁七月初五日祀之。

这段记录虽然简短，但是内容很丰富，首先提到昭泽王的年幼时期的神异之处，即"七岁不语"，继而预知师傅的到来，拜师修真，抵御灾害，死后显灵，立庙祭祀，进而被敕封。韩森在《变迁之神——南宋时期的民间信仰》一书中指出，在唐宋之间民间信仰出现三种趋势，一是神明的拟人化，除了拟人化的龙王之外，几乎再没有动物神存在，而且很多儒释道的神明或者圣人被纳入到民间信仰的神殿中；二是随着门阀制度的解体，平民意识增强，与以往神明往往是帝王将相不同，诸多平民神灵出现，而且随着朝廷的敕封制度被纳入到国家正祀当中，获得正统地位；三是区域性祠祀的兴起。[1] 从这一点来看，再与全国各地其他平民神明相对照，昭泽王，也就是焦道士也许确有其人。不过这个问题并非是我们在此描述的重点。

在同一版本的《襄垣县志》卷七"艺文志"中还有一则关于昭泽王的记载，将

---

[1] 〔美〕韩森，《变迁之神——南宋时期的民间信仰》，包伟民译，浙江人民出版社，1999年。

昭泽王传放在甘罗、石勒之后，文中记载了昭泽王的生平及其灵验故事，关于昭泽王的来历亦是非常详尽，具体到生辰年份以及地点，似乎是看作与乡贤之类的历史人物：

昭泽王传

唐昭泽王姓焦，失其名，唐懿宗咸通九年七月初五日生长乐乡司徒村，生之夕香气盈室，经宿不散，人咸异之，七岁两手拘挛，言语塞涩，状貌类愚人，忽元日手无故自舒，神采焕发，语亦变通，顾性喜道家言，至十三岁凡天文地理易象遁甲诸书一过目即晓畅，景福二年正月八日，夜梦神人捧玉函，内盛灵符宝篆，谓王曰："吾奉帝命以此书付汝，熟习之当除邪宁众。"既觉，果有玉匣在其侧，启视则皆朱书天篆，文义多不可晓，后复遇异人指示，王遂了然，异人又以灵符玉匣付王，厥后驱妖降龙，随试辄效，东北山有一穴，内藏五狐为祟，王逐之，就其中居焉，命之曰五狐穴，乾宁元年，壁底等村水骤发，漂民田庐无算，乾宁四年，县西蛇妖为患，王俱用符退水而民俱获安。一日游至漏岩泉，见众妇人浴不洁之衣，曰："此水不可秽投。"遂指水南行，水遂南。光化元年，东山有释氏常姓者，素习元术，来谒王，与王同游东山，常用巳术途次，衣带悉成龙蛇状，王曰："此幻耳，奚足尚？"常又知阔龙山水中有妖，求王除之，王用符投水，不旋踵而妖除，又同游北洞，洞与辽阳界相接，洞中蛟龙绕集，妖气逼人，常惊怖股慄，王则欣然，谓是天设之以俟我者，又于石中得古剑一口，光化二年，有富室陈演者，宅久为妖龙所据，其家因有一红槽，王至驱龙，因索红槽，引之入洞，天福二年，上党妖魔为害，时太守王佑延王治之，妖遂息，太守以其事上闻，奉旨封为云雨将军，后脱蜕仙升，藏北五里，今将军坟是也，王享年三十有四，殁之后，代有显应，清泰二年，草贼啸聚，官军不能禁，忽洞起红云，空中若有铁骑声，乱石飞下如雨，贼党孑遗，加封为灵侯爵，以长乐十六村租税为王香火资。开运二年，旱魃为灾，凡诣洞求雨者应如响，后来求雨自此始。天福四年，加封为灵圣公，宣和元年，加封为昭泽王，元世祖南征渡海时见王，因为之助，师旋遂加封曰海渎王。

这则记录大抵比之前的记录出现较晚，也更为详尽，除了"七岁不语"之外，对于昭泽王的年少时的神异记载还有出生时的神迹，七岁之后喜爱讲道，而学道的途径也从之前的师傅亲传书籍转变为梦中得授天书，之后又得异人指点。对于昭泽王生前抵御灾害的记载也更为具体，记录了几个英雄事迹，在这些事迹中并不限于呼风唤雨，还包括除妖等，虽然如此，生前已被加封为"云雨将军"，死后也屡屡灵验，被不断加封，并与帝王联系在一起。

在当地曾经有不少昭泽王庙，至今在襄垣县南关粮站院内以及郭庄村还有昭泽王庙的遗存。襄垣县王桥镇郭庄村的昭泽王庙建于金代大定年间，目前是国家级文物保护单位，襄垣南关粮食局院内的昭泽王庙现存一石碑，但是已被平放镶在路石之中，经过长期磨损，一时无法记录其上的内容。

在调查期间，襄垣县文博馆的张继明副馆长讲述了一则昭泽王的传说：

我这个工作是在博物馆，这个行业的工作特点不是以传说为主，而是以事实为主，像这个文字记载、古碑记这方面，或者地下新发现。（张岳公：意思就是说他讲的有依据、有可信度。）胡编乱造乱听那个，我的工作性质不属于这个方面，比如说昭泽王这一块儿，咱现有的《乾隆县志》和《民国县志》都有记载，上面有昭泽王传，现在襄垣县志文物或者古碑这一块也应该有这个记载，大部分都是按照这个传说。像昭泽王就是咱们襄垣这一块的一个地方神，现在咱们考证起来他是唐懿宗时期，不是民间那些老人说的，怎么怎么。现在关于祭祀昭泽王我有证据，国务院公布的国家级文物保护单位有一个昭泽王庙，这是金代大定年间建的，这是物质证明昭泽王不仅是当地神，而且在金代开始已经有广泛的祭祀，（王立阳：这个庙是在什么位置？）它在咱们县的东南方向王桥镇的郭庄村。本地关于龙王这方面的有两种，可以说是三种吧。一种是以昭泽王为主，称他为龙王，他的功能有布雨、防火、镇妖，他有这些功能，就跟泰山石敢当这一类的故事人物是一个道理，山东泰山那边信仰它，后来又波及别的地方，像咱们上党地区。一种就是说他是咱们地方神，有确切的出生年份，就是唐懿宗十三年还是几年，十三岁以前手脚俱缩，不会说话，就跟残疾人一样，突然有一天梦见白胡子老头，手捧着一个玉函，就是一个小箱箱，小宝箱，打开以后，金光闪闪，里头有一个神魔东西，然后他躺下之后就开始会说话了，而且上知天文下知地理。随便求他办个什么事儿，他都能解决了。他就是出生在咱们襄垣的北底乡，现在的乡镇名字已经是叫"北底"，在唐代那会儿，它是叫壁底，因为襄垣原来的城池据我们考证确切位置就在壁底村，壁底东岭村有一个叫王二蛟，传说他妈妈在那一片的漳河河边洗衣服，这时候突然从上游漂下来一个桃子，她在洗衣服，就顺手把这个桃子拿起来，一看还非常鲜艳，她就想吃，往嘴上一放，这个桃子就到了她肚里边了，然后十月怀胎没有生。好像多长时间来着，就是超过了产期了，然后有一天就生了，村里的老人就传说生的时候村里就是光彩四溢，但是这个孩子就是生下来不会说话。手脚都缩着，放不开，就是我刚才讲的那么一个情况，直到梦见白胡子先生，手捧金函来到他面前，自从得了这个以后，上知天文下知地理。后来他就是放羊，这期间，河水泛滥，他顺着河边赶羊，啪啪抽几鞭，那个河水就下降了，从此他就凭着他这个鞭子打出名堂来了。求他办什么事儿，他就啪啪打几下，就给老百姓解决了问题，比如说有病了。逐步就有了他的神话传说，说他能镇妖魔，而且天旱之后，他喊几声还是怎么就能下场雨来，就是有布雨功能，降妖魔，镇邪。那时人们有病了，求医很难，求他就能解决了这些问题，所以人们就逐步信任了他。他死了以后，咱们县志上记载昭泽王埋在县东南三百步，咱们现在的县城东南方向三百步，就是原来的看守所的位置。到了元代的时候就修了昭泽王庙，官方建筑，现在南庙就是龙王庙、昭泽王庙，刚才说的那个金代的是民间建筑，而南庙他是官方建筑风格。（王立阳：就是那个南神庙吗？）对对，现在是省级文物保护单位。现存的昭泽王庙就是城里这一个，还有郭庄那一个，城里面的这个南庙，也叫昭泽王庙。那也有碑文，你可以去看一下，这个不仅是民间的传说，而且是实实在在的事情，是真人真姓，到后来老百姓在封建社会就把他神化起来了。现在襄垣民间仍然会神化一些神，比如咱们襄垣背里有一个神婆，你到她家以后会发现四面墙上全是给她送的锦旗，因为她给人们祛了疾病，解决了老百姓的实际问题，老百姓信仰她。也许在将来会给她修庙祭祀，这就成了老奶奶了，实际上，这都是历史演变的一个真实的故事。不是一个神话传说，而是一个真实的事例。像我跟你讲的昭泽王，他到元朝的时候不仅给他修更多的庙，而且朝廷还给他加封了好多官，我是给你大致地讲，你可以在昭泽王传上读到这些东西，现在昭泽王在襄垣地面上实物的证据就是我给你讲的这个。还有一个昭泽王庙就是善福乡的石峪村，庙是在村里，还没有塌，碑是在养猪场，也是关于昭泽王这方面的。那个是明代。原来昭泽王庙可多了，现在就这三座还存在。

在张馆长的讲述中，昭泽王的身份不再是一个修道的人，而是一个有异能的人。作为一个当地的知识分子，对于昭泽王传说，他的特殊身份决定了他有独特的认知，一方面认为县志上记载的是历史事实，同时也吸纳了当地的民间传说。在昭泽王的神异出生上添加了感应怀孕的母题，这个母题在中国的与英雄或神明有关的神话传说中非常常见，最早的记录也许就是《诗经·大雅·生民》中后稷之母履大人迹而受孕。在昭泽王生前的神迹方面，也排除了道教修仙的成分，而是具有浓厚的当地农牧生活的色彩。这一点在北底村流传的另外一则昭泽王的传说中显现得更加明显：

相传古代，有姑嫂二人在北底小河洗衣服，只见河中漂有一只桃，嫂子捞起来后，小姑就想闻一下，闻之后，桃就突然消失了，后来该女（小姑）就有身孕了。当家人得知非常生气，就把小姑赶出门外，到了河交（望儿交）落家居住，该村老冯家为她做饭，（从此不出门）直至等到快生孩子时，她突然提出要到外面逛，从此她每天都要出去逛一回。于是，老冯家就对她有了怀疑，后来老冯家就对她的行踪提出了疑问，她最终说出了在外生孩子的事情（老冯家背后的窑洞里），老虎看孩老鹰打阴凉，于是老冯家对此事怀疑，怀疑出生的孩子肯定不一般，老冯家就让她把孩子抱回了家中养活大。七八岁后，就让孩子去放牛了，该孩子放牛的方法是每次放牛先到山里画个圈，然后让牛在其中活动，牛就绝对跑不了，孩子可以放心去玩耍。过了段时间，牛就被放瘦了，老冯家是非常不满意，于是该孩子骄傲地告诉他："你下午一定把街门拆了，等晚上牛就胖得比街门还宽。"老冯家惊讶了，后来不让他放牛了，此时他已经成人了，而是让他下地种田，种的是卵石地（难种），每天他回来担饭，只听碗筷响，不见其人影，他种的是高粱，一块地只种五颗（四角各一颗，中间一颗），老冯家到地里一看，瞪大了眼气坏了，最后老冯家生气地对他说："太稠。"于是，该孩子把周围四角的四颗就给刨了，只剩下一颗，到收秋时节，他告诉老冯家准备粮仓，人收秋，当地碾场，抱住高粱杆摇，准备让人扛，直到老冯家粮满为患，老冯非常满意，孩子就当他娘的面商量，离开老冯家。于是，母子俩就离开老冯家了，孩子对老冯说："你亏不亏我了。"老冯说："我亏你干什么？"母子俩就要离开，孩子就说："我上午走了，下午让你借米吃。"当母子俩刚走后就下了一场大雨，把粮食冲了精光，就留下粮仓，老冯看形势不对，就急忙去追，一追追到黎城龙洞。

最后，北底村就能到龙洞求雨，求雨时，由老冯家引路，于是，每次求雨都能见了这孩子，因古韩镇甘村是该孩子的姥姥家，甘村人也能求上雨。（实际是龙王爷，北底人为了纪念他就在村里修了龙王庙，后来被日本人烧了。）

这里所说的南神爷根据上文张馆长的解释其实与昭泽王同为一人。但是这则传说已经与县志所记载的昭泽王传大相径庭。不仅有感应怀孕的母题，与《诗经·大雅·生民》一样，还有了动物护佑的母题。昭泽王的神迹也都与农业生产相关，出现了放牛和种高粱两个与农业生产直接相关的解决难题的母题，最终奠定昭泽王神格功能的则是最后离开时与老冯家的纠葛和神迹。同时也对昭泽王最终落脚的龙洞的求雨活动与两个村落之间的关系进行了解释。

在当地很多并未以昭泽王为名的龙王庙中，相当大的一部分实际上供奉的也是昭泽王。我们在虒亭虎峪口采访的时候，当地人讲到过去每年二月初二都要到如今已经被水库淹没的龙王庙去祭祀，而这座龙王庙供奉的龙王根据我们在一个村民家里找到的龙王庙的断碑来看仍然是昭泽王，虽然由于石碑已断，已经无法恢复全部记录，但是根据现存的来看，上面清晰地写明了"昭泽王"字样，碑文的内容大抵记载了昭泽王的来历和灵验故事。在襄垣非物质文化遗产普查资料中我们找到一则虎口村居民张少良讲述的本村龙王庙的传说：

> 我叫张少良，现年73岁，系襄垣县虒亭镇虎口村人，我是听八十多岁的老人郭栓连说过剪纸龙王庙的传说。
>
> 从前姊妹二人在漳河边上洗衣服，正洗的时候，从漳河里漂来一个桃，姐姐顺手把桃子捞起来，心想二人分吃，不小心，姐姐将桃子吃到肚里，从那时候就怀了孕。当时家庭礼教十分严，她父母怕左右人员笑话，就下决心把女儿赶出门外，女儿无处生活，就流浪生活，夜住古庙生活。过了一段，正好遇到大户人家，好心的人才把她留下，替大户办家务杂事，当长工，因孩子快要出生，那正是中午给人家做饭下面条的时候，肚子突然痛得厉害，就赶快跑出去到大户场上的麦秸堆后生下一个男孩，才又回大户给人家往锅里下面条。当时这户的夫人看出这位女子的行动不同往日，就开口问："你今天是否有病，你有什么事一会出去一会回来，是有啥事儿？"这时女子才把实情说给了夫人，说："我来回出去是我生了一个男孩，可怕的是天空上有大雁在空中打凉，地上有老虎喂奶，这是我亲眼所见，你要是不信的话，你同我一起去看。"夫人一见，就赶紧回去和丈夫把事说明，好心的丈夫答应将孩子抱回家中，夫人心想，这孩子不是一般的人，为啥雁子打凉、老虎喂奶，这一定是个贵人。从此后母子俩就在这家生活了。孩子六七岁时就为大户人家放牛，做力所能及的事儿，可在生活中，就一天三顿饭，每顿饭都不敢吃饱，每到晚上去庙社里偷吃点供桌上供的贡品。有一天乡亲们见到这孩子吃

供品，就打骂不叫他吃，当时有庙中善友替他说情才放过去，从此以后这孩子就和善友们结成了好友。

这孩子还是继续给大户人家放牛，牛是一天一个样，长得特别肥壮，孩子当时就和大户主人说："你明天就把牛圈门框去掉，不然就进不去了。"主人听了生气说："你除了放牛还能干啥？"二人就在火气头上说点难听的话。这孩子就告诉大户："我走后你就得讨饭吃。"大户主人说："我就吃老底也能活。"结果大水一场淹没，只剩下半升一个。这孩子当时把他母亲带走，孩子把母亲安置在一座庙里，这就是七月十五的一天，把母亲放到庙里，本人就外出走了。当时正是大热天，走得口渴，正好遇见一位老太太给儿子送饭。这人就叫老大娘："你把饭给我喝口吧？"他一口就把老太太的饭喝了个精光，当时孩子对老太太说："你也不要再回家做饭了，回去把你所有的地里剪上纸条插在地上，今天上午要下大雨和冰雹。"老太太回家后就忙剪了起来。儿子从地里回来了，母亲就把送饭的经过和人家说的事儿说了一遍，忙把纸条剪好就去地里插下，剩下一个纸条，插到女儿的地里，到正当午时下起了大雨和冰雹，只有老太太和女儿的地没被淹，大家都议论为啥老太太的地没有淹呢？这时老太太把经过和遇见孩子的事跟大家说了，这时大家才相信，插纸条不受大雨、冰雹破坏，都说这不是人，是神，从此以后每年七月十五在地上插纸条。孩子为了报答善友的好意，特地编了三个月的艾叶，从这个山头拉到那个山头，老善友不知道是叫干啥，可是老善友就照办，结果就变成了一沟大地。在这两件事发生以后，他们才知道这是龙王爷，不是一般的孩子，从此以后，都为了不受大雨和冰雹害民，为了纪念他，才修下了剪纸龙王庙。

与上文提到的虎口村发现的石碑的记录相对照，这则传说中所提到的剪纸龙王应该就是我们所说的昭泽龙王，只是因为在襄垣本地一些方言中"昭泽"与"剪纸"发音相近，因而被当地人误认为是剪纸龙王，并相应地产生了文中龙王报恩，用剪纸条避免雨雹灾害的母题。

而且，与县志所记录的昭泽王传说相比，这则传说中加入了神异出生以及动物护佑的母题。在昭泽王的成长中，不再以道士的身份出现，而是更多显示了与农业生产相关的异能。

在北底村搜集到的另外一则黑龙王的传说与上面两则传说相差不多，只是在最后加入了禁忌与触犯禁忌的母题：

北底村黑龙王的传说

北底村地处县城东北 2.5 公里处，村南漳河水绕村滔滔而过，北面山峦起伏，西有通往武乡、左权的公路，东有到黎城、河北涉县公路，南有县城东环路与长治和 309 国道直通，村四周没有工厂，听不到机器隆隆声，闻不到化工厂的污染气味，成为名扬一时的"对对槐树九狮庄"，美名还依稀可见。过去家家大门外栽一对国槐，村里面东西南北中共有九头石狮子，记不清是何年的历史了。但这几百年的国槐在村里还有好多棵，这可算是一个原生态的村庄，她养育着憨厚的人们，也流传着美丽的神话故事。

儿时常听老人们讲，很久以前，村里一户杨姓员外家的姑娘和她嫂子在村中由北杨家沟里面的山沟向南流出来的一条小河洗衣服，正在洗时从河的上游冲来一个桃子，又红又大，姑娘好奇，一把捞了起来，看了看好是欢喜，拿到嘴边用鼻子去闻，吱溜一声桃子掉进嘴里下了肚。这时她嫂子也看见了，说："好嘴馋，嫂子看都不让就吃了。"姑娘说："哪是啊，人家只是想闻闻，谁知道他就掉进嘴里下了肚。"姑娘红着脸争辩着，嫂子又开玩笑："小家子就是小家子吧。"洗完衣服她们回了。可奇怪的是，过了几个月姑娘的肚子就大了，过去的社会没过门的姑娘肚子大了犯死罪，伤风败俗，坏了家规，员外要将姑娘处死，嫂子为小姑多次求情，讲了河边洗衣服的事儿，父亲才免去她的死罪，给她拿了衣服让她远离家门，不得回来。于是，姑娘在深夜无人时走了出去。

姑娘出村一路向东，在一家财主家当了用人，当想家人的时候就上一个小山头向家里的方向看望，后来这个山头就起名叫"回头椎"。姑娘在财主家每天用布条缠着肚子怕别人看出来，但最后还是没办法，一天从财主家跑出来在一个山崖下生了孩子，放在那里继续给财主干活。后来财主发现姑娘有点不对头，怀疑是姑娘往外倒他家东西。有一天财主和老伴偷跟着姑娘看个究竟，谁知姑娘到了山崖下抱起的是个孩子并解衣喂奶，喂饱了孩子，姑娘刚离开山崖不久，突然来了两只老虎，这把财主两口子吓坏了，可定睛一看，两只老虎卧在小孩两边不动了，一会儿空中又飞来一只老鹰，在空中停留为孩子遮阴。这使财主很惊讶，认定孩子是一贵人，就让姑娘把孩子带回来一起过。从此这个生孩子的地方叫成了"娃坡"。

谁知孩子越大越丑，六七岁的时候，财主就让孩子为他放牛，这孩子把牛赶到山坡上拿一棍子在地上绕牛群画一大圈子，这牛就跑不出去，他自己在玩，在睡。牛一天天地瘦了下来，财主发火，说牛瘦了。小孩说没瘦，并问牛晚上回来胖得进不了门怎么办？财主说拆了重修，当真那天晚上回来牛胖得进不了门。到了十五六岁，财主又让他去种地，这孩子不论种什么庄稼每块地都是四个地角各一株，地中间一株，财主因牛的事也不敢多问。到了秋天，打下的粮食财主家是粮仓满了院子堆，可财主心里还是不满，总是想出难题要孩子去做。孩子看透了财主的贪心就和母亲商量要走。一天，母子俩向财主告别，出了村，突然天空飘来一朵云，一声惊雷，天庭派来大将，传玉帝旨意叫他主管天下布雨之事，他母亲才知自己的儿子是"黑龙王"，孩子接旨后就去了仙堂山的"黑龙洞"。

　　在过去天大旱之时，人们总要去给黑龙三爷烧香求雨，特别是北底杨姓去了一拜就有雨下。可有一年玉帝下命令，天下要大旱，旱得树枝干枯，种不下种子，杨家去黑龙洞找见了黑龙王，龙王说："玉帝圣旨，不让下雨，今年要天下受灾。"杨家人说："没点办法了？哪怕光北底下点雨，把庄稼下了种子。"黑龙王想了一阵，把砚台内的一点墨汁倒在一个碗里，说："你拿着这个回去吧，等回到村里你再回头，从这里出去千万千万不要回头。"杨家人端着碗往回走，一路想着，等来到东宁静和土合之间时心里想：我回头看要怎么样呢？他回头看，天空飘来一块黑云，电闪雷鸣，好一阵大雨，满地是水，他高兴得加快步伐往回赶，等来到北底地界确实点雨没有，他失望了要回去问龙王。等他来到黑龙洞时，洞全塌了，只留下一个浅浅的洞口，再也见不到"黑龙王"了。

　　这个神话传说不知道传了多少年，多少代人，北底人自豪的是："北底"是一块宝地。

这两则传说都包括了神奇受孕、离家、动物保护主人公、归家、难题及再次离乡、护佑乡里等母题。在古韩镇还有另外一则类似的传说，是冯世昌所讲述的古韩镇龙王降霖的故事：

　　龙王庙，庙门上的金牌匾写着"龙王降霖"四个大字。龙王降霖的来历传说有一种是这样的：龙王落泪处，被后人建庙祭祀。龙王为盘古的第四子，名叫蛟子。盘古的夫人名叫育蛟，有一天到合河口边洗衣裳，发现河中央兀起一块石头，上边盘着一条大蛇。吓得她慌了神，回到家里，不久便身怀六甲。盘古怀疑其有外遇，她便自寻短见以表清白。育蛟死后，其弟弟和弟媳为其做"五七"（人死后第35天烧纸钱），见其姐育蛟坟上坐着一个白胖的小男孩，其弟和弟媳将其抱回家，认作外甥。舅母给小孩缝了个红肚兜。有一次，给本村财主去填沟造地，谁知走了不到一袋烟的工夫，天空乌云密布，电闪雷鸣，顷刻瓢泼大雨从天而降。其舅身穿疏草衣，手拿雨伞去找蛟子，刚到山坡上，只见蛟子骑着一条大蛇在空中往下吐雨。舅父心知其外甥不是凡人，只好又悄悄回到家中。第二天，蛟子回到家中，跑到二老面前说："上天有旨，命我归位。甥儿原本是天上水神，四海龙王，昨日填沟之事舅父已知，你可去找财主要工钱，这工钱足够你二老后半辈生活。二老以后若有难事，可到上峪村里九沟'海龙王'处找我！"说完，将红兜肚解下，一个电闪冲天而去。舅父舅母拿着红肚兜追出门外，一直到"海龙王"处，蛟子回头一望看到舅父舅母，心一酸，便流下两行泪水，而那伤心的泪水正滴在上峪村。从此之后，天旱了，信男善女便拿着红肚兜在"海龙王"处雨，有求必应。后人在此就为蛟子修了龙王庙。龙王降霖就是这样来的。

这则传说将龙王的传说追溯到了华夏民族的创世神盘古，龙王是盘古的儿子，而整个传说也包括了神奇受孕、神异的出生（鬼母育儿）、神迹出现、离家等情节。

事实上有关昭泽王的传说并非仅仅流传于襄垣一地，但在本地流传和不断被重新讲述的过程中和其他传说一样被赋予了乡土情结和本乡本土的生活色彩。

第三节　胡人盗宝型传说

在襄垣还有很多胡人盗宝型故事或传说，根据程蔷《中国识宝传说研究》，此类识宝传说萌芽于先秦，见于隋侯之珠与和氏之璧等故事中，经汉魏时的名人识宝故事，至隋唐时期形成丰富的西域胡人识宝传说。[1] 而在襄垣的这一类型故事中，识宝人则成了"南蛮子"、满人或者日本人，前者体现了北方人眼中的南方人的形象，背后还有经济文化重心南移、导致江南地区的发展水平超过北方的因素影响，因为许多故事都把本地的衰落归结为南方人把导致本地繁荣的"宝"盗走了。而后者则显然与日本对中国的入侵有关。这一类型的故事或传说最初在赵景深先生的研究中被称为"阿里巴巴式"故事，顾希佳将其称为"石门开"型故事，在艾伯华的《中国民间故事类型》第十二章"巫师、神秘的宝藏和奇迹"中被定名为"芝麻，

---

① 程蔷，《中国识宝传说研究》，上海文艺出版社，1986 年。

开门"①，这一类型的故事的主要结构样式是：

（1）一个人拿了开山宝物来到宝山。

（2）但是他没能够把宝藏拿出来。

（3）开山的宝物丢了，或者探宝者被关在山里了。

其中所谓的开山宝物可以是口诀、特定的人或者某种"钥匙"。此外，这一故事类型还会和"回族人采宝"②型故事结合在一起，后者的故事结构样式如下：

（1）一个回族人看见一个不起眼的东西，认出这是宝贝，想出高价买下。

（2）这个东西的所有者寻问其意义。

（3）回族人讲了，但是没讲全。

（4）所有者设法用宝，用的时候把它丢了，或者破坏了宝贝的效力。

两个故事类型的结合中，后者常常作为前引，引出前者，如虒亭镇紫岩山朱砂洞的传说：

> 当你来到虒亭后湾水库大坝。向北眺望，紧临208国道，太焦铁路，山峦绵延起伏，山上岩石年久风化，变成了红砂，它就是紫岩山。
>
> 相传"尧时十日并出，焦禾苗，杀草木，而民无所食"。天空中出现了十个太阳，烤焦了庄稼，烤枯了树木，就连石头也被烤得稀软如泥！十个太阳的毒焰，使人民遭受了巨大苦难，庄稼无收，民无粟食，就连家畜也晒得无处藏身。
>
> 一日，一条黄牛为躲避烈日，从高庙岭沿山梁窜来，在奔窜过程中，路过东城北，拉了一摊屎后变成了金牛，这里叫作了"牛屎坡"。下窜至东城山时，踩在了晒溶了的石板上，踏下了深深的蹄痕，留下了一块牛蹄石，后窜至漳河岸边，回头见北山上有一洞穴，便直奔洞里，尾随而至的追牛姑娘紫姑赶至，与其心爱的牛栖息洞中，躲避十日酷热。十日同出，为害苍生，尧命善射的英雄羿，上射十日，羿凭他威武勇敢的精神和神奇的射技，射落九日，为民解忧，拯救了苍生。相传屯留老爷山（与襄垣虒亭的紫岩山相对）是羿射九日的地方。杜甫有诗赞："曜如羿射九日落，矫如群帝骖龙翔。"
>
> 羿射落九日，一切恢复了生机。紫岩山的石头经过烤炼变成了朱砂。朱砂，可入药，味甘，镇心养神，祛邪解毒，安魂定魄。从此，紫岩山成了一座

---

① 〔德〕艾伯华，《中国民间故事类型》，商务印书馆，1999 年，第 257 页。

② 〔德〕艾伯华，《中国民间故事类型》，商务印书馆，1999 年，第 251 页。

宝山。紫姑、金牛藏身的洞也被叫作朱砂洞。

紫姑饲养着这头牛，昼眠夜出，为周围穷苦百姓各地耕田。日复一日，年复一年，时间长了，四乡八村的老百姓无所不知，也有人偶尔夜间看到牛在耕地，也不去惊扰它。对金牛，人们感恩戴德，奉为神牛。

有一天，一个南方人路经此地，看到这里山清水秀，风景优美。索性到处转悠开了。当走到朱砂洞前，端详了半天，看出了此山有宝，朱砂洞平时被山石所隐，想要入洞，没有开山钥匙是进不去的。

这南方人要开山盗宝。这开山钥匙在哪里，又是什么呢？

原来，这开山钥匙是一颗大西瓜，每年在紫岩山附近的西瓜园中都要生长一颗，没有人能识别，况且不到时辰，也不会起到开山的作用，也就随一般西瓜出售食用了。

南方人走到园边田埂上，东瞅瞅，西看看，突然看见园子当中有一颗毛茸茸的小西瓜闪闪发光，只有鸽蛋大小。无计可施的南方人顿时振作起来。按捺不住内心的狂喜，向老农走去。种瓜老汉也看到了园边这个外地人。"他在瞅摸什么？"心中纳闷，便停下手中的活，迎上去询问。南方人诡称是贩西瓜的，老汉说："要贩西瓜还早呢！"南方人说："老人家，不着急，我先定下西瓜，成熟后，我再来取。"说完付了定钱，再三叮嘱："千万等我来取，到时另一半瓜钱一并付清。"然后扬长而去。

南方人走后，老汉一看定钱，天哪！我这三亩西瓜大丰收，全部卖掉，也不值这一半定钱呀！

为了信守诺言，为了那一半瓜钱，老汉更加精心地护着这一园西瓜。

日子一天天过去了，这一园西瓜在老汉的培育下长得又圆又大，人见人夸，煞是喜人。多少西瓜贩子要买，老汉就是一颗也不卖，信守合同，等那南方人来取瓜。眼看瓜熟蒂落，秧叶枯萎，已过中秋，还不见南蛮子来取瓜，老汉甚是着急，但还是坚持日夜守护，精心看管。

一直等到九月九日，南方人终于来了，也不食言，看看那颗油绿黑亮硕大的西瓜在园中躺着，满心欢喜，付了另一半瓜钱，走进园中，抱起那一颗西瓜，对老汉说："其他的瓜，你自己处理吧。"那南方人抱着西瓜，过了漳河，直奔朱砂洞去了。南方人走后，老汉随即招呼乡亲们把西瓜摘了，大家分吃。

老汉一直纳闷，这个外地人为什么花了那么多钱，只拿走了一个西瓜。心中顿生疑惑，便与几个乡亲尾随而去，看个究竟。

南方人抱着西瓜来到朱砂洞前，放下西瓜等待午时，随着刀落瓜裂，分成两半，一声巨响，山谷轰鸣，山体崩裂，慢慢分开。烟尘散尽，现出一座洞穴，洞楣上刻着"朱砂洞"三个大字，洞门随之大开。只见洞中金光闪耀，金牛"哞"的一声大吼，向洞深处奔窜，紫姑挥剑守住洞口。

此时，南方人盗宝心切，也顾不得许多，直奔洞内，欲强盗金牛。老汉与乡亲们在一旁看到此情此景，大为惊骇，惊愕之余，明白了这个外地人是要盗他们的金牛啊！于是，不约而同地心生义愤，直奔洞口，见南方人已入洞门。

大家心急如焚，怎么办？如何阻止这个南方人强盗金牛呢？急切之下，老汉忽然想起小时候曾听老人们传说一苗西瓜开宝山的故事，如今竟发生在眼前，急忙与众人来到切成两半西瓜的跟前，抱起两半西瓜合在一起，只见电闪雷鸣、烟尘滚滚，两扇石门瞬间合上，南方人被合拢来的山石砸了个粉身碎骨，葬身在乱石之中。

从此，紫岩山上的朱砂变成了风化红沙。金牛也没有再出来过。

从朱砂洞山坡红砂缝隙中流出一泓汩汩泉水，人们说这是金牛流出来悲伤的泪水，惋惜再不能出来为穷苦百姓耕田种地了。也有人说："这是南方人为了盗宝，死在他乡，思念亲人悲痛的泪水。"人们感激金牛为穷苦百姓的无私奉献，怀念它的恩德，到处寻觅金牛的踪迹，终于在紫岩山北的东城上，发现了牛蹄石，传说，那是古时天悬十日，金牛为躲避烈日奔走化炼成金牛后踏下的，石上牛蹄印迹清晰，绝无人工雕琢的痕迹，至今保存完好。

朱砂洞前半山坡上的泉井，旱不涸，涝不溢，晶莹甘甜。从这个传说中，我们得到一个启示，那就是：对自然资源的保护非常重要。如果为一时一己的眼前蝇利去破坏它，定会受到自然严厉的惩罚。

在这则传说中，由后羿射日传说引出宝物，也就是金牛，钥匙是西瓜，在其他的异文当中也很常见，而盗宝的是南方人，南方人的行为引起了当地人的疑惑，当地人最终识破了南方人的阴谋，并回忆起本地流传的传统知识，果断采取措施将分开的西瓜合上，使得南方人的贪婪受到了惩罚。另外一则异文在开篇就对南方人对于宝物等的敏锐的眼力进行了评价：

古时候，南方人为了盗得珍宝，在强烈的阳光下睁大眼睛，暴晒七九六十三天，便可凭借双眼看清地下、山中、水底有无珍宝物件。

有一年，一位南方人来到襄垣西邯郸河滩时，发现一块奇石，宽三尺，长六尺，他睁大眼睛一看，石盘内放着一条玉带，据说这开石的钥匙是在皇太后头上插着的一把金簪，南方人想今天只好暂作标记，等搞到皇太后的头簪再来取宝。

南方人路经南岩沟时，望见山里藏有红马宝箭，更是喜出望外，这真是时来运转，财路大通啊！据说要想得到红马和宝箭，须用都督令箭一支，才能开山取经，但是这令箭哪儿去找呢，他又做了标记而去。

南方人财迷心窍，东奔西跑，历经九九八十一天头上，才从南京都督府索取到金簪和令牌。他带着两把开宝"钥匙"返回襄垣西邯郸河滩，用金簪一指，石头自开，便将一条金光闪闪的玉带拿到手中，他左看右看一阵后，便将玉带携在腰间，乐呵呵地向南岩沟走去。

南方人来到南岩沟山前，整了整衣冠，双手卡住玉带，面对大山拜了九拜，然后拿出都督令箭，在石壁上轻轻画了个十字，石山便自动而开，五光十色的红弓宝箭呈现在眼前，他将红弓往肩上一背，宝箭在背上一挎，耀武扬威地走开了。南方人走着走着，不知不觉来到河渠一座山面前，定睛一看，山里有一头金牛，正拉着金车运金货。南方人心里笑道："天助我也，居大官，发大财，看来是命中注定呀！"

他选准取宝位置之后，便火速张弓搭箭，向石壁正中射去，只听山门哗哗啦啦地向两边开启，金牛眼睛如同电光，直射而来，南方人躺在地上，连滚几番，避开光射，拉牛赶车。

当金牛快要走到门口时，便再也不想向前走了，他急忙摸起石头向牛用力砸去，金牛勃然大怒，两角用力一抵，将南方人豁到石门扇上，门扇受撞击后自动一合，便将南方人挤死在门缝里。

这则异文当中盗宝人是南方人，有着超人的识宝能力，故事中有三个识宝盗宝的情节，其中前两个有明确的"钥匙"，后一个则没有明确是"钥匙"还是武力强行盗宝，每一个盗宝情节所取得的宝物都在后一个情节中扮演一定的角色，虽然前两次盗宝中南方人都因为拿到了钥匙而顺利取得了宝物，但是在最后一次盗宝中则因为贪婪和对金牛的虐打而最终尝到恶果。

以上传说中用来盗宝的都是特殊的"钥匙"，在襄垣还有这一类型故事的另一个亚型，能够进入石门或者洞中的关键是特定的人，如侯堡镇侯堡村罗成洞传说：

在侯堡村南，淤泥河畔，有一座占地一亩三分的千年古刹"余粮寺"。该寺为唐代建筑，坐落在一只形似乌龟龟背的土丘上，寺院山门前为景山，形似龟头，一直延伸至淤泥河边，人们称之为乌龟探水。景山及寺院被茂密的苍松翠柏所掩盖，甚是庄严。据传，"余粮寺"是为纪念隋朝第七条好汉、归唐后屡立奇功、马踏淤泥河、为国捐躯、被封为越国公的罗成，百姓捐献余粮修建的。所以，名叫"余粮寺"。

在侯堡村余粮寺大殿中央佛座下方，当年人们巧妙地筑了一个洞穴，藏了罗成的盔甲、银枪及其遗物。洞有多深多大，无人知晓。两扇封闭，有一偈语流传至今："若要洞门开，还得原人来"，偈语至今未能破解。

罗成马踏淤泥河，乱箭加身，为国捐躯的故事，已经流传千年，家喻户晓。关于在侯堡村"余粮寺"大殿中罗成洞的传奇故事亦流传久远。

相传在"余粮寺"修起后，不知过了多少年，有一个流窜的南方人江湖术士路过侯堡，闻之"余粮寺"大殿，手撬启石门。费了九牛二虎之力，刚撬开一扇，便有一股白烟涌出，术士当场丧命，累及村人，家禽家畜死了一半。这就是传说的"石门找开一扇，村里死了一半"的典故。从此，村人倍加看护，世代相传。

还有一个传说，令人解气痛快：日本鬼子占领侯堡后，汉奸告密，说："'余粮寺'内有一个罗成洞，传说里面藏有罗成的遗物和珍宝。"鬼子一听，就要去盗抢。汉奸又说："据说不敢轻易挖掘。"可鬼子偏不信，带了一群鬼子兵，开进"余粮寺"大殿，野蛮挖掘。没等撬开一条缝，便冒出一缕黑烟，熏死鬼子一大片。石门打开一条缝，不死出昏吨。吓得鬼子在侵略我国的十四年中，没有一个鬼子兵敢去"余粮寺"胡作非为。

另有一则故事，说来有点可笑，那是发生在1949年后的事了。有个叫罗成孩的人任村长，有人撺掇说，根据谒言你名带"罗成"二字，说不定你就是罗成转世。本人一听，也昏昏然了，便带领民兵去挖。但挖了大半天，尽是尘土飞扬。民兵们恐发生不测，执意不肯再挖了。罗成孩只得命人掩埋作罢。

这则异文当中有三个围绕同样宝物的盗宝情节，故事中没有识宝情节，但是有盗宝情节，但是打开石门的关键是"原人"，如果不对的话，可能会给盗宝人和本地人带来不幸，似乎不属于顾希佳所分析的"石门开"型故事的四个亚型——口诀型、宝钥匙型、复合型和识宝型。不过我们似乎也可以将人作为一种特殊的"钥匙"。

这一类型中体现出来的是当地人对外的一种警惕，特别是对区域之外的人的警惕，而在襄垣实际上还存在一些超越社区甚至县域的联系存在于当地的传说和信仰当中，在当地流传比较广的有两个传说：北关小奶奶传说和二仙姑传说。

第四节　襄黎情缘：北关小奶奶传说

北关小奶奶，也称老妈妈，称"小"谓其得道时年少，称老是为尊称。其传说在当地的非物质文化遗产普查当中被称为"襄黎情缘"，这一传说不仅是解释了一个本区域信仰的来由，同时在传说中解释了两个相邻县域之间的联系和相处之道。

在襄垣县、黎城县，自古以来，两县人之间见面后互相说笑打闹，说再难听的话也不恼，打闹得多么严重也不伤和气，这种风俗习惯至今依然流传。这种风俗习惯，只在这两个县的人之间存在，与周围其他县的人无缘。黎城人见了襄垣人，不论认识与否，都可开玩笑，不论黎城男子年纪如何，都敢叫襄垣人"小舅子"，而襄垣人无论年纪多大，也不会对黎城人的这种称呼报以怨气或者怒骂，而只是笑笑或者也给对方起个雅号，叫个诨名。如果一伙襄垣人遇到一伙黎城人，会互相骂得不可开交，但不伤和气，如果一伙黎城人遇到少数几个襄垣人，除去叫"小舅子"之外，甚至会把襄垣人的衣服都扒下来。反之，襄垣人遇到少量的黎城人，也会同样做。更为出奇的玩笑，是在黎城与襄垣人的男女之间，黎城人不仅叫襄垣女子"小姨子""妹子"之类的称呼，甚至可以动手动脚，扒衣服，热热闹闹都可以。反过来，襄垣人对黎城人也可以用同样出奇的办法开玩笑。

这种互相之间开的玩笑，延续多少年无法考究，至少是在清代时就有了的。当地人对黎城与襄垣人的这种特殊的人情关系有着各种传闻，这些传闻，无论有多少种，但归结到一点，就是在历史上曾经有过一种特殊的姻亲关系，这种姻亲关系，就成了至今还流传着的黎城人与襄垣人之间互相说笑打闹、无拘无束、不受节制的情况。

两个相邻县域之间的居民以甥舅的关系处理双方的关系，并在公开相遇的场合按照这一关系来相处，这一关系也许可以通过一个信仰圈内的传说来解释。一个平民由于其生前的身份和成神的所在而将两个县域的人群连接在一起。这个神明就是小奶奶，她的出生和成长是在襄垣北关，因此被当地人称为北关小奶奶，但是她成神的地点是在黎城与襄垣交界的奶奶庙，这其中的传说在当地广为传颂，情节基本差不多，只是在详细程度上有所差别。如赵明亮讲述整理的北关小奶奶传说：

> 清嘉庆二十一年，襄垣县北关员外王氏谓竹桐，年过五旬，膝下三女。王与妻商定十月初一日赶黎城广志垴庙会，求圣母送子延嗣。夜，王梦古庙香烟缭绕，正中端坐圣母，旁侍立一女竟是其女王凤，醒来惊奇不解。次日，王备足供品与妻欲行。次女王凤肯求同往，王拒之。至广志圣母殿欲拜，却见其女王凤站立身后。王妻怒责之："谁叫你来的？"话毕，王凤倒地气绝，众惊。庙中道长跪地叩拜曰："敬请小奶奶真身莅位。"原来，三日前道长夜梦圣母，让其迎候小奶奶。道长备鼓乐等待三日，不知小奶奶从何而降。即时道长恍悟，知王凤得道成圣。即安顿后事，并塑小奶奶神像于圣母身侧。小奶奶，俗名凤，字雪梅。降生于嘉庆十年。公元 2004 年诞辰二百年，广志新塑小奶奶汉白玉神像以志敬念。

这一故事在丁乃通的《中国民间故事类型索引》无法找到相符的类型，在艾伯华的《中国民间故事类型》中也无法找到完全符合的类型，唯一找到的比较接近的类型是后者中的"山神"：

（1）进香者必须完全心诚，排除尘念。

（2）心不诚的进香者将受到惩罚；其他人得到酬报。

但是在我们看到的文本中，小姑娘的死并不是因为心不诚，违背了山神的禁忌，而是因为违背了父母的禁令，而且小姑娘因此而得到酬报成神。

在上面的文本中，小姑娘因为父亲做梦梦到小姑娘成神而为小姑娘下了不能去进香的禁令，但是小姑娘破除了这一禁令，而被母亲斥责，小姑娘最终死去，并不是因为母亲的失误，而是真身归位，其中有天命的因素在其中。但是在下面的文本中有了很大的差别。这个传说文本是在我们调查中由虒亭镇居民刘太行讲述：

> 说是清朝年间，黎城修奶奶庙呢，襄垣有个王氏闺女，是咱襄垣北关人，四月还是五月十三去黎城赶会烧香，她爹娘要去赶会，闺女也要去。说是不愿让闺女去，就把这闺女丢在家里了，等着她爹娘到了奶奶庙，发现闺女也来了，就问闺女咋也来了，就打了一顿还是咋的这闺女就死了。死了以后就把她留在黎城了，那个地方襄垣叫东顶山，黎城叫广志垴，就在那个庙里头，里头有包骨像，这个"文化大革命"的时候还发现里头有骨头呢，这以后每年黎城人就给襄垣人当外甥，襄垣人就给黎城人当舅舅。

刘太行的这一文本也比较简单，与前面的文本相比，少了天命的因素，姑娘因为打破父母的禁令而被父母无意打死，被留在庙里成了神，然后襄黎两县居民就有了甥舅的关系。在这里对于甥舅的关系并没有仔细解释，而下面的文本则做出了比较合理的解释。这则传说是在非物质文化遗产普查的过程中在古韩镇搜集到的：

在长治市各县的民情中，襄垣县和黎城县群众有一种特殊的民情关系。两县人即使素不相识，但不论男女老少，一见面不开口就逗"骂"，动手便要，而且从来骂不翻脸，打不记仇，一提"亲家"，万事皆休。如遇与外地人相互争斗，襄垣和黎城两县人便会相互袒护，一致对外。这是襄垣和黎城两县人多年流传下来的习俗。

你知道襄垣人和黎城人为什么爱逗着玩吗？这里还有一段故事呢：

黎城靠近襄垣的地方，有座大山，叫广志垴。古时候，这座山上有个庙，里边供奉的泥胎叫"老奶奶"。据说，是管女人生孩子的神。如果哪个女人想生小孩，来这里抱个泥娃娃，回去藏在被窝里，自己就能怀孕。尽管这是骗人的鬼话，可是在那科学文化不发达的古代，相信的人却很多。

初秋，广志垴上有个庙会，前来烧香求子的人比平时更多。

襄垣城北有一户，夫妻俩，有个女孩名唤招弟。这个招弟长到17岁，还没有招来一个弟弟，老两口很是着急，这年广志垴庙会时，招弟妈便去烧香求子。

上山求子还有很多规矩，例如：路上不准回头看，回头一看就不灵了。招弟妈按照规矩，一路向前，来到庙上。烧香叩头之后，回头一看，发现招弟也跑来了，跪在身后，向神叩头。按规矩没结婚的女孩子是不能进这个庙的。招弟妈非常生气，心想：这孩子真淘气！你来到庙里，一来对老爷不好，二来大闺女还能求子？再说，如果老爷真的给你送个孩子让你生，那还了得……她越想越生气，冲着招弟骂道："小姑奶奶，谁让你来的？"一边骂，一边顺手狠狠给了招弟一巴掌，不料一巴掌正打在要害处，把招弟打死了。

招弟妈为了求男孩，把闺女也死了，当时便急得晕倒在地。多亏邻村人帮忙，才把她抬回家去。

招弟这个尸首留在这里怎么办呢？

山上有个看庙老头，是黎城人，由于家贫，一直打着光棍。从前，这里有个风俗，生前没有婚配，死后家里人也要给他买个异性尸骨，埋在一起，这叫"说骨亲"。也有一生未成亲的年迈老人，生前就"说骨亲"。有人劝这位看庙的老人，把招弟这个尸骨埋了，作为他百年之后的"骨亲"，这个老头就真的这样做了。

这个传说，就成了后来襄垣、黎城两县人开玩笑的资料。襄垣人爱叫黎城人"小外甥"，黎城人爱叫襄垣人"小舅子"。不过双方对这种叫法谁也不承认。其实"说骨亲"的事本来就是骗人的，死了的人又怎会再去成亲，甚至传宗接代呢？

因为小女成了"小奶奶"，其又谓"嫁"到黎城，因此，襄垣、黎城成了亲家。若遇天灾人祸，无计生活，两县人便相互投奔，结亲甚多。时至今日，两县人见面开玩笑、嬉戏打闹已成习俗，甚至黎城人到襄垣吃饭不算账、住宿不付款、坐车不用掏钱也常有其事。

这一则文本较前面的文本，更接近了艾伯华的《中国民间故事类型》第九章"诸神与人"中"山神"的情节，姑娘因为打破了进香的禁忌，而被母亲打死，但是并没有人得到酬报，只是小姑娘最后成神。讲述者对其中甥舅关系的由来进行了解释，但是前后有些矛盾，前文说，小姑娘招弟的尸首无处安放，就跟看庙的老人结了骨亲，但是在后文中又说她的母亲"嫁"给了黎城，应该是讲述者在记忆或讲述中出现了错乱。

襄垣本地文化人冯世昌讲述的文本则更为全面，从情节上看综合了前两个文本。

王桥镇襄黎传说

在襄垣县、黎城县的交界处，有一座海拔1799米的大山，因其"山极高，清明之昼望万里，心志开阔"，故称广志山。古代一学者登上峰顶俯瞰四周，提笔感叹："观漳水一条纤似发，望屏峰几叠小于拳。"当地人说"上了广志山，离天一圪堵"，又称它为广志堵。

广志山苍松翠柏，一片浩瀚。山峦松涛之中有一老君殿，登上山顶，玉皇殿、奶奶庙分建在两个山头上，中间以天桥相接，气势壮观，风景奇丽。清人李浩赋诗赞叹："归途还需银蟾接，带得天香下暮烟。"

广志山以奶奶庙香火最盛，上香客多为求子保后、消灾免祸而来，十分灵验。春来冬初，广志山有两次庙会，唯奶奶庙不许未出阁的姑娘进入。清雍正十三年，襄垣县城关有一王氏妇人，欲赶十月初一庙会，留女儿在家守门。女儿不从，说："早就听说广志的庙会热闹，也要去看一看，娘就带女儿去一趟吧。"王氏说："这次上山，是去奶奶庙还愿。奶奶庙不许姑娘进入，你还是不要去吧。"遂强行将女儿锁在院内，独自前去。王氏到了奶奶庙烧香摆供，正要祷念之时，一扭头发现女儿也在身后跪拜，大惊失色，急忙说道："哎呀，我的姑奶奶，你怎么也来了？"气急之下，一巴掌打去，姑娘倒地，没了气息。香客们见此情况，议论纷纷。其中一老者说："此事奇怪，一巴掌置人死地？莫非你女儿与此地有缘，被神主选中归天成神了吗？"王氏一听，想起自己守寡多年，女儿就是心肝宝贝，今日本为祈神保佑女儿而来，不料却将女儿葬送此地，不由叫一声"苦啊"气绝而死。庙内住持将姑娘葬于庙旁，立碑记叙此事，并塑本人像三尺许，置于山腰开山殿内，称为小奶奶、小仙姑，修了梳妆楼，在山顶设置望乡台。每逢十月初一，抬小仙姑神像到望乡台远望家乡。又将王氏和看庙的一个孤绝院公合葬，结了干骨亲，埋在广志山上。从此以后，黎城、襄垣成了干亲家，互称对方为小外甥或小舅孩，不计财物，互相帮助，成为一民间习俗。

这一文本中，小姑娘因为进香的禁忌而被父母下了禁令，但是小姑娘破除了禁令而被打死，最终成神，襄垣和黎城的关系则从她被母亲打死之后与看庙人的干骨亲来进行解释。同时在文中也体现出了一些天命的因素，小姑娘死后被认为是与该庙有缘，被天神选中成神。这些文本都在努力地通过对于情节的增删来对小姑娘的成神和两个县域居民之间的甥舅关系进行合理化的解释。无论情节有何差异，两个县域居民之间的关系无论在传说中还是在现实中都是存在的。传说成为同一个信仰圈内不同县域居民之间的联系得到解释和再生产的途径。

当然，传说还是需要现实的纪念物和仪式等的支持，除了广志垴之外，小姑娘或小奶奶在家乡襄垣北关也有庙宇，而且每年广志垴庙会的时候都要请作为小奶奶亲属的北关人参加，每年广志垴也都要举行小奶奶望乡仪式，这些仪式和传说的传承不断再生产着两个县域人民之间的联系。

这一故事一直流传到今天，两地的信仰和民间关系也一直留存在，在 21 世纪初，襄垣曾经有人试图请老奶奶回家看看，将老奶奶神像从广志垴奶奶庙请回襄垣，但是在操作的过程中被政府以迷信的名义禁止，最终被迫取消，但是无论在传说还是在现实中，两地人民的联系依然存在。

广志垴的小奶奶庙在"文化大革命"结束之前的很长一段时间都已经被禁绝了，直到改革开放以后才恢复，关于这一点，当地还有另外一个传说，据襄垣北关的李留锁讲述，小奶奶信仰及庙宇的恢复还有一个灵验传说，据说在对越自卫反击战中，有一次战斗，战士们被困在猫耳洞里，没有吃喝，很是危险，这时候有一个小姑娘挎着篮子来到洞内，给战士们送来了吃喝，解决了困境，被问起来历的时候，小姑娘才跟人说自己是北关小奶奶，所以后来在对越自卫反击战之后，当时指挥对越反击战的领导就批准重新恢复了奶奶庙。类似的传说在全国很常见，庙宇的恢复往往假借领导或者区域外的人的名义来进行，实际上是为还被认为是迷信的民间信仰找到一个合法性的理由。

第五节　二仙姑传说

在襄垣还流传着另外一个类似的传说，将信仰圈内不同地区的民众联系在一起，就是二仙姑的传说。二仙姑是在晋东南以及豫西比较流行的一个信仰，虽然不同地区的二仙姑可能姓名不同，但是其成仙的背后的传说基本类似，二仙姑为姐妹关系，姐妹二人受到继母虐待，但是仍然非常孝顺，最后因孝道而飞升成仙等。如在乾隆《襄垣县志·仙释》（卷六）有记：

> 二仙女世传事继母至孝，遇冬月每思食苦菜，求之不得，泣血于生母之墓而成寐，醒获菜供母，贞德协应，后以仙去，唐武德中追封冲德冲惠真人，至今二仙港有祠。

乾隆《襄垣县志》卷七中有一篇《二仙祠记》对于二仙身世传说的描述则不同：

> 二仙事不见经传，俗传一母双诞，比长采药入山，乘祥风而仙化，里人立祠祀之。

这则传说与前面一则不同的是，并没有提到继母以及孝道等情节，不过提到两姐妹在采药时乘祥风而仙化，这个在后来的文本中有所体现。

在非物质文化遗产普查中，搜集到了几个文本，每个文本所描述的两姐妹情节类似，不过和不同的地名联系在一起。如：虒亭镇紫岩山宝峰寺神话。

> 儿女情长世人同，尊老爱幼是宗风，
> 一日升华莲台坐，慈悲心怀抚苍生。

> 灵泉寺，地处现沁县万安山，漳河流入虒亭小盆地入口处。因寺内有一泉井，原叫灵泉寺，发生了下面讲的这个故事后，人们把它叫作二神寺。灵泉寺渐渐少为人知了。

从地理位置讲，二神寺在襄沁两县交界处，它现在不在襄垣县虒亭镇辖区，但从收集整理的资料看，它与紫岩山宝峰寺有渊源关系。其神话传说，又与虒亭镇种家岭有着割不断的联系——种家岭是二神奶奶的娘家。

相传，很早以前，种家岭村有姐妹俩，姐姐叫玉梅，妹妹玉兰，姐妹年隔两岁，从小乖巧伶俐，人见人爱，讨人喜欢。父母疼爱，视为掌上明珠。人常说，天有不测风云，人有旦夕祸福。就在玉梅十岁、玉兰八岁那年，母亲染病身亡，使这个温馨的家庭蒙上了阴影。

虽然两个女儿伶俐懂事，但父亲又当爹又当娘也够难为他的。

光阴似箭，不觉三年过去了，其父亲种发仁在人撮合下续弦，娶习氏为妻，这习氏姓习人也习。过得门来，视姐妹俩如眼中钉、肉中刺。人常说，蝎子尾巴过道风，最毒还数后娘心。这习氏每日找碴生事，非打即骂，从此姐妹俩身上青一块紫一块伤痕不断，旧伤结疤新伤生。种发仁虽然心疼二女，但每日外出谋生不经常在家。即使回到家，习氏恶人先告状，絮絮叨叨数落俩女儿无数不是，种发仁一声不吭，习氏便胡搅蛮缠连他也一同收拾，迫于无奈，有时发仁也随习氏训斥可怜的姐妹俩一顿。发仁过后躲在静处抓哭脸。人常说：有了后娘就有了后爹，这话一点儿也不错。

姐妹俩失去了母疼父爱，每次挨打受气后，便双双到母亲坟头大哭一场，哭得死去活来，人们听到这凄惨的哭声，女人们陪哭流眼泪，男人们扼腕可怜。别人家的家务事，谁能管得了。

这一年冬天，天降大雪，姐妹俩身穿单衣破裤，在山上打柴回来，刚进大门，放下柴火，习氏手端水烟袋，盘坐热炕头，把姐妹俩喊过来，喝跪在地说："你们听着，老娘我怀孩子，想吃酸枣，你们这就去，给我找那青枝绿叶的红酸枣，如找不到，看我不抽了你们的筋，剥你们的皮，撵出家门喂狼。"

姐妹俩被赶出了家门，在寒风中冻得瑟瑟发抖。天啊，这天寒地冻，到哪里去找那青枝绿叶的红酸枣呢？二人依偎着来到后山母亲坟头，扑倒在地号啕大哭，顿时哭得天昏地暗，万籁寂静，鸟兽垂泪，唯有哭声回荡在天地间。姐妹俩哭得昏死过去。

不知过了多久时辰，姐妹醒来，忽然见母亲坟头长出了一颗酸枣树，青枝绿叶，红艳艳的酸枣挂枝头。啊！是慈母救我们来了，姐妹拜谢了母亲，折了一枝，急忙回家交给了继母。如今，在种家岭后山一座古坟上长有一棵脸盆粗的酸枣树，郁郁葱葱。据说，那就是玉梅，玉兰母亲的坟墓。

习氏见这么难的难题都难不倒这碍手碍脚的姐妹俩，一招不成又生一招，第二天又生歹计，又将姐妹俩从牛棚叫来，狠毒地说："你们俩有本事又孝顺，老娘今天想吃红瓤黑籽的大西瓜，皮要绿，秧要嫩，抱不回来休想进家门！"深知继母容不了这可怜的姐妹俩，在去母亲坟的路上，两人哭着商量，看来这个家是待不下了，咱们去向母亲告别，远走他乡吧！

到了母亲坟头，跪在地上姐妹俩哭诉了心中的委屈，告慰母亲在天之灵，今天去为继母找西瓜，找到了立刻返回，如果找不到，不孝女儿从今往后便远走他乡，脱离这无边苦海，去寻找安乐祥和，人人平等，没有虐待、没有痛苦的世界。

姐妹俩抖去身上的积雪，抹着眼泪，一步一回头，告别了母亲，顶着刺骨的寒风，冒着鹅毛大雪，走向未知的寻觅之路。茫茫雪野，姐妹俩漫无目的地寻找着，爬上一座座山，越过一道道岭，只见大地白雪皑皑一片苍茫。哪有秧嫩皮绿的大西瓜！

穿荆棘，过沟渠，撕破衣，划绽皮，阵阵剧痛钻心里，千辛万苦来到凤凰山北底，筋疲力尽实难把步移。姐姐扶着妹妹在北坡向阳处坐下歇息，略事休息骤冷冻，不敢久停又起程。

后来，人们在此修了歇妈殿，作为纪念，据说还有姐妹俩坐过的痕迹。现在，在北底村当中还有"歇妈殿"遗址，碎砖瓦砾犹存，当年殿前两棵复生国槐仍绿油油并立而生。

姐妹俩跨沟过渠，路过崔家坡，贺家脑，来到漳河岸边，这里山岩陡峭。平时漳河水滔滔，惊涛骇浪，现在已结坚冰，悄无声息。她们钻在一块石柱顶着的岩石下避风歇息。

姐妹俩蜷缩在石岩下，望见漳河对岸祥光笼罩，似世外桃源一般。二人喜出望外，一股暖流传遍全身，急忙手拉手踏冰过河，爬上山去。

这座山叫万安山，山上正在修一座大寺庙，叫灵泉寺，尚未竣工。因是冬季，室外泥水活早已停止，工人们正在做室内装修。这里修起的主体大殿原设计为玉皇殿，现在还未塑造神像，也没有画栋雕梁。

姐妹俩兴冲冲来到大殿前，好奇地望着大殿，心想偌大个家，是个遮风避雨、挡冷御寒的好处所。况且，现在里面还有燃烧着的熊熊大火。

正欲进殿，姐姐的鞋带开了，于是弯腰系带，妹妹捷足先登，跳着进了大殿。左看看右瞅瞅，见正面刚做好准备塑神像的莲花座很好玩。就坐了上去。

姐姐进殿后，妹妹喊姐姐快上来！姐姐依偎在妹妹身边坐下，幸福地享受着久寒乍暖的温馨时刻。

忽然间，瑞霭腾起，祥光闪亮，仙乐绕梁，群鹤起舞，姐妹俩在微笑中双双坐化。因妹妹捷足先登，坐在了中央莲花座上，姐姐因系鞋带迟来了一步，就坐在了侧旁的莲花座上了。这就是为什么人们膜拜时所看到的妹妹在中央，姐姐在侧旁的由来。

据传，乡人依真身为其修"包骨像"，后来就将此殿改为奶奶庙，来年又在奶奶庙上方建了玉皇庙。

姐妹俩坐化的消息不胫而走，四面八方的人们前来瞻仰这匡世奇观，焚香礼拜，求子祈祷，香火十分兴旺。从此，姐妹俩安享着人间烟火。

因此，灵泉寺知道的人并不多，二神寺却叫得响亮。

姐妹俩坐化的消息马上传到了继母耳中。刁氏又害怕又惭愧。怕的是一双女儿成了神，会来报复她，愧的是早知她们会成神，不该当初那样虐待她们。整日如坐针毡。时至今日，怕也无用，悔也已迟。良心发现，于是与丈夫置备了香果供品，怀着愧疚的心情，前往二神寺求一双女儿宽恕。在殿前，夫妻二人哭诉愧意，望女儿弃前嫌，降福祉。姐妹俩端坐在大殿上两眼泪双流。大发慈悲，赐继母安全生产，后产下一男婴，接续种氏香火。

从此，刁氏每日焚香礼拜，一心向善，并每年接姐妹俩回娘家住几天，倍加奉祀。晚年与丈夫儿孙绕膝，共享天伦，直至终老。之后，种家岭的后人每年定期接姐妹俩回娘家奉祀成为例规，到时举行接送仪式，甚为隆重。

二神寺在20世纪50年代至80年代分几次被人为破坏，仅存遗址。寺中泉井依然保存完好，泉水清澈见底，永不干涸。

据《中国古代风水与建筑选址》研究，在古代，虎亭地区风水设计颇具匠心，为了使虎亭藏风聚气，人文荟萃，在天门外修筑了二神寺，在出水口处修建了宝峰寺，遥相呼应，在风水学上形成了开天门闭地户的格局。是否对虎亭地区产生着潜在的影响，值得研究。但是，它最起码反映了劳动人民从古至今，有着一样的期盼国泰民安、民富国强、地灵人杰、人才辈出的良好愿望。这个故事，从另一方面，亦对家庭暴力进行了鞭挞和消极的反抗。古代人只能用这种形式来警示世人，不要忘了孝敬父母，爱护妻儿，帮助众亲眷，尊老爱幼，和睦相处，是维系每一个家庭幸福欢乐的重要因素。

这则传说中包含了前文所提到的后母虐待的母题，更加详细地铺陈开，后母冬天逼着姐妹俩去找红酸枣，姐妹俩无奈只好到生母墓前痛哭，生母有感，坟头长出酸枣树，而后母进而变本加厉，大冬天要吃西瓜，俩姐妹只好离开，最终在二神寺坐化。这里面以后母的虐待陪衬出二姐妹的孝道，亦有前文中在母亲坟前哭泣而感应的母题，虽然前文中是苦菜而这里是酸枣，二姐妹的孝道和悲惨遭遇最终感动天地而坐化成仙。最后又附加了继母恐惧并悔悟，每年接两姐妹回家的情节，与种家岭每年接二仙姑的习俗相联系。

张来旺讲述的北底乡北底村圣佛寺传说与之类似：

很早以前，工匠们在襄垣县贺家垴村西一公里处修建了一座寺院。因寺院有灵泉井一眼，无论旱涝水位不变，且泉汁甘甜可口，故该寺起名为灵泉寺。据史相传，有一个寺院就必须在寺院附近建个奶奶庙。灵泉寺落成后，人们在紧靠灵泉寺西墙建奶奶庙。就在奶奶庙即将完工正准备塑神像时，一桩奇事发生了。

种家岭村，西村圪梁坡底住着一户种氏人家，一家三口，即继母和种淑、种惠二姐妹。姐妹俩生得水灵俊俏、天资聪慧、心地善良、人见人爱。可惜自幼丧母，后母对她俩又非常苛刻，百般折磨，见纺花织布、针工刺绣难不倒她俩，便节外生枝，寻事虐待。在寒冬腊月，逼她俩去打青枝绿叶红酸枣。姐妹俩便到张家沟崖边去打。哪能打上呢？打不上又怕岳母打，怎么办？二人商量在返回路经母亲的坟地时，向母亲在天之灵诉说苦情。种氏二姐妹生母之墓在种家岭村边的顺坪上，由于后母霸道将生父另迁新坟，所以生母只是孤坟一座。虽无人培土维护，但墓堆除冬天外，春夏秋三季绿草茵茵，灌木丛生，一架山葡萄茎错节盘旋在一棵灌生桑树上，从不向外延伸，把墓堆遮了个严严实实。从稍远处就能看见该墓浑然一体，灵气盈盈。种氏二姐妹跪在母亲坟前，号啕大哭，禀告苦楚。哭罢，惊讶地发现篮里已有了青枝绿叶红酸枣，便风风火火回家去，后母见状一怔，不敢享用。忽又心生一计，马上叫她俩去拔白根绿叶的鲜苦菜。她俩无奈之下，去求母亲恩赐。正在痛哭时，一阵黄风刮来，将姐妹俩吹到北底村一块地里，吹得晕头转向，昏迷不醒。等苏醒过来后，饥肠辘辘，干渴难当。这时，被该村王氏爷爷奶奶发现，受到热情款待，给她俩好好吃喝一顿，还要留她俩住下。不料她俩神已附体，执意不从，坚持西行。西边的贺家垴村附近有一天然石柱，矗直而擎，上顶一圆形巨石，状如雨伞，人们可在下面遮风避雨，故人们称这一凹地叫石柱凹。当种氏姐妹行至此地时，身感疲倦，便在石柱下休息起来。少顷，抬头望见对面山上一寺院旁正在修建一座庙宇，急不可待前往一看，于是下坡过河，匆匆前行。一进庙宇，姐姐在前，妹妹在后，妹妹看到姐姐腿带开松，示意姐姐低头绑扎，径自超过姐姐。此刻，奶奶庙正好建成，单等塑神像一事，恰在这时妹妹正巧端坐神像位上，坐化成佛。姐姐绑扎好带后，见正位已被妹妹占了，只得愁眉苦脸，委屈地坐在偏位。当时，建筑匠人便把姐妹俩塑于神像之内。所塑神像与当时二仙姑的表情一模一样。妹妹唇红齿白，喜笑颜开，姐姐愁眉苦脸，泪流两行。（2004年去世的二神寺和尚张静亮曾说过他于1946年在拆二神寺时，见过二仙老姑的包骨。）事后，有一天种家岭村人去故县镇赶庙会，返回时路经此地，这时正遇天黑，下起大雨。但寺院山门已关，只好露宿于山门之外。此事，二仙老姑早已得知，便给寺内住持托梦说，我娘家人寺外避雨，为何不让他们进来住宿一夜？住持梦醒后马上开门，见门外果真有几个人在避雨，开口便问："你们是不是二仙奶奶娘家人呢？"几个人被问得目瞪口呆，不知所措。住持便将他们引进二仙奶奶殿。由于所塑泥像和真人一模一样，他们一眼便认出这确实是种家岭村前几个月被黄风吹走了的两个种氏姑娘。以后每逢四月初八二仙姑庙会，必有种家岭村人抬供品去当娘家。头场戏必须有娘家人坐好后才能开戏。从此以后，人们求儿求女，都要在阴历四月初八去二神寺烧香求愿。有了子女则去上香还愿，甚是红火。正因如此，加之灵泉寺与奶奶庙仅一墙之隔，所以虽寺院山门写着"灵泉寺"三字，人们却不叫灵泉寺，而是不约而同地称该寺为"二神寺"（此寺名一直延续至今）。

这一异文中情节基本与前文类似，只是在离开的方式上，前文是二姐妹主动打算离开，而这里则是被风刮走，似乎与前面提到的乘祥风而仙化呼应，而且前文中二仙姑是无意中因为好玩而坐在莲花座上仙化，这里则是被刮走的时候已经被神附身，主动坐在神位上，妹妹因为姐姐绑鞋带而坐在主位上。而后又有二仙姑托梦让娘家人避雨的情节，从而引出每年种家岭人在庙会的时候要到二神寺当娘家人的习俗。

虒亭镇建华村也流传着一个与二仙姑有关的传说与当地的地名相关：

> 明朝时建华村贺垴西边，漳河岸上有个地方叫古柱凹。种岭有一对姐妹，母亲死后，继母恶毒百般虐待，竟然要她俩在寒冬腊月为她采红酸枣吃，二人知道这是逼他们姐妹死，可不敢不去，二人顶着寒风，先到母亲坟上大哭一

场："母亲，你走了，我们不能活呀……"这哭声悲悲切切，听说是灵泉寺庙会，寺内佛爷很多，和尚有仙术，便欲去央求，给赐酸枣。可路途远，二人走到贺家垴时一片荒野，实在走不动了，便在一块巨石上歇息，便迷迷糊糊，仿佛来到会上，忙进寺，欲求神可立地坐化成神，灵泉寺改名为"二神寺"，她们路过山坡叫成"二神坡"，她们歇息的巨石叫"石柱凹"，历经七百余年风雨沧桑，这里仍完好无损。

在这则异文中，前一部分与前文相似，只是少了生母感应显灵的情节，姐妹俩因为要求和尚施仙术满足后母要求而来到灵泉寺附近，在休息时，梦中进入二神寺而坐化，这与前文不同。

在襄垣调查中，我们也搜集到了虒亭居民刘太行讲述的一个文本：

> 刘（太行）：传说是唐朝以前，种家岭有姐妹俩，跟着一个后娘，只剩一个后娘，爹也不在了。这俩闺女非常手巧，纺花织布什么也会干，冬天时节，后娘要吃青菜，寻不到，她俩就上地里给她娘薅去，刮了一阵黄风，就把她俩刮到离虒亭十来里地叫北底村。歇了歇，北底村当时是姓王的这个人家在这边落户，这俩人还是往西行，就跑到西边有个二神寺，当时属于襄垣管，抗日战争时期划归沁县。这个庙是个奶奶庙，她俩就住里头了，坐化了，坐化以后给她俩也修了个庙，每年四月初八是庙会，种家岭的人还要去给她当娘家。北底村这边也修了个庙，叫歇妈殿，七月二十四会，种家岭也要去给她俩当娘家。后来这个故事出名了，襄垣城北十里也给她俩修了个庙，那个地方人们就把这个地方叫作二仙港，海港的港，就是沟港的港，就是沟的最里头，那叫港。她俩就叫作二仙姑，当时她们坐化的那个寺庙叫灵泉寺，灵泉寺里有个奶奶庙，因为这两个人在那儿坐化，人们就不叫它灵泉寺了，门上写的是灵泉寺，老百姓统统叫它二神寺。这篇文章我也在长治日报上发表过。
>
> 到了唐朝年间李世民跟徐茂公、房玄龄、魏征这些人，他们有个老师是生在虒亭，就把这个事情汇报给李渊了，二仙姑就被加封了。但是《襄垣县志》写的是冲锋陷阵的"冲"，《沁县县志》写的是崇山峻岭的"崇"，实际上是种地的"种"念"丛"。
>
> 问：现在这三个庙还在吗？
>
> 刘：二神寺重新修起了，二仙港和歇妈殿都没了。
>
> 问：当地的人们还记得这个传说吗？

刘：还记得，二神寺庙会，种家岭的还要去当娘家，北底村就没有了，但是有人烧香，生不下孩的要去求孩子，生下孩子还要去烧香，七月二十四烧香。用砖头瓦块摆个小庙烧香。

问：二神寺庙会种家岭要去当娘家人，具体要怎么做呢？

刘：要买衣裳，给人家穿上衣裳，还得烧香磕头，带个项链。

这个文本中关于二仙姑坐化前的情节比较简单，但是也可以看出与之前文本的差异，这个文本中少了两姐妹在母亲墓前痛哭，生母感应显灵的情节，两姐妹是被怪异的黄风卷走，而且二姐妹的坐化也没有之前文本中神异的情节，而是住在寺内，之后坐化。这则传说中也加入了二仙姑被册封的情节。

在古韩镇还流传着与二仙姑有关的其他灵验传说，二仙姑在离开之后经过的地方因二仙姑而得名，二仙姑也庇护了一方百姓的平安幸福：

种氏姐妹成仙后，北底村所有王氏人出资也在二仙姑落脚之地修建庙宇一座，占地面积约二亩，里外两进院。里院是周仓殿。每逢阴历七月二十四日，给奶奶上香唱戏致贺，同样有种家岭村人当娘家。由于二仙老姑在此休息过，该庙又叫"歇妈殿"（该庙宇20世纪50年代被拆除，盖了小河戏台）。由于二仙姑在石柱凹也休息过，人们便把石柱凹又叫成二神坡。

种氏姐妹成仙后，种家岭村民也在二仙姑的原住处盖小庙。附近的人们求儿求女，都要去小庙烧香求愿，结果生儿育女。患病痊愈本来和求愿者是一种时间上的巧合，可人们都说是二仙老姑的神灵在保佑呢！在抗日战争时期的一天，日本兵经小南岭向种家岭出发，此时，种家岭南村民正在村干部带领下，备车装粮，准备往抗日政府送，因情报人员报信，人们都放下粮食，扛着扁担上大崖垴躲藏。由于天色尚早，雾气蒙蒙，日军误认为是八路军在村里活动，又听当时的警备队和强迫抓来的老百姓说，是二仙老姑显神了。于是，不敢前进，只好退回虎亭。

无论是北关小奶奶传说中的襄黎情缘还是二仙姑传说中的种家岭的娘家人地位，都显示了在信仰圈中不同社区或区域与信仰中心的联系，以及信仰圈内群体之间的关系。襄垣人和黎城人基于在传说中与同一信仰对象的联系而形成了形式上的甥舅关系，种家岭人在二神寺的仪式上扮演娘家人的角色，不过由于二神寺原本就属于襄垣，虽然现在已经归属到了沁县，但是这种基于传说的亲戚关系并没有扩展成为沁县人与襄垣人之间的亲属关系。

第六节　后羿射日神话

在襄垣，除了上述的传说之外，还有一个神话流传非常广，就是后羿射日的神话，而且这一神话与本地的地理结合起来，带有传说的性质，而且随着当代经济的发展而被改造。

后羿射日神话在艾伯华的《中国民间故事类型》中被命名为"十日并出"：

（1）很久以前，同时在天上升起十个太阳，大地干裂了；

（2）英雄射下九个太阳，或者把它们压到山底下；

（3）只有一个太阳逃出；

（4）它藏在了一种野菜之下，作为感谢，这种野菜至今还受到太阳的保护。

不过即使是这样全国范围内流传的神话，在襄垣一县之内，情节构成上依然有很多的不同。我们以非物质文化遗产普查中调查到的几个后羿射日神话来看其中的差异。首先是张保梅在侯堡镇东周村采集到的一个文本：

相传，天帝有十个儿子，他们有个共同的名字，叫作太阳。他们住在西天的一棵大树上。每天都有天宫驾着一辆由八匹骏马拉着的大车，来接他们中的一位到东方的宫殿中去。十个太阳轮渡更替，给人类带来了光明和温暖。

人们过着日出而作、日落而息的日子。每天清晨，当第一缕阳光照耀在人们熟睡的脸上时，他们就会醒来，开始一天的劳作，村妇们忙着为丈夫、孩子准备饭菜；男人们扛起农具，闲聊着向田间走去，孩子们在空旷的大地上玩闹，一切都非常和美。傍晚，天宫驾着车将值班的太阳从宫殿中送回到西天的大树上，天色便随之渐渐暗下来，这时妇女们便开始收拾晾晒的麦子，男人们陆续回到家中，玩耍了一天的孩子也在父母的呼唤声中回来。当天完全黑下来后，大地便又重归寂静，只有鸟儿还在枝头轻唤。人们就这样日复一日，年复一年地幸福生活着。

有一天，当天宫将值班的太阳送回西方的大树上的时候，太阳们相互间讨论了起来："明天又轮到我了，真是太好了！""哎，我也想去。""是啊，在天上多有意思啊，比待在这无聊的树上强多了！""就是，在那里可以看到人间的一切。有一次我看到一些小孩子在摸鱼，可好玩了！""别说了好玩又有什么用？我们每人只能十天去一次。""为什么我们要一个一个地轮流去呢？""一直以来都是这样子的啊！""那我们为什么不一起去呢？反正我们都是天帝的儿子，有谁敢管我们？""是啊，是啊！"其他太阳纷纷附和道。

于是，太阳们开始悄悄施行起自己的计划来，第二天，所有的太阳都起了个大早，不等天宫的马车来，便一起飞到天上。人们从黑暗中苏醒过来，立刻便感到了异样：天格外得亮，照得大地一片澄澈，就连远处的景物都能看得格外清晰，大家惊讶地发现，天空中挂着十个太阳！天啊，这究竟是怎么回事，为什么会这样呢？人们奔走相告，虽然觉得很新奇，但没有觉得有什么不妥，反而觉得这样也不错，天空亮堂了许多，原本还发青的麦子早早地成熟了，唯有村里的一个老巫师捶胸顿足，连连惊呼："不祥之兆啊，不祥！"可大家都不以为然。

第一天，除去那个老巫师，所有人都过得很开心，因为他们种下的菜和粮食都比以往提早成熟了，家中养的牲口也长得快了许多。

第二天，人们感到有些热了，却也没有太在意，仍是像往常一样劳作。没有人知道，一场灾难正在慢慢逼近。而天上的太阳们此刻正在为自己的计谋得逞而洋洋自得。

第三天，太阳的威力终于显现了出来，地里浇得水很快就干了，人们只能不停地往来于水井与田地之间，可一遍又一遍地浇水也起不了什么作用，禾苗还是很快就枯萎了。而且人们都感到口渴得很，因为喝的水很快随着汗水蒸发掉了。每个人都觉得非常疲倦。鸟儿也停了飞翔，懒懒地停在干枯的树枝上。

第四天，大地裂开了很深的口子，花草树木全都枯死了，动物们焦躁不安，很多人都中暑了。人们这才真正感到了不安，但也无能为力。老巫师开始做法祈雨，却起不了任何作用。

第五天，大地上的口子裂得更大了，大到都可以掉进一个人去，湖泊里的水像开水一样沸腾着，鱼儿都被煮熟了。可是没有人去吃这意外的美食了，因为所有的人都已奄奄一息。很多人死去了，有的是被地上火热的沙土烤死的，有的是因去喝滚烫的水而被烫死的，天地间一片凄凉的景象，太阳们看到自己的作为，不仅不以为然，反而还觉得非常好玩，瞅着被烫得乱蹦乱跳的人们，他们都哈哈大笑起来。

第六天，地上已经完全是一幅地狱的景象。森林在燃烧，无数人被烧死，野兽也都已经发狂，可太阳们却继续在天空中怡然自得，看戏般地欣赏着人间的这场灾难。此时人们连跑的力气都没有了，活下来的人都躺在滚烫的土地上苟延残喘。

看到这幅景象，老巫师十分痛心，他拼尽了最后一点力气，依照远古流传下来的方法，用钱币画符的方式将此事告知了天帝。

天帝听闻此事，从九重天上向下望去，只见民不聊生，而十个太阳却高悬在空中谈笑风生。

仙宫中有一人司箭仙官，名叫后羿，是著名的神箭手，能在空中射落飞龙，在百里云外射中彩虹。天帝最终决定派他和妻子嫦娥一起下凡，去拯救黎民苍生。

后羿来到人间，看到人们如此痛苦，心里很难过，再看看那十个太阳依旧是一副满不在乎的样子，不由得气愤地向着天空怒吼起来："你们还不快回去！"豁然听到地面有人冲他们大喊，太阳们好奇地向下看去，见原来不过是一个小小的司箭仙官，便都笑了起来："你以为自己是谁，人们为什么要听你的？""你们为何不服天命，还不知悔过吗？""哈哈，悔过？我们生下来就不知道什么叫作悔过。是吧，兄弟们？"后羿又气又恼："看看你们做的好事，到现在还不知罪吗？""开玩笑！知罪？我们有什么罪？我们只是玩玩而已，谁知道这些人太不争气了！""是啊，我们还想多玩两天呢！"后羿见这些太阳不仅不思悔改，还想变本加厉，不由得大声喝道："你们这样冥顽不灵，我就只好不客气了！"太阳们嘲笑道："兄弟们，听听吧，一个小小的仙官，要对天帝的儿子不客气了，你们说好笑不好笑？""哈哈！"天上的太阳笑成了一片。

后羿自知多说无益，当即取出了天帝赐给自己的红色箭。他拉开万力的弩，搭上利箭，瞄准了天上火辣辣的太阳。太阳们这才有些害怕了，慌忙叫道："你要干什么？"话音未落，后羿已大手一松，将一支箭射了出去，只见箭如流星，在天空中划过一道长长的闪电，一下子射在了一个太阳的中心上。顿时天空中传来隆隆的响声，只见一个巨大的火球从天而降，落在地上，砸出了一个大坑。一会儿后，坑里的火灭了，胆大的人凑过去看，发现坑底躺着一只金色的三足鸟。三足鸟正是太阳的本形。随后，后羿越射越勇，天空中又落下了第二只、第三只三足鸟，后羿连着射下了九个太阳，天气渐渐凉了下来，光线也没有那么刺眼了，池塘里的水停止了沸腾，动物们不再焦躁不安了，人们欢呼起来，这时，天上的最后一个太阳早已收了嚣张的气焰，吓得全身打战，团团乱转。后羿最后一支箭，准备瞄准之际，刚刚复活的老巫突然一把拉住了他，说："不能再射了，我们还需要太阳啊！"人们纷纷应和着："植物还要生长，我们也需要温暖和光明。"听了这话，后羿才收起了箭，第十个太阳见状，忙躲到云后边去了。

从此，世间又恢复了原来祥和的样子。

从母题结构上看，这个神话主要由以下几个母题构成：

（1）很久以前，有十个太阳，轮流值日；

（2）有一天，十日并出，导致民不聊生；

（3）一个老巫师将这一情况告知了天帝；

（4）天帝派后羿和妻子嫦娥下凡拯救黎民；

（5）后羿劝告十日无效，射掉九日；

（6）老巫师在最后劝住后羿，留下一个太阳。

不过在侯堡镇常隆村后羿射日神话中，上述的神话母题只占其中一部分：

远古时候，天上有十个太阳同时出现在天空，强烈的阳光把土地烤焦了，庄稼都枯萎了，人们热得喘不过气来，倒在地上昏迷不醒。因为天气酷热的缘故，一些妖怪猛兽，也都从干涸的江湖和闷热的大森林里跑出来，残害人类。人类的灾难惊动了天帝，天帝命令箭神后羿下凡到人间，救助人类脱离苦难。后羿带着天帝赐给他的一张红色的弓、一口袋白色箭，还带着他美丽的妻子嫦娥一起来到人间。

到人间后，后羿先是劝说十个太阳每天轮流出来一个，这样既给大地温暖，给人类光明，又避免把大地烤得太热，但是太阳们并不听从后羿的劝说，被激怒的后羿开始了射日的战斗。他从肩上取下那红色弓，取出白色的箭，向骄横的太阳们射去，不久，十个太阳便被射下九个。天上只留下一个太阳，人类可以安居乐业了，因此他们非常感谢后羿的帮助。

后羿的功绩，受到了其他天神的妒忌，他们到天帝那里去进言，使天帝终于疏远了后羿，最后把他永远贬到人间。受了委屈的后羿和妻子嫦娥只好隐居在人间，靠后羿打猎为生。生活十分清苦。

随着时间的流逝，后羿觉得对不起受他连累而谪居下凡的妻子。他听说昆仑山上的神仙西王母有一种神药，吃了这种神药，人就可以升天。于是，他跋山涉水，历经千辛万苦，到昆仑山向西王母讨神药。遗憾的是，西王母的神药只够一个人使用。后羿既舍不得抛下自己心爱的妻子自己一个人上天，也不愿妻子一个人上天而把自己留在人间。所以他把神药带回家后就悄悄藏了起来。但是嫦娥却过不惯清苦的生活，后羿不在家的时候，她找到了神药，并独自服下了神药。顿时，嫦娥觉得身体越来越轻，缓缓向天上飘去，最后来到月亮上，住了广寒宫。后羿发现妻子离开自己独自升天后，十分伤心，但又绝对不能用神箭伤害她，只好和她告别。

后羿现在是孤单一个人了，他继续以打猎为生，并且招收徒弟教他们射箭。他的徒弟当中有一个叫逢蒙的人，进步很快，不久射箭的本领就非常高明，但他觉得只要后羿存在自己就不能算天下第一，所以有一次看老师喝多了，从背后把后羿射死了。再说嫦娥虽然到了月亮上，但这里只有一个捣药的小兔子和一位砍树的老头。她想起了过去与丈夫共同度过的美好时光和人世间的温情，倍觉孤独，所以她整天闷闷不乐地待在月宫里。

在这一文本中，后羿射日只是整个神话的一小部分，它和嫦娥奔月以及逢蒙弑师结合在了一起，实际上是讲述了后羿的生命史，而且在后羿射日中，后羿主动留下了一个太阳，但是因为被其他同僚忌妒，在天帝面前进谗言，后羿和嫦娥被永久贬下凡间，就有了后面的嫦娥奔月和逢蒙弑师的神话。

侯堡镇李村搜集到的后羿射日神话与之相类似，只是有了一个相对固定的发生时间，就是在尧的时代，而且是尧认为留下一个太阳对百姓有好处，劝说后羿留下一个。此外，少了嫦娥奔月的神话，对后羿之死的原因也多有揣测：

传说中后羿和嫦娥都是尧时候的人，话说尧的时候，天上有十个太阳同时出现在天空，把土地烤焦了，庄稼都枯干了，人们热得喘不过气来，倒在地上昏迷不醒。因为天气酷热的缘故，一些怪禽猛兽，也都从干涸的江湖和火焰似的森林里跑出来，在各地残害人民。

人间的灾难惊动了天上的神。天帝就命会射箭的后羿到人间，协助尧解除人民的苦难。后羿带着天帝赐给他的一张红色的弓、一口袋白色的箭，还带着他的美丽妻子嫦娥一起来到人间。

后羿立即开始了射日的战斗。他从肩上取下那红色的弓，取出白色的箭，一支支地向骄横的太阳射去，顷刻间十个太阳被射去了九个，只因为尧认为留下一个太阳对人民有用处，才阻拦了后羿的继续射击。这就是有名的后羿射日的故事。

但是后羿的丰功伟绩，却受到了天神的忌妒，他们到天帝那里去进言，使天帝终于疏远了后羿，最后把他永远贬到人间。受了委屈的后羿和妻子嫦娥只好隐居在人间，靠后羿打猎为生。关于后羿之死，都说他是被恩将仇报的徒弟逢蒙暗害的。暗害的手段记载各不一样，有的说是用桃木大棒打死的，有的说是用暗箭射死的。总之这位盖世的英雄死在了阴谋家的手里。

有的还说，后羿死后阴魂不散，变成了打鬼的钟馗神，这一说法实际上反映了我国古代人民对这位不幸死去的英雄的无限怀念。

在夏店镇赵家岭村搜集到的后羿射日神话与之有相似之处，但是把重点放在猎人后羿从起意、准备、获得的帮助以及射日上，不过在文本中关于后羿的身份前后有不一致之处，开头讲到后羿是一个猎人，后文则讲到后羿被进谗言而被贬下人间。

相传在很早以前，天上有十个太阳，到处都是赤地无光，烈日把石头蒸烤成浆，一天，后羿外出到山上狩猎，走在山坡上，脚踩石浆，一不小心倒在上面，当时他心中十分生气，可恨这些烈日把人晒得很难度日，他决心要把这烈日射下来。后羿平日很喜欢弓箭，有一手的好箭法，百发百中，有一箭射九鸟之功。方圆百里的人听到这个好消息，无不欢欣鼓舞，拍手称快。于是，大家从四面八方送来柴草，有名的工匠自告奋勇，前来帮助后羿赶造青铜神箭。

经过三天三夜的加倍苦干，就像现在房屋上檩条似的青铜利箭打造成功了，不多不少正好十支，后羿把自家担挑东西的桑木扁担弯成强弓。后羿立即开始了射日的战斗。他从肩上拿下那红色的弓，取出白色的箭，一支支地向骄横的太阳射去，顷刻间十个太阳被射去了九个，只因为尧认为留下一个太阳对人民有用处，才阻拦了后羿的继续射击。这就是有名的后羿射日的故事。

但是后羿的丰功伟绩，却受到了天神的忌妒，他们到天帝那里去进言，使天帝终于疏远了后羿，最后把他永远贬到人间。受了委屈的后羿和妻子嫦娥只好隐居在人间，靠后羿打猎为生。

关于后羿之死，都说他是被恩将仇报的徒弟逢蒙暗害的。暗害的手段记载各不一样，有的说是用桃木大棒打死的，有的说是用暗箭射死的。总之这位盖世的英雄死在阴谋家的手里。

有的还说，后羿死后阴魂不散，变成了打鬼的钟馗神，这一说法是实际上反映了我国古代人民对这位不幸死去的英雄的无限怀念。

在侯堡镇采集到的另外一个文本中，出现了太阳树的形象，而且后羿的前后身份出现了翻转：

听老人们讲，天空曾一齐出现过十个太阳。他们的母亲是东方天帝的妻子。她常把十个孩子放在世界最东边的东海洗澡，洗完澡后，他们像小鸟那样栖息在一棵大树上,因为每个太阳的中心是只鸟。九个太阳栖息在长得较矮的树枝上,另一个太阳则栖息在树梢上,每夜一换。当黎明预示晨光来临时,栖息在树梢的太阳便坐着两轮车穿越天空。十个太阳每天一换,轮流穿越天空,给大地万物带去光明和热量。

那时候,人们在大地上生活得非常幸福和睦。人和动物像邻居和朋友那样生活在一起。动物将它们的后代放在窝里,不必担心人会伤害它们。农民把谷物堆在田野里,不必担心动物会把它们劫走。人们按时作息,日出而耕,日落而息,生活美满。人和动物彼此以诚相见,互相尊重对方。那时候,人们感恩于太阳给他们带来了时辰、光明和欢乐。

可是,有一天,这十个太阳想要是他们一起周游天空,肯定很有趣。于是,当黎明来临时,十个太阳一起爬上车,踏上了穿越天空的征程。这一下,大地上的人们和万物就遭殃了。十个太阳像十个火团,他们一起放出的热量烤焦了大地。森林着火了,烧成了灰烬,烧死了许多动物。那些在大火中没有烧死的动物流窜于人群之中,发疯似的寻找食物。

河流干枯了,大海也干涸了。所有的鱼都死了,水中的怪物便爬上岸偷窃食物。许多人和动物渴死了。农作物和果园枯萎了,供给人和家畜的食物也断绝了。一些人出门觅食,被太阳的高温活活烧死;另外一些人成了野兽的食物。人们在火海里挣扎着生存。

这时,有个年轻英俊的英雄叫后羿,他是个神箭手,箭法超群,百发百中。他看到人们生活在苦难中,便决心帮助人们脱离苦海,射掉那多余的九个太阳。

于是,后羿爬过了九十九座高山,迈过了九十九条大河,穿过了九十九个峡谷,来到了东海边。他登上了一座大山,山脚下就是茫茫的大海。后羿拉开了万斤弓弩,搭上千斤重利箭,瞄准天上火辣辣的太阳,嗖的一箭射去。另一太阳被射落了。后羿又拉开弓弩,搭上利箭,嗡的一声射去,同时射落了两个太阳,这下,天上还有七个太阳瞪着红红的眼睛。后羿感到这些太阳仍炽热,又狠狠地射出了第三支箭。这一箭射得很有力,一箭射落了四个太阳。其他的太阳吓得全身打战,团团旋转。就这样,后羿一支接一支地把箭射向太阳,无一虚发,射掉了九个太阳。中了箭的九个太阳无法生存下去,一个接一个地死去。他们的羽毛纷纷落在地上,他们的光和热一个接一个地消失了。大地越来越暗,直到最后只剩下一个太阳的光。

可是，这个剩下的太阳害怕极了，在天上摇摇晃晃，慌慌张张，很快就躲进大海里去了。天上没有了太阳，立刻变成了一片黑暗。万物得不到阳光的哺育，青蛇猛兽到处横行，人们无法生活下去，他们便请求天帝，唤第十个太阳出来，让人类万物繁衍下去。

一天早上，东边的海面上，透射出五彩缤纷的朝霞，接着一轮金灿灿的太阳露出海面来了。人们看到了太阳的光辉，高兴得手舞足蹈，齐声欢呼。从此，这个太阳每天从东方的海边升起，挂在天上，温暖着人间，禾苗得以生长，万物得以生存。

后羿因为射杀太阳，拯救了万物，功劳盖世，被天帝赐封为天将，后与仙女嫦娥结为夫妻，生活得美满幸福。

这一则文本中，后羿并非天将，而是人间英雄，最终因为射日有功才被封为天将与仙女嫦娥结婚。

从母题情节上看，侯堡镇侯堡村搜集到的后羿射日神话，与前面有了比较大的不同，首先是道出了十日并出的原因，就是黄帝末年，共工头触不周山引起的，引起世界大乱，野兽四起，上天派羿下界治理，十个太阳为了看热闹才十日并出：

茫茫浩瀚的宇宙是一团混沌，上天为了创造一个有声有色的世界，就命大力神开辟了天地，又命他的十个儿子，就是十个太阳，每天轮流值班，早晨从东方升起，晚上从西方落下，给大地阳光和温暖。在阳光的哺育下万物舒展生生不息，人们日出而作日落而息，生活得很安然幸福，平静地生活了几万年。后来人类就出现了种种矛盾，尔虞我诈，斤斤计较，贪得无厌，贫富悬殊，互相伤害，眼看要出现混乱，上天不忍心那种混乱的局面出现就先后派了炎帝和黄帝下界治世。他们把天下分成了十个部落，每个部落有首领管理，各部落都在不同程度的发展，到黄帝末年的时候，共工和则袭领导的两个部落比较强大，黄帝死后共工和则袭争天下，在不周山下排开战场，双方死伤惨重尸横遍野，共工战败，气得头撞不周山而死，也撞倒了不周山这棵天柱，天倾西北地兆东南，至今还是这个样子，要不你黑夜看天空的星星都流向西方，地上的水都流向东南。则袭打败共工后想统治天下，但是他残暴成性，苛政待民，人们纷纷起来反抗，天下又陷入了水深火热的战乱之中，同时出现许多毒蛇猛兽，伤害生灵，人们又逃避战乱又害怕毒蛇猛兽，致使田原荒芜民不聊生，天帝为救百姓于水火，派鞠带领天将羿下凡，羿生得体大腰圆力大无穷，十分勇猛，他精于射箭，他射箭不用瞄准，箭随心到，不论多远百发百中。

　　羿下凡的事被天帝的十个儿子知道了，他们商量一起出去看热闹，那天十个太阳就同时出现在天空，十个火球烤着大地，森林着了火，庄稼被烧焦，河流干枯，鸟兽虫鱼都被烧死，世界变得惨不忍睹，连山石都被烧化了。后羿劝太阳们赶快回去按原定规则轮流值班，可太阳们就是不听，羿为拯救人类，不计个人安危，弯弓搭箭照准头一个太阳射过去，他中箭落到河南就是现在的洛阳市。九个太阳更加猖狂，老二你不听劝，再给你找个安身之处，一箭射去第二个太阳被射落在河南，就是现在的安阳市。八个太阳更加恼怒连喊要把羿也烧死，羿也火冒三丈，一下子搭上五支箭射向天空，五个太阳中箭落到太行山上，后来有了五阳这个地名。羿又射了两箭，一个太阳落在东北，一个落在西北，于是就有了东北阳和西北阳两个地名。天上就留下一个太阳每天都得出来值班，山火自灭，气候又恢复正常，人们感觉到了清爽凉快，万物又恢复了生机，人民欢呼。消息传到天上，天帝听了十分恼恨羿射死他九个儿子，下令不准羿再回天空，把他打下凡尘投生到后堡村改名后羿，同时也让羿的妻子嫦娥下凡投生，要他们在凡间过清贫的生活，后羿死后人们把他葬在东海之滨，即今山东日照市南西的天台上，让他第一个享受光明和温暖。

在这则异文中，讲明了十日是天帝的儿子，并道出十日并起的原因，九个太阳被射落，而是这则异文中讲明了九个太阳的落点，其中五个落在了襄垣，人们用这个来解释五阳这个地名。而后羿因为杀死天帝的儿子而被贬下界，死后被葬在首先享受太阳光明的东海之滨。

　　这一则神话文本已经传说化了，与本地的地名五阳相联系，而这种联系在当代则与当地的经济发展联系在一起，因为五阳是当地著名的煤矿所在地，因此人们就用后羿射日神话来解释五阳的煤矿的由来，正是由落下的五个太阳造成的。所以在当地的煤矿集团的办公楼前也树立着后羿射日造型的雕塑。

类似的传说还有：

五阳村是后羿射日时五个太阳坠落之地

（采访人：辛培珍，讲述者：五阳村民李长修）

　　据老人们世代口口相传，尧时天空中出现十个太阳，火热的太阳把土地烤焦了，庄稼和河水枯干了，人们热得喘不过气来，十个太阳像十个猛兽一样吞食着世间万物。

　　人间的灾难悲剧惊动了上天，为了拯救人类万物，上帝命令后羿到人间协助尧解除人民苦难。后羿领命后来到人间，看到人间如此悲惨之状，弯弓搭箭向天空射去，真是箭无虚发，九个被射中，仓皇之中有五个坠落于如今的五阳村北山上，藏于草丛之中，另外四个太阳慌不择路掉到了东海之中，剩下一个太阳就是如今高高悬挂在天空中的太阳。后来人们就把五个太阳坠落之地叫作五阳岭，岭脚下的村庄叫作五阳村。

五阳岭地下煤的来历

提起五阳岭，人们最初的印象就是荒山秃岭，草木不生，据当地传说，这里与后羿射日太阳坠落有关。

传说当时后羿射日后，五个太阳就像五个大火球坠落于如今的五阳岭山上，顿时火光一片，草木不存，就连山上的土石也被烧成黑色，土被烤焦了，以至于后来山上草木不生，上百米的土石烤成了黑色，久而久之就成了如今丰富的地下资源。

后羿射日传说
（李留锁搜集）

混沌未分天地乱，茫茫渺渺无人烟。
盘古斧劈天地开，日月星辰始运转。
东方天帝有十子，三脚乌儿来轮换。
早起东升爬上山，傍晚时分落大海。
太阳乌儿照人间，人丁兴旺多美满。
树木葱茏鸟儿欢，走兽与人不相干。
一日十鸟发雅兴，一起遨游宇宙间。
大地烤焦人遭难，树烧河干无人烟。
有个英雄叫后羿，年轻有为爱心献。
决心为民除灾难，现身太行五阳山。

后羿年轻力大无比，箭法超群，人称神箭手，射出神箭，百发百中，他为解救火海中的苦难乡亲，决心射掉三脚太阳乌。他爬过九十九座高山，跨过九十九条大江大河，穿过九十九条大峡谷，爬上太行山巅，来到东海之边。

他登上一座太行山高峰——广志垴，山峰下就是一片汪洋大海，他冒着炎热的蒸烤，对准大海东边的十只三脚太阳乌，怒气冲冲，拉开万斤之力的弓弩，嗖的一声，利箭射下第一个太阳乌，落在了襄垣城西桃林山脉的西北阳村，第二箭射出，太阳乌落在城东的东北阳山上，第三箭射出，第三只太阳乌落在襄垣城北的五音山上。他又连射五箭，五只三脚太阳鸟落在襄垣城南的五阳山上。第九只鸟落在了上党地区，留下最后一只太阳鸟，让他继续光照人间，辅助万物生长。

由于八只太阳鸟分别落在襄垣境内的桃林山脉、东北阳山脉、五阳山脉、五音山脉，经过亿万年的地壳运动，将九只太阳鸟深埋大地中心，其热量仍然在发热，将地层中间岩石熔化，将烧枯的广大森林、草木、岩石经过高温高压，聚合化学、物理反应，演变成我们今天所看到的煤炭、煤气、油气，所以我县成为全国产煤大县。后羿射日故事，从远古一直流传至今，是让后世人不忘前世人的大爱精神。

襄垣人应学习后羿乐于奉献的精神，不怕苦不怕累的高贵品质，敢于与邪恶奋力拼搏的大无畏品德及他的大爱品格。为建设富强、民主、文明、法制、和谐的新襄垣，做出自己应有的贡献。

在李留锁搜集的这则文本中，出现了汉画中就已经出现的三足太阳鸟的形象。在襄垣县王桥镇搜集到的后羿射日神话又有了很大的不同：

关于后羿射日的传说故事在我国流传的很多，十分广泛，故事情节也不相同。在山西省襄垣县王桥镇及黎城县东阳关镇也有关于后羿射日的传说故事。

相传，神农氏尧帝在长治、襄垣、黎城一带尝百草，播百谷，解决了老百姓的吃饭问题。尧帝亲自来到王桥镇的郭庄，原庄一带，传播百谷种植技术，开创了农业耕种的新时代。老百姓种植百谷，解决了饥饿问题，逐渐安居乐业，改变了游猎不食温饱的状况，于是当地老百姓把王桥镇郭庄村东的一座尧帝神农尝百谷的山叫作"百谷山"，也有人叫作"百谷岭"。这一山名从夏朝起，一直叫到现在。

正当老百姓兴农种粮、安心耕种、五谷丰登、六畜兴旺的时候，天空中突然出现了十个太阳，把大地烤成一片焦土，百姓种的庄稼全都干枯，人们又处在饥饿的状态。相传，我国夏朝，襄垣、黎城均属冀国所管辖。冀国在夏时是个很穷的国家，兴农耕刚使冀国有了好转，偏偏又在天空出现了十个太阳，使冀国的臣民又不得安宁，这可难坏了当时冀国君主后羿，亲自带领人马来到黎城、襄垣视察灾情，看到他的臣民又处于水深火热的灾难之中，心急如焚，焦急不安，于是他和随行人员在襄垣王桥和黎城上遥一带，冒着十个太阳的毒晒，决心练习箭，把九个太阳射下来，拯救他的国民。他头顶烈日，足踏焦土，坚持练，经过长时间冒着生命危险的苦练，终于练得一手好箭，于是他选择了位于王桥安宁村的一座名叫射日坪的青石山，开始射那九个恶毒的太阳。开始射下一个太阳，落在襄垣县城东北一个村子里，后来们就把这个村叫作"东北阳村"。第二个太阳被射中后落在了襄垣夏店镇的一个村，人们又把这个村叫作"西北阳村"。后羿又一连射下五个太阳，都落在了王桥镇漳河北岸的一个村子里，于是人们就把这个村叫作"五阳村"。眼看九个太阳射下七个，只有两个太阳，这两个太阳向黎城的方向，后羿一鼓作气，又把这两个太阳射下，落在了黎城县城的东边。后来黎城人就把这个村叫作"东阳关村"。

从此，天上只留下一个太阳，春天风和日丽，人们耕种着粮食，夏天日照当头，照着庄稼苗壮成长，冀国的百姓又过上了丰衣足食的幸福日子。老百姓感谢他们的君主。安宁村南当年的射日坪上的很多石头至今还留着后羿射日的马蹄脚印。后来人们为了纪念后羿射日，为民除害的事，在射日坪上建起一座供俸后羿的庙，来记住这位为民除害的英雄。后来人们把这座山叫作"小庙岭"，一直流传到现在。

在这里，十日并出的原因并没有细说，后羿所处的时代依然是尧帝神农时代，后羿既非天将，亦非平民，而成了一国君主，因为十个太阳并出，造成民不聊生才努力练习射箭，射去九日，九日落在襄垣和黎城就有了五阳等地名。

在夏店镇搜集到的另一则后羿射日传说与之有类似之处，后羿依然是一国之君，但是时代是在盘古开天辟地之后，并出的太阳达到十二个，文本中集中讲述后羿准备过程以及射日过程的艰辛：

传说，盘古开天辟地后，天上有十二个太阳，烈日炎炎，骄阳似火，大面积土地烧焦。山石白天让阳光化水，夜间稍变冷却，人们生存生活难。到夏朝时代，后羿成为一国之君后，日日想，夜夜盼，如何处置太阳，减轻特大灾难。不知想了多久，用了多少办法，最终还是选择了弯弓射箭。说着容易，做着难。单说太阳出来，双眼难睁这一难题怎解决？再说太阳当空，弓箭能有多远的射程？用什么原材料制作等疑难问题怎能解决。

功夫不负有心人，后羿决心冒着生命危险来改造自然，为民造福。采取了多种方法：首先练眼睛，强烈阳光射不瞎，再练弓箭射日远程法。日日如此，逐步每天减少用物遮挡，后来干脆不用物遮。历经七七四十九天，不知眼泪汗水流了多少，脸面红了多少次，面皮脱落了多少层，千辛万苦终于练成。练弓箭：他自幼爱好玩弓射箭，具有一定的功底，射得远，射得准，超人出众，是一位佼佼者。但如今要用弓箭射日，众人说他是想入非非。但他不怕困难，不怕冷嘲。坚持用特殊材料制作大量弓箭，每天练习风雨无阻。历经七七四十九天初获成效。身高丈八，膀臂五尺，手大指长尺八，浑身皮肤黝黑，人体巨变，力大无比，这一突变更加鼓足了勇气，在弓箭原来的基础上又加上改造，又坚持练了七七四十九天。当第四十九天他用箭射落一个太阳，此时他疲劳过度，难以支撑晕倒在地，醒来已是第二天辰时，他满怀信心，挑选弓箭等待午时开弓射日。等到正当午时连开三弓三箭，箭箭无效，他又晕倒在地。后来坚持第二天午时射三箭，到第九天午时又连续三箭射落一个太阳，又晕倒在地，醒来又是第二天辰时，这些经过使他有了新的认识，他按规律天天射箭，每九天射落一个，历经九十九天射落十个太阳，加上第一次共射落十一个太阳。此后的光照温度急剧下降，早晚凉爽，夜里有冷气。随着前些时间看大地万物的变化，经分析后，决定留下一个太阳，如果射光，宇宙间将无光，万物人类难以生存。

后羿射日传说与夏店镇蒲池村油篓坡传说相吻合。油篓坡，两个状似油篓，一个屁股印一支烟袋，一个烟盒，三小山三个光印痕都尚存。

这一则神话的最后依然是传说化的处理，将神话与当地传说结合解释本地的地形，"两个状似油篓，一个屁股印一只烟袋，一个烟盒"也体现了当地的老百姓特殊的生活情趣。

善福乡徐先荣所讲述的后羿射日神话则直接点明了山西后羿信仰的由来：

很早很早以前，地球上有十个太阳，大地一片火海，石头晒流黄土烧焦，万物俱焚，一位天神名叫后羿，是我们山西人。此人力大无穷，脚力很强，追风赶日不在话下，练得一手强弓箭。后羿见这些炎热的太阳无情，要永久性毁灭整个地球。后羿决心要除掉这十个太阳，他日夜兼程，不辞辛苦，顶着烈日的火烧，爬上一座很高很高的山峰，用全身的力气，一口气射落了五个太阳，其余五个太阳见姐妹们一半死亡，不顾一切积极逃命。此时的后羿筋疲力尽，倒下便睡着了，此一觉睡了两年零六个月。

当后羿醒来的时候，还是感到炎热难忍，原来丢下的五个太阳返回来看看后羿是否死了。一看后羿站起来英勇无比，比原来的后羿更可怕，便仓皇逃命，后羿见状用最快的速度，最大的力气拉弓搭箭，又射落了两个，太阳逃得更快了，并放出了更强更毒的热，不让后羿追赶和靠近。后羿除日决心已下，累死热死也不能就此罢休，后羿勇追猛赶，追赶了六个月，太阳疲惫不堪，后羿也身乏力尽，看看太阳已距离近了，便使出全身的力气，"嗖嗖"两声，箭到日落，还剩下最后一个太阳，此时的后羿因劳累过度，一头栽在地，从此再也没有起来。后羿慢慢地变成了一块巨大的石头。丢下的一个太阳再也不敢胡作非为了。地球上经过多年的变化，有了草坪，长出了树木，万物慢慢地生长和繁殖，又成了一个美好的地球。山西人为了纪念这位天神，修了很多的后羿庙宇。

后来南方人看上风水告知山西人后羿庙这不好，那不好，须得拆除，其实此庙的存在对南方人不好，听信了南方人之言，拆除了所有的后羿庙宇，这时再也看不到后羿庙了，但后羿射日的故事却远远流传在我们山西。

类似传说上马乡后沟也有，并且庙沟山留有古庙残存及相关佐证。

在这则传说中，后羿的身份确定为山西出身的天神，最终因射日而劳累致死，因而被山西人所缅怀，产生了后羿信仰和大量的后羿庙。并在最后又与胡人盗宝故事相结合，解释了当今后羿庙不存的原因。

在襄垣所流传的后羿射日神话或者传说中，我们可以看出神话的历史性和传说的真实性之间的结合，创世神话在当地人的栖居中转变成为解释周边世界的传说。

以上是对襄垣县传承下来的几个流布比较广、异文较多的传说、故事和神话类型的分析，下文将对其他的神话、传说和故事等按照类别进行分析。

庙沟山夜修山庙神道

常隆三峻庙射日壁画　　　　　　潞安矿务局羿神射日雕塑

第七节　主要故事传说类型及其传播区域

根据襄垣非物质文化遗产资料和我们在 2012 年春节期间在襄垣调查所搜集的文本，现将襄垣主要的传说类型及其传播区域归纳如下：

1. 昭泽王传说

主要传播区域：北底乡、古韩镇、善福乡、虒亭镇、王桥镇。

2. 崔生遇虎传说

主要传播区域：虒亭镇及周边地区。

3. 胡人盗宝型故事

主要传播区域：侯堡镇、西营镇、虒亭镇。

4. 北关小奶奶传说

主要传播区域：襄垣县全境。

5. 二仙姑传说

主要传播区域：北底乡、虒亭镇、古韩镇。

6. 后羿射日传说

主要传播区域：侯堡镇、夏店镇、古韩镇、善福乡、王桥镇。

7. 小麦起源传说

主要传播区域：虒亭镇。

8. 萝卜起源传说：

主要传播区域：善福乡。

9. 蛋和鸡的传说：

主要传播区域：虒亭镇。

需要强调的是，首先，以上所列故事类型，特别是我们上文提到的在襄垣传播比较广的几个主要故事类型的传播区域可能并不限于我们以上所列的乡镇，但是由于已有资料所限，只能根据现有搜集到的文本进行归纳。其次，襄垣的民间故事和传说资源丰富，远不止以上几个类型。但是由于现有的故事类型研究所限，加上传说本身所具有的地方性，很多传说暂时无法归入到特定的故事类型中。最后，上文所提到的传说故事类型及其诸多异文中可能同时包含了艾伯华或丁乃通所归纳的故事类型中的几个类型，不过，在运用民间叙事研究已有的类型划分之外，我们还要根据当地实际的叙事形态来对相关的故事传说类型进行归纳。

从上文对于襄垣民间故事类型和类别的列举和文本分析，我们应该可以从当地人的民间叙事中窥见当地人在当地栖居的历史和状态，通过不同的叙事类型，人们把自己周边的自然景观、人文景观和生活形态纳入自己的日常生活中，通过民间叙事，周边世界再被当地人以多样化、具体化、形象化的方式认知，并通过不断地以神话、传说和故事等的讲述，这种认知得以传承和不断地深入加强。

虽然由于生活方式、生存环境、交通、通信以及传播方式的改变，民间叙事的内容和形态也在不断地发生改变，但是无法改变的是民间叙事作为人们栖居的一部分，民间叙事作为人存在的一种方式不可能消亡。襄垣人的社会生活也在不断地发生改变，不过直到今天这些民间叙事文本依然在被不断地讲述着，并且随着社会发展和人们生产生活的需要被不断地重新解读和塑造。

第三章
主要叙事类别

从世界的产生到一个小小的山冈的命名，从动植物起源到生肖的来由，从节日到神明，从吃食到娱乐，它们在民众生活里都变成了鲜活的故事。

第一节　动植物起源神话

动植物起源神话是人们对于动植物的来源和特征的解释，主要是那些与人们的生产、生活紧密相关的动植物，人们用比较神奇的、形象化的叙事来解释他们的来历和特征，同时动植物起源神话也代表着人们对于周边世界的认识，在其中也融入人们的一些价值判断。在襄垣非物质文化遗产普查中所搜集到的动植物起源神话主要集中在植物方面，一些地方知识分子也有意搜集了与当地民众生产生活相关的农作物的起源神话，比如五谷的起源。当地知识分子冯世昌搜集了五谷的起源神话，并将五谷的起源排定了一个顺序，在其中也可以看出五谷在当地人的价值判断中的序列。

神农氏在当地植物起源神话中扮演着重要的角色，神农尝百草，并寻找时令变迁规律，教授黎民农耕记忆，是农业的鼻祖，在冯世昌所搜集整理的五谷起源神话中，神农氏在襄垣县百谷山发现并播种五谷。在其整理的文本中，神农氏首先为了改变部落居民的困境，选择了资源丰富的宝地百谷山，但是仍然教育部落居民保持节俭的态度。为了人们的生计考虑，神农氏开始考虑找到能够耕种的农作物，他首先找到的是麻，并引来了周围部落的投靠，神农氏手下的卫士长小脉在无意间找到了能够吃的植物，并带回部落，也因此这种植物就被称为"小麦"，之后神农氏又找到了新的种子，智叟的妹妹无意间为了孝道将一些种子给母亲吃，却也证明着这些种子的滋养肠胃的神奇功效，因为这些种子下种的时候有布谷鸟在叫，就被称为谷子，也就是小米。其后，神农氏遇到了一位长寿老人，找到了人们长寿的秘诀，就是豆子，在庆祝找到麻麦谷豆的庆祝会上，长寿老人又献上了一种种子，就是黍子。在整理出来的这一系列神话的序列中其实体现了当地人对于五谷及其营养和口味的价值判断。

在艾伯华《中国故事类型》和丁乃通《中国民间故事类型索引》中，我们无法找到可以与冯世昌所整理的五谷的起源神话相应的类型，但是在襄垣也流传着一些可以归入艾伯华或丁乃通所认定的故事类型的植物起源传说，如虒亭大池村小麦的传说：

> 很早以前，小麦是长着好几个穗的，在长江，黄河两岸遍地都有，家家大囤满小囤流，人们一天三顿都吃白面也吃不完。王母娘娘下凡私访，化装成一个讨饭的老婆婆，沿街乞讨。她走进红、黑、蓝颜色的三家，都没有要上一口饭，很是气愤，就把小麦都收回天上，连各家缸里的也都回去，麦子都收走了。人们可愁坏了，谁也不敢去求王母娘娘，于是只好派一条狗去天宫。狗在天宫苦苦哀求，还挨了三十大棍，跑了七天七夜，说了数不清的好话，最后总算把王母娘娘的心说动了，顺便在收回的小麦上拿了一穗给了狗，狗才欢天喜地回家。从那时起小麦就只有一个穗了。

这一神话与艾伯华《中国民间故事类型》中"植物起源3"相应，这一神话全国其他很多地方也有相应的异文。在这则传说中，人的忘恩负义导致王母娘娘收回了麦子，最终由于狗的乞求，才给人类留了一穗的小麦。在南方一些地区，这一则神话中的小麦就换成了稻谷。

又如善福乡卜沟村萝卜的传说：

> 古时候玉皇大帝派赤脚大仙把蔬菜种子送到人间，赤脚大仙把云头落在坪上，遇见一位老汉就问："你家住在哪里？"老汉回答："下面这个沟里。"大仙："你要萝卜籽吗？"老汉问："萝卜好吃吗？"大仙说："挺好吃。"老汉说："那就给我够种一块地的吧。"大仙说："萝卜产量高营养价值更高。"老汉说："那就东沟西沟都种上吧！"大仙就给了老汉一大包萝卜籽。所以就有了今天的园地，东卜沟，西卜沟，现在卜沟村种出的萝卜又大又甜。

在襄垣非物质文化遗产普查成果中唯一的一个关于动物起源的传说是虒亭镇赵

村有关蛋和鸡的故事：

相传，赵村有一家人，老妈妈和一儿一女。儿子憨厚老实，女儿心坏性恶。儿子做了好事，女儿说是她做的，母亲表扬她一顿，说儿子没出息。后来，儿子娶了媳妇，女儿做了坏事都推到嫂子身上，婆婆好不高兴。有一次，女儿又要嫁祸与媳妇，媳妇说不是自己做的，女儿毫不示弱，说要是我做的我就变成"蛋"。说话间女儿不见了，好心的哥哥从妹妹的衣服里找出一颗"蛋"。并把事由告诉母亲，老妈妈大惊道："女儿净做坏事了，果真变成鸡蛋。"于是，她的母亲便把蛋放在被子里，放在火台旁，二十一天过去了，蛋壳开了，出来一只小鸟，它"叽叽"直叫，所以人们便把它叫作"鸡"。

哥哥有了小孩，三岁后常赶着鸡玩，爸爸说："别赶，它是你姑姑。"于是小孩见了鸡就叫"姑姑"。直到今天，母鸡总是"咕咕"地叫着。

这样的动植物的起源传说与当地人的道德规范的教化很好地结合在了一起。

第二节　地名传说

地名传说是围绕着人的生活而对周边自然环境的认知和解释的结果，其解释的对象包括自然物和人造物。这些人造物和自然景观经过人们的解释进入人们的生活世界之中。通过传说，群体传承着对于周边世界的认知，同时在传说的流传中，人们也习惯于将其与自身周边的景观联系起来，来增加传说的合理性和真实性。这类传说可以是具有地方特殊性的，可以是广泛传播的，但是经过地方化处理之后与本地紧密连接在一起。在襄垣有着很多的地名传说，如有关村落名称的由来以及有关社区周边的地形、山川、河流等的名称或特征的由来等。这些传说或者与一些神话有关，如前文提到的后羿神话中五阳村的地名的由来，还有的与本地家族的成长史、本地著名历史人物有关。一部分地名传说将地名与以前的自然生态和动物活动联系在一起，例如：

北底村，原叫九狮村。相传北魏时期这里荒山野岭，山峰险峻，森林茂盛，曾有九头狮子，在此作恶，路断人稀。后传有一大力士练武人和群狮恶战，并把狮子都赶跑了。从此在这里安居，百姓迁来居住。原来该村地处县城北部浊漳河畔，地势极低名为壁底村，后来人们用简化汉字，改为北底村。辖一个自然村——王家垴。

有的地名传说则与一些家族在当地的成长史有关，例如北底乡合家岭的传说：

此村在北底乡一个小岭上。建村时，山南海北，外地人迁来，姓氏繁多，无法以何姓人定村名，争来争去好几十年都难定下来，清康熙年间，经过县府和全村人商量，为团结兴旺和气生财的道理，全村一致同意取村名为合家岭。

又如垴上村的传说：

该村位于东西两迥辕村中间。孔圣人带弟子来到这个高的山村。欲到晋国传学，惊闻晋郑两国战争，便令弟子回转马车，因而三个村都叫成迥辕，这村叫成中迥辕，可东西两村人多势众，不答应，还把该村村牌楼拆毁，常常欺负中村人，村里人大怒，恼了就把村更改为脑上，意思东西两迥辕之首，后来东西两村人还不让，倍加欺负，这村人无奈才改叫垴上村。

有的地名与著名的神话联系在一起，除了上文提到的后羿传说之外，由于晋南女娲信仰的兴盛，很多地名也与女娲神话联系在一起，例如这一则女娲补天的神话与当地诸多地名和景观联系在了一起：

襄垣，上党盆地中的一座历史悠久的文化古城。千百年来，一代代传承繁衍，生生不息，留下了深厚的文化积淀。位于县城西南的南罗山有一处佛教、道教圣地，史称"凉楼胜观"。雄居"襄垣八景"之首。在这里有一处景观——十八罗汉井。这十八汪甘甜凛冽的泉眼，如灿星般罗列在漳水河畔一块酷似巨鳖的石板上，虽然深浅各异，却都清澈见底，地表不见来水，井底未有泉涌，虽系静水，却终年不生腐物，久旱不涸，久涝不溢。千百年来，名人侠士慕名而至，观奇尝味，百思难解。它和不远处的上党第一楼——通天楼一起，印证着女娲补天的神奇传说。

上古时期，炎帝年迈仙逝，他的后代共工和颛顼为争夺帝位，双方激战了七天七夜，最后共工失败，落荒而逃，跑到不周山下，一肚子怨气无处发泄，便一头向不周山撞去。孰料这不周山竟然是一撑天柱，山倒之后，天便塌出一个大洞，一刹那，天昏地暗，天河喷涌而下，地火磅然而起，平地一片汪洋，山头顿成火海。一时间，万物生灵顿陷水深火热之中。

玉皇大帝闻讯，大惊失色，急召女娲到御前觐见，命她火速赶赴人间，速将天洞补好。女娲从王母娘娘处讨得两个瓷瓶，一装三昧真火，一装瑶池之水，便奔大荒山无稽崖而来。

女娲在崖上支起了六口大锅，五口锅用来炼红黄蓝白黑五色石子，一口锅用来煮水做饭。每口锅各用三块巨石支好，便用三昧真火开始炼石，边炼边补、边补边炼，一路从西北向东南走来，每挪动一处，女娲便要移动这六口大锅，又要搬动这十八块巨石，辛苦劳累，自是难以言表。

一日，女娲又要移锅，见山间兀自有一平地，隐约可见似有斑纹，便在这里安灶支锅。孰料点火之时，脚下却动了起来，仔细一看，这六口大锅竟然支在了一只大鳌的背上。那大鳌被洪水冲来，卡在山间，又被山上大火熏燎昏迷，只是被三昧真火烤得背部发痛，才得以苏醒过来。女娲见状，顿生怜悯之心，将净瓶内瑶池之水，给大鳌饮用少许，大鳌顿时精神抖擞，灵气焕发。女娲不忍将大锅支在其背上，便要搬去，让其逃生。大鳌竟然开口言道："女娲娘娘，你每日搬锅支灶，炼石补天，万分辛苦。我愿驮上这一应家什，随你差遣。不知娘娘意下如何？"女娲见大鳌言辞恳切，便应允了。遂每日在大鳌背上炼石补天，省去了搬锅支灶等一应工序，速度大为加快。采石装锅时，大鳌便匍匐于地，便于女娲上下，炼毕补天时，大鳌和她虽然劳累异常，倒也其乐融融。

整整用了七七四十九天，女娲终于将最后一块天洞补好，和大鳌双双松了口气。一路上辛苦劳作，根本无心顾及周围景致，此日大功告成，女娲便坐在鳌背上开始梳洗。放眼环顾四周，顿时被这大好景色惊呆了，只见一湾碧水从山下缓缓流过，这山上却不曾被地火点燃，到处郁郁葱葱，花香鸟语。和前番补天所经之地截然是两个世界。遂找来土地询问，得知此地乃与天为党的天脊之地，山名南罗，曾是盘古发祥之地，此处不受地火天水之害尽在情理之中。正是如此，天下逃难之人大都聚集在此。大家见将天补好，一个个兴高采烈，黑压压一片人群向女娲娘娘行礼膜拜。后来这地方便叫东西李村。大家都是劫后余生，遇难相逢。于是便有了南峰（难逢）这一村名。随女娲娘娘一路而来的大荒山难民见这里山清水秀，风景如画，便在漳河对岸择地而居。为怀念故乡，便将村名取为大黄（荒）庄。

女娲见补天之命已经完成，便要回天庭复命。念及大鳌随她一路辛苦，便告之欲启明玉帝，对其进行封赏。然而大鳌婉言谢绝，只求女娲娘娘将其背部十八处神火灼烤，巨石碾磨的伤处医好，便要返回大荒山。女娲娘娘仔细查看他背部伤口，只见十八处伤痕鲜血淋漓，骨肉模糊，女娲娘娘心头一酸，两汪热泪如注而下，和着瑶池仙水，女娲轻轻地给他擦拭伤口，那伤口竟然刹那间愈合，只是留下了十八处深浅各异的伤疤。女娲把瑶池仙水和自己的眼泪注入其中，以防复发。大鳌背上便有了十八汪清泉，这就是后来的十八罗汉井。

由于襄垣在古代是兵家必争之地，因此在当地一些地名传说中还经常看到一些文臣武将的身影，如罗成、刘秀等。除了上文在胡人盗宝故事中提到的余粮寺、罗成洞等地名传说之外，还有很多。例如侯堡镇侯堡村下淤泥河的传说，显然受到了《隋唐演义》的影响：

> 侯堡村前那条小河，叫淤泥河，河水不丰，淤泥黑黏淤积在河床里，深不见底。一旦人马陷入，九死一生。从古至今无数涉河野兽皆尽陷入伤命。就是这样一条毫不起眼的小河，却名扬四海。

> 那是唐朝初年，在这里发生了一场喋血大战，著名的隋朝第七条好汉罗成，归唐后，为抵御后汉王刘黑闼及其麾下大元帅苏定方兴兵犯阙，中计马踏淤泥河，战死在这里。这条断了英雄性命的小河，便紧紧与英雄的业绩联系在了一起，流传千古，名扬四海。

> 唐高祖李渊，轻信二王（李建成、李元吉）嫉贤妒能，陷害秦王（李世民），累及归唐的瓦岗好汉们，把受到安抚封偿的秦琼、尉迟、罗成等英雄罢职为民。

> 后汉王刘黑闼、元帅苏定方兴兵进犯鱼鳞关，守将是王九龙、王九虎兄弟俩。一日敌军来犯，王九虎出关迎战，没战几个回合，被苏定方一箭射中。九龙大惊，遂差官一纸告急文书递达朝廷。高祖即派二王率十万大军前往援救。抵达鱼鳞关，出关迎战。几个回合，李建成被刘黑闼一鞭打中后心，满口喷红，伏鞍败走。李元吉见建成败走，心中一慌，早被苏定方一枪刺中了左腿，几乎落马，落荒而逃，直奔城来。闭门不及，被刘黑闼率兵一拥而进，只杀得尸山血海。二王失去了鱼鳞关，败往紫金关。

> 那刘黑闼、苏定方得了鱼鳞关，养兵三日后，杀奔紫金关来，离关五里安营。紫金关守将，姓马名伯良，是个酒色之徒。闻知二王兵败回来，出城迎接，到了帅府见礼毕，摆酒接风。粉头侍候，二王花天酒地不提。

> 忽有小军来报，刘黑闼兵马离城五里安营了，二王大惊失色，马伯良道："不要理他，我们今日且吃酒吧。"两个粉头娇声软语殷勤进酒，二王大悦，其夜尽欢而睡。次日，马伯良对二王道："千岁爷，可速往长安见万岁，说在未到之前，鱼鳞关已失，如今明州兵扎营紫金关外了。要秦臣马伯良大胜明州兵，只是兵微将少，还要添兵救应。如此说就是了。"二王满口应承，起身往长安去了。马伯良闭城坚守，按下不表。

再说秦叔宝同程咬金、罗成一家同住，不料叔宝因少年积受风霜，吃尽劳苦，得了吐血的病症。一日睡在床上，忽想起秦王（李世民）受罪天牢，不觉流泪哭道："我主公啊，今生只怕不能见你了！未知你近来如何？"罗成道："表兄，你若想念主公，待小北扮作客商，前往长安，探望主公如何？"叔宝闻言大喜，忙爬起来说道："多谢表弟代我一行。"便写书一封，交与罗成道："你交这书，可往兵部尚书刘文静府中投下，自然得见主公，切不可给两个奸王看破，若被他看破，只怕另生事端，反为不好。"罗成道："知道，明日就行。"

到了次日，罗成别过母亲，又别妻子表兄表嫂，并程咬金，带了罗春，扮作客商，往陕西大路而来。及至长安，正要到刘文静府中去，忽然想起表兄一封书，丢在家里，忘记带来，如何去见他？我今日寻旅店住下，再做商议。罗成对罗春这样说完主仆二人进店。不料被二王在店门口经过，正好看到，心中大喜。次日，高祖早朝，二王奏道："儿臣奉旨领兵到鱼鳞关，不料其关已失，只得守住紫金关，被臣连败数阵。奈军中无上将，不能擒拿贼首，望父王再发一员上将，随臣征剿。"高祖道："如今要差哪一位去好？"建成道："今有越国公罗成，现在旅店住下。父王可颁旨一道，赐他原官，挂先锋印，前去灭贼，刘黑闼必被擒矣。"高祖允奏，即发圣旨来叫罗成。那罗成在旅店，次早起身，准备去见刘文静。忽有差官捧圣旨来到，叫他做先锋，罗成没奈何，领旨谢恩，就有军士来接。罗成便命罗春往天去看秦王，自己上马，往教场演武厅，参见二王，即挂了先锋印，放炮起身。及行至紫金关，马伯良前来迎接，同入帅府。

次日，二王升帐，众将礼毕。二王令罗成出阵，务要生擒刘黑闼、苏定方，违令者斩。

罗成得令，提枪上马，来到阵前，明州军士，飞报进营，说外边有将叫战。刘黑闼道："那守将马伯良，连日任我叫骂，只是不上马出来。"出营一看，认得是罗成，叫一声："罗将军，请了，孤与将军有扬州一别，闻得将军归了唐家，无罪被革。今日我兵杀到，无人抵敌，又来用你。眼见得唐家待人无情无义，日后太平，依然不用。我劝将军不如归了孤家，与你平分土地，有何不好？"罗成大怒，把枪刺来，刘黑闼举刀迎敌，大战十多回合。苏定方看见黑闼渐渐招架不住，遂暗放一箭射来。这里罗成一枪，正中刘黑闼，忽闻得弓弦响，罗成将身一闪，刘黑闼就逃回营去了。这苏定方的箭，正中罗成腿上，罗成大怒，拔出腿上的箭，回射苏定方，正中左臂，几乎落马，罗成本欲端营，捉拿苏定方，因腿上疼痛，不便再杀上去，只得回营缴令。

二王问道："罗成今日出兵，可拿下刘黑闼么？"罗成道："今日出兵大败刘黑闼。正要擒他，忽被苏定方暗放冷箭，中在腿上，以此被他逃走。"二王大怒道："你昔日在金锁山，独擒五王，这些本事，到哪里去了？今日要擒一个刘黑闼，为何不能？明明欺我不是你的主公。这样国贼，违孤军令，吩咐绑去砍了！"武士一声答应，把罗成绑了推出辕门。当下马伯良道："千岁爷，目下敌兵未退，不若放罗成转来，待他杀退明州兵，那时寻个事端，慢慢杀他。"二王道："既如此，死罪饶了，活罪难免。"吩咐就在军前，捆打四十棍。两腿竟打得皮开肉绽。正遇罗春赶到，忙扶主人至帐中睡下。就把看秦王这事，说了一番。又道："主人啊，你今日落在奸人手里，必受其害，不如私自回家，也得清闲自在，若再住在此间，定然性命难保。"罗成喝道："胡说，自古道'忠臣不怕死，怕死不忠臣'。我今日奉圣上旨意，岂可不赤心尽力？若然私自回家，岂是忠臣所为？从今以后不许你多言。"

再说明州兵，打听罗成被责四十棍之事，回来通报刘黑闼。刘黑闼闻报大喜道："此天助我也！两个狗王，不会用人，如此一员大将，无罪受责。眼见得关内无人，此关唾手可得也。"就令大小三军，直抵关下，布起云梯，架起火炮，尽力攻打。众将得令，大家奋勇当先，攻打得十分厉害。关内小军，连忙报知二王，二王闻报，即同马伯良上城，亲自督兵紧守。看见明州兵马盔甲，滚滚层层，就像潮水一般，拥将上来。二王看了，大惊失色道："如今怎么好？"马伯良道："现有勇将罗成在此，千岁放心，如今可着他退兵，退得兵将他杀了，退不得兵，也将他杀了。岂非一举两得？"二王道："有理。"遂发一支金口令箭，着人去召罗成退敌兵。

罗成接得令箭，跳起身来就走。罗春忙扯住道："主人啊，你棒疮未愈，如何杀得兵？"罗成道："主人既要去，今日不曾吃饭，可用些酒饭去。"罗成自恃英勇，不听罗春之言，提枪上马，竟奔紫金关来。罗春无奈，只得拿些面饼，藏在怀中，随罗成到了关上。二王道："将军，你速速出城追杀，若生擒这两个贼首，包管封你为公侯，若误了军令，一定斩首，决不轻恕。"罗成得令，杀出城来，罗春相随而出，那些人马，看见罗成，都退了下去。罗成手执长枪，杀入明州营内，如入无人之境。直杀得刘黑闼头散盔歪，众将一齐上前救护。那罗成连杀上将一十八员。明州军抵敌不住，退下四十多里，方才歇息。刘黑闼见这番大败，就要回兵，苏定方忙止住道："主公不可退兵，胜败兵家常事。臣有一计可杀罗成，此处有一地方，名唤淤河。必须如此如此，不怕罗成不死在我手里。罗成一死，这紫金关可得也！"刘黑闼听了大喜，一一准备，依计而行。

再讲罗成杀了半日，腹中饥饿，腿上棒疮生痛，只得回至城下叫关。二王在城上问道："刘黑闼与苏定方的首级可曾拿来？"罗成道："不曾。"二王道："既无二人首级回来，又违我军令。""待俺吃饭了饭，再去出战，取他首级未迟。"二王大怒，吩咐左右放箭，军士一声答应，城上的箭，一齐射下。罗成看见，把马退去。忽见罗春走到马前，怀中取出面饼与罗成充饥。罗成把饼吃了几个，忽见苏定方一马跑到，大叫："罗成，你有此功劳，二王待你如同仇敌。今日大获全胜，连饭也没有得吃，我劝你不如归我主公吧。"罗成听了，又气又恼，催马上前，一枪刺来，定方把枪相迎，战了数合，定方回马就走。

罗成随后起来，走了二十多里，罗春跟到，大叫："家主爷，你岂不知道穷寇莫追？方才明州兵败去，今苏定方又来交战，其中必然有诈，我劝家主爷不要赶了，况二位奸王，一心要害你，不如早早回家去吧。"罗成听了，就住了马。定方见罗成不赶，人又回马，大声骂道："罗成小杂种，你有能耐取得你爷老子的首级，方为好汉！"罗成大怒，又赶了上去。那罗春步行，再也赶不上。苏定方在前，且走且骂，罗成随后紧紧跟随，足足又赶了二十里，到了淤泥河，忽见刘黑闼独自一个，坐在对岸，大笑道："罗成，你今番却该死？"罗成一见大怒，弃了苏定方，即奔刘黑闼，一马抢来，扑通一声，陷入淤泥河内。河内都是淤泥，并无滴水，行走不得，谁知陷住了马脚，不得起来。眼看淤泥没过马肚，罗成两腿也被淹没，动弹不得。河边芦苇内，埋伏二千弓箭手，一声梆响，箭如雨下，罗成叫道："中了苏定方计了。"乱箭齐发，顷刻丧命。

刘黑闼射死罗成，未取首级，又统兵来攻紫金关，那罗春见人马去了，来寻觅主人，寻至淤泥河内，见了主人尸首，放声大哭，便同乡民寻了门扇板，放在河面上，然后在村民的帮助下，将身躯倒，用手向下一扯，就将罗成的尸首扯了上来。身体乱箭，即一一拔出。村民们凑了些罗成合身的衣服，为其换上，并找来一只棺木，盛殓了罗成。罗春做了孝子，扶棺回山东老家去了。村民们将罗成的盔甲、银枪等物品收藏起来。

不久，战乱平息，村民们为缅怀这位忠勇英雄，捐献粮食，在淤泥河畔修了"余粮寺"。在大殿中央开凿了洞穴，将罗成的盔甲、银枪等物藏在了里面。这就是有名的"罗成洞"。

这便是"罗成马踏淤泥河"的故事。侯堡镇回辕村的由来则与孔子及其弟子联系在一起：

相传春秋时期，共有大小诸侯国一百四十多个，晋国的周边以卫国、齐国、鲁国、陈国、宋国、楚国为主。那时，强国欺弱国，大国吞小国，战争常有，内乱不断。晋国的统治到春秋后期出现了危机，并最终分裂成韩、赵、魏三个独立的诸侯国家，史称"三家分晋"。公元前513年冬天，晋铸刑鼎。孔子曰："晋其之乎，失其废矣。"在诸侯割据的那时，国逢乱，人遭难，统治摇摇欲坠，百姓频受煎熬。我国著名的教育家、思想家孔子毅然带着他的弟子周游列国。公元前497年春，齐国送八十美女至鲁国，季恒子接受了女乐，召臣迷恋歌舞，多日不理朝政，孔子与季氏出现不和，孔子离开鲁国到了卫国。十月，孔子受馋言之害，离开卫国前往陈国。路径匡地被困。后返卫欲入晋。当孔子与弟子一行从卫国的小寒山（今长治市郊区中村）向西三里处（今东回辕村西与西回辕村交界处）得知前面有战，不利继续前行，就令弟子们调转马头，回辕掉头而返，人们为纪念这位圣人，故将孔子在此地回辕的村庄，取名为回辕村。因地理位置的区别，在丘陵之上的村叫上回辕村，在丘陵之下的村叫下回辕村。1949年后，更名为东回辕村。但"回辕"这个有着深远历史纪念意义的名称一直沿用至今。

还有一些地名与一些神奇的传说联系在一起，例如虒亭镇龙驹沟的传说：

从前，这里住着几户人家，其中有一户姓赵，主人叫赵满囤，家里种着几十亩地，家境还算可以，喂有牲口，雇有长工。

这天，一个长工叫武长发，五十多岁，赶了骡子去耕地。耕到地中央，忽然一声炸雷，瓢泼大雨下了起来，因雨来得太急，来不及卸骡子，他便只身跑到地墙根的避雨窑内避雨。又一声巨雷隆隆响起，老长工向外一看，只见一条青龙乘雨而来，爬在了骡子身上。顿时吓得老长工蜷缩在避雨窑中不敢再看，心想，过去只听传说中的龙，但没有人看到过。如今亲眼看到了龙，以为龙要吃掉骡子，吓得浑身发抖。一会儿雨停了，再看外边，骡子还好端端地站在那里，才跑过去卸了骡子，因刚下过雨地不能耕了，扛了犁赶了骡子返回家中。

日子一天天过去了，骡子的肚子也一天天大了起来。一般来说，骡子是马和驴的杂交种，是不会产驹子的。可这骡子的肚子大了，是怎么回事呢？这赵满囤疑惑不解，请来兽医诊治。兽医检查后说，是怀了驹子。这时老长工才将那天看到的情景给主家说了。

　　这骡子怀了一年的胎，产下一头活蹦乱跳的龙驹子。每天须割鲜草喂养。满山的青草都完了，赵满囤发愁到哪里去割鲜草喂驹子呢？正在发愁的时候，每天割草的老长工说："沟里有一片草地，头天割了第二天就长了出来，主家不用发愁了。"赵满囤不信，跟随长工来到沟里那片草地一看，果然昨天刚割了，今天绿油油。

　　奇怪的是离草地不远的山根下，同时有了一个大石槽。石槽下有一个鸡蛋粗的圆孔，水从孔中流出，槽中清水满不溢，旱不涸，冬不结冰，供龙驹每日饮用。

　　龙驹一天天长大，成了赵满囤的心爱之物，每天梳洗得干干净净，喂得膘肥体壮，油光发亮，人见人夸。每天早晨，他都要骑着它去潞安府吃第一笼羊肉包子，回来时给妻儿老小带回些来，带回的包子还热气腾腾烫手呢！据说龙驹跨一步，四十里才有一个蹄印！

　　有一天，赵满囤见龙驹脚下尘土飞扬，怕污染了龙驹，便端了一盆清水泼了一下，龙驹便长鸣起来。附近四乡八村的牲口听到龙驹鸣声，无论在马厩里，在田野上或在行路中，都要跪下来，当时人们都莫名其妙。赵满囤才知晓龙驹的神奇，从此不再轻易向龙驹脚下泼水了。

　　赵满囤每次骑着龙驹到潞安府吃包子，拴好龙驹后第一件事就是叮嘱包子馆老板及其他人，不要在龙驹脚下泼水。日子久了，人们奇怪，为什么他每次要叮嘱不要泼水呢？有好事者就想试一试。一天早上，他又骑了龙驹去潞安府吃包子，到了潞安府西大街清真包子馆，依然把龙驹拴好，叮嘱众人后，一如往常坐下吃包子。这时有人乘他不注意，端了一盆清水泼在了龙驹脚下，顿时龙驹昂首嘶鸣。一瞬间，嘶鸣声响彻潞安城，全城的牲口统统下跪拜服龙驹。

　　赵满囤一听龙驹嘶鸣，知道有人破了这个秘密，急忙跑出包子馆，骑了龙驹返回家中不提。

　　这一惊世奇闻惊动了官府，官府上报朝廷，朝廷下旨要龙驹的主人将宝贝作为贡品上缴朝廷。一个平民百姓是无权拥有宝贝的，不然将满门抄斩。不日，官府传下朝廷旨意，限赵满囤七天内送龙驹上贡朝廷，一家人惶恐不安，速准备行程上京送龙驹。

赵满囤心想，龙驹送走了，那片草地也无用了，不如挖挖看，下面到底是怎回事，能让青草常割常鲜。就和长工一起去挖，挖了不到一尺深，挖出一个很不起眼的旧沙盆。大家围拢来看，也没有看出什么与其他沙盆不一样的地方。

于是，他很不经意地拎回了家，放在家门口。第二天赵满囤的老婆端了一盆水，想将沙盆洗一洗放狗食。洗着洗着把手指上的金戒指掉在沙盆里，随即用手去摸，摸起了一个戒指。继续洗盆，忽然觉得又摸到一个，捞出来一看，果然又是一个。她怀着激动的心情，摸了一个又一个，一会儿摸了一大堆。赶紧叫出当家的来看，一看都傻了眼，赵满囤急忙吩咐老婆赶快把金戒指拿回家，把沙盆也小心翼翼拿回家。原来是一只聚宝盆呀！

眼看期限已到，一家人盘算，上贡朝廷只上贡龙驹呢？还是将聚宝盆也一同交出？赵满囤是个胆小怕事的人，思来想去，还是一起上交吧！否则一旦秘密败露，难逃藏宝不交，杀头之罪。况且那一大包金戒指已是老天的恩赐了。

期限已到，赵满囤带了长工武长发一起上路，上京进贡龙驹和聚宝盆。晓行夜宿，一日，来到洪洞县，天色已晚，寻了客店住下，客店就在广胜寺下寺院附近，进得店来安顿好，主仆二人弹冠洗尘后，看看离吃饭还有点时间，稍事休息，便走出店门溜达。不觉走进广胜寺下寺，然后又爬上上寺，浏览暮色中的佛教胜景，瞻仰了耸入云天的琉璃宝塔——飞虹塔。免不了烧香祈求平安。

回到店中，吃过晚饭，武长发对赵满囤说："东家，咱们不如将聚宝盆藏了，只送龙驹上京。"一路上赵满囤也一直动此心思，主仆一说即合。便商量如何藏匿聚宝盆、藏在哪里。长发说："不如就藏在广胜寺，这里距咱家乡不算太远，也好记，等我们上贡返回时再带回家，甚是稳妥。"

商量好后，就与店家借了家什，趁夜色来到广胜寺寺上。为了好记，借着月色选择了一棵树杆弯曲的松树为标记，在松树根下挖了个坑将聚宝盆埋了，返回店中歇息。

次日，一早起程赶路，不日来到京城，献上龙驹，皇上责成有关部门赏赐了些金银布匹。主仆二人在京城逛了两天，便起程回乡，行走几日又来到洪洞县广胜寺，住下后，吃过晚饭，主仆二人悄悄上山挖聚宝盆。到了山上一看，傻了眼，原来山上只有一棵树杆弯曲的松树，现在满山的松树都变成了弯弯曲曲的了，到那里寻找呢。找了半天也没找到，赵满囤长叹道："人算不如天算，不该属于自己的东西，费尽心思也无用，主仆二人无功而返。"如今，广胜寺周围山上的松树都是弯曲的，自然造型非常优美。

三年后的农历二月初二日，忽然一片乌云飘来，在龙驹沟上空停留，一声炸雷响过，倾盆大雨下起。一会儿雨过天晴，人们发现在龙驹沟当年饮龙驹的石槽前的石板上，有龙驹蹄印，深一寸有余。人们才恍然大悟，这是龙驹思念生地而来的，故地重游并留下了它的足迹，从那时起，石槽里不再涌出清水，干涸了。也是从那时起，这条沟和这个村子叫作龙驹沟。

第三节　饮食传说

种类丰富的山西面食在全国久负盛名，同样一种食材可以有不同的做法，也许是民众在恶劣的环境、农作物相对单一的情况下产生的智慧。在襄垣还流传着不少关于当地饮食的传说，这些传说或者将这些饮食的来历与著名的历史人物联系起来，或者将其放在日常生活背景下直接体现民众的智慧。

襄垣是一个名人辈出的地方，祖籍襄垣或者曾经路过或在襄垣生活过的历史人物刘龙、李执中、麻衣僧、刘秀等都出现在襄垣的历史传说中。如襄垣著名的小吃"半疙瘩"就与汉光武帝刘秀联系在了一起：

"半疙瘩"是襄垣县的一种名小吃，原名"酥丝饼"，色泽金黄，酥脆干香，食后余香，魅力无穷。它是取发酵面粉掺入干面粉加碱液揉匀扎透，制成椭圆形的饼子胚，一切为二，放在鏊上用炭火烙烤而成的烧饼，因是半个饼子故称"半疙瘩"。为什么叫"半疙瘩"呢？相传，王莽篡汉，汉室后裔刘秀举兵反莽。但在准备攻打一个叫宛城的地方时，遭到王莽的大将甄邱赐率领的主力军阻击，一场鏖战，刘秀败退，单骑逃走，沿路讨饭到襄垣史北村躲避。一日，饥饿难忍的刘秀昏倒在地。小贩郭师傅见之可怜，就将刚出炉的"酥丝烧饼"，掰了半个递给刘秀吃。刘秀饥不择食，狼吞虎咽地吃了个精光，吃罢后跪在地上给郭师傅叩了个头拜了三拜，并说："我若有出头之日，定会重谢！"起身扬长而去。众人还以为他是饿昏了头脑，在说胡话。后来刘秀得了天下，坐了皇座龙椅，每天山珍海味，总觉索然无味。一天突然想起落难时在襄垣史北村吃的那半个"酥丝烧饼"，于是派人把郭师傅请到京都款待。郭师傅便把"酥丝烧饼"的制作方法传授给御膳房，刘秀吃着香酥可口的烧饼说："味道差不多，怎么形状不一样？"郭师傅说："当年我是将一个饼子掰了半个给你吃。"刘秀说："半个烧饼救了我一条命，否则我哪有今天，我看你不如把它一切为二，称之为'半疙瘩'。"郭师傅回到家乡后，就把原来圆形的"酥丝烧饼"在做法上多了一道切的工序。为遵皇上的口谕，就将酥丝烧饼改叫"半疙瘩"，一直流传至今。

而襄垣另外一种小吃"官尝"的来历则有两个版本，分别与两位当地名人有关：

古韩镇"官尝"的传说

"灌肠"是襄垣县一年四季的小吃，清凉透心，老少皆喜。它是用荞麦面粉加水加盐，搅拌成稠糊状，舀入数十个直径 10 厘米长的碗盘内，上笼蒸 30 分钟取出晾凉扣出，切成扁条浇上蒜泥汁或椒油汁即可食用的一种黑色食品，因成品色泽棕黑，故百姓称之为"黑皮麦团"。荞麦盛产于晋西北、内蒙古一带。据史书记载，盛唐时期，我国从西域引进中原广泛栽种。由于它是高寒作物，所以在山西省雁北、忻州地区重点栽培。长治地区只有襄垣、武乡和沁县、沁源种植，而且粒大、皮薄、粉白，制成的面食食品，无论是热食还是凉吃都能抗寒耐饥，营养丰富。《食物本草》载：荞麦有壮体益寿，防病治病之功能。特别是对动脉硬化、心脏病、糖尿病等中老年人疾病有预防和治疗效果。荞麦面制成的"灌肠"在山西为通称，为什么襄垣县一带甚至上党地区称"灌肠"为"官尝"呢？相传，元朝有位礼部尚书名叫李执中，他是襄垣县人氏。有一年他奉旨回乡选贤举能，一路辛苦，舌干口渴，行至襄垣县西营村，见有摊贩在卖"黑皮麦团"，于是他让随从人员买了两碗充饥打渴。食后连声称赞，并另赠几个小钱。他的随行人员告诉小贩："这是当朝礼部尚书大人，是你们襄垣县人，他多给了你几个钱，是赏赐你的，保证你生意会兴隆发达。"小贩听了兴高采烈地说："我的黑皮麦团，当官的尝啦，明天我不叫黑皮麦团啦，改名叫'官尝'。"于是次日他为了炫耀自己的品种质高味佳，就在摊前竖起了一块很大的招牌，上写"我的'灌肠'，'官尝'也"。后来，四邻八乡小贩们为了打品牌多赚钱，都把"黑皮麦团"的灌肠，改称官尝，一直流传至今。

侯堡镇暴庄村官尝的由来

灌肠又叫"官尝"，是流行于襄垣县周边县市的一种非常美味的风味小吃，关于它，还有着这样的一个传说。

明朝的时候，在襄垣的仙堂山下，有一个叫肖家垛的村子，在村子里有一户姓刘的人家，夫妻年过半百才得了一个儿子，取名刘龙。刘龙小时候，因为家里穷，经常吃不饱饭，一位好心的邻居肖大爷经常接济他家，才能勉强度日。肖大爷有一手绝活，就是灌肠，用荞麦面、水和成稀糊，舀到碟子里，上笼里蒸熟，切成条或块，拌上醋、香油、蒜泥食用。刘龙小的时候没有在肖大爷那里少吃，后来，刘龙在朝里当了大官，每每回乡，都要吃灌肠，而人们为了记住这位从襄垣走出去的好官，就把灌肠改成了官尝。

刘龙在当地的知名度颇高，除了"官尝"以外，刘龙还被与当地很多风土人情联系在一起，就饮食来说还有襄垣挂面汤：

古韩镇银丝吊金瓜　进宫皇上夸

"银丝吊金瓜"即"襄垣挂面汤"。是取襄垣民间或手工制作的"挂面"煮熟，捞入冷水中泡去咸味，再用筷子挑入汤碗内，配入海带丝、油炸豆腐丝、炒肉丝、萝卜丝，再浇入滚沸的清汤，撒上花椒面、胡椒粉、姜末、葱花，滴入香油、香醋即可食用的一种面条汤。这种汤，在襄垣县民间原叫"银丝吊金瓜"，就是挂面汤里又荷包了两个鸡蛋。相传，明朝兵部尚书刘龙奉旨回襄垣县老家视察民情，行至五阳岭突然发高烧，下人扶他住进一所小旅店。店主为他荷包了两个鸡蛋，煮进了一把挂面，放了些姜末、胡椒粉，滴了些香醋，滚了两碗酸辣挂面汤让他喝。刘尚书喝完睡了一觉，身上发汗后，顿觉神清气爽。刘尚书问店主："此汤何名？"店主说："银丝吊金瓜。"其实就是一碗"荷包鸡蛋挂面汤"。刘尚书为了炫耀家乡的美食，回京时让部下带了些襄垣挂面，送到御膳房，让御厨也照民间的配料方法做成"挂面汤"，亲自给皇上、娘娘、嫔妃们品尝。皇上食后问之是何物，这么香美？刘龙说："银丝吊金瓜。"皇上连连点头称赞。据《襄垣县志》载：本县挂面始元大德年间。清朝康熙年间驰名上党。1960年曾选入全国农业展览会展出。其特点：条细、耐煮、柔软、爽口。

当地的另外一种小吃腥汤饺则与明代开国功臣刘伯温联系在一起：

侯堡镇暴庄村腥汤饺的传说

有一年，明朝开国军师刘伯温被皇帝朱元璋贬家为民，刘伯温满面羞愧地离开国都南京，一个人闷闷不乐地来到山西省襄垣县仙堂山，看到山前集市感到饥饿难耐，就在一个卖素饺子的小摊前坐下，想买一碗素饺吃吃。忽然扭头一看，邻里有一个卖肉烩面的小摊，一阵阵肉香扑鼻而来。刘伯温既想吃一碗素饺，又想吃一碗肉菜，但一摸钱袋，发现只能买一样，低头一想便决定买半碗饺子、半碗菜混一起吃。就这样他端起来津津有味地吃了起来，过往的客人看了，问他吃的什么，他顺嘴说："腥汤素饺。"这道食品就这样一直延续到今天。

除了与历史名人相关联之外，襄垣还有一些饮食与当地平民百姓的生活故事联系在一起，体现了百姓的生活智慧。比如侯堡镇暴庄村小米捞食的来历：

一个勤劳的小伙子娶了一房媳妇，一天小伙子下田干活，吩咐媳妇做饭。媳妇以前在娘家只见过母亲熬稀饭，便点火开水放小米，可是她不知道汤多米少，没想到放米太多，眼见不是稀饭，急忙另取一锅放在火上，用笊篱将小米捞于另一锅中。小伙干活回来，又饥又渴，揭开锅一看一汤一干，吃得津津有味，问妻这是什么饭，妻急中生智说是"捞食"。

还有善福乡卜沟村刀削面的传说：

刀削面是山西人的名吃，它的发源地是卜沟。传说宋朝末年，老百姓家里的铁器一律销毁，每十家共用一把菜刀，放在户长家里，谁用谁来拿。有一天李大娘从缸里把最后一点白面刮出来想做面条吃，就叫李大爷到户长家去借刀，户长说："不巧了，菜刀张大爷借去了，你等送回来再用吧。"李大爷心想，什么时候才能送回来，一生气就踢路上的石头，一踢把脚踢得好疼，蹲下一看，是一截铁片的头儿，于是李大爷把铁片拿回了家。李大娘一看李大爷空手回来了，就问："菜刀呢？""去晚了。""没有菜刀怎么能做面条？""我有办法。"李大爷说完在一块磨石上把铁片的一面磨出了刀刃。李大爷叫李大娘把水烧开后，他把和好的面拿在手里，然后对着锅，用铁片把面团一片一片地削到锅里，面片到锅里很快煮熟了，老两口儿吃了一顿过去从来没吃过的面片，口感、味道一点也不比面条差。

很快李大爷的刀削面就传开了，直到今天。

这些传说在当地人招待外地客人并介绍当地饮食的过程中经常被讲起，基本上是耳熟能详，在讲述中，当地主人也带着一种自豪感。对于本地风土人物的自豪感，使人在品尝当地美食的也能感受到当地深厚的历史底蕴。

第四节　节俗传说

节日发生在人民日常生活的各个节点，在节日中，日常生活的繁杂重新得到整理，个体的社会化和社区的认同更得以实现。在中国，自古以来形成了一整套的节日体系，很多节日超越了地方，一个大的区域甚至全国各地过着同样的节日，同时各地由于自然环境和人文环境的不同也形成了比较具有地方性的节日，甚至一个社区都有着自己独特的节日。在节日体系中，人们建构起对于天、地、人、神、鬼等的理解，并通过传说表达出来。在襄垣也流传着非常多的节俗传说，有的与超越地方的其他区域的传说类似，有的则比较地方化、具体化。在此我们也可以根据节俗的类别把当地节俗传说分为几个相应的类别。

1.超出地方的全国性的节日，如春节、元宵节、清明节、中秋节等。有关的传说又分为三类，一是关于节日的来历，二是关于节日习俗，三是与十二生肖有关的传说。

当地中秋节的来历传说，与全国很多地方相似，往往与反抗蒙古人的历史相关。比如北底乡北底村中秋节来历的传说：

> 传说元朝末年蒙古人侵占中原，统治十分厉害。每十户中原人必须供养一个蒙古人，这些人贪污、强奸妇女，导致百姓民不聊生。当时以朱元璋及刘伯温为首的两位进步人物为推翻蒙古人的统治，他们用圆烧饼作为传信工具，定为"八月十五"这天动手，一齐杀死蒙古人，就是：月饼到口，一齐动手，全民统一行动，终于把元朝推翻。于是人们把每年农历八月十五日定为"中秋节"。大家晚上望月，摆上月饼、水果庆祝。

再有如侯堡镇常沟村关于月饼的传说：

> 听老人讲，农历八月十四黑夜，一旦吃过月饼，就要拿着刀斧，杀了鞑人。相传，鞑人奴役百姓，残酷无度，因此百姓对鞑人恨之，所以吃月饼为起义时间，就是"月饼到口，一起动手"。

有关七夕的传说与其他地区也大致相同，只是比较简单，少了兄弟分家的母题，比如侯堡镇段河村七月七传说：

> 每年七月七日，是牛郎织女相会的日子，每年的这一天要下雨，听村里的老人讲，牛郎家贫，父母早亡，在兄嫂家放牛过日子，兄嫂不贤，对牛郎不是打就是骂。可牛郎还是一心给兄嫂放牛。一天，织女和众姐妹来河边洗衣时，

牛郎把织女的仙衣拿走，织女上不了天，便和牛郎结为夫妻，婚后生了一男一女。此事被玉皇大帝知道后，命王母娘娘把织女押回天宫，牛郎得知织女升了天，老牛便将它的一个牛角取下，变成能登天的飞船。于是牛郎坐着飞船，肩上担着一男一女赶织女，在快要赶上织女时，狠心的王母娘娘从她头上拿下一根簪，划了一条天河，把织女和牛郎分割在天河的东西两岸，使他们夫妻永远不能相会。牛郎织女的不幸遭遇，感动了喜鹊，它们联合起来，每年七月七搭起鹊桥让牛郎和织女相会。这种神话一直流传至今。

清明节依然是与山西名人介子推有关，如侯堡镇常隆村清明节习俗传说：

> 传说有春祭在清明，秋祭在重阳。清明祭祀坟墓，自汉相沿受袭，以后普及民间，历二千多年不衰。但清明节前三天的"寒食节"始于春秋晋国，介子推帮助晋文公得天下后，不居官，隐居山西介休绵山，后被山火烧死。晋文公为了怀念这位功臣，下令在清明之前二十一日不许开火做饭吃，要吃早准备好的熟食，所以叫"寒食节"。

关于超区域节日的来历传说也基本与其他地区的传说具有相似性。如侯堡镇暴庄村"爆竹"的由来传说与经常讲到的春节有关的传说相似：

> 传说，在古代有一种凶残的猛兽，名叫"年"，经常祸害百姓，糟蹋庄稼，百姓们受够了它的苦，却没有办法降服它。后来，人们发现这种畜生非常害怕剧烈的声响，于是人们就想尽办法，费力地弄出各种巨大的声音来吓唬它，可时间长了，人们也累得不行。这时有一个聪明的人想出了一个既省力又简单的方法，他找来一些竹子放在火上烤，竹子发出噼噼啪啪的声音，使人们省去了不少麻烦，后来这种方法就流传开来。但是竹子非常贵，天天烧竹子也不是办法呀，后来人们就想到把火药用纸筒紧紧地裹起来，利用火药燃烧时释放出来的巨大能量把纸筒炸开，发出巨大的声响。久而久之，就形成了我们现在所看到的"爆竹"。

其他有关正月十五放烟火以及门神传说、灶王爷传说等也基本与其他地区类似：

侯堡镇暴庄村正月十五放焰火的由来

> 传说，在上古的时候，人们得罪了天上的玉皇大帝，玉皇大帝就命天上司火的神仙太上老君下界，在正月十五这一天放火烧光凡间所有人以及他们的牲畜、房屋。太上老君接到这个命令十分地为难，执行，那么多的生灵就要死去，不执行吧，又怕玉皇大帝怪罪，实在没有办法了，就去找观音菩萨商量。

观音是出了名的好心肠，也不想这样做，两个人商量来商量去，终于想出了一条妙计。

正月十五那天，玉皇大帝在天上看到凡间大火冲天，过后也觉得十分后悔。有一天他决定下凡来察看。当他来到人间却看到另一番景象，人们忙忙碌碌，男人砍柴种田，女人织布纺线，根本不像是经历了一场大火灾的景象。

原来，老君和观音为了让人们免受灾难，就连夜分别通知人们在空旷无人的地方堆起干柴，正月十五玉皇大帝看到的，正是人们在火堆旁放火的景象。人们为了纪念这一天，就把这一活动流传下来。经过世世代代的劳动人民不断发展、创新，就形成了我们今天所看到的正月十五放焰火。

虎亭镇大池村关于门神的传说

门神，传说是能捉鬼的神，古时候有姓神和姓郁的二兄弟，他们住在山上，山上有一棵桃树，树荫如盖，他们就在这树下检阅百鬼，如果有恶鬼危害人间，便将其绑了喂老虎。后来人们用两块桃木板画上他们两个兄弟的画像，挂在门的两边用来驱鬼。到了唐代，门神的位置被秦叔宝和尉迟敬德取代。

虎亭镇赵村门神的传说

每年春节，有不少家户贴门神，门神是在民间广泛信仰的把守门户之神。古代早期祀典中有五祀说，五祀即祀门神、祀广神、灶神、井神、大地神。早期民间的门神崇拜有着远古植物崇拜、动物崇拜的痕迹。自汉到魏晋，人们常常在年终腊月时贴门神、饰桃人、垂苇索、画老虎于门上，用来守卫门户。但很快便向人格化的神转变，于是有神荼、郁垒两员神将，统领那些游荡在人间的群鬼。兄弟俩住在东海的度朔山上，山上有一株巨大的桃树，树顶上站着一只金鸡，每当太阳初升，第一缕阳光照在它身上时，金鸡便啼叫起来。这时大桃树东北树枝间的一座"鬼门"两旁，神荼、郁垒一左一右威风凛凛地把守着，要是发现鬼在人间作恶，就马上用苇子编的绳索捆绑起来，扔到山后去喂老虎。于是人们用桃木雕刻成神荼、郁垒二神模样，春节时挂在门上，请二神把守门户，使恶鬼惧而远之，保得全家一年平安。

到唐代以后，武士门神成为主流，秦琼、尉迟恭为民间流传最广、影响最大的武将门神。

唐太宗李世民早年打江山，杀人无数。他登基后身体不爽，夜梦恶鬼，吓得他睡不安稳，神思恍惚。秦琼和尉迟恭自告奋勇披挂甲胄，手执金铜钺斧，一左一右，把守宫门，之后唐太宗睡安稳了，可又不忍两位爱将终夜侍立，太过辛苦。于是招来画师，命将秦琼、尉迟恭装成怒发的形象，描绘成图，悬于宫门两旁。此后，邪祟全消，后世沿袭，秦琼、尉迟恭就成了门神。

王桥镇王桥村灶王爷的传说

据说厨房供养的灶君，姓张，家中有妻子、儿子，逢灾荒年月，家中无粮，一家三口面临绝境，姓张的男人对妻子说："你年轻漂亮，不要跟我受这洋罪，否则有被饿死的可能，你去嫁个有钱人家逃个活路吧。"在丈夫的再三劝说下，妻子改嫁到一家有钱人家。

有一日，姓张的丈夫领着儿子去外乡乞讨，到了此村正好遇本村大户人家施粥，灾民排着长队等待施粥，姓张的父子俩也排队等待，正好这时她要替东家施粥，发现姓张的父子二个在后面，但粥饭施了一半已完，次日妻子就有意从后面开始施粥，结果没有发现父子俩，后向饥民们打听得知在树林外有一对父子的死尸，妻子悲痛欲绝，一气之下也撞死在此。后来这事传到天上，玉皇大帝得知消息备受感动，封其一家为灶君之神，尽享人间美味佳肴。

古韩镇搜集到两则灶王爷的传说，一则与上文相似，另一则异文则差异很大，妻子并非由丈夫劝说改嫁，而是由丈夫卖给别人做妾，丈夫也并非饿死，而是为了不连累妻子被烧死在灶膛之中，灶君的由来也并非由上天赐下，而是妻子祭祀丈夫而谎称灶君，最终为人仿效而成习俗：

在襄垣的南乡，在很久以前有个叫张宙的富家子弟，他因不善理财而致家道败落，只好卖了妻子，不久，他自己也变成了乞丐。

几年后，张宙在乡下某家后门讨饭，开门的人居然是其前妻。原来其妻被卖之后，已做他人之妾。两人相见悲喜交集。他的前妻引他入厨房用饭，但在这个时候，主人忽然回来了，而张宙来不及离开，只好躲入灶膛之内。

主人命妾烧火做饭，妾深知前夫藏身在灶膛之中，所以迟疑不决，又不必说明原因，主人便自己生火做饭。

张宙恐怕连累前妻，忍死不敢出来，最后被活活烧死在灶膛之内。其前妻为纪念张宙，乃在灶头立神位，每日黄昏后祭祀。谎称乃祭"灶君"。后人不察，因此也仿效之，逐渐成为襄垣南乡的一种习俗。

关于十二生肖的传说，我们在襄垣非物质文化遗产普查资料中看到三则，也基本上与其他地区具有相似性，例如侯堡镇暴庄村陆地上为什么没有龙的传说：

那一年，玉皇大帝要选十二生肖，龙看到自己长得又长又细，十分丑陋，就去找鸡商量，鸡那时候十分漂亮。美丽的羽毛，大大的冠子，而且脑袋上还长着一对美丽的角，龙就央求鸡把角借给它，等用完再还给鸡，好话说了一大堆，鸡终于同意了。

等选完生肖，龙就变卦了，不想把角还给鸡，可架不住鸡到处追它要，一急之下，就钻到海里，再也不出来了。鸡气得脸红脖子粗，冠子一下就气红了，将龙的过错到处喧嚷，每天天亮就对着东方的海边喊"还我""还我"，后来龙在海里也没法待了，只好跑到了天上，所以今天不光陆地上没有龙就连海里也没有龙了。

这则传说的母题构成与艾伯华的《中国民间故事类型》第一个故事类型"鸡和龙"基本相同：

（1）鸡原先有角；

（2）它把角借给了龙，龙借角，为的是在天上留下一个好印象；

（3）龙没有归还角；

（4）鸡每天鸣叫，为的是要回它的角。

而搜集到的关于十二生肖传说中猫和老鼠的传说也基本上与艾伯华《中国民间故事类型》中"猫和老鼠"的母题构成相似：

（1）猫和老鼠是朋友；

（2）这两位朋友都想排入十二生肖；

（3）老鼠巧计安排，让猫迟到；

（4）从此以后它俩成了冤家对头。

如侯堡镇暴庄村猫为什么要抓老鼠的来历：

在古时候，玉皇大帝通知动物们，决定某年的卯时，要在灵霄殿选拔十二生肖，谁来得早就点谁，点够十二种动物为止。

猫听到这个消息十分为难，自己是晚上活动的，一到白天就打瞌睡，可是选拔生肖却在天亮的时候，这怎么办呢？忽然它想到老鼠早上起得早，就和老鼠商量，到了那一天让老鼠叫一下它，老鼠是个直肠子，想也没想就答应了下来。

可是老鼠整天钻在洞里，黑洞洞的，也不知白天黑夜，那天醒来一出洞，看见老牛急匆匆地走了过来，一问才知道今天是选拔生肖的日子，老鼠一听就急了，心想自己的两条小短腿跑到黑也跑不到天宫，就央求老牛驮着它走，老实的牛答应了，老鼠就坐在老牛的角上到了天宫，把叫猫的事给忘到了一边。等到了天宫一看别的动物还没来，这时南天门刚开门，老鼠蹭地一下，就窜了进去，玉皇大帝低头一看，第一个来的是老鼠，就点它做了十二生肖之首。老牛自然就是第二位了。等十二生肖都点完了，猫才急急忙忙地起来，打听到老鼠做了生肖之首，并没有叫自己，气急败坏地就去找老鼠算账。老鼠吓得赶紧躲到洞里，再也不敢见猫，只有夜深人静才敢出来偷点东西，所以直到今天猫见了老鼠都会拼命地追赶。

又如侯堡镇暴庄村猫吃老鼠血尽毛干的传说，也基本相似，稍有差异的是，这则传说更进一步加了一个血尽毛干的解释：

昔日玉帝通知，为了能够记载人的出生日期，以十二种动物作为人的十二生肖。人间的所有动物在某年某月某日到天庭报到，先到者排在前边，后来者排在后边。先到的十二位有位，过眼云烟十二名以后，榜上无名。猫和老鼠是一对很要好的朋友，他们两个商量到天宫去竞争十二生肖的名额。猫生性好睡觉，担心到时候误了竞选，故告老鼠，到时招呼它，老鼠夜间活动，不打瞌睡，时间到了，正要去招呼猫，发现牛已经出发，情急之下便跳上牛角随老牛而去，把招呼猫的事情忘得一干二净。到了天宫门口，老鼠一跃跳在了老牛的前边，做了十二生肖的第一位，而猫却因睡觉误了十二生肖的竞争，猫气愤至极，追赶老鼠欲置之于死地，老鼠逃到玉帝面前告状。玉帝当时正在瞌睡，一觉醒来，发现老鼠在他的座下挖洞。大怒，告诉猫将鼠食之，血尽毛干，因此，猫一见鼠就抓，食之不留一点血、一根毛发。

2. 在区域性或全国性节日之外，襄垣人在当地特殊的自然和人文环境之下也形成了一些独特的节日和习俗。有凉楼会这样跨社区的庙会，也有单个村落的庙宇，形成比较独特的习俗，而其来源往往也都伴随着一个传说。

古韩镇凉楼祝寿会是当地比较著名的庙会，其由来与《封神榜》中的黄飞虎联系在了一起。据说，黄飞虎被封为天齐仁圣大帝、坐镇东岳泰山之后，自然受到了不少的阿谀奉承。有个罪人叫三月僧，为了不下地狱，便去讨好执掌地府大权的黄飞虎，为黄飞虎三月二十八日的生辰祝寿，特在襄垣修建了规模宏大的凉楼寺。三月僧也因此而被封为护法将军。后来，凉楼寺形成了庙会，辐射到晋、冀、鲁、豫、陕广大地区。民间有谚云"生前赶了凉楼会，死后不受阎王罪"。所以无数个不管良心有愧还是无愧的官吏，乃至平民百姓，都对这个祝寿会趋之若鹜，以保死后平安投入。赶会归来，心理上便有了一种轻松的感觉。久而久之，凉楼胜观便成为襄垣的八景之一。今凉楼寺庙已把旧址修复，庙会也依旧。这倒不是如今的人们仍希望阎王保佑，而是长期民俗形成的一种习惯，并将其辟为旅游胜地，增加文化功能。这无疑是具有积极意义的。

此外，在一些村落也形成了自己独特的庙会、节日及习俗，如古韩镇六月六姥姥送面羊传说：

相传很早以前，襄垣仙堂山下住着一对勤劳的夫妻，四十多岁才生养了一个小男孩，夫妻俩对孩子娇生惯养，谁知孩子长大后对父母养育之恩全然不记，成了一个忤逆之子。夫妻俩没有办法，只好去找孩子的姥姥和舅舅商量如何管教。

孩子的舅舅是个放羊的，听说外甥忤逆不孝很生气，决定把外甥接过来严加管教。外甥跟随舅舅放羊，看到小羊都是跪着吃奶，随口问舅舅是怎么回事？舅舅告诉他："大羊生小羊不容易呀！大羊怀了小羊后，肚子再大再累也得上山下坡吃草。生下小羊后，用奶水一口一口把它养大。小羊跪下吃奶是为了报答大羊的养育之恩呀。这叫'羊跪乳'。"又一天甥舅二人在山坡上放羊，太阳像火烤一样，小外甥看见许多飞鸟躲进树林避暑，只有几只小乌鸦在烈日下觅食，便问舅舅："这几只乌鸦怎么就不怕热？"舅舅说："小乌鸦也怕热，可是老乌鸦老了，飞不动了，再热的天它也得寻找食物喂养妈妈，不然老乌鸦就要饿死。这叫'乌鸦反哺'，小乌鸦报恩哩。"小外甥听了低着头，红着脸不吭声。

舅舅看见小外甥低头不语，而且还哭丧着脸，于是语重心长地说："儿呀！乌鸦有'反哺'之恩，羊有'跪乳'之恩，就连小牛犊也有'碰母'之恩，禽兽都知道长大就要报恩，难道父母养大你，你就不知孝敬父母吗？再要忤逆，你就连禽兽都不如了……"小外甥听到这里，哇的一声跪在舅舅面前，痛哭流涕地承认错误，后悔对父母的不孝。舅舅说："知错认错改错就好，从今后要孝敬父母，再不做忤逆之人。"小外甥叩别舅舅、姥姥，决心回家做个孝顺的儿子。舅舅怕他回家后变了卦，就送给他一只小羊做伴，这天正是农历六月初六。

小外甥回家路上，见小羊不断"妈（咩）——妈（咩）"回头叫喊，惭愧地流下了眼泪。打这以后，他就成了一个孝顺父母的人。这件事在襄垣县流传开了，随之也成了民间一种风俗，每年农历六月初六姥姥家要给小外甥送羊，希望外甥孝顺父母。但活羊、真羊不是家家都有，于是就用白玉茭面或白面蒸成面羊来代替，一直流传到如今。后来有人编了一首顺口溜：

六月六姥姥送面羊，小外甥见舅如新娘。

亲生娘管儿管不住，舅舅管外甥理应当。

还有古韩镇三坛迎曦的传说：

很早以前，有一年天大旱，庄稼歉收，加上连年给官府缴苛捐杂税，老百姓的日子过得食不果腹，衣不蔽体。

在古韩上峪村，有一户人家，男的董来顺，娶妻王氏，丈夫耕田种地，妻子纺花织布，夫唱妇随，日出而作，日落而息。美中不足的是：夫妻两个都是四十出头的人了，还膝下无子，这也成了他们的一块心病。

三伏当头，天气炎热，庄稼旱得耷拉着脑袋，叶子打着卷儿，土地干得裂了缝，就连小狗也躲在墙角，喘着粗气。董来顺抽着闷烟，心中很不是滋味，妻子在纳着鞋帮，有一针无一针地纳着。就在这时，天空刮起大风，卷起万丈尘土，接着传来一阵婴儿的啼哭声，他怕听错了，就侧身仔细倾听，发觉这哭声从门外传来，他赶忙叫上妻子闻声而去，在大门外发现了小花被子里裹着一双儿女，男的白白胖胖，女的眉清目秀，十分招人喜爱。

夫妻俩喜得一双儿女，高兴得合不拢嘴，忙请全村老少来过满月。亲戚朋友都在议论，这年头，收成不好，得完成各种杂税，家里一下子又添了两张嘴，这不是明摆着招罪吗？也有的说，董来顺夫妇盼子心切，即使自己吃不饱，穿不暖，也会把这两个孩子抚养成人的。不管人们说什么，董来顺夫妇都不在意，只顾忙来忙去。后来请了一名远近闻名的算卦测字先生给儿女取名，他说："你的儿子生得薄嘴唇，大眼睛，长大了一定伶牙俐齿，眉宇间透着不凡，一定能成大器，帮取名为董善谈；女儿模样俊俏，小巧玲珑，一脸福相，故取名为董迎喜。"

说也奇怪，在董来顺收养孩子的第二天，天空乌云滚滚，下起了瓢泼大雨，将干渴的土地浇灌了个痛快，人们禁不住将这两个孩子和这场大雨联系起来。

慢慢地，善谈、迎喜长大了，到了上学堂的年龄，但他们早已学会了《三字经》《百家姓》《四言杂学》《朱子家训》《四书五经》等，在本村的学堂里成为佼佼者。在他们兄妹俩长到十八九岁时，善谈做了县里的师爷，迎喜嫁给了本村的一个贡生。

有一年中秋节，他们兄妹两个回家看望父母时，恰遇村里庄稼遭遇"蝗灾"，老百姓眼见归仓的庄稼被成片的蝗虫吞噬却没有丝毫办法，急得全村人团团转，一听说他们兄妹俩回来，就过来让想想办法。

兄妹俩观察了天上成片的蝗虫，又看了看天象，异口同声地说："修建祭祀祖先的神坛来降服蝗虫。"当天，就组织村里的壮士破土动工，在位于村中东南方向，依次修建了三个坛，并命名为"天坛、地坛、日月坛"，三个坛落成后的第二天的午时，各家各户的人们都早早起来，有的拿着猪头，有的拿着羊头，有的拿着水果、鸡、鸭、鱼等贡品来到三坛，进行拜祭，待到卯时，放起了鞭炮，敲起了锣鼓，全村一派过节的样子。再看，成片的蝗虫即刻朝东南方飞过来，不一会，三坛周围就死了黑压压的一大片，这时，天空上一缕阳光射下来，万道金光，照在三坛上面，景致十分壮观。人们都在互相说着，议论着，不知，是谁喊了一声："董善谈、董迎喜驾着祥云上天了。"老百姓不约而同地抬起头来，只见兄妹两人已向天上飘去，他们的父母忽然朝他们呼喊："快下来，你们这是去哪能里？"只听得他们在伴着呼呼的风声说："我们非凡人，但又想来人间，多谢父母的养育之恩，现在我们已犯天条必须回去了，请父母原谅！"董来顺夫妇忽然想起这两个孩子的来历，也就不再呼喊了。慢慢地，他们就化成一片乌云，消失得无影无踪。不一会，天空又下起了倾盆大雨，这更让董来顺夫妇明白，自己的一双儿女并非凡人。

后来，人们为了纪念这两兄妹对村子里的贡献，就将他们建造的"天坛、地坛、日月坛"合称"三坛"，每遇天灾时，全村人都会去"三坛"拜祭，渴望风调雨顺，五谷丰登，安居乐业。祥光普照。三坛迎曦即此得名。

侯堡镇侯堡村余粮寺如前文所讲，与罗成联系在一起，而其庙会则与宋代开国皇帝赵匡胤相关：

宋朝皇帝赵匡胤打天下时曾在余粮寺避难，打下北方半壁江山后，降旨重修余粮寺，重塑庙里神像。后在平南蛮时，被敌军围困数日，将士们饥饿难忍，无力作战，有全军覆没的危险，紧要关头来了一村妇，手提一蓝烧饼，将士蜂拥而上争抢食之。但取不光用不尽，将士们吃饱后，精神抖擞，战斗力倍增，不但突出了重围，还歼灭了大队的敌军，后来才知道是余粮寺的菩萨救了大军才能得胜还朝。后每年在突出重围这一日，即二月十二日皇帝都要到余粮寺朝拜菩萨，祈求年年风调雨顺、国泰民安。后来就把这一天定成了余粮寺庙会。每逢二月十二日，商人云集，物资丰富，成为这一方的贸易中心。

由于很多社区的庙会主要是围绕信仰而展开，因此，与信仰有关的道德观念在庙会传说中也有很多体现，如侯堡镇垴上村庙会与信仰传说：

相传很久以前，村里有一人名叫李方，家境十分贫寒，梦里都想着当官发财。有一天正好遇见一位风水先生，李方把先生请回家后，热情招待，饭后风水先生看了一块地，随后李方就把祖上尸骨埋在此，果然不出几年，李方考取了功名当了官，家也富起来了，粮田几百亩，骡马成群。若干年后这位风水先生，又来到了这里，当他踏进李方大门时被把门的拦住，两只大狼狗扑上来，把风水先生咬在地，后来风水先生被家丁赶了出来。先生想："当年你承诺，当了官发了财，一定要把我当再生父母赡养，披麻戴孝送终，结果现在你变成这样，真正没有良心。"这样老先生就想了一条毒办法，召集和他不对的人，在村北修了座庙，自修庙以后，李方家逐渐败落下来。

第五节　灵验传说

为了证明自己所信仰的神明的法力，在与周边社区的竞争中占据有利地位，并加强祭祀圈或信仰圈内民众的认同和团结，人们会制造并传播一些灵验传说。在襄垣，由于与雨神相关的庙宇比较多，所以搜集的灵验传说也与雨神及祷雨灵验有关：

虒亭镇丰岩村求雨传说

传说，光绪年间，五月份时山西大旱全省庄稼都旱坏了，老百姓都发了愁。县太爷愁得没办法，当时有人建议县太爷，说县城北观岩村有个洞真观，庙内的龙王爷很灵，要县太爷带上礼品和七个小孩去庙祈雨，三天内一定天下好雨。县太爷听了建议来到洞真观祈雨，三天后天降好雨，解除了襄垣旱灾。后来襄垣县太爷给真观龙王爷送了一面"有求必应"的大牌。

虒亭镇白堰底村名的由来

此村位于石磴山下，干旱无比，人们吃水十分困难，打井太深，只好蓄雨水为用。村中一老人倡议，开山挖渠，企图找到泉水。可日久无水。恰恰唐朝昭泽王焦七坐化成仙，人们就去马鞍山下龙洞求雨，经过七七四十九天苦求，昭泽王才命漳河龙神拨水，逐渐流成小溪，解了百姓之苦。溪边的石头带白，村里的积土多为白土，与周围的山村红土、红石显然大异，故叫成白堰底村。

善福乡郝家沟村玉皇庙的来历

玉皇庙位于郝家沟村，村东有正厅、厢房、戏台，正堂供奉有玉皇大帝，厢房有天兵天将。传说郝族人祖先具名失传，正月初一黑夜做了一个梦，梦见玉皇大帝来村里做客，并传旨各路神仙，助郝氏家族风调雨顺，人丁发达。郝氏家族为表达对玉皇大帝的敬意，就在当年修建起玉皇庙一座，并定于每月的初一、十五祭祀玉皇大帝，从此郝族年年粮食丰收，人丁发达。

善福乡赵家烟村奶奶庙传说

传说在古时候，奶奶庙在东山，一天夜晚，人们刚刚入睡，只听到街上有人在喊："喂上牲口啊，有差事。"已是夜里，人们都没当回事，天亮之后家家发现自己的牲口都是满身汗水，后来人们发现现在奶奶庙的地方，平添了一座庙宇，这故事一直流传至今。

下良镇东故县村西神爷传说

传说，很久以前，现在的下良镇东故县行政村旱灾，人们听说沁县西神山上求雨很灵验，整村人便去求雨，诚心诚意。当时村上人们的诚心打动了老龙王，所以老龙王派其中的一条小龙前去降雨，不料小龙受伤落在河滩不起，村里的人们见此情况前去挑水救他，让小龙康复后降雨。小龙为了答谢当地人们的救命之恩，为当地人们降了场大雨，便久居在此，造福百姓，从此河滩改名卧龙滩。人们尊称它为"西神爷"，后来又为他修了庙，塑了神像供奉。

下良镇东故县村七月初一庙会和卧龙滩的传说

相传五百年以前，天上的九条龙不和，其中一条被兄弟打伤，正好落在现在东故县村的沙滩上，当时的天气正是六月上旬，天大旱，太阳炙烤着大地。地里的庄稼也开始枯萎，当地的老百姓可谓十分焦急，整天都聚集在一起求雨。祈祷上天能为他们降场大雨，挽救他们地里的庄稼。真龙降到了河滩处，可谓稀罕事，当地的人们都前来观看，只见这条青龙遍体鳞伤，已经不能动弹。好心的人们想救它，便到河里挑水，一担担地浇水，村里的人们整整浇了它三天，才见它病情有所好转，当天晚上，一歪一扭地往天上升，当地的人们都从家里出来同它道别。青龙在空中对当地的老百姓说："非常感谢你们的救命之恩。我回到天庭等伤情恢复后，一定来此给你们这儿降场大雨。"说完，天空中一道银光闪现着人们眼前，随后又轰隆响了几声雷，青龙就不见了。青龙没有失言，就在七月初一这天，晴朗的天空突然出现了一片片乌云，随后便乌云密布，黑压压地压了下来，一道白光划过后，又是响雷又是闪电，豆大的雨点哗啦哗啦地下来了。随后又转成大雨，村里的人们知道一定是青龙来了，便都从家里出来，跪地祈祷说："是你救了我们整个村的人，我们不会忘记你的，希望你能留下来，保佑我们这一方水土的人，年年风调雨顺，不受干旱，好吗？"在当地老百姓的诚心邀请下，青龙点头答应了，当天晚上就留了下来住在河滩的庙里，这便是今天的西神爷。

如今这里的人们留下来一个习俗，那就是每年的七月初一，都要过会，烧香纪念这位西神爷，好让他保佑当地的人们平安、健康、快乐、年年风调雨顺。

医神相关的灵验传说在当地也有很多，我们在调查的时候在西营南岩村听到一则关于该村医神庙的灵验传说。这位医神特别擅长治疗皮癣，据说曾经有一位戏班的角儿，患了皮肤病，在很多地方都治不好，但是就在南岩村唱戏的时候拜了拜医神，结果离开南岩村之后不久就痊愈了。因此他在到处唱戏的时候就一直向别人宣传南岩村医神庙的灵验，很多外地人都来这里上香。

在襄垣非物质文化遗产普查中，还搜集到了一则关于王村镇杨桃村药王庙的灵验传说：

传说在很久以前，有一个体弱多病的男子汉，四处求医，不见好转。有一次他从家中到史北赶集，走到此地，累了就地一歇就睡着了，他做了一个梦，说有一个白胡老汉自称是药王爷，告诉他到了史北街上买上几碗凉面吃，病就会好。他醒来半信半疑，就去史北街买了两碗凉面吃。从此，这个人的身体就好了。此人为了报恩，就在睡觉的地方给药王爷盖了一座庙，就叫药王庙，流传到今。

还有很多灵验传说与修庙有关，大多讲述修庙时所出现的神迹：

夏店镇太平村周成王庙的传说

据说在一个夜晚，有位本村老人托梦说："一定要把大黄牛喂饱。"第二天早上人们睡醒，看见黄牛满身是汗，非常疲惫，接着就发现在本村东面一处高地上多了一个大庙，到庙中一看石匾上写的是周成王庙，由远处搬来，从此传说一直延传自今。

虒亭镇赤壁村修佛庙的传说

由于我村安建佛庙，河南的石匠塑像接活很多，村里社首怕赶不上五月五的庙会日期，故先定塑像，结果塑得太大，社首惊问："这里须建多大庙宇？可又怎么把像搬进去呢？"大家正在着急，这时走来一位慈眉善目的老人。老人说："我已是土埋半截的人了……"工头猛然醒悟，老人蓦然不见，于是就在塑像左右盖庙，这就是先埋佛像后盖庙的由来。

灵验传说不仅是要讲述神明的灵验，在很多时候还会讲述违背神明禁忌所要受到的惩罚，例如虒亭镇赤壁村大槐树的传说：

赤壁村"文化大革命"前有棵老槐树，树冠遮地半亩，5个人搂不过来，据老人传下来说是棵神槐，是凤凰山高庙岭佛爷的一把伞，每逢庙会，寺内和尚必由住持执事，带和尚们去隆重叩拜，摆佳肴烧香，叩拜取伞，天就会下大雨，解除旱涝保收成。1958年"大跃进"，大队要砍伐炼铁使用，结果，顺锯子流出血来，吓得人们不砍了。直到"文化大革命"后，村里的老人仍然去祭拜。

通过正反两方面的灵验传说的传播，神明的影响得到提高，神明的灵验所代表的社会群体的凝聚力也得到持续的更新和增强。

第六节　生活故事

除了以上的神话或传说之外，人们的日常生活中也少不了那些没有特定的人和地点的普通故事，通过这些故事，一方面人们得到娱乐，另一方面人们也通过这些故事表达自己的生活情趣、生活理想和价值判断。如侯堡镇常沟村有懂鸟语的弓彦长的故事：

相传，很早以前，有一个叫弓彦长的人，一生努力劳作，以在山里砍柴谋生。有一天，一只小鸟在他柴房前叫着"弓彦长，弓彦长，山后有只羊，你吃肉我吃肠"，弓彦长能听懂鸟语，便到后山取回此羊，以肉冲饥，肠便喂鸟，这个故事，一直是老人们谈论的快事。

有的故事则是通过故事的例子向人们进行道德和处事方式的教育：

北底乡堡后村鸟反哺的故事

从前有一个不孝儿子在家经常打骂母亲，一天他去田间种地，看见一只小鸦正在空中吃东西，落在老鸦的窝边，小心翼翼地喂老鸦，这位不孝之子看后，特别感动，他想鸟都有反哺之意，我是一个堂堂七尺男儿，怎能如此对待母亲。他正想着，突然母亲来田间送饭，他立生悔意，双腿跪地，叩谢老人家，母亲以为他在拿石头打她，当即碰树而死，儿子抱母痛哭连天，说母亲错怪儿子了。

宁叫邻家买头驴　不愿邻家中个举

从前，襄垣有个山村，山东逃荒上来两户人家。武兴旺家有男孩四个，张水田、一儿仨女，两家一块经过逃荒苦，好的似一家人。武家没米了，张家送来；张家无柴，到武家二话不说拿回用。孩子们也亲热不分彼此，拾了个烧饼等分吃，如同亲兄妹。武兴旺和张水田在开荒地头歇，看见了孩子们一块儿在山坡拾柴玩。老武笑说："咱弟兄共了半辈，我看办个娃娃亲吧，老了互相照应。"老张笑说："等孩子们长大了说哇，皆是光腚小孩子懂个甚，谁知道世道咋变化。"

老武叫儿读书，买了头驴，两家合用。老张叫儿志鸿种地，仨女儿描莲绣花，老妻纺花织布。老伴韩氏说："老武哥四个儿念书，咱志鸿也该念书。"老张说："就只一儿应该养老，出了门咱靠谁。"韩氏说："把两女嫁过，两个女婿顶一子还不是……"老张说："穷朋友好共事，等他富了就不一定了……"

"我看老武不会变，他出来的盘费全是咱的，救过他命他会忘？"

老武掉大河里是老张冒死救出来的，自己还病过一场，老妻又唠叨："你看他驴老让咱用，还不能说明老武心诚……"老张没吭声就上地了，他也买了头驴种地。

过了五年，老武发了家，孩儿们也要去考举，村里人刮目相看，这家送钱那家送礼，老张也送，长女、次女还绣了花巾给武家长子志龙、次子志虎，寓意永结同心。老张把驴给老武耕地，村里人也帮，老武顾不上待客，在家忙哩。韩氏劝："趁他俩去考，跟老武提亲，等他们当了官就行了。"老张笑说："等他二人考举后看情况，没见唱戏唱，当了官中状元，不是招驸马，就是要相府千金，休妻杀妻多怕呀。再说这几年老武再没提我能先求他。"张妻和武妻好似姐妹，就去问，武妻正要答应，老武忙说："以后说哇，谁知道小爷们如今愿不愿？"张妻回来没吭声，老张也没问。

果然武志龙中了举考中进士，弟弟武志虎已委任外县知县，被副相看中要许女儿让他回来报喜，武志龙还有些留恋张女跟爹商量。老武说："唉，难呀！老张救过我命给过咱盘餐，该不忘大恩。你要招相爷千金，关你前程……你考虑吧。"武志龙去张家，与张凤巧相见，志龙送上好多财礼说："妹妹不是忘了昔日敦谊，当官身不由己……"凤巧哭着把他财礼退回。老张说："老伴，你看，我料会有此事。"张妻要吵上门，老张说："甭胡闹，人为官啥事也可做，咱穷认命吧。"

老武为了扩大房院，就出大钱让老张到别处修，老张淡淡地说："你觉得该让我俩断情谊就办，你就不提我也要搬走！"

村里好多人不相信亲如一家的武张两家会不欢而散。学校老先生感叹万分说:"古语云:宁叫邻家买头驴,不愿邻家中个举,果然不错也!"

老张搬到更远的山村,儿子发奋读书,也中举却回家乡娶农家女为妻。张风巧嫁了个农民,次女、三女皆出嫁在那山里村庄附近过了好日子。老武不安宁,虽富,两个儿子当官不清皆回家,两个儿子种田互争家产成仇人。老武气死,临时说:"我背弃朋友,落得乡里不睦,我亏心呀!"

人不可貌相

西港村有户人家姓韩。老两口儿有两个儿,老大韩全喜,老二韩全福。

老汉心不正,见大儿砍柴跌坏腿长得丑。心想这孩难娶媳妇,又不能跟我去做买卖。老二长得白净又是双眼皮,还会说话就十分待见,处处监督让他读书,对大儿横鼻竖眼小瞧。

老伴说:"一样儿子两样待,没见过你这当爹,老大厚道干活出力,还不知道二人谁有出息呀?"

老韩说:"从小看大,七岁看老。我走南闯北还能看错人?你一个死老婆懂个屁!"

老伴说:"你精明一辈卖针线,你弟人家当官哩!我看该给孩子们娶媳了……"

老韩就给老二娶亲,是商人闺女秀秀。老妻说:"哪有不给长子先娶,给弟弟先办婚?不行!"老韩说:"好好好,我给你钱打上灯笼去找吧。"老妻说:"找就找,我不信天下之大就没一个闺女愿嫁!"老妻逢家实话实说:"俺儿的腿坏了,可人忠厚心好……"找了这村到那村没找上。

全喜说:"娘,我不找了。打光棍不稀罕。"老娘大声说:"甭泄气,四门贴了告示,还有不识字哩,一年不行二年,我总要给你找上。"

全喜忙说:"咱不诈唬人,骗人一回,要苦人一辈哩。"老二暗笑,谁家愿嫁一个又丑又拐的,就催爹娘要成亲,女方爹娘也逼,老韩要给老二娶商人女儿,老伴不干非得先给老大娶,二人大吵。

老大进城钉鞋,见大街上跪个闺女,说:"爹娘病在街头,哪位好心人给治,愿自卖本身。"

好多人一看两位老人病得厉害离死不远,都躲走了。老大不是乘人之危要人家闺女,见两位老人不能见死不救,他扶起两位老人到了自己的钉鞋小屋,给他们安置好,去找医生了。医生开了药,他去买上,闺女熬药,他回去跟娘要钱说是救人，老爹不干："要媳妇我给钱，给个非亲非故的外人治病图啥？"老大起了火："咱不能见死不救，把娶媳妇钱给我，我打光棍也要救人！"老娘拿出一些钱说："快救人哇，叫他们来咱家治吧。"老大赶上车拉回来，天天伺候。老二起了火要赶人出门："我要办喜事，你放这两个快要死的老东西冲我的运气！"两位老人要走，老大跪下说："别走，到车院住。"跟爹要分家，老韩不愿，但老伴同意，就分开过。不几天那闺女回来了，原来是去借钱。老娘高兴说："这闺女花样，愿嫁你？"

老大说："甭胡想，我救老人不图人家闺女，我这副丑相偏人家给我当妻。"两位老人病好了要走说："女儿有言在先，谁愿意为我们治病，女儿就嫁。这后生人丑心良，我做主！"就要草草办婚礼。老大不愿意说："我比俺妹大，人又丑，我不能屈妹。"高低不答应，娘骂他太憨。老人说："既然这样，你让我进家治病，婚订了，让你二小子成亲吧。不过他岳父欠我钱要讨！"

老人带老大走了。让闺女去讨钱，老二岳父一见借据没话敢说，把全部家产归还，还欠千两银，要老二补齐。老二不给，那商人女儿说回娘家另嫁。一年多以后，老大回来面貌大变，成了美男，腿虽没全好，但只是有点跛。老大才说那老人乃退休阁老，为讨当年借给老二岳父的一笔钱来，不想盘费花尽，病卧街头。女儿贤惠要卖身为父母治病。本想为老大谋个官，老大说自己不是做官的料就拒绝回来了，父母亲给送上礼品和要回的钱，二人才成婚。老大专开了个鞋铺，夫妻经营，价低货美，老大仍为穷人补鞋，而且价格便宜，众人称道。老二后悔自己贪图钱财，结果打了光棍。

韩老汉也后悔，自己错看人貌，对老二说："你安心种地吧，只要人勤快，不愁要媳妇。心要放平，你看你哥宅心仁厚，成了气候。"

最后老二三十五岁，才找了个农家老姑娘成亲，父亲死后，他尊重老大，凡事找哥做主，过上了好日子。

一个好汉四人帮　好邻和四方

从前，襄垣有个和村，有家姓金，丈夫死后妻子领着一个儿子和一个女儿，过着苦日子。这个和村全村大部分姓陈，家族大，势力大，欺负外来户，一般人不敢惹，因此外姓另门总是提心吊胆地过日子。可金老汉为人仗义，又会武，很大方，陈家不敢欺负。一次强盗来抢，把族长的门都烧了，绑架陈族长逼要珠宝，全村陈姓人躲家里不敢出来。金老大提条扁担来了，一扁担打倒几个强盗，还和强盗头打起来，斗了半天，把强盗头打得蹲在地上，金老大吼："给我滚——"强盗头领人跑了。

陈族长对全族人讲："你们只知在村里耍耍好汉，遇上点事连我你们都不敢救。这金兄长义气、够朋友，从今不许苛待外姓人！"还让人跟老金习武。如今，老族长死了，金老汉也死了。陈家人又仗势欺人了。

老寡妇对儿说："咱另门独户，咋活呀？"

金家儿子金四方说："不用怕，我们不惹他们，和他们交朋友。"老娘说："把你妹嫁陈家，这样有个闪失有好处。""不用，她愿意嫁谁由她。"

金四方和爹一样仗义，虽也有武却从未露过，在学校念书出名，对穷人孩子爱护。他常帮助陈家穷人干活，富家孩子学习不好常找他帮忙写作业。因此他的朋友多，陈家人也有。

他姓人老梁因为牛踩了陈家田禾，陈姓人把他的牛拉走，还要罚老梁，族长陈进宝不知底细，要老梁把牛赔给侄儿。老梁老伴要上吊，另姓人不敢吭。碰巧叫十六岁的金四方救下，他要找族长。老娘说啥也不让去管："小祖爷，咱躲还躲不过，你惹着他一窝蜂咱咋活。"金四方劝娘说："我爹要在管不管？开了这个头，从此全村不安宁。""你爹有武，你这根独苗敢管这事？"

这时他的朋友们也来了，陈小虎说："陈小公要厉害，他在地吓唬老梁牛，牛才踩了他几棵苗。"

金四方来了对族长说："老伯，这事这样处理不够好，几棵苗咋带人命？"老梁跪着说，是陈小公吓唬牛才吃了他几棵苗。陈姓人齐吼："还嘴硬，杀了牛！"有几个陈姓后生提着刀去杀牛。金四方情急之下拾起一块小石头投过去把刀击落，全村人大惊呼："金老汉武功传给儿子了……"金四方对陈小公说："你掏掏良心，是你吓牛吃了你的田禾，还是老梁叔故意让牛吃的？"陈小公看族长，族长说："谁见真假，说呀？"陈小公没敢说，怕人说他吃里爬外。

金四方说："叫陈小公说，大不了咱到山神庙求神！"陈小公不敢吭了。金四方说："为人讲公道，为几棵苗梁大婶要上吊，陈家祖先有遗训，和四邻……"陈族长脸红说："算了。"老梁拉回牛。全村人尤其陈姓的也服这后生讲理。

经过这件事，金四方立起威，外姓人抬起头。陈小公在一些姓陈小混混的挑唆下，说小金坏话："啊呀，咱姓陈的叫这小子看扁了，不打一下这破汉的威风咱倒给外姓子当孙耍……"陈小公说："人家没找咱麻烦……"偏巧他儿陈建虎在学校捣乱被老师扣住不让回家。陈建虎说："小杨先抢了他的干馒头和钱，他才打杨的。陈小公起了火，领人来骂老师要赶老师走。金四方路过怕先生受辱就出手了。"

陈小公骂："你又要为外姓撑腰？"老师说："不关小金子的事，你孩打人摔坏课桌不该打？"陈小公说："他偷我儿的钱你不管还打失主，这公道？"金四方说："小杨敢偷钱，谁证明？"陈建虎说："不信你搜搜他的口袋。"一搜果然有好几块，陈小公硬起来，小杨大哭："我没偷，我没偷！"陈小公抓来老杨，老杨气坏了要打儿子，金四方挡住说："全部孩子都掏口袋。"都没钱，只有陈建虎身上有钱。金四方说："没见过孩子们带钱？小公叔你让孩带钱为啥？"陈小公家中常丢钱，现在才知道是儿子偷的，可火头上却说："我有钱与你有啥关系。这事咋处理？你不要公正吗？今天不说个青红皂白，老师给我滚——"老师气坏了去找族长，偏族长不在家。陈小公是陈族大辈分，不但要老师走，还要赶杨家走。金四方气坏了，这分明要欺负外姓，怎么办？这时陈小公老妻来叫："这杨小偷还到我家偷钱这还了得，留下一贼户坏了全村！"陈小公肚里明，给老妻使眼色，金四方看见了说："偷了多少？""常丢，昨天就丢了二十块。"金四方把陈建虎身上的钱拿出来和小杨身上的钱一碰说："你认认哪个是你家的钱。"母夜叉一认："就是我家的钱，我放在醋缸里的。""谁知道你的钱放的地方？""在里窑，没人知道。""小偷咋敢进里窑里，你家养着四条狗咋没叫唤？"来看笑话的陈小公小妾梁氏说："家贼难防，我也常丢钱和首饰。"

金四方大声说："陈叔，这不明白了。建虎你说，是不是你偷来？还把钱放小杨口袋里，有同学见你来。哪个同学见来，站出来！"

陈建虎害了怕跑了，全村人知道了这事，弄得陈小公下不了台，只好要走，金四方说："从小偷针，长大偷金，你纵容孩子不管教，叫你后悔一辈呀，我的老叔……"金四方的朋友越来越多，他和四邻处得好，不管姓陈或他姓。以前搬走的外姓人，也陆续回了村，金四方对族长说："咱村姓陈的多，外姓人越来越少，为什么？吵架的闹事的姓陈的人多。这要传出去不仅坏了陈族声誉，还影响全县，咱姓陈的为啥到外少、做官少、经商少，可来咱村卖东西的也少。陈家家规也不遵守了。我不是为外姓人出气是为咱村声誉。家不露丑，村不露恶习，这村名该改了。"

陈族长痛心疾首地说："不叫陈家庄，得改村名。"又立下村规，让全村人遵守，自此以后全村和睦，四邻为安。选举村长时，全村选了金四方。

这四则故事第一则教育人们要提倡孝道，后面三则则用不同的事例来对人们进行处事方式上的教育，当然这种道德教育不仅能够通过这样的普通故事来达到，还可以通过一些滑稽故事以反讽的方式来实现，吹牛是这类滑稽故事的一个重要类型，例如：

《吹牛》（夏店镇刘庄村）

从前有两个人非常爱吹牛，一天两人走到一起又吹了起来。

甲说："我今天吃的是煮饺，煮饺之大，三人吃了三天，还没吃完。"

乙说："我吃的是包子，五个人吃了五天还没吃到馅。"

甲问："你拿什么蒸的？"

乙说："我拿你煮饺的锅蒸的。"

《比赛》（夏店镇）

襄垣、屯留、黎城的三个商人外出同住进一家旅店，坐下闲聊，自吹家乡住得高。黎城人说："黎城有个广志垴，离天只有一圪脑。"屯留人说："屯留有个小司太，离天只有二指。"襄垣人说："襄垣有个高庙岭，把天顶了个黑圪洞。"

另外，也可以从滑稽故事中看到不同的人性和人生百态，例如：

《老者的笑话》（侯堡镇暴庄村）

一位老者骑自行车赶路，不小心摔了一跤，脸有愧色，怕人笑话，因而不敢抬头，为掩愧态，便自言自语地说："老了，老了。"然后抬头四顾，发现四处无人，即道出一句心里话："年轻时候也扯淡。"

《旦孩卖毡帽》（虎亭镇白底村）

旦孩是个毡匠，他做工一般，做好的毡帽到集市上卖，人们问："你这毡帽做的就不能精致一些吗？"他说："这毡帽还是挑出来的好的，家里的还不如这些呢？"人们实在想买只好买走了。从此旦孩卖毡帽，全凭一张嘴的笑话就这样流传下来了。意思是说告诉人们，想买赶紧买，迟了还不如这个好。

《牛皮》（夏店镇西石村）

A说：我有一面鼓，敲打起来，百里之外都能听到。

B说：我家的黄牛，从下游喝水，头能伸到发源地。

A不信说：哪有那么大的黄牛呢。

B说：没我这么大的黄牛，哪有你那么大的鼓。

《旧被换新币》（夏店镇西石村）

1949 年，中国人民银行发行了几种新货币，村长通过广播通知群众拿旧币换新币，马虎听了，兴冲冲地拿着自己常年用的一条旧棉被来兑换。村长见马虎的举动，哭笑不得地说："你怎么拿旧棉被呢？"马虎说："你不是在广播里说用旧被换新被吗？"村长说："我说的是人民币。"马虎说："我也是人民，同样盖有被呀。"村长无可奈何地说："既然说成这，你就把那条新被换去吧。"马虎说："还是村长好，说话算数。"

《占便宜》(夏店镇九龙村)

有一农夫他老婆总爱占点小便宜，有一天一个卖豆腐的在她门外叫卖，她把卖豆腐的叫下，又想到了占点小便宜，便动了一番脑筋，拿盘装上豆子，把自家铁斧藏在豆内，赶紧与卖豆腐的换完豆腐高兴地回家了。待农夫回家时夫妻二人大闹一场，也不知道是自己占了便宜还是吃了亏。

这类笑话在生活中是常见的，从以上文本中可以看出题材从古到今都有，也是时时更新，一方面引人发笑，同时也是当地人通过笑话来讽刺的方式从反面对人进行道德的教育。

第四章
民歌、民谚和民谣

民歌、民谚和民谣是地方口语体系的重要内容，其中往往隐含了场景、吟诵者与听者直面的情感体验、反复呈现时背后的意义。严格说来志书的文字化是一种无奈，因为口语是最具生活性的，必须要身临其境，其在内容与形式上都具有较强的地域性，直接反映着当地人的生活世界。

第一节　襄垣民歌 *

襄垣地区流行的勒勒腔与开花调共同组成了传统意义上的襄垣民歌。

襄垣勒勒腔调虽是民间口头文学范畴，但其主要价值和影响，多为世人称道。（1）狭义上讲，襄垣勒勒腔是在过去当地穷乡僻壤、文化输入甚微的情况下，人们借之抒发情怀、交流感情、自娱自乐的一种由说到唱的艺术形式;（2）它具有浓厚的乡土气息，具有针砭时弊、鞭挞丑恶的"讨伐"功能;（3）它具有教化顽愚、规范品行、憎恶扬善的无形作用。正因如此，其影响波及面覆盖与襄垣为邻的武乡、黎城、屯留、沁县及晋中一带，还随着人们的迁徙，辐射到河南、安徽、河北的部分地区。

勒勒腔是当地人民群众在长期社会生活实践中逐渐形成的一种民歌，其形式并不复杂，但作为一种民俗事象，其发生演进煞有趣事，形成过程中渗透了上党地区

_____

＊　本节部分内容参考了屈毓华等提供的资料。

各个历史时期少数民族的音乐生活。北朝以来鲜卑、丁零人的内迁在这一演变中产生了一定影响，一些萨满民歌与当地民间信仰、民俗、民谣长期交错融合，特别是近世以来当地曲词、音调不断受到其他地方音乐、曲艺及戏曲的影响，现在的勒勒腔与最初相比发生了很大变化。1949年以前多用于敬神祭鬼、降妖除魔，在神汉巫婆中颇为流行，神汉手持用山桃木做的剑，步罡踏斗，口念勒勒腔，巫婆则手持一把桃条，蒙一红布手巾，或坐或跳，口唱勒勒腔，为人禳灾祈福；1945年襄垣地方政府大力提倡破除封建迷信，神汉巫婆转入地下。

勒勒腔的内容主要包括大型祭祀、禳灾祈福、传经布道和教化规劝。（1）大型祭祀活动。主要表现在官宦后裔逢年过节、祭祀先祖、彰显族人荣耀时，都要聘请神汉、巫婆、魄柸、道士进行褒扬性宣传，造声势。如：肖家垛村明朝兵都尚书刘龙后人在1949年前后，每到农历正月十二至十六期间，都要将强计、石堕、凹坡、东北阳较出名的神汉、巫婆、魄柸委以重金，请到南凹村八俊祠（刘氏族人祠堂）主持祭礼和颂祝功德。譬如，"列祖祖，列宗宗，每岁祭奠祠堂中，酹酒三盅香一炉，蒙冀先哲庇后人；列祖祖，列宗宗，一门八公栋梁名，贤声盈明史册标，劬劳泽德润后人……"（2）禳灾祈福活动。在民国时期，襄垣境域内曾先后发生过多起流行性瘟疫，据一些老人们回忆，在1943年，就连官家（政府）也雇请将军庙和尚（西河底村一自然村）、仙堂山和尚、瑜伽庵尼姑、东北阳魄柸、东宁静神汉张志敏等人升桥放路灯、不分昼夜口诵勒勒腔跳大神："天灵灵，地森森，天王阎王执帅印，三道敕旨已烧过，动手降妖不留情……"在民间还广为流传着谁家小孩经常夜里哭闹不停，人们把写有"天皇皇，地皇皇，我家有个夜哭郎，过路君子念三遍，保佑小儿的安康"的黄纸片贴在十字路口，让人们念读以求孩儿安康的习俗。（3）传经布道活动：1949年前，在襄垣县域内的四大镇（常隆、夏店、虒亭、西营）八小镇（阎村、原庄、下良、史北、关上、送返、司马、白崖底）每月的三、六、九集市上，以仙堂寺、宝峰寺住持为首，雇佣附近一些神汉、魄柸站在集市中心区的方桌上，手筛串铃或手打檀板，开展传经布道活动。如："阿唎耶，钵啰耶，大悲咒经劝你我，天下唯有行善好，摩婆利胜羯啰夜；菩驮夜，悉陀夜，大悲咒经劝众伙，天下唯有念佛好，波陀摩羯悉陀夜……"（4）教化规劝活动：1949年前，从河南、山东一带传入襄垣一个"好人教"组织。教首叫王升则，原是山东省单县一破落户，迁徙落户襄垣县枣林村。他常常走村串户，发展教徒，经常利用农村中婚丧嫁娶、人群聚集之场合，用勒勒腔教化规劝人们的行为，扩大"好人教"影响。如："好人教，教好人，不偷不赌不骗人，你要入了好人教，一身安乐不得病；好人教，教好人，不嫖不坑不杀生，你要入了好人教，邪神恶鬼不近生；好人教，教好人，孝父孝母爱子孙，你要入了好人教，牢狱饥饿无影踪；好人教，教好人，入了我教胜念经，中规中矩好心肠，金刚菩萨常随影……"历史进程中勒勒腔也受民间开花调的影响，在民众中派生出许多带爱情色彩的段子，衍化为自娱自乐的口头文化。

勒勒腔在词语结构上和乐府民歌相同，这与魏晋敕勒（丁零）族人内迁上党，跟敕勒的鲜卑化（汉化）及民族融合有关。

"开花调"这种调式的民歌歌词，上句常以"××开花"为起兴，下句点题咏唱，故而人们把这种形式的山歌统称为"开花调"，以情歌居多。在开花调中，不只植物可以开花，其他东西也可以开花。比如剪刀、笤帚、门搭搭（门搭扣）、门礅、扁担、石头等，都可以开花，而其比喻又与下一句的点题有着紧密的联系。这也是襄垣民歌与其他地方民歌的区别之处。

在目前收集到的襄垣开花调中，就有多首将《诗经》中一些诗词名句镶嵌于开花调中的内容，如："《诗经》开花文绉绉，关关雎鸠展歌喉，窈窕淑女花一朵，锲而不舍把她述，春天述到腊月天，述的淑女笑点头，抱起淑女雪地躺，不顾斯文滚绣球。""秕瓜子开花没有仁，不进书坊不通文，哥哥常常念《诗经》，妹妹半通半不通，什么述呀什么爱，少拽你的假斯文，真心爱我怕个甚，嘴对嘴儿先亲亲。""亲家开花襄（垣）黎（城）多，关关雎鸠一双鞋，黎城妹妹送过来，在河之洲隔道河，窈窕淑女泣搐哭，襄垣哥哥凫水过，君子好述搂住妹，黎韵娇声叫哥哥。"

著名作家沈琨在《上党晚报》2011年6月16日第8期三版《人文讲坛》栏目《长治地区民歌漫说》中写道："许多人以为'开花调'只为左权所独有，其实这是一种误读。现行出版的各种音乐教科书上（如上海新版教材小学音乐第八册教参第三单元《悠扬的乐声》）都写道：'开花调是太行山区的一种山歌形式，主要分布于左权、和顺、武乡、襄垣等县。这就说得很明白了。太行上党是开花调的故乡，如左权民歌"山药蛋开花结疙瘩，圪蛋亲是俺的心肝瓣""灯碗碗开花在窗台，喜结同心永相爱""金针针开花六瓣瓣黄，盼望和哥哥结成双"等。诸如此类的开花调，在襄垣民歌中，同样也有很多。什么"街门开花两扇扇开，今天走了你哪一天来"，"蜘蛛花开网中央，吐丝扯线套情郎"等，委婉、清秀，表达了山乡儿女的柔情蜜意和相思之苦。'"

开花调内容主要包括情感交流、针砭时弊、抒愁解闷以及自娱自乐。

（1）情感交流。作为民歌开花调，多产生于偏远闭塞村落。在广大农民长年累月看不到一场戏的文化贫瘠的背景下，村与村、人与人之间为了情感交流，派生出由吟到哼、由说到唱的开花调，由于封建社会遗留下来的男女授受不亲的束缚，大龄的青年男女为了择偶和求爱，多是利用劳动之际，通过唱开花调的形式向对方表白心意。如："叫驴开花上磨台，哥哥想我你就来，嗓干捧起了山泉水，不是妹妹不想你，红眼圪针堵住了门，你娘不把我当成个人，搬起屁股当嘴亲，好赖香臭分不清，妹是窈窕贞节女，又不是野婆娘……"又如"门搭搭开花来回摆，甚风刮你摸黑来。今晚你在我屋里躺，俺不怕旁人说短长"。再如"煎饼开花上了鏊，没有挂搭挂空号，身正不怕影子斜，谁愿咕喊由他去说"。

（2）针砭时弊。襄垣民歌开花调，利用其借比的特有风格，敢吟敢唱，对某一事件，某一人物除了褒颂外，更具有针砭之长，往往针对社会层面上的种种不道德、不公平事例，能用最为简捷明快、辛辣直白的语言对其抨击。如：在谴责奸商不法行为方面就有"竹竿竿开花节节空，可恨奸商捉弄人，点头哈腰脸带笑，眼一闪一个鬼道道，小米里掺沙图压秤，平平七两喊半斤，'童叟无欺'全是假，'货真价实'哄大家……"又如"罗盘开花针向南，风水先生瞎骗钱，壬三丙来癸山丁，不发财也不发人，既然你知天知地知风水，你家咋穷得光棍一对对，收起你那套鬼把戏，老老实实靠种地"。再如"神婆开花下假神，哼哼唧唧提弄人，什么五尺青布三尺红，还有二十五个大点心，一碗炒米二斤肉，胡说能请九天神，跳了一跳又一跳，蹦了三蹦又三蹦，清水鼻涕随手甩，又打哈欠又装熊，请上神婆来一趟，花了银钱上了当"。

（3）抒愁解闷。在襄垣民间历来就有"女人唱开花卖风流，男人唱开花解忧愁"之说，虽然此说颇有偏见，但其抒愁解闷之功能倒是真切。尤其在1949年前那种特定时期，不论是贩夫走卒、士农工商，每当生活中有烦心郁闷、孤独冷清之时，往往用唱开花调来平衡心态，调整情绪，故而在襄垣就流传有"唱起开花调，心里不烦躁"之说。如："铲棍开花手里握，赶着羊儿上南坡，白白羊儿青青草，高高石山酸酸歌，歌声随着青山转，歌声变成云朵朵，歌声解闷又解愁，三十挂零没老婆……"又如"知母开花荒草坡，小叔子刨药我跟着，跟上山岭跟下坡，小叔子人品迷了我，街坊邻居不要笑，死了丈夫没奈何，空房难守谁知晓，不靠小叔子靠哪个"。再如"白羊毛开花擀成毡，娶上个寡妇图温暖，儿女们不知老汉苦，没人陪伴骨头酸"。

（4）自娱自乐。不论是在繁忙的劳动中，还是在农闲之余，在过去文化输入甚微的情况下，广大民众把唱开花调当作自娱自乐的主要内容。往往是人群聚集在一起时，你一句我一句，民间俗称是"赶口"，"赶"着"赶"着，连"荤"带"素"

赶口而出，惹得众人哈哈大笑。如："辣椒开花红了梢，你这号婆娘实在刁，成天价吃饱肚子没事儿干，串门子翻闲话胡作乱，不做营生不推碾，穿红戴绿你穷打扮，我忍了又忍将就你，不懂个好赖你还干架哩，娶上你这号婆娘算倒了霉，吃饭我都不愿端碗到当街里，三九天穿单衣吃冰凌棍，跟你在一块过日子冷透我心，情愿一个人当光棍汉，干脆咱去离婚各自便……"再如"枯树树开花也牵藤，老光棍也想再结婚，都把孩子拉扯大，熬了多少苦光阴，找个寡妇做个伴，炕上多个说话人，儿女不要笑老汉，不图风流图知音"。

襄垣民歌特性体现在以下几个方面。

（1）史料性。表现为对历史上某一人物、事件的真实描述与记录，为后人考证、研究提供了翔实依据。1975年，井背村一名叫张守文的羊工，在仙堂山附近放羊，用土枪打伤一豹，豹子受伤后猛扑过来，咬住张守文的后脖颈，张守文反手将豹子上下嘴硬是撑开，相持近半个多小时，最后豹子因流血过多瘫死地上。而后县武装部还奖励他全自动步枪一支、子弹50发，并表彰为"除害模范"。张守文老汉祖祖辈辈住在仙堂山的南岔口，1949年后才搬下山，他得知我们搜集开花调，便提供了一首："建武开花羯头（指石勒）来，箭射花鹿洞口开，香气徐徐遍山谷，仙堂得名从此来。"佐证了九龙山更名为仙堂山的变迁年代。

（2）宣泄性。勒勒腔是襄垣老百姓的一种情感文化、一种生活、一种娱乐。无论是在辛勤劳作之间，还是在节日喜庆之时，劳者歌其事，饥者歌其食，都是用这种放松的方式把心灵深处的感情加以宣泄，即便是唱首忧伤的歌，也能把委屈、压力、不开心都一股脑地释放出来，以歌言事，以歌言心。以勒勒腔为例，如"泪珠珠，扑簌簌，私房事儿实难说，嫁了一个傻相公，晚上不知咋干活"。再如"红对对，花幡幡，人面桃花新衣衫，锅里饺子冒喜气，院里鞭炮炸得欢"。如"山丹丹，红艳艳，你咋长在崖畔畔，只能看来够不见，想坏俺这光棍汉"。如"硬挺挺，光杆杆，单身一个度日难，不是咱家不娶妻，穷到铺地盖是天"。

（3）真实性。表现在情意出自肺腑，不假雕琢。确实是真人所出的真声、真情、真事、真理。20世纪四五十年代，襄垣广大贫困农民分了地、分了房，翻身做了主人，北关村翻身户杨武四自编自唱了一曲开花调："犁墒开花翻了土，日子过得真热乎，清早吃是金皇后（一个玉米品种），晌午吃是一六九（一个小麦品种），到了夜晚更如（念rù）贴，怀里搂了个剪发头。"再如，历史上襄垣、黎城两地的民俗事象独特，也有民歌流传"高跷开花来来回回扭，襄垣黎城人相处最风流，祖祖辈辈称亲家呀，世世代代没冤仇，见面不管熟还生，拉拉扯扯就挑逗，黎城闺女敢拖襄垣小后生，襄垣老汉敢拉黎城小媳妇，黎城人喊襄垣人'干儿'，襄垣人说我娶是你'姑姑'，怒嗔戏骂开尽心，打打闹闹有讲究，钢刀能砍断牛皮筋，襄垣黎城的友爱没断头，要想解散襄垣黎城之间情，除非是山川崩裂没地球"。

（4）平民性。襄垣传统民歌本身就是大众的诗体，平民的艺术，反映的日常生活多为弱势群体生活中的酸甜苦辣。例1：在史北镇小店村搜集的一首开花调就很有代表性："八仙桌开花四四方，排排场场迎新娘，山珍海味摆不起，豆腐粉条盘里装，劝声媳妇莫害羞，放开肚量大胆尝，今日劝你先吃饱，明早就是苦菜汤。"例2："被褥开花里表新，小两口睡觉磨时辰，日上三竿睡不醒，搂住哥哥睡翻身，婆婆院里甩锅盆，公公窗外喊连声，早睡早起去劳动，懒惰怎能过光阴。"例3："草鸡开花拍翅膀，最难当人是后娘，后婚男人前房儿，一事疏忽惹祸殃，邻家评判说闲话，男人苦恼想前房，儿不搭理媳妇骂，闺女也不看后娘，含辛茹苦一辈子，好心做了驴肝脏。"例4："牛蹄开花分八瓣，后婚老婆二婚汉，黑夜睡觉是好夫妻，白天共事蹭了蛋，你卷你的铺盖卷，我抢我的米和面，你想你的结发妻，我想我的头婚汉。"

（5）通俗性。襄垣传统民歌最大的一个特点就是体现在生活化上，生活气息扑面而来，所反映的生活情趣令人解颐。例1：在西营公社花果园采风中搜集到的勒勒腔："红嘴嘴，黑眼眼，亲生儿女是心肝，疼不够来爱不够，搂在怀里像蜜甜。"例2：在常隆公社任家岭村路羊锁口中搜集到的开花调："麦穗开花刚灌浆，咱光棍寡妇碰成双，南风吹来穗打穗，北风吹来行对行……"例3："小麻籽开花榨了油，敢跟旁人圪倒就是狗，正儿八经男子汉，不熏料面不酗酒，新媳妇不用操心，明里看来暗里瞅，咱一步踩下两脚踪，清清白白怕个球。"

（6）针砭性。针砭时弊，发泄内心不同意见，疾恶如仇，语气辛辣，襄垣传统民歌也见功底。例1：在20世纪70年代常隆公社元垴村，村民们你一语他一言凑成一首开花调："布票开花二指宽，定额限量铁门栓，大人小孩没差别，高低胖瘦一刀斩，一条棉裤一件衫，丈八布票不够穿。"例2：原虒亭公社邮电所职工叫王志茹，好打麻将赌博，被公社治保主任发现给予处罚，回到家后，其妻跟他怄气，以开花调辱骂："驴粪蛋开花招惹尿圪蜋，好吃屎闻见屁也香，看见摸牌手发痒，不吃饭也要坐一场，正道的事情你不干，尽弄这二饼碰八万，天底下的男人谁像你，不走正道当赌鬼。"例3：1966年初，河北邯郸师范学校红卫兵串联，途经北底公社东宁静村时，将禹王庙的脊兽、猫头云瓦以"破四旧"的名义拆了毁坏，引起了村民桑狗旦的不满，他创作出了"串联开花一窝蜂，少家失教红卫兵，破四旧来立四新，猫头云瓦是敌人，光光溜溜石灰墙，大字报糊的黑洞洞，男不男来女不女，军装黄来袖章红，白吃白喝又白住，半点不像八路军，谁能见了毛主席，给他老人家说一声"。

（7）创造性。民歌的巨大魅力来自思想内容，更来自艺术创造。最突出的是赋、比、兴，还有谐音、夸张、复沓、想象等。这些元素在襄垣民歌中都有表现。例1："闪电开花变成雷，不是刮风就下雨，反复无常孙悟空的脸，哪有后生敢跟你谈，西边的云彩往东行，为了你耽搁了俺提亲，你调你的媚眼我走我路，再叫俺亲哥哥也留不住。"例2："蜘蛛开花网中央，吐丝扯线套情郎，情郎如从门前过，我敢把他拽进房，由你亲来由你搂，看你把我想不想。"例3："云苓开花想当归，哥在药铺当伙计，四年学徒难相见，不是熟地是生地，熟地妹妹多厚朴，生地哥哥少枸杞，佛手难攀夜交藤，杜仲（肚中）情人是乌梅（吾妹）。"

（8）伦理性。把讲道理、解劝融入民歌之中。例1："手镯开花腕上戴，交朋友不能随便来，要相好咱就学三国的刘关张，不学瓦岗寨上的半把香，露水草的夫妻咱不搞，阳间好了阴间也好。"例2："扫帚开花像蒲扇，不正道交往咱不干，你有情来我有意，咱二人最好去登记，合理合法一块过，野鸳鸯的事情咱不做。"例3："月亮开花十五圆，过了小寒是大寒，节令赶着节令走，闺女大了不中管，后生扛镢坡上走，闺女提篮随后撵，走到坡上荒草窝，俩人吕布戏貂蝉，新旧社会不一样，自家王法不值钱，顺水顺风行船快，逆水顶风难开船，老哥老嫂听我唱，三伏天热三九寒，莫学霸王硬上弓，硬逼就要惹祸端。"

（9）兼蓄性。民歌是由人民唱出来的，人从甲地迁徙到乙地，也就把甲地文化带到乙地。在襄垣传统民歌中，也不排除裹挟着一些信天游。例1："磁石开花有吸劲，想起哥哥揪着心，三天见不到哥哥的面，找个借口去串门。头一回走进你家门，借个簸箕推碾用，你娘待理不待搭，骂我是个八败神，比鸡骂狗惺谤我，没借簸箕走出门。二回走进你家门，借个锥子纳鞋用，你娘绷着黄皮脸，骂我是个狐狸精，寒寒磣磣日脏我，你嫂送我到大门。三次走进你家门，借个砂锅把肉炖，你娘拿起擀面杖，抢头盖脑要打人，吓得妹妹往外跑，一头撞在你怀中。四回走进你家门，你嫂给我当内应，壮着胆子把哥叫，厚着脸皮会情人，绵绵圪塞亲亲嘴，搂搂抱抱调调情，你娘就是母老虎，为你愿赔一条命。"例2：在已搜集的襄垣传统民歌开花调中就有原汁原味的信天游歌词，如"想你想的我手腕腕软，拿不起筷子端不起个碗"等。

（10）波及性。襄垣民歌尽管简单、朴实，周而复始的旋律，重复在襄垣地域内，襄垣作为中原文化和草原文化的结合地，随着社会的动荡、人口的迁徙，襄垣民歌极有可能远播他乡。1975年，传承人屈毓华在常隆供销社工作时，结识了原籍为常隆的上党著名民间乐师、原明朝连楹御史家乐师原清和的后裔原大风老师，这位老师毫无保留地把他悉知的多首民歌工尺谱给屈翻成简谱，一首是《夜思曲》，另一首是《开花调》。前一首的曲调和1949年前上海歌舞厅的舞曲基本一样，后一首和江南民歌《好一朵茉莉花》曲调雷同。原人民日报社国际评论员连云山先生曾在二野六纵老52团任宣传股长，看了《襄垣民歌》时说，当年在大别山斗争中，大别山深处有北魏雕刻的一尊佛像，高八丈，楼只有七丈，当地居民流传的一首"大山山，深沟沟，丈八石佛七丈楼，不是世人说胡话，还有一丈在下头"的民歌和"勒勒腔"相仿。这些佐证说明，民歌传播范围远远突破所辖区域。

（11）政治性。一说到襄垣传统民歌，人们会自然而然地说那些从乡野、山村里飘荡出来的古腔老调，就像飞溅的溪水，总是情呀爱呀的俚语俗调，登不上大雅之堂。其实并非如此。襄垣民歌也具有在不同时期为统治阶级服务，为现实政治服务的成分。例1：勒勒腔《凉楼庙会布道》中，就充满了神汉巫婆借庙会用封建迷信的说教来维护封建社会统治阶级礼教的尊严的成分："三月里，二十八，凉楼庙会真红火，五省八县来进香，十殿阎王能体察；男香客，女信人，我是阎王一马童，十个阎王刑罚重，孽镜台前没好人；不算卦，不问病，阎王派我来劝人，阳间阴间都一样，都有王法管事情，阳世间，法律明，官法如炉治赖人，总有奸诈人得计，逃脱法炉不上刑，阴间事，大不同，十殿阎王惠眼明，善恶到头都要报，我唱大家仔细听。第一殿，秦广王，专管人间寿数长，善人寿终升天走，恶人寿尽不要想；叫差鬼，听广王，铁链拴锁喨锒锒，牵你先过鬼门关，厉鬼牙齿三尺长，作恶者，要遭殃，厉鬼牙咬血流淌，从头到脚全咬烂，长短头发全拔光；往前走，恶狗庄，千百恶狗咬汪汪，尖牙利口撕肉吃，手指胳膊啃个光；再前行，蚁山旁，红头蚂蚁八寸长，成众结队爬满身，一口一口吃肉忙。第二殿，楚江王，沃礁石下地狱长，阳间犯下七大罪，鬼差用刑实难挡；拐少男，骗女郎，欺占财物逞凶狂，打骂女佣没自由，诈骗谋利不正当；下粪池，又脊梁，铜斧砍劈没商量，脓血泡来寒冰冻，大卸八块喂虎狼。第三殿，宋帝王，黑神地狱宽又广，阳间犯下十八罪，鬼差要命不认娘；不忠诚，道义忘，背叛东家偷钱粮，盗人尸骨不祭祖，伪造信印瞎改账；挖眼睛，蛆圪蝥，剥皮穿肋吊悬梁，砍了双脚拔手指，剜心挤肝血吸光。第四殿，五官王，千里地狱海东方，二十二罪难赦免，鬼卒施刑没商量；秤捣鬼，不纳粮，贩假讹占不善良，以富欺贫不说理，不传秘技断良方；滚水浇，嘴刺芒，断筋剔骨伤连伤，裹上铁衣灌药肠，竹签戮眼钻胸膛。第五殿，森罗王，沃礁大狱东北方，十九款罪行为恶，望乡台上割心脏；不信佛，不烧香，挖坟剖墓结丝网，毒害生灵烧山火，借官霸民放火枪；冬挖土，春折墙，冻死虫类把命伤，填塞水井暴蛇尸，三业不清五荤尝；儿不孝，妻不良，生前嘱咐全忘光，一场天火毁家业，老婆改嫁儿流浪。第六殿，卞城王，沃礁大狱正北方，十四罪状犯在案，严刑酷疼喊爹娘；怨天地，胡嚷嚷，偷窃佛宝伤天良，糟蹋五谷囤米面，不救贫急要遭殃；跪铁沙，捣五脏，磨推流血锯腰膀，剥皮揎草针钳嘴，老鼠咬吃你肾脏。第七殿，泰山王，热恼大狱西北方，十五款罪非小事，油锅滚烹难还阳；吃动物，补壮阳，酗酒横暴乱纲常，邪言恶语造是非，盗棺堕胎开赌场；卖女尸，抢钱粮，误人子弟教不良，下油锅来抽小肠，烙手割舌穿腮帮。第八殿，都市王，十六刑法正西方，双亲在世不孝道，父母死后不安葬；剔肉骨，煎五脏，击顶撬牙开胸膛，钢叉扎透前后心，牛头马面把刑掌。第九殿，平等王，阿鼻大狱西南方，八千里地没铁网，刑具面前神鬼慌，迷幻药，播淫荒，毁人财命烧人房，强暴妇女把淫卖，诱导男儿偷杀抢；添极刑，阿鼻狱，空心铜柱火烧热，链子锁手又锁脚，尖刀穿肺嘴流血；烫焦烂，腥臭恶，重刑受尽难开脱，疼痛无休又无止，再说反悔也迟了。第十殿，转轮王，沃礁石外正东方，五浊世界分六路，四生四足再还阳；依阴律，投生忙，灌你先喝迷魂汤，鬼差拖上苦竹桥，桥下红水翻恶浪；白无常，黑无常，拖到红水细打量，送你两脚再转人，送你四脚六畜当；我唱罢，你想想，福祸大门在身旁，善恶如影又随形，不下地狱上天堂。"例2：在"开花调"中不同时期的民歌也同样在为不同时期的政治服务。民国初期就有一首"玻璃翠开花最娇嫩，小脚脚女人走不动，两手前后光摆动，三步还不挪一寸寸，封建礼教太反动，裹脚女人受捉弄，感谢孙中山闹革命，破除了女人裹脚令"。例3：1956年颁布了《婚姻法》，为了宣传好《婚姻法》，时任土合乡妇联主任的邢雪梅，在下乡的东宁静村发动文艺骨干屈田则、刘文先、张海旺等创作了襄垣民歌开花调："抽屉开花里外拉，孩子们愿意咱结亲家，政府号召自由谈，年轻人的婚事咱不管，政府颁布婚姻法，包办婚姻不合法，男二十来女十八，自由恋爱把婚结。"例4：20世纪80年代，国家公布了计划生育公开信。1981年，北底公社春节文艺调演会上，由东宁静大队俱乐部张月兰、马秀英表演的文艺节目中，就有一首开花调唱词："葡萄开花扯架上，养娃娃多了受恓惶，大的跑来二的站，三的圪蹴四的窜，五的倒了一身饭，六的炕上抠毡片，七的屙了两裤脚，肚里还怀有个八圪蛋，吃不上一顿热饭菜，干净衣裳没一件，瞧唱赶会出不了门，家务事缠得烦死人，缝补洗涮带做饭，挖屎倒尿团团转，多儿多女多受罪，想享清福是不算……"对宣传计划生育，鼓励妇女做节育手术，起到了很大作用。

襄垣民歌体现了一定的娱乐性、教育性、制约性、民俗性和历史价值。古人说："移风易俗，莫善于乐。"襄垣民歌在很大程度上娱乐性较强，既可在多种乐器伴奏下的舞台上演出，也可自娱自乐，个人独唱；既可在逢年过节或农闲时娱乐，也可在农忙时歌其事，解其忧。在自娱自乐的基础上，襄垣民歌还凸显出了普化教育功能，如：春节、元宵节、中秋节等节日上进行的各种民歌演唱或祈福禳灾活动，其歌词不乏扬善惩恶等内容。襄垣民歌勒勒腔尽管玄学内容居多，但其中含有制约性成分，如《凉楼庙会布道》中，劝人向善，教人敬孝伦理性、惩罚性的制约内容很多。襄垣民歌的民俗性较浓重，一是表现在民间节俗上，如：农历六月六祭后土、七月十五中元节、十月十五下元节，边远山庄农民晚上大多聚在一起点起篝火，进行各种形式的民歌演唱。二是表现在演唱的俚语上，襄垣民歌演唱多以当地方言土语为主，诙谐风趣，朗朗上口，深受上党地区人民的喜爱。襄垣民歌是襄垣人民在漫长的历史长河中劳动、生活、情感的真实写照，她能拗拙地保持着原汁原味，从民歌演变成秧歌小戏，从贩夫走卒、孤男寡女的消愁解闷演变为大庭广众中的舞台艺术，其历史价值不可小觑。

襄垣民歌的生存现状主要体现在勒勒腔所面临的问题上。首先是产生襄垣勒勒腔的社会背景和文化心态发生了巨大变化。其次是口头传播这种传统方式正面临着冲击，在现代传播媒介发达的今天，口传文化的生存空间受到了很大的挤压，勒勒腔流传、衔接、再生面临着巨大的困难。第三，抢救难度大，过去很少有人意识到它的文史价值，虽有零碎记录，但少有系统整理和研究，由于时间跨度大，采集与整理、研究工作相当艰难，因此，系统抢救襄垣民歌尤其是勒勒腔的工作迫在眉睫。

以下是勒勒腔摘选：

《藏相好》

地窨窨，黑洞洞，偷把相好藏窨中。等会黄昏时分后，让你上炕乱扑蹬。

《歇晌》

六月月，歇晌晌，觉得尿憋上茅房。奴家刚把裤带挽，庄稼把我脱个光。

（庄稼：方言，即长工的意思。）

《扯急》

哄顺顺，拍屁屁，狼吃孩孩就不睡，不是当娘心里急，你叔门外干受罪。

《心急》

账本本，一篇篇，记了半夜还不完。奴家炕里憋不住，你还有心打算盘。

《没雷声》

圪喘喘，慢腾腾，嫁了一个没性人。伢都刮风就下雨，咱这闪电没雷声。

《疼夫》

黑污污，浑浊浊，煤窑爬出俺哥哥。为了小妹喝碗汤，争强背命不惜力。

《求子》

碰运运，撞彩彩，娘娘庙里去偷孩。不是奴家不怀孕，奴的男人起不来。

（偷孩：襄垣旧时的迷信风俗，女人无子可到娘娘庙里偷一双纸鞋，传说就可怀孕。）

《解馋》

没根根，麦兰兰，捞饭叶儿扣一篮。好好赖赖不挑拣，是个女人就解馋。

《恓惶》

山洼洼，坑梁梁，放羊汉汉最恓惶。成天没人说句话，身前身后都是羊。

《再娶妻》

骡骡骡，骗驴驴，娶了个不下蛋的鸡。无后为大是圣训，回家休了再娶妻。

《绿帽》

红缨缨，绿帽帽，你怎挂上这号号。不是人们嚼舌头，老婆有了拉二套。

《内斗》

妯娌娌，费嘴嘴，各怀心事互猜忌。不是你尖她就酸，蝇头小利也不依。

《寡妇难》

泪哭哭，心酸酸，寡妇度日实在难。砍柴担水无人帮，一门心思嫁老汉。

《活人》

铜水水，铁刷刷，寡妇钢骨在贞节。肘头肘脑人前站，清白正道不怕说。

《死犟》

犟死死，看紧紧，只因家中无男人，不是当婆小心眼，媳妇是个狐狸精。

《牙行》

驵侩侩，心坏坏，袖筒圪捏赚外块。欺了卖主骗买主，只顾自己发横财。

（驵侩：古代和封建社会进行牲畜交易的中间人。）

《食蚀》

斟酒酒，换茶茶，舅舅来了要分家。家产分多与分少，待诚好坏看酒茶。

《生铁花》

天昏昏，地暗暗，烘炉烧红生铁蛋。千板万板朝天击，飞焰五彩不夜天。

《祈雨》

光膀膀，赤脚脚，头顶瓦罐身跪下。农夫仰叹泪水涌，龙不行雨咱吃啥。

第二节　民谚和民谣

一　襄垣谚语

谚语也是方言的一种，同时更是一种简练的语言形式，主要指"非二二相承的表述语"，"非二二相承"主要就结构而言，即音步的划分不是"二二"相承，可能是"三一""一二一"等。这里谈的襄垣谚语主要是指襄垣境内长期流传，同时也可能在周边县区或普通话中偶有出现，但依然能够体现襄垣地方色彩的谚语。谚语的意义更多地体现在其内容上，从这个意义上讲，谚语是老百姓在长期的生产生活实践中的经验总结。一方面，谚语是生产实践的经验总结，因此，谚语在生产方式尚未发生较大变化的时代会反过来对人们的生产实践产生一定的指导性功能；但是也不容否认的是，当我们的生产方式发生根本性变化之后，比如机器作业进入农业生产，谚语的这种功能便逐渐减退，随之而来的后果便是谚语在人们日常用语以及方言中的逐渐消失。另一方面，谚语除了具备对生产实践的指导功能之外，它在语言的形式结构上也具备一定的审美意义，具有朗朗上口的特点，因此，也会获得人们的喜爱，侧重于审美意义的谚语，往往比功能性较强的谚语生命力顽强一些。下面是襄垣谚语的一些例子，从中可以看到谚语囊括了日常生活的方方面面。

（一）生活感悟类谚语

宁给好汉拉马，不给懒汉做爷。

好汉霸三村，好狗护三林。

年好过，节好过，日月难熬。

灵钱好供养，干瞧用不上。

天热不忘拿衣裳，肚饱不忘带干粮。

打铁的要自己把钳，种地的要自己下地。

人勤地生宝，人懒地长草。

偷来钱，两三天；血汗钱，万万年。

人心高过天，当了皇帝想成仙。

盐生劲，醋生力。

蒸饺淡，煮饺咸。

葱辣心，蒜辣筋，芥末辣了鼻梁根。

烂姜不烂味，老姜更有味。

饭前喝口汤，省下开药方。

桃饱杏伤人，李树底下抬死人。

富吃米，穷吃糠，穷富生活不一样。

旧年要想这年好，两件布衫当夹袄。（没改善）

少盖半夜被，多吃半升米。（少睡觉多干活）

苦竹根头出苦笋。

有钱人像条龙，无钱人像条虫。

命生苦，饭将补。（饭如补药）

吃过用过，剩副家货。（家货，挣钱的工具）

不怕慢，只怕站。

驴打滚，利滚利，三年头上卖房地。

吃不穷，用不穷，打算不好一世穷。

树大分权，人多分家。

不是怕老婆，为了省生祸。

狗生狗欢喜，自生自中意。

有爹有娘珍珠宝，无爹无娘路边草。

三岁打娘娘会笑，廿岁打娘娘上吊。

砖头瓦块也有用得着的地方。

天热不忘带衣裳，肚饱不忘带干粮。（以防万一）

凉亭虽好，终非久留之地。

有借有还，再借不难。

蜈蚣脚多蛇游快，多讲多话要招怪。

（二）生产生活类谚语

牛虎年定缸锅，羊马年好收成。

桃三杏四梨五年，枣树当年能卖钱。

没枣树还打一杆。

宁走十里平，不走五里坡。

打了春，冻断筋。

春打六九头，河里水就咚咚流。

冬天冷不怕，春风要人命。

春风脱帽清明脱褡。（褡，棉衣）

二八月，乱穿衣。

一腊月，白三白。

腊七腊八，冻死哑巴。

四两铁，也得生着炉子。

立夏不种瓜，到老不开花。

天长不过五月，天短不过十月。

二八月昼夜相投。

十月天，鬼脸天，媳妇不离锅灶边。

田荒穷一年，山荒穷一世。

买屋买走路，买田买水路。

外行生意勿可做，内行生意勿错过。

好货不便宜，便宜无好货。

小头眼不开，大头等不来。（头，赚钱生意）

木匠不用学，榫头做准确。

吃哪国饭，望哪国天。

大鱼吃小鱼，小鱼吃虾米，虾米吃烂泥。

穷无穷到底，富无富到根。

金窝银窝，不如家里草窝。

只要老公好，苦苦也无告。（无告，没话说）

柴米夫妻，酒肉朋友。

亲兄弟，明算账。

打死打活亲兄弟，煮粥煮饭家乡米。

家不和，被人欺。

儿子生一百，勿及老公一只脚。

有儿气难淘，无儿死难熬。

三兄四弟杀头牛，勿如自家杀只狗。

廿年媳妇廿年婆，再过廿年做太婆。

光棍做人活神仙，生起病来叫皇天。

小来外婆家，大来丈母家，老来姊妹家。

远亲不如近邻。

留头闺女纳屎布，闲时做下忙时用。

厨下无人莫托盘，朝中无人莫做官。

人情薄如纸。

人在势在，人走茶凉。

死人臭，一处臭；活人臭，处处臭。

日头倒西，孵出来都是草（母）鸡。（传说，孵小鸡时留头闺女放鸡蛋并念语，出母鸡多）

（三）家庭社会类谚语

家贫难管家。

扫帚长粪堆大，有钱老婆会说话。

沙土打不得墙，女儿养不得娘。

媳妇是块铁，夹在胳肢窝也温不热。

荞麦不是楼耩的，媳妇不是婆养的。

兄弟同心金不换，妯娌同心家不散。

消停好办事，慢走跌不倒。

会说的惹人笑，不会说的惹人跳。

碾谷要碾出米来，说话要说出理来。

煮饭要放米，说话要讲理。

打人不打脸，骂人不揭短。

有手不打上门客。

骂了老人减阳寿，打了孤生折子孙。

十月怀胎肚，母亲常不安。

肚尖男孩，肚圆女。

小孩屁眼三把火。

棍棒底下出孝子。

娇生惯养没好报。

老人不讲古，后生会失谱。

能让打了鼓，不让受了苦。

家有二升糠，不叫孩窜戏坊。

好孩不当兵，好铁不打钉。

吃饭自家饱，读书自家好。

补漏趁天晴，读书趁年轻。

竹有节，人有志。

人穷志气高，不好也会好。

不怕别人看不起，只怕自家不争气。

龙门要跳，狗洞要爬。（能屈能伸）

气力压大，胆子吓大。（万事需磨炼）

无事不可胆大，有事不可胆小。

前怕狼，后怕虎，只好摸摸鸡屁股。

人靠良心树靠根，走路全靠脚后跟。

吃饭防噎，走路防跌。

不听老人言，吃苦在眼前。

小洞不补，大洞吃苦。

讲讲话话散散心，闷声不响要生病。

会赚不如会积。

越等越懒，越吃越馋。

扫地只扫地中央，洗脸只洗鼻头梁。

出门不弯腰，灶前无柴烧。

宁可给乖人背包袱，不可给笨人出主意。

好记性，不如烂笔头。

带鱼吃肚皮，说话讲道理。

牛怕上轭，人怕落轧。

吃回苦头学回乖，事勿经过勿知难。

是非只为多开口，烦恼皆因强出头。

死要面子活受罪。

有愁无愁，愁六月没日头。

百病好医，贱骨难医。（贱骨，贱骨头）

赌来钱一蓬烟，挣来钱万万年。

只宜起早，勿宜落夜。

有气当无气，懊恼当欢喜。

有力莫尽撑，有势莫尽行。

村看村，户看户，群众看的是干部。

（四）农用谚语

七十二行农为先，百亩之田肥当家。

人靠五谷养，粮靠粪土长。

秋天划破地皮，胜过春天犁上十犁。

创个坡坡，吃个窝窝。

麦坐胎清明前后，六月六就看谷秀。

黄疸收一半，黑疸连根烂。

三耕六耙九锄抛。

丑妻薄地家中宝。

头遍草，二遍苗，三遍顺垅跑。

人哄地皮，地哄肚皮。

麦浇黄芽，莱浇花。立夏高粱，小满谷。

积肥如积粮，粮在肥中藏。

秋天划破地皮，胜过春天犁地。

麻三谷六豆九天。

种在田，收在天。

正月十五雪打灯，一个谷穗大半升。

有钱难买五月五日旱。

不怕初一、十五下，单怕初二、十六阴。

六月连阴吃饱饭，七月连阴净扯淡。

不懂庄稼脾气，枉费一年力气。

生地萝卜熟地葱。

秋锄一日草，春少十日忙。

日落云不到明。（天明不了就下雨）

燕子转天蛇溜道，大雨马上就来到。

东虹圪雷西虹雨，南虹出来发大水。

出了西虹一天一场，出东虹圪雷三场。

一耳阴，二耳晴，三耳出来动刀兵。

头伏有雨，伏伏有雨。

早霞不出门，晚霞晒死人。

八月初一洒一阵，旱到来年五月尽。

节气不饶人。

春雨贵如油。

天黄有雨，人黄有病。

九月重阳盼十三，十三不下一冬干。

一场春风一场暖，一场秋风一场寒。

八月十五云遮月，正月十五雪打灯。（好年景）

哪有寒露不割谷。

七月连阴吃饱饭，八月连阴干缭乱。

热生风，冷生雨。

东风潮雨，西风下。

黑云红稍，小心冰雹。

早上下雨中午晴，晚上下雨到天明。

天冷夜猛晴，一定有霜冻。

日落西风定。

处暑不出头，割上喂了牛。

谷旱小，麦旱老。

麦收三月雨，还怕四月风。

麦收八十三场雨。（八月、十月、来年三月）

养儿攻书，种地喂猪。

栽树无巧，深栽实捣。

男人别忘秋刹地，女人莫忘夜纺花。

家种千亩地，服手一张锄。

（五）节庆风俗类谚语

初一浇，初二包，初三、初四油炸糕。

二月二，照房梁，蝎子蜈蚣无处藏。

二月二，龙抬头，大仓满小仓流。

二月二，龙抬头；龙不抬头，我抬头。

喝了雄黄酒，百病远远去。

腊月二十三，打发老灶爷上天。

冬暖人生病，夏凉不收田。

（六）地方常言俗话

家种千顷地，不如随身带手艺。

财神爷性扣。（扣，小气）

丑便丑一合手。

贪多嚼不烂。

大事盼小，小事盼了。

有父不显子，除父数长子。

人为财死，鸟为食亡。

山河易改，秉性难变。

有志不在年高，有理不在言高。

真金不怕火烧，好媳不怕人瞧。

不怕不识货，就怕货比货。

乡为乡，土为上，关老爷为的是蒲州府。

耳听为虚，眼见为实。

露水没籽，瞎活没本。

蛆枣先红，狡家媳妇先穷。

不经一事，不长一智。

人不可貌相，海水不可斗量。

一人说话满有礼，两人说话见高低。

圪溜木头随斜扯。

逍停办好事，慢走跌不倒。

酒吃滋味话听音。

人怕老来穷，谷怕秋后旱。

为人不做亏心事，半夜不怕鬼叫门。

仁义水亦甜。

清官难断家务事。

男人无刚一世穷，女人无刚不如人。

人心没足蛇吞象。

儿不嫌母丑，狗不嫌家穷。

钱难挣，屎难吃，王八好当气难出。

跟上好人学好人，跟上巫婆会下神。

蹭吃果还嫌酸。

有饭要给饥人吃。

人多涉靠，龙多旱，媳妇多了不则（做）饭。

灯不明要拨，事不明要说。

狗咬狗，两嘴毛。

哈巴狗撵狼，称咬嘞，称跑嘞。

驴粪蛋，外面光。

丑配丑，一合手。

想吃猪肉，又怕腥了嘴。

懒驴上磨屎尿多。

人是铁，饭是钢，一顿不吃饿得慌。

吃不穷，穿不穷，计划不到一世穷。

一个吹箫，八个捏眼儿。

树叶儿跌下来还怕砸着头。

打人不打脸，骂人不揭短。

拴住牲口嘴，拴不住人嘴。

磨道不愁寻你个驴脚踪。

适敬适让吃不了，争争吵吵不够吃。

一疙瘩烂肉坏了满锅汤。

好朋友，算清账。

丑配丑，一合手。

不怕猛虎三只眼，但怕人怀两条心。

愿和行家打岔，不愿和裂巴（外行）说话。

从小看大，七岁看老。

热了大家热，冷了各顾各。

不怕不识货，就怕货比货。

夫妻不和众人欺。

人敬我一尺，我敬人一丈。

力气是浮财，走了还要来。

人活脸，树活皮，南瓜活个肚脐脐。

能吃赶前饭，不说赶前话。

穿衣吃饭称家当，搽胭抹粉称衣裳。

谁有头发肯当秃儿。

会说话顶钱花。

求人舀饭唱稀汤。

新打茅坑三天香。

当家才知柴米贵，养子方知父母恩。

早起三光，迟起三慌。

春捂秋冻，不生杂病。

冬吃萝卜夏吃姜，不用医生开药方。

人不亲行亲。

大丈夫不听脊后之言，好男子不记隔宿之仇。

天上下雨地上滑，自己跌倒自己爬，亲戚朋友拉一把，酒换酒来茶换茶。
凤凰落架不如鸡。

龙游浅水遭虾戏，虎落平川被犬欺，豹子下沟不如猪，凤凰落架不如鸡。

三更灯火五更鸡，正是男儿立志时，黑发不知勤学早，白头方悔读书迟。

一人省下三尺布，两人节约一条裤，一天浪费一把谷，三年扔头大肥猪。

（七）歇后语

荽子薅麻——逞甚比摆

脚大脸丑——甚心事也有

猪八戒蹬倒盘碗柜——粗人打是细家伙

老鼠给猫洗脸——挣钱不要命

门缝里瞧人——把人看扁了

头上穿连袜（袜子）——脸上下不来

大年初一戴凉帽——有甚耍甚

草帽烂了边——顶好

伍佰钱等分——二百五

鞋帮当了帽檐——高待啦

街门上挂笸头——搭理你是盏灯

皮带打人——软收拾

蚂蚁戴谷壳儿——假充大头

讨吃的喝醋——穷酸

卖醋的跌河里啦——完酸了（完蛋）

六个指头挖痒痒——多一道

和尚帽——平不沓儿

老鼠钻到风箱里——两头受气

干蚂蚱戴笼头——假装大牲口

光屁股撵狼——胆大不要脸

杀猪杀屁股——一人一个做法

猫啃骨头狗舔碾——解心焦

蚧蛤蟆蹦到脚面上——不怕也瘆人

说书的掉泪——替古人担忧

一辈卖蒸馍——甚气没受过

一锹想剜个井——甭想

二十一天不出鸡——坏蛋

三九天种麦——过时啦

三九天穿单衣——抖起来了

仨铜钱放两下——一是一，二是二

大风里吃炒面——张不开嘴

大麻籽儿喂牲口——不是料

哈巴狗咬月明——闲出横劲

老鼠拖油圪芦——大头在后

麦秆吹火——小气

夜壶掉了梁——不能提

狗掀门帘——全凭一张嘴

花圪卷打锣——没音

搬不倒跌血盆里——红人

脚盆洗脸——没上下

歪嘴吹火——吃是邪劲

十个小钱儿丢了一个——九文（久闻）

黄连树下弹琴——苦中求乐

四两棉花——弹（谈）不着

庙里的泥马——惊（精）不了

木头人跳河——沉（成）不了

老虎拦车——没人赶（敢）

豆腐渣贴门神——不粘（沾）

穷木匠开张——只有一锯（句）

公鸡戴帽——冠（官）上加冠（官）

卖布的不带尺——存心不量（良）

河边洗黄连——河（何）苦

外甥打灯笼——照舅（旧）

大闺女生孩——头一着（遭）

墙上挂狗皮——不像画（话）

（八）串话

四大脆：扯市布，打细碗，新媳妇说话，鸟叫唤。

四大弯：辘轳把，水烟袋，肩肘窝毛，豆芽菜。

四大灰：赶罢会，唱完戏，打发了老婆，卖了地。

四大酸：没熟的杏，亚水缸菜，娘们争风，山西醋。

四大急：大便没纸，抽烟没火，赌资不够，逛窑（泡妞）熄火。

四大俊：空中鸟，水中鱼，十七八大姑娘，四颗牙的驴。

四大长：女人的头发，不剪的柳，古老的长城，贪官的手。

四大白：天上的雪，地上的冰，大闺女的屁股，剥了皮的葱。

四大红：杀猪的盆，寺庙的门，大姑娘的裤衩，火烧云。

四不摸：蝎子尾巴，马蜂窝，老虎的屁股，烧红的锅。

四不时尚：破戏台，老秀才，小脚老婆，水烟袋。

（九）两首长民谚

《五指断终生》[1]

一尺一寸者为风波之骨

尺一生来人命穷，改门立户便亨通。亲情兄弟全无靠，只好独自整家风。

此命为人辛苦多，不招祖业奈如何。若得手艺为根本，伯然红杏出墙柯。

一尺一寸一分走徒之骨

忧愁度日禄平平，难靠此人独自成。服侍上人禄可取，微权近贵有贤名。

胸中烦恼事难全，一量荣华自天然。若要平妥并享受，后运终须改门关。

一尺一寸二分兰台之骨

殷勤和气不忧贫，家自须当靠自身。生成骨骼无破耗，自然荣耀超家门。

平平命运虽然好，中运又见胜几分。晚景好像中秋月，果然花田寿方真。

一尺一寸三分扶风之骨

扶风之骨甚艰难，前破后成数必然。出外经赏精艺术，自然衣禄保完全。

蜘蛛结网用心坚，风雨摧残再登攀。破财多番受挫折，有志竟成在晚年。

一尺一寸四分虚名之骨

此格生来是衣粮，祖业难承岂不祥。穷则思变创事业，晚年更比青年强。

为农为工命相宜，半斤八两不高低。姻缘好似过路客，三次婚配两次离。

一尺一寸五分白手之骨

此命必定主分张，祖业难成未可当。早年奔波家不足，交行未远始隆昌。

一全劳碌成家计，六亲骨肉各东西。辛勤劳动兴家业，富后勿忘穷时机。

一尺一寸六分清高之骨

事业虽微难靠亲，营亲买卖老风尘。他乡创业人饮敬，赢得名声归载门。

禄重如山数不低，机关深奥有玄机。财来财去终还聚，运转荣华有马骑。

一尺一寸七分常喜之骨

尺一七分骨少长，离家在外创田庄。命中难为游走客，后来立业家荣昌。

---

[1] 人生在世不论富贵、贫贱，都有两只手，不论男女老幼都用手去劳作，不论士农工商都用手去创造生活所需要的一切物质财富，人离了手都难以生活，可见手与人的关系密切，对一生幸福和苦难至关重要。古人经过数次研究、实验得出这样一个绕论，手指长短、手掌大小对人的命运息息相关，故细长者性慈而好施，厚短者性灵而好取，身小而手大有福禄，身长而手小者多清贫，指长者巧而聪慧，指短而敦厚者粗，指柔而密者蓄积，指硬而疏者不聚财，手软如绵者富，手皮连如鹅掌者贵，掌长而厚者贵，掌软而方者富。

　　词解：贵人十指软如绵，不但清闲福自添。粗浊定非君子相，凶愚可断不可嫌。

　　起例：用皮市尺为准，凡问数者成年人以男左女右手，用无伸缩的线量五指各个长短，一个一个加起来，再加上横掌。尺寸：用皮尺量之总长数，便知终生福祸与吉凶，并无差错。

妻宫小配不相待，向有弄克难到老。送老一子犹真假，年近八旬安乐休。

一尺一寸八分飘浮之骨

此格他乡自立身，祖宗产业枉费心。夫妻合力为同伴，兄弟虽好各自亲。
早年劳心未成功，待到花开一样红。出外经营有贵助，最好还是改门庭。

一尺一寸九分平等之骨

刑克亲戚各分张，兄弟如同参与商。妻儿两硬方偕老，一生劳碌自承当。
早年辛苦聚财源，四九立后福自添。虽生二子又一女，送终只有一子半。

一尺二寸自立之骨

身心不定足不闲，二限之中剥杂间。时运来在中年后，自然福禄享无边。
妻宫有碍防再婚，互忍互让方为均。送老子女仅一个，寿无定限近八旬。

一尺二寸一分档蓉之骨

应得梅花早来春，无如月会一时新。不然辰巳寅申月，数合先天福自得。
进退徘徊自省愆，先忧后喜历艰难。寸心良苦阴人退，银赡普照利名全。

一尺二寸二分未法之骨

一尺二分不用焦，早年辛苦受熬煎。若交中运财源进，晚年运限乐滔滔。
一身徘徊半失意，半凶半吉未为周。中年渐渐门庭换，末远荣华待自由。

一尺二寸三分微颇之骨

前长后短骨不长，孤客单行在外乡。直交晚年方结果，荣华衣禄有余粮。
该交末运称心时，命中孤独自己知。朝暮用心多辛苦，奔驰驱离运来迟。

一尺二寸五分近梦之骨

财来财去定衣粮，夹妻同道有刑伤。更变财源方过喜，时来末运竹贤门。
初年衣食甚盈余，时到中年方知限。半百之后才结实，劝君莫怨运来晚。

一尺二寸六分无求之骨

龙居浅水遭虾戏，虎落平川被犬欺。年过四旬方如意，时来运转称心机。
初限三年有克伤，刑妻克子见火殃。直到四十交好运，改换门庭大吉昌。

一尺二寸七分离祖之骨

何渭离祖细推辞，平生基业二三场。重重改挨方为美，末运交来福禄长。
自成家计用心艰，一身交换计安然。自荣业裕可长守，后运亨通在晚年。

一尺二寸八分安定之骨

尺二八分整家门，田产留得与儿孙。中运行来家渐起，骨肉团圆喜气新。
八分余利便无说，借问此人命若河。福禄充足衣食奸，末运来时始欢乐。

一尺二寸九分如意之骨

初运驳杂琐碎伤，喜气荣华晚运强。中年之后末运到，门闾改换姓名香。

春天怒放一枝花，却被狂风流蝶爬。亲情犹如水与雪，异姓外人似一家。

一尺三寸花谢之骨

此格生来其驳杂，妻子巧克定不差。心怀耿直不服命，不受人惠自成家。

立志高昂有远见，更兼直爽性天然。六亲手足如冰炭，末限到来始保安。

一尺三寸一分灵机之骨

初年伶俐命不差，中运犹如锦上花。更有贵人来相助，船遇顺风享荣华。

月正圆时花正好，仅防狂风起风姣。稳住萧墙不起祸，方得荣华享到老。

一尺三寸二分寒滞之骨

劳心劳力未见功，只待花开结籽荣。求得贵人素相助，搭上云梯事事通。

初限芳苦在命宫，中年之后才亨通。要想终生得幸福，得意之时莫忘形。

一尺三寸三分自改之骨

此命生来志气高，六亲骨肉总相抛。出外自然逢贵星，独立拼搏逞英豪。

早年快乐晚年来，不受人欺性自乖。展翅高飞才有望，晚年福禄称心怀。

一尺三寸四分变更之骨

初运繁杂苦忧煎，中年家财也不全。朝暮辛勤随时过，晚年忽然称心田。

变更之骨甚刚强，生来心性有主张。更名改姓或承继，末运安然家道昌。

一尺三寸五分咸池之骨

此格初年在外游，中运虽交老未酬。末限不用心机变，六九名传起书楼。

咸池之命幼年强，只恐双亲有刑伤。子息晚来后得力，切记花街莫入场。

一尺三寸六分游行之骨

游行之性使人愁，父母遗产难尽周。在外立身遇贵助，自然衣食无需求。

风吹杨柳无定期，有时顺畅有时屈。虽有六亲能相助，散终还是靠自己。

一尺三寸七分随时之骨

处世机谋立身初，中年限力艰辛勤。直到末限贵过助，恰如枯木又逢春。

亲惜无份奈若何，兄弟如同水上波。仅防中年把财破，末限交来幸福多。

一尺三寸八分得成之骨

得成之骨自安详，若待妥然须晚享。最好独立自为业，半百之后福无疆。

少年时运不甚通，犹如草包撞木钟。祖业凋零财耗散，晚年家道始能兴。

一尺三寸九分智胜之骨

智胜之骨自立身，今生有缘是前因。若要荣华光祖业，须当奔波三十春。

久坐尘埃以待时，书室寂寞有谁知。一朝运到人相敬，富贵还段（不断）有卓识。

一尺四寸安康之骨

安康之骨足衣粮，泰然处世寿自长。立志温和恭俭让，门风改换出贤良。

骨肉光华气象新，家居和好众人钦。安居乐业康宁福，胜似高官上青云。

一尺四寸一分晚景之骨

初限立来已早通，如舟停泊柳荫中。衣禄星神来坐命，一生财禄顺时兴。

中限交来命运好，顺风行船不用蒿。花柳行中忌出入，免得前功尽皆抛。

一尺四寸三分松筠之骨

松筠之骨性高助，文思敏捷星照高。仕途如意奎星照，专等辰己未申逢。

大事先从小事起，大树先从小籽萌。劝君莫要急求成，欲速不达自费功。

一尺四寸四分天柱之骨

温良恭俭志不休，天生禄下不用愁。若问终生真富贵，半生欢乐半生忧。

酒色财气与人伦，世人厌恶又难分。如果把持应有度，才是世间人上人。

一尺四寸五分黄殿之骨

此命身高难靠亲，全凭艰苦扎下根。七十二行都想干，八方黄土都埋人。

不须百行样样会，单求专业上青云。劝君立志应烈早，莫反青春当浮云。

《谈天说地》

正月

岁朝宜黑四边天，大雪纷飞是旱年。但得立春晴一日，农夫不用力耕田。

二月

惊蛰闻雷米似泥，春风有雨病人稀。月中但得逢三卯，处处棉花豆麦佳。

三月

风雨相逢初一头，沿村瘟疫万人忧。清明风若从南至，定是农家有大收。

四月

立夏东风少病疴，晴逢初八果生多。雷鸣甲子庚辰日，定主蝗虫侵损禾。

五月

端阳有雨是丰年，芒种闻雷美亦然。夏至风从西北起，瓜蔬园里受熬煎。

六月

三伏之中逢酷热，五谷田中多不结。此时若不见灾厄，定主三冬多雨雪。

七月

立秋无雨是堪忧，万物从来只半收。处暑若逢天下雨，总然结实也难留。

八月

秋风天气白云多，处处欢歌好晚禾。只怕此时雷电闪，冬来米价道如何。

九月

初一飞霜侵损民，重阳无雨一冬晴。月中火色人多病，若遇雷声菜价增。

十月

立冬之日怕逢壬，来岁高田枉费心。此日更逢壬子日，灾伤疾病损众生。

十一月

初一西风盗贼多，更兼大雪有灾魔。冬至天晴无日色，来年定唱太平歌。

十二月

初一东风六畜灾，若逢大雪旱年来。但得此日晴明好，吩咐农人放下胚。

元旦日

天色晴明，气候熙和，国泰民安。五谷丰登，人少疾，六畜旺，盗贼息。

年头

甲子丰年丙子旱，戊子蝗虫庚子乱。唯有壬子水滔天，俱在正月上旬间。

立春日

甲乙是丰年，丙丁遭大旱，戊己损伤田，庚辛人不静，壬癸水连天。

二　歌谣

（一）歌谣

《哄儿歌》

秃便秃儿，可有福，三亩荞麦二亩谷。小虫扇，犭㺓吃，收秋打了二担多。
月儿弯弯像张弓，日头儿红红像灯笼。灯笼照在东海东，弓儿挂在半天空。
嗯！嗯！哄孩睡，娘打垫（放枕头），孩子睡了娘赶会。

《九九歌》

一九二九不出手，三九四九冰上走，五九六九沿河看柳，七九河开八九雁来，
九九加一九，耕牛遍地走。

《四季歌》

春天东风雨涟涟，夏天东风断井泉。秋刮东风花草死，冬刮东风雪漫天。

春节早晨日未升，快看黑云何处生。东黑春雨南黑夏，西夏秋雨北黑冬。

一怕正月暖，二怕二月寒，三怕三月白霜下，四怕四月雾遮天，五怕五月大风旋。

《节令歌》

春雨惊春清谷天，夏满芒夏暑相连。秋处露秋寒霜降，冬雪雪冬小大寒。

上半年是六、廿一，下半年来八、廿三。

《脚小歌》

王大娘李二嫂，两只小脚像辣椒。走一步摇三摇，大风吹能刮倒。

《男女不同歌》

世上男人能串门，女的抬脚是非生。哪朝立下这规矩，女人比男低三分。

《劝世歌》

酒是杜康造传流，能和万事解千愁。成败破坏皆酒过，洞宾醉倒岳阳楼。

李白贪杯将心伤，刘伶大醉卧荒丘。盘古至今宙于世，酒迷真性不回头。

色是妇人八宝妆，贪鸾娇嫁不久长。正业不务忙里慌，自不觉识受损伤。

董卓好色江山失，吕布贪媚下杯亡。世人若将美色爱，袖里藏刀暗损伤。

财是世人养命根，白银买动黑人心。父子为财怨仇结，兄弟朋友也无情。

登通为财荒郊死，石崇富贵范丹贪。无理为财心伤命，死后不拿半分文。

气是心头火一盆，为人休将闲气生。恶人无理怒气冲，善人理足不吭声。

立逼霸王乌江死，韩信斩在魏阳宫。劝君莫要生闲气，争名夺利一场空。

（二）童谣

针圪芦针，哑又哑，我到河南撒杏花。杏花骨朵儿哪里啦？张家姐姐带走啦。张家姐姐会做啥？会梳头，前头梳了个光溜溜，后边梳了个看家楼，看家楼上有卜葱，老婆吃了心里疼。骑上毛驴请医生，医生来了，老婆好啦。医生走啦，老婆倒啦。

狗咬谁嘞？狗咬张八。你来做甚？借个熠插。甚会取了？腊月初八。甚抬轿嘞？圪蟆老耗。甚当媒人？大肚蚂蚱。媳妇好歪，满脸扎疤。脚手好歪，圪溜黄岱。吃喝好歪，树皮饸饹。

狗咬嘞，狗咬谁嘞？狗咬张八。张八干甚嘞？张八下帖。下帖哪趟娶嘞？腊月初八。媳妇好不好？满脸蚕痧。头好不好？小虫尾巴。嘴好不好？满嘴獠牙。脚好不好？圪芦黄瓜。

乜（miē）孩亲，乜孩蛮，乜孩大了编不篮。乜孩亲，乜孩蛮，乜孩大了卖烧饼。

拨灯棒儿，点灯棒儿，爷爷娶了个十七八，好擦粉，好灌花儿，喜得爷爷没哪法儿，想水流了一洼儿，让给爷爷拌疙瘩儿。

圪凳铛，卖麻糖（一种油炸食品），卖了你爹买你娘，有了媳妇不要娘，把娘挂在枣树上，媳妇坐在热炕上。

搿圪垒搿，卖菜汤，红花果的就菜汤。

爹织布，娘纺花，奶奶炕上看娃娃。爹一口，娘一口，咬了孩的小手手。

点一点二点黄沙，猪头的脑烂南瓜，谁要放屁就是他，跌倒起来还臭他。

缸跟缸，倒落姜，蚂蚁叫你喝了汤，一碗捞饭两碗汤。

扯锯，捞锯，扯了姥姥家槐树皮，姥姥打舅舅骂，小姨出来叫喳喳，扯成板割成柜，招（让）孩大了攒挣钱。

挤圪溜瓜，板凳开，亲爷说了个后奶奶。

碓臼碓臼捣捣，笤帚笤帚扫扫，簸箕簸箕扇扇，小虫（麻雀）小虫鸽鸽。

给你钱，割肉哇，肉哪了？猫吃了。猫哪了？上树了。树哪了？河冲了。河哪了？牛喝了。牛哪了？上山了。山哪了？轰隆轰隆山塌了。

担水路，二指宽，杨桃叶，滚菜汤，驴粪蛋，蒸干粮，露水圪朵洗衣裳，干柴棍棍搭衣裳，你（niē）看看老婆恓惶不恓惶。

烟筒不通火不过，炕里黄孩病老婆。

老鸦雀，圪喳喳，谁来了，贵福家，吃是甚，肉煮角，穿的甚，套（厚棉）领褂。

铛铛起，起铛铛，我和你娘没问题，三块两块给过你，为啥结婚你不愿意。

咚咚呛咚咚呛，秧歌来了沙圪廊。

地圪垒地，羊放屁。

地圪垒地，北漂漂，我去姥姥家绕一遭，姥姥见了笑嘻嘻，妗的见了瞪两眼，妗的妗的不要瞪，哪个孩的没舅舅，哪个山上没石头，哪个河里水不流。

姜圪垒姜，卖菜汤，油粑豆腐白菜香。

吧吧吧，瞪眼来，大的不来小的来，高阶圪落（厕所角）寻人来。

圪墩铛，卖煤厢，娶转媳妇不用娘，把娘挂在枣树上，媳妇炝在热炕上，把媳妇炝成个焦疙粱。

去哪嘞？割肉嘞。肉哪嘞？猫吃嘞。猫哪嘞？上树嘞。树哪嘞？河冲嘞。河哪嘞？牛喝嘞。牛哪嘞？耕（音 jīng）地嘞。地哪嘞？小虫（麻雀）儿不摊嘞。小虫哪嘞？上天嘞。天哪嘞？天塌嘞……

蒸圪芦蒸，哑又哑，哑到河南老舅家，老舅老舅不在家，扒住墙墙撒杏花，杏花圪哪个嘞。蟑螂姐姐戴走嘞。螳螂姐姐会做甚？会梳头，前头梳得光纽纽，后底梳得看家楼。看家楼上有个甚？有个木鸽蛋，张也张不烂，咬也咬不烂，气得老娘不吃饭，又有菜，又有酒，不吃你兀莱，不喝你兀酒，打上锣敲送乜（音 miē）走，上了坡，黑老三，下了坡，至河滩，杨树叶，滚菜汤，瞧呐（意，他）恓惶不恓惶。

你（niē）爹哪个嘞？上地嘞。上地挣（做甚）个嘞？打圪垃。一打打到地头起，拾了个钱，买了个桃儿，一屁嘣死个猫。

唔！唔！孩孩睡，娘赶会，赶会回来给孩买个糖拔脆。

访个古，道个古，亲戚来了坐茶壶，谁来嘞？你姨夫。给你拿些甚？圪夹的两眼眊眊糊。

一出门，走六步，碰住你六叔和六舅，借给我六斗六升好绿豆，收了秋，打了豆，再还六叔六舅六斗六升好绿豆。

你家在哪嘞？小枣沟。有枣没枣？有枣还扁豆蒸糕！有糕没糕？有糕（高）还一幔平川！有川没川？有船还瓜皮渡人！有人没人？有人还小鬼铡草！有草没草？有草还圪针喂驴！有驴没驴？有驴还牤牛拽磨！有磨没磨？有磨还碓臼捣麦！有麦没麦？有麦还出了四梢！有梢没梢？有梢（桶）还碗灌担水！有水没水？有水还七州八县！有垎（木垎）没垎？有垎还簸箕箩面。有面没面？有面还小肚忍饥！有鸡没鸡？有鸡还鸦狐叫鸣！有明没明？有明还草棒点灯！有灯没灯？有灯还月明照地！有地没地？有地还跟你说喔扯淡话嘞！

大麻地里点灯，烧着猫儿猫儿眼睛，猫儿猫儿告状，告到和尚，和尚念经，念在观音，观音护谁，护嚓小鬼，小鬼推磨，推嚓南坡，南坡跌了大腿，按上棒槌。

抖威风，下黎城，黎城吃了碗面，稀屎拉到县，县里吃了一个流瓜，稀屎拉到家，家里吃了个胖疙瘩，上地打疙垃。

小虫（麻雀）扇，圪林（松鼠）吃，临秋打了十担谷，吃五担，籴五担，气得老娘不吃饭。

屁是一只虎，出来无人堵，三千小将来堵屁，一屁嗡死两千五，嘣倒太行山，捎带了潞安府，丢下五百人，鼻子、耳朵、眼窝都是土。

见山猴，见呐（音 niá）都烧香你磕头，呐都做（音 zē）甚咱（音 zá）做甚，呐跟呐都不差甚。

呐都动，你不动，呐都秧种，你上粪，呐都一亩打十担，你十亩打了一包包，老婆哭，孩的嚎……

月亮牙，黄吧吧，爹织布，娘纺花，孩的号的叫爪爪，锅的熬，孩的号，猪滚门的驴啃槽。

黑夜盖了个络络被，你也拽，我也拽，一拽拽成两个疙瘩，孩子当中说了话，叫大大叫妈妈，他爹一捶起了火，呼啪给了两拨哑，乜一个人盖了一疙瘩，头明起过大年，孩的冻了直映映。

有钱人盼的个过年节，猪肉不知道割了多少斤，滚水紧，钢刀切，穿新衣戴新帽，沿庙烧香赶紧跑，大的起来哈哈笑，小的起来要圪桃；没钱人怕的个过年节，猪肉割了没几斤，冷水紧，木刀切，孩的当中胡圪捏，他爹一捶起了火，呼啪给了两拨哑，东庄有你拐老爷，西庄有你瘸舅舅，南庄有你锅小姨，北庄有你瞎干爹，待了这些戚，咱才可以吃一吃。

三 民间谜语

谜儿，谜儿，你不猜，稀屎抹你两圪腮。（柿子）

高高山上种芝麻，割了一茬又一茬。（头发）

半墙上有俩窑窑，里头有俩黑圪桃桃。（眼睛）

半墙上有俩缸缸，里头放有些稠米汤汤。（鼻子）

东圪嘴，西圪嘴，两个小鬼熇圪晶。（耳屎）

红门门，白院墙，里头住的个巧大娘。（嘴）

红娘娘害病，黑娘娘打听，长腿老婆瞧病。（看火、瞧火）

一拔苇，顶住天，拉红布，放火鞭。（雷雨天）

头戴纱帽，身穿绿袍，腰别棒捶，脚踩海毛。（玉茭）

青竹竿，挑小楼，里头住的一窝红屁眼猴。（茭子、高粱）

弟兄十人抬炮出城，大雨一场收兵回营。（撒尿）

我家有个卧牛，尾巴出在外头。（火炕烟囱）

我家有个小不大，满家着不不。（灯）

四四方方一座城，里头住的百万兵，只听城里刀唤响，不知杀了多少人。（算盘）

三角四方偏又圆，神仙猜了二十年，你要猜真这个字，尝你两囤金黄米。（膏药）

四条腿，没尾巴，只听肚里呼噜噜响，嘴里吐黄沙。（扇车）

翘翘起，起起翘，立的没那坐的高。（狗）

青枝绿叶长的高，死了水里漂，扒下皮来街上卖，骨头还能当柴烧。（荒麻）

弟兄七八个，围着柱子坐，大家一分手，衣裳都扯破。（大蒜）

从小绿蛋蛋，到大红蛋蛋，穿的叉叉裤，露出黑蛋蛋。（花椒）

一母生来弟兄多，长大成人各垒窝，还魂过来说老婆。（蚕）

短短路程走不完，雷声隆隆不下雨，大雪纷纷不觉寒。（石磨磨面）

金木臼，银木臼，里头放的些恶心面。（煤灰圪道）

青石板，石板青，青石板上钉银钉。（星星）

我家有个黑汉，的脑上顶个铁蛋。（火柱）

三条腿圆圆，看上去扁扁，拿动唠款款，吃顿唠软软。（煎饼鏊）

金圪墩，银圪墩，十八个老牛驮不动。（大炕）

小闺妮，红袄袄，的脑上长个偏辫绞，呜叫一声就跑了。（鞭炮）

麻布袍的白布里，粉红衬衫白身体。（花生）

生在蒲（脯）州，长在邠（皮）州，聂（捏）州得病，死在济（挤）州。（虱子）

一块铁，八股脚，猜不准，闷死鳖，猜准了当王八。（钟）

南阳诸葛亮，稳坐中军帐，摆开八卦阵，单捉飞来将。（蜘蛛）

两拔干柴担过山来，脚也踏来，手也扒来。（立式织机）

有人在路上喝醉酒跌在路上，有个媳妇去扶他圪来，有个官过来了，问："他是你甚了，你去扶他，帮他忙了。"媳妇就说："醉壶（醉酒者），醉壶，醉壶跟我有缘故，醉壶家妻侄是俺表兄，表兄家姑姑嫁的是醉壶。"官就说："兀是个扯淡亲戚哇。"你说到底是个甚亲戚了。（父女关系，说明官也是个糊涂官。）

什么有腿不会走路，什么没腿到串州城，什么有嘴不会讲话，什么没嘴道字真。（板凳有腿不会走路，板担没腿到串州城，茶壶有嘴不会讲话，丝弦没嘴道字真。）

冬生冬长，夏天不长，有根无叶，根朝上长。（琉璃拔脚，即房檐冰凌）

姊妹两人一般高，腰里系的黑丝绦，你在顶上等等我，我下阴间转一遭。（担水的木桶）

大的脑，细尾巴，吃顿饭了先紧他。（舀饭勺子）

大哥背呀篮，二哥跑半夜，三哥起五更。（狗、猫、鸡）

上坡三点头，下坡顺水流，走路不做伴儿，洗脸不梳头。（马、蛇、狼、猫）

大哥稳稳重重，二哥跳天说地，三哥破家五鬼，四哥成家立地。（捶布石、棒槌、剪、针）

房上灰树上炭，河里柳叶泡不烂。（鸽子、乌鸦、鱼）

一棵树五圪叉，上头茄的五个瓦。（手）

我家有个木驴驴，人人来了骑一骑。（门前）

姊妹两个伙个汉，到了白天分一半。（门扇门关）

圪州天圪州地，圪州老婆盖的圪州被。（核桃）

红公鸡绿尾巴，收罢秋回咱家。（胡萝卜）

我家有个红脸大汉，肚上崩个大战。（火）

上有毛下有毛，有时毛对毛，中间有个黑葡萄。（眼睛）

白毛巾包黑豆，上南山洒一路。（羊）

四四方方一座城，鸡的不叫它就明。（窗）

俺家有个铁大碗，山水下来灌不满。（灶帘）

腿土里生，两条腿起五更（今），三条腿佛堂坐，四条腿会念经。（萝卜、公鸡、香炉、猫）

一物生的怪怪，毛毛长在肚里头，鼻子插的一根棍，动弹起来屁眼乒乓放屁，嘴里呼噜呼噜出气。（风箱）

一棵树不低不高，上头结的千万舌刀。（秋天地里长的豆）

我家毛女的，圪迟圪迟纳底的。（风箱）

三疙瘩板合成款，弟兄五人往里钻。（剎鞋）

大姐脸蛋美，二姐一肚水，三姐漏白牙，四姐歪着嘴。（果子、葡萄、石榴、桃）

黑漆盖，红漆缸，红漆缸里装密酱。（柿子）

心直口快，满嘴铁牙，叽里咕噜，替人分家。（锯子）

四方头，丈片嘴，腰里有只眼，眼里有条腿。（斧子）

一棵树不高不低，上头结的个小孩圪脑。（茄子）

二小二小，头上长草。（蒜）

摸摸你的，揣揣我的，拨开你的，塞进我的。（扣子）

黑夜来了，白天走了。（脚盆）

俺家有个白草鸡，人们来了满炕跑。（笤帚）

玻璃墙，水晶墙，里头热来外头凉。（暖壶）

吃起来是红的，瞧起来是绿的，吐出来是黑的。（西瓜）

一家好人家，和气不说话，大的死不了，小的长不大。（庙里老爷）

四　借音为本县村名

牛没角——难抵（南底）

小虫儿（麻雀）吃蒺藜——难咽（南堰）

来回接——送返

城皇爷出院——下殿（夏店）

仨绵羊俩谷驴（山羊）——五羊（五阳）

车圪壕里流米汤——饭沟（范家沟）

不走私路——官道

口袋漏啦——别庄（北庄）

鸡毛跌水缸啦——难淹（南岩）

俩人拾了一个钱——难分（南丰）

圪咙眼儿（喉咙）发痒——难挖（南凹）

卜浪鼓没把——难摇（南姚）

高街岸上（厕所）撒白糖——甜脏（田漳）

五黄六月穿棉裤——下凉（下良）

哑巴孩寻娘——难喊（南邯）

五　个案展示：襄垣嚼皮

嚼皮即灯谜。襄垣的嚼皮（灯谜）由来已久，但真正记载者尚无。屈毓华先生在城关废品收购站偶然发现了石刻《襄□□事》残本中的一段梅花篆字（"昔时邑里风俗上元佳期官宦富裕人家尚兴门首挂灯粘贴谜语名之曰灯戏民间俗称嚼皮"），是对襄垣灯谜的记载和描述："昔时邑里风俗上元佳期，官宦富裕人家尚兴门首挂灯粘贴谜语，名之曰'灯戏'，民间俗称'嚼皮'。"这也是至今发现最早的文字记录了。

陆滋源先生在《中华灯谜研究》中引证甲骨：象形文字中的表意图形是"一种隐意的语言"，即"谜"的前身隐语。从襄垣民间人称灯谜为"嚼皮"二字解析：（1）即为嚼掉皮毛，显现出真骨肉，与隐语极为吻合。（2）"嚼皮"在襄垣方言中，是城南乡人的口头禅，又包含着"说浑话"的成因，泛指说一些云山雾罩不着边际的话，蒙别人，让你耗费心思，如同淤泥中挖藕，实为剥茧抽丝，领悟真谛。刘二安先生更是在《甲骨文与中国灯谜的起源》一文中，从汉字结构规律"文书"：象形、指事、假借、形声、会意、转注的角度，深入剖析，以"谜"眼"窥见谜的胚胎"。故而，襄垣民间俗称谜语为"嚼皮"也隐喻着"胚胎"之骨血。需要一提的是：遍查各地灯谜史话，"嚼皮"二字竟是稀世之说，唯独襄垣。

　　"用尽自己心，笑破他人口"，说得直白一些，谜语在其他地方的形式多是文文静静的"枯燥"型，而在襄垣却是嘻嘻哈哈的"娱乐"型。例如："天开眼，地长包。"谜底是下雨、坟墓。而襄垣用"嚼皮"的方式搬到戏剧舞台里，它就变成了"苍天在上高又高，偷瞧脱衣女姣姣。六月偷瞧甚光景，腊月偷瞧啥情调。苍天在上高又高，偷瞧脱衣女姣姣。六月偷瞧下大雨，腊月偷瞧雪花飘。茫茫大地真厚道，地平面上长大包。地面长包是什么，猜不中把你活埋了。茫茫大地真厚道，地平面上长大包。地面长包是坟墓，猜中把你活埋了"。

　　清末民初襄垣灯谜活动不仅多与"商家"结缘者众，而且还波及佛寺院、伽庵空门。清末民间，冯村有一襄商李仕贞，每年正月十五，都要在县城自家的商铺门首张灯结彩，贴谜语供人射猜，凡中者，皆以十文铜或一升黄米为酬，扩大商号的知名度。北关东厢房榆伽庵，旧时也届黄年节下，在庵门外挂几盏灯笼，贴若干条谜语，供上香许愿者射猜，凡中者，庵中尼姑为其祈福念经，时香火日盛。

　　襄垣"嚼皮"文化能长盛不衰地沿传下来，有一个最为显现的特点，就是群众参与者最广，无论是满腹经纶的书香才子，还是目不识丁的庄户农民，"嚼皮"成了人们茶余饭后、紧张劳作之余、黄年节下自娱自乐的主要形式。业内人士评述"嚼皮"文化一致认为与众不同：除了一破一猜、一钩一挂、一问一答、一唱一和的"响眼"外，更独具了主旨相连、遥相呼应、雅俗共赏、吸人眼球、吊人胃口的"彩点"。嚼皮文化的"彩点"很多，归结如下：

　　或肤如凝脂，手如柔荑，但谜底芦舟向晚，乌鬓布衣；

　　或骨软盘酥，耳热眼跳，但谜底清冷侵人，花谢柳桃；

　　或金辉紫雾，鸾舞翠环，但谜底苍颜骨坚，悲风影飘；

　　或海棠醉日，梨花带雨，但谜底浅淡春山，韭绿秋黄；

或唇樱眼娇，万种风情，但谜底水怪山精，暗藏屠刀；

或阴云四合，惨雾遮锁，但谜底堤柳仙掌，溪花青翠；

或有酒如泉，有肴如林，但谜底掺袂成幕，连衽成帷；

或峨冠博带，山瀑悬垂，但谜底星河斗折，松真绝奇；

或纷葩相追，交错贸迁，但谜底苍山如皱，错落成桥；

或漏光泄春，凌雾萱草，但谜底纵酒夜醉，散紫宸朝；

或祥云降趾，和气来臻，但谜底嘉祚伊何，卒土优游；

或深奥涵默，神色如卦，但谜底峭峰渗水，苍翠可人；

或凝神注胆，块垒胸膈，但谜底唐风宋月，澎湃成章；

或雨雪霏霏，伤心悲切，但谜底上乘红日，烂漫风流；

或断壁吞流，喷云化雾，但谜底波平如镜，惠风和畅；

或鞭啸龙津，水拍云崖，但谜底把酒临窗，品茗听泉；

或妖艳邪淫，蚀骨销魂，但谜底柔骨水心，玉洁冰清；

或娇俏红蕊，歌韵脉脉，但谜底恬淡雅韵，庄严凝重；

或迷神醉魄，腥味荤炒，但谜底月映玉影，素面淳朴；

或倾山覆海，浮光掠影，但谜底沉邃袭人，碧倩香澄；

或朦胧缠绵，琼香玉鉴，但谜底婀娜窈窕，爽朗明漾；

或云天雾霾，灼灼端庄，但谜底舒放笑靥，出浴美人；

或佛黄博善，寒蟾飘萧，便谜底金椀香椿，凤尾龙唇；

或甲胄刀枪，烈烈火焰，但谜底朱铅裆锦，寒意凉风。

或引人哈哈大笑，笑到前仰后合，癫狂不已；但也令人额首难解，许久百思不得其解，痴心凄迷，陶醉感动。

襄垣灯谜影响很大、波及较远的时间段要数1925年到1929年期间，"襄垣改良新剧社"总理王维新在县政府公款局的鼎立资助下，高薪聘用了邑里一批著名演员，致力于现代戏的创作演出。为了吸引广大民众观看和吊起人们对新潮戏的胃口，提高改良新剧社在社会上的知名度，费尽心机地把民间"嚼皮"的破（出）谜猜谜糅合进传统的秧歌小戏《摘豆角》情节中，从1926年正月十五开始（该剧比1960年拍摄的电影《刘三姐》要早34年），唱红了上党大小县城，唱遍辽县（左权）、盂县、榆次、临汾等地，走到哪里轰动到哪里，只要一唱《摘豆角》，戏台下人山人海，笑声不断，喝彩声不断。当时社会上盛传有"改良新剧社，山西独一个，一出《摘豆角》，摘走魂三个"。从而使太行山麓崇山峻岭中襄垣小邑岁时风俗荟萃于一剧之中，对襄垣岁时文化的传播和发展产生了重要影响，使得襄垣民间的"嚼皮（谜语）"搬上了戏剧舞台，脍炙人口。例：

嫂唱：

什么花亭亭出水中？

孤茎引绿影分红。

色夺人脸香舞衣，

姊妹几个品态分。

小姑唱：

荷花亭亭出水中，

孤茎引绿影分红。

色夺人脸香舞衣，

姊妹六个品态分。

大姐红莲汉川（四川）生，

二姐白莲洪湖（湖北）中，

三姐建莲建宁（福建）产，

四姐宣莲在宣平（浙江），

五姐清莲吴江（江苏）内，

六妹花莲鄱阳（江西）存。

嫂嫂好比莲花美，

妍丽品态想煞人。

嫂唱：

什么生来姊妹多？

紧紧围着莲台坐。

大的叫伢（nia）亲过嘴，

小的叫伢手捂着。

小姑唱：

笙箫生来姊妹多，

紧紧围着莲台坐。

吹笙人和大的亲着嘴。

品箫人把小的手捂着。

嫂唱：

什么人恩爱情谊深？

天上地下心相通。

什么时候见一面？

哪里相见泪纷纷。

小姑唱：

牛郎织女情谊深，

天上地下心相通。

七月七日见一面，

鹊桥相见泪纷纷。

嫂唱：

什么像个大锅台？

什么人跷腿缝裂开？

什么东西缝中穿？

哪里带出白线来？

小姑唱：

织布机像个大锅台，

嫂嫂跷腿缝裂开，

铁裹木梭缝中穿，

梭肚带出白线来。

嫂唱：

什么像人又像狗？

爬高上树是能手。

学人模样惹人笑，

家里没有山里有。

小姑唱：

猿猴像人又像狗，

爬高上树是能手。

学人模样惹人笑，

家里没有山里有。

嫂唱：

什么生来一道缝？

两边什么毛烘烘？

什么人在上边哼哼呀呀，

什么人在下边搂抱紧紧。

小姑唱：

切草刀生来一道缝，

两边铁齿毛烘烘，

哥在上切草哼哼呀呀，

嫂在下把草搂抱紧紧。

嫂唱：

什么生来粗又壮？

不像人样像狗样？

满身肥肉胖墩墩，

人见人怕都躲藏。

小姑唱：

狗熊生来粗又壮，

不像人样像狗样？

满身肥肉胖墩墩，

人见人怕都躲藏。

嫂唱：

什么像狗又像狐？

土黄衣裳尾巴粗，

白天路上把人咬，

晚上村里吃小猪。

小姑唱：

老狼像狗又像狐，

土黄衣裳尾巴粗，

白天路上把人咬，

晚上村里吃小猪。

嫂唱：

开天辟地谁为先？

什么人钻木取火煮茶饭？

画卦阴阳哪一个？

礼乐婚姻谁牵连？

小姑唱：

开天辟地盘古先，

燧人钻木取火煮茶饭。

画卦阴阳是伏羲，

礼乐婚姻推轩辕。

嫂唱：

什么人治水洪波蹦？

什么人尝百草羊头山？

什么人乱纲纪绝伦理？

什么人封神坛上列花笺？

小姑唱：

禹王治水洪波蹦，

神农氏尝百草羊头山。

商纣王乱纲纪绝伦理，

姜子牙封神坛上列花笺。

嫂唱：

花花公子把门敲，

白净小姐门内焦。

公子小姐情爱深，

见面把她就吃了。

小姑唱：

啄木鸟梆梆把门敲，

松毛虫门内心里焦。

两个只要一见面，
啄木鸟把它就吃了。
嫂唱：
哪个先贤有本领？
修的新家半坡中。
不用椽条和木石，
冬暖夏凉能安身。
小姑唱：
神农氏先贤有本领，
修的窑洞半坡中。
不用椽条和木石，
冬暖夏凉能安身。
嫂唱：
什么水中无鱼群？
什么山中无石寻？
什么人儿无父辈？
什么女儿无夫君？
什么树种无枝丫？
什么城里无市容？
猜中谜底后连句，
可知他是哪部经。
法诀真言念几遍，
不是神人是甚（啥）人。
小姑唱：
普陀南海无鱼群，
伽落山中无石寻。
阿猴悟空无父辈，
弥女尼姑无夫君。
菩提陀树无枝丫，
佛国城中无市容。
南无阿弥陀佛六个字，

《劝修经》中首卷文。
法诀真言念千遍，
不是神人是善人。
嫂唱：
长江在南北黄河，
长年流青又流黄。
哪一个湍湍像绸缎，
哪一个长骨头硬邦邦。
小姑唱：
长江在南北黄河，
长年流青又流黄。
长江湍湍像绸缎，
黄河结冰硬邦邦。
嫂唱：
什么生得怪又凶，
锋芒毕露遍全身。
不可捉来不可摸，
连滚带爬笑死人。
小姑唱：
刺猬生得怪又凶，
锋芒毕露遍全身。
不可捉来不可摸，
连滚带爬笑死人。
嫂唱：
白白胖胖一相公，
满腹经纶不作声。
天下第一蠢才子，
作茧自缚过一生。
小姑唱：
桑蚕白胖不是人，

满腹经纶不作声。

天下第一蠢才子，

作茧自缚过一生。

嫂唱：

嫂嫂生来命运幸，

嫁了一个丘八做夫君。

可下可下颠倒叫，

水乳交融情意深。

小姑唱：

嫂嫂生来命运幸，

嫁了个当兵汉做夫君。

可下可下哥哥哥哥叫，

水乳交融情意深。

嫂唱：

什么人有德又有才，

什么人有情又有爱。

生前不能成夫妻，

死后成蝶分不开。

小姑唱：

山伯有德又有才，

英台有情又有爱。

生前不能成夫妻，

死后成蝶分不开。

嫂唱：

什么人使的兵器两面三刀，

什么人使的兵器大海捞针。

什么人做官他铁面无私，

什么人喜新厌旧杀妻行凶。

小姑唱：

二郎神使的兵器两面三刀，

孙悟空使的兵器大海捞针。

包文正做官他铁面无私，

陈世美喜新厌旧杀妻行凶。

嫂唱：

什么人行同禽畜伤残生，

什么人半路出家不当将军。

什么人冒名顶替露真相，

什么人大嘴巴出口成文。

小姑唱：

打猎人牵狗驾鹰伤残生，

鲁智深半路出家不当将军。

杨大郎冒名顶替露真相，

孔夫子大嘴巴出口成文。

嫂唱：

什么乐器它挑剥离间，

什么精灵得道它得意忘形。

什么人一咏一觞称诗仙，

什么鸟形影不离戏水中。

小姑唱：

琵琶弹奏它挑剥离间，

青白二蛇得道得意忘形。

李太白一咏一觞称诗仙，

鸳鸯鸟形影不离戏水中。

嫂唱：

什么人草木皆兵得便宜，

什么东西上蹿下跳格外凶。

什么虫儿唱歌不知死活，

什么人走街串巷以理服人。

小姑唱：

诸葛亮草船借箭得便宜，

藏獒犬上蹿下跳格外凶。

秋蝉儿唱歌不知死活，

剃头匠走街串巷以理服人。

嫂唱：

什么饭皮开肉绽人见人爱，

什么人神出鬼没人见人惊。

什么地方便于男女常往，

什么人手到病除称为神人。

小姑唱：

黄芽饺子皮开肉绽人见人爱，

钟馗他神出鬼没人见人惊。

茅厕便于男女常往，

华佗手到病除称为神人。

嫂唱：

哪一个小人得志拜为宰相，

哪一个神不守舍下了凡尘。

哪一个粉墨登场吸引人看，

哪一庄事儿他弄假成真。

小姑唱：

甘罗得志拜为宰相，

七仙女神不守舍下了凡尘。

唐明皇粉墨登场吸引人看，

东吴招亲他弄假成真。

嫂唱：

什么人形影相随心事重，

什么人跳粉墙会情人。

什么东西浮光掠影个个倒挂，

什么节日天花乱坠人不出门。

小姑唱：

崔莺莺月下散步心事重，

张君瑞跳粉墙会情人。

猴子水中捞月个个倒挂，

除夕夜大雪飞扬人不出门。

嫂唱：

什么人出嫁妙不可言，

什么佛笑口常开不惹人。

什么人无中生有串江湖，

什么人左右开弓忙不停。

小姑唱：

哑巴女出嫁妙不可言，

弥勒佛笑口常开不惹人。

耍把戏（变魔术）无中生有串江湖，

拉板胡左右开弓忙不停。

嫂唱：

什么书专门聚精会神，

什么人吃东西吐吐吞吞。

什么人穿衣裳宽大为怀，

什么节万家灯火放光明。

小姑唱：

《西游记》专门聚精会神，

小媳妇吃枣吐吐吞吞。

孕妇穿衣裳宽大为怀，

元宵节万家灯火放光明。

嫂唱：

什么人单刀直入江东赴宴，

什么人大器晚成状元公。

什么人老骥伏枥志在千里，

什么人老调重弹温故知新。

小姑唱：

关云长单刀直入江东赴宴，

朱买臣大器晚成状元公。
曹孟德老骥伏枥志在千里,
俞伯牙老调重弹温故知新。
嫂唱:
什么人同室操戈自相残杀,
什么人死而复活借尸还魂。
什么人西出阳关人生地疏,
什么人闭月羞花迷倒众人。
小姑唱:
李世民同室操戈自相残杀,
刘翠莲死而复活借尸还魂。
唐僧西出阳关人生地疏,
貂蝉女闭月羞花迷倒众人。
嫂唱:
什么人腰金衣紫极有权势,
什么人指鹿为马黑白不分。
什么人苦中作乐悲歌散楚,
什么人割断机杼教子成仁。
小姑唱:
秦始皇腰金衣紫极有权势,
秦赵高指鹿为马黑白不分。
汉张良苦中作乐悲歌散楚,
昔孟母割断机杼教子成仁。
嫂唱:
什么东西有头没有脖颈儿,
不长眉毛瞪双眼睛,
长有翅膀它不会飞,
没有腿跑步怪激灵。
小姑唱:
鲤鱼有头没有脖颈儿,

不长眉毛瞪双眼睛,
长有翅膀它不会飞,
没有腿跑步怪激灵。
嫂唱:
什么像云不是云,
好似狼烟不呛人。
日头上来它散得慢,
就怕呼呼刮大风。
小姑唱:
大雾像云不是云,
好似狼烟不呛人。
日头上来它散得慢,
就怕呼呼刮大风。
嫂唱:
什么东西有丝没有蚕,
满肚子洞洞虫不钻,
文静美女子拿把伞。
招不上个武士来圪缠。
小姑唱:
莲藕有丝没有蚕,
满肚子洞洞虫不钻,
文静荷花依荷叶,
招不上个蜜蜂来圪缠。
嫂唱:
八层毛毯一包皮,
黑旋风李逵藏在里。
红头小儿把锁开,
黑旋风大呼两声蹦上天。
小姑唱:
八层毛纸一层皮,

黑色炸药藏在里。

红头火柴把捻点，

两响炮嘣吧两声蹦上天。

嫂唱：

什么人众望所归回家探母，

什么人作画成竹在胸。

什么人中举后喜出望外，

什么人吹笙附和随声。

小姑唱：

杨八郎众望所归回家探母，

郑板桥作画成竹在胸。

范进中举后喜出望外，

南郭先生吹笙附和随声。

嫂唱：

什么人上书为民请命，

什么人自称孤家寡人。

什么树开花千载难见，

什么人射箭百发百中。

小姑唱：

海瑞上书为民请命，

皇帝佬自称孤家寡人。

铁树开花千载难见，

老黄忠射箭百发百中。

嫂唱：

什么鸟泄情恨石沉大海，

什么书言简意赅要语精论。

什么人摸象不识大体，

什么人吹箫走漏风声。

小姑唱：

精卫鸟泄情恨石沉大海，

《道德经》言简意赅要语精论。

盲人摸象不识大体，

豁嘴和尚吹箫走漏风声。

嫂唱：

什么为棋盘什么为子，

什么为琵琶什么为弦。

什么人摆棋什么人下，

什么人定弦什么人弹。

小姑唱：

天为棋盘星星为子，

地为琵琶大路为弦。

鸿钧老祖摆棋女娲娘娘下，

三皇定弦五帝弹。

嫂唱：

什么人生气怒发冲冠，

什么人一落千丈压在华山。

什么人扫帚写字粗枝大叶，

什么人华容道放虎归山。

小姑唱：

张飞生气怒发冲冠，

三圣母一落千丈压在华山。

傅山先生扫帚写字粗枝大叶，

关云长华容道放虎归山。

值得一提的是，襄垣秧歌小戏《摘豆角》的上演，推动了全县灯谜的发展，把全县广大灯谜爱好者制谜从最初的苍白、平庸、粗俗化的流弊中解脱出来，把谜语的审美感、知识感带入了对哲理性社会的思索中，推动着谜语向文雅、历史掌故、成语化迈进。

1945 年 10 月，上党战役胜利后，襄漳县在县政府所在地常隆镇举办祝捷大会，镇上四十余家商铺门首皆红灯高挂，谜语垂吊，参加完祝捷大会的民众流连街市，聆听儒雅文士猜射和评点"嚼皮（谜语）"。1949 年后，每年正月十五，县城上寺楼都要举办猜灯谜活动，射猜中者由主办单位给予钢笔、笔记本作为奖励。恰是在深厚的传统群众文化活动和年节文化的不断助推下，襄垣灯谜发展至今。

"嚼皮（谜语）"真实记录的是历代钟情灯谜的民间人物在奉献聪明才智的同时，蚕食自己心血精魂的谜碑。在这些谜语中，折射出许多被制谜学者誉为的"辘轳格""双钩格""青领格""卷帘格""粉底格""掉头格""燕尾格""粉颈格""乌纱格""骊珠格""掉尾格""摘领格""只履格""系铃格""遥对格""落帽格""上楼格""虾须格"等。难怪已故的制谜高手、1949 年后襄垣县第一任政府民主人士副县长连次华先生在评论襄垣"嚼皮（谜语）"时说"体气高妙，深玮瑰奇，不涉格路，不落言筌"。

嚼皮不仅以耸人听闻的妖艳谜面来吸引人，而且还蕴含着一种蓬勃向上的娱乐、知识文化力量，始终带给我们全新的创新、发展的精神底蕴。如：谜面为："什么生来半尺长？什么人请它进书坊，半夜三更流红水，只见短来不见长。"谜底是："蜡烛生来半尺长，念书人请它进书坊，半夜三更流红水，只见短来不见长。"

襄垣"嚼皮"虽然有部分通过《摘豆角》秧歌小戏的传播流传下来，但绝大多数由于当时没有人去专门搜集和整理，加之物质匮乏，印刷艰难，文化普及程度低，其传播面受到很大的影响，有相当多的"嚼皮"不为人们知晓而湮没无闻。事实上还有更多"嚼皮"原浆有待搜集整理，来充实这一时期的嚼皮宝库。

现将初考襄垣灯谜年谱罗列于后：

◇清朝咸丰十一年（1861）襄垣正月十五就有猜灯谜的习俗。

◇ 1912 年，襄垣仲夏发生旱情。九庄村留日士绅连敬笃家大门外有一眼深井，为了不让左右邻居吃水，他在水井辘轳上贴了一条灯谜："井有井那么深，绳有绳那么长，单开多丈二，双回少八尺。""猜中赏一块大洋，猜不中，不要在井上担水吃。"这一下确实把左邻右舍给蒙住了。村东有一放羊的李老汉，找到连敬笃说，他来试猜，猜中了不要赏钱，让村里人能吃水就行。李老汉说："十八垴头九庄头，七十二个卧羊沟，丈二井神高四丈，短了八尺连敬笃。"把井深两丈八绳为四丈长，以谜语的形式回敬了连敬笃。为村里老百姓争得了水吃。尤其是最后一句，短了八尺连敬笃，痛斥连是小人，枉读圣贤，把仁义礼智信甩到了脑后。1913 年正月十五，老百姓在连敬笃家的大门上贴上了一条近似谜语的帖子，"车字坐车不是仁，敬字没母（文）苟（狗）娘生，笃字砍头右补扇（骗），开明士绅霉软心"。这件事在襄垣引起轰动。当年北京临时政府选举参议院议员连敬笃因此事输给了大黄庄苗雨润，名落孙山，被人笑谈为："留洋"高手连敬笃，让土豹子梃皮了个灰溜溜。

◇ 1926 年襄垣灯谜被王维新（东北阳）以秧歌小戏形式搬上戏剧舞台。

◇ 1945 年 8 月襄漳县驻地常隆镇四十多户商家为配合庆祝上党大捷举办了灯谜活动。

◇ 1946 ～ 1960 年灯谜活动遍布城乡。

◇ 1946 ～ 1956 年县城南关村赵西成（小名三则）与北关孙老五合伙开的染坊每年正月十五举办灯谜活动。

◇ 1961 ～ 1963 年襄垣县文化局首推中国人民银行襄垣县支行常鸿亮先生（东宁静村）为制谜高手。

◇ 1967 ～ 1969 年国防工办永明厂（驻地小堡底）连续举办灯谜竞猜活动。

◇ 1970 年北底公社东宁静大队正月十五在禹王庙举办"嚼皮（谜语）"活动。农民常三虎制作的"推广简化字"（谜底"文化大革命"）被评为一等奖。

◇ 1971 年常鸿亮先生正月十五在上寺楼举办的灯谜活动中制作 100 多条灯谜，射猜中者只有 21 人，其中永明厂技术员顾国威（上海籍）射猜最多。

◇ 1973 年常隆供销合作社正月十五期间，由李玉金、邢辅中、申士清制作灯谜 200 余条张挂供销社门首灯笼，供该镇群众竞猜。

◇ 1974 ～ 1979 年元宵节期间，潞安矿务局机械修理厂（驻地侯堡）举办灯谜活动，同期潞安矿务局水泥厂（驻地周村）举办灯谜活动。

◇ 1980 年襄垣县化肥厂元旦举办职工竞猜灯谜活动。

◇ 1981 年襄垣县供销社元旦举办干部职工竞猜灯谜活动，由制谜高手田茂华（原基层科科长）制谜主持。

◇ 1982 年襄垣县药材公司举办谜会。

◇ 1990 年襄垣县文化馆正月十五期间在上寺楼举办灯谜竞猜活动，一改谜面、谜底多为古典小说人物旧俗，由制谜高手屈毓华将本地执政人物制成谜语，吸引了众多当地能人竞猜。如"慈禧穿金又戴银"（打一襄垣政坛人物），谜底为县人大常委会主任傅国泰；"愚公挖山不动摇"（打一襄垣政坛人物），谜底为县人民武装部政委修平善；"苏武牧羊十二春"（谜底为县农委副主任杨里胜）；"崔判官胸藏生死簿（打一襄垣政坛人物）、（谜底为中共襄垣县委书记桂怀文）"等，引起社会轰动。

◇1991年国家物资储备局襄垣县九七二处一月、十月举办元旦、国庆谜会。

◇1992～1993年王桥镇王阳村焦化厂举办元旦、国庆职工猜谜活动。

◇1994年襄垣县古韩镇西里村小学首开"谜语进课堂"活动，为每位小学生定购幼儿谜语读物一本。

◇2002～2005年山西襄垣百事特（民营企业、驻地西河底村）一月、五月、十月举办元旦、五一、国庆职工灯谜竞猜活动。

◇2005～2010年东宁静小学"六一"节期间，举办幼儿猜谜活动。

◇2007～2012年元旦七一煤矿举办灯谜活动。

◇2014年元宵节夏店镇北田漳村举办灯谜活动。

建筑构件上的谜语

简便易行的灯谜活动

六 小结

襄垣民谣和民谚带有鲜明的时间性或者暂时性，一般民谣反映出民众一时一地对一事一物的叙述或看法，随着时事变化，事过境迁，人们会对具体的人事淡忘，当时流传一时的民谣，也会被人渐渐遗忘，所以如果当时没有人将其记录下来，将口头民谣转为文字民谣，大多数民谣就不会流传后世。而襄垣谚语则相对具有长效性甚至永久性，谚语中关于自然的知识，虽然没有经过科学的实验，却是众人经过长期的体验和观察而积累的经验，这种经验可能是真理或接近于真理，为后世人遵从奉行，因而传诵久远。而关于世态人生的谚语，往往一针见血地说出世态炎凉、人情冷暖，无论意义积极还是消极，都会影响人们的心态和行为。因此襄垣谚语的流传往往是口口相传，流传之远，不依赖于文字记载，是真正的口头文学，我们很难确切地说某一条谚语活于哪个年代，其记录的年代也不一定是它产生的年代，因为谚语的时间性不像民谣那样强。民谣的内容具有暂时性，而其所以能口头流传并被载入史册典籍，也是因为其具有不可磨灭的美的言辞以及美的形式。正是这些言辞和形式与谚语有所不同，民谣常常以其简短而形象的比喻和描述以及其他方式，使具体的人事得以凸显，从而加深人们的记忆。

襄垣民谣作为一种民间口传艺术载体，思想、价值和信息的原生态性具有极高的含金量，蕴含着丰富的史学、文学、社会学、语言学等方面的信息。

（一）透过襄垣民谣，可以窥察历史上襄垣家庭伦理关系一些奇特和典型的现象。

（二）透过民谣可以了解当时社会的风土人情、社会阴暗现象，甚至疾病流行等具体实态。

（三）透过民谣可以了解当时最底层平民的活法，包括对理想的追求、对公平的渴望、生活的节俭程度。

（四）透过民谣可以了解劳动人民智慧和人生经验总结。

我们在采集中发现了大量的生活谚语，谚重于知，谣重于情。有些谚语则渐变为民谣，节气民谣就是人们在长期劳动观察过程中的经验总结。襄垣民谣是襄垣社会民间生活的鲜活见证，从中可以真切地剖析、研究襄垣人民所具有的人生、婚姻、生活、教育、是非和审美观念，是认识襄垣民间社会和人生的一把钥匙。

第五章
襄垣方言 *

方言是地方群体交往的基本手段，是区域社群共同体的基础性表征与遗产，是人们精神生活最直接的表露，是典型的说话文化，对共享者而言，方言是最具亲和感和在场性的活生生的自我存在标识。

第一节　襄垣方言概述

从范畴上讲，襄垣方言属于汉语方言中的晋语上党片。但曾经有一段时间，"晋语"一直被归为"官话"（俗称"北方话"），后来我国著名语言学家李荣先生提出晋语应该是中国第十大汉语方言。1987 年，李先生的这一观点被中国社科院主编的《汉语方言地图集》采纳，第一次正式地承认了晋语这一方言类别，并正式将其列为中国第十大汉语方言。从此，晋语成为与官话、吴语、粤语、闽语、湘语、赣语、徽语、客家话、平话并列的一大汉语方言。晋语进一步分为八支，分别为并州方言、吕梁方言、上党方言、五台方言、大同包头方言、张家口—呼和浩特方言、邯郸—新乡方言、志丹—延川方言。从地域上讲，襄垣位于山西省东南部，因此属于晋语中的上党方言。襄垣方言一般又可以分为腹地襄垣话和边界襄垣话。边界襄垣话因发音的不同，又可以分为西乡话、北乡话、南乡话和东乡话。西乡话带

---

* 这一章主要参考《山西襄垣方言研究》（王民雅，2011 年，硕士学位论文）和《襄垣方言谚语的文化内涵》（梁永红、吕佳佳，《长治学院学报》，2011 年）两份文献及李唯实等所供资料综述而成。

沁县口音，主要分布于虒亭镇、上马乡一带；北乡话带有武乡口音，主要分布于西营镇、下良镇、王村一带；南乡话带有屯留、潞城口音，主要分布于侯堡镇一带；东乡话带有黎城、潞城口音，主要分布于城关镇、王桥镇一带；腹地口音主要分布于城关镇和夏店镇一带。

襄垣方言属于晋语上党片，阴阳入声是其特征，表现为一个短暂的喉塞音。与晋语地区腹地地区相比，襄垣方言平声分阴阳，且阴平和阳平的分流与普通话中的阴平、阳平基本对应工整。在音韵上，襄垣方言存在入声，韵母共计 37 个，比普通话的韵母数多 2 个。襄垣方言韵母的特点是前鼻韵尾与后鼻韵尾合流，前鼻韵尾消失，合并到相对应的后鼻韵尾中去。襄垣方言阳入调的韵母带有舒促韵味儿，阳入音比阴入音稍长。襄垣方言声调有 6 种，比普通话的 4 种多 2 种，即阴入和阳入。但是由于地域间交流的加强，特别是普通话的推广，语言受到了较大的影响。现在，襄垣地区 60 岁以上的人还能分辨出阴入和阳入，50 岁左右的人就无法清晰地分辨出来了。

另外，襄垣方言中的儿化变调也颇有意思。襄垣方言里的"儿"能够自成音节，并有具体的意义，例如"幼儿""婴儿"的"儿"；也可以做词尾与前面的音节相连发生音变，不表示什么具体的意义，例如"门儿""弯儿"的"儿"，"儿"音节与前面的音节相连，使前面音节的韵母带上了一个卷舌动作，因此改变了韵母原有的音值。

基于襄垣县相对闭塞的地理环境，襄垣方言中保留了不少古音韵。但是，随着交通工具的发展、地域间的经济交往的增强，地域间的文化交流和相互影响也会加大；另外，襄垣地区的煤炭资源的大面积开发也促进了襄垣地区的对外交流。加上普通话政策的推行以及人们对普通话的热爱，这些因素都使得襄垣方言中原有的一些具有地域特色的音韵消失，最终使得襄垣方言发生了较为根本的改变。

在发音上，襄垣方言的一大特点是名词中的后字一般发平调。现以几类名词来加以说明：

（1）表实物。如：冰凌、池塘、石头、玻璃、温水、泔水、衣裳、簸箕、木头、高粱、芝麻、红薯、辣椒、樱桃、芦苇、苍蝇、蚂蚁、螳螂、暖壶、案板、钥匙、围裙、肩膀等。

（2）表时间概念。如：端午、重阳、立春、立夏、立秋、立冬、今年、去年、黎明、上午、下午、白天、黑夜、刚才等。

（3）表方位。如：上面、下面、旁边等。

（4）方言词汇。如：粪草（垃圾）、曲灯（火柴）、憨水（口水）、玉茭（玉米）、手电（手电筒）、包（包子）、圪嘟（拳头）等。

（5）专有名词。如：东山底、西山底。

第二节　襄垣方言词汇略表

单音字

昂：哦

款（kuàn）：轻点

硴：砸

恢：闹着玩

恼：翻脸、急了

苒：轧

嵊：绳

圊：茅坑里的大粪

二字词汇

欺克：欺负

刀挖：把什么东西扔掉

傀对：将就

称秤：麻利点

逼都：耳光

鸣叫：大喊

杰瓜：二百五

B兜：耳光

愧对：将就

个儿：亲切

迷糊：瞌睡了

莫拿：没有

仰层：房顶

十跟：相跟

圪蹴：蹲下

拨拉：动一动

肚饥：肚饿了

瞎唬：吓唬

恓惶：可怜

跌良：幽默

圪挤：拥挤

年思：去年

前日：前天

也来：昨天

日脏：邋遢

心犯：恶心

草机：累了

客客：正合适

脚地：房间的地板

圪懒：棍子

圪台：台阶

圪蹲：能座的小石头

圪笼：窟窿

圪星：一点

圪出：幼小

圪落儿：角落

圪搅：掺和

镇来：怎么了

倒运：倒霉

这贴：这儿

火罗：厨房的台子

紧嘴：嘴馋

紧把：利落点

清长：早上

前晌：上午

晚起：下午

霍闪：飘忽不定

个绕：转圈

个照：偷看

抽偷 / 斗班：抽屉

经地：耕地

也脑：房顶

得脑：脑袋

日决：砍吊

单共 / 单意：故意

后底：后面

憨水：呼噜

绷陋：脑门很大

这背：打个站

个遛：遛街

十进：假如

机眯：聪明

经右：照顾

杂气：不顺

角记：思念

作罢：装

圪勇：动动

我老：那

傀对：将就

欺克：欺负

喔牢：那样的话

莫纳：没有

刀挖：乱抓

称秤：麻利点

称把些：快点

逼斗：耳光

呜叫：大声叫喊

截瓜 / 半吊 / 滕的：傻瓜

乏客：不干正事的人

圊罐：盛大粪的罐子

圪懒：棍子

圪台：台阶

圪蹲：小木凳子

圪窿：窟窿

圪皱：诌经 / 胡说

圪挤：拥挤　年时：去年

前日：前天

夜来：昨天

日脏：邋遢

心犯：恶心

草鸡：母鸡

迷糊：瞌睡

圪玡：弯曲

圪橑：走形、翘

克克：恰好

怀怀：偏偏

脚地：房间的地面

圪道：坑

抽偷：抽屉

不篮：篮子

罗头：盛东西的四股篮子

担杖：带钩子的扁担

经地：耕地

也脑：房顶的边缘

日决：谩骂

佬佬：叔叔

佬夹：叔叔的老婆

单共 / 单意：故意

后底：后面

蛮气：孩子气

杂气：让人生气

绷陌：脑门很大

机眯：聪明

款款：轻轻地

经右 / 作务：抚养、照顾

角记：惦记、思念

个勇：蠕动

欢欢：玩耍

背以：方便、合适

作罢：假装

则背：脊背

日囊：窝囊

凹嫩：无能

黄幺：黄鼠狼

马鳖：水蛭

疙溜：闲逛

疙蛋：小蛋蛋、肉疙蛋、泪疙蛋

疙蟆：蛤蟆

疙蚪：蝌蚪

车甲：车轱辘

门钱：门槛

猩猴：猫头鹰

交枝：高粱

烧土：红土

梢箍：木桶上的圆铁环

泼鞋：不好的鞋子

舍拉：随便穿着

清长：早上

茄晌：上午

晚期：下午

霍闪：飘忽不定

个照：看看、偷看

疙匀：下蹲

高甲：厕所

洁盆：尿盆

国驴：山羊

疙嘟：拳头

疙腮：脸颊

拐姑：脚腕

的脑：头

脑凹：脑袋的后边

顶心：囟门

胯跰：胯部

挎荏：找女朋友

不唆：抚摩

央栲：哄小孩

紧嘴：嘴馋

三字词汇

跨昂你：自行车带人

这号儿：这里

微号儿：那里

喔跌个：那样子

这跌个：这样子

莫来式：无聊

鞋个陋：鞋里面

整个哇 / 攒地个哇：这样、那样

糊油罐：晕乎乎

称把些：快点

七汤儿：好看

一拨遛：一排

这甚了：干什么

国驴儿：很快的圆周运动

个这建：腋窝

跨昂你：自行车带人

帽不三：帽檐

门搭搭：门上的装饰，敲门用的

辣不成：不正经

折不下：放不下

塌各拉：漏了

个夹住：夹住某物

糊查查：晕乎乎

愁懂懂：不好闻

香生生：好闻

切多嘞：还有很多

个支人：不舒服

引昂你：带上你

日辣辣：油很大

火罗台：厨房的台子

稠咚咚：黏稠

香生生：香气扑鼻

鞋圪陋：鞋里面

疙搂住：抱住

莫来式：无聊

行不着：找不见

扎不下：放不下

一疙雯：一会儿

一心心：非常渴望

小心心：心事

蛮金蛋 / 山业蛋：土豆

地疙雷：地上长的木耳

土圪拉：土块

石疙囤：石头做的形似柜子的粮囤

跌赔宜：讨便宜

不醒眼：不顺眼

切特尔：可爱

洛江蛋：白的石头

戳旁锤：乘机讨便宜

一拨遛：一排

圪蹴下：蹲下

腰疙拉：背心

拉不成：说不成话

草鸡了：服气了

塌疙拉：干啥啥塌

疙夹住：夹住

疙出儿：幼小的东西

疙落儿：角落

帽不扇：帽舌

疙仄建：腋窝

疙定拐：膝盖

疙如国：肘

迷林国：额头

四字词汇

十脚懒砍：莽莽撞撞

各里各导：婆婆妈妈

一个斤斤 / 一个几几 / 一个芯芯：一点点

一个杀杀：很短的时间

撇昂个杀：聊会天

则棱三堪：不正经

云三摸四：装糊涂

屹流别帮：不正

眵目拉糊：眼屎满满

伤心割水：伤感情

西里达荒：可怜

不里达税：乱

搁倒搁倒：商量

呐呐贼贼：稀罕

塞今搭怪：偶然

没眉胡眼：没皮胡脸

死皮害脸：不管别人，只顾自己

没张搭呵：没意思

无聊不测：无兴趣

捏捏搁搁：刚好

亏亏对对：只差一点点

直直卅撒：擦嘴

直不楞灯：僵直

扑里扑拉：能干

不几隆动：响声大

拾张堪地：走不稳

血腥烂气：血腥味

昂里不拉张：肮脏

拾夹烂堪：愣人

个个到道：不痛快

那那拟拟：柔软

磕磕碰碰：不顺心

拾今达怪：偶然

屹底圪落：死角处

屹邹马鳖：不展

屹箩缝角：死角处

死皮害脸：不要脸

屹挤擦瞒：人多

屹拧屹切：舍不得

屹橱答项 / 屹零老嚎：太小

苊牲达达：可怕、可怜

白眉耻眼：白眼狼

弛角八怪：姿势怪异

迟眉登眼：漫不经心

风张堪地：走路不稳

辣里拉踏 / 日张八度：不卫生

西不留丢：西饭

直眉竖眼：呆子

迟弥杠谷：迟遁

黑鸡挖堕：太黑

只棱三堪：不正经

流流到底：最终

几几迷迷 / 精眉忽拉眼：聪明

西泥不擦：地稀

屹流弯缺：不正

一个几几 / 一个寻辛：太小

扑浪写古：不正经睡

不栓了睁：不卫生

那那睨睨：不稳

个急呀拆：快踏房子的前兆

不囊不囊：稀糊样

个集个集：响声

不挤不剂：同前

不低不囊：悄悄话

十脚懒砍：莽莽撞撞

卖疙燎翘：卖乖

疙里疙党：磨磨蹭蹭

疙叉吧夹：走路叉腿、拿捏的样子

撇昂个雾：说会儿话

没米糊眼：不管不顾

煤圃疙道：炕火下面盛煤灰的地方

小吗指头：小指

大吗指头：大拇指

数算数算：想一想

衣裳潮啦：衣服脏了

五字词汇

该可哪可哪：该去那去那

懂不得个甚：不懂事情

一个嘟死你：一拳打死你

三角五溜丢：不圆

斜眉屹撩眼：偷眼看人

小拧屹角气：不大方

四角五爬仁：脚手散开躺着

黑眉不登眼：脸黑

日里不拉张：不卫生

西里不拉慌：可怜

香汤不辣水：饭很香

膣迷不醒眼：傻瓜的样子

第三编

美术、技艺与医药类文化遗产

第一章
民间美术

民间美术的一个最大特点便是与老百姓的日常生活紧密关联，换言之，民间美术是嵌入人们日常生活当中的艺术门类。基于此，民间美术具备两个特征，即实用功能和审美特性，而且通常情况下，民间美术的实用功能占主导地位，也正是这一点决定了某些民间美术类别会随着社会物质条件的变化而变迁，甚至消亡。因此，在非物质文化遗产的背景下对这些民间美术项目进行保护时，不仅要看到它们的审美特征和艺术价值，同时也要看到它们曾处的文化生态环境，即它们曾经在人们日常生活中所起的实用功能。

襄垣民间美术亦是如此。在普查中我们主要关注了襄垣的炕围画、纸扎、油漆、剪纸、刺绣、泥塑、风筝等形式，其中，我们以襄垣炕围画为考察重点。另外，襄垣民间美术还有一个特点，这些不同的艺术形式之间具有某些内在的关联，这尤其体现在艺术主体，即艺匠身上，比如襄垣的艺匠，既会制作炕围画、纸扎，同时也是油漆、泥塑的能手。

我们将襄垣民间美术分为三个部分进行阐释，分别是艺术本体、艺术主体以及艺术接受。所谓艺术本体即几个代表性的项目介绍，艺术主体即艺匠，艺术接受则是指这些民间美术存在的社会语境以及社会对它们的价值态度。

第一节　艺术本体

艺术本体强调从艺术本身出发，考察其制作过程，以及内部的结构和艺术特色。

一　炕围画 [①]

（一）何谓"炕围画"

炕围画是民族文化和民间艺术的一个具有独特价值的艺术类型，是中国民间文化形态中历史久远、群众性广泛、地域性特征鲜明、历史文化内涵丰富的源远流长的文化形态之一，是中国的非物质文化遗产，是中国民间美术史上一个突出的文化现象，也是一种普遍的文化认同。炕围画并不是襄垣独有，它主要分布于山西省境内，但确实是以襄垣的最具代表性，素有"南垣（襄垣）北代（代县），原平不赖"之说，襄垣炕围画以其特有的人文特质成为唯一进入国家非物质文化遗产名录的炕围画。

襄垣炕围画，当地人俗称"炕围""墙围"，是民众群体为了满足自身社会生活需求，结合生存环境的一种居室装饰创造。作为民众意义的载体之一，它的存在、发展与其自然环境、价值观念、民俗信仰、社会制度、道德伦理以及经济方式之间的关系是密切的，凡遇结婚嫁娶、旧房翻新以至温居祝寿、新建宅舍等，炕围画常被用作庆娱烘托手段。它是伴随着炕不断向高端卧具发展的轨迹，在吸收壁画、建筑彩绘、传统年画等艺术的基础上，引入屏风、条屏（中堂）、卷轴等形制，逐渐由原始墙围（及围屏）蜕变而来的一种传统建筑居室装饰彩绘，是经过长期历史文化积累、民族文化融集，成为一种集诗、书、画与意、趣、化（教化及社会化）一体的，具有明显地方特色的全套型组合式炕围画。它是匠人与主人关于人的起居装饰生活的互动，也是代际文化承传的特殊纽带和基因表达，是作为生命主体的人的现实社会历史生活的一部分和"生活世界"或者说意义世界，是人们的生活与生命体验。

襄垣炕围画是一种长期植根于民间，依附建筑居室墙面的实用艺术形式。由于古时官方规定庶人不准施彩，百姓之家穷困无济，历代兴衰更替，庶民庐舍翻新频繁，又大都是采取毁旧换新的手段，所以更早时期留存下炕围画的可能性极小，且历史上炕围画的创作者和使用者多为平民百姓，不为当世人重视，没能留下充分的史实材料佐证其产生的上限时间。因而，只有在自然经济有了很大发展、民众生活有了较大改善、等级控制相对宽松的情况下，炕围画才能充分发展起来。对于炕围画的历史研究，因无书载，也只能借助田野调查发现的相关资料进行佐

[①] 本部分主要参考了张岳公与张翼合著的《炕围画》，商务印书馆，2017年。

证，尽管我们目前掌握的田野调查实物有限，但与光凭推断来研究起源和发展相比要科学得多。

我们现在所能看到的较早的典型炕围画主要是清末的作品，但我们并不能因此断定这即是其原初形态，事实上它只是襄垣炕围画的一种明清风格，而且手法形制已极为成熟，其形成时间的上限应比我们所想象的要早得多。炕围画本质上是一种居室装饰彩绘，而人们通过绘制或刻制各种图案来装饰建筑室内环境的做法由来已久：新石器时代的人们就已开始使用简单的矿物颜料来装饰公共祭祀场所；商周以来贵族们更是对居室装饰倾注了很大热情；秦汉以后随着漆制品的广泛使用，人们对坐卧休憩之处的席间、枕边、床炕周围有了更为丰富装饰表现；唐宋以后随着城市的发展和市民审美艺术的活跃，普通百姓的居室艺术装饰也逐渐普遍化，这也渐次波及广大农村，炕围画因其经济、简便又实用、美观，并能有效满足普通民众的居室装饰需求，应运而生。宋金元建筑彩绘与壁画艺术、曲艺与戏剧艺术在山西境内的盛行，给炕围画发展提供了巨大的渗透性支持，为日后明清风格的炕围画的成熟创造了新的条件。明清以后的版画、年画艺术的盛行，对于炕围画的传播与普及起到了很大的影响和促进作用。此外，山西自古就是多民族融合地区，少数民族文化也历史性地渗透进炕围画中。

现存早期且有代表性的炕围画实物有西石村李家老宅清代的夔龙架炕围、董家岭张宅民国初期的汉纹锦炕围、西王桥的 20 世纪 30 年代的炕围等。这一风俗延续至今，近来还有人在县城住宅单元楼中绘制新的炕围画，人以为奇，堪比现代装饰手绘，襄垣炕围画有一个完整的发展脉络。

（二）炕围画的结构

1. 炕围画的结构特点

与其他地区的炕围画相比，襄垣炕围画最突出的特点就是其丰富的全套型。从结构和形式上我们可将其归纳为：（1）中心式。根据图案纹样的组织集聚向心，构建成视域聚焦与视线停顿点，以中心图向外扩张或周边向中心聚集。（2）无中心式。这种形式并不注重构图中心的营造，以大面积疏朗为特点。（3）多中心式。一般有三至五个池子（内容有时也互不相干），图案处理对比差异，以圆形、矩形、扇形、不规则形状等不同图形分割组织。无论哪种结构与形式，每个小单元都统一在炕围画的大整体框架下，也有人称其为炕头连环画。绘制时，炕围画艺人为了获取更大的空间自由，采取了一种我国绘画"散点透视"的特殊艺术眼光引导视者观看对象，打破了一个视域的界限，采取了漫视的方法和多视域的组合，将所绘景物自然，有机地组织到炕围画这个整体之中，体现了国人独特的审美和浓厚的浪漫主义色彩。这里的"散点透视"就是指在整个炕围中有多个"焦点"，而不是只有一个。中国传统绘画认为"托不动之目有所极，故所见不周"，提倡用活动的视点观察景物，强调"景随人移"，以形成迂回连贯的空间，所构成的画面具有多视域和空间的跨越性。

2. 炕围画的主体结构

襄垣炕围画是由主体炕围（串花边、池子、内心）、靠背（灶头）、地围、手绘条屏、中堂以及燕窝等附属部分组成。主体炕围又有主档、侧档之分，主档高于侧档，并与侧档、靠背（灶头）明显分割，这种组合在中国炕围画中是十分罕见的，也是襄垣炕围画的重要特征之一，反映了民间效从古人端坐时身后围屏的一种历史遗存。主、侧档中又分横栏与竖栏，横栏中人物、山水、花鸟、博古等均可入画。而竖栏多画花鸟、博古、山水，极少有人物出现。主体炕围大致上已构成了一套格局程序，即上下边道、花边，按一定的规格布置而形成主体框架，中间常以一种对称形式安排各种池子，既具有完整对称的装饰形式美感，又有着简繁对比、主从相映的丰富表现内涵。由于房屋建筑日趋高大宽敞，炕围画的高度和宽度在原有基础上亦有增长之势，形色内容坚持体现依事、因地、循礼、从义原则，其长度则仍依居室与炕的大小而定。

（1）串花边（边道、花边）。襄垣当地艺人统称边道、花边为串花边，由各种抽象几何纹与形象动植物纹组成，对炕围的形式和风格的形成有着极为重要的作用，往往是评定一盘炕围画精劣高下的重要依据，俗称"花边一半工"。各种边道除美观外还有一定寓意。

常用的有：退色边、玉带边、竹节边、云头边、松竹梅边、卷书边、联珠纹边、"卍"字边、折子边、花草边、富贵不断头边饰、波浪纹边饰、锯齿纹边饰、暗八仙边饰（八仙手持的道具）、鹤寿边（白鹤与各种寿字）、福寿边（佛手与桃或蝙蝠与寿字）、金玉满堂边（金鱼加水草水纹）……蔓草边又有"坐二行二，坐三行一"等多种画法。其中边道又有外边道、内边道之分，外边道在整个主体炕围画的外围，艺人绘制时常施以稍重一点的颜色，他们称之为"聚气"。若整盘炕围聚不住，"跑风露气"影响视觉效果，有的外边道绘制就直接用黑色，以缓解统领内部其他图案中用色燥艳之感。相比而言，在襄垣西部较北部地区黑色边稍微宽一点。内边道则紧靠炕心而绘，竹节边方言叫竹圪节，也是我们最常见的一种，并有老嫩之分，老的多用棕褐色，嫩竹多用绿色绘制，竹节边多绘成斑竹状。斑竹装饰古已有之，唐代用以装饰屏风边框，清代建筑彩绘中也较为流行。

　　同边道、花边相配的还有独具匠心的各种夔龙、汉纹锦等适合形图案纹样。画在池子（画空）两边的为"池头"（卡头），起着分割、装饰池子的作用，这些都是在高档的细炕围画中才有的装饰，具有锦上添花之美，是炕围的亮点。池子、边道下面是降色边，而降色边在襄垣炕围画中几乎是每盘必用的，设在降色边道下面角隅处的称作"角云子"，这些图案也是"细炕围"的附加装饰。

　　（2）池子。池子形制有分段式、通景式、连池式、画帖式。襄垣炕围画分段式主要是受到晋系风土建筑彩绘特别是晋中的影响，分段时通常采用典型的汉纹锦做连接点分段，由于襄垣炕围画多实行正面主体单独圈档，分段式布局传统上有倒三段式、顺三段式排列，如果只在炕围画整体外延圈档，也有顺五段、顺七段不等，数量不固定，襄垣炕围画以此形式最为普遍、典型。通景式又分结构通景、内容通景，前者画面多绘花鸟，内容没有关联性，后者一般为山水、人物故事，山水居多，画面内容相连贯。连池式是指炕围画池子接池子，之间没有过渡，直接连续顺延。这种形式在炕围画中仅次于分景段式，其中有的画功并不出众，当是限于画匠自身能力避重就轻、避繁就简之法。画帖式是指池子面积普遍比分段式池子大，大多会纵跨边道、花边等多个栏，状似在绘制好的背景上又贴的画，但不是指炕围画中专门留白贴画的做法，这种做法在襄垣炕围画中并不多见。

　　分段式池子间多用汉纹锦、夔龙纹、花卉、动物等图案在截头中做衔接，有时截头部分的底子还施以各种其他锦纹。绘制池子用行里话称叫"开池"，也称"起架"。一盘炕围画可开若干个池子，有夔龙形、汉纹锦型以及长方形、圆形、菱形、扇形、海棠形、不规则形等多种形制，池子内容广泛，人物、山水、花鸟、瑞兽无所不及。表现手法多样，工笔重彩，水墨写意，木版年画、月份牌年画、装饰画"多元并存"。襄垣炕围画的池子底色一般均为浅色，但也偶有黑色底子，黑底上施彩，也有一番漆器的感觉。

　　（3）炕心（内心）。在主体炕围的下方，一般为降色边加大面积单色平涂并配以角花，降色边是襄垣炕围画的另一大突出特色，这里也是体现艺人绘制功力的地方，绘制时必须一气呵成，要求数米长的色差条带必须均匀一致。降色带数一般为奇数，中国很早就有"美以数取""非度数不为功"的观念，把数的观念和民族的审美心理特征结合起来，也体现了其特有的农事文化意向和更为深层的传统文化的思维定式。降色条带与下边的大面积单色平涂，色彩冷暖对比强烈，为蓝绿红色者居多，内心这一块完整的大面积单色起到了非常重要的作用，它使整个主体炕围得到了繁简的对比效果和大面积单色彩的视觉冲击效果，对原本眼花缭乱的边道花边效燥呈现出一个协调的色彩关系，体现了一种秩序性。

襄垣炕围画的炕心除通常以红居多外，也有以绿、黄为基色的（青、蓝、黑等其他颜色极少），一般年轻人多用红色，老年人多用绿色或黄色，也有老年人用红色的，称为"老来辣椒红"。除了施以单色以外，有时内心还有个别以装饰锦纹图案铺底的。

3. 炕围画的外延结构。这里将襄垣炕围画主体结构之外的靠背、灶头、中堂、条屏、地围、燕窝归为其外延结构部分。

（1）靠背。这也是炕围画的"重头戏"之一。靠背，位于灶台火塘上方，也称锅台画、灶头，无锅台时则更符合靠背的称谓。在襄垣炕围画中少见锅台画或灶头的说法，无论绘制之处下方有无灶火皆曰靠背，画灶头曰画靠背（但靠背处如有火塘则过年时都在上方另贴灶神画）。锅台画或灶头的说法见于山西中北部，从语言角度看，灶头一称大抵，与传统年画有关，年画中有专门的灶头画，人们常言所谓"贴灶头""贴灶君"，不过生活中炕围灶头处并不一定只贴灶王爷，也贴其他的，而现存的炕围画中灶头画的也不是灶君。

（2）条屏、中堂及挂屏。居室中，人们会根据自己的兴趣爱好装饰属于自己的空间或公共空间，其中字画很受欢迎，并运用到室内装饰之中，字画的登堂入室，体现了中国文化的生生不息，也能更好地满足人们的精神品位追求。唐代屏风画有一个由初期对道德伦理、人生境界的强调，转向盛唐以后倾向花鸟、山水审美的转变，而宋元以降随着年画的兴起和发展，逐渐出现了年画、屏风画和中堂、条屏，使其具有了更多的世俗趣味，从某种意义上讲，它也为全套型炕围画的完备做了必要的准备。手绘条屏、中堂作为襄垣炕围画中一个很独特的组成部分，在我们发现的现存早期完整的炕围画实物中表现得尤为明显，它的产生多少与早期的屏风画、炕屏以及后来的文人画、年画有些关系。多是直接绘为挂屏样式。

（3）地围及其他。地围是炕围的延续部分，靠上端部位绘有各种花边图案，其中也有简繁之分，下部涂以简单的底色。另外作为炕围画的附属还有"燕窝"。"燕窝"也称"毛倚窝"，是画工绘制炕围时在门扇后面附属绘制的供妇女梳妆放头发用的装饰（也是早先长辈为儿女新婚而放置类似性教育的图文"春画""门后画"之处，这种画不便公开，有性启发和护身辟邪作用），其形状多为倒置三角形，是用数层麻纸粘裱在一起。用高粱秆分劈而成钉于门扇后面，上面绘制各种图案，也有用剪纸装饰的，既美观又实用。此外，画工多有附带扎糊仰层（顶棚）、粉刷墙壁、油漆家具与门窗户扇，门窗当地多为黑色，门上绘制并书写红色对联、斗方等。

（三）炕围画的题材

炕围画题材种类繁多，山水田园、博古物什、花卉虫鱼、人物仕女、戏曲故事均可入画。在内客上更是丰富多彩，其中人物以神仙奇士、经典古典传说、小说戏文故事为主，以宣扬贤孝、明世礼教。但炕围画也有一定的原则：画善不画恶，画吉利不画败落，画明朗不画阴暗，画喜庆不画晦气，画圆满富态不画尖嘴猴腮等。故要画老人就鹤发童颜，画才子必风度翩翩，画佳人则窈窕丰腴，画花卉常蓬勃鲜亮，画鱼鸟要活泼可人，力求做到少妇喜欢而利于怀胎，婴幼儿晨昏喜览耐看，招人喜爱，百看不厌。整体上采用一种象征隐喻手法，多反映驱邪纳祥、喜庆欢愉、道德教化等愿望，渗透了民间普通百姓的审美意识和价值观，也让人们能在生活劳作之后，放松精神，身心愉悦，寝于炕间，能睡个好觉。艺人们将对现实社会生活的独特感受，通过炕围画艺术形式反映出来，在炕围画表现的对象中总是以善的、美的形象来寄托民众对生、对美的祈求。只有祥瑞吉庆才是合人意的，合乎民众的审美理想和审美情趣，因而代表着美。

（四）炕围画的"架"

过去以夔龙架、汉纹锦架、三栏边将襄垣炕围画划分为上、中、下三种等级的说法，值得商榷，襄垣炕围画品级应是根据用色、繁复程度、内容形式、品相，以上五彩、中五彩、下五彩来区分的。另外还有个夹色污装，色彩搭配不讲究，美观度也差很多。炕围画在长期的历史演变中相对形成了一定的固化模式，我们称其为标式性。其中，"架"是一个重要的范畴，是炕围画中一个特有的结构概念，就是指以何种形式来提领炕围画主体框架，有纲举目张的意思，一般说"起"一个什么"架"，或"画"一个什么"架"。襄垣炕围画的"架"有所谓夔龙架、汉纹锦架、青石锦架（石刻汉纹锦）、车轮锦架、莲花锦架、虎头锦架、蝴蝶锦架、梅花锦架等，另有一些是不入架的但作用与"架"相类，如碎草花、联（连）池装、通景装等。若从纵向的结构看，除普通形式外，又有所谓楼上楼、里插锦、里插屏、池中池等，里插屏的说法更能够说明其与屏风的关系。

1.汉纹锦架。这种形式的炕围画在襄垣极受人喜爱，是所有形式中最为普遍的一种，艺人们又将汉纹锦架分为偏于圆形、方形、方圆混合形制的汉纹锦架势，也叫软架炕围。汉纹锦是清代彩画中一个特殊的锦文种类,汉纹锦彩绘产生于明末清初,主要流传于山西一带。据说汉纹锦彩绘的出现与晋商有关,由于图案脱胎于汉代花纹,人们就称它为"汉纹锦"。传统上,一般截头或卡头位置多有蝠纹或如意头,以后或隐,或略,或移为他物,像车轮、五角星、莲花、梅花、蝴蝶、虎头等都是原始汉纹锦图案的变体。这一变化主要是20世纪50年代末至70年代末"左"倾意识形态强力影响的产物,即所谓"一个红星"、"历史车轮"、勤廉(清莲)高洁等。

2. 夔龙架。"夔,一足,踔踔而行。"(《说文解字》)又说"夔神如龙,有角,人面"。《山海经·大荒东经》载:"东海中有流坡山,入海七千里。其上有兽,状如牛,苍身而无角,一足,出入水则必有风雨,其光如日月,其声如雷,其名曰'夔'。黄帝得之,以其皮为鼓,橛以雷兽之骨,声闻五百里,以威天下。"夔纹在建筑、雕刻、瓷器等方面的使用相当频繁,纹饰的变化各个时期已经形成了一套比较固定的套路。这里,夔纹组图被安置在转角与重要的衔接处做平衡,起到了提领整盘炕围画、过渡边框纹饰图案的作用,"夔龙架"大概就是因此而得名的。虽然一些学者将其与汉纹锦架并列为高等级炕围画,然而就田野调查的现存炕围画来说,真正的夔龙架炕围画的数量不是很多,后来夔龙纹的应用也从实体辅助纹饰走向了虚化,所占比例、绘制精细程度均不如前,大多情况下只是作为池头的牵引,有的则仅为连接点缀,但这样的点缀形式更为多样,艺人们根据不同的情况和喜好,又分为夹池夔龙、开池夔龙等,往往临机处理,富于变化。

3. 青石锦架与车轮架。青石锦架是炕围画艺人模仿古石刻效果的一种装饰表现手法,作品的效果往往与其黑白形式的构成相连,构成方式则取决于画面的黑、白、灰布局,色调沉稳凝重,在襄垣一带多为年长者所用。由于各艺术门类之间经常有相互模仿的习惯,这种形式也还有另一个艺术摹状源,即磁州窑系瓷器,创烧于北宋中期,并达到鼎盛,南宋、辽、金、元、明、清仍有延续。磁州窑创造性地使用了化妆土,以白底黑彩著称,黑白对比强烈。而炕围画中的齿轮架则是1949年后大规模社会主义工业化建设以来的产物,即在汉纹锦基础上注入了现代元素。炕围画艺术在不同时期的发展衍化,推动了艺人们不断加深对现实语境的认识,开拓了炕围画艺术表现的创新领域,也使炕围画的装饰越来越丰富多样。

4. 其他形式。(1)软接头。这是当地匠师们给的一个泛称,有些炕围画中虽然有池子,但池子间仅以类似花草连接且无其他明显特征。此外,一些不开池仅以花草起架的炕围画也均属此类。（2）联（连）池装。大致有两种，一是有的炕围画池子接池子，之间没有过渡（通景式）；二是有的虽然池子分布有间隙，却只在单色或锦纹底子上开池，也没有其他什么的过渡。（3）木刻（雕）炕围画。说木刻并非指以木雕制，而是说绘制效果如同木雕，这种形式在襄垣炕围画中并非主流。

（五）炕围画的线与色

线是炕围画"成形"的基本元素，也是基本手段，无论用什么颜色都能通过线条来表现，它可以缩小为点，也可以扩大为面，而由于色彩的张力，通常情况下强烈的色彩对比使更多的线条被视觉过滤了，人们直观看到的便是色，是彩。实际上，形与色是不可分割的，形因色而存在，色以形而呈现，形的边界则是线，一根线条就是一条色线，一个形状就是一块色彩。炕围画中的线有两种基本作用：一是规定性的，强化结构、分层。这里色彩的张力在炕围画中是被锁定于一定的结构和构图中的，炕围画艺人以"落黑""串白"与"开眼"来构造炕围画各结构形态、划分空间、凸显层次，这都是靠线来完成的。另一方面，是表现性的，与色一样是一种表现方式。一般地说，线条的审美品格更多的是观念的、理解的成分，色彩则更多的是感性的、直觉的成分，线条勾勒轮廓是造型与结构从无到有的第一步，也贯串始终，统领全局，当我们用一根线把一个物象的轮廓勾勒下来后，我们也就把这个物象的"形"捕捉住了。在有的炕围画中线的表现力比色要突出一些，色也好，线也罢，表达多一些还是少一些，都向世人传达着一种生活风格。小小的一根线，创造出形形色色的"万象"，线之功德大焉！

（六）制作工序

1. 材料。过去用矿物质颜料，现在多用工业广告颜料。油料有桐油、土漆、清漆。当地早先都用桐油，是用土法自己熬制，现多用清漆。炕围画所用纸张有白麻纸、火棉纸、宣纸等。其他材料有白粉土（当地也叫坩子土）、立德粉、水胶、白矾、西丹、砣生、土籽等。总体上，襄垣炕围画制作所需的主要材料包括矿物颜料、植物颜料、油料、纸张。其中矿物颜料有洋兰、毛绿、赭石、西丹等，植物颜料有品黄、大红、桃红等。

2. 工具。包括草刷、礳石、栓（用牛尾毛制作而成，类似刷子状供上漆专用）、泥刀、爬尺、各种板笔、排笔、毛笔、刷子、粉线、曲尺、直尺、软尺、专用裁刀、香头、蜡烛、柳碳条（采未出芽的柳树枝条用泥巴封好再上火烧制而成）、粉线以及熬制桐油的锅、铲等。另外，在炕围画艺人间还流传有一种粉本。

3. 工序。炕围画的制作具有一定的程序与技巧，包括选料、抹墙、胶墙、打浆、裱糊、粉底、搋平打腻、下线、界池、拓样、落黑、上硬色、刷矾水、着软色、行粉开眼、齐边、上油上漆等工序。炕围画的制作方法随着襄垣人居住环境和形式以及社会生产资料的变化而发生着变化。首先是土泥墙时期，炕围的高度一般两尺半左右，炕围的长度要根据土炕的长短来决定。基于墙壁的质地，制作材料上有所讲究，先上稀胶水，用砂锅加上热水，再放水胶煮沸，融化后倒在脸盆中加上清水刷到炕围墙上，待干后用白面做成糨糊将麻纸裱糊在炕围墙上，然后用胶白土 [①] 刷两次。炕围画制作工序上的变化相对较小，总体上炕围画的绘制程序大致如下：

（1）下线。根据炕围的布局设计安排把线打好。

（2）托样。画好墨线，把炕围的各种截头样谱用香灰画好托上去。

（3）落黑。把炕围的全部墨线画好。

（4）上硬色。先按画面所需全部硬色（石色矿物颜料）画上去。

（5）矾炕围。把白矾磨成末状，加入开水搅匀，再按比例加入稀胶水，除去二者反应所生的泡沫，停一段时间晾冷后就可以开始矾炕围了。

（6）上软色。矾三遍后，炕围面上泛有瓷光，待干透后便可开始上软色（水色），用植物颜料品绿、品红、品黄等染色。

（7）行粉。把所有的边线用白线界出，其中有一部分用黄线画出，也叫串黄。

（8）齐边。把所有的黑线再整修画一遍。

（9）上油。上油时谨防烟窨，即防止各种烟与画面接触，若接触了，则原先明晃晃的炕围就会失去光泽。

选样谱

---

① 胶白土，是用水胶水和白土做成，不脱色。胶白土很难制作，古语说道："画匠没窍，胶足就好"，可想而知胶白土在炕围画制作中的重要性。此外，除了画炕围，街门、寺庙、家轴、古迹的彩绘都需要胶白土。首先要选好材料，白土的质量很重要，原先只有左权县一处才有白土，它是一种地下矿物质，后来在下良乡马坪村也发现了白土。一开始，一斤白土五分钱。胶白土的制作是这样的：先把白土放在盆内捣成核桃大的块状，然后用开水泡上，水不要太多，刚好淹没即可；浸泡一两个小时后，再把胶水放上，用手反复抓匀，由于胶水的刺激性较大，双手会感到刺痛；直到将白土抓匀，变成硬胶水，随后再用稀胶水稀释，手感觉到白土渣质沉淀，半个小时之后，胶水漂上清水后，胶白土便制作成功了。

落黑

施彩

上油刮漆

老炕围

全套型炕围画窑洞内景

炕围画应邀赴澳门展示

（七）炕围画的社会意义

1.炕头教化与民间信仰

儒家文化是传统文化的重要组成部分，在官方的主导和推崇下，渗透到各个方面，传统中国社会也是一个典型的礼制社会，不过民间始终存在着有别于官方意识形态的民间儒文化体系——世俗的儒化世界。在民间，这种体系和世界观的塑造很大程度上受到戏曲、曲艺等民间文艺活动的影响。在传统社会中没有电子化、数字化的音频和影像，对于一个个文盲率极高的农业同质社会群体来说，表达观念最直接、最形象、最有韵味，文化承载、传播最普遍，对观念生活影响最大，也是当时唯一直观的形式就是戏剧、曲艺，它们传递给了一代代人他们自己的儒礼观念。山西是中国戏曲艺术的发祥地之一，全国三百多个剧种，山西就占到六分之一之多。早在汉代，这里就出现了戏曲萌芽，到了北宋年间，山西各地到处活跃着诸如滑稽戏、歌舞戏、皮影戏、百戏技艺等多种乡土戏，这些戏在当时已是中国戏曲的雏形。后来上党泽州（今晋城）说唱艺人孔三传在唐宋大曲和鼓子词一类单宫调说唱基础上首创诸宫调，使山西乃至全国的戏曲发展到了一个新的阶段。出于政治需要，统治阶层有时也大力提倡曲乐教化。

地方戏曲是群众喜闻乐见的文化形式，也是历代民间文化教化的重要范本。戏曲自宋、元以来，一直是民间最重要的娱乐形式之一。戏曲所表现的喜、怒、哀、乐、悲、欢、离、合，是人生常有的共同感受，它所探讨的忠、孝、节、义，忠、奸、贤、愚，也是人们最关切的伦理问题，因此特别容易引起共鸣。在过去，对于乡间广大百姓（特别是妇女）来说，求知和读书条件受限，而戏剧、曲艺在人们增加知识、社会教化、德化方面起到了至关重要的作用，然而戏曲表演季节性强，流动性大，在当时戏曲声像又无法保存，远不能满足人民群众的需要。而戏剧又往往与乡间的手艺联袂，喜好看戏的炕围画艺人便将热热闹闹的乡间戏剧演出复描到他们绘制的炕围画上，戏曲故事和舞台形象自然地被定格到炕围画中，变动态的戏为静态的戏，变瞬间的美为永恒的美，与传统戏曲交相辉映，形成了一个民间艺术圈。炕围画是凝固在乡民居室墙上的戏剧演出，民间炕围画和乡间演出的贯通，将这两种民间艺术形式珠联璧合地统一起来，从而增加了襄垣炕围画的本土特色。炕围画的流行，一定程度上对人们获得一定的历史知识、文化知识提供了可能，对其价值观念、道德观念的形成也非常重要。它是家庭教育、学校教育的副翼，对于社会教育具有补充功能。以此可以看出，炕围画直接、间接地发挥了娱人、育人、悦人以及装饰、美化生活的作用。而且因戏曲的介入，一定程度上也推动了炕围画的发展。民间炕围画工匠就有这样的口诀："画中要有戏，百看才不腻"，"戏中要有画，画中要有戏"，不但要"有看头"还要"有说头"。在古代有许多不知名的民间画工们早就注意到两种艺术相互结合、相互发挥的可能性。

除了受儒家文化影响外，其他文化因子对炕围画也有不同程度的影响。"朱红炕围画降色边，琴棋书画暗八仙"，这是襄垣炕围画的一个经典结构组合，已经成为老百姓挂在嘴边的俗语。所谓朱红除了民间喜庆的含义外，辟邪也是重要的原因。炕围画中八仙的现象极少以人物形式呈现，基本上都是被符号象征化了的"暗八仙"。所谓"暗八仙"，是指以八仙所持的葫芦与拐杖、扇子、渔鼓、拂尘、花篮、宝剑、笛子、檀板等八件宝物组合代表八仙。那为什么炕围画中用"暗八仙"而不用明八仙呢？这个大概和流行的民间巫术有点关系，在民间传说或巫术中，仙人和巫师都是通过一定的法器来降妖除魔的。当然，法器镇邪并不是暗八仙炕围画的唯一用处，因为八仙们常常扶贫助弱、扬善惩恶，人们希望神仙能带来好运。有人说，在中国民间真正影响老百姓日常生活的是无处不在的道教民间信俗，确实有一定的道理。

而莲花、"卍"字等图案的普及则与佛教有很大关系。而婚庆炕围中石榴、双鱼、芭蕉等图案的使用则有多子、合欢、家业的民间巫术性质。

2. 炕围画与社会变迁

民间炕围画始终关注人民群众的生活，积极反映群众的思想感情以及各种各样的风俗习惯，它摄取民族民间文化精华，尊奉传统伦理道德，取材于世俗的社会生活，服务于平凡的民间大众，炕围画的主题都是乐观的，同情劳动人民的生活遭遇的，也是鼓舞人们积极向上的。虽然有些是表现空幻的，但也意在祈求人们的生活幸福安康，反映出人们的理想与审美需求。传统民间信仰，一方面与原始宗教信仰、远古神话传说相关联，另一方面以儒家的伦理社会观为主要框架。而道释的神灵经过改造也被纳入民间神系，炕围画内容多见于此，同时也有当代的英模教化。当社会发生巨大的变革，劳动群众的生活环境和社会地位有了变化之后，炕围画题材也会有所拓宽乃至发生变异。

襄垣县董家岭有一盘甚为奇特的炕围画，横幅中赫然出现了民国剪辫易俗的内容，还出现了地球仪、钟表等内容，配图内也有仿相片的摹画，绘制手法也与传统有所差别。背里村则有一盘1949年前较为完整的书法炕围画，既有李白的《春夜宴桃李园序》，也有陶行知的《自立歌》，满堂书香气宇，殊为壮观。

当然，炕围画更多的还是老百姓碎片化的期许。其实，对于普通民众而言，炕围画实际上起到了一种象征性满足的作用，里面所寄予的大量愿望、欲想，实际多数无法实现，传统时期尤是如此，在近代和工业化的过程中的某一特定时期，这种现实与期许的间离感还会增大。在1958年至1978年中，国家以二元体制保障城市优先发展，农村在这期间做了巨大的牺牲，炕围画中出现的图案、画面内容中对城市的向往、农村现代化的愿景，以及夹杂着的多重幸福梦境，正是这一时期间离感的直观反映。农民被制度化地束缚在土地上，听广播大概是那时他们与外界沟通的最现代化的信息渠道，而宣传画、黑板报、墙报等则是当时再直观不过的镜像，虽然是有些变形的镜像，作为与老百姓生活最近的美化生活装饰，这种镜像在炕围画中的反映是很自然的。人们的生活与想象差距很大时，那种追求和愿望就会更强烈，再加上当下人民生活的缓慢改善，经济生活的高度政治化、红色化，人们普遍都有一种莫名的干劲和精神冲动，在精神世界、感观世界里也急需相应的表达。这大概是炕围画在那个时期爆炸性普及以及形式现代化和红色化泛化的原因。这一阶段的间离和大量出现的现代化符号与意象，一方面是向往，是榜样，另一方面则带来深层次的焦虑，因为在当时现实中大多数人们很少能看到像宣传中那样农村生活工业化的巨大变化，因此，炕围画中绘制的这种想象就变成必不可少的虚构性解决。表面上看来炕围画是人们愿望的一种满足，这里的非现实的世界可以看作是人们的一个梦境，既是梦也就没必要作为现实的摹本，尽可将内心的潜在话语以"梦"的幻象表达出来，所以有些时候我们需要解读图画背后的东西。炕围画虽然以自己民间的方式在表达自己，但中间也不可避免地渗透着统治话语，总是会找到它在民间的各种话语中介。

"大跃进""文化大革命"时期炕围画的大发展，恰恰是二元社会中现代与传统激烈交锋的反映，工业社会的憧憬，压倒性地抢占了炕围画传统内容的阵地，因为这种二元是工业主导下的，也是"现代化"主导下的二元，传统社会中的符号文化在不断地被新的文化符号所蚕食。这一阶段的炕围画，最明显的两个主导趋向：一个是经济，一个是政治，而且有个前后替代转向的过程，先是经济现代化的问题，后是政治意识形态的高度赤化，这里强势官方主导文化在民间炕围画中取得了绝对主导权，这是特殊时期社会政治结构下的表现。

终于，改革开放后，随着社会主义市场经济的兴起，社会的商品化转向，官方政治强力主导形式从民间退出，炕围画重新获得了自然空间。但不久便被工业化、后工业化下创造的多元多重商业大众文化所袭扰，新型房屋的修建、新式家装的普及、新生活方式在农村通过媒体广告电视剧等高频率示范，成功地将民间曾一度重新获得的自然空间压缩甚至"蒸发"。先是电视的普及，然后是"因特网"的入主，之后是手机的 3G、4G 扩展等一个个不断翻新大众传媒的出现，在一遍遍形象化了的商业广告的轰击下，人们在短短的三十几年中被成功训化成了奥尔特加所说的"平均的人"，以至极具商业消费习俗流行文化偏好的大众。传统的民间炕围画正是在这一过程中，在改革与开放交错变奏中式微，壁纸替代了墙围，模式化且花样繁多的工业装饰印花替代了手工绘制，农村三代人的审美观明显地反映了这一现象：中山装、西装、卫衣；窑洞、瓦房、高楼；窝头、大米、汉堡；骡车、自行车、轿车；民谣、戏曲、广播电视电影、网络……整个趋势是工业的烙印越来越深。

炕围画不仅是人们欣赏的民间艺术，而且它从一个侧面记录和反映了各历史时期的风貌。各个不同历史时期的政治、经济、文化、生活和风土人情，都会在炕围画这一民间美术中得到反映。20 世纪 50 年代的中国土地上一切风貌建设中都是新鲜的，人们热爱土地，热爱和平；60 年代是一种农业时代的理想，祈求丰收就是祈求幸福；在"全国山河一片红"的年代，炕围画融入"革命"内容（如样板戏等），无不打上时代的烙印，而不同时代所表现的不同内容和不同的风格，都具有一定的学术研究和史料价值。与一些地方炕围画在"文化大革命"时期遭受打击不同，襄垣炕围画在这一时期，恰当地适应了形势的发展，出现了一个小高潮。

当时在下放襄垣的山西省二轻厅的高级工艺美术师王光宇的倡导下，县文化馆组织了由领导、美术工作者、民间艺人三结合的炕围画创作组，对旧的炕围画进行了彻底的改造，绘制出了《红灯记》《沙家浜》《白毛女》《红色娘子军》《智取威虎山》等革命样板戏炕围画图谱，并得以推广。《山西日报》1972 年 10 月 15 日发表了一篇题为《襄垣文化馆"大批判移风易俗　炕围画面貌一新"》的报道，报道中提到：

> 炕围画在我省广大农村普遍流行，是广大农民群众喜闻乐见的一种民间艺术形式。……随着无产阶级"文化大革命"斗、批、改的深入发展，广大群众普遍要求用新的艺术内容和艺术形式占领炕围画的阵地。为此，襄垣人民文化馆的工作人员，遵循毛主席关于"古为今用，洋为中用""百花齐放，推陈出新"的伟大方针，组织了由领导、美术工作者、民间艺人三结合的炕围画创作组，对旧的炕围画进行了彻底的改造，在忠于舞台的基础上，创作出以革命样板戏为主要内容的四种六套新型的炕围画。

由于广大民众所处的社会环境以及经济、政治、文化的影响，民间文化具有与基本现实生活密切贴近的性质。因此，炕围画有着自身的延续传承，具有保守的一面，但又不是僵硬不变的，各个时期的作品都留下了特定的烙印。华夏民族经历了无数次帝王更替、朝代废兴，中国社会近百年来发生了历史上的巨变，劳动人民从封建社会的桎梏中挣脱出来，跨入了社会主义社会，现代文明不可阻挡地进入了人民群众的物质文化生活中，人们的文化教育、生产方式、风俗习惯、审美喜好的改变使民间炕围画从题材、内涵到形态、样式都发生了一定的变异。

总体而言，炕围画自始至终处在一个不断变化和发展的动态系统之中，一方面因传承传统的定势和惯力驱动而体现着一些亘古不变的基因；另一方面也不断地吐故纳新，兼收并蓄地持续发展。从中不难感悟到中华民族崇尚自然文化、兼容外来文化、追求先进文化、倡导和而不同、兼容并包，以及热爱生活、善于生活的秉性和特点。

3. 居室空间转换中的炕围画

在传统的空间文化研究中，"空间"是一个意义多重而难以简单定义的词语。绝对的空间概念，认为空间是独特的、实质的，并且是实存的和经验的。相对的空间概念，则强调空间是事件或事件的各个层面之间的关系。英国著名的地理学家大卫·哈维以地理思维（空间观察）之长，著有《资本的空间》与《希望的空间》，他认为空间的概念最初是基于人类的各种感官经验，而后才转变为直接的空间观；在这一转变的过程中，各种意象、文化形式与科学观念交互作用。因而，空间概念是与文化结构结合在一起的。也就是说，空间孕育于社会文化实践之中，只有文化实践中的某种意义空间存在并且反映了其与社会中的其他各种空间之间的关系时，该空间才是真正具有了一定的意义的存在。所以，空间是文化的空间，空间分析实为社会分析。

我们知道，人一生的绝大部分时间是在室内度过的，因此室内环境的创造应该把有利于人们的身心健康和安全保障作为首要前提。由于北方乡间普通百姓的居住特点是客厅、居室、厨房大都为一室，尤其在冬季通常不是按功能严格地区分空间，所以在人居生活中对空间采取尽可能地最大化利用，这种开发利用与南方不同。在北方，传统民居多是公共空间与私人空间的综合体，对于空间的处理更多的是在同一空间里，按时间区分不同功能，明显地反映出这个地方的风俗风貌。居室是按时间功能来区分的，白天是待人接物的重要场所，家里来了客人，由于居室兼容客厅、厨房与卧室功能于一体，最尊贵的招待就是把客人请到炕上坐下，打开炕头的灶膛，摆出精工的炕桌，做出可口的饭菜端在客人面前，白天的大炕往往兼具着待客之功，是公共空间；而到了晚上，大炕又是家人睡觉休息的地方，也是夫妻间甜蜜的港湾，这时它又成了专有的私密空间。这种居住的生活方式和居室空间特点，必然要求居室有相应的装饰来适应它。手绘横幅、条屏、中堂迎合了公共空间的待客需求；炕头连环画式的连缀图谱又适应了私人情景下的审美、愉悦，形成了较为舒适安逸的小空间。炕围画兼顾多方需求，适应和服务着不同的空间转换。一方面可以起到限定空间、柔化空间之功效；另一方面又可以创造出新的空间，并且使室内整体环境得到丰富，也使得居室的氛围与美感得到增强。它既是公共的，又是私密的；既是开放的，又是内敛的；既是庄重的，又是谑情的，既是雅致的，又是活泼的。这里，全套型炕围画展示了它的多重功能指向，使公共空间（客厅、厨房）与私人空间（卧室）得到了完美结合。

"传统的建筑在空间分隔时讲求'隔而不断'，尽可能保留人们对于视觉、听觉通透的需求，目的在于保持空间的连贯与景象的渗透……在有限的空间中通过追求空间层次的丰富变化和巧妙贯串，达到心理的节奏、韵律起伏和情绪变化。这些方面都体现了对于美感的含蓄表达手法。"① 传统中式的建筑空间分隔属于侧重心理提示的意象分隔，常见借助镂空的隔扇、屏风、窗洞以及民居中的炕围画等构件形成心理空间的领域感。就炕围画本身讲，一定程度上也创造了空间，室内有无炕围画在人们的心理感觉上是大不相同的，也就是说绘制炕围画因其图案、纹样、质地、大小、形状、色彩往往在视觉和心理上自然形成不同的空间领域感，构成活动单元区域，形成心理空间、象征空间或自发空间。其次，炕围画也隐形地起着限定空间区域、强化空间层次的作用，炕围画分隔空间，使之具备隔而不断、空间幽深景深效果和多重层次效果，一则强化了空间的层次，二则限定了不同的空间领域，具有灵活性与可控性。再次，炕围画还有丰富空间之效，它的色彩、图案是室内环境空间的一部分，受到空间整体的支配，反过来，炕围画又有较大的灵活性和自主性。较大面积的炕围画会影响室内空间和陈设的总体倾向，甚至改变居室内部气氛而成为室内视觉停顿和趣味的中心。

（八）炕围画的现存状况

与其他的非物质文化遗产项目一样，襄垣炕围画也经历着变迁。变迁的原因是多方面的，主要分为内部原因和外部原因。内部原因主要是炕围画绘画手法以及内容的变化；外部原因则包括人们居住形式的变化，艺匠由此所做的技艺调整，以及人们对炕围画在价值观念和行为上的取舍。

首先，是炕围画绘画手法以及内容的变化。以往，炕围画的绘制大多以实物变

---

① 王勇，《中式风格室内陈设设计与传统审美意蕴》，《美术大观》2011年第3期，第112页。

形、写意为主，中华人民共和国成立以后，开始出现了仿西洋画的现实主义绘画手法。以往，炕围画的内容以神仙骑士、经典传说、小说戏文为主；但随着时代的变化，炕围画内容也经历着相应的变迁，比如中华人民共和国初期，赵树理的《小二黑结婚》曾被画进炕围，"文化大革命"时期，样板戏也被入画。

其次，炕在逐渐消失。20世纪80年代以来，随着砖瓦的普及，襄垣人逐渐从窑洞搬出，住进了砖瓦建筑的平房，在这个过程中，与窑洞相配的炕逐渐在消失；另外，随着建筑装潢业的发展，具有装饰功能的炕围画也逐渐被现代居室装饰物取代。在我们的普查过程中，只有在一些村落的弃废窑洞里才能见到早已斑斓的炕围画。

再次，艺匠主动对炕围画做了改革。20世纪70年代，襄垣的炕围画制作者们开始逐渐改革炕围，比如用洛姜蛋或纸精泥代替麻纸，将洛姜旦捣碎碾成面，筛子过滤后用稀胶水和泥抹在炕底，压平后可用来打炕围，有别于裱麻纸效果，又硬又结实。还有就是用纸精泥代替麻纸。把废纸撕碎放在水里，泡烂之后与土和成泥，也可以到造纸厂买纸精泥，回来与土和好，抹到炕围墙上，等到似干非干时，用泥叶压上几遍效果很好，经久耐用。另外，也选用现代的新材料代替原来的老材料，比如用水泥取代泥土，用清漆取代桐油土漆，颜料也开始用丙烯等颜料。

人们对炕围画的态度经历了两次大的转变。首先是20世纪80年代左右，人们选取现代的居住形式和房间装饰艺术而舍弃炕围画，认为它是落后的象征；随着中国政府自上而下的对非物质文化遗产以及传统文化的重新提倡，人们又逐渐开始对炕围画有了改观，意识到曾经被舍弃的炕围画变成了稀有之物。但这两次转变所起的影响不尽相同。第一次的选择是试图将炕围画排挤出人们的日常生活，但第二次的转变是否能将炕围画重新带回日常生活，这是一个值得我们深思的问题。

依据我们现有的普查资料，襄垣地区目前可以见到一定数量的炕围画，不过大多是存在于已经废弃的老窑洞中。各处存量情况如下表：

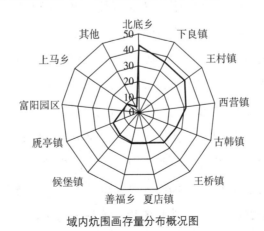

域内炕围画存量分布概况图

二 襄垣染彩春吊

（一）由来

"染春吊，彩吊钱，掉在地上都是钱。"在民间每逢春节来临之际，各家各户都把新买来的染彩春吊取出张贴在门楣上，与春联交相辉映，给节日带来了无限的生机、欢乐和喜庆。早在古代，便有诗下妙笔盛赞它："雪圃乍开红果甲，彩幡新剪绿阳丝。殷勤为作宜春曲，题向花笺贴绣楣。"春节贴"门笺"的范围遍及全境，是流传久远的古老习俗。即便只是闭上眼睛想象一下，当所有的忙碌过后，色彩丰富、造型稚拙朴素的门笺，在农家村舍的各个角落，迎风飘舞，再配着红春联、门神画，与冰天雪地、色彩单调的自然环境那么一对比，假如此时再来一个绿裤红袄的村姑，那个感觉，真是喜庆到了极致。当然这个时候最高兴的便是孩子们了，那盼了很久的好玩的东西，好像即将长了腿飞到自己的口袋里一般。

襄垣染彩春吊亦称大字、过街马、吊的、彩吊，意寓祈福、纳祥、辟邪、娱乐、美化，一般四个为一组。与其他地方不同，襄垣地方彩吊以燕尾形制，一是"彩燕迎春"之故，一是意味燕尾形如剪刀，亦谓"剪彩迎春"，所谓"不知细叶谁裁出，二月春风似剪刀"（［唐］贺知章《咏柳》），古人之所以将二月春风比之剪刀，是因为春日有"剪彩迎春"之俗，且二月有花朝节，亦剪彩，故襄垣彩吊以燕尾、剪刀形做腿，也有"剪春"之意。

关于彩、胜、春自古就是人们春俗文化意义世界的重要载体。古人很早便有戴胜、用胜的风俗，华胜亦称春胜，幡胜亦称春幡，彩色绸缎或彩色纸做的谓之彩胜，多以花草鱼虫人或几何图案为内容。春胜、春幡，初为立春习俗。如，汉代立春之日，盛行"立春幡于门外"，妇女们则争戴春胜，以示迎春。（见《汉书·礼仪志》、颜师古注《汉书·司马相如传·下》、《续汉书礼仪志》等）魏晋南北朝，随着元旦（春节）作为"新年"单位的确立，此俗魏晋时由单一农事节日风尚（立春）向复合节庆（元旦，即春节）过渡，彼时"彼页运而方臻，乃设彩燕以迎止"（［西晋］傅咸《燕赋》），又"立春之日，悉剪彩为燕以戴之，帖'宜春'二字"（［南朝梁］宗懔《荆楚岁时记》）。傅咸解释说："四时代至，敬逆其始。彼应运于东方，乃设燕以迎至。羃轻翼之歧歧，若将飞而未起。何夫人之功巧，式仪形之有似。御青书以赞时，著宜春之嘉祉。"其中，彩燕即合欢罗胜，而剪燕实由祭祀句芒神变异而来。关于句芒，《山海经·海外东经》说："东方句芒，鸟身人面，乘两龙"，原为少昊的后代，名重，为伏羲臣，死后成为木神，主草木生发，是为春神，其与东夷以鸟为图腾信仰的部族相关。"彩燕迎春人鬓飞，轻寒未放缕金衣"（[宋]王曾《春帖子》），剪燕本身就是句芒神形象的摹状，且燕子往往被认为是春暖花开的风向标，正所谓"燕子不归春事晚"（[唐]戴叔伦《苏溪亭》），故而"彩燕迎春"成为传统社会一个重要的春日活动范式。

到隋唐，"俗间悉剪彩为燕子，置于檐楣，亦戴"（[隋]杜台卿《玉烛宝典》），普遍的剪彩燕"置"建筑檐楣上，较之于门外"立"春幡的现象，已有很大变化，"又剪春蝶、春钱、春胜以戏之"（[唐]段成式《酉阳杂俎》）。及至宋元，"岁旦在迩，席铺百货，画门神桃符，迎春牌儿……街市买锡打春幡胜、百事吉斛儿，以备元旦悬于门首，为新岁吉兆"（[南宋]吴自牧《梦粱录》），又"以鸦青纸或青绢纸剪四十九幡围一大幡，或以家长年龄戴之，或贴在门楣"（[宋]陈元靓《岁时广记》）。

元明以降，剪彩为胜、彩燕迎春之俗进一步演变。明清时，贴纸马送神的风俗极为普遍，山西等地则在门框、屋檩处贴钱马，襄垣当地此俗日衰，其寓意多由门笺承担，以寓天马送禄、马上发财，以求新年里福禄臻至。因当地门笺形似叉开的两腿，似骑态，又多个一组，门笺的支脚随风摆动，有类乘风疾驰之马，或悬于百姓大门门楣，或于横街迎路而置，每逢年节、社火、庙会、开大会及其他群众性活动时，几十排横亘于街天，盛状犹万马过天街，士人谓之"过街马"或"彩马过街"。

门户新年挂钱之俗很早，唐代于中和节"焚帛时，将新正各门户张贴之五色挂钱，摘而焚之，曰太阳钱粮"（《帝京岁时纪胜》），襄垣当地的门笺多镂刻铜钱图作衬（此外又有镂刻莲花、麦穗图等衬），民户、店铺甚喜于此，士人亦称门笺为"吊钱""吊的"，一是说吊在门前的东西，二是以铜钱单位称"吊"故，代指钱多。

如前所述，剪彩书胜也是剪彩迎春的一个内容，所谓"请爷书春胜，春胜宜春日"（[唐]李商隐《骄儿》），彩燕戴于头上，所书字小，事实上，"宜春"不仅书于彩燕或贴于彩燕以戴，与门前置幡胜春笺一样，人们也书"宜春"大字贴于门楣。唐代孙思邈《千金玉令》有曰"立春日贴宜春字于门"，《辽史·礼志六》："立春，妇人进春书，刻青缯为帜，像龙御之，或蟾蜍，书帜曰'宜春'。"，清陈维崧《齐天乐·早春寿魏塘柯素培先生》词："小楼人倚，梅花天气，正院贴'宜春'，钗摇燕子。"《廿载繁华梦》第十六回："过了祀灶之期，不久又是除夕，家家贴起'宜春'。"后世亦将门前书有大号字的剪燕吊彩称为"大字"。也有剪"宜春"的，如唐代崔道融《春闺》诗之二所言："欲剪'宜春'字，春寒入剪刀。"所谓宜春，原意并非一般认为的适宜于春天、适应春天。宜，为会意字，甲骨文、金文的形象为 𠀎𠀎，大概示以适当分割俎上之肉状，从宀从且，"宀"指"处所""地点"，"且"意为"加力""用力"。"宀"与"且"联合起来表示"力量用在指定的地方"，即《仓颉篇》所言"宜：得其所也"，即力与着力点匹配，引申为恰当、正好、合适、适宜、和顺。故"宜春"，原意应有以某行为活动以招春、合春之义。不过，现在多数地方的春笺只是单纯剪刻图案、文字，书写的传统早已消失，而襄垣当地仍保留写"大字"的传统，临节时人们或是购买写好的彩吊大字，或是只买空染彩笺，然后专门请文笔先生或自行"书春"，因之乡人俗称门笺为"大字"。

染彩春吊的产生、发展与农耕文明和这里的人居环境有着密切关联。襄垣属黄土高原，人们多居于窑洞，而禽燕又喜与人同居，在住人的窑洞中筑巢繁衍，乡民也以居所有燕居而荣以为家庭和睦美满，燕子的到来代表春常驻。人们企盼春天，每到春日来临，人们便将五彩春胜挂于门檐，五彩是春的象征，也只有春天才会万物争荣、五彩缤纷，一年四季在于春，春天播种希望，也预示着收获。

（二）传说

彩吊，无论是起源，还是发展，始终演绎着崇尚神灵、避瘟驱邪、纳福求祥的内容。相传，古代过年挂桃符，以驱邪魔，后人将桃符一分为二变成了门对与挂笺。又传，姜太公封神时，给穷神立了一个规矩，即见破就回避。人们害怕穷气临门进家，就特意将纸剪破贴到门上，以阻止穷神进门。汉书《礼仪志》中有："立春之日，立春幡，施土牛耕于门外，以示兆民至立夏。"唐代《酉阳杂俎》记载："立春日，士大夫之家剪纸为小幡，或悬于佳人之首，或缀于花下。又剪春蝶、春钱、春胜似戏之。"宋朝《岁时广记》里"剪年幡"条云："元旦以鸦青纸或贴于门楣。"清人《杭州府志》说："琳宫梵宇，剪五色纸形如旗脚，贴于门额，上书风调雨顺、国泰民安等语，再在有之，曰门彩，亦名斋蝶，彩笺五张为一堂，中凿连线纹，贴梁间以压胜，曰挂笺。"历代的文人墨客在诗词中对彩笺也有描述。如李商隐的"镂金作胜传荆俗，剪彩为人起晋风"；李远的"剪彩赠相亲，银钗缀凤真"；苏东坡的"萧索东风两鬓华，年年幡胜剪宫花"；欧阳修的"宫坛青陌赛牛回，玉琯东风逗晓来，不待岭梅结远信，剪刀先放彩花开"；杨宋人的"挂门笺纸扬春风，福守门神处处同"等，都提到了挂笺。

从汉书记载的"春幡"、唐时的"剪纸为小幡"至宋时的"以鸦青纸"剪幡"贴于门楣"，再到清时的"剪五色纸，贴于门楣"的过程，彩吊已基本呈现出今天的样式，外形呈竖条长方形，下边剪刻成条脚等样。因其形制独特、色彩鲜艳、做工考究、寓意丰富、亲民实用而备受民众喜爱。

（三）形态

襄垣染彩春吊形式别致，一般贴于大门、门楼等处，婚礼庆典、门市开业、节日联欢中也能看到，意寓祈福、纳祥、辟邪、娱乐、美好，是当地劳动人民在长期的生活实践和独特的文化历史环境中形成的颇具特色的集染、刻、写为一体的全套型民间艺术。色彩的自然晕合妙趣横生，并与书法艺术的书写融汇合璧，内容多是事事如意、五谷丰登、彩燕宜春、春回大地、人寿年丰、普天同庆等，很有笔墨书春胜的意味，有着浓厚的乡土气息和地方特色，是迎春和年俗文化的组成部分与重要元素，在众多门笺中独树一帜。

染彩春吊式样繁多，大小分号，内容丰富。结构上，它融入了传统店铺、行业标识与招幌元素，大体由上下两部分组成，即身子（或曰肚）、腿（或曰燕尾、尾巴），上部为长方形，四周剪刻各种吉祥图案并用五色晕染，中间写字，下部分为左右对称的两个三角形，状如燕尾，构成剪刀形做腿，有时两腿之间也加若干条须摆或穗子。艺术构成上，其由剜花、彩晕、大字组成。成品晕色多为桃红、黄、橘、绿、青，色彩鲜艳，做工考究，晕染自然，艳丽悦目。

襄垣染彩春吊一般按实际需要自行设计。上部四周为镂空的图案，剜花多用圆刀，图形内容多样，或方、或圆、或三角、或菱形，组成各种吉祥图案，有的匀齐，有的对称，有的形成对比，有的重复，有点有面，有的具有烦琐美，有的具有单纯美，有的具有精致美，有的具有粗犷美，寓意丰富。图案有金钱纹、莲花纹、禾穗纹、万字纹、鱼鳞纹、水波纹、花瓣纹、蝙蝠纹、孔钱纹、菱形纹、网格、灯笼纹等，千姿百态，异彩纷呈。其题材广泛，构图美观，色彩鲜明，贴近社会，贴近生活，用象征、谐音、寓意等手法表达民众对美好生活的追求。其功能是祝吉纳福，内容均是吉祥的。染彩吊钱有大、中、小型号，春节期间贴于大门、街院、天地神龛，以至照壁、门楼、厨灶、粮仓、牲口槽圈等处。形式上又分剜花五彩与不剜花五彩，不剜花五彩也叫"雷大字"，是将纸多层折叠直接染色，自然形成放射状图形，不在上面书写字样，多用于庙会节庆烘托气氛。

襄垣染彩春吊为纯手工式生产制作，染彩谓之五彩五色，寓意金、木、水、火、土，样样俱全，祈求天地阴阳平衡。手工掌握的自然晕染工序是任何机器所无法替代的，也是其显明的特色。染色看起来简单，但实际并不容易掌握，其过程靠心领神会和悟性，染色必须一次成功，色彩的调配、温度的控制、时间的长短、沁渗的深浅，完全靠艺人长期经验的积累，手艺全在手上、活儿上，是几代人积累下来的，稍有不慎，"淹""串""晕"不当就"洇"坏了，前功尽弃。

（四）制作工序

1. 备料。选用吸水性较好且易于晕染的麻纸、桑皮纸、高丽纸、宣纸，按大、中、小号折叠裁剪，分成挂钱上下两部分，上半部分为长方形，下半部分为两个对称的长三角形。

2. 按需求设计图案，用纸板或牛皮纸刻成模板，再按照图案找工匠打制出不同刀具，对照上半部分四周镂刻各种吉祥图案，中间留出写字的位置，把裁好的纸张一沓数十，放在模板上，用锥子扎上眼，再穿上纸捻固定，最后再放在蜡盘上，用各种刀具刻制，有时也用木槌敲击刀具砸刻，全部刻完后把刻下的纸屑捅出。

3. 同样的方法在下半部分的长三角形上镂刻出有美好寓意的不同花样。

4. 将备好的染料，分别按比例加水、加温。

5. 染色，要求先浅后深，拿叠折、剪刻好的白纸先在中间染老黄，再点秋绿、雪花绿，然后加染品红，点染玫瑰、太阳红等色，要求在高温色水中浸染、点染。

6. 上色完毕，将叠染的色纸一张一张分开放在干砖上，让水色自然吸收。

7. 搭在备好的架子上进行晾晒，待干。

8. 待染色后的纸张晾干，分别再用烙铁熨平，分类放置。

9. 将备染好的上半部长方形与下半部的对称三角形进行组合粘贴，四个一组置放。有时在两腿之间也加若干条须摆或穗子（一般是三条），使其整体如幡、胜状。

10. 用黑墨、金、银色在粘贴好的成品上书写吉语，抑或刻制印版拓印文字、图案，待字干后以组折叠存放，或将空笺买回，自行书写。

刻花

染色

五彩门笺　　　　　　　　彩吊迎春

（五）传承

染彩春吊的制作，早先多为村中巧妇剪制，开始时只是在彩纸上剪上小花或穗头，增添了花样，加大了艺术性；随着商品经济的发展，这一民俗制品逐渐完成商品化，与年画一样成为节庆社火活动中需要置办的重要商品；后来有人在原有基础上大胆将五色观与笔墨书春引入其间，自明清以来染彩吊钱的制作工艺已形成了比较固定的模式。

染彩春吊的传承方式为家庭传承与师徒传承。因其传承人多为民间艺人，史料记载甚少，虽历代都有造诣颇深的代表人物，但他们之间并不一定是传承关系。以1994年为界，之前多以民间自由传承为主，学成后有的自立门户，代际相传，这种形式的传承遍及襄垣多半乡镇。据了解，1949年前襄垣有数十家店铺制作、经营染彩吊钱，传承中，当地艺人又对其不断进行改进，如城北关李氏家族在刻制染彩中为了使自己的吊钱染彩更加悦目好看，便与本村经营颜料的王家店铺共同实践，在改进过程中王家也学到了技艺并也从事起染彩吊钱业务，流传至今。通过官道驿站将产品销往全国各地的批发商，因经营之便，往往对颜料、纸张等重要原料形成掌控，由于节庆、春俗时供应甚巨，于是不少驿铺为增加收入，也兼营此业，并逐渐有了地方品牌意识，其中尤以万里茶商古道上的"裕恒昌"为代表。

剪刻彩笺作者大多数是民间艺人，并带有群体性，刻染工艺多是家庭传承，也少有师徒传承的。五彩挂笺是历代艺人在原有挂笺的基础上，大胆将五色观与毛笔书法引入而形成的一种民间艺术，形成了一个制作群体。1949年后县供销联社生产资料公司还曾将艺人集中起来制作染彩春吊，统一分配到各个乡村供销社进行销售。

（六）议俗

染彩大字是民族节庆活动中不可缺少的一种兼祈神、装饰、审美于一身的手工民间美术形式，随着文化之间的互动，它也广泛见于民众其他的文化生活中。贴染彩挂笺在民间乡里流传，在村院农舍中贴挂，无论是它上面的刻花、字符还是色彩，都那么生动，那么有震撼力。视觉中的挂笺、大字是那么的有艺术气息，是那么使人倾情。乡里的村民喜欢它，是因为它体现了乡民的观念，是乡民自己的风俗，春节家家都挂，温居烘托气氛，在城里人的婚礼庆典、门市开业、节日联欢中也能看到五彩挂笺的风姿。贴染彩挂笺已成为人们追求生活、向往美好吉祥的一种民事习俗，具有极强的亲民性、装饰性、寓意性，有助于理解地方民风民俗、人文伦理、生活习俗、社会变革与人文意义世界，具有重要的历史价值、实用价值、非物质文化遗产价值和研究价值。

与其他地域的门笺相比，襄垣染彩春吊制作要复杂得多，浓郁的地域传统、民俗特色与人文内涵，是古老"彩燕剪迎春""笔墨书宜春"的嬗变，是承载支撑人们民间年庆的意义世界的重要组成部分和内容。在人们越来越抱怨没有年味的当下，它的存续已成为建构、延续地方传统民俗文化的重要形式与载体，是保护春笺文化多样性的重要内容，可以丰富、调节生活，融洽人际关系，传播农耕文明，是我国传统技艺传承并不断发展的一个典型代表。因制作工艺考究、染色独特，而有"笺中奇葩"之称的襄垣染彩春吊，不像别的刻完就算结束，而这里只是刚开始，是个半成品，之后还有染色与书写等环节，把发挥空间交与另外的下涉人员，只有加入文化的书写才算完成，需要多人多道工序参与互动，别的地方的门笺卖啥贴啥缺少参与，这里是买者则仍需参与其间，自己亲书或邀人书写互动，包括内容的选择。在这里彩吊、大字不再是一种美术形式、一种技艺、市场上买来的一件商品，而是一连串的人文行为和民俗意义。而在现代社会和机器制作的冲击下，襄垣染彩吊钱仍旧能够保持传统形制，在坚持手工制作的独特性与维护民间传统习俗方面，实为难得。

三　韩州女红：剪纸及其他

韩州（襄垣别称）女红是讲究天时、地利、材美与巧手的一项生活艺术，是女性群体生命情感的象征，是一部充满女性生命理想色彩和吉祥美好祈愿的生存艺术史，从过去到现在都是由母女、婆媳世代传承而来，因此又可称为"母亲的艺术"，俗语为"做营生"，营生做得好的称为"巧"。其基本内容，狭义上来说，凡是妇女以手工制作出的传统技艺，像是纺织、编织、缝纫、刺绣、香包、拼布、贴布绣、剪花、浆染、鞋帽、编结、面花、玩具等，就称为"女红"。就广义来说，女红的范畴实可扩展到整个民间艺术领域，但这里主要强调的是其狭义的方面。

（一）做营生

在代代相传的纯手工制作技艺中，丰富的时间使织女们注意到技巧所产生的审美效应，并有意追求技巧的理想境界，于平淡无奇中见精美，于精美中见平常，在劳作中求快乐。其主要靠家庭式言传身教、心领神会的方式传承，尤其是技艺的精细度更是需要制作者凭借自身的悟性和长期的操作实践才能习得。灵秀的女人使生命的灵性在女红上得到体现，使作品富有生命的韵律和循环不息的运动感，使其在浓厚的地方文化背景下变得活泼别致。

以前看一个女子，一是看长相，二是看女红。相貌、女红并举为佳。过去的乡村闺中女子多无接受正规教育的机会，她们对世态的认知是通过劳动实现的，女红是必修课，是女子认识社会的重要渠道与途径。从普通百姓到富裕人家皆不例外，不过对有钱人家来讲，管理培训方式有异。在襄垣西营的观岩村，现存着一孔"绣窑"，与其他地方的"绣楼"略有不同，这户老宅建在山头上，当年在村里属富裕门第，女子一懂事就住进了这孔闺中之窑，此窑的特别之处是另辟一院，分上下两层，下层一门是供仆人接送东西，上层两边开窗，从窗往外看，居高临下，可看得很远很远，然而可观而不可即，受封建礼教束缚，女子不准随意与外人接触，只能一心专攻女红，直到找一个如意郎君才能出阁，可见主人教子的用心良苦。

作为与人们日常生活密切相关的韩州女红活计，其类别可分为：

1. 纺织：纺织源远流长，而且品种多样，花色繁杂。纺织品就其原料来分，有丝、麻、葛、棉等，丝织华贵，麻葛少见，自宋元以来，全国逐渐推广了植棉纱和织棉布，近现代流行于民间的，仍然是棉织。时至今日，襄垣"襄子老粗布"已成为享誉省内外的一个品牌。

2. 浆染：浆和染是两个概念，浆是指用浆水浸泡织好的布，使其挺括光滑。民间织的白土布，因没有经过漂白带有黄丝丝的感觉，叫作本色布，用一种老粉——土粉，浆洗后也就变白了。染则是指将民间用的染料进行染色，过去主要是从植物中提取染颜进行染色即现代所说的草木染。

3. 缝纫：缝纫是个叠词，缝与纫都有贯串连缀的意思，我们一般讲缝纫就是缝制衣服，缝和纫两个字放在一起，也许是强调缝制一件衣服需要千针万线吧！确实现在做衣服有缝纫机，有服装加工厂，定做一件衣服并不难，但在若干年前，每一件衣服都是由妇女一针针地缝起来的，他们为老人缝，为男人缝，为孩子缝，为自己缝，一辈子的岁月都在飞针走线中流淌。

4. 刺绣：刺绣可以说是女红中最突出的一种，从全世界看，中国刺绣不但出现得最早，历史最悠久，而且形成了自己的传统。战国时期的刺绣品已很复杂，图案层次分明，交错有致，汉代的绣衣、绣裳就更多了。民间的刺绣的基础太普遍太深厚了，在男耕女织的社会制度下，千千万万的女孩都要学习女红，都要掌握刺绣，恐怕是中国历史上独有的现象。

5. 鞋帽：襄垣民间的鞋帽，从很早以前一直到近代都是家庭妇女手工制作的，后来虽有了鞋店、帽店，但真正买鞋的，仍然是少数。目前在广大的农村，鞋帽，特别是儿童的帽子还是自己做，一个家庭妇女为家庭成员所做的鞋子的数量是相当大的，每到除夕，主妇们忙完家务，总要在天亮前连夜为全家老小赶做新鞋。

6. 编结：编结的范围很大。可做编结的材料很多，既可用丝、棉，又可用多种植物如竹、藤、草、棕、麦秆等，凡是有一定韧性的条状物都可以编连起来，以绳为基础打成结。襄垣的打结从最简单的捆扎，发展到一种艺术，转向到装饰，又从装饰给它以丰富的寓意象征，成为我们民族文化包容性很大的一种民间技艺。

7. 剪花：在襄垣，从事剪纸的妇女人数之众、剪纸的历史之悠久、所剪花样之多、内容之广、数量之大，是可观的。对女红来说，妇女们除了用纸来剪花样，还用其他的材料，如布、植物的叶子来剪，而其工艺制作是和剪纸相近的，如在孩子的衣服上、肚兜上、布玩具上，常常可以看到由用大块不同颜色的布剪成的多种动物、花草拼贴成的图案。

8. 面花：襄垣人以面食为主，妇女们可以用面粉做出名目繁多的食物，归纳起来竟有数十种之多，其中最有名的应是襄垣手工挂面与手工拉面。妇女们在长期的面食制作中，发现这种带有可塑性的物质材料既可以吃又可以做成各种形象，面花不仅说明妇女手勤，而且是妇女心巧的一个标志。

9. 玩具：学龄前的孩子一般都是由妈妈看管，善良、聪慧的母亲，常常会就地取材，随手制作一些玩具给孩子们，给他们的童年增添了一份乐趣。妈妈是常常带着孩子干活的，干活时让孩子在地头上玩，为了哄孩子他们会随手将从一根高粱秆剥下的篾条，几下就折成小鸟、小猴什么的，也有用布做的、泥做的、面做的等。

此外，就刺绣而言，根据年龄段就可分为情趣益然的童用刺绣、男女嫁娶的传情绣物、长寿多福的老年绣品等。其针法有竖针、横针、斜针、回针、扭针、扩针、链针、套针、绕针，乱针绣法有贴布绣、结网绣、抽丝绣等多种。中国是世界上最古老的文明古国之一，数千年间"男耕女织"的社会形态造就了人民衣食的生活基础。包括纺织在内的女红，对辉煌的华夏文明起了默默的推动作用。

襄垣民间女性群体中还有些与女红有关的说法，如正月初一到初五一般不做针线活，说是大正月做针线，来年要一年穷忙；正月二十五日填仓节，这天女子忌动针线，怕扎着仓官爷的眼睛；五月初一到初五女人不做针工，说是怕拉出"蚰蜒蝎伙"。另外，女子之间针工交流，若遇给别人复制替样时，一定要在替样上剪下一点贴在原样上，据说是怕替走自家的东西。

（二）巧之义

"襄邑人崇尚节俭，务本力学"由来已久，旧志载："按襄邑地本山陬，其俗颇好礼义。虽家无长物，而读书继世恒不忍有歇绝。女红尤勤苦，日食糟糠而纺绩不辍，每至夜分不寐。"韩州女红作为上党乡土文化的重要组成部分，是地方民间传统文化遗产重要载体之一，充分体现了劳动人民的创造精神。在现代化高度发达的今天，农村仍传习着原始古老的手工女红制作技艺，完整再现着古代农耕社会各家庭自给自足的情景，是研究农耕文明演进和早期生活状态的活资料，其跨越时空的长期性及独特的文化地域性，决定了这一民间传统技艺具有珍贵的历史价值、科学价值、社会人文价值和经济价值。

韩州女红在漫长的岁月中，编织着乡土文化的精神和审美意识，并将其充分地展现出来，使人们在使用欣赏它时，感受到像是田野的清风扑面而来，长期以来形成了内容形式多样的文化现象，能丰富调节生活，融洽人际关系，传播农耕文明，是我国传统技艺传承并不断发展的一个典型代表。不仅承载着许多文化信息，对弘扬传统文化是有重要意义的，还对我们从中汲取营养，结合时代审美习惯使现代穿戴设计得到质量提升也大有裨益。

近代民俗学者对世代母女传承的技艺产生了莫大研究兴趣，对韩州女红的重估有利于丰富地方女性研究，而收集整理艺人在纺织实践中承传文化的积累，有助于探究揭示女性在传统社会文化传承结构中的重要作用。母体艺术以其淳美风格哺育了其他上层艺术，使我们的民族文化具备了"母型"特质。韩州女红艺术无论从其发生、发展、艺术形态、艺术功能，还是在艺术符号和艺术内涵等方面，始终与女性群体的生活休戚相关。女性在生活中创造了"针线活之类"的艺术，"针线活之类"的艺术又反过来影响、制约了女性的生活方式，积淀中形成了女性的生活情感心理与生活价值姿态。在漫长的历史进程中，女红艺术的生命价值远远超越了艺术本身，她成为女性约定俗成的习俗生活方式，成为女性表达生活、寄托情感、祈求吉祥兴盛的重要载体，成为女性向自然、向理想同时也是向自身的鸣礼祝福。可以说女红艺术是一种充满活力的生命整体，她渗透、充实于女性生活的各个层面，她像镶嵌在女性生命土壤中无数艳丽多姿的明珠，透射着女性的生命光彩。过去绣花织布是家庭妇女最本分和最重要的活计，女红不仅是家庭生计的保障，还是妇女品质能力的表现。它在民间传统工艺中，制作者群体最大，应用面最广，生产量最大，技术传承最持久，与百姓生活关系最亲密，因而技术上特别成熟和丰富。

韩州女红没有随着时代的变迁而消失，而是顽强地以另一种面貌延续。它既是一项源远流长的文化遗产，又是现代文化以及生活的重要组成部分，具有重要的文化与经济价值。可以带动农村产业结构调整，促进经济转型发展，增加农民收入。来自乡土，贴近民众，成为当地产业结构调整的一道亮丽的风景线，其于乡村民间文化产业的潜在经济价值和民生价值已越来越受到人们的重视。然而，随着时光的流逝、社会的变革、科技的发展，机械化正逐步替代了手工活，原本小姐丫头、姑娘太太做女红活计必备的那些韩州女红用具，如剪刀熨斗针线盒、顶针量具绕线板、针拔刮板喷水壶、绣花棚架针线篓等，都在消失。那些传统的生活女红逐渐淡出了女性的生活世界，甚至连简单地缝个扣子都要送到裁缝店，在女性的空间得到空前扩展的同时，母亲与女儿间的技艺传承关系也被斩断，一切都可以通过市场买到，一切都被制式化的产品垄断，人们所关心的是东西从哪买的，花了多少钱，而不是活儿是谁做的，花了多少时间。

绣鞋

银饰童帽

绣花童帽

女工布艺

布老虎

（三）剪纸窗花

　　襄垣的剪纸艺术的主要表现形式是窗花，此外，也与当地的刺绣紧密相关，因为襄垣刺绣正是建立在剪纸的基础上的。剪纸是一种成本较低、兼具实用和审美功能的一种民间艺术形式。一般情况下，襄垣人会在婚嫁、过节期间使用剪纸。婚嫁时一般用"囍"字和花鸟，逢年过节，人们也会用剪纸来装饰居室。剪纸的制作工具较为简单，主要是彩纸（以红纸居多）、剪刀、尺子、刻刀等。剪纸的应用空间主要包括窗角、水缸、劳动工具、卧室的墙壁等。襄垣地区的剪纸内容主要有"囍"字、鸳鸯、莲花等吉祥题材。贴在不同地方的剪纸内容是有讲究的，比如贴在粮缸上的剪纸一般是"福"字、"丰"字和鱼，在水缸上贴鱼有"有鱼必有水，源源不断，源源不竭"之意。

襄垣的窗花属于当地剪纸的种类之一，同样兼具审美和实用功能，它的最初表现形式主要是人们婚庆时新房窗户上的一种粘贴画，也是当地生活中的一种最廉价的装饰品。此外，襄垣的窗花还具有很强的故事性，比如婚嫁时用的"双喜临门""八仙过海""麒麟送子"等一系列题材，当然，婚嫁时的窗花最常见的主要还是"囍"字。除此之外，过年期间人们也会在窗户上贴窗花。

第二节　艺术主体：艺匠

一　艺匠的生活与做活

民国版《襄垣县志》载："襄垣地处山陬，地瘠民贫，守古贤克勤克俭之训，继前人男耕女织之业。全邑男丁八万有奇，自 1922 年，合县职业表计之约占六万三千五百人以上，为士者千分之二五，为农者百分之五十，为工者百分之十五，为商者百分之二十，为医卜、僧尼、道士等其数最少。""以木、石、铁工、油画及打造铜、锡、银器为小营者，居全县职业总数表百分之十五。"[①] 这里的"油画"指油漆彩画艺匠，他们主要从事炕围画绘制、居室顶棚装裱、家具门窗油漆、建筑彩绘、庙宇壁画和藻绘、塑像装銮以及丧事的纸折和棺木彩画等手艺活。这些人多为农民，往往身兼画师、塑匠、木匠、纸扎乃至"阴阳风水"、石匠、建筑设计等多种角色，当地人俗称他们为"画匠""油匠""画画的"等。襄垣的南厢一带叫"油匠"，北厢一带称"画儿匠"。关于油匠也有人称其为游匠，大概是说丹青匠人游走作画。

关于艺人学艺缘由，大致有两个，一是贴补家用，二是爱好。就油匠来讲，当地艺人多尊吴道子为师，也有认鲁班为祖的，襄垣另有拜张班为祖的（相传张班是鲁班的徒弟，还有说是鲁班的师兄）。炕围画的传承一般都是徒承师教，也有不少是家传，还有少数自学的，无论师传还是家传，炕围画行业中没有门户之见，也没有其他地方明显的行会限制，业界比较开放，有时往往有交叉师承关系，他们敬业守信，受人尊敬。另外，访学、游学也是艺人提高技艺的重要方式。访学的地域主要是所谓的上府川，大致是指晋中平遥、太谷、榆次，访学多是杂学。襄垣当地油

---

① 王维新，《襄垣县志·生业略》卷二，1928 年。

匠的特点是油漆、彩画、粉刷、造像、纸扎样样通；相对而言上府川的油匠特点是分工较细，专业化强，油漆、彩画、粉刷、造像、纸扎各有专职匠人，各有店铺，各不相通，往往是粉刷的不会油漆，油漆的不会彩画，彩画的不会纸扎，但专业化的一个优点是手艺较高，粉刷绝不会有黑点，油漆绝不会不均匀，彩画绝不会显糇相，纸扎绝不会不精致。而地理位置相近和共同的晋系文化传统使得有相当数量的襄垣油匠把上府川视为理想的深造地，不过襄垣油匠访学并没有行业局限，油漆、彩画、粉刷、纸扎都学，主要是纸扎，其次是画庙，上府川炕围画依老艺人们普遍的看法，并没有襄垣好，因此访学主要是单项技艺深造，并不是炕围画学习，其对炕围画的影响是间接的但却是建设性的。游学相对自由，多数属于艺人间的相互切磋。

襄垣油匠（画匠）经营的买卖很多，但各自的比重并不一样，而且比重也有变化。过去画庙是收入最好的一项；地方富户营建、修缮宅邸的彩画支出也不少，这些收入丰厚，但不是经常有活。最多的还是婚丧嫁娶、人的生死之间的营生，炕围画、油家具、画棺椁、做纸扎的进钱虽然比建筑彩绘少很多，但因更日常，总的收入还很可观。"文化大革命"时期造像被推倒，画庙被禁止，彩画受鄙视，纸扎遭唾弃（那时，一些偏远的地方丧事还有用纸扎的需求，不过只能晚上偷偷做），油匠没了生计，好在那时炕围画有了旧瓶装新酒的新方式，山西及周边出现了占领"阶级斗争"阵地的示范行为，翻身做主和对"红色"政治、文化的近乎狂热的符号追逐，造成了炕围画"先锋化"，画一盘新式炕围俨然成为一种新的社会风尚。炕围画艺人，这些行走乡间的"俗世奇人"，除了油匠活外，在社区生活大层面，他们还搞创作、绘墙画、出壁报、画漫画、办专栏、搞宣传，为民众营造舒适的生活大环境，为生活世界增色添彩。当时的画匠除了画炕围、粉家、油漆门窗家具，还有不少部分画棺材、做纸扎之外，早先雕梁画庙的事后来因受当时政治风气和社会风气的影响，这些与神事相关的活儿也已不再做了，画匠的活主要集中在婚丧嫁娶、祝生庆寿、新房翻新等生死之间的生活人事上。不菲的收入，遭嫉的活计，从一个侧面也反映出那段时期内的炕围画之盛，家家有炕围的说法恐怕还是保守的，甚至一家好几盘炕围也是常见的，艺人常常连夜赶活。炕围画是人们现实生活的一部分，也是人的"生活世界"或者说意义世界，不言而喻，这些画匠以不起眼的角色扮演沟通了风俗中生死之间的人生礼仪。这种生命意义伴随着襄垣炕围画的制作技艺师徒相传，使民间艺术保持了所具有的手工制作方式，也促进了集体民俗意识的延续。但在传承过程中又没有形成严格意义上的系统规整的传承谱系，他是一个开放的系统，壁垒森严的门户在这里并不存在，交叉学习、传承是极为普遍的。

艺人授艺多为口传心授，心授是集言传身教、物象传播为一炉的综合传授形式，他们将一些技艺性较强的部分采用言传和物传的方式直接传授，同时更善于综合，把言传引申为身教，即利用行为传播来实现言传的目的，像师带徒的过程，言传身教是通过技艺的实际操作和示范行为来实现的。同时一些艺人将民间流传的口诀作为范本传授，炕围画艺人们在技艺传承中不仅仅靠技艺的模仿，某些方面更注重"悟性"，它虽不宜言传，没有模式，但有一种内在的精神作用，是一种无形的心理表达，接受者要靠心灵的感悟来接受传承。炕围画艺人说"画从心出"也是一种经验的长期积累和传授的结果。

二 手艺是整体的

襄垣地区艺匠的一大特点是他们掌握的技艺是整体的，这个整体的意思是说，一名艺匠可以独立完成很多种民间美术的工作。仍以画匠为例，他们既会制作炕围画，同时也可以油漆家具、绘制棺木、制作纸扎等。但这种整体性并不是说不同种艺匠之间是相通的，而是同一类别的民间美术的技艺基本上是由一类艺匠掌握并实践的。

艺匠是民间美术或民间艺术的主体，他们一方面掌握着已有的艺术体系和技艺，同时也在应世改变着已有的艺术风格。和民间美术一样，艺匠和技（艺）术家的不同也是体现在实用性上。首先，艺匠学艺的动机往往是被生活所迫，将技艺作为谋生的手段之一。当然，在这个过程中，艺匠也会主动地钻研、提高自身的技艺，因为技艺精湛可以使自己的谋生之路更为通畅，这同时也使得技艺本身得到传承和改良。其次，艺匠的出现往往是为了满足人们生活所需，因此，当新技术和新材料出现以后，当人们在价值观念上不再认同传统的手工制品时，这便导致他们在行为上开始拒绝请用艺匠，艺匠们便不得不另谋他路。第三，民间艺匠的另一特点是具有明显的师承体系，手艺大多是在跟着师傅打杂的耳闻目染中习得的，与正统的艺术相比，民间美术没有一套成系统、有文字的体系，因此，技艺便会随着艺匠的消失而消失。

现今，这类艺匠在逐渐减少，主要是因为产品与技术受到市场的冲击，以及人们对现代工艺所代表的价值取向的认同和追求以及对手工的排斥和贬低所致。即便现在慢慢出现了对手工的复兴，但这只是一种现代性的猎奇，就像现代人对原汁原味的古代生活的向往一样，其中所包含的价值追求并不是建立在平等、自然的欣赏之上，而依然是一种居高临下的俯视，猎奇中所包含的恰恰是一种等级的权力关系。这类问题同样也是非物质文化遗产传承与保护中应该注意的问题之一。

三　艺匠们的人生故事

这里摘取几则炕围画、女工、核雕等不同民间艺人的故事。

连巨先（约 1883 ～ 1959）

连巨先是油匠，也就是做炕围画的艺人，他的手艺承自其父连太孝。人分三六九等，艺匠也有高低之分，这种高低之分主要依据他们手艺的水平。手艺好的人会得到大家的认可，而且，如果他们为人处世也相得益彰的话，久而久之，人们会赋予他们一定的道德地位。连巨先的父亲连太孝就是这样的人，他是当地炕围画行里数一数二的匠人，四村八里的都知道他，大家都尊称他为"老先生"。老先生老来得子，取名巨先。儿子稍微长大一点以后，老先生就有个习惯，那就是出活都会带上儿子。连巨先耳闻目染地习得了油匠的手艺，成年后，他开始自己出活，或许是他天资聪颖，他的手艺竟然超过了父亲连太孝，所谓"青出于蓝而胜于蓝"。

据人回忆，连巨先是中等身材，花白的胡须散在胸前，脑门儿很亮，稀疏的头发看上去很惨淡，喜欢抽铁板烟。他平时做事一概不讲究，经常是乱糟糟的，只有一件事情除外——作画。连巨先做活时有个规矩，那就是沉默、不说话。这倒不是清高，而是因为作画的关键在一个"神"字，一干别的事或者与人攀谈就会散神了，因此，他出活时，就连到了吃饭的时候主人准备好饭菜也常常是热了等凉，凉了又热，总得等他把手头的活计干满意才收笔。有人不信邪，非要矫情，非让他从嘴里挤出个"嗯"字，做活时一个劲儿地问长说短，还一个劲儿地叫"喂，我说巨先……"但通常都是无趣地作罢。但或许也是因为如此，他的耳朵渐渐失聪了，后来，大家给他取了个外号叫聋巨先，时间一长，聋便讹称龙，他便成了"龙巨先"。

连巨先的手艺好，作品好，人品也好，不会巧说揽营生，但名气大活计多，串家户以画好为目的，工钱都是任主人家给，给几个算几个。他虽然是公认的大家，不过作画却不死板与教条，而是善于创新。以往除了结婚等喜庆用红外，红色一直仅作为点缀色，但他却敢于突破。有人曾反问，红色不是奴色吗，彩画怎么用？他说，那是以前，穷人翻身了，现在山河一片红，大红旗、大红花，红色是喜色，用色就用红。

连氏的炕围画手艺自连太孝一共传了五代，其中连太孝、连巨先、连晋喜（丑孩）为家传，连晋喜只有一女连粉娥，未再续传，后改传县里祖籍进士街财主栗元凡的儿子栗春台，财主儿子为啥也学打炕围？因为他出生后赶上了穷人翻身斗老财。而后栗春台再传外甥黄楼北连建岗。

油匠连巨先曾在襄垣名震一时，不过一世名匠一辈子也没能给自己留下一副棺木，入土时不过劈了家中的一个木圪墩入殓，草草下葬。

孙艮梅

1934 年生，生活阅历丰富，记忆力甚强，本书中的好多东西均出自她口。当地有个习俗，年轻人婚嫁，引媳妇、嫁闺女上头（打扮梳妆）都是挑村上的全焕人，即既家丁兴旺儿女双全，本人又心灵手巧、人厚道、受人尊重，有威望与影响力，总之各方面都得行的人，她是全焕人的首选之人。除了本村外就连附近村子谁家婚事都请她帮忙缝新郎新娘的衣裳嫁妆，纺花织布，做女红活算是公认的好，那年月做针线都是全靠手工缝制，其中她做的结婚枕头顶尤为一绝。

艮梅在娘家排行老三，闺女中排行老二，从小只吃过一半口奶，是靠吃发炊长大的。发炊是烤干的馍经大人口嚼烂装在小炊罐中，放到火台上发酵的育婴品，因娘早就没牙了，便让年幼的姐姐嚼给她吃，但常被她姐姐顺口吞掉，没办法后来找三娘代嚼，时间不长，几个月上她就开始吃饭了，落了个从小胃口不好的毛病。家族祖上开的有"裕恒昌"（依三个孙辈守裕、守恒、守昌的名字取名），分设杂货、估衣鞋帽、粮油米面等门铺，并在县城设有字号。由于时局变迁，加之晚辈持家不力，后来家境就衰落下来。那时全家族老弟兄们都在一口大锅里共伙吃饭，说不清为啥，爷爷死后棺木竟在家里放了好几年，吃饭时还给他摆饭，后来才将爷爷送出。

大家庭的日子实在过不下去了，奶奶才给老弟兄五个分的家，分家后她爹就有了饥荒（债务），那时她哥是在当地有名的宝峰寺上学，只差一季学他就成了秀才，可家里供不起，她哥不能再读书，回来就给人住半个主儿（打短工），家里三天，到邻村樊家庄樊恒则家住三天。为补家用，她娘总要做些布，大都是卖给放羊的、光棍们，换些钱称盐打油或给孩子们买些小东西。整布尺度叫几拐，一拐是一折，一折长度不等，如三个八尺叫三拐，也就是径线时放一砖就是一拐，一般十个丝刷，四十拨叫一宗，宽窄是由宗决定。做棉被一般是四页（幅），娘家穷是三页或三页半，人大一点就不好盖，她跟爹伙盖一个，父亲受罪受得锅了腰，她常常只能盖个被角。家里睡的是热炕，热乎乎得可好睡了，没有铺的就睡在席上，结婚时才陪了个两页褥。有钱人家是三页包个黑边。一般被子有青花的，"青花被的红档头，黑夜睡在炕上头"。还有十样青，是染坊往上托的各色方疙瘩，但容易落色。穷人家买不起颜料，常用小果树根上的皮当黄色用，拿豆秸灰染灰色。另外也有煮个红被，里是灰的，也有里表一样的，1949年以后才新有了白里的。

家里穷，纺了线卖掉，再买花纺线挣点钱。夏收时她拾点麦子换布做裤子穿。为给大哥说媳妇，八岁上就给她找上了婆家，婆家在虎亭街上开个稍有名气的买豆腐汤小铺，提亲时给了380个（块）银洋，二十尺订亲红，娘家又卖米换回黑布二十尺，又加了20个银洋，这样才换回个十六岁的大嫂。婆家听说她从小好肚疼，她十岁那年婆婆跟婆家姐姐专门来娘家看她，还从野脑上（窑脑顶）扔下个儿兜（兜肚），都说是婆家儿兜治肚痛。那时候婚姻由父母说了算，丈夫长啥样她根本不知道。到她十二上婆家提出要先把她童养起来，说是到年龄再结婚，娘家这里没同意。虎亭街的一次庙会她跟风仙姐（五爹家闺女）去赶会，风仙姐告诉她远处那个没眉毛闺女就是婆家姐姐，她旁边有个坐在桌上看戏的男孩，瘦瘦的看上去像猴一般，她想要是嫁上这样一个丈夫就亏了，心里产生了一种怨气，后来才知道那是本村的另外一个人，等见到丈夫本人才觉得他的模样还可以。

女大不中留，在娘家待得时间一长，嫂嫂就说要跟她轮流做厨，大闺女不能吃闲饭。1949年以后政府不让早婚，她比男方大一岁，19上那年因男方还不够20岁，还得等，她一气之下找到婆家要求解婚，娘不让，说是花了人家的钱。1952年家里托人给领上了结婚证。没几天四月初四结婚，人说"嫁大汉吃馒头，嫁小汉吃拳头"，结婚娘家有音乐，婆家、娘家的音乐比赛都是婆家出的钱，结婚走的虎亭老街，北门进东门出，骑着马，中午吃的是扯面，下午还有当地名艺人史海珍说书。婚庆典礼由介绍人证婚，两家人坐在桌边，主持人讲话，男女交换礼物，是个方羊肚手巾。第二天见婆婆要磕头，婆给了个手巾和梆腿带，手巾意思是要媳妇守性，梆腿带意思是让婆婆待见。新媳妇过门，九日里亲戚邻里要请吃饭，第二年正月村上人还要家家请吃饭，这一年村里娶回6个新媳妇，正月吃饭常常会碰到一块儿。

娘家穷没让她读成书，上了几天学，老师看她心灵手巧，还找到她家说她心计好是块读书的好料，还是供她念下去为好。但家穷没钱买书，是哥哥借上别人的书用毛笔小楷字给她抄的，书皮上还用糊糊糊了三层麻纸。原来上学是想去就去，比较自由，在娘家只上了三年级。那年月结了婚的媳妇们也上学念书，后来上学是考试，出了道题是为什么上学，她答得好，一下就考上了四年级，像村里的存禄家考的就是一年级。她写的作文好老师还在堂上给同学们念，可惜是春期只念了一季学，婆家怕有了本事高飞出去，就不让再学，想念也没再念成。1953年4月18街里奶奶庙会，村口这里原来的庙塌得只剩个阁，记得放学后婆家姐姐说上去偷个鞋能生个孩子，叫她爬上去偷了一只，头一年偷上，第二年就有了儿子，19上结的婚，20上偷鞋后就有了孩子。

以前当闺女、媳妇都得做营生，她是跟娘学的针工，先学纳连袜底，两层背布裹个连袜底，后来慢慢学纳鞋帮，都是实纳的，跟栽豆一样花飕飕的，双线实纳鞋帮做的鞋可耐实。一天晚上她在灯下不小心把针咬断当是吃到了肚里，她三爹查了个偏方，到樊家庄河湾捉了两个蛤蟆把眼睛吃下，说是能把断针带出来。那时女人大都白天忙家务，黑夜做营生，做上布自家染，过去人们一般不洗裤带不洗鞋，上地常是脱了鞋光着脚，田禾长高上地头看有几双鞋就知道几个人在锄地。男人们的鞋只在路上穿一穿，上身穿有汗套，穷人家洗脏衣裳用枣叶、灰灰菜，没肥皂，她娘家门前有个麻池，把雨水存起来，村里人们都在这里洗衣裳，男人们下地回来在这里饮牛。纳底过去穷人家是草纸背，硬硬的包两层布，人们叫上鞋匠，底打得很厚，用裁刀裁齐，鞋底不敢见水。自家做鞋还贴些碎布再包起来，布鞋底纳上穿不烂。她娘家人多，冬天老弟兄们几家伙叫上鞋匠，申家岭维平的爹是个鞋匠，鞋匠自己扒绳，人们说"鞋匠不隔邻家，石匠不隔对门"，鞋匠绳长纳底时左右开弓，石匠凿石头石块往前头溅，人们得离远点。村里都是土路不大费鞋，有刹鞋和圆口鞋，后来才有了尖口鞋，刹鞋前头有两个眉，眉上挽疙瘩图个耐用，三角眉黑鞋黑线。过去女人兴绞脚，她也绞过几天，她穿鞋是娘给做的实纳帮，过去穿鞋不是太费，一般都是家里人做，过年时就是搭夜也要让家人都穿上新鞋，大年三十她娘常常睡不成，做成新鞋一般是去哪里时才拿出来穿一穿，针线活巧的人还搬个花样。鞋大多是黑、灰、红色，实纳帮，过去闺女们15上就结婚，结婚三年婆给三斤花，媳妇就缝丈夫跟孩子的穿戴，孩子们戴烟独帽，底下黑的，上头红的，下头盘起来，上头圪扎住，底下两层黑的，孩子大些绣个鸡鸡扎上圪垛，郎郎帽。闺女们七岁上就留下头，过去穿的甚也是手工缝，布衫周边贴边，一针一针很费劲，人们里头穿兜肚。出嫁时是个大红兜肚，过去穷人挨身没内衣，男人缝个汉套，她家穷，她娘借上奶奶的裤黑夜把夹裤两个套成套裤过冬，天热了再把套的去掉变成单裤。以前，女人做针线并不意味着只能在家里做，也是一种社交，女孩平常纺花、操绞、拿魁，也出院外玩耍，货郎来了割个头绳、买些颜色，女人们有时也拿上底的、鞋帮串门做针线，衣裳在家做，好把式缝个衣裳也得三四天。如果是结婚，娘家婆家都会准备新被子，但结婚娘家、婆家的被做时都不能缝边。早先娶媳妇，新郎不去迎亲，媳妇进门，男人得先踩炕四角，媳妇才能上炕。婆家娶媳妇的人们走后得缝个合婚被，需引媳妇的全焕之人在天地窑前缝制，里面用棉花做个小人模样放在被子里，意思是让早生孩子。结婚斗枕是大伯的往里装草圪节，里头放个白萝卜、七个枣跟筷的（筷子），意思是早生孩子，装草斗枕不缝口，三天后换成蒗谷才缝好。斗枕（枕头）孩门小时用单色，大些是绣球球、绣花斗枕，还有水仙斗枕，井口斗枕，底一般是蓝的，上面配黑圪垯。闺女们戴圪套。媳妇们巧的，兜肚上绣的是鱼拱莲，结婚娘家要送柳椅匠做的柳条针线簸箩漆上红漆，此外还有大篮子。小的让放木梳、篦梳、镜、针线。大的是用竹皮编的，边上漆成红的、黑的，让放手巾、袜的、梆腿带的等，放东西图有个收拾。当媳妇娶到家新房里就点起用三个点心支起的灯碗，中间得不断拨灯以防灯灭，直到第二天灯油熬完。人们还说是结婚黑夜小两口谁先关门谁厉害。

过去，小孩子们满月姥姥要送腰腰（背心），有蓝的有红的，蓝的是说孩子们好存，拦住耐适些；红的红火、红艳艳，姥姥送时还得从脑窗扔进家。孩子们周岁抓东西男的不摆针线。老人们走时（去世）女的缝个挂屏瓶，老汉们缝个钱搭，都放在手跟前。过去用线多是自己买上颜色煮，布少了也是煮。端午节针工分有嘴包芝和没嘴荷苞，嘴包芝也称开花包芝，里面装艾叶和香圪节，男的不戴，男孩戴的是牛包芝、驴包芝，也叫香郎郎。过去的马车、牛车分铁脚车跟茬脚车，木脚上也都打有铁箍，油圪芦是带在车上给轴上油用的，里头放个支垫，支垫只有几根毛，用来蘸油，女孩们头发少，人们常说给扎上个"支垫"。

宋连伏

宋连伏，1940年生，襄垣县下良镇红土坡村人，很早就对油匠什么的感兴趣，15岁那年，父亲给找了一个好师傅，教画匠，希望他将来有发展，有出路。

刚跟师傅出去干活时，师傅主要安排干一些清洗家具、打腻、打磨、粉刷室内的活儿。任务完成了还要做一些力所能及的事儿，像粘贴洋花纸、用黑煤刷门窗等。此外，还要给师傅研磨颜色，侍奉师父早起晚睡、洗漱吃饭，帮助师母做家务，这样师傅对他的印象还不错。不过学艺中如有小失误，轻时挨顿训，重则遭痛打。有一次下良镇东故县的一位教师家收拾结婚用的新房，由于婚期临近，活计十分紧张，师傅便安排他在炕围的四扇屏上画边，而师傅同时还要在下面画炕围，活动空间很小，左右走动时相互之间难免受到影响，他一不小心把师傅放颜料的小圪墩绊倒了，放在上面的颜料溅满了炕围，几天来的心血一下白费了，师傅随手抓起画尺朝他打来，发泄心中怒气，一尺打下去变成三截，他是满肚子委屈却不敢吱声，暗自哽咽。师傅被气走后，他一个人走也不是留也不是，于是想尽心思补救，熬了一个通宵，一幅崭新的炕围画呈现在人们面前。这时，师傅突然出现在身边，默默无声，仔细观察了每一个部位后，脸上慢慢挂出了笑容。打这以后，师徒之间的关系越来越融洽，二人的活计也越来越多，第三年的时候，师傅已把大部分的工作量往他身上放。

一晃三年过去了，出师后，为能求得更好的技术，他边干活边打听哪里还有名师和高徒。当时襄垣东岭黄楼北连巨先老师傅人称山西第二支笔，因年事已高，70多岁了，已经告老还乡。他通过多方打听到老师傅家，去看老人家所画的花草、三栏边、架式，还有池子中画的八仙、靠背上画的古装戏四郎探母、四扇屏上的春夏秋冬和横幅上的张果老倒骑毛驴、中堂里所画的福禄寿三星。他求师心切，用所带的香和麻纸，把连老的炕围设计中主要的图案全部复制留下，并对各种花色也做了标记，暗自偷师。

那时村里有规定，对于外出做工人员，即搞副业的人，要求一律上交村里搞副业款，金额由生产队决定。他是当时村里唯一外出搞副业的人员，按照当时的社会环境和在生产队干活的趋势，如果年景好一点，风调雨顺，粮食丰产，一个全劳力在生产队辛苦干上一年，最高平均每个工也就能分五毛钱；年景干旱，平均每个工只能分两到三毛钱。公家工作人员每月挣30元左右，而手艺人一天就收入2块钱，超过国家一般领导和工人的工资。由于利益差距太大，其额外收入，引起了生产队队长、会计的忌妒，即便交了钱也故意不让去干。后来家里孩子多，上交的钱不够抵扣口粮款，没吃的，口粮款问题一直持续到生产队核算结束时才得到解决。

"文化大革命"期间，国家号召"破四旧，立四新"，由于当时不明白形势，他摊了会子事。邻居高银贵的父亲去世，找他给帮忙画棺材，本村李德旺的母亲下世也找上门来，让他给做点纸扎和棺材，日期与高家是同一天办理，谁知一场灾祸降临。当时县里派的下乡工作组和本大队支书、主任、会计、妇联，带领着红卫兵，在德旺娘出丧行至村里半路上时拦住他们去路，说画匠做的棺材有问题，棺材上画有反动的东西，于是领导派妇联主任去找学校教员来评论他做的棺材，当天晚上在本村新院里召集全大队人参加会议，让每一个人都提意见，人人都得对其发表意见，连他的二嫂、五弟也是"勒令"，说"宋连伏是现行反革命"，写反动标语，并且在当天下午由红卫兵将棺材上画的三权树倒挂在墙上，让他一手端灯一手对画，站在画前接受批斗。在场人看着他的囧相，笑声此起彼伏，可他却紧张得浑身发抖，突然妇联主任带头勒令："宋连伏是反革命分子，打倒反革命！"话音未落，众人便条件反射式地跟着嚷嚷起来，他说："当时真是上天无路入地无门，吓得裤子都尿湿了。"闹剧一直持续到第二天早上大约十点多，由学校教员不知用什么方法硬把树叶姿态凑成"蒋介石万岁"，才休会。接着，县里工作人员勒令不识字的他写十封检查，出于其"反革命"的状况，本村无一人敢帮忙代写，无奈之下，还是找了东故县村窑峪沟栗宏先老师帮忙写了三封检查才算了事。不过，不久村上便通知停止了他的画匠营生，将他送去参加集体劳动，他整日提心吊胆，这样的日子一晃就是三年多。一天，就在准备去水碾古楼上参加对他召开批斗会的时候，中央下达的精神传来，不许群众斗群众，"破四旧，立四新"可以重新画炕围，但不能以旧形式装样，于是事情慢慢有了转机，逐渐恢复正常。

郝彦明

1947年出生。2009年，被山西省文化厅公布为省级非物质文化遗产项目建筑彩绘（炕围画）的代表性传承人。

郝彦明三代人靠做细泥锅来维持生活，家庭还是贫困。他本姓张。出生7个月时，母亲去世，由于家境贫寒，最后被送给一个没有子嗣的熟人，姓郝，他家开了一个卖锅铺子。

他从小就有画画的天赋。在学校经常替同学们画画；另外，村子里过年搭三官棚时，旧的三官轴破损严重，郝彦明就将旧的拿回家照着画了一幅新的，新轴画好后，村人看了觉得和旧轴一样，就挂了起来。那时，村人就说这个孩子将来能学个好画匠。上学时，郝彦明也跟着一位老师学了一段时间的画画。

"大跃进"时期，他跟着老师给队里画了一段时间的宣传画。后来学校停课，他也就回了家。他的父亲看到画匠们打炕围画至少每天能吃顿好饭，还有一盒纸烟，而且还有工钱，便决定让他学画匠。投师学艺并不是一件容易的事，他先后找了三个师傅才拜师成功。但师傅定了规矩：学徒三年不开工资，自带粮食，平时就住在师傅家，一日为师终身为父；出师时，徒弟要给师傅一杆五尺的大尺子和一套画匠工具；逢年过节要看望师傅，师傅寿终徒弟要给师傅披麻戴孝。就在这三年的共同生活中，通过耳闻目染、口传心授，他不仅学得了打炕围画的手艺，而且还习得了画全神轴、名裔轴和庙宇壁画的本领，什么神穿什么样的衣服、戴什么样的帽子、长什么样的胡须、什么容貌，渐渐地就都记住了。

出师时，郝彦明给他师傅做了新衣服以谢师恩。师傅回赠他一杆五尺和画谱炕围画样、名裔轴画样。俗话说"学会的徒弟饿死师傅"，为了不抢师傅的饭碗，郝彦明专接远处的活儿干。

19岁那年，郝彦明的师傅介绍自己的侄女嫁给他。"文化大革命"时期，破旧立新、移风易俗，每家都把炕围除掉，打炕围画也被认为是旧东西，人们结婚就开始贴一些洋花纸了。那时，郝彦明主要忙着写标语、办板报、画宣传画，他也因此在思考，既然炕围画被看作是陈旧之物，那么如果将宣传阵地搬到炕围画上就好了。于是，就有了那段时期独特的炕围画——将"大海航行靠舵手，万物生长靠太阳""总路线万岁，人民公社万岁，大跃进万岁""紧跟毛主席，世界一片红"等标语，以及车轮、麦穗、葵花、五角星、毛主席像、延安宝塔、井冈山革命圣地、遵义、古田、天安门、样板戏以及英雄人物等事物都搬进炕围画的绘画内容之中。

20世纪90年代以来，由于现代生活方式的变化，特别是城镇里的楼房代替了平房，乡村里盖新房也不再盘炕了，炕围画的生存空间逐渐在缩小。郝彦明也随之逐渐将自己的精力放在庙宇泥塑和书画上了，并尝试着在城镇单元楼中为怀旧老人画炕围，努力让炕围画这一传统艺术回归人们的生活。

刘显旺

刘显旺，1950年生在襄垣古韩镇南关村，是核桃雕刻的传人。老家在西营东山崔家岭，他是跟太爷爷学的这门技艺。她爷爷一辈弟兄仨，老大在太谷做买卖，老二在家种地，他们都不愿跟家里学习这门手艺，爷爷是老三，只有他把家传的桃核雕刻这门技艺学会了并以此为生。到了刘显旺父亲这一辈，弟兄俩都不愿学，没继承爷爷的桃核雕刻手艺。刘显旺的父亲19岁到县城盐店做饭，后来父亲与母亲都做了裁缝，二爹去长治钢铁厂当了工人。因此，从小每到学校放了寒假暑假，父母亲顾不上照顾，刘显旺就被送回乡下跟爷爷住一起。刘显旺生来好动，见爷爷玩弄桃核工艺就想跟他学，于是后来一到放假他就嚷嚷要回老家找爷爷，就这样跟爷爷学会了桃核雕刻这门手艺。当时爷爷担着货郎游走西营、武乡一带，除了桃核雕刻外还配有其他日用品，买卖还不错。爷爷是1969年去世的，后来刘显旺把他的工具都收拾起来，那年月社会上破除迷信，横扫一切牛鬼蛇神，想做也不敢做。

后来潞安矿务局在襄垣招工，刘显旺被招到潞矿化工厂当了工人，闲来没事时就给同事们做个桃核工艺品玩玩，只是作为一个业余爱好送人罢了，没想到很受大家欢迎。

前些年县城改造，由于房子被拆获得赔款，他便在东关买了套房住了下来，在家没事干就又搞起了祖传的桃核雕刻。他老婆带上到单位，人们看了都争着要，有的还称上鲜桃来家说是让吃了桃剩下核让做成工艺品，一传十十传百，熟悉的人们纷纷收集山桃核上门换桃核制品，既好看又辟邪，原料很不发愁。一位朋友李茂荣没事常到他家，给他带去很多桃核，想跟他学这门手艺，现在，基本上已经学成。

桃核大小都有用，大的做戒指，中等的做花篮、花瓶，小的做手链，制作全程为纯手工，很是费工费劲。首先得将干桃核一个一个地打磨光，用水清洗干净，再下锅煮，不经煮的桃核做工过程中很容易开裂。煮也有诀窍，不能死煮，要将配好的朱砂、琥珀按一定比例放进锅里，再将洗干净的桃核也放进去，煮时要看好火候，锅里水开沸后火得马下灭下去，这样反复数次，然后让桃核在水中再浸泡两三天，再捞出晾干待用。接下来就要靠雕刻技艺与连接技巧了，加工后的桃核油火发亮并有一种厚重感。据说桃核戒指可辟邪，结婚戴图个吉利；小孩戴个小毛篮、小手链以求平安。用桃木制品辟邪在老百姓中流传已久，并形成了特有的桃文化，人们都知道王母娘娘的蟠桃会，桃核出自仙人口，有灵气，比桃木更精更出彩。刘显旺回忆起爷爷的一句话："桃核是仙人嘴里出来的东西，桃木怎能比上桃核。"

2009 年 10 月，县里举办非物质文化遗产手工技艺展演展示，刘显旺被古韩文化站推荐去参加，以前做出来都是送人，在这次展演中有不少人要买他的桃核制品。后来不知是谁将他的桃核雕刻工艺上传到网上，没过多久，山东孔府打来电话说要大量订货，当时他没现成的东西，到年底对方找到家里来拿了 500 个。第二年山东又要订 3000 个，结果只做出来 1000 个。

随着我国非物质文化遗产相关保护制度的建立和健全，原先许多曾被冠以封建迷信的东西逐渐被大家重新认识。

第三节　艺术接受：襄垣民间美术的生存空间

从艺术接受的角度来看襄垣民间美术，主要侧重于从外部的因素来理解和考察其当下的生存空间。外部因素主要包括社会条件的变迁、当地人对待民间美术的价值态度及其转变、国家层面的制度三个方面。其中，当地人价值观念的变化是他们与外在社会条件相互碰撞的结果，一方面受到社会主流价值导向的影响，另外，他们对此也会做出适当的调整。

一　社会条件的变迁

特别是 20 世纪八九十年代以来，外在物质条件的丰富以及市场所带来的便捷使人们的生活方式发生了巨大的变化，比如襄垣地区人们的居住方式发生了根本性的改变，人们不再住窑洞，而更愿意选择平房和楼房，平房和楼房里不再盘炕，而且也换了新的取暖方式。

从现代的角度来看，炕围画其实类似于现在的装潢艺术，随着窑洞和炕的消失，炕围画的没落也就成了自然之事。

二 对待民间美术的价值态度及其转变

社会条件变化导致人们遗弃传统民间美术，也有其内在的原因，那就是人们价值观念的转变。相较于传统，人们认同于现代化的生活方式，住进平房和楼房，用了空调，采用时尚的装潢，这一方面象征自己生活质量的提高，同时也意味着拥有了和别人的生活可媲美的基础。传统民间美术具有很强的实用功能，当人们的日常生活已经放弃它们，那么也就意味着它们的生命到了尽头。

可以说，襄垣人对待当地民间美术态度的转变，其中拥有较少的理性和反思性，而是受到社会主流价值观念的单向灌输。现代化生活方式的一个重要特征就是具有符号和象征性质的消费主义，至于在这个背景下所选择的生活方式，其质量是否是最好的，人们很少会去反思。

三 非物质文化遗产保护制度的影响：从下九流变为宝贝

在非物质文化遗产保护机制的影响下，曾经被贬为下九流的东西，一下子又似乎变成了宝贝。拿曾经被遗弃的炕围画来讲，在非物质文化遗产的背景下，首先是政府部门对其进行翻案，不仅大张旗鼓地寻找炕围画的遗留物，寻找炕围画制作的传承人，而且将遗留的炕围画尽可能地进行保护。

但问题在于，当政府自上而下地重新命名和定位民间美术时，其实，它们的生存土壤已经不如从前了，其借以生存的人们的日常生活，已经很难一下子再重新接纳它们。如何在保护的过程中对待民间美术与当地人日常生活之间的关系？如何处理艺匠这个日渐消失的群体？如何看待和思考当地人对待民间美术的价值态度？这都是亟待解决的问题。

也就是说，虽然民间美术从下九流变为了宝贝，但这种受宠若惊的过程，如果处理不好，也只能让这个举措起到适得其反的效果。

第二章
手工技艺

　　愈乡土愈离不开手艺，不但因其技术更因其温度，不为其淫巧而为其生活，不孤于器乃章于意，手艺存于世代，是永恒的。

第一节　襄垣手工技艺

　　法国19世纪的小说家都德曾在其短篇小说集《磨坊文札》中讲过这样一个故事：一位老磨坊主为了抵制蒸汽磨粉厂、挽救磨坊的声誉，他依旧转动磨坊的风翼，用小毛驴来回驮着一袋袋让人误以为白面的石灰，当真相被发现时，这位老磨坊主与其他磨坊主的命运一样，早已从体面人落入了穷人的行列。老磨坊主的行为不仅显示了手艺人的无奈，也表露出他们对于手工作坊的情感。这是机械时代到来后手工艺者命运的真实写照。

　　在机械时代，技术成了科学，原本带有经验性的工艺过程变成了可重复、可复制、可量化以及同质化的过程，这弱化了手工技艺中蕴含的"巧夺天工"的观念。对应于机械时代，应该有一个手工艺时代。手工艺时代才真正能够体现公平贸易，在一个共同体里，人们对于谁产出、谁付出体力最多都了然于心，会依此给予相应的报酬。手工艺时代，人们与工匠之间除了金钱交易，还包含着丰厚的人情；工匠们也不仅仅是生产者，同时也会因手艺的精湛而赢得大家的尊重，就如都德在《磨坊文札》里说的，工匠们原先都是体面人。手工技艺的衰退也意味着人的价值的衰落，换言之，对手工技艺的尊重实际上是对劳动和人的尊重，这同时也是一个好的社会可能出现的基本前提。在机械时代，人被作为机器对待，人的价值也随着自身效率的高低而提升或贬低。因此，对于非物质文化遗产的保护应该从保护手工艺者开始。

襄垣手工技艺的现代境遇也是如此。随着机械时代的到来，襄垣的手工技艺基本上处于逐渐消失的状态。造成这种后果的原因除了机械的势不可挡之外，人们对于机械制造及其产品的价值认同也是重要原因，这种价值认同曾经导致了人们对于手工制品的贬低，认为手工制品代表着土气和落后。

手工技艺始终与人们的生产生活紧密相关，并且体现因地取材的特点，即能够将自然界的物质特征与人们的生活所需结合起来，这是经由一代代人的生活实践积累而成的生活智慧。比如，为了居住，开石烧砖制瓦；为了美观，开办木工作坊；为了穿戴，开办纺织坊和染布坊；为了吃好，生产出有名的挂面、陈醋和伏酱；为了满足日常生活用具的使用需要，开办了砂锅、缸盆瓷窑坊；为了冬天取暖，开办了大小煤矿。

我们将手工技艺分为建筑类、五金类和生活用品类，并依此来考察襄垣的手工技艺。下图是基于普查资料绘制而成的比例情况：

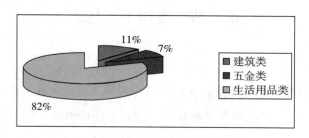

襄垣手工技艺的分类及比例情况

下面是襄垣县几个具有代表性的手工技艺的现状：

襄垣境内传统技艺及作坊的状况

名称	代表村镇	传承人	现状
生铁冶炼	王桥	——	由于铁矿贫乏，20世纪90年代以来，县域内再无冶铁厂和炼铁作坊。
脊饰	西营	——	尚存手工作坊，但也面临挑战。
挂面	古韩、北底、善福、下良、西营王村等	赵志明、崔怀义、武旭飞、张太恒、赵华明、路炎军、申连富等	尚存家庭手工作坊；襄垣人以及政府都认同手工挂面。

名称	代表村镇	传承人	现状
煤窑	王桥	——	已从从前的半手工半机械化过渡到大型现代化生产与操作状态；现代式的煤窑既有"安全科"专管安全隐患，亦建庙宇，主要供奉老君。
瓷窑	——	——	20世纪80年代以来，由于铝制品的大量涌现，境内再无瓷窑出现。
麻纸	西营	——	目前，主要由于麻纸需求量（如糊窗、做鞋底等）的大大减少，全县仅有西营镇一家手工作坊，产量甚微。
大字	古韩	王成喜、王国华、王宏宪等	由于襄垣人对手工大字的热爱，大字作坊现状良好。
阁老凹陈醋	古韩	——	20世纪80年代曾名噪全县，目前，因多用添加剂和催化剂，市场在缩减。
德胜宫染坊	古韩	——	已消失。
伏酱	古韩	付先林	基本消失。
翻砂、打铁	西营	——	基本消失。
细陶砂锅	西营	——	工艺已失传。
烧饼	全县	——	现在尚有小型的烧饼作坊。
刀削面	王桥	——	手工艺在餐馆和普通百姓家里均盛行。
纸扎戏人	西营	——	由于人们对丧葬习俗的重视以及整个社会经济水平的提升，纸扎手工艺现状良好。
豆腐	西营	——	豆腐作坊一直盛行，豆腐制作工艺广传民间。
酸菜	王桥	——	在民间依然盛行。
麻绳	虒亭、西营、下良、王村	韩贵秀	手工艺尚存，但逐渐被替代。
柳编	王村	杨焕平、杨锦平	基本从日常用品过渡到民间艺术品。
装檐台	古韩	——	现状良好。
硬面馍	古韩	——	是当地人日常饮食的一部分，襄垣人普遍掌握了该手工技艺。
麻油	——	——	尚有油坊，现状良好。
投犁	王村	——	受到现代农耕工具的冲击，基本上消失。
养蜂	——	——	尚有养蜂人，但逐渐减少。

小炉匠（白翔 摄）

补碗（白翔 摄）

打眼（白翔 摄）

钉瓷（白翔 摄）

补锅

鞋匠

锉器

捣土坯

石匠

扎笤帚

纳箭排

修蹄（采自县政协《岁月回眸》）

阉猪仔（采自县政协《岁月回眸》）

第二节　襄垣手工技艺及其文化生态

一　建筑类

民居脊饰

脊饰是安置在建筑房脊、房屋两边沿上或大门楼子上的一种艺术装饰品，其品种甚多，各有讲究。襄垣的民居脊饰主要包括桶瓦、墙砖、脊、兽头、宝顶、钩角、云砖、小云瓦、云瓦、猫头、屋脊兽、勾檐、滴水、方砖、青瓦、椽头、瓦面、拱砖、狮嘴、花角、拽猴、条砖、天星楼等。由于襄垣地处黄土高原，自然条件恶劣，土地贫瘠，先民们往往把对美好生活的希望寄托在日常生活的起居中。于是，便将避灾降福、镇邪祈祥的图腾崇拜意念融入雕琢装饰品中，脊饰应运而生。襄垣民居脊饰制作工艺考究，是千百年来劳动人民世代沿用的一种民居装饰手工制品，具有浓郁的乡土气息和鲜明的地域特色。在当今追求自然、追求和谐、返璞归真的生活潮流中，它所具有的纯朴天然、亲民和谐、古老工艺等特点，显得尤为可贵。它是研究我国乡村社会发展的活化石。其制作工艺复杂，整个工序包括配料、泡土、闷泥、制坯、捏塑、镂刻、切割、阴干、装窑、烧制、注水等，整个过程耗时甚长，作品从开始到成型一般需 20 天左右。

襄垣，全县西北高而东南低，境内沟壑纵横，山峦起伏，属丘陵半山区地形。特有的环境决定了该区域具有民居脊饰传统技艺创造的条件。"有钱就把房子盖，宁饿肚子讲穿戴"，修房盖屋讲究装饰是襄垣人的一大特色，得天独厚的自然环境与人文氛围，天时、地利、人和在这里的交融，为襄垣民居脊饰传统制作技艺的产生提供了良好基础。主产区土层的适宜度强，原料充分，再加上良好的地理位置以及该项传统工艺历经数代人的辛勤制作，该技艺现已初步形成规模，产品备受民众欢迎。

由于襄垣民居脊饰制作多为民间工匠，史料具体记载甚少。不过从境内善福、上丰一带发现的大量新石器时代的绳纹陶片来看，烧制技术在这里的历史非常悠久。民国版《襄垣县志》载，襄垣"石灰、粉土、缸、盆、碗、碟、瓦缶销售颇广"。这里从古至今一直就盛产脊饰，从未间断，就连"文化大革命"时期也只是产品形制上有所改造，20 世纪 70 年代又逐步恢复了传统的东西，并得以光大。脊饰的制作沿用着传统泥塑的工艺流程，其制作工棚成狭长状。一般修建在地表上，也有建设在半地下的。半地下的一般可以在工棚中保持良好的湿度，利于脊饰制作工程反复的镂刻，又可以利用自然光照明。整个制作过程全部是纯手工，主要工具和具体工序如下：

主要工具：

（1）切刀。切刀作为主要的塑造工具其形制是比较多的，大体有斜口刀和长刃刀两类，小的多为雕刻工具，大的多用作切割。

（2）泥搭子。也叫泥拍，长约 50 厘米，一边呈弧形，用来拍打泥土。

（3）模子。木制，两端圆凹形。塑造异状形体时用，例如兽头，也可以刻画，摁压体表的鳞片花纹。

（4）工作台。工作台一般有两大作用，一为揉泥时使用，一为放置脊饰。

（5）雕笔。硬木制，一端为刀形，一端为尖形，主要用于刻画。

（6）木拍。木拍的形制比较多，大多为长柄，又长又窄，用来拍打修整坯体和做表面处理。

（7）扪料纸。保持泥水分时用，大小不一。

制作工序：

（1）选土。脊饰选土以本地黄土为主，要求无杂质，尤其以不含沙土为佳，为了加强黏性一般在黄土中按照 10∶1 的比例加入红土。

（2）泡土。为了将土浸泡透，在浸泡之前先要将配好的土粉碎、过筛，引入清水浸泡一天。在浸泡的时候还需要几个壮年劳力在泥中反复踩踏。

（3）闷泥。踩踏、泡好的泥还要在房子中用纸或布包 1～2 天，这样为的是更好地自然陈腐，加强黏性。同时，为了加强泥土的可塑性，防止在制作和阴干的过程中有干裂的现象，通常在踩踏泡泥的时候要加入一些棉花和头发以及骡马粪之类的黏合物。

（4）制坯。这里说的坯是民间艺人说的泥片。在木质的长方形模型中垫一些沙之类的隔离层，将泥投入到框中，并踏平。将模板反倒在平地，就得到坯。刚做的坯要在阴凉处自然风干，待 80% 的水分挥发变硬才能继续加工。

（5）制作空心坯。根据制作器物的不同将泥坯切割，粘接做成空心的泥坯。泥坯做好后就可以在上面做具体捏塑了。

（6）捏塑。捏塑是手工艺人用泥在泥坯上塑造出各种动物、花卉，或者器皿的基本形状。

（7）加湿。基本形体塑造出来以后就要用鬃刷蘸上水，来回加湿，使泥表面变得潮湿细腻便于捏塑。

（8）镂刻。先用切刀在泥坯上做镂空，然后用雕笔进行仔细塑造。

（9）水刷。镂刻过程会留下许多不光滑的地方，而且泥会有一些开裂的地方，这时就需要用毛刷反复刷洗，以使光滑、精致。

（10）切割。因为个别脊饰形体比较大，为了搬运的方便需要将脊兽切割成不同的部分。

（11）阴干。为了防止干裂，必须用阴干的方式让脊饰自然晾干。

（12）装窑。将阴干的脊饰等装入窑内，为了充分利用火力，一般是在窑下层装一些砖瓦之类。

（13）烧制。烧窑温度一般要先小后大，看火不能离人，燃料以煤或者木材为主，分为 2 个时间段，共烧制 3 到 5 天。烧制两三天以后就得观看好火色（柿黄色）并闻气味（淡硫黄香），适时封火，早了或迟了都会影响质量，封火须将窑的所有漏孔全部封闭严实。

（14）上水。火封后开始从窑顶的池子放水渗洇，先上小水，1 天后再加大量，3 至 4 天温度降低后就可以出窑了。烧窑点火时间一般要避开月忌日，点火时要摆些供品先烧香而后点火。窑点着后不让妇女出入靠近，忌说带"红"字的话语。

拉坯

制模

装窑

烧窑

　　襄垣民居脊饰制作为传统手工式生产，主要靠师徒式言传身教、心领神会的传承方式，尤其是手工劳动者通过自己的双手把自己的知、情、意全部倾注到劳动产品上，这样的劳动展现着人的劳动对象化的本质，保留了民间艺人造物的兴趣。我们欣赏这些作品时往往被制作过程中保留下来的精美印迹所吸引，被那些手工制作的花样造型而愉悦，被艺人灵巧的技艺所折服，那些成形过程中利用泥料的柔韧变形过程充满了趣味。制品的特征更是需要制作者凭借自身的悟性和长期的操作实践，整个制作工艺具有典型的非物质文化遗产特征。襄垣民居脊饰作为上党乡土文化的重要组成部分，是山西地方民间传统文化遗产的重要载体之一，充分体现了劳动人民的创造精神。其跨越时空的长期性及独特的文化地域性，决定了这一民间传统技艺具有珍贵的历史价值、科学价值、社会人文价值和经济价值。襄垣民间在修建房屋时安置脊饰，一为装饰房屋，使之美观、大气；二为驱邪除魔，以保全家人平安吉利。脊饰是脊与兽的有机结合，但其形式多样，风格独特各异，寓意深刻。一般来说，在房屋完工之时，会在房脊的两头安置一种名叫螭吻的龙类神兽。古有"龙生九子"的神话，传说螭吻便是龙的三子，它能在狂风袭击下岿然不动，而且还面带微笑，又喜欢登高望远。脊饰艺术有着深远的文化渊源，并与宗教文化、民族文化、民俗文化相结合，从而表现出一定的地域文化特色，具体如下：

（1）天趣和谐，亲民实用。脊饰所安放的位置，恰是房顶前后两坡垄与山墙的交汇点，换句话说就是屋顶和山墙交汇的枢纽所在。如果不加以严密封堵，雨水很容易渗入建筑物主体，进而破坏整栋建筑物。运用整体构件安于此薄弱环节处，是封堵雨水渗透的最好办法，建筑物长期安全使用才成为可能。这些，可以说是脊饰的实用价值。另外，过去乡村木构建筑最大的威胁是火灾，信奉神灵的古人急切需要一种灵物能灭火消灾，保佑平安。传说脊兽能喷水降雨，遂将其像安于屋顶正脊两端，祈求这种雨神座物能为人们消除火祸，带来幸福，这些，可以说是脊兽的精神价值。脊兽在民间的造型是十二属相的综合体。襄垣民居脊饰的主要原料是黄土，原材料纯属天然绿色，制作过程为纯手工操作，贴近民众生态，民居脊饰具有自然天成之感，如行云流水一般朴素而恬淡。对于和谐的追求与把握，在脊饰的造型制作上表现得淋漓尽致，外观的物质形态与内涵的精神意蕴和谐统一，实用与审美和谐统一，感性关系和理性的规范和谐统一，材质工技与意境营构和谐统一。

（2）襄垣民居脊饰的悠久历史，是民众居所建筑装饰的活化石，属于我国的传统文化范畴。脊饰的安放，给当地的尖线屋顶增添了更丰富的曲线，使屋顶起伏错落，层次感强。在蓝天的衬托下，整座建筑物的造型，既规格严整，又富于变化，达到了庄重与生动的巧妙结合，宏伟和明快的完整统一。千百年来随着历史变迁，人们赋予脊饰的意义越来越多。如象征着吉祥、美丽和威严；承载着震慑、去秽与消灾。因此，它的存在使建筑平添了一层神秘的色彩。在现代社会和市场经济的冲击下，襄垣民居脊饰仍旧能够保持传统形制，在坚持手工制作的独特性与维护民间传统技艺方面，襄垣民居脊饰确实发挥了不可估量的文化传承作用。襄垣地区传统建筑脊饰的发展和演变与该地区传统历史文化的发展密切相关，脊饰是这一地区传统建筑文化不可缺少的部分。

（3）襄垣民居脊饰在漫长的岁月中，雕塑着乡土文化的精神和审美意识，襄垣民居脊饰的制作使用长期以来形成了内容形式多样的民居脊饰文化现象，能丰富、调节生活，传播农耕文明，是我国传统技艺传承并不断发展的一个典型代表。不仅承载着许多文化信息，还对弘扬传统文化具有重要的意义。

（4）襄垣民居脊饰是当地进行民族传统教育的形象化教材。它是实用性和艺术性完美结合的乡土艺术，对中小学生及年轻人来说是最好的、最现实的直观教材，既是对自然和谐美的欣赏，又是激发他们对前辈生活的理解，也是激发他们热爱祖国、热爱家乡的现实教材。

襄垣民居脊饰的生存状态较为良好。襄垣民居脊饰没有随着时代的变迁而消失，而是以其顽强的生命力延续至今。它既是一项源远流长的文化遗产，又是现代文化以及生活的重要组成部分，具有重要的文化与经济价值。襄垣民居脊饰基于百姓的生活而生，其经济价值斐然，它的生产一定程度上可以带动调整农业产业结构，促进经济转型发展，增加农民收入，在市场中具有一定的空间。然而，襄垣民居脊饰传统工艺制作的过程，脏、累、效率低，制作工序又无法用机械替代，年轻人对此传统技艺多已不愿学习，致使传承人的资源匮乏，培训难度加大，传统制作工艺面临失传。今天，科技飞速发展，信息时代全球趋于一体化，世界资源开始形成新的配置，同时我们也深刻感受到了民族文化丧失的压力，各个城市、乡村的新建筑都以雷同的面貌呈现，传统民居脊饰传统工艺保护已经迫在眉睫。

二　五金类

（一）冶铁

1. 概况

襄垣的生铁冶炼可以追溯至元朝，据传，元朝初年（1208），襄垣县王桥镇南沟村人李麦首创襄垣县第一个生铁冶炼坊。冶铁坊主要为当地百姓提供生产用具和生活用品的制作。冶铁作坊一般是因地而生，襄垣地区有一些铁矿，因此才出现过大小冶铁作坊。但是襄垣的铁矿石并不丰富，这些作坊也渐渐衰落。"大跃进"时期，在全民大炼钢铁的口号下，襄垣县政府于1958年创办了该县的八一铁厂，持续至90年代，最终因县域铁矿贫乏而宣告倒闭。自此以后，襄垣县便再未出现过冶铁厂。

围绕着冶铁也有相应的信仰，与当地的煤窑一样，也是秉承着对太上老君的信仰。据当地人回忆，以前冶铁作坊在点火、开窑、放铁水时都要有相应的祭祀老君爷的活动；此外，每月初一、十五以及过大年、开工、放工时，窑主要举行大的祭祀活动，甚至还会请戏班唱大戏。

2.冶铁过程

冶铁所需的工具和原料主要有冶铁炉、手摇风箱、冷却模、碾、磨、炉铲、炉勺、钎、镢、榔头、铁锤等。原料主要包括铁矿石、生石灰、煤焦和水。冶铁流程大致如下：

（1）先用砖砌成高三米的圆形炼铁炉，里面抹上耐火泥，下设渣炕，渣炕上铺设耐火泥制作的炉条，炉底有吹风口，中间有铁水出口，炉顶是高三尺左右的烟囱。

（2）刨矿石。

（3）用榔头将矿石捣碎，再用小铁锤打成核桃大小的块状。

（4）将青石运回、捣碎。

（5）烧制煤焦。在地上刨一个方形的坑，下面铺上耐火砖作为炉盘，撒一层细煤，上一层水，用木墩捣实；方坑四周留有出烟口，下设通风洞，用手摇风箱吹风，输入氧气，经过七天时间，当烟口冒白烟，说明煤焦炼成，便熄火、用冷水浸透。

（6）装炉。一层煤焦、一层青石、一层铁矿，装满为止。

（7）点火。用手摇风箱鼓风送氧。

（8）生铁冶炼好之后，由出铁口放出，灌入沙模内，冷却后便形成铁锭。

（二）打铁

随着机器生产时代的到来，功效相对较低的手工打铁已经越来越少见了。但是，打铁和铁匠曾是人们生产生活不可或缺的一部分。打铁主要是生产诸如铁锅、刀等厨具，以及锄头、铁铲等农具。目前，襄垣地区会打铁的人越来越少。

打铁所需的材料和工具主要包括针圪墩（左边有针翅，右边并排有针翅和针板，后边有针尾）、大锤（徒弟使用）、小锤（师傅使用）、风箱（给火吹风）、铁铗（铗烧红的铁）、砌弓（左右有把手，中间有砌刀）。依据普查资料将襄垣打铁的工艺总结如下：用柴草引火，加上炭，将铁胚放进火炉里并盖上盖子。风箱吹风烧起大火，等铁胚烧红，师傅在前，左手拿铁铗夹住铁块，右手拿小铁锤，徒弟在后拿大铁锤，一人一下。等到师傅的小铁锤在钻板上锤出规格，铁具便打好了，最后用砌弓砌平即可。

三　生活用品类

我们将生活用品类具体又分为食品、用具和服装方面的手工业。

（一）食品类

1.挂面

襄垣人在饮食上以面食为主，因此产生了琳琅满目的面食做法。需要指出的是，我们这里所谈的是特质手工作坊制作的挂面以及挂面的制作技艺。单就挂面而言，襄垣地区几乎每一个家庭主妇都会用手工做出几样挂面饭食，因为挂面是他们最喜爱的面食之一，襄垣人经常食用的以及他们生活仪式中常用的"挂面汤"，放置一天一夜，汤里的挂面不会变浆。作坊中制成的挂面在通风的情况下可以储藏半年以上。

襄垣挂面始于元大德八年，明兵部尚书刘龙（襄垣人）将家乡的特产手工挂面进贡皇帝后，皇帝对这种"银丝吊金瓜"的面食深以为然，并大为褒奖刘龙，随后，襄垣挂面"宫膳"之称不胫而走。入清后有"上党亭外三千铺，庶民饶食悬丝绪"之盛。民国时期，襄垣境内知名的挂面店铺有裕恒昌的特恩堂等20余家。后来由集体开办，挂面制作也成为当地农村集体经济收入的一项重要来源。2008年襄垣手工挂面制作技艺列入山西省非物质文化遗产名录，特恩堂是该项非物质文化遗产的初始申报发起方与遗产保护单位。

（1）襄垣挂面的文化生态

总体上看，襄垣挂面是目前保存较好的项目之一，通过普查工作，我们发现这是有一定原因的，这主要与当地的仪式活动以及政府政策相关。

第一，挂面与"食俗"。

襄垣人对手工挂面的钟爱催生了挂面食俗。过去，手工挂面一直是人们年货中的必不可少之物，不仅是用于年节，也是平时待客、亲友间相互馈赠的礼品。春节早上吃挂面，期盼来年风调雨顺、幸福绵长。订婚结婚吃挂面，寓意情牵缘合、白头到老。老人祝寿吃挂面，愿长者长生不老、寿比南山。走亲访友送挂面，象征情缘连绵、情意长久。襄垣人少有购买机器制作的挂面，因此，襄垣挂面以及挂面作坊虽然有所萧条但始终未消失，每家每户在年前都至少要购买十斤八斤手工挂面。

挂面对襄垣人来说不仅是日常礼仪食品，而且还是当地祭祀时必不可少的祭品，与此祭品相关的仪式叫作"泼汤"，祭品叫作"挂面汤"。另外，春节期间祭拜神灵时，人们也会用"挂面汤"作为祭品。春节期间的祭祖活动，以及清明节、中元节和下元节的上坟仪式等都离不了"挂面汤"。日常人们所吃挂面汤的主要原料当然是挂面，除此之外，还需要豆腐条、海带丝、胡萝卜、葱、姜、蒜等，根据个人的口味还可以加肉丝、鸡蛋等。作为日常食品时也有"银丝吊金瓜"。现在，挂面已经成为当地的品牌面食。

第二，挂面与政府福利。

20世纪80年代以来，襄垣的机关单位每到春节前夕，在发放的过节福利与慰问品中都有一样东西，那就是挂面，比如每人五斤或十斤，这在总数上是个不小的数字，这对于襄垣挂面而言，具有积极的意义。最直接的影响是，政府春节前对手工挂面的需求在客观上保证了挂面作坊没有彻底消失；其次，政府自上而下对挂面所持的积极态度在某种程度上也影响了老百姓对于挂面的态度，最终使得挂面没有消失殆尽。

襄垣地区的挂面礼仪食俗与祭祀中的"泼汤"仪式以及政府对挂面的政策影响共同促成了襄垣人对挂面的积极认同。

（2）襄垣挂面的制作

其一，挂面作坊。

挂面作坊的工作是季节性的，这主要受制于挂面制作所需的气温，挂面的晾晒需要较低的室外温度。单纯的挂面作坊主要以家庭作坊为主。

我们走访的一个挂面作坊，是由一对中年夫妻所经营，他们平均两天可以做80斤挂面，一个腊月里总共可以做2400斤；现在，襄垣挂面在市面上每斤卖5元，包装好的是6元。手工作坊通常都是按照预定的情况来制作挂面，这主要是因为剩余的挂面不好处理；此外，挂面要根据客户的要求加盐的分量，以及选择是否加鸡蛋等。如果加鸡蛋的话，一般是按照50斤面放6个鸡蛋，而且只放蛋清，鸡蛋挂面一斤比一般的要贵2毛钱。以前，挂面做好之后用报纸包装，后来人们的卫生观念发生了转变，认为报纸不干净，转而用白纸条从中间包一下。

自我国2005年非物质文化遗产保护政策出台以后，襄垣挂面也有了新的文化生态，被命名为传统食品，随之挂面的市场更好了。我们走访的这个挂面作坊，是设在自己家的一个废弃老房子里，他们准备将这个地方修缮一番，再将电话号码发散出去，宣传一下。

近几年，随着市场需求的增加，一些门市开始到作坊里收购挂面，然后统一加工包装再卖出去。这对挂面的交易形式产生了较大的影响。由于手工挂面做工复杂，一般情况下，如果一个作坊拿到门市的订单之后，基本上就没有办法再接以家庭为单位的订单了。最后，人们只能都到门市上去购买挂面，这样的周转也使得挂面的成本增加了。

此外，手工挂面的制作除了技巧之外，也是一项不折不扣的体力活，比如一个和面的盆就有40斤。我们走访的这个村子，原先有十几个家庭作坊，现在还有五六家。他们现在每家在腊月里，凭借挂面制作的手艺可以挣两千多元钱。相比之下，如果人们有更好的出路，放弃作坊生意也是自然之事。

其二，挂面制作的手艺。

以上好的小麦为原料，包括手工和面、饧面、搓条、盘杆、分绞、上架、晾晒等十多道工序。手工制作挂面所需的主要器具包括用来处理粉面的石磨、木栈、笤床、柳条编织的簸箕和圆笤等，当地特质的陶瓷大型和面盆、中等盘条盆，以及用该县仙堂山一带六道木而制成的绞用棍[①]、柳木制成的大案板，除此之外还有七星杆（分绞用）、工字架（上条用）、大杆杖、小架、室内外架杆等。

挂面制作的流程概括如下：

①挑选配料。选用优质小麦，去麸皮，用水以当地泉水或井水为主，加食用盐。

②和面。按照气温条件将凉泉水或井水与食盐配制成一定比例的盐水，食盐用冷水浸泡不要搅动，使其自然融化。和面也可以在其中加鸡蛋、韭菜汁、葱汁等；和面讲究避实就虚，从不同方向拉起一角折向对面，用拳头压实，好的和面功夫讲究三光——手光、面光和盆光。当地流传着这样一个故事：曾经师傅教徒弟和面时，故意提前在面粉中撒入几颗麦粒，等徒弟和好面时，师傅便询问徒弟："你有什么发现？"如果徒弟能说出有麦粒并给出正确的数量，就表示和面已经学成。

③上案。和好面，饧过2～3个小时，将其挖到案板上，用大擀面杖翻压均匀，一般薄厚以5厘米左右为宜。

---

① 该县仙堂山一带，有一种叫作六道本的野生树木，其特点是棍身光滑强韧，见湿不变形，而且不粘面，因此，襄垣挂面作坊选之制成绞用棍。

④卧大条。将翻压好的面用刀切成宽 5 公分左右的条，垫撒面粉，两人一起拧、摔、拉、搓，将其弄成直径约 5 公分的粗条，盘入大盆之中，视气候定成色，常温下的面需要再饧三个小时左右。

⑤盘小条。将盘在盆中的大条摆在案板上，搓成指头粗的小条，再次由内向外盘入盆中，封盖待饧。

⑥上棍。第二天早上开始上棍，这根棍一般采用六道木的材质。先将木棍插入特制的工字架，边搓边上架，条粗为直径约 0.5 厘米，采用"三叉一直"的上法，上棍是手工挂面的技巧所在，挂面的粗细圆实全在这一关。

⑦入窨。窨是用来饧面条的，是用泥土做成的长方形池子，将上棍后的挂面从工字架取下来放入窨内并用布盖好让面再醒三小时左右。

⑧分绞。看成色面醒好后，将面取出插在七星杆上，分绞要保持挂面互不粘连，面条均匀，分绞时要从下往上，分绞的同时逐步将面条拉长，粗细为直径约 3 厘米左右，再放入窨内醒面。

⑨出窨。分绞入窨后视气温而定，一般在两小时左右开始出窨，出窨时先在室内架杆上再拉长，然后出室挂在外架杆上并再次分大绞，确认挂面已基本成型长约七八尺后，用石块将挂面用棍压住，防止反弹，开始晾晒。

⑩回潮裁切。架上挂面晾干后大多弯曲不直，必须将其拿回室内架杆上回潮，约半个小时左右才能变直，而后方可裁切，将长挂面去掉两头，按所定尺寸在大案上分段裁切后放在专用木架上。

⑪分捆包装。将裁切的散挂面用专用纸条按需要分捆包，入库存放。

搓小条

入窨

分绞（白翔 摄）

晾挂　　　　　　　非遗项目保护单位特恩堂老铺应邀赴新疆展演

2. 阁老凹陈醋

由于地理和气候的原因，山西的农作物以小麦和玉米为主，这也导致了山西人以面食为主的饮食习惯。在襄垣，不管是较为高档的酒店还是平常的餐馆，抑或是寻常百姓家，餐桌上一定要有一瓶醋，襄垣人爱吃醋已经成为一种文化表征。由于喜爱吃醋，醋的制作工艺以及口感上都胜出其他地方，这也就是山西香醋出名的原因。

襄垣的陈醋以阁老凹最为出名，曾远销潞州八县、名噪上党地区。阁老凹陈醋可以追溯至清朝乾隆四十九年（1780），由襄垣县的李富春创设阁老凹醋房。阁老凹陈醋曾在 20 世纪 80 年代名噪全县，人们争相购买，供不应求。

陈醋的制作原料为高粱、草麦、玉茭和黑豆。制作工具包括大蒸锅、木棍、大缸、曲模、漏斗、醋桶等。制作流程如下：

（1）造曲。用草麦、黑豆和玉茭混合磨碾，将其倒入水中搅拌，可抓成团即可。将其置于曲模中，用脚踩实，放入曲房进行发酵，曲房温度必须保持在 25℃左右。

（2）将高粱磨成面，用大蒸锅蒸熟，放入大缸内，并加入做好的大曲进行发酵，时间为七天左右。

（3）将发酵好的高粱面倒入干净的大缸内，加入谷糠、麦麸，早晚各一次进行搅拌，防止过热，时间为一个月左右。

（4）淋醋。准备好一只大缸，在缸下面凿一个小孔，插入一小段空心竹，将发酵好的成品放入缸内，逐日灌水，俗称淋醋。

（5）炒色。因淋出的醋为浅黄色，单有酸味，不够香甜，因此需要将炒小米，直至变成带油性的黑色，将其兑入原醋中，就成了酸香红黑色的陈醋了。

3. 伏酱

襄垣伏酱属于调味品。是在伏天，将做好的大酱置于太阳下暴晒，天数愈长，酱愈香，故称"伏酱"。总体而言，伏酱的制作工序较为简单，但其中炒酱一项却尤为麻烦，酱油出现之后，人们逐渐用其替代了伏酱。现在，襄垣人已经很少做伏酱了。

伏酱的制作所需工具有大炒锅、大蒸笼、锅铲、缸盆、麻箩等，制作工艺大致如下：

（1）先将白面和好，蒸成大馍。

（2）将蒸好的馍馍切成薄片，装入缸内，进行发酵，时间为七天左右。

（3）将发酵好的馍片进行稀释，加入食盐，用麻箩过滤成稀糊。

（4）将稀糊倒入大炒锅进行翻炒，七天七夜才能熄火并装入酱缸。

（5）等到伏天，将酱缸置于太阳下暴晒，天数越多酱越香。

4. 刀削面

刀削面是山西最有代表性的面食之一。相传，蒙古人侵占中原后建立了元朝，为防止"造反"起义，将家家户户的金属全部没收，并规定每村只能用一把厨刀，各家轮流使用。一天中午，一个老汉要取刀做面，但刀已被别人抢先拿走，他出门时被一块薄铁皮碰了一下，便顺手揣到怀里回家做饭，从此便有了刀削面的做法。

刀削面的做法相对简单。先将白面用温水和好，放在灶台上醒好，软硬适宜，然后用削面刀，将面团一片一片削入锅里的开水中，五六分钟便可捞出。

5. 烧饼

烧饼在襄垣地区的分布较为广泛，而且制作工艺也相对简单，现今烧饼制作依然盛行。

烧饼的制作程序大致如下：先将白面用温水和好，经过发酵，再掺入一些生面，揉成面团；再用擀杖做成面片，将做好的各种馅料包在里面，并做成碗口大小的饼状；最后放在铁鏊上烘烤至金黄色即可。

6. 豆腐及其制作

豆腐在襄垣人的生活中尤为重要，不仅是每日面食配菜的主要原料，而且是当地过节食品、祭祀用品中必不可少之物。比如，襄垣人在置办年货时，每家每户都要制作或购买适量的豆腐，并在年前用油炸后切成条状以备用。以往，襄垣的豆腐作坊供奉水神、火神、五谷神和财神，在每月初一和十五祭拜一次。

豆腐制作的原料和工具主要有黄豆（或黑豆）、石磨、豆腐磨、大锅、风箱等。现在大部分豆腐作坊都改为机器制作。

传统的豆腐制作工艺如下：先破豆，用石磨将其碾碎，并用簸箕将豆皮去掉；然后用凉水浸泡1至2天，用石磨将浸泡好的豆子磨成豆泥，用大锅烧开水，将豆泥用大箩筛到锅内；待煮熟后，用咸土卤水多次点滴，使得锅里的豆浆凝固成块状；把握好适当的程度，然后连汤带豆腐舀入叉袋内，将水拧干，放在石块下压制、冷却，形成块状便可。

7. 酸菜

酸菜因口感微酸而得名，是老百姓在千百年的生活实践中创造的饮食文化的一部分。襄垣酸菜是用芥菜制成，酸菜的一大特征是保存期较长。人们制作酸菜的直接动因是为了调节蔬菜的季节性，尤其在像襄垣这样的北方地区，新鲜的蔬菜只有夏秋两季才有，因此，人们往往在入冬以前制好酸菜，留作冬、春季食用。酸菜制作手艺因其较为简单而为广大群众所掌握。

酸菜的制作工艺大致如下：

（1）选料。选用襄垣当地生产的芥菜（当地人叫作芥疙瘩），根部去皮、去尾并洗净，头部去除杂质、黄叶。

（2）初料。将根部切成粗细长度均匀的细丝，头部切成2～3厘米的截段。

（3）晾晒。晾晒是酸菜制作关键的一步，直接关系到酸菜可以存放的时间。

（4）腌制。将初料搅拌均匀，一层层放入准备好的缸内，每层4～5厘米，最后盛入的量以离缸口10厘米为好。

（5）密封。用当地高粱秆剪成适当长短的秆子，紧紧平铺于缸内，用石头压紧，并用凉开水密封。

（6）食用。一般腌制一个半月后便可食用，食用时要去除上面的石块、高粱秆和水，取菜时一定要用干净的筷子，一层层挖取，否则会造成酸菜腐烂。

8. 麻油

麻油是通过一定的工艺从芝麻中提取的食用油，过去有专门榨油的作坊，主要原料为大麻、小麻、胡麻、花椒和小芥等。制作时所需的工具包括铁锅、风箱、木斗和榨油器具。材料之间的比例不同，制作出来的油质也不同。两斗小麻和四斗小芥榨出的油是最好的，也就是香油；五斗小麻和六斗小芥榨出的是二等油；四斗小麻和一至二斗小芥榨出的是三等油；一斗胡麻和半斗小芥榨出的是四等油；也有用大豆炸出的豆油，仅用大麻榨出的油是大麻油，不能食用，以前可用于点灯和润滑机械。

9. 养蜂

养蜂具有很强的季节性，一般是在春夏两季。游走则是养蜂的另一个特点，养蜂人要带着蜜蜂到处寻找大面积的花卉，让蜜蜂采撷后加工成蜜。

蜜蜂是一种过集体性生活的昆虫。一群蜜蜂中主要包括蜂王（母蜂）、工蜂、雄蜂。蜂王的任务是产卵，分泌的蜂王物质激素可以抑制工蜂的卵巢发育，并且影响蜂巢内的工蜂行为。蜂王是由工蜂建造蜂王台用受精卵培育而成的，工蜂负责照顾蜂王台内的受精卵，一直到幼虫化蛹前始终喂养蜂王浆，使蜂王幼虫浸润在王浆上面。蜂王浆含有丰富的蛋白质、维生素和生物激素，对雌性生殖器官的发育起着重要的作用。交配成功的处女王不久便开始产卵，处女蜂王交尾后除了分蜂外，一般不再出巢。蜂王的寿命一般在三至五年之间，最常可活八九年，在春天和花期前后的产卵量最高。

雄蜂的任务是和处女王交配，不参加酿造和采集生产工作，形体比工蜂大一些。雄蜂是由未受精的卵子发育而成的，亦由工蜂喂养。羽化出房经过八至十四天左右才能达到性成熟。霜降时，就不能让蜜蜂交尾，这时要将雄蜂赶出蜂房。工蜂的任务主要是采集食物、哺育幼虫、泌蜡造脾、泌浆清巢、保巢攻敌。工蜂的寿命一般在三十至六十天左右，在北方的越冬期，工蜂活动较少。工蜂对于养蜂来说尤为重要，每群蜜蜂中的工蜂量决定着蜂群的兴盛。

养蜂

10. 硬面馍

"蒸馍"也叫"馒头"，是襄垣人的主食之一。明代《本草纲目》载：蒸饼味甘、性平、无毒，具有消食、养脾胃、温中化滞、益气和血、止汗、利三焦、通水道之功效。襄垣的"硬面蒸馍"和面时参照500克面粉、100克水的比例，加少许发酵粉，做成之后有层次，闻着香，吃着甜，但质地较硬，因此被称为"硬面馍"。

蒸馍分为高桩蒸馍、方形蒸馍和方卷形硬面蒸馍。手工将面搓揉20多次，制成 6 厘米高的圆形蒸馍，即为高桩蒸馍；方形蒸馍就是将面团搓成长条，再用手拍成 6 厘米高的长方形条状，用刀剁成 8 厘米宽、10 厘米长的方形蒸馍；方卷形硬面蒸馍是将揉搓好的面团用擀面杖擀成 0.5 厘米厚的薄片，刷上白糖水，卷成卷形，理成方形，用刀剁成和方形蒸馍一样的方卷硬面蒸馍。

硬面馍的制作工艺较为复杂，主要包括制酵、兑料、和面、大杠压、小杠压、搓条、揪剂子、揉馍、排放、"出汗"、上笼、火候等数道工序。

11. 甑（蒸）糕

甑糕（甑，zèng）是襄垣一带特有的传统风味小吃，用黍米面、红枣或蜜枣甑上蒸制而成。甑，是中国古代一种非常古老的蒸器（襄垣叫镜锅，底部有好多孔眼，过去新婚夜小两口扣灯盏所用），有砂陶制、铜制、铁制等。

甑糕就是以红枣和黍米面为原料，用"甑"蒸制成的"糕"，故名。甑糕黍枣交融，老幼咸宜，营养丰富，滋补性强，色泽鲜润，绵软黏甜，浓香扑鼻，久食不厌，风味独特。民间取其意"高""蒸蒸日上"，温居要吊糕，婚嫁要吃糕，砂陶甑蒸出来的质量最好。

甑是一种底部有小孔的容器。据传，甑在原始社会后期已经产生，到了新石器时代又有陶甑，商周时代发展为青铜铸成，铁器产生后，又变成了铁甑，如今也有用白铁叶子焊成的。甑糕，历史悠久，源远流长。甑糕的古老，首先表现在它的炊具上，它是使用由最古老的蒸具"甑"演变而成的甑锅蒸制而成的，这也是它得名的原因。

由于红枣和糯米营养丰富，滋补强身，因而甑糕受到各阶层消费者的好评。襄垣地区村民赶集赴会，都要吃一盘甑糕打点；返回时还买上一两斤，带回家里让家人同享口福。

另外，在襄垣一带每到春节期间老百姓喜欢用蒸糕的黍米面，包上豇豆、绿豆或大枣捏成团状蒸熟，俗名黄蒸，从腊月蒸好冷藏后一直吃到来年二月二左右，同时黄蒸也是百姓春节期间走亲访友相互赠送的重要礼品。

（1）制作工艺

原料：甑糕的原料是黍米、大枣、适量水。

做法：做甑糕在四关——一泡米，米是黍米，水是清水，浸一晌，米心泡开，淘洗数遍，去浮沫，沥水分，碾成面粉。二装甑，先枣子，后米面，一层铺一层，一层比一层多，最后上面再铺一层红枣（蜜枣），有时也上葡萄干收顶。三火功，一般是大火蒸约两小时后改用慢火再蒸五六小时。四加水，一为甑内的枣、面加温水，使枣米交融，二为从放气口给大口锅加凉水，使锅内产生热气冲入甑内。

蒸甑糕时，将甑放在一个大口锅上，锅中添水，再将米面、红枣铺在甑底。具体地说，要先铺红枣一层，再铺米面一层，如此一层夹一层，共铺七层（三层米面四层枣）。铺完后盖上湿布和锅盖。用旺火烧开，上汽后取湿布洒上清水，反复洒水三次，最后用文火焖蒸，五六小时后即可蒸成。

这样制作出的甑糕，不仅层层软硬适度，而且色泽鲜润，吃起来黏甜适口，滋味特美。

（2）食品特点

甑糕，色泽鲜艳，黄红相间，形色俱佳，枣香浓郁，软黍黏甜，味道醇厚。

甑糕既可以热吃，也可以凉吃，吃的时候拌一些糖。

吃甑糕易上瘾。单看蒸甑糕的深口大砂镜锅，便已十足的"生愣"：口阔二尺六，锅深一尺八，外面被煤烟熏得乌黑，直接搬出来往食摊上一架，颇像一只硕大的黑鼓。

甑糕也很好看，下面一层黄米面渗入了枣色，呈现出一种晶莹鲜润的鹅黄绛红色泽，一层黍米面黄色，再上层便是红枣，早已烂成暗红的枣泥，小贩们给枣泥上又撒上一层碧绿的葡萄干，甑糕的色泽就更加丰富和分明了。吃起来口感也好，黏软香甜，热量又大。尤其在秋冬季节，襄垣城大街小巷随处可见甑糕摊贩，很多上班族还把甑糕当作必不可少的早餐。

改革开放以来，生活巨变，使用了两千多年的甑逐渐淡出百姓的厨房，唯襄垣古风犹存，至今乡村农家的灶台，还在使用这种硕大的砂甑，尤其乡间婚嫁时多见吃甑糕，寓意好日子蒸蒸日上。

（二）生活用具类

1. 木匠

（1）襄垣木匠的文化生态

以前，基于人们的需求，襄垣地区的木匠很多；随着机器生产的兴起以及人们对此类商品的认可度下降，现在襄垣地区的木匠已经很少了，加上市场的冲击，人们可以选择其他更好的方式讨生活，因此，基本上没有人再愿意花费较长时间去学习木匠手艺。

手工制作曾在襄垣人的日常生活中起着尤为重要的作用，在进入现代机器制造的时代之前，家具都是由木匠手工制作而成，实用和审美功能兼具。家具的美观更是对一名木匠手艺进行评价的最高标准。

木匠的学习是有一定规矩的，当地人叫作"行规"。一方面，木匠行业以鲁班为祖师爷，同时也将鲁班视为神灵来祭拜，木匠家中一般都供着鲁班灵位；另一方面，拜师仪式也包括祭拜鲁班的环节，学徒拜师学艺要在鲁班灵位前上香、点酒，祭拜完鲁班，师傅才能正式收留其为徒弟。

一般情况下，徒弟第一年先跟师傅学习磨斧、掰锯、搬料、拉墨斗；第二年学习测算材料；第三年学习开凿、细刨。讲究三年出师。徒弟准备另立门户之前要行谢师礼，要向师傅赠以重礼，师傅也会回赠一些简单的木工工具，比如斧、锯、凿、刨等。

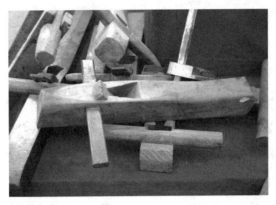

木匠工具

（2）木匠手艺

所谓木匠手艺是指在艺匠群体中师承的一套工艺规范，但艺匠们在具体实践中又会根据实际情况适当地修改这些规范。基于我们的普查资料，我们将木匠的手艺大致概括如下：

①照主家要求，拿出材料进行测算；

②用锯子将木材截成要做家具所需的长度、宽度以及厚度，并刨平；

③用墨斗打线；

④用大锯将木料依照黑线锯成板坯；

⑤将板坯加工成所需的长短和薄厚适当的木板；

⑥用小锯将木板锯成原料；

⑦根据家具式样，画线开凿；

⑧按照家具式样，将凿好的原料对接；

⑨刨板、上漆；

⑩最后用小刨将家具四面刨光，一件粗糙的家具便制成了。

墨斗　　　　　　　　　　　　　　　木匠（采自县政协《岁月回眸》）

2.瓷窑

（1）襄垣的瓷窑

瓷窑是制作生活用具的作坊，诸如面盆、碗碟、茶壶、酒樽等。瓷器曾是人们日常生活中的重要生活用品，与其他手工制品一样，不仅讲究实际功用，也有一定的审美品质。在瓷器作为日常生活用品的时代，其实用功能是远大于审美功能的；但是现在，瓷厂制作的瓷器已经成为超脱于生活用品的工艺品了，瓷器的实用功能和审美功能已经发生了翻转，后者远远凌驾于前者之上。

以前规模较大的窑厂有东家、账房、顾工，窑口建有老君庙、山神庙、火神庙，每逢初一、十五、点火、开窑、开工、放假等特殊时间，都要进行祭祀活动，祈求神灵保佑安全、财源滚滚。

襄垣的白釉瓷窑可以追溯到明朝万历年间。由于现代钢铝制品的冲击，襄垣县境内现已无瓷厂。早在20世纪70年代，襄垣的上丰瓷厂曾享誉上党地区，手工瓷制品也远销潞府八县；此外，还专门为杏花村汾酒厂提供装酒用的各类瓷瓶，但由于所需原料如石英石、长石不足，需要从南方进料，成本增加，于80年代自行倒闭。

（2）瓷器制作工艺

瓷器制作所需的工具主要有箩筛、泥铲、模具、龙盘、扣锅、钎镢、铁锤、磨、碾、石磙等，原料主要是白墡土、煤炭、白釉、黑釉。制作工艺如下：

①先用砖石砌好烧制用的火窑；

②开采白墡石；

③用铁锤捣碎白墡石，上碾压磨成细粉；

④将细粉再进行过筛；

⑤用水将筛好的细粉进行调和，用泥铲多次拍打，堆成方形泥堆；

⑥将调好的白蔓泥置于工作台上反复揉搓直至细腻为止；

⑦将揉搓好的白蔓泥揉成一团，放在龙盘上，用圆锥形木斧将泥团从中捣空；

⑧根据所制成品的形状，在龙盘上边旋转边用木板达成所需的盆、碗碟等模样；

⑨手上沾水继续拍打直至光滑、成型；

⑩上釉色，置于太阳下晾晒，遂成坯；

⑪将坯置于窑支架上，每件之间要留有空隙，以便过火顺畅，每件物品扣上扣锅，以防熏黑；

⑫当窑顶冒出白烟，表示炼制成功，随后熄火；

⑬等窑楼冷却，开窑取货；

⑭将制品分类摆放。

3.黑釉陶瓷生产技艺

襄垣县善福乡贾垴村黑釉瓷生产技艺，从明代始，已有数百年的历史，历经几代人艰苦创业、巩固、发展、创新而经久不衰，流于今世。清代第三代传人张俊明曾开办"万盛堂瓷行"，该厂的瓷器所用原料为本村东沟独特的坩土，精白、细腻、有黏性，历经十多道工序，用1200度高温窑烧制而成，产品形式多样、手工精细、材料优质、信誉度高，主要有盘、碗、灯、顶灯、灯盏、大小钵火罐、盐钵、醋钵、筷钵、食莹钵、饭盆、便壶、瓷马、瓷狮、香炉、弹瓶等，用途广泛。

贾垴村出产粗瓷，因此地煤炭资源丰富，又有坩土矿分布于沟涧的石崖中，夹生白、紫两色的原料，便于烧制陶瓷、砂器。当地农民利用农闲，夏秋制坯彩绘，入冬烧窑销售，代代相传。站在西河岸边，向对岸的台地和崖坡上的老镇址望去，崖畔田头被弃置的残瓷堆积在黄土瓦砾之中，废弃的残垣、参差错落的旧瓷窑及耐火砖、匣钵、瓷片、窑渣布满山坡，从北到南约3里长，绵延不断。襄垣陶瓷主要产于善福乡，据记载，在明清时期善福乡陶瓷业发展到兴盛阶段，有窑30余处，年产陶瓷数万件，不仅占据了上党各县市场，而且远销山东、河北、河南、陕北等地。

襄垣善福贾垴黑釉陶瓷全部用土法手工生产，原料采自当地坩土，加工过程包括泥浆、制坯、施釉、煅烧等8道工序。浆泥先取干土矿石粉碎，投入水池浸泡数日，再搅拌成浆，分池沉淀。粗泥制成瓮、盆等大件器皿，细泥做碗、碟等精细瓷器。在贾垴村一带的塬坡上，至今还有几户烧制黑釉大缸和盆碗的瓷窑（当地称"黑窑"），仍保留着祖辈传下来的古老烧瓷技艺。窑炉均为馒头窑，以煤为烧制燃料。落灰的"火眼"，大窑采用6～8根木椽棚起来，上面放置砖块砌成丁字形，大窑要有72个火眼，人从地下通道钻进去通火。窑门封闭后保留上面的观火孔和下面的入煤孔，观火孔开始烧时开启，待火引大后封闭。在窑熟后，开观火孔观察。投煤时工匠还沿用着木制的护手（当地称"火手"，形状如同半截劈开的竹筒，中部为凹槽），投煤时把煤铲的铁杆放在火手上，防止窑工投煤时被高温烫伤。当地烧窑匠人沿用旧时流传下来的术语，将窑炉顶部称"龙口"，将封窑顶称"拉龙口"。封窑采用泥饼或未烧的缸底盖住窑顶，再用泥、石灰、炭渣和泥封住，与观火孔一起封堵起来。

原传统工艺程序复杂，要先备料、挖坩石、耕坩，再用50～60担清水泡坩（三天一次），而后放入澄池中，晾坩，和泥，再用磨盘带木轮旋转，手工捏成各种瓷器坯庵，有的工艺需数十次才能完成，然后将坯晾至八成干，上釉或彩画，装进窑烧。过程中难度最大的是看火候，温度最高达1200度，烧十天左右，停火冷却后再出窑。

善福贾埌粗瓷中以黑釉瓷最负盛名，俗称"黑珍珠"。最为有名的是黑釉老鼠罐，半圆形的罐盖上爬着各种形态的老鼠，非常生动，罐盖喻天，罐底喻平地，以罐喻天圆地方的宇宙母体，喻老鼠为繁衍之神的子神，意蕴着人类的繁衍生息。贾埌黑釉瓷最具观赏价值：一是器型特征，具有仰韶文化的韵味，硕大的器型，显示了中华民族自强不息的民族气节；二是独特的色泽魅力，那种一黑到底、庄重肃穆的气派，使人赞不绝口；三是它的装饰效果，使用的是黑底刻花的艺术表现手法，具有特有的美学价值。善福贾埌花瓷造型单纯稳重，色调柔和雅润，纹饰取材广泛，用笔洒脱舒展，构思简明奇特，布局疏简不拘，形态惟妙惟肖，丝毫不受官窑细货的影响，我行我素地走着面向庶民百姓之路。

晚清、民国时期，窑场曾烧造出大量的青花瓷，在吸收民间剪纸、木版年画的基础上，用百姓喜闻乐见的传统图案，表现出对生活的热爱和对未来的希望。人物、动物纹样则多选择童子、马、狮、喜鹊登梅、连年有余等图案。工匠们用稚拙的笔法绘制出对美好生活的向往，以自由随意而不失图案平衡对称的法则，运笔挥洒写意，勾画粗犷厚重，充分展现出北方民族的淳朴之美。随着现代社会对艺术品喜爱的"返璞归真"，这些手绘的"土青花瓷"逐渐得到收藏家们的青睐，日渐成为一个专门的收藏类别。民间艺人书法、民谣也是陶瓷的重要装饰内容之一，常用"福""寿""花""香"等字书写在产品上，字形多为风格豪放、游龙走凤的行书、草书，潇洒自如，气韵横出。铁锈花瓷色彩对比强烈，明快清晰，质朴大方，它们均以线条勾勒为主，所绘纹饰淋漓畅达，充分发挥了毛笔的性能，以奔放的气势融入中国水墨画的精致潇洒，笔墨疏简而自由洒脱。以黑釉白花的剔花器和刻花器别具特色，制瓷匠师用刻花、剔花工艺，以线刻剔花为主，线条流畅刚劲，图案纹样多为寓意深刻的吉祥图案，如莲花、石榴、寿桃、团鹤、八卦、暗八仙等，刀法流畅，情饱意满，洗练活泼，自由多姿，千变万化，生机勃勃，给人以百花齐放、翩翩起舞的感觉。在刻花技艺方面，笔触灵活，线条挺拔，并充分体现出当地人文风尚的雄健朴素与敦厚。

从当地流传的民谣和民俗活动也可看出贾埚窑的历史和价值。"收秋不收秋，等到五月二十六，此日只要滴一滴，快到贾埚买黑钵。"这首民谣不知在当地流传了多少年，意思是说，秋天的丰收与古历的五月二十六有着极其重要的关系，如果在这一天滴上一点儿雨，当年的秋天必然喜获丰收，人们即刻买贾埚的黑钵，这反映了旧时人们对丰收的期盼，也说明了贾埚陶瓷在当地是非常有名的。

作为襄垣著名的民间瓷窑，善福贾埚粗瓷曾有过辉煌的历史，随着岁月的沧桑变迁，今天已失去了往日的风采。目前，全县所有的民间陶瓷艺人不足10人，而且年龄大都已六七十岁，有的体弱多病，精熟几十道制瓷工艺的艺人更是凤毛麟角。近年来，人们的生活方式及消费观念发生了很大改变，贾埚陶瓷的黑钵、盆、罐等主要产品用途渐失，仅存的小作坊只能视市场需求断断续续地制造少量的应时产品。

拉陶坯

描样

缸坯

瓷窑

粉盆

4. 麻绳

（1）襄垣麻绳

手工制作的麻绳曾在襄垣人的生产、生活中起过重要的作用，比如煤窑绞车用绳、井绳、刹绳、缰绳、拍绳等。麻绳一般从二股到二十四股粗细不同，麻绳的用途决定其股数，比如煤窑绞车用绳就为最粗的二十四股。

传统社会，由于麻绳的需求量比较大，因此有专门以制作麻绳为生的人，襄垣人称之为"麻匠"。麻匠供奉麻衣祖师爷，每月初一和十五都要净面洗手，给麻师爷上香，祈求顺利生产。但是，由于现代科学技术的发展，机纺钢丝替代了麻绳，钢夹、螺丝替代了拍绳，塑料绳替代了细麻绳，因此，虽然现在襄垣地区尚有麻匠，但他们已不再制作麻绳，而且也无人向他们拜师学艺。

（2）麻绳的制作工艺。

①将皮麻腾湿、理顺、摆放整齐；

②用纺绳车将皮麻纺织成麻坯绞紧；

③用绞绳车拽紧绳坯；

④用手拉动绞车，慢慢前行，合成不同粗细的麻绳。

搓绳坯

合绳股

5. 麻纸

（1）襄垣麻纸的文化生态环境

纸在人们在日常生活和社会生活中是不可或缺的物品，它不仅与书写、记录、文字创作等相关，也与人们的祭祀活动相关。随着造纸技术的变革，纸有了较为精细的分类及功能。麻纸作为纸的一种，曾在人们的生活中起着尤为重要的作用，但是随着现代造纸术的发展，麻纸从很多场合中消退。基于麻纸柔韧性大、易折叠、耐脆、耐风吹日晒等特性，目前，襄垣县尚有麻纸作坊和销售，现在襄垣的麻纸主要用于书法、纸扎以及裱糊门窗等。也可以说，正是由于这类需求的存在，才使得襄垣麻纸从未消失。

在襄垣地区，与麻纸制作相关的神学观念是人们对麻神爷的信仰，襄垣人认为有一位专司麻纸制作的神，就如老君爷专司冶炼一样，麻神爷也专管人间麻纸的制作。因此，襄垣地区从前的麻纸作坊，每月的初一和十五都要供奉麻神爷。但现在，这种神学观念以及观念下的祭祀行为已然消失。

（2）麻纸制作的技艺

麻纸制作属小型生产，主要为家庭作坊，无季节性。麻纸制作所需的主要工具有直径为二丈余尺的深壕磨盘，一丈有余的碾压，宽三尺许、长四尺半、深五尺有余的糙纸水坑，糙纸竹帘，铁斧，剪刀，托纸盘等。其中，糙纸竹帘是用马尾丝、竹眉编制成门帘形状，长三尺有余，宽二尺有余，中间缝制一根布条，将纸帘一分为二，竹帘两端用三指宽的竹皮夹紧，以便操作。制作技艺如下：

①将麻条剁碎放入石灰水中蒸煮；

②将煮好的麻条放入大圆盘磨碾内，备上牲口碾压，碾成纸浆为宜；

③将碾好的纸浆放入清水中漂洗，直至麻丝白净；

④将漂洗好的麻丝置于糙纸水坑内浸泡一夜；

⑤次日，站在水坑边用糙纸竹帘在水中漂捞，直至帘上麻纸厚薄适度、麻丝摆拍均匀，将纸从糙纸帘上揭起放在托纸盘中；

⑥将托纸盘内的纸放在压台上，先盖上薄藁片，再压上厚板，最后加上压杆，两端吊上大石头，挤压一夜；

⑦次日，将压好的纸坯取出，用托盘端着贴于一面白墙上，让其晾晒。

6.金工铸艺

金工铸艺曾在襄垣人的生活中有着重要的地位，翻砂厂的日用产品主要包括大小生铁火炉、大小生铁锅、煎饼铁鏊、炉支、炒菜锅、炒酱锅、扯面锅等。西营南漳武氏金工铸艺为云南省昆明龙华寺住持贞圆老和尚铸造过一尊 10.8 米高的真身舍利铁塔，现安放于中国四大佛教圣地五台山塔院寺。

（1）传统铸艺工具

①转轮：转轮是工艺品制作中重要的手工机械工具。它由轮盘、轮群、轮座、轮支、轮轴等部分组成。它可在人工拨动下以不同要求的速度旋转，用于砂型制作。

②铁盘：用生铁制造的圆形或方形器具，用于砂型的平面依托。

③刮刀：用铁片或钢皮制作的切削工具，用于砂型的旋型制作。

④提钩：铁或铜制作的造型工具，用于砂型深而细槽部位切入与提砂。

⑤铜字拐、铜画笔、铜画丝、铜

晾模

刻刀等，用于在砂型上刻字绘画。

⑥铜锚：一种刀头可以调节的小型工具，用于刮去内型型腔，留出金属液浇入的均匀空间。

⑦铜吹筒：用铜管制作的笔筒式内空心吹具，用以清理砂型上难以清理的落砂部位。

⑧毛刷：木柄、猪毛等制作的清扫工具，用于清扫砂型浮砂。

⑨钢刷、钢凿等，用于为铸好的工艺品清理表面沾砂毛翅。

拌料

铁铸舍利塔

（2）原料取材方便

①河砂：就地取材，取之不尽。襄垣县大小河流数十条，最大河流为浊漳河（属海河系），横穿县境，分浊漳西源、浊漳北源，浊漳南源；此外，还有郭河、临水河、云水河、淤泥河、下峪河、马喊河、合漳河等遍布全县。因此，工艺品铸造的主要造型材料——河砂非常丰富，到处可取。

②生铁：矿产丰富，冶炼繁多。襄垣铁矿石贮藏较多，而且很早以前就具备一定的冶炼技术，铸造工厂自己建一个小型炼铁炉便可冶炼出生铁。

③煤炭：储量很大，煤矿咫尺之近。当地煤矿储量很大，无论在哪个地方都距煤矿很近，非常易得，直至今天煤炭仍然是襄垣经济支撑的主体部分。

④矸土、耐火粉等：分布很广，随处可刨。本地有矸土山的地方随处可见，拿一把铁镐哪里都可刨出矸土和耐火粉。

（3）工艺讲究

①手工造型，独一无二。本技艺所做的工艺品均由手工制造，每件工艺品都以用户不同摆放条件、不同作用、不同要求而去制作，一型一式，概无重复，各具

风格。

②雕刻精致，鬼斧神工。工艺产品上的所有绘画、雕塑、图案、文字都必须在砂模上制出花型，而这种出神入化的精致手笔并非纸上之功。

③图案构思，神奇绝妙。产品上的一切图案则根据它的服务对象，摆放环境，按照佛、道、儒、易等传统文化，宗教文化或民俗文化的艺术内涵进行构思，可产生神奇的精神效应。

④土法熔炼，成分准确。铸件的金属材质十分讲究，把准金属是一件很不容易的事情。如配制不准确将出现以下现象：平面型工艺品有可能冷裂；圆形工艺品有可能热裂；要求音质的工艺品，如大钟、磬等影响发音，尤其是大钟，声音是很重要的，不仅音质要清脆悦耳、洪亮动听，而且要余音久远、耐人寻味，不仅材质配料要十分精确，而且造型也十分考究，因为形状的设计直接影响声音的震动频率和传播速度。

⑤河砂配制。本技艺的范模制造无论阴模还是阳模，砂型的耐火强度至关重要，特别是图案部分的每一笔，如果型砂强度稍有不够，被金属液冲掉一丝一毫，千辛万苦都将前功尽弃，而型砂的强度则来自配制时砂子的品类、水分含量等的严密控制，这些性能指标全凭操作师傅肉眼观察及经验。

（4）相关行规礼俗

①工艺品行业人员有传统的言语规范。只能说成功、顺利、圆满、美妙方面的话，不能说失败、废次、塌模、蹲炉等词句，尤其是开炉浇注时，更不能说不吉利的话，如果是铸道观寺庙用品，特别是佛像、神龛、菩萨、天尊等，更不能说有损佛、道、神、灵尊严的话。

②所铸工艺品都是吉祥物，不得用脏手触摸，不可穿戴丧服进入工作现场，更不允许把女人的某些东西带入，特别是熔炉周围更要注意。

③行业信仰。本行业信仰佛道两家，供奉对象则是道家教主太清道德天尊，也称太上老君，传说中主管炉火、锻制、冶炼、铸造、挖煤等行业之尊神，凡是火中求财或与火有关系的生意都要供奉老君，并于每月初一、十五行叩首跪拜之大礼。

④行业礼教。祭炉：除初一、十五行大礼外，每逢点火开炉时，都要准备贡品祭炉焚香，具体程序就是在点火之前，在熔化金属炉（过去是方炉，现在是三角炉、转风炉或冲天炉、电炉）前面放一小桌，小桌上面摆点心、猪肉、瓜果等祭品，然后由主要传承人焚香、作揖、三叩首，并祈祷老君保佑熔化过程的顺利进行及铁水浇注程序中每一个环节的安全。关于这方面还产生了很多的传说故事。撒

净：如果制造与佛家有关的工艺品即佛像、大钟、铁塔、宝刹等，在开炉浇注时，还要请得道高僧、和尚、大师到场诵经念佛，杨柳撒净，大型佛品铸造还要组织声势浩大的法会，祈求平安和成功。

7. 细陶砂锅

细陶砂锅在襄垣人的生活中随处可见，比如大砂锅、双耳锅、小砂锅、煮饭砂锅、熬汤锅、熬药锅、煎饼锅、火锅、便壶等。虽然现在有高级炖锅，但襄垣人依然喜欢实用的细陶砂锅，特别是煎制中草药、羊杂碎、蒸粉、制煎饼时，认为只有用细陶砂锅煎煮出来的才是正宗口味。

在襄垣人的观念中，细陶砂锅代表着一种环保的理念，人们认识到砂锅对于煮食的优势。当地饮食市场上也有砂锅水饺、砂锅烩菜等特色菜肴。细陶砂锅的制作工艺大致如下：

（1）先将黏土、煤焦碾压成粉末，过箩筛成细面；

（2）根据产品要求，将碾成的细面用水调和成硬泥；

（3）将硬泥用木棍拍打成均匀细腻的胶泥；

（4）用手将胶泥揉捏成泥块；

（5）将预先做好的各种模具放在龙盘上，将泥块拍打在模坯上，旋转龙盘，用木板边转动边拍打，最后再用手细细拍打直至光滑、无缝为止；

（6）将做好的产品稍微晒干，拿割刀割开取出模坯，用胶泥黏合，继续在龙盘上拍打，直至粘牢为止，再用马耳将各种口形刮圆至光滑；

（7）将半成品置于窑洞内阴干；

（8）将晾干的半成品放入烧窑内扣上笼锅以防挤压；

（9）用柴火烧制三至五天，笼锅冒出白烟表示烧制完成；

（10）用水浸湿、冷却，小心取出。

砂锅

砂壶

8. 纸扎

纸扎即丧葬用品，襄垣纸扎戏人的制作材料主要是纸和高粱秆，故称"纸扎"。出生和死亡是人类社会中的常态，人们在历史的长河中早已形成一套葬送逝者的文化形式，即葬礼。襄垣地区丧葬用品的制作主要有两个空间，分别是纸货铺和纸扎匠自己家中。相对而言，纸扎匠以及纸扎手艺的文化生态环境仍较好，这主要是因为市场需求并未缩小。

襄垣纸扎色彩鲜艳，栩栩如生，工艺非常精湛。所需的工具为刀、剪刀、高粱秆、芦苇、糨糊以及各色纸张。襄垣纸扎戏人主要包括观音菩萨、童男童女、戏剧人物、马匹和马夫、金山银山、摇钱树、聚宝盆等。这些丧葬用品的种类是和时代的发展紧密相连的，比如，改革开放之后，随着电视机、电冰箱、电风扇、小轿车、楼房的普及，丧葬用品中也陆续出现相应的制品。

纸扎匠有相关的行规习俗。在工艺的传承上一般是父传子或徒承师。纸扎匠家中每月初一和十五除了祭拜全神爷以及五路财神之外，还要供奉一个五尺的木尺。这是因为纸扎匠们视木尺为祖师爷，他们到死者家中做纸扎、画棺木都会随身携带一根五尺长的木尺，到了之后先将木尺放在棺木上，据说是为了压邪避鬼。

9. 柳编

襄垣柳编特别体现了手工技艺因地取材的一大特点。柳编的主要原料为雾柳，辅以麻条和绳。王村镇是襄垣地区盛产雾柳之地，因此也成为当地柳编的主要产地。由于雾柳主要生长在山地，柳编作坊大多祭拜土地和山神，以保佑树木生长茂盛。

绞簸箕

柳椅匠

襄垣柳编的手工技艺可以追溯至唐末宋初，中华人民共和国建立之后的集体化初期，党和政府在王村镇成立了木业社集体柳编厂，柳编师傅被请入厂子传授技艺；70年代，木业社被合并到五金厂，而且国家不允许个体经济存在并发展，柳编工艺一度暂停。改革开放以后，王村镇的柳编艺匠又重新做起柳编，并建起了柳编家庭作坊。

柳编的产品主要有柳帽、柳罐、柳篓笋、柳针线筐、柳衣箱、柳精编、柳拾粪筐、柳铲斗等。虽然改革开放之后柳编制作重新出现，但现今的柳编与以往的已然不同，艺术品的成分要远大于生活用品的成分了。

编筐

10. 苇编技艺

草、竹、藤本是很普通的材料，在艺人手中经过编织加工，就可成为席、绳、篮、包、桌、椅、鞋、帽等美观实用的日常用品。民间苇制品的编造者称"席匠"，又名编造匠，他和铁匠、木匠、铜匠、柳匠、泥瓦匠一样，都是适应人民生活需求，服务于社会，带有专业技术性的一种职业。目前我们可见到最早的草编遗物，距今已有数千年之久。据史料载，周代已有以莞（蒲草）编制的莞席了，而且当时已有专业的"草工""作雈苇之器"。到了春秋战国时期，已有用萱麻和蒲草编制的斗笠。秦汉时期，草编已在民间广泛使用，品种有草席、草帘、草鞋、草扇以及僧侣信徒打坐用的蒲团等。汉代至盛唐，草编也较发达，除了蒲草制的蒲衣、蒲鞋外，还有蒲草编制的蒲帆。编织工艺具有非常悠久的历史，在民间可供编织用的原材料相当丰富，有各种草、竹、藤、棕、麦秸和玉米皮等，编织工艺按原料划分，有草编、竹编、柳编、藤编、棕编和葵编六大类。产品有实用品，也有欣赏品。

席匠是用芦苇、高粱秆、河草、麦秆等高茎植物表皮，通过艺术加工编造出大小形状不同、花纹图案不同的炕席（家中睡觉的土炕）、床席（睡床）、囤席（围住放粮食的容器）、凉席（炕、床或乘凉睡觉休息的地方）、圆圪篓（大放杂粮、小放籽墒或杂物）、草帽（斗笠）等民众生活用品，供大众尤其是山区民众生活之所用。故曰"能让肚里无食，不能让炕上无席"，这就是说，居民人人离不开芦苇编造用品。在过去每逢新郎新娘结婚，像现在结婚买轿车一样，都得有一领新炕席才显得富裕、整洁，过去从生产队到农户都得准备大小不同的围粮用的囤席，苇席成为人们生活中不可缺少的必备之品。

襄垣、沁县、武乡、黎城、屯留相邻，都在山西省东南部长治地区，这里历史悠久，人杰地灵，土地肥沃，河流宽广，地理环境适宜编造原料——芦苇生长，好的茎高四米有余，每村都有三五亩不等的芦苇地，给人们的日用苇制品需求提供了十分便利的资源条件。襄垣的苇席编造有着久远的历史，有过辉煌，可惜这已于20世纪90年代走向低谷。如今的年轻人们已不知苇为何物、席如何编制。由于编席是庶民百姓手艺，史载无存，已不可考。襄垣人用以编席的苇材，学名叫芦苇。苇是宿根生植物，每年春分前后，苇笋破土而出，到农历五月份，苇株长有一两人高，此时正逢"端午"，乡人三五成群结队地到苇地打苇叶（乡民俗称粽叶）——苇叶是包粽子的必备材料。为了不影响苇株的生长，一株上只打一两片叶，也有人把苇叶捆成把，拿到集市上出售。

席子在20世纪五六十年代，直至70年代一直是很畅销的产品。席子有"民用"与"官用"两途。民用主要作为炕席，不管是有钱人家还是穷人家，给孩子结婚总要买一领新席，那时老百姓生活水平较低，炕上铺的唯有席子而已，在席上生儿育女、共度人生，用其存粮藏面，所以民用炕席是一条久畅不衰的销路。席子"官用"于建筑工地搭建工棚，用于储存粮库做囤笆。在战事吃紧时苇席还曾上升到"战备物资"的高度，收购苇席那时成为土产公司供销社的一项经常性业务。"文化大革命"时期，城市到处都竖立着供贴"大字报"的"苇席墙"。

编席不仅是项技术活，也是一个苦差行当，它的每一道工序都要实实在在操作，来不得半点马虎，马虎编成的席子不受看，不耐用，没人要。编一块席要把数以万计的苇条一根一根穿上去，少一根这块席也编不成，所以制席很费时间，席匠们从鸡叫就起床踩底，半夜才睡觉，一天要忙碌12个小时以上，有时就在席摊子上和衣而卧，睡一觉醒来接着再编。编席时不能坐着，不能站着，只能"圪蹴"（半蹲着），两只脚从这头挪到那头，再从那边挪到这头，两只手不停地在苇条间穿梭。这种姿势往往会把手指擦得生疼，把腰弯得生疼，把膝屈跪得生疼，把脖子扭得生疼，如此劳苦肮脏的活自然也只能是穷人的职业，也给穷人带来了生计。随着社会经济的发展，苇席失去了它原先的用途，老百姓炕头铺上了漆布、炕毯，公家搭建工棚用上了各种新式材料，编席失去了它往日的效益。伴随人们生活水平的提高，农村的许多人也住上了楼房，土炕越来越少，用苇席的人也越来越少，消费群体减少，编席收入随之降低，最终导致曾经十分风光的席编工艺渐成衰落之趋势，只能维持怀旧者的使用与收藏者的陈设。

相传，席匠祖师爷是汉室贤孙。东汉末年，群雄并起，汉室不能控制天下，其贤孙刘备只好隐姓埋名、流浪江湖，以编造芦席为生，广交江湖朋友，结识天下好汉（刘、关、张桃园三结义就是一段佳话）。为借用刘备的名气，后人将其作为席匠的祖师爷供奉，席匠技术行业也流传下来。

苇编工艺对原材料要求严格，制作工艺考究，是一个追求技艺性的体力劳作项目。苇席制作首先要对采割来的苇子材料进行加工，即先要挑选、梳理整齐，再去收、批分、晾晒。具体的情况如下：

（1）使用工具简单方便，有五尺、刀子、拨子、破苇用的穿子、叠边用的撬刀等。

（2）编造原料大致分为三类：芦苇、高粱秆、河草，以芦苇编造较多。这些草料都具有共同的特点，即草秆较为光滑，节少，质地比较坚韧，有较强的拉力，耐折、耐用、光亮、整洁，其制品有着独特的天然色泽。

（3）炕席的分类：三纹、二纹、格纹和花纹。大小有七五（表示七尺长五尺宽）、八五、四六或直接以炕大小来定。编织花纹种类包括：条盘型、富贵不断头、满天星、金砖墁地、方砖墁地等。收口法：苇席编制到最后即要收边，收边有其专门的编结方法，常见的有闭缘收边、开放收边、综合收边等方法。囤席制品主要是三叠纹、格纹两种，大小以容量多少为准，从 500 斤至 5000 斤不等。其他编艺以用所制。

（4）制作流程：选料、去杂、破苇、碾压、刮皮、编造。编造又分为：起头、做心、回编、编边、搁角、打紧、对节、裁边、洒水、划痕、叠回、插边、打刺。

（5）制作要点归纳为三字经：选料真，破苇匀，碾压平，刮皮净，配料均，摆顺纹，搭配勤，对节准，四角齐，八面光。

（6）要求：纹路要不紧不松，要根稍搭配，宽窄、软硬要搭配好，苇条根数不能出差错，否则回边时就会出现多一根或少一根的现象。一根通头，不得串门。每一种花纹、图案都在第二根苇条上定局，否则不能达到预期的目的。

襄垣席编的特点主要有四个方面。首先是天然性。一方水土养育一方人，艺人们充分利用当地产苇的优势，苇制品具有自然天成之感，绿色环保，经济实用。其次是技巧性。在代代相传的苇编技艺中，丰富的实践使他们注意到技巧所产生的审美效应，不断翻新花样，并有意追求物象图案的美感，于平淡无奈中见精美，于精美中见平常。在漫长的岁月中，编织着乡土文化精神和审美意识。再次，实用性。民间苇编制品与现实生活密切相关的本元性表明，其制品是对生活的创造和完善，与人们的日常生活紧密的交织在一起，是生产者的艺术，这种性质决定了它突出的生活实用功能，以及物质的实用性与精神的审美性的统一。最后，物以致用。苇编制品的原生形态和实用功能，体现了物以致用的价值取向，以及人对物的创造和物对于人的价值关系。

当地编席起源于何时尚无考证，但可以肯定的是，襄垣编席历史久远，为师徒传承与家族传承，现有一族席编传人李留庆，他的祖上代代都有席匠，到他这一代已经成了第五代。由于民间用床代替了炕，用高级床垫代替了席，用各种时髦的凉帽代替了草帽，尤其是随着市场经济的发展，人们的存粮意识减退，芦苇原料短缺，加之编造技术辛苦，无人愿学，席编制品在社会上越来越少，编造技术无人相传，当引以重视，采取保护措施，复兴传统工艺，存于社会，留于后人。

苇编

打席

11. 装檐台

装檐台是庙会上临时搭设的彩棚戏台，其艺术技巧突出体现在檐头造型的装饰上，故名装檐台。装檐台全部由手工搭建，以这门手艺谋生的人被叫作"棚匠"。改革开放前，襄垣地区有不少棚匠，现在每逢庙会、春节闹元宵，人们还会请棚匠来搭彩棚。

搭建装檐台使用的材料有红蓝白三色布条、彩绘兽头、鸡毛掸、红绸彩球、横批、抹额、梁枋、垂柱、花牙、斗拱、丹书琉璃牌、小圆镜、楹联、红绿彩带、朱红纱灯、纱罩红缎、黑绒绳边绣球、大牌匾、木柱、台板、麻绳等。

装檐台通过象征的艺术手法表现出来宫殿特有的各种木构部件，形态逼真，加之以丹书琉璃牌匾烘托的阑额、小圆镜渲染的斗拱，给人以强烈的立体感。装檐台包括平台和楼台两个部分。平台像一座雕梁画栋、飞檐彩拱的宫殿，占地面积100多平方米，高约13米，面阔和台深不少于12米。楼台骨架用16根台柱，台座高2米，台板至檐头约8米。台顶造型为重檐庑殿式，重檐以双重挑角来表示，每个挑角下悬吊一串红绸彩球。坡面以红蓝白三色布条纵横交错为棋盘格，象征金碧辉煌的琉璃瓦。屋脊装彩绘兽头，插3支大型鸡毛掸。整个台面呈7间大开间，4条明柱挂着大幅楹联，两侧山墙为红绿彩带扎成的格子花墙，中间月形窗口悬挂着朱红纱灯，台内悬挂着用纱罩红缎面做成的中堂。前台装有黑绒绳边绣花的掩尘，后台装有走水棚。整个楼台恰似琼楼玉宇。

12. 投犁

投犁是农耕社会的耕作工具的一种制作技艺，现在已经逐渐被铁犁取代。投犁制作的材料是榆木和熟铁。先做榆木把，在把的三分之一处制作大木寨和小木寨，大小木寨中间有铁制的犁式，犁式的最前端是犁钩，下面是木质的拖头，小木寨下两寸处是如墒，最下边是犁底。犁底的犁尖必须是45度角，面向上，在犁尖上安装好铁制的犁铧就完工了。投犁看似简单，但所投之犁用起来想得心应手很难，能投好犁的极少，只有会投好犁的工匠知道，看家本领一般不外传。

（三）服装类

1. 染坊与襄子老粗布

（1）染坊与老粗布的命运

襄垣人穿衣服讲究布料的质地和颜色以及衣服的款式，这些都形成了服装的风格，这与其他的身体装饰物一起构成了人们在日常生活中的身体美学。在手工作坊时代，人们基本的生活资料都来自于手工制作，布料亦如此。传统中国，具有审美功能的布料也有象征功能，布料的质地以及服装的款式是分等级的，下里巴人只能穿粗布衣裳；但下里巴人也在适当的范围内讲究衣着的美感，因此有了染坊，即给布料上色的作坊。

目前，襄垣地区已无染坊，这主要是受机器时代的冲击。一方面机器生产建立在低廉的劳动力之上，大大降低了生产的成本，化纤布料得以普及并完全取代了粗布；另一方面，改革开放之后，人们在价值观念上开始认同机器生产的产品，它们代表了一种时尚，是美好生活的象征。因此，人们一时间遗弃了棉麻布，并且贬低其为"老粗布"，染坊便也随之消失。

"老粗布"曾经是具有价值判断的名词，"老"字是贬低的意思。但是，近年来，老粗布的命运发生了转变，纯棉、麻布忽然又成为新的消费时尚。人们开始从身体舒适度、健康角度来选择布料，纯棉、麻料、手工制作成为消费时尚的关键词。2005年新成立的一家手工服装厂就以"襄垣老粗布"作为商标，主打中高档消费产品。

（2）两个例子

①襄垣德胜宫染坊

德胜宫染坊曾经是襄垣地区最为有名的一家染坊，始建于清朝道光年间（1835），由县城北关村人魏怀礼创办，其产品有红、黄、蓝、绿、青、黑色粗布和青雪花布。染坊除了给布料上色，也会给布料印上各种各样的图案。

当时，其青雪花布尤为出名，这主要是因为当时襄垣人喜用青雪花布做成新被褥，作为礼物赠送亲朋好友。德胜宫染坊的青雪花布之所以出名还因为此种布的染料取自于魏家自己种植的一种植物。当时的魏家是个庞大的家族，他们在园地里种植了一种叫作兰花菜的草本植物。每至六月，兰花盛开，就到了收割兰花的季节，采摘者必须净面洗手后手提香烛供品到园中祭拜土地爷和百花仙子，然后才能进行采摘。将采下的兰花进行加工，便可提取出青色，在白布上染色，便可制成青白相间的花样，这便是当时远近闻名的青雪花布。

②襄子老粗布

山西襄子老粗布有限公司，是以纯手工的织布为原料，主要生产衬衣、睡衣、床品和家纺，是走高端消费的营销战略的一家企业。襄垣县为"襄子老粗布"的生产基地之一。襄垣县的生产基地始建于2010年3月。襄垣的织布机分两种，即立机和卧机。平均每人一天可以织四至五尺布，再经洗、染后才可缝衣穿戴。织布的原料主要为棉花。

襄垣的生产基地刚开始建立时，公司组织了二三十人的团队到村子里去找老艺人学习织布的手艺，生产的方式主要包括两种，布匹采取下放式，即免费提供机器和棉线给村民，再以一米五元钱的价格回收布匹；布匹的裁剪和加工在工厂内进行。厂里的员工大多是来县城陪孩子读书的妇女，年龄在四十岁以下，也有县城周边地区的。采取七小时工作制。县城的工厂设有一个专门的收布处。工厂以村为单位，设立专门的负责人，管理织布的样式、时间以及数量等。

"襄子老粗布"生产的一件普通的格子衬衫要卖到一千元左右，当地人根本穿不起。但从积极的方面看，"襄子老粗布"传递了一种信息，那就是老粗布从被遗弃的贫穷形象变成了奢侈的稀有物。

综线

刷线（布）

织布

2. 布鞋

人人都离不开布鞋，鞋的品种、样式、颜色应有尽有。民间还形成了鞋匠行业。

20世纪五六十年代，县城里和乡下的大人、小孩穿的都是布鞋。大都是良家妇女为自己家人做的，做布鞋很辛苦，每当除夕夜深人静时，主妇们坐在小凳上弯腰弓背，为家人赶制过年新鞋。她们一手攥鞋底，一手拽针线，指掌间用力均匀，细细地把所有关爱纳进其间。她们纳出的鞋底平整结实，自然就耐穿。鞋底上的针脚密密匝匝，稀疏得当，松紧适中，大小一致，煞是好看。纳鞋底时间长了手指酸痛，眼睛发花，一不小心就会针扎手指。做鞋分五道工序：打褙、剪鞋样、纳鞋底、沿鞋口、绱鞋。

第一道工序是打褙。妇女们把旧衣服上的补丁拆下来，连同旧衣服，把尚可用的剪成布块。农村家家户户都有针线箩筐，里面放着针、线、剪刀、锥、顶针等做鞋工具。此外还有碎布片或布条，人们叫"铺衬"。用玉米面和白面调成糨糊，找块木板把"铺衬"一层一层粘起来，放在太阳底下暴晒几小时，就成了硬邦邦的褙子。

第二道工序是剪鞋样。人们依脚的大小、胖瘦按照单鞋或棉鞋的式样用纸剪鞋样，然后把纸鞋样缝在褙上剪出鞋帮和鞋底，这样就可以做鞋了。鞋底按式样分两种，左右脚可交替穿的鞋底叫"正底"，分左右脚的鞋底叫"弯底"。按光滑程度又可分为"千层底"和"毛布底"。那时乡下的孩子很少穿鞋，夏天七八岁的孩子都是害羞地光着屁股，赤着脚，只穿一个遮羞护肚的三角形肚兜。谁要能穿上母亲做的新鞋，准会到小朋友面前炫耀一番。周岁时给做老虎鞋，青少年时做圆口、方口或尖口鞋；冬天做黑粗布或黑条绒棉鞋。棉鞋的样式有气眼鞋、一道眉鞋、二道眉鞋。姑娘们嫁娶要做绣花鞋，老人去世要做送老鞋，还会做耐磨耐穿的实纳帮鞋。

第三道工序是纳鞋底。这是既细致又累人的活儿。纳毛布底只上"满底布"不上"沿条"。纳千层底要上"沿条"和"满底布"。把白布料剪成条粘在鞋底褙对齐再上"满底布"，然后再上"圈底"。

第四道工序是沿鞋口。纳好鞋底后要配鞋帮才能穿。鞋帮褙剪好后外面要糊鞋面，内要贴缭鞋里。鞋口处要沿口，把黑布布料剪成条用来沿鞋口。沿鞋口是个细致活儿，沿鞋口的好坏直接影响鞋的美观。鞋口的式样有方口、圆口、小圆口和尖口。鞋的面料，普通人家大都是粗布、帆布、斜纹布之类的；比较富裕的人家是咔叽、华达呢、条绒、平绒、重复呢、礼服呢等布料。缭鞋里一般是用白市布，也有用旧衣服杂色布的。

第五道工序是绱鞋，这也是做布鞋的最后一道工序。有了鞋帮和鞋底，要把它们缝制到一块儿才能穿。绱鞋时先用麻绳固定鞋尖和脚后跟，以免绱鞋时错位。绱鞋一般用麻绳，也有用线绳的，绱完鞋后，用水浸湿新鞋，打进鞋楦，新鞋就可以穿了。

　　如今都市人穿布鞋逐渐成为时尚，穿惯皮鞋的都市人开始与布鞋结了缘分。无论身在何处，每当看到有一双布鞋，特别是一双饱含亲人惦记和祝福的布鞋，就学会了感恩，尽管踩着纵横交错的路，有泥泞，也有坎坷，可是人生的路不会错、不会斜，心中也总会洒满春风、阳光、幸福和欢乐。

第三章
传统医药和民间知识

从功能上讲，民间知识和传统医药之间有较大的重叠之处，即都是为了解决人们身体上出现的各种问题。但从知识生产的角度讲，民间知识和传统医药存在重大的区别。前者主要是指人们在生活实践中积累起来的经验，利用日常生活中熟悉的物质材料来处理生理上的种种不适，也就是说民间知识的生产主要基于人们的生活经验以及人们所面对的周围环境，知识的传承是情境性的，即只有相关身体问题的出现才会有相应知识的应用和传播。而传统医药则是指经过较为严格的习得过程所掌握的医疗知识，知识的生产主要通过较为正式的系统训练。因此，在知识的主体上二者也呈现出巨大的差异，民间知识不论是在知识的习得上还是知识体系本身，均不存在严格的边界，因而民间知识的主体是众多的老百姓；而传统医药的主体是特定的群体，即只有通过严格、刻苦的训练才能成为掌握医疗知识的主体。襄垣地区基本上是一个汉人社会，因此，这里所说的传统医药主要是指中医，同时也包括一部分民间偏方。

第一节　襄垣的传统医药

一　概述

从类别上讲，传统医药应该包括中医和民族医药；从内涵上讲，不管是中医还是民族医药都存在两个知识体系，一个是经过相对正规的医学训练传承的医学和行医知识，一个是散落于民间的在野医学知识。虽然，传统医药在用药取材上体现了人与自然之间的和谐关系，但比较而言，后一种知识体系下的传统医药更体现了因地制宜的特征，因此，也表现出强烈的地域性差异。由于襄垣县基本上是一个汉人社会，因此，我们这里所说的传统医药主要指中医。

要谈中医的近现代发展背景，就不得不谈中医遭遇西医的问题。明末清初，来华传教士开始将基督教传入中国，同时也将西方近代科学和医药学传入中国，但由于当时传教士传入的只是浅显的解剖生理知识，而且作为传入的新鲜事物无法在根本上质疑和动摇中医的基础，因此，那时影响并不大。西医开始在中国产生较大影响是在19世纪初期，牛痘接种法以及西医外科和眼科治疗技术的传入，为西医在中国的发展奠定了基础。广州是近代中国最早与西方世界接触，也是西方医药最早传入的城市，那时建立的皆为教会医院。1835年，传教士在广州建立了第一家眼科医院，1838年，"中国医学传教协会"在广州成立。鸦片战争以后，麻醉剂相继被引入中国的教会医院，使得外科手术的范围得以扩大，除了眼科以外，还包括内外科、骨科、皮科和牙科等方面。随后，教会医院遍及上海、苏州、松江、宁波、厦门、福州等沿海城市。1949年后，随着医疗体系的逐步完善，西医在中国开始成为主流，在此过程中，包括民族医药在内的传统医药受到了几次冲击。

二 深度访谈

襄垣的传统医药主要是指中医，下面是我们在普查工作中做的一份访谈资料，李医生是襄垣县古韩镇北关村的一名老中医，他为我们讲述了自己从医的经历以及中西医冲突等问题。

一份关于传统医药的访谈

访谈时间：2012年2月1日

访谈地点：襄垣县古韩镇北关村一家中医诊所

访谈对象：当地有名的中医李医生

问：您是什么时候开始接触和学习中医的？

李医生：高小毕业以后，那时，我们还是将学医当成一门手艺，觉得应该学门手艺过活。我是1940年生的，1957年高小毕业后，就进入当时襄垣县城关卫校学医，主攻中医，那时襄垣县有名的老中医大多集中在卫校，后来，县医院成立后，这些老中医都被吸纳进医院了。当时，虽然学的是中医，但学校也安排教授一些西医的课程，我也因此了解和掌握了一些生理和解剖方面的知识。在卫校学习两年后，我被分配到县里的城关医院上班，直至2001年退休。期间的1975年，我曾到长治市医专进修过。我们那时学中医主要是背诵中医秘诀和汤头歌，汤头歌是常用处方，学徒要熟背汤头歌，在具体的行医实践中再根据病人的情况进行调整；秘诀也是如此，都需要熟背，然后在行医实践中反复琢磨，形成经验。

问：现在您的诊所是怎么建立起来的？

李医生：这个诊所原来其实是队里的，1987年，国家卫生部号召村村要有卫生所，当时，北关村没有，恰好我的女儿在城关医院当学徒，大队就让她回来先开一个村级卫生所，因为我和我女儿都是主攻中医，因此，这个诊所从一开始就是以中医为主。1995年，我的儿子也进入诊所工作。2001年，我退休后，也开始进入诊所坐诊，成为诊所的主力。现在，我自己已渐年迈，我也想让我的儿子和女儿能够继续将诊所开下去。

问：您怎么看中医和西医的关系？

李医生：相互补充吧，我当初学中医时卫校也给我们上了一些西医方面的课程。在这么多年的行医经验中，我始终遵照中医"望闻问切"的主导思想；而且，我发现其实中医诊所基本上都要有一些西医的药物，在给病人的治疗中，我们都是中西医结合的。比如，给人治感冒，如果有发烧，那最好用西药。有时，病人自己也有要求，比如有的人就要求输液，那我们也要考虑这个要求。但有的时候，一个病人其实是需要输液的，但病人反映说自己胃不好，输液会导致胃不舒服，那我们就最好改用中药调理。但是也有病人不喜欢用中药，觉得熬药太麻烦，那么在这种情况下，我们就要考虑换用西药治疗。总体上讲，我是中医出身，当然认为中医有西医不及之处，比如20世纪60年代，我们北关村有一个姓刘的村民，大小便四十来天不通，在县医院住了一个多月的院，没有好转，当时医院的大夫看情形不对，就让转院，这时，刘的家人托人请到一位民间的老中医，老中医号了一下脉，开了两副药他吃完就好了。确实，有很多病症用中医治疗会比较见效，但也不得不承认，西医也有西医的长处。

问：病人一般愿意选择中医还是西医呢？

李医生：我们这边，选择中医的人还是挺多的，但一般也是要看病人的病情。比如有些癌症患者，病情比较严重，在医院用西医疗法已经基本上无望，就会来找我们中医，希望中医治疗能有奇迹发生。中医行医有一个观念，那就是"人命大于天"，像我要经常出诊，比如有小孩大人的急诊、卧床不起的重病人，我们都要随叫随到。但中医看病有一个特点，一个人一个看法，俗话说一个桌子上坐不下两个医生，说的就是即便看同一个病人，一个医生说热，另一个医生可能诊断出的却是冷。这和西医有很大的不同，西医是从科学的角度讲，科学讲究的是可重复性，理论上讲，所有的西医看同一个病人应该得出相同的结论；但中医不是，中医虽然有医学秘诀，但是医生医治的手段是在具体的行医过程中形成的，而且面对不同的病人，即便是类似的症状，我们也要根据病人自身的各种情况采取不同的疗法。

问：在您看来中医在襄垣处于什么样的情况？

李医生：有一段时间，大概是改革开放之后的一段时间，中医在襄垣处于低谷。这些年，人们又重新对中医感兴趣了。其实，在八九十年代的时候，人们对中医怀有一种奇怪的看法，那时西医在人们看来是神奇的、无所不能的，而人们认为只有奇怪的疑难杂症才会找中医，中医那时有被神秘化、妖魔化的现象。2000年之后，人们对中医的观念又发生了转变，这时人们觉得中医的调理比西医讲究效率的治疗方法更合乎人性一些。比如，现在我们中医诊所里有很多胃病患者，还有一些女性月经不调、更年期的患者，他们相信中药可以慢慢调理好身体。从中医角度讲，胃不舒服可能是胃寒或胃热，在金木水火土中，脾胃都属于土，心属于火，我们按照五行的观念来调理。来看病的人有穷有富，穷人家，身体不舒服开点药止疼就可以了，有钱人家，就会主动要求做一些检查。对于贫穷者，我们也没有办法，无能为力。中华人民共和国成立之初，襄垣人胃病比较多，其实是胃溃疡和食道癌，食道癌在中医里叫作"吃不得病"，也叫噎嗝和反胃。现在的生活条件好了，病人患高血脂、高血压、糖尿病的较多。

中医诊所采取中西医结合的疗法其实是很常见的现象。襄垣的传统医药和整个中国范围内中医的近现代遭遇基本上是一致的，即大致经历了从被西医压制到复兴的过程，这种转变一方面体现在中医诊所的数量以及规模上，更体现在人们对于中医的态度和情感价值上。正如李医生所言，特别是在改革开放的那段时间，人们狂热地追求西医的神话，认为西医可包治百病，相比之下，中医被人们污名化，人们对中医的信任度下降到最低点。随着对西医热情的消退，人们又渐渐开始对中医产生好感。

具体而言，中医包括两类知识体系，一类如李医生这样，是通过相对正式的医学训练而掌握的医学知识，另一类则是通过拜师学艺的方式而传承的医学知识。我们通常将前一类称为中医，后一类称为赤脚医生，当然，赤脚医生中也包括后来出现的非正规的西医。据当地人回忆，以前不管是中医还是赤脚医生，他们之中都存在一种类似于劫富济贫的美德。现在，医生治病主要是为了赚钱，开多少药方就收多少钱，不讲究人情；从前的医生以治病为重点，讲究"穷汉吃药，富汉还钱"，以前的医生大多是由穷人来做，是要学一门手艺养活自己和家人，因而他们知道穷人的难处，处处体恤穷人，通常给穷人看病不收钱或者只收点成本，给富人看病才开药单。

三 普查情况展示

在普查中，我们获得以下几种中药偏方。

侯堡镇侯堡村治溃疡性口腔炎。溃疡性口腔炎可能为肾水衰惫、虚火上炎所致，因此要滋肾养阴，佐以清虚火。方名为"六味地黄汤"：生地12克、黄肉6克、山药6克、丹皮6克、泽泻6克、茯苓9克、竹叶9克；水煎服，每日1剂，日服2次。

侯堡镇侯堡村治牙槽脓肿。可能因阴虚血热所致，要清心降火、养阴润燥。方名为"养阴清燥汤"：玉竹15克、山药15克、生地15克、粉丹皮9克、麦冬9克、女贞子15克、首乌15克、莲子芯9克、栀子9克、黄芩9克；水煎服，每日1剂，日服2次。

侯堡镇侯堡村治牙痛。可能为阴虚火旺所致，需补肾益阴。方名"阴虚牙痛方"：生地24～30克、熟地24～30克、元参15克、骨碎补9克、二花15克、细辛3克；水煎服，每日1剂，日服2次。或者生石膏30克、生地15克、丹皮9克、知母9克、黄芩9克、银花9克；水煎服，每日1剂，日服2次。

侯堡镇侯堡村治过敏性唇炎。可能因脾胃湿热、复受风邪、风热相搏、结于口唇而发，需散风、清热、除湿。方名"唇风饮"：防风9克、芥穗9克、薄荷6克、连翘12克、焦栀9克、黄芩9克、生石膏9克、白术9克、白芍6克、当归9克、滑石9克、苡仁12克、甘草6克；水煎服，每日1剂，日服2次。

侯堡镇侯堡村治急性肾炎。可能因湿热内蕴、水湿不化所致，需清热解毒、宣肺健脾利水。方名为"五草汤"：鹿衔草 20 克、益母草 30 克、鱼腥草 15 克、白花蛇舌草 15 克、车前子 15 克、苍术 12 克、麻黄 4 克；水煎服，每日 1 剂，日服 2 次。

侯堡镇侯堡村治冠心病的中药偏方。干山楂 30 克、决明子 10 克、白菊花 10 克，加水稍煎当茶饮，每日一剂，半月愈。

侯堡镇侯堡村治小儿遗尿的偏方。用黄芪、桑螵蛸各 25 克，党参、白术、当归各 20 克，陈皮、柴胡、益智仁、五味子、补骨脂各 15 克，升麻、甘草各 10 克，水煎服用。

四 关于两例药方

（一）乾坤液

襄垣县夏店镇崔家岭有一位老中医名叫韩敏，早年在北京傅作义部下，主要从事中医诊疗疾病工作。先前他本人从家族中继承了许多中医秘方，与他邻村的王家岭冯建中擅长西医，二人在外结识，相互交流医学，韩敏的这些中医秘方，给冯建中的工作起了很大作用。韩敏大夫是乾坤液中医药的传承人，他又传给冯建中，冯又传与其女婿崔凤玉，崔在原来的基础上进一步实践并申请了相关专利。

乾坤液的中药主要成分有苦参、土茯苓、蛇床子和土荆皮。制作用具包括配液罐、煎药锅、火炉以及过滤器具等。配方的比例为：土茯苓 80～120 克，苦参 80～120 克，蛇床子 20～40 克，1% 过氧乙酸 5～15 毫升。最佳范围为土茯苓 90～110 克，苦参 90～110 克，蛇床子 25～35 克。

乾坤液的配制工艺如下：先配成一、二号两种溶液，使用前掺在一起用水稀释使用。其中，一号按上述配方比例称取土茯苓、苦参，清洗后共同放于加热容器中加水 4～5 倍提取，煮沸 15～20 分钟，浓缩至 100 毫升，冷却过滤去渣，取滤清液加适量苯甲酸为防腐剂。一号液为棕色液体，无味苦；二号液为淡黄色液体，有醋酸味。使用时，将两种液体各 5 毫升加入 2500 毫升水中，即可浸泡消毒或治疗，浸洗时间为 15～30 分钟。

乾坤液的功效是针对人体生殖器官和其他部位的皮肤、黏膜及念珠菌、乳头瘤病毒、乙肝病毒、梅毒螺旋体、艾滋病病毒等致病微生物进行局部或全身浸洗消毒，有较强的灭活作用，接触者如能立即规范使用本品，99.3% 可免于发病。对于已发病的急慢性淋病、非淋菌性尿道炎、滴虫性阴道炎、细菌性阴道炎、龟头炎、软下疳、硬下疳有明显的治疗效果，可作为家庭及旅游业单位的被罩、床单、浴缸、餐具、便器、衣服消毒使用。

乾坤液也是中西医结合的产物，并已向国家知识产权局申请专利。2001年9月4日，样品被送至卫生部艾滋病预防与控制中心进行检测，2001年10月12日报告检测结果出来。结论是，克毒舒康作用5分钟后可以使病毒灭活，灭活率为92%～99%。

（二）灵应解毒膏

有关"灵应解毒膏"最初的创始人，现已无从考证。而"灵应解毒膏"的药方及制作却在襄垣的王氏家族中得以继承并传承，其特有的奇效更使其流传至今。"灵应解毒膏"的药方之所以能被王氏家族所继承，这里也承载了族内从医者济世救人的高尚医德。相传清朝末年，王氏第十六代族人王宇驭在襄垣县城东街开了一间小药铺，为人诊治。有一天在小药铺门外，发现了一位生命垂危的老人。经过他耐心的诊治、施药，三天后，老人终于苏醒。后又经过一段时间的用药，老人的病情才有所好转。经询问才得知老人是外乡人，路经此地，身染重病，无奈身上盘缠用尽，真是叫天天不应，叫地地不灵，最后晕倒在药铺门口。随后老人在王宇驭家中又住数日后，身体逐渐康复。之后，老人向王宇驭提出想借钱回老家，待日后筹措些钱物再前来答谢治病救命之恩。王宇驭欣然同意。但第二日时，老人却并没有动身回家，而是外出购置了两个小铜锅和一个小铁锅后又回到了小药铺。王宇驭心中虽然甚是疑惑，但依然收留了老人过夜。当天夜里，老人又去见王宇驭，并写下一个药方，让其按方配药，之后老人又用醋、酒、油分别将药物做了不同的处理，并用坛坛罐罐装了起来。而所发生的这一切，老人嘱咐王宇驭用心记下。三天后的半夜，老人又叫王宇驭起床，见面后，老人说要教其几个治病膏方的熬炼方法，以报答救命之恩。此时，王宇驭方才明白这个老人原来是要将一个秘方传与他。就这样此方就传到了王氏家族而得以继承。老人走后，王宇驭遇见对症的病人，就用此膏药，屡屡见效，名声大震，药铺兴隆。

"灵应解毒膏"的适应症及用法为，善治疥疮、痈疽、发背、瘰疬及各种恶疮和某些骨病，此膏有毒，只可外敷不可内服。该药的炼制方法较为简单，分别按方配药（要准确），即油、酒、醋分别浸泡（定时）炮炙药物，反复两至三次上火熬炼，下丹收膏即成。其关键技术是掌握下药先后、火大小及炼制时间，火候不到药不成，火候太过药则焦。相关制品有："灵应解毒膏甲"，主治破溃流脓的瘰疬、恶疮等；"灵应解毒膏乙"，主治未溃红肿之病；"灵应解毒膏丙"，主治脱发（俗称鬼

舔脱发)；"灵应解毒膏丁"，主治黄水疮、定痂疮等；"灵应解毒膏戊"，主治一些骨病。

随着社会医疗水平的不断发展与进步，现代的医院可以治疗越来越多的疾病。但是，依然有许多的患者在现代的医院医治效果不佳的情况下，抱着最后的希望，寻求"灵应解毒膏"治疗。而这些患者的病患多数情况下都得到了治愈。这也证明"灵应解毒膏"在当今社会依然具有一定的社会需求，具备一定的生存空间。随着医学的不断进步与发展，西方医学界亦关注并研究中医的理论与中药的有效成分。而"灵应解毒膏"恰恰对一些即使是现代医学都较为棘手的疾病却有着较好的疗效，因此，如果在将来可以对"灵应解毒膏"进行深入的研究，必将对中医的理论有一些新的认识，促进中医药事业在当代的发展。

目前看来，"灵应解毒膏"的发展现状存在两方面的问题。首先是从业人员匮乏。随着当代西方医学理论与实践在国内的大力发展，从事中医药行业的人逐渐减少；由于现代社会的飞速发展，更是使得中医药行业从业者面临巨大的生活压力，"灵应解毒膏"在这样一个历史大背景下的小环境中的传承，更是举步维艰。其次是所需原料匮乏。中医药本就是大自然的精华，随着社会的发展，环境破坏也是越来越严重，这也使得中医药的发展大大受限。而现代医药工业的巨大进步与飞速发展，也使得一些传统的中医药制造业规模锐降。这些都使得"灵应解毒膏"所需要原料在市面上日渐匮乏，因而其传承亦日趋艰难。

第二节　襄垣的民间知识

民间知识是人们基于日常生活经验探索出来的部分生活常识和生存技巧。根据普查情况，襄垣地区的民间知识主要包括保健类、治病偏方、兼有信仰性质的偏方、生活常识及农业生产类、护肤美容类等。其中，民间知识中的偏方决定了民间知识与传统医药之间的重叠部分，针对这一部分而言，重叠之处在于二者均是处理人类生理及心理上遭遇的病候。民间知识的一大特点是实用性较强，而正是这种实用性决定了它的时效性，即随着科学的发展及人们对自然认知的改变，某些民间知识也随之消失，比如，端午节用草灰驱虫避害的做法就随着人们生活环境的改善而在襄垣地区消失了。

一 保健类

在 147 份普查资料中，保健类占到 13 份，所占百分比为 9%。这 13 份保健类民间知识资料关涉 5 个乡镇的 13 个村落，其中 4 份是关于夏季健康饮食的、1 份是关于防暑的、6 份是关于养生的、2 份是关于食疗的。古韩镇的民间知识普查资料都是关于夏季的，分别是夏季健康饮食吃大蒜、吃苦菜、吃瓜果蔬菜、食醋和一份关于防暑的常识。下面是 13 份保健类民间知识的具体情况。

13 份保健类民间知识

地区	名称	具体内容	作用	在当地的情况
古韩镇北关村	健康小知识	夏季生食大蒜	杀菌、治疗痢病、肠炎等	良好
古韩镇南关村	健康小知识	夏季吃苦菜	抗菌消炎、解热去暑等	式微
古韩镇西关村	健康小知识	夏季多食瓜果蔬菜	补充水分、降血压等	良好
古韩镇小郝沟	健康小知识	食醋	助消化、增食欲	良好
古韩镇崔家庄村	防暑小知识	多运动、喝白开水	防暑	良好
夏店镇南底村	养生	每晚用热水泡脚	预防疾病	一般
虒亭镇蔡桥村	养生与健康饮食	早晨适当饮淡盐水	稀释血液、预防脑血栓和粥样硬化的作用	式微
虒亭镇蔡桥村	养生	养生谚语	修身养性	一般
虒亭镇蔡桥村	养生与健康	适量步行	减少糖尿病的发作，降低高血脂，软化动脉防止痴呆	一般
虒亭镇虎口村	养生	中老年养生三字经	抗衰老，延年益寿等	一般
虒亭镇蔡桥村	养生之道	八句话	延年益寿	一般
虒亭镇赵坡村	食疗	常吃猪血、海带和胡萝卜	通便、清热利水等	一般
王村镇东坡村	食疗	用核桃、大枣和黑豆制成的土丸药	保健	一般

从上表中我们可以看出，古韩镇的资料都是关于夏季健康饮食的，而且同样的名目"健康小知识"下的具体内容却不尽相同；同样地，在养生的名目下，夏店镇和虒亭镇的说法也不一样。下面是我们整理出来的相关普查资料的情况：

古韩镇北关村

夏季健康小知识：吃大蒜。夏季气温高，是肠道传染病的多发季节。这时多吃些"杀菌"蔬菜，可预防疾病。当地人喜欢吃大蒜、洋葱等辣味的蔬菜，这些蔬菜中会有丰富的植物广杀菌素，对各种球菌、真菌、病毒有杀灭和抑制作用。人们习惯生食大蒜，主要是大蒜中含有大蒜素，可以治疗痢疾、肠炎等疾病。

古韩镇南关村

夏季健康小知识：吃苦菜。苦菜中含有氨基酸、维生素、生物碱、微量元素。夏季多吃。夏季多吃苦菜具有抗菌消炎、解热去暑、提神醒脑、消除疲劳等多种医疗、保健功效，当地群众认为苦味食品可促进胃酸的分泌，增加胃酸的浓度，从而增加食欲。除苦菜之外，当地人还有吃苦瓜、蒲公英、荷叶的习惯。

古韩镇西关村

夏季健康小知识：瓜果蔬菜。夏季多吃含水量多的瓜果蔬菜。夏日酷热潮湿，各种疾病易乘虚而入，应多吃含水量多的瓜类蔬菜，夏季气温高，需要及时补充水分。冬瓜的含水分量居众菜之首，高达 96%，其次是黄瓜、西瓜等，这就是说，吃了 500 克的瓜果蔬菜，就等于喝了 450 毫升的高质量水。另外瓜果蔬菜有降血压、保护血管的作用。

古韩镇小郝沟

食醋。夏季气候炎热，病菌繁殖快，生长也快，所以当地人有做饭和调菜喜欢多放醋的习惯。夏季天气热，醋能提高胃酸的浓度，帮助消化和吸引，促进食欲，醋还有很强的抑制细菌的能力。短时间内即可杀死化脓性葡萄球菌等，对伤寒和痢疾等肠道传染病有预防功能。夏天人们易疲劳、困倦不适等，多吃点醋，很快会解除疲劳，使人保持充沛的精力。

古韩镇崔家庄村

防暑小知识：不参加爬山等户外高强度的运动项目。建议早晚做慢跑活动；多喝白开水，并且要定时饮水，口渴后不宜狂饮；不宜过量饮酒，若天凉饮酒，更会助热生湿；饮食不宜过于清淡，应食用一些鸡、鸭、瘦肉等营养食品。

夏店镇南底村

洗脚疗养。俗话说：有钱吃药，没钱洗脚。在农村医疗条件落后、经济收入不足的情况下，坚持每晚用热水洗脚是一个不错的疗养方法。

虒亭镇蔡桥村

养生与健康之饮食。早喝盐汤如参汤，晚喝盐汤如砒霜。盐是人体不可缺少的成分，可是也很有讲究的。早晨饮淡盐，能起到稀释血液、增加流量，预防脑血栓、动脉硬化的作用，如果晚上喝盐汤就可能出现盐分超过人体的需要，因此就有了晚喝盐汤如砒霜的说法。

虒亭镇蔡桥村

养生谚语。席间少饮酒，闲来多品茶，中午睡小觉，热水洗脚，不吃补药，多喝凉白开，健康自然来；空腹饮茶，疾病身上爬，隔夜茶，毒如蛇；吃得慌咽得忙，伤了胃口害了肠；宁可锅中放，不让肚子胀。每餐留一口，活到九十九；饭后一支烟，害处大无边。

虒亭镇蔡桥村

养生与健康。适量的步行可以养生，保健康，最好的步行是三、五、七。三指最好每天步行约三公里，时间在三十分钟以上。五指每周运动五次左右，只有有规律的运动才有效。七指运动要适量，就是指运动后的心律在170左右。只要每天走路，就不会早衰老，还能减少糖尿病的发作，降低高血脂，还可以使动脉硬化变软，防止痴呆等。

虒亭镇虎口村

中老年养生三字经：常运动，乐棋艺，不偏食，烟酒戒，防疾病。勤思考，养鱼鸟，不过饱，辛辣少，抗衰老。增记忆，广交友，蔬菜多，血压平，延年寿。又健脑，减烦恼，盐糖少，肠胃保，要记牢。学书画，讲卫生，高蛋白，不讳病。种花草，勤洗澡，营养好，诊治早。多动手，室通风，粗杂粮，预防多。精神好，勤打扫，不可少，病痛少。

虒亭镇蔡桥村

养生之道。八味药：慈爱心一片，好肚肠二寸，正气三分，宽容四钱，孝顺常想，老实适量，奉献不少，回报不求。六大功能：诚实做人，认真做事，奉献社会，享受生活，延年益寿，消灾祛祸。

虒亭镇赵坡村

食疗偏方。常吃一些猪血、海带、胡萝卜有益健康。猪血：我国传统医学认为，猪血有利肠通便、清除肠道之功能。海带：中医认为海带寒性，味咸，功能是清热利水，去脂降压，海带也有预防白血病的功能。胡萝卜：胡萝卜含较高的维生素，对人的身体有很大的好处。

王村镇东坡村

"土丸药"。以前穷人无钱治病，吃不起药，就用核桃、大枣和黑豆制成的丸药来保身体健康。把核桃去皮取仁，把大红枣去核留肉，把黑豆洗净用火蒸熟，连同核桃仁、大枣一起晒，然后上碾碾成面，用等量蜂蜜和沸水把三种食品混合，用手沾上食用油制成丸药，即可食用。

二　护肤美容类

这里所说的护肤美容与我们通常所理解的概念不太一样，不是指专门到美容院去做的护理，而是利用生活中常见的物品进行的简单护理工作。襄垣地区流传较广的护理方法主要为手的护理、养颜以及治脱发。这类知识在 147 份的襄垣民间知识普查资料中占 6 份，包括 4 份手的护理常识、1 份美容常识和 1 份治脱发的知识。总体上讲，护肤美容类主要是针对家庭主妇的常识，特别是对双手的护理。我们惯于将乡村中的家庭主妇界定为永远付出、无限包容的母亲形象，但是却总是忘记她们依然是女人，对农村家庭妇女追求美丽的遗忘是我们对乡村社会审美向度遗忘的一个部分。我们在关于民间知识的普查工作中发现了几例针对女性护肤美容的常识，具体如下：

（一）手的护理

这主要是针对家庭主妇的常识。女人的美在于几个方面，双手是其中重要的部分，人们常常形容美女的双手纤细、细嫩如葱白；但对于乡村社会中的女性来说，繁忙沉重的家务和农活会让她们的双手变得粗糙，让双手重回少女时代的细腻是她们的梦想和愿望。

上马乡司马村手的护理。家务劳动会使家庭妇女的手变粗糙，为使手得到好的护理，可在洗净双手后，甩掉部分水珠，用醋涂满手，再涂上护手霜，最后套上一个塑料袋，一小时后除去塑料袋，你会发现双手变得细腻。现在仍有人用此方法，效果非常明显。

王村镇常家坡村治疗手脱皮偏方。用生姜、白酒可治疗手脱皮。偏方：生姜 1两、白酒 2 两，浸 24 小时后用来反复擦手，每日两次，可有效治疗手脱皮。

（二）美容偏方

女性的美还在于肤色，从里到外透露出健康的光泽也是美丽的表现。但睡眠不好对女性来说特别容易导致皮肤灰暗，影响美观。古韩镇东关村流传一个安神美容的偏方：古韩镇东关村"虫草老龟汤"。取冬虫夏草 1 钱、一斤的老龟一只，熬好饮用，有健脾、安神、美白的功效，是女性四季适宜的补品。

（三）预防和治疗脱发

脱发常见于而立之后的男性以及部分中年女性。夏店镇九庄村有一种治脱发的偏方：食盐可巧治掉头发。将 100 ～ 150 克食盐放在半盆温水中溶解，把头发浸入并搓几分钟；而后用洗发精洗发，继续在温盐水中冲洗，等油污去后，再加些清水洗头两遍；每周洗头一次，经过 2 ～ 3 周就可以收到明显效果。

三　生活常识及农业生产类

生活常识和农业生产类民间知识主要是指生活小窍门以及农事经验，这一类的民间知识有 15 份，占民间知识的普查资料总数的 10%，其中，生活常识和农事经验分别占 8 份和 7 份。在我们的普查资料中，襄垣地区生活常识类的民间知识主要集中在洗衣小窍门上，分别在古韩镇、夏店镇和虒亭镇的普查资料被提及。

（一）生活常识

生活常识是人们基于生活经验积累起来的知识，并且代代相传；但生活常识会随着人们的生存环境以及生存技能的变化而消失或变化。普查资料所提及的生活常识主要是清洗衣服上的污渍的技巧。具体的普查资料如下：

古韩镇西河底清洗血渍。衣服刚沾染血渍时，应立即用水或盐水洗，然后再用肥皂或 10% 的碘化钾液清洗；用白萝卜汁或捣碎的胡萝卜拌盐液可除去衣物上的血迹；用加酶洗衣粉除去血渍效果更佳；另外，无论是新迹、陈迹，均可用硫黄皂清洗。

古韩镇西港村清洗染色衣服。先在洗衣机里放入温水，启动洗衣机进行漂洗，再加入大约三分之一瓶的消毒液，溶解稀释，漂洗大约 25 分钟后捞出衣服，晾干后就恢复原来的颜色了。

古韩镇南田漳村清洗衣服上的油漆。把清凉油抹到涂有油漆的部位，因为清凉油中所含有的物质可溶解油漆，之后再冲洗干净即可。

古韩镇桃树村清洗衣服上的酱油渍。首先把衣服有油渍的地方用清水浸湿，然后再撒一些白糖，用手搓，就可以看到一部分酱油已经沾到白糖上，这时再用水清洗，即可除去酱油渍。

古韩镇后庄村洗衣小窍门。用柠檬片和白醋可以巧洗衣服。比如清洗白衣、白袜子，将柠檬切成片放入水中煮成水后，将白色的衣服放到水中浸泡，大约 15 分钟后即可清洗干净，而且可使衣服更加白亮。再如清除衣服上的怪味，有时衣服因晾晒不得当会出现难闻的汗酸味，这时可以取白醋与水混合，浸泡大约五分钟，然后把衣服在通风处晾干即可。

古韩镇北偏桥村生活小窍门。比如皮包上面有了污渍或者是脏了的话，可以用棉花醮风油精擦拭；洗完脸后，手指沾一些细盐在鼻子两侧轻轻摩擦，然后用清水冲洗，黑头、粉刺就会清除干净，毛孔也会变细；牛仔裤穿得时间长了就会掉色，可在浸泡时放入盐水，几小时后用清水洗净，以后再洗时就不会掉色了。

夏店镇冯庄村清除衣服上的汗渍。食醋可巧除汗渍，先用喷雾器在有汗渍的衣服上喷上一些食醋，过一会儿再洗，效果特别好；或者将冬瓜捣烂，倒进布袋中，将其汁挤出，用来搓洗有汗渍的衣服，然后用清水漂净。

虒亭镇祝家岭除汗渍法。汗留在衣服上，时间长了会很难洗掉，可以用食醋或冬瓜汁清洗，效果很好。另外，也可以在清水里加几滴氨水进行漂洗，还可以将有汗渍的衣服放在 5% 的食盐水中浸泡 1 个小时左右，便可以洗净。

（二）农事经验

农事经验主要与季节有关，体现"靠天吃饭"的说法。比如，虒亭镇白底村的"预测经"。"预测经"古时就开始流传，主要通过它来测天气，以提示农人今年的收成情况。预测经主要是以春节为主，以农历正月初十前的天气好坏判断"初一鸡、初二狗、初三猫、初四鼠、初五马、初六羊、初七人、初八谷、初九果、初十菜"。此外，普查资料中所涉及的农事经验知识的具体情况如下：

古韩镇东关村关于雨的预报。根据俗语来预示天气的变化，比如"早霞不出门""晚霞晒死人"，意思是说如果早晨天空有红霞，今天必定有雨，傍晚天空有晚霞的话，第二天必定是一个好天气，不会下雨。

古韩镇西里村有关树的知识。桃树，清明前后发芽，谷雨前后开花，立秋摘食；杏树，清明前后发芽，谷雨前后开花，夏至前后收，霜降前后落叶；果树，谷雨前后发芽，小满前后开花，寒露前后摘收，立冬至小雪落叶。

古韩镇侯村关于农作物的知识。玉米，俗称玉茭，立夏前后种，寒露前后收割；谷子，小满前后种，寒露节后收割；马铃薯，俗称"山药蛋"和"土豆"，清明前后至夏至均可种，立秋至秋风前刨收；豆子，立夏前后种，秋风后收割。

古韩镇甘村与动物有关的知识。燕子，春风后至谷雨过境北去，寒露、霜降间可见于南方；蝉，夏至节可见小蝉，大暑前后闻蝉鸣；蜻蜓，清明节出现，霜降节休眠；蜜蜂，春分产卵，气温低下不出巢，冬季温度超 8 摄氏度可见有出巢飞翔。

古韩镇南丰沟村丈量土地的常识。人们在丈量土地的时候，一般都是用一根一丈长的竿作为丈量工具，并在竿上标出尺和寸的刻度（1 丈等于 10 尺，1 尺等于 10 寸）。一般在丈量土地的时候，村里或生产队里都会找一两个比较有文化、会计量田地的人来丈量，负责丈量的人用一丈长的竿在田间行走，用接着量的方法量度，量了多少次，就是多少丈，由此来计算田地的面积。

侯堡镇西元垴村农业生产小知识。小满，是反映物候的节令，此时温度比上个节气高 2 摄氏度左右，雨量有所增加；然而，干热风是这个时期的灾害，干旱、大风、冰雹等灾害性天气也时有发生，万万不可忽视预防工作。芒种，是反映物候的节令，这是有芒的作物的耕种期，是冬小麦的收获期，此时天气变幻莫测，雷雨、大风、冰雹等天气会突然降临，因此，适时收麦和下茬早播很重要。夏至，是反映季节的节令，这天昼最长夜最短，炎热的夏天从此来临；干旱、冰雹、暴雨等灾害性天气时有发生；棉花追肥浇水，中耕除草打分杈，农田作物追肥、浇水、防虫。小暑，是反映夏天暑热程度的节令，天气未到最热却是接近一年最热的时候，雨水较多；棉花打顶尖，夏播作物间苗、追肥；需要防涝、防虫子。

（三）偏方

基于普查资料，我们将襄垣地区的偏方分为两类，一类是一般的偏方，一类是兼有信仰性质的偏方。前者是人们靠生活经验积累出来的有别于医学的治病方法，而后者更多的是从信仰的角度生发出来的治病或防病知识，如果参照科学的知识体系，那么，这些偏方往往被表述为不科学。在 147 份的民间知识普查资料中，偏方的数量占 114 份，占总数的 78%，其中兼有信仰性质的偏方有 7 份。具体情况如下：

1. 兼有信仰性质的偏方。这一类的偏方主要包括通过遵照节庆习俗来祈求躲避瘟疫、身体康健，以及通过相关仪式来治疗婴儿夜哭两个方面。从现代医学和科学的角度来看，前一种尚有一定的道理，譬如端午节给小孩佩戴装有艾叶的荷包来防瘟疫，实际上是利用了艾叶的药理功能；但治疗小孩夜哭的相关仪式却只能从信仰的角度来理解了，从医学和科学的角度极其容易将之视为"迷信"，但这类实践的确能起到实际的效果，据当地人回忆这种仪式可以治好小孩夜哭。不过，随着社会的变迁以及科学技术的发展，一方面婴儿夜哭不眠的现象相对减少，同时，人们也倾向于求助现代医学，因此，这类仪式也就愈来愈少见了。

王村镇东坡村治疗各种疮疤。治疮者手拿一只象牙，对着患处默念："天上黄，地上黄，天地蒸九来治疮，是神疮，是鬼疮，神疮神来收，鬼疮鬼来收，太上老君急急出令，三十二疮，一同收尽。"念完后口含冷水吹三口，连续三次，算一个疗程，连续三个疗程便可好转。

王村镇东坡村预防瘟疫的知识。以前人们无钱治病，用土法草药预防瘟疫，有"五月初一不戴艾，死了转个老百盖；初五不戴柳，死了转个老黄狗"的说法；端午节要给小孩子缝"包子"，里面装上艾叶，以防瘟疫；清明时节，小孩要戴"清明圪坨"，用红、黄、兰、白、黑、五色布剪成小钱样子，用线串进来，戴在孩子身上，三五天之后取下挂到大树上以示瘟疫大病远离孩子；还有人戴五色线，以示辟邪、防病。

上马乡阳沟村专治小儿夜啼。用烧过的木棒、朱砂可治小儿夜啼。将烧过的木棒的表面削平，然后念道："拨火杖，天上王雷公，差来作神将，捉拿夜啼鬼，打杀不能放，急急如律令。"把木棒放在小儿枕下，天明点蜡烛送出大门。

西营镇城底村治孩哭和惊吓。当小孩夜哭时，拿一张黄表纸上面写："天皇皇，地皇皇，我家有个夜哭郎，各路神仙来照应，一觉睡到大天亮。"将之贴到西墙，第二夜就不哭了；当小孩子受惊吓时，等夜间孩子睡着后，父亲拿铁锹在院中左转三圈、右转三圈，口中念道："×××（孩子名字）回来吧，回来吧。"据说第二天就没事了。

虎亭镇东坡底村治小儿夜哭。小儿每天夜晚哭不停，无论怎样逗玩、哄皆无用，人们就认为是被妖神吓住了，人们用相传几百年的土方，即编一首儿歌，写在红纸上，贴在来往行人较多的地方，儿歌为："天皇皇，地皇皇，我家有个夜哭郎，来往行人念三遍，保佑孩儿得安康。"据说这样孩子就会有所好转。

虎亭镇东坡底村治小儿夜哭。用香米茶医治。老早以前传说婴儿夜晚哭得厉害，整夜不睡觉，父母认为孩子是被吓着或被什么神怪作了怪，人们便通过泼香米茶来救治，方法是：用一支香、三把米、半碗水，搅匀泼在家门的门墩上，连泼三天，孩子就不哭了。

2. 日用偏方。一般的偏方总共有107份，占普查资料总数的73%。我们进一步将偏方分为关于耳鼻喉的偏方、内科方面的偏方、治发热的偏方、治疗外伤的偏方、皮肤病方面的偏方等。

（1）关于耳鼻喉的偏方。

上马乡老岭村治痰塞。痰塞是一种呼吸道疾病，呼吸极度困难，呼吸不上来痰咽不下去，喉咙有痰阻塞，非常危险。用生蒜一瓣，捣烂加凉开水一匙，一口灌下，痰立即被咽下，病人可脱离危险。

古韩镇南关村治痰塞。取生蒜一瓣，捣烂后加凉开水一匙，一口喝下，痰立即被咽下，可脱离危险。

下良镇西南沟治耳炎。捉活麻雀一只，杀头将血冒入耳道即可。

下良镇西南沟鱼钩刺喉急救偏方。不懂事的小孩子一旦误服鱼钩，刺于喉部，大呼小叫时，大人不可慌乱往出拨，否则会误事，可用念佛珠一粒，穿入钩，轻轻将珠循线推进喉咙，估计钩已脱，再轻轻扯出，则无事。

王村镇常家坡村治疗咽喉痛偏方。用酱油治疗咽喉痛：用一汤匙酱油漱口，抬头使酱油接近咽部，哈气漱口一分钟左右吐出，一连三天能治咽喉肿痛。

北底乡冯村治喉咙。该治喉咙法为祖传法，治疗工具有铜针，治疗药为喷药，喷药配方为家传配方，疗效显著。喷药的成分为珍珠矾，有吸毒去锈、消炎等功效。吃喷药的同时要忌风、生、冷、辣等。

古韩镇南里信村治咽喉肿痛。酱油漱口可治咽喉肿痛：用1汤匙酱油漱口，抬头使酱油接近咽部，哈气漱洗1分钟左右吐出，能治疗咽喉肿痛。

王村镇下庙村治牙痛偏方。用花椒可治牙痛：取花椒少许，用白酒浸泡，将棉花浸入白酒花椒水中，然后将浸湿的棉花塞入牙洞内，可止牙痛。

王桥镇南偏桥村治疗鼻子出血。孩子在玩耍时碰伤了鼻子，往往会流血不止，出现了这些情况，应该采取相应的措施：把头仰起，用手指紧压住出血一侧的鼻根部，一直到不出血为止；如果有干净的棉球，可以把棉球塞进鼻孔里压迫止血，同时可以用冷水浇在后脑部，这样会使血管收缩，从而达到止血的目的。

古韩镇南里信村治咳嗽。用梨、贝母和白糖治疗感冒咳嗽：将梨去皮和核，将贝母、白糖纳入，入碗内蒸熟食用，每日一至二次，三日可治疗咳嗽。还可利用白萝卜和橘子皮来治疗咳嗽：将白萝卜切片取12克，干橘子皮10克，用水煎服，每日3～4次，连续服用3～4天，便可有良好效果。

王桥镇上王村治疗咳嗽。将红枣、萝卜片切好后上火烧烤，然后与生姜数片、大葱数截儿一同投入砂锅中煮十五分钟，再全部吃掉，可治疗咳嗽。

古韩镇南关村治疗咳嗽。取红枣、萝卜片到火上烧烤后，与生姜数片、大葱数截儿投入砂锅中煮十五分钟，然后全部吃完，可治愈。

古韩镇东关村治咳嗽。取一把小米，用纸包住放入火中烤焦，捣碎，放碗中用开水冲服，可止咳。

虒亭镇祝家岭村治咳嗽。取一把小米，用纸包住放火中烤焦、捣碎，放碗中用开水冲服，止咳效果不错。

古韩镇东关村治咳嗽。红枣、萝卜烧烤食用，取红枣、萝卜片到火上烧烤后，与生姜数片、大葱数截儿投入砂锅中熬十五分钟后，全部吃完，可治愈。

古韩镇东关村治鼻子出血。用手指紧压出血一侧的鼻根部，一直到不出血为止；用干净棉球，可以把棉球塞进鼻孔里压迫止血；可以用冷水浇在后脑部，这样会使血管收缩，从而达到止血的目的。

古韩镇东关村治夜晚磨牙。取半夏、茯苓、橘红、石菖蒲和炒焦荷叶各6克，外加甘草5克，用水煎服，每日一剂分2次服，服用3剂可痊愈。

古韩镇西关村治头昏。生猪脑一个，加红糖一两，炖熟吃，每日一次，七日愈。

古韩镇西关村治红眼病。取桑叶、菊花各15克，水煎去渣，温洗患眼，一日二次，三日即愈。

古韩镇西关村治耳聋。口内含一根大铁钉，耳上放块磁铁听，每天听六次，每次2分钟，数日愈。

古韩镇西关村治耳鸣。生猪皮、香葱各100克，一起剁烂，稍加食盐蒸熟后一次吃完，连吃3天，对疲劳过度、上火引起的耳鸣特别有效。

古韩镇西关村治耳内流脓。取柳树上生的莪子2克，放入老青瓦上焙干、研面，再用香油调好，滴入耳内，用棉花堵住，一次可愈。

虒亭镇赵坡村去口臭妙招。将一小撮茶叶放入口中，细细嚼，就有解除口臭之功效。喝茶亦可以消除口臭，但不如咀嚼的效果佳。

侯堡镇侯堡村核桃树根治牙龈肿痛。核桃树根100克（干品减半），加水适量，浓煎，含漱（即口含药液，15分钟后吐掉。如此重复多次，像是漱口，故称含漱），每日3次，轻者1日治愈，重者3日可愈。

古韩镇西关村治头痛。麦麸半斤加醋炒热后，分两袋装，放头上顶，两袋互换，凉了加热，12小时不出屋，一次愈。

古韩镇西关村治头晕。将刚出小鸡的蛋壳焙干、研面，用红糖水冲服，每日3次，每次10克，3日愈。

（2）关于内科问题的偏方，比如腹痛、胃疼、心血管疾病等问题。

下良镇东故县村治腹痛。姜片加盐可治腹痛。受寒腹痛可用生姜厚片盖于肚脐灸之，或用盐灸，有奇效；如果痛得厉害，应用附子埋在热灰中煨熟，取出切细，加少许冷茶，用水一碗煎至七成，稍加蜜糖冷服下，可立即止痛；如果是夏天受热肚子微痛，可饮井水。

下良镇西南沟治腹痛。气闷胸腹，肿胀难堪，可用黑豆两茶杯、清水五茶杯、黄酒五茶杯，煎三杯服之，可消除肿胀；或者采用黄瓜两根煎汤服用，亦有同样的疗效。

王村镇高沟村治胃病。如果是胃痛、胃胀反复发作，可每天早上起床后，饭前空腹食生花生十几颗，连续服用100天，可以治愈。

古韩镇崔村治痢疾。用茶叶和白糖可治痢疾：将茶叶炒脆、研为细末，加入白糖和匀，用温开水送服，每次服 6～9 克，两个小时一次。尤其对中老年人痢疾有一定的疗效，而且不伤身。

古韩镇西王桥村治疗肚痛和头痛。在当地如有人肚子疼痛时，可用线将病人的手指缠紧，再用缝衣针在手指肚扎针放血，可有效缓解疼痛（头痛时也可用缝衣针扎额头放血治疗）。另外，当地对扎手指也有讲究，要扎单数不能扎双数，男子多扎左手，女子多扎右手。

古韩镇小郝沟村治腹泻。当地群众用食醋和大蒜治疗腹泻，即将蒜头去皮，用醋浸泡五天后即可服用。腹泻时每餐食用浸泡过的蒜头 6～8 瓣，一日三次，可有效治疗腹泻。

古韩镇南关村治呕吐恶心。民间旧时烧火做饭时，多用的是各种柴草，长年累月地使用会使锅底附着一层柴草灰，当地人呕吐恶心时会用这种锅底附着的柴草灰冲服进行治疗。目前在当地农村仍然有许多人使用这种方法，这种柴草灰在中国古代医书中的俗名为"百草灰"。

侯堡镇侯堡村治疗糖尿病。取西瓜子 50 克、粳米 30 克，先将西瓜子加水捣烂，水煎去渣取汁，后制成粥，可任意食用，效果较好。

侯堡镇侯堡村治疗糖尿病和尿毒症导致的口渴。取西瓜皮、冬瓜皮各 15 克，天花粉 12 克，水煎服用，每日 2 次，每次半杯。

侯堡镇侯堡村治肾炎腹水。取巴豆、黄蜡，用大针串在巴豆上，放蜡灯烧出油后，蘸蜂黄蜡吃，每日 2 次，每次 4 粒，连吃半月痊愈。

侯堡镇侯堡村关于蜂蜜的多种功用。可治疗习惯性便秘，取蜂蜜 100 克、黑芝麻 76 克，将芝麻捣烂，搅入蜂蜜中用温开水送服，每日早晚分服有效；也可治神经衰弱性失眠，每天临睡前饮蜂蜜水 1 小杯，连饮多天则见效；可治贫血，取蜂蜜 100 克，加适量温开水，每日分 3 次服；还可治皮炎及湿疹，用蜂蜜 100 毫克，加氧化锌 10 克、淀粉 20 克，制成软膏外擦，可使红疹消退、痒感消失。

王村镇东坡村治疗高血压。芹菜半斤，烫二分钟，切碎取汁。一月两次，每次一小杯，服完为止。

古韩镇东里村治疗高血压、高血脂。取芹菜籽一两，用纱布包好，放水在火上煎汤，早、中、晚各饮 1 杯；不怕辣者，可早、中、晚食大蒜 2 头，有降血压、血脂的特效。

古韩镇西关村治肾亏导致的腰酸疼。取黑豆 50 克、猪腰子 4 个、小茴香一钱加食盐少许，煮熟服用，每日一剂，7剂痊愈。

古韩镇西关村治血脂稠。每天用野山枣树根一尺长、干玉米一两，煮开当茶喝，连续喝十五天痊愈，不再复发。

侯堡镇侯堡村治高血压。每天用八个干香蕉皮煮开水灌瓶内当茶喝，连续喝八天可痊愈。

侯堡镇侯堡村治小便不通。取白矾一小块、白酒一两，将酒倒在碗里，并用手将白矾放碗中研五分钟，然后再用手沾酒擦肚脐部位，一定要搓十五分钟，如会喝酒者可口服，亦可内服外搓。

侯堡镇侯堡村关于猕猴桃的功用。急性肝炎，可用红枣12颗、猕猴桃120克，水煎服；尿路结石，每天3次，每次吃3个猕猴桃；消化不良、食欲不振，取干猕猴桃100克，用水煎服，早晚分2次服完；胸腹部闷胀、高热烦渴，直接食用猕猴桃，每天3～4次，每次2～3个；水肿，猕猴桃根15克，水煎服；疖肿、跌打损伤，取猕猴桃根60克用水煎服，同时用树根白皮拌酒捣烂，加热后外敷患处；坏血病，取猕猴桃根60克，捣烂，冲成水服用。

（3）外伤。

下良镇下良村治断指新接。将断指接回原处，将伤口处敷降香粉末，然后用布条包起，七天后，手指可完全愈合。

下良镇西南沟跌伤急救。因意外事故或他杀从高楼摔下者，只要心脏仍有跳动，尚可挽救，即用小麦粉、梅皮灰、石灰等量制成药丸或以粉末用水送服，可以脱险。

王村镇王村治冻脚。冬天寒冷很容易冻脚，茄子秆熬汤加盐洗脚，可治冻脚。

王桥镇南偏桥村治狗咬伤。被狗咬伤对人的危害较大，因为狗的牙齿上有很多种病菌和病毒，极其容易通过伤口浸入人体，从而引发疾病，甚至造成伤风致人死亡，所以被狗咬伤决不能轻视，必须采取紧急措施处理。一般情况下很难区别是否被疯狗咬伤，所以一旦被狗咬伤，都应按疯狗咬伤去处理，首先在伤口处扎止血带（可用手帕、绳索等代替），防止或减少病毒随血液流入全身；其次迅速用洁净的水或肥皂水对伤口进行清洗；最后迅速送往医院进行诊治，在24小时内注射狂犬疫苗和破伤风抗毒素。

（4）治疗发热或呼吸问题的偏方。

古韩镇东关村治伤风感冒的偏方。用一枚古铜币蘸食用油刮患者的前后心和四肢内褶处，刮到见黑紫色沙粒出现为好，再喝点辣姜汤出点汗即可好。

古韩镇东关村治感冒的偏方。将大葱数根与玉菱糊一同用凉水在砂锅里煮30分钟左右，将熬好的汁服下即可出汗。

古韩镇东里村治疗感冒。取生姜80克、葱白6根、糯米120克作为材料，先将糯米煮成粥，再把姜、葱捣烂放入，热服从而起到出汗的功效。

古韩镇西关村预防流感。将白萝卜洗净，切成薄片，加醋适量浸泡3～4小时后，当菜下饭，每日一剂，可起到预防流感的功效。

古韩镇西关村治流行性感冒。取荆芥穗60克、大青叶40克，水煎15分钟，去渣，一日1～2剂。

夏店镇冯庄村治感冒。用葱胡7个、生姜7片、红枣7个、火搂干1个、红糖适量，共同用水煮10分钟左右服用，可治感冒。

王村镇东坡村治感冒偏方。以前民间无钱治病，经过实践，用偏方治感冒、止咳、助消化也很有效，即把烧核桃3个、白萝卜片3片（烧过）、蜂眼7个、荆芥一把，混在一起用水煮3～5分钟，让感冒病人服用3～5次，即可好转。

王村镇孔洞村治疗感冒发烧。用铜钱粘上食用油，在人的四肢部位一直刮，直至发红为止，再喝点姜汤，出汗后第二天就会好。

古韩镇后庄村治疗感冒的偏方。取糯米120克、生姜3～6克、连须葱白5～7根、醋15～20毫升；将糯米淘净后和生姜放入砂锅中，加适量水煮开，加葱白煮成粥，再加醋和匀稍煮，趁热吃粥或只喝粥汤，之后盖被入睡，微微出汗。

王桥镇天仓村治感冒的偏方。用一枚古铜钱，醮食用油刮患感冒者的前后心和四肢内褶处，刮到见黑紫色沙粒出现为好，再喝点辣姜汤出点汗即可好。

北底乡冯村刮痧治感冒。用铜钱一枚、食用油少许，给患者的前后心朝一个方向轻轻刮，直到看到所刮处发红后，用白布将油渍擦净，再喝一碗葱汤，坚持一至两天，感冒即可痊愈。

北底乡冯村拔罐治风湿性头疼、腿疼等病。用干净的棉花蘸白酒，擦在痛处消毒，然后将棉花搓成捻，点着放入罐中，将罐迅速扣在痛处，几分钟后，慢慢摇动沙罐，待里面空气跑光，罐会自动脱离，疼痛即可减轻或消失。

古韩镇南关村治感冒的偏方。取荆芥、葱胡、白菜根、七粒黑豆、生姜五片、红枣五个、红糖一勺，加水熬后饮用。

虒亭镇祝家岭村速治感冒。将葱胡根、生姜、红枣煮约十分钟左右，倒入碗中趁热服用，可治感冒。

侯堡镇侯堡村治疗肺结核病的偏方。取活乌龟一只，用泥包住，用慢火烧焦去泥，研成龟粉，开水送服，每天三次，每次一钱，效果很好，一百日即愈。同时要忌狗肉、酸辣等食物。

（5）小儿问题。

夏店镇桥头村治小儿高烧。取井口土少许、火口土少许、竹筷半根，熬十几分钟服下，效果很好；小儿伤风感冒引起咳嗽，取一小把米，用纸包住，放火里烧焦，然后捣碎用水冲起来，喝后止咳，效果很好。

西营镇郭家垴村治小孩子尿床的偏方。小孩尿床可取葵花秆中内穰，将葵花秆去皮用60度温开水煮15分钟，倒出煮汁，给长期尿床的小孩喝上一个疗程（七天）即可治愈。

古韩镇东关村治小孩子尿床的偏方。将葵花秆去皮取中间蕊，用60度的温开水煮15分钟，倒出煮汁，给长期尿床的小孩子喝一个疗程即可有好转。

古韩镇南关村妊娠水肿的偏方。将玉米须30克、水灯草30克、冬瓜皮60克一同煎服，代茶常饮，对妊娠水肿有疗效。

北底乡堡底村治小孩起痱子。小孩身上起痱子，可用针扎破少许，然后用热毛巾捂住，等冷却后痱子就会消失。

下良镇下良村治新生儿不哭。难产婴儿或冷天出生的婴儿，刚出生不哭可能导致窒息而死，可用新棉衣包裹，用纸蘸香油点燃，将脐带慢慢烧断，婴儿就会渐渐苏醒并发出哭声。

王村镇王村治孕妇肚疼。孕妇若发现肚子不舒服，怕流产，用醋柳根煎汤让其饮之，可以治愈。

（6）其他。

下良镇西南沟治醉酒偏方。取大梨去皮，榨去汁，晒到极干后研成粉末藏好，有人喝醉时，取粉末与井水冲服，即便烂醉如泥的人，服用后也可醒。

下良镇西南沟。治脚气，用圪涝水洗10天，一盆开水兑一酒盅圪涝水；治气管炎、关节炎，将野蜂蜜用开水冲服，一日一次；治食道癌，用白花蛇舌草，开水送服。

王桥镇原庄村治疗脂溢性皮炎。取益母草100克，加水煎煮半小时后，取汁400毫升，200毫升口服，200毫升加入一小匙醋（约5毫升），用消毒纱布蘸湿后，温敷患部。如果是头部皮炎，应洗净头后，用上述药剂均匀淋于头皮部，用手轻轻按摩，保留10～20分钟后，再用清水洗净，每天2次。

北底乡南娥村南娥药。南娥药主治妇女瘀血、胎前产后诸疾、红崩白带、闭经不出、月经不调、子宫热寒发炎、腹痛疾凝、食积气积、胸闷肚胀、呕吐反胃、消化不良等症状。药的成分是川军、黄酒、米醋、生姜。把米煮熟，在筛里把磨碎的药用笤帚均匀地撒在米上，要一边撒一边摇筛，这样做出的药丸就很均匀。每天晚饭后一次，初服此药以开为度，先服五钱，如不开，再加一钱，烧生姜三片，煎水送服。同时忌生冷辣物、荞面、软米发物、鸡蛋、肉类等食物。

北底乡堡后村治蛇咬伤。暑夏时节，毒蛇经常出入在荒郊草坪中，人们很容易被咬伤，当被蛇咬后人们习惯于拨根小毛毛草来处理，但是伤口如果已红肿，就要用捣烂的大蒜和烟袋里的烟油混合，涂在伤者的红肿处，再用银针将伤口拨开，使它不会继续蔓延，过一会儿就会有所好转。

北底乡土合村治抽风。药物为荆子、红谷、破木勺、纺花弦、草帽盔、艾草和食用油。先将前五味药用砂锅熬好，再把艾草磨成粉用食用油拌，并加一点药汤搅拌成稀糊状，然后趁小孩子抽风时灌下，日后不会复发。

古韩镇南关村治脂溢性皮炎的偏方。取益母草100克，加水煎煮半小时后，取汁400毫升，200毫升口服，200毫升加入1小匙醋，用消毒纱布蘸湿后，温敷患部，用手轻轻按摩，保留10～20分钟后，再用清水洗净。

古韩镇南关村治疣的偏方。将食用醋精加面粉调成糊状，临睡前抹在疣上，连续3～5次，可脱落且无疤痕。

古韩镇东关村治脚癣的偏方。取生石灰粉一两、食用盐少许，倒入半盆水中，在阳光下晒20分钟，用来洗脚癣4～6天，可愈。

古韩镇东关村治冻疮的偏方。将生姜切成片，放在白酒中煮沸，去渣取汁，用棉球蘸涂患处可治未溃破的冻疮。

古韩镇东关村治疮的偏方。用豆秆烧成灰与香油调好，一日一次，连用7天即可治愈。

古韩镇东关村治白癜风的偏方。用烧酒泡生姜7天，用生姜蘸酒擦患处每日3次，每次3分钟，擦红为止，数日即愈。

古韩镇东关村治脚气的偏方。白矾研细面撒在鞋子里边，每天撒一次，三次见效，不再复发。

古韩镇东关村治冻疮的偏方。俗话说夏天冶冻疮冬天不冻，可用芝麻中间的叶子，摘下擦冻过的皮肤一次，冷天再不冻。

古韩镇东关村治狐臭的偏方。用明矾30克、樟脑3克、冰片1.5克，共研成细面，再用水调成糊状，擦于患处，每晚一次，7日可愈。

古韩镇东关村治牛皮癣。将30克的韭菜根晒干，研成面，用香油调成糊状，涂于患处，隔日一次，5次即可愈。

古韩镇东关村治痔疮的偏方。用无花果树叶6片煮开，将水连叶倒入桶内，先熏后洗，每天一次，3天痊愈。

古韩镇东关村治烧烫伤的偏方。用白纸泡白酒，敷于患处，纸干即换。

古韩镇东关村治咬伤的偏方。被咬伤后用烧酒涂擦伤口，半个小时以内，用肥皂水冲洗伤口，冲洗后用烧酒或70%酒精涂擦，伤口不可缝合，不用包扎。

古韩镇东关村预防冻脚的偏方。预防冻脚主要用茄子根，每天用茄子根洗泡30～40分钟。

古韩镇东关村治腰腿疼的偏方。每天早晨起床后，膝盖不要弯曲反走路200至300步，治疗腰腿、关节炎有特效。

古韩镇东关村健骨强腰的小偏方。取蛇肉15克，鸡脯、冬笋各100克，火腿20克，姜、麻油、料酒、味精、盐、胡椒粉各适量。将蛇肉斩成6厘米长的块儿，加鸡汤、姜，一起放在锅内煮，煮熟后将蛇肉切成细丝，将生鸡脯肉、冬笋也切成细丝；锅烧热，放入麻油、料酒，加鸡汤1000克煮开；蛇肉丝、鸡肉丝、冬笋丝入锅，调入适量盐、味精，再将已经烧热的蛇鸡汤倒入锅内，搅匀，撒上火腿丝，滴几滴麻油，撒上少许胡椒粉即成。蛇似龙、鸡似凤，故名"龙凤汤"，具有理气活血、祛风通络、强筋健骨的功效。

古韩镇西关村治羊羔风的偏方。取落地的羊羔一个、没出蛋壳的全毛小鸡七个、开白花的桃叶七片放一起煮熟，分几次吃完后可自愈。

夏店镇冯庄村解酒偏方。饮酒过量胸腹难受，可在白开水中加少许食盐饮用，盐水可解胸闷难受。

夏店镇刘庄治疗蜇伤。被蝎子、蜜蜂蜇伤时，将大蒜捣烂，贴于伤处，有去痛缓解疼痛之功效，且一会儿便会有好转。

虒亭镇土落村调节脾气。对脾气不好的人，调节脾气可用钙、萝卜，还有啤酒等。钙有安定情绪的效果，牛奶、乳酸等乳制品以及小鱼干等，都含有丰富的钙质，可以帮助消除火气；萝卜适于顺气健胃，对气郁上火有清热消痰的作用，最好生吃，也可做汤喝；啤酒能顺气开胃，改变恼怒情绪，适量喝点儿会有益处。

虒亭镇祝家岭村睡眠养生之方。人一旦有疲倦感，除非有特殊情况，应当马上休息，最好是美美地睡上一觉，硬撑、强打精神或长期用咖啡等提神，都会耗精伤神，不仅会降低工作效率，严重的还会导致生理功能失调。所以民间有一日不睡、十日不醒的说法。

侯堡镇侯堡村拔罐。拔罐是民间一种治疗风湿类疼痛的方法，如头疼、背疼、腰疼，在疼处用棉花蘸酒然后用棉花搓成捻点火，放入罐内，用力扣在疼痛处，几分钟后慢慢摇动罐，等罐体内空气跑出、罐体自动脱落，疼痛即可消失，主要作用是祛风。

侯堡镇侯堡村健骨强腰方的偏方。将生栗蒸熟后风干，收贮备用，每日食10颗，细嚼。栗子味甘性温，善补肾，壮腰，强筋，老年人尤宜食之。

侯堡镇侯堡村山楂首乌消脂茶。将15克山楂、15克何首乌分别洗净、切碎，一同入锅，加水适量，浸泡2小时，再煎煮1小时，然后去渣取汤当茶饮用。

以上是依据普查资料的表述汇集而来的，其中也体现了襄垣地区乡镇之间的些许差异。

游医

第四编

表演艺术类文化遗产

第一章
八音会 *

"礼乐相须以为用"是我国自古以来的礼乐理念。凡是仪式，都需有音乐在场。八音会正是这样一种与"礼"相须以为用的器乐组合形式。它存在于各种祭祀、祈福以及人生礼仪之中。这种形式在山西北部（以忻州地区为主）、东南部地区（以长治、晋城）常被称为"八音会"。在最早的国家级非物质文化遗产名录中就有"上党八音会"。襄垣地属上党（即晋东南），八音会在当地极为盛行。

在上党地区，"八音会"之称早期是为区别由乐户承载的器乐组合而产生的，特指由非乐户（包含僧道身份者）组成的器乐演奏形式与组织，20 世纪 50 年代以后，泛指所有以唢呐、管子为主奏乐器的器乐演奏形式与组织。

第一节　艺术本体

一　乐器及其组合形式

由调查可知，当下的八音会班社除了代表"传统"的唢呐、笙等民族乐器外，还普遍增加了电子琴、大提琴等外来乐器，并被视为必不可少的乐器。因为当下艺人在西方音乐理论及审美的影响下，认为这样可使音响效果更为立体。

一个能够演出的班子一般由 7～8 个人组成：鼓与唢呐各 1 人、笙（或电子

---

* 本章由王丹丹、赵宏杰做田野调查。

琴）1人、板胡1人、二胡1～2人、大锣1人、小锣1人、镲1人。当然，这种配置并不固定。在演奏过程中，会随音乐表现的需要变换。如，在打击乐的环节，拉弦类乐器演奏者就临时变成了打击乐演奏者。一般来说，如果有电子琴存在，就不需要笙，一是为了节省开支，二是电子琴已经代替了笙的功能。

根据主奏乐器的不同，八音会可以分为两种乐器组合。

其一，是以管为主奏的乐器组合。这种乐器组合以管为主奏乐器，伴奏乐器有两种形式：笙、笛、管、大铙、大钹、手鼓、云锣、佛铃；牙笙（声音比常见的笙的声音细）、箫、笛、铙、钹、小镲、云锣。以管为主奏的乐器组合主要见于佛道音乐中。前者一般用于超度仪式，后者一般用于礼佛仪式。

管，有木制、竹制和铜制多种，长约200毫米，外径约25毫米，音孔前7后1。杆子内膛有上小下大、上大下小和中间小两头大三种形制。哨子用芦苇制成，长30～55毫米，宽15～17毫米，厚薄软硬随艺人习惯而定。管哨可有五度至八度的音高变化，演奏时借气息缓急和唇齿对哨片控制的力度变化，音域可以达到两个八度又一个五度。

笛，在襄垣是佛教音乐中的伴奏乐器，为六孔梆笛。形制为在笛杆的正面开有十个圆孔，即一个吹孔、一个笛膜孔、六个音孔和两个绳孔（近年来亦有无绳孔的）。笛子依靠吹入笛筒内的气柱振动而发音，其音色高昂嘹亮、清脆明朗。音域一般为两个八度之多。

手鼓，形制类拨浪鼓，但不带用以敲击鼓面的两条线捶，有专门的鼓槌用以敲击。鼓面直径约200毫米。

云锣，由六面小银锣组成。

小镲，响铜制作，两片一副。每片平面直径约140～150毫米，每片中间凸起碗形圆丘，高约25～30毫米，直径65～95毫米。碗形圆丘中心打眼，穿系软索或布条，便于手执演奏。

其二，是以唢呐为主奏的乐器组合。这种乐曲组合以唢呐为主奏乐器。根据伴奏乐器的不同也可分为两种形式：一种为有管的，一种是没有管的。前者主要存在于以家庭班形式出现的吹鼓手中；后者一般存在于非吹鼓手或者有非吹鼓手存在的班子中。

唢呐，由哨子、芯子、气盘、杆子和碗子组成。唢呐杆子多是民间工匠或艺人自己用柏木或其他质地坚硬的杂木制作而成的。杆子上音孔前7后1，孔距均匀，无半音和全音的差别。杆子外形上细下粗，内膛有上大下小、上小下大和中间大两头小三种形制，因人而异。唢呐分大、中、小三号，各种型号大小无严格尺寸界定。小号唢呐，俗称叽呐。大号唢呐，俗称大碗子。通过调整芯子的长短和碗子在杆子下口处的深浅，可以调节唢呐筒音的音高。

笙，多为17管笙，在两种乐器组合中都作为主要伴奏乐器存在。吹奏时能同时发出双音或三个、四个音，当然也可以吹奏单音。它由许多根竹管（又称笙苗）和一个用铜或硬质木料制成的笙斗组成，常见的有高音笙和低音笙两种。竹管一段内侧镶有用铜制成的簧舌，外侧开有供演奏用的音孔，内侧中部或上部开有气窗。吹奏时气流通过笙斗吹动簧舌发音，其音色恬静柔和、明快爽朗。但它的音域不够宽广，演奏乐曲时，常常借音吹奏。转调也较困难。

口咪，俗称咪。多用于咔戏中旦角的刻画。用芦苇或芦苇根和细铜丝制成，形状和唢呐哨子相同，体积可分为大、中、小三种。大口咪即低音咪，长为33毫米；中口咪即中音口咪，长24毫米；小口咪即高音咪，长20毫米。吹奏发音的一头呈扁形，最大宽度为10毫米。吹奏时以左手握咪成喇叭形作为音碗，其音的高低变化、音量大小，全靠口劲、气功和音碗的开合小大以及双唇对咪子的压力大小控制。

胡呼，俗称头把，是主要的伴奏乐器。形状与现在的低音板胡相似。琴筒用椿树根制成，形状成圆筒形，长118毫米，直径105毫米，一端镶有厚4毫米的桐木琴面。琴杆用硬质木料制成，高500毫米，上端安有两个木制弦轴，在琴杆顶端距琴面的五分之二处安一木质腰码，俗称千斤，两条琴弦紧紧压在上面。弓用竹皮、马尾制成，弦长390毫米。胡呼有里外两根琴弦，里弦用较粗的皮弦，外弦用较粗的丝弦或较细的皮弦。胡呼为四度定弦。音域为十一度。

二胡，构造、形状和普通民族乐队中的二胡完全相同，只是定弦方法与普通二胡有所差异。它里弦定1，外弦定5，有效音乐为C调的"do-高音sol"，包括中间的所有半音。

锣，此类乐器分为小锣、提锣、大锣、马锣、乳锣五种。小锣，用响铜制作，直径110～240毫米，大小不等。木制敲锣板，宽35～40毫米，长270～300毫米，厚3毫米。提锣，用响铜制作，直径390毫米，锣边高20毫米。演奏时用左手提锣，右手执带皮弦头的锣槌敲击，发音洪亮。大锣，用响铜制作，直径约500毫米，锣中心是约330毫米的平面，锣心有凹下的圆窝。音色厚实洪大。锣心发音"光"，锣边发音"青"。马锣，用响铜制作，圆形直径约600毫米，厚约3～5毫米，锣边高25毫米。演奏时要将马锣吊架上，又称吊锣。音色深沉，音量强弱变化幅度大。乳锣，俗成疙瘩锣。用响铜制作，锣面直径300～400毫米。中心凸起圆丘高20毫米，直径90～100毫米，锣边高45毫米。锣边穿孔系提绳。锣槌敲击圆丘部，音色凝重。

鼓，分扁鼓、老鼓、戏鼓三种。扁鼓又称挎骨，多在行路奏乐时作为指挥性乐器存在，大小不等。木质鼓帮，上下蒙牛皮。鼓面直径330～400毫米，鼓帮高约160～250毫米。老鼓形似扁鼓，体大。直径约390毫米，高约160毫米，木制鼓帮，两面蒙牛皮。多用于坐场时的演奏。戏鼓，咔戏时作为指挥性乐器使用。鼓框用硬木制作，单面蒙猪皮或水牛皮。鼓下口直径250毫米，鼓心直径50～100毫米，鼓边高90毫米。用一双竹制鼓槌击鼓，音色清脆，有很强的穿透力。

手板，又称拍板、撩板。用基本等大的三块细腰长方形梨木、黄杨木或紫檀木制成，前两块用丝线捆扎在一起，在三块木板的上方三分之一处凿孔用皮筋或丝绳穿连起来。演奏时左手执单片板，用下端碰击前面一体的两块板，发音实而脆。手板与鼓子一人兼奏，合称"鼓板"。

梆子，为两根长短不等的枣木、梨木、紫檀木或红木木棒。长者稍粗，截面椭圆形，长轴43毫米，短轴40毫米，长约200毫米。短者稍细，截面圆形，直径30毫米，长约180毫米。演奏时在手横持长木棒，右手竖短木棒敲击。

二 用乐类型

根据八音会演奏的不同场合，可分为礼、俗用乐两部分。所谓"礼"的用乐是指在各种"礼"中的用乐，如婚礼、丧礼、闹寿、闹满月、赛社等皆属此性质；所谓"俗"的用乐是指民众在农闲时娱乐的用乐，如自乐班即属此列。

在"礼"的诸多环节中，一些环节具有"敬"的性质，一些环节具有"娱"的性质。总体来讲，"敬"性质环节的用乐有一定的规定性，如赐馐要吹《迎仙客》，送"疏"要吹《茶赞》；"娱"形式环节的用乐则无一定之规，所有音乐形式皆可。在调查中可发现，在这些环节中，人们常说的话是"啥也行，就是个心意"，可见其随机性。如此，"敬"的环节是"规定性用乐"的环节；"娱"的环节则是"非规定性用乐"的环节。无论规定性用乐还是非规定性用乐，都由咔戏和曲牌两部分组成。所谓咔戏是指乐手通过运用大、小唢呐以及管或者口咪来模仿戏曲唱腔及其伴奏的形式，亦可谓是声乐形式的器乐化表现。

（一）"规定性用乐"环节中用到的音声技艺形式。

1. 咔戏

上党梆子：《五福堂》《全家福》《五女拜寿》《昊天堂》（一说《昊天塔》）。

上党落子：《反西唐》。

上党二黄：《牧羊圈》《白鼠洞》《小五台》《打金枝》。

襄垣秧歌：《吊孝》。

2. 曲牌

《茶赞》《乌稍月》《小金腔》《戏牡丹》《大开门》《草灰腔》《耍花儿》（《耍孩儿》）《小开门》《大慈大悲》《大通天》《迎仙客》《佛宝巍巍》《经韵》《小桃红》《庭通》《五福荣》。

另外，还有两种形式需要特别说明，一是《太平鼓》《哀次鼓》，这两者是以打击乐为主体，以曲牌连缀为辅的一种形式，此类曲目只有这两首；二是佛道音乐中的梵呗。

（二）"非规定性用乐"环节中用到的除了上述各项外的音声技艺形式。

1. 咔戏

上党梆子：《杀四门》《吴汉杀妻》《秦香莲》等。

上党落子：《杨七娘》《穆桂英挂帅》《灵堂计》等。

襄垣秧歌：《赵兰英进京》《小二黑结婚》《土地堂》等。

另外还有其他地区戏剧（如豫剧、评剧）、上党地区说唱音乐、地方（襄垣之外的）秧歌、沁源小调、左权民歌等。

2. 曲牌

除规定性用乐中的曲牌之外，还有《小十番》《节节高》《小过河》《柳叶青》《刮地风》《过街红》《大观灯》《八板》《渡灵英》《靠山红》《小桃红》《打连成》《打酸枣》《摘葡萄》《摘花椒》《豆叶黄》《小金腔》《混江龙》《不是路》《六出戏》《育美英》《纺棉花》《寡妇哭汉》《富贵不断头》《大佛殿》《绣荷包》《抱琵琶》《柳河清》《叹颜回》《到板桥》《满堂红》《老汉送闺女》《小五更》《张生戏鸳鸯》《挽蒜薹》《开花调》《花扇面》《打牙牌》《一封书》《罗》《大十番》《变调大开门》及襄垣秧歌、歌剧，甚至流行歌曲的一些曲调。

至于"俗"的用乐，则完全根据演奏者喜好，演奏曲目类同于"非规定性用乐"。

第二节　承载群体

在襄垣，围绕（器）乐种（类）的相关称谓有很多，如八音会、响器、鼓乐、鼓吹、音乐（们）、乐户、王（或"忘"）八、吹鼓手、官鼓手、吹家（读"角儿"）、自乐班、红衣（或"混一"）行。这些称谓既指代音乐形式本身，又指承载群体，是一种无特别区分的混合称呼。

这些称谓体现了不同的角度，折射出不同的历史性状：八音会、鼓乐、鼓吹、响器、音乐，体现的是音乐及礼制用乐的角度，其中，八音会侧重于演奏组织，鼓乐、音乐侧重于整体形式，鼓吹侧重于演奏方式，响器侧重于物理声响。乐户、王（或"忘"）八、吹鼓手、吹家（读"角儿"）、自乐班、红衣（或"混一"）行，是就承载群体的角度而言的。

鼓乐、鼓吹，是秦汉以后历代史书（包括地方志书、笔记小说）中最常见的对于礼俗用乐使用的称谓，尤其在礼制中，凡用乐几乎都有"鼓吹""鼓乐"。响器，则可能是民间对礼制用乐中要热闹、要有"响动"的一种形象的说法。

乐户，相应的也是历史最为悠久的称谓。《魏书·乐志》即有了"乐户"一词，历史上是社会低于普通大众的"贱民"群体，并专以"乐籍"统辖，历经一千七百余年，作为国家法定的音乐职业群体，遍及全国各级官府，是基本的官方配置。直至清雍正元年，乐籍制度才在国家法律中被禁除，但社会用乐又必须有这个职业存在，加之社会心理与观念偏见之深，因此乐户后人依旧操持祖业直至今天。承应鼓吹的乐户，就像今天的国营文艺团体一样，他们是国家文艺的代表，因此必然首先承应官方的用乐活动，聚集区域自然而然地留守于行政首府（治所）周边。尽管雍正之后，这个群体的法律地位提升至与普通人一样，但社会对他们职业的认同仍存偏见，蔑视的眼光仍然无法抹去，同时礼俗用乐短期内也无法置换新的群体将他们取代，乐户后人为了生计也必然依旧操持祖业。通过对现在的乐户后人的调查，可以发现善福、下良等这些县城周边的地方仍然是他们生活与活动的区域，如陈姓、王姓等数家乐户后人，年长者已近九旬。

吹鼓手，显然与秦汉已有的"鼓吹"一词有着渊源，所指乃为"鼓吹"的承载者。官鼓手，则强调了乐户群体作为官属专业乐人的身份。"王八"一词，则是对这个群体的一种带有明显污蔑和侮辱性的、反人性的称谓，乐户作为中国传统音乐在历史上最核心、最专业的重要承载群体，却一直被视为低于普通人的"贱民"，明代之后这种"反人性"的待遇变本加厉，甚至在穿着上都被规定要异于常人，乐户后人流传有"身穿有领没袖，手拿一尺不够（即吹管乐器），走在人前（指在仪式过程中），吃在人后"，乐人们甚至被视为九流之末，襄垣当地曾流传的"王八戏子吹鼓手，下九流的下九流"，即是此意。更甚者，当地对"王八"的一种解释是"忘八"，称艺人们是忘了仁、义、礼、智信等"八义"而做了这种"下等行业"，显然这是一种在"贱民"认识上衍生出的伦理观念，反映出当时社会对音乐专业承载群体的极端不公。

自乐班、红衣（或"混一"）行，是同样操持鼓吹而区别于乐户的群体，尤其是自乐班，是一种纯粹的自发组织。乐户及其后人承载逐渐减少，而民间礼俗则仍然需要用乐，在这种情况下，自乐班也担当起了所在区域的一些相对简单的仪式用乐活动。红衣（或"混一"）行，可能是这种自乐班到后期发展起来的一种技艺与职业化程度较高的组织形式。

"八音会""自乐班""红衣行"，显然是为区别于被社会轻视的乐户群体而出现的刻意为之的称呼。尽管，其与乐户做的事情几乎是一样的，但是"更名换姓"后，普通人也堂而皇之地从事起与"乐户"并无二致的音乐营生，这体现出乐户曾经的贱民社会身份的观念被逐渐消解，而其作为专业音乐家的身份被不断放大。因此，今天的襄垣还有一种更加贴切的称谓叫"音乐（们）"。

八音会只是一种附会意义的称呼，其内涵随着社会形态的变化不断扩充，在质与量上都发生了变化。当地人认为现存的八音会传统用乐有三种来源：被八音会接衍的宗教音乐、乐户音乐、自乐会性质的音乐（即为"狭义的八音会"）。

宗教音乐，主要指佛、道两教中的音乐形式。在传统社会中，宗教世俗化的一个主要标志就体现在音乐上，有研究表明，"永乐十五年，在中国佛教史上发生了一件具有划时代意义的大事，永乐皇帝以钦定、钦颁的形式将当时社会上俗乐领域作为主流存在的三百余首曲牌以填上新词、对应诸多大德赞讽的方式赐予寺庙礼佛，这就是《诸佛、世尊、如来、菩萨、尊者名称歌曲》"[①]。这些"歌曲"是以官方名义颁发给全国佛教界的，因此从这个层面来看，除梵呗及少量供佛乐曲外，绝大部分音乐实际与其所谓的"世俗之乐"是相同、相通的。承载群体则主要以寺庙、道观中的僧道为主。

中华人民共和国成立初期，政府实施"僧、道还俗"政策，襄垣传统的佛、道

---

① 项阳，《永乐钦赐寺庙歌曲的划时代意义》，《中国音乐》2009 年第 1 期。

用乐形式及内容被八音会接衍继续存于丧礼中做超度用。吹奏曲牌除宗教内容的曲牌外，还有大量非宗教内容的曲牌。

襄垣县佛道音乐的代表人物是本县慕容将军庙的修真和修仁。虽然，当下遗存的"庙堂音乐"只用于丧礼中几个特定的环节，其更早的存在方式已不得而知，但根据一些文学作品中的相关描写稍加推测可知，他们应该是有一套严谨、讲究的办事规程，只是随着社会形态的变迁，其中一些非实用性的部分已渐渐消减，只剩下能够最大化体现丧家实用主义的环节。如送疏，是消除死者生前诸孽的环节，通过这个环节，就可使死者生前的冤孽一笔勾销，使死者得以顺利登西方极乐世界。

早期的佛道音乐由真正的和尚或道士承担，属行业内传承。他们在丧家处于被尊敬的地位。1949 年后，由于社会主流意识的影响，僧道被迫还俗。但他们出于生存的需要，加入自乐会性质乐班的行列，仍然还为民间丧葬仪式服务，其音乐才得以传承。另外，他们也开始参加丧礼以外的仪式。

乐户音乐。吹鼓手，即乐户。主奏乐器为管和唢呐，其余乐器有笙、笛、胡琴，打击乐器有锣、鼓、镲等。亦属行业内传承。代表人物为居于善福、下良两地的陈家及南关宋计苟家。陈家音乐至今还存在，宋家音乐从事民间礼俗的经历则已无人记起。关于吹鼓手（乐户）这个群体，已经有很丰富的研究成果。这群人的地位低下，上事的时候用专门的服装来区别于常人，平时也极受歧视。直至中华人民共和国成立初期，对此群体的看法仍旧未变，甚至蔓延到从事同样行业的人身上。王玉章（八音会艺人）在接受采访时，就说当时由于爱好音乐跟同村的闫发科一起办事，却被人歧视，娶不上媳妇，无奈只好中断。崔和平（八音会艺人）也说，在客人吃饭的时候，乐人只能在旁边儿吹奏。吹鼓手既会吹管也会吹唢呐，曲牌也相对传统。在调查过程中体现出来的一种现象是，在采访中，乐户传人所提到的某些曲牌名，八音会则毫无涉及。如《乌稍月》《太平鼓》《哀次鼓》等都被认为是乐户专有的。另外，陈生华先生提到乐户及其传人唱谱都用合字调，八音会则用上字调。这种现象延伸于他们的行业传人及非行业传人。

自乐会性质的乐班，即狭义的八音会。是指从事人员既不属和尚又不属吹鼓手的音乐团体。他们地位与常人无异，"起初可能纯属自娱性的业余表演。发展到后期，也间有以此为生而谋生者，也办红白喜事。为了与乐户相区别，表明自身绝非贱民，并不低人一等，所以这些人也特意以'八音会'自称和标榜，从而'八音会'又成了这一特殊群体的代称"[①]。八音会以谋利为目的可能始于清末民

---

① 乔健、刘贯文、李天生，《乐户·田野调查与历史追踪》，江西人民出版社，2002 年，第 150 页。

初①，发展初期囿于身份不承接白事，只承接婚事和本村及邻村的敬神活动。后期则渐渐婚丧嫁娶、敬神祝寿等礼仪都可承接。襄垣古韩镇西王桥村八音会的发展就是一个典型的例子：最早为十几名小伙子组成，购置乐器为锣、鼓、镲，用于龙王庙求雨、富户人家祝寿、闹满月等礼俗活动。20世纪20年代初期，张所九等十几个年轻人，通过到外地请师父学习的方式来发展本村音乐会。此阶段八音会由最初的乱敲型发展为鼓点型，乐器亦在原有基础上增加，但仍限于锣鼓。用于村里求神、祈雨、闹社火、元宵节扭秧歌等礼俗活动。20世纪40年代初，申连富音乐会成立。但因日寇侵略，断档十年，1945年恢复后由潞城张玉水教授，增加了唢呐、笙、板胡、二胡、梆子、笛等吹奏乐器，初步形成现今的规模。还学习使用工尺谱。主要吹奏曲目有《刮地风》《节节高》《柳叶青》《过街红》等。主要参与婚丧、祝寿、闹满月等礼俗活动。②

需要指出的是，襄垣人观念中的八音会应包含红衣行③在内。王玉章乐队也反映20世纪30年代，夏店镇九龙村及其附近的礼俗活动由闫发科承应，但其不是乐户，上事时也穿一种专门的服装，可能就是所谓红衣行。这种性质的乐班脉络错综复杂，不同的时期有不同的表现形式及分支。其参与人员主要有三个层次。

20世纪30年代前。此阶段八音会皆学艺于乐户，红衣行亦是如此。这时，八音会服务于民间闹红火、孩子满月、高跷等礼俗仪式，但不参与白事，因怕被差别待遇。

20世纪40年代左右，各村庄外请艺人驻村教学，这些师父有乐户，也有老一代八音会艺人。这时音乐团体的组织形式是"窝班"，即团体成员皆为本村及附近村的村民。这些人的共同点是从小都喜好音乐，都用工尺谱学习。这样的例子如上马镇司马村的龚宏喜、王村龙王堂（坪村人）的庆红等。此时，八音会的重心转位到民间红白事上，庙会、孩子满月等比例较小。

20世纪七八十年代，开始有毕业于中等艺术学校的学生参与八音会。他们是专业音乐教育下的民乐艺人。承应民间红白喜事的数量占所有礼俗的百分之九十五以上。

综上所述，本文所述之"八音会"即是包含这三种音乐来源的综合体。这三种音乐在传统社会就有一定的关系。需要明晰的一点是，无论是佛道音乐还是自乐会

---

① 乔健、刘贯文、李天生，《乐户·田野调查与历史追踪》，江西人民出版社，2002年，第153页。
② 参照2008年襄垣调查数据。
③ 一种介于乐户与八音会之间的群体，亦属贱民。

音乐，都与吹鼓手有着"斩不断、理还乱"的关系。但其行事的仪式在最初却是壁垒分明的。简而言之，其从古到今的发展就是基于其音乐本体方面及其功能性方面的联系，从最初严守规矩行事，渐变为三者界限模糊直至合三为一的现状。

第三节　历史源流

据诸多已有资料及笔者调查资料看来，襄垣八音会的发展大致可分为三个阶段。

一　乐户与坡路

1723 年，雍正禁除乐籍制度。作为乐户为官方继续服务的报酬，官府为他们划分了坡路，并规定除非征得坡路所有者的同意，在坡路范围内的大小婚丧礼仪必须由相应的乐户承应。这个时期，民间用乐仍以乐户为主体。佛道音乐只承担丧礼中的法事活动。在清朝后期，自乐会性质的音乐开始以盈利为目的上事，为区分与低贱的乐户，自称"八音会"，并且不参加丧礼。总而言之，三者在此阶段泾渭分明，各执其事。

（一）乐户

此阶段主要为执乐人员。主要原因是该时期在人们的观念里，从乐的人都是低贱的，所以平常百姓鲜有参加。主要服务于百姓的红白喜事及规模比较盛大的庙会。分为两个阶段，第一阶段为乐籍制度禁除之前，乐户多为官服务，少为百姓服务；第二阶段为乐籍制度禁除之后，乐户转而为民服务。官方为乐户划分坡路，相应的，乐户承揽官方诸事免费，坡路范围内百姓的红白事及庙会等必须由其负责，并获取一定的报酬。但在襄垣，由于乐户坡路太大，他们把一部分坡路租给小吹打（即红衣行）。

据襄垣乐户老人陈凤远讲，因他家过去的坡路很宽，几乎县城以北全是他家坡路，于是就将坡路分别租赁给一些"小吹打"，由他们去办。陈家乐户每年只要收取一定租金即可。[1] 但小吹打并不能与乐户完全类同。"首先是办事衣着不同……；其次是办事内容和规矩也不尽相同，除红事都可以承办外，白事红衣行很少办，即使参与，也是某些事主摆阔，特意请乐户和红衣行同时到场，各自献艺……但有个

---

[1]　乔健、刘贯文、李天生，《乐户·田野调查与历史追踪》，江西人民出版社，2002 年，第 159 页。

规定，红衣行不能到灵前吹奏加礼，也不能进主人院中吹奏，只能在院外，在灵棚外伺候。若是迎神赛社，红衣行可以像八音会一样，参与社火活动，甚至可以吹戏、吹棚，但敬神供盏一般却要乐户吹奏……另外，红衣行只吹唢呐而不吹乐户的叽呐、管子，属粗乐。乐户则有叽呐、笛管等细乐。两者所记工尺谱也不同。"①

这说明在当时人们的观念里，敬神的环节必须由乐户来承担才可以，他们的音乐被认为是最正宗、最有"法力"的音乐。红衣行充当敬神的音乐只是在无乐户时的无奈选择。这也从侧面强调了吹鼓手音乐"礼"的性质。在这个时段，各礼俗的程序十分讲究，这在《乐户·田野调查与追踪》相关章节已经做了具体的表述，此处不赘。② 由此可见，乐户低下的地位与其演奏音乐的至高无上性产生了极大的反差。但也恰恰是这两点共同决定了这个时期乐户的主导性地位。

（二）狭义的八音会

在乐籍制度禁除之前，乐户是根据不同的行政级别来分布的，并且主要为官方服务，这就使得一般村级地无法获得他们的服务。但延绵千年的礼乐观念加之上行下效的隐性机制又致使他们的赛社及婚丧等礼俗还必须用乐，敬神、求雨、闹红火也要用乐，这就为八音会的出现提供了先决条件。八音会参与者皆为良民，由本村或邻村爱好音乐的年轻人组成。主要服务于本村及邻村的婚丧等礼俗及敬神、求雨等活动。乐器偏重于打击乐器，只是为了能在礼俗进行时能有音乐的存在。这个阶段的八音会基本没有以此为盈利目的的情况。

乐籍制度禁除之后，官方为乐户划分了坡路。坡路范围内的婚丧、庙会等礼俗皆由其负责。但在时间冲突或其他特殊情况下，仍然由八音会负责本村及邻村各礼俗的情况。不同的是，由于在这个时段乐户变成以为民服务为主，与八音会开始有更多的互动，很多八音会艺人开始向乐户学艺，并逐渐练就了一身本领。在此前提下，加之利益驱动，部分人开始以此为业，并强调自己不同于乐户低贱的身份，以"八音会"为称。而且不参与白事，这也是为了避免低等的待遇。但他们还是不可避免地受到歧视。前文所提之王玉章即是明证。学界普遍认为以盈利为目的的八音会兴起于清末民初，王玉章口中原大风（一说原大粪，郊区故漳人）即是此列。虽然王玉章及襄垣艺人们不知原大风具体的来历，只记得其与闫发科属同时期人，但李天生先生的考证却弥补了这样一个缺憾："另有长治郊区故漳村原大粪也是一位闹八音会的艺人。早年家境不错，因酷爱音乐吹打，不但家中时有乐户艺人借居，

---

① 乔健、刘贯文、李天生，《乐户·田野调查与历史追踪》，江西人民出版社，2002年，第158页。
② 乔健、刘贯文、李天生，《乐户·田野调查与历史追踪》，江西人民出版社，2002年，第138～144页。

自己也四处投师学艺，甚至到屯留等县剧团混迹，终于也学得一身本事。"[1]据王玉章说，原大粪活动的主要区域为襄垣县侯堡镇常隆、桥上一带。并且这片区域与其所在的长治市郊区紧邻。可见其活动的范围应该也有郊区等地。在调查过程中，此时期在襄垣从事民间礼俗的人仅有以善福和下良的陈家、闫发科、原大粪为首的三个团队。这就使得还有一些村庄仍然保持上述阶段的存在状态：以打击乐为主，主要承接本村及附近村的婚丧嫁娶、正月十五闹红火及庙会等礼俗。

（三）佛道音乐

此阶段佛、道音乐的具体情况不得而知，只知道一些大概的情况："据县志考证，襄垣县的佛教音乐始于北魏太和十九年。……据我县将军庙老和尚翟修真、曹修玉回忆他们的祖师传说：'他们念的经文、奏的法曲，均是法显高僧从天竺取回的。'……除敬佛、坐禅念经和传教外，地方上的大绅士办丧事也要请和尚来念经、吹奏法曲，为死者消灾灭祸，并给予吹奏者一定的报酬。后来一般人家死了人也要请和尚念经、吹奏法曲。为了适应社会上的要求，把经文改作丧仪歌来念，在吹奏方面，也吸收一些群众喜闻乐见的民间小调。"[2]县志中的记载及清、"民国"小说中的相关描述都可证明佛、道音乐此阶段存在的场合。这个时期，僧道相对乐户及八音会来说，是一条相对独立的发展脉络。两者虽然可能参与同样的礼俗，也会吹奏一些重合的曲牌，但人们都不会把僧道用乐与其余两者混为一谈。但当时其具体的办事规程不得而知。

值得一提的是，这个时期还有一种阴阳音乐，应该是佛道音乐的一支。但在调查中无人提起，只在县志中提到：吹奏乐器有笙、管、海螺；打击乐器有钹、铙、小锣、木鱼、执鼓。……管乐曲有《天言赞》《小海赞》《奉时赞》……《大供养》《小供养》《望江南》……《打连成》《节节高》等。这种音乐在中华人民共和国成立后消失了。[3]以此可见，这中间也是既有专门的宗教曲目，亦有反映世俗内容的曲目。与佛教音乐的形式相仿。目前不存在应该是后期消解于其他的音乐形式中了。

二　职业群体的"重组"与八音会内涵的扩充

在这个时间段内，襄垣充满了大大小小的政治运动。共产党的各种政治主张开

---

① 乔健、刘贯文、李天生，《乐户·田野调查与历史追踪》，江西人民出版社，2002年，第152页。
② 王德昌，《襄垣民间音乐舞蹈》资料，第10页。
③ 《襄垣县志》，海潮出版社，1998年，第577页。

始真正渗透进各阶层的生活。反汉奸、斗恶霸、打封建、清理旧债等这样的运动最具标识性，持续存在于这个时期。于是，作为封建意识典型的寺庙及礼俗活动就受到了极大的影响。和尚们纷纷还俗，诸多被视为封建的礼俗环节被简化或者重新附会一种符合主流意识的说法，其用乐也随之受到一定影响。同时，新的观念影响了年轻人，这种观念的变异造成了观念传承链的断裂。亦影响了此时段生发的一些音乐团体及其用乐方式。

"1941 年 7 月 1 日，晋东南文联翻印了大量重要学术论文及各种研究资料，编成丛书。并在麻田等地盖造房屋，开办大规模的文化俱乐部、文化合作社、文化食堂、文化旅馆等，以期用各种方式发展敌后文化事业。"[1]1941 年 10 月 3 日，襄垣县成立民众教育馆，设图书、文化娱乐、卫生体育、大众服务四个股。[2] 或许是这二者的原因，从 1945 前后几年，襄垣很多村庄都聘请艺人去村里教习乐器吹奏。

北底土合村：1945 年师从长子县艺人学艺。先后学了上党梆子、落子曲子、襄垣秧歌、鼓书和各种民间音乐小曲。参与婚丧嫁娶等民俗，有偿演出。

王村镇孔洞村：本村八音会创立于 1945 年，薛更江来本村教授。主要参与开业及婚丧礼俗、庙堂吹奏。吹奏内容有：曲牌《节节高》《定刚（钉缸）》、戏剧上党梆子、襄垣秧歌。活跃于武乡、沁县、襄垣一带。

下良镇下良村：被调查者称本村八音会起始追忆不清。只记得 1948 年村里有一支八音会队伍，其组织成员有：杨玉明、陈三全、陈女、杨玉秀、陈毛旦、郝根相。从事民间婚丧礼俗。后因后继无人停业。

上述几个即是此时期建立起来的八音会团体的例子。从中可知：其一，此时期建立八音会都是由八音会艺人或乐户传授；其二，传授内容包括上党梆子、上党落子、襄垣秧歌等大小戏剧及传统曲牌；其三，参加的礼俗更多偏向民间婚丧礼俗；其四，一定程度上忽视了身份的禁锢，八音会艺人与乐户艺人有合作现象。如下良乡下良村八音会中，陈三全、陈女皆为乐户，其余为本村村民。

同时，此时段出现了一种新的组织形式：

音乐团是 1946 年到中华人民共和国成立时形成的一种新型音乐团体，它在组织上汇集了吹鼓手、八音会和一部分僧侣音乐艺人。在艺术上汇集各种音乐之大成，吸收了各种时调，引进了豫剧、评剧音乐；在乐器上增加了二胡、板胡、底

---

① 山西省长治市文化局编，《长治市文化艺术大事记》，第 48 页。
② 山西省长治市文化局编，《长治市文化艺术大事记》，第 49 页。

胡、提琴、扬琴、中阮、琵琶、手风琴、电子琴等。活动范围除民间婚丧喜庆外，每年春节文娱，给烈军属挂牌挂灯，欢送新军入伍，各种庆祝会、纪念会、表彰会都有音乐助兴。[①]

这种形式较之以前，无论从乐器组合，还是参与仪式方面，都有了相当大的发展。

综上所述，由于主流政治意识的介入，三种音乐组织形态不再泾渭分明，而是渐渐有了交融的趋势。早期表现主要为狭义的八音会、乐户的融合。由于观念的变化，民众已经不再满足于自乐会式水平的服务。正值官方要求发展敌后文化，请八音会艺人到本村教学的方式既为满足民众礼俗需求，同时也响应了官方政策。但是较之前阶段的礼俗承应，此时段的礼俗是妥协官方政策后的"新"的礼俗形式，很多环节可能被省略或者被附于新的说法继续存续，也许是失去原先乐声在礼俗中的意义，仅作为烘托气氛而存在。

同样，受官方政策影响，和尚纷纷还俗，和尚们失去正当谋求生计的合理身份，面临无法解决温饱的境地。但由于惯性，礼俗中还需要佛道音乐的存在。所以这些还俗的和尚转而加入八音会的行列，披上袈裟扮作和尚去上事，正如纯善所言："中华人民共和国成立以后，和尚还俗。但若有事儿，还是一起上事。修真是和尚团体的头，凡上事，都要经过修真的同意。不串班。"这说明在初期，佛道序列仍与八音会、乐户各自为事。和尚们还保持原先上事的规则及形式。但由于民众庞大的礼俗需求，他们渐渐以八音会的身份来承应婚丧礼俗。之后，其他八音会艺人也仿效此举，用"扮相"的变化及主奏乐器的变换来转化身份。披上袈裟即是和尚，脱掉即是八音会艺人；拿起管子是庙堂音乐，拿起唢呐则是"民间"音乐声。但并不是所有八音会艺人都可以这样做。因为吹奏管子对艺人来说是件比较困难的事情。

在这样的形式下，八音会、乐户、佛道音乐渐渐交融，人们也不再记得其原先的身份，统而称之八音会或者音乐团。形式及参与礼俗的比例也悄然发生变化。祝寿、闹满月等礼俗不再作为主要承接的项目，更多偏向婚丧礼俗及新兴的一些仪式，如给烈军属挂牌挂灯，欢送新军入伍，为各种庆祝会、纪念会、表彰会助兴等。

至此，无论是乐户、狭义的八音会还是佛道音乐，都被民众概而称之八音会。

---

① 《襄垣县志》，海潮出版社，1998 年，第 577 页。

1966 年，"文化大革命"开始。作为"文化大革命"中心任务之一的"破四旧"（旧思想、旧文化、旧风俗、旧习惯），丧葬礼仪及所有的祭祀活动都被视为"四旧"被禁止。"文化大革命"在襄垣的实施力度较强，这从《襄垣县志》中的相关数据可见一斑。但由于礼俗用乐的"必需性"，还是有为此冒险者。夏店镇王玉章说："在'文化大革命'时期虽不让干。但村里还是有人偷用。因为老百姓还是对其有需求。为了养家，在挣工分的基础上，也以此为生。虽然被逮过，也只是以认错为终。"这说明虽然在当时的制度环境下，礼俗及相关的用乐活动遭到了强烈的打击。但由于农村领导多为当地人，在相同的文化认同下，为官者对此也是睁一只眼闭一只眼，对一般的老百姓也多以警示方式处罚。

无论如何，在这个阶段里，八音会的发展属于停滞状态。即便有上事的情况，也最大限度地向制度妥协，礼俗中的用乐更多作为一种民众观念里必要的"文化标志"出现，至于其用乐的规定性及表意性则被最大限度地削弱了。这加强了在前一阶段造成的传承链断裂。在此之后，礼俗用乐中大部分的规定性及表意性在民众的观念里渐渐淡化，只存在其烘托气氛的作用。

三　新时期的新"八音会"

1976 年，"文化大革命"结束，极左思想得到修正，民间的礼俗活动开始回暖。特别是 1978 年改革开放之后，各种音乐团活动渐渐兴盛起来。与以前不同的是，受西方音乐理论的影响，在原先乐器组合的基础上，开始加入低音乐器，如大提琴、电子琴等现代乐器。乐户、八音会、佛道音乐的界限更加模糊，呈现出不分彼此的状态。随着社会的变迁与发展，传统观念逐渐淡化，特别是在"擅变"的襄垣，在年轻艺人及年轻一代的老百姓眼里，所有参与在礼俗活动中的吹打班都叫八音会，并没有什么特殊的代表性了。上述现象也随之消失，无论是八音会还是乐户都在原有基础上进行简化。这种简化包括曲目、仪式环节各个方面。并加入了电子琴、贝斯、架子鼓等乐器，时代性特征更加彰显。在参与礼俗时，也基本都是以烘托气氛为主了。乐户、狭义八音会、佛道音乐三者融为一体，都以八音会称呼。

在从事礼俗音乐的同行和民众眼里，只要带一根管子，就是佛道音乐。乐户虽因其传统的深厚性，对一些用乐规定还继续保持，但由于礼俗环境的变异，民众对礼俗的一些规矩已没有认同感，这些传统的规定就仅存于乐户及其传人的口中了。在实际的上事中，礼俗和用乐则偏向于八音会不大讲究的状态，只是"红火"

一下。

在 20 世纪 90 年代，"辉波歌舞团"的成立兴起了八音会带"唱家"的风潮。自此之后，礼俗用乐的现代性愈加彰显。在实地调查中，传统的曲牌及戏曲所占比例已经大大缩水，而魔术、流行歌曲、舞蹈则占更大的比重。

结合历史来看，八音会的组织机构主要有三种模式：家庭式，如善福陈家；师徒式，如崔和平音乐团；攒班式，这种形式，在当地经常见到，人员不固定，经常是有了演出机会，一人一张罗，几个人就攒班开演，然后按劳分酬。

现在，家庭式的演出已不复存在。存在的基本是师徒式与攒班式的结合体。一般来说，乐团固定班底的组织形式为师徒关系，其余则是攒班式的组织形式。

通过调查发现，20 世纪 80 年代以来，"襄垣八音会"更多地向综合性演出发展，演出市场良好，乐人们经济收入在当地属于中高水平。据调查，从礼俗层面来看，丧礼的报酬最高，因其程序较为繁杂；婚礼、开业等则比较少一些。根据乐团的质量，丧礼的报酬为 2000 ~ 3000 元不等。但乐团的质量并不仅仅取决于吹得好坏，还在于乐团的花样多寡。如南邯李占中音乐团，一场婚礼要 1200 元左右，除电子琴演奏者、唱家稍高外，每人平均 150 元。成员开支之外的利润都属班主所有。

随着社会的发展，民众对音乐的审美品位也随之改变。各个八音会团体为了赢得更多的观众，在近年的演出中，除了吹奏传统曲牌和咔戏外，还拓宽了表演形式及表演门类。如增加了电声乐队、魔术、杂技、舞蹈等形式，以烘托气氛。

八音会的历史是乐户、八音会、庙堂音乐相互交融的历史；是承应礼俗由闹红火、敬神等多样化的样态逐渐集中于婚丧礼俗的历史；是传统的用乐规定越来越淡薄的一个过程；是一面反映社会形态变迁的镜子。

第四节　八音会与礼俗

在社会形态及主流意识的变迁下，礼俗发生了潜移默化的改变。与之相辅相成的礼俗用乐自然也与之前有所不同。总体来说，礼俗用乐最重要的转变是功能性的缺失和娱乐性的彰显。但又由于不同的地理环境及人文观念，这种变化又在不同地区有不同程度的表现。

以丧礼为例，襄垣境内的丧礼礼俗的仪式框架大同小异。南乡的特点是其对礼俗及其传统用乐的解构；北乡则是襄垣境内最大程度保存传统礼俗及用乐的区域；西乡则比较特殊，丧事分为两次，一次是死者去世第三天的晚上，一次是出殡的日子，第一次仪式要进行一次送疏的仪式，出殡时的仪式及用乐状态介于北乡与南乡之间，呈现了传统消解、新元素介入的中间状态。

在传统的民间礼俗中，用乐及礼俗环节是环环相扣的，不同的用乐有其特定的功能或者表意性。各礼俗更具仪式性，而不只是一种表现形式。笔者将以丧礼为例，将襄垣整个地区共有的环节，即必不可少的环节作为核心，来阐释礼俗及其用乐的变迁。

需要强调的是，现存的丧礼环节兼容了"僧道"身份进行的环节和"乐人"身份进行的环节。在采访过程中，龚进喜也提到：在旧时，有钱人家请两班音乐，一班和尚，一班吹鼓手；穷人家则是请一班音乐，带点儿佛教音乐的内容。[①] 现在遗存的丧礼礼俗皆属于后者，只是跟穷富已经没有关系。上文已经提到，在中华人民共和国成立初期，由于和尚纷纷还俗，他们所承载的音乐已经被八音会所接衍。所以所谓"音乐"和"佛道音乐"皆由八音会承载，只是主奏乐器不同而已。

一 祭、祈用乐

（一）庙会——村委开支，雇请八音会、戏曲、说书。其一，以庙会为平台，促进物资交流；其二，以庙宇为中心，供乡民祈愿；其三，以戏、乐为手段，丰富乡民的文化生活。

（二）还愿——个人行为，祈愿之衍生。雇请戏班、说书的人，还愿。

（三）周年祭——个人，祭奠先人，三周年、九周年最为隆重，雇请乐班、戏班、说书的人。

（四）移坟——个人行为，祭之衍生，雇请乐班。

二 丧礼用乐

襄垣丧礼仪式集中在出殡前后的第一天下午（出殡前）至第二天下午（出殡后）。以下是当地八音会艺人介绍的情况。

---

① 本章所涉口述史资料由艺人采访录音整理。

（第一天）

压庙：据说人有十分魂魄，阎王爷拿了三分，土地爷管着三分，压庙就是把土地爷管的这三分魂魄拿回去。

去土地庙（后各庙都可）烧香。去土地庙的路上吹小曲牌，如《打连成》《打酸枣》《摘葡萄》《摘花椒》；到了庙里都是经赞，乐队一直吹《茶赞》；回去的路上亦吹小曲牌。

压庙念词：诸佛聚会永团圆，亮亮堂堂照大千。本地风光绝无贵，普照乾坤谁在先。孝子跪下，奠三杯酒。吹上一段，念上一段。

取水：到村里的井里或者河里取水。孙子、外甥拿上水瓶，去的时候也是吹小曲牌（同上）。到目的地后，烧上香，一边儿取水，一边吹（曲目不限）。回来的路上也吹，都是吹小曲牌。

祭风：（在大门外）关住大门祭。供品是五个干盘（干果盘）。人主（男的是姥姥家的人，女的是娘家的人，有几个算几个）烧香，也念经，但是随便念。祭完风，打开大门，到灵前磕头，把干果盘放到灵前。整个程序一直吹《茶赞》。

跑五方（又称跑幡）：选一个大场地，摆上五个牌位，东方是"持国天王"，南方是"增长天王"，西方是"广目天王"，北方是"多闻天王"，中央是"南无阿弥陀佛"。从中央开始，再到东、南、西、北，依次在每个地方烧香。乐队领上孝子绕着五处供桌按照一定的规律跑，共跑四次。整个过程一边烧香一边吹（曲牌不限）。

南无大悲观世音

愿我速回无为舍

南无大悲观世音

愿我早同法性身

《大通天》（在跑五方过程中，吹《大通天》，念固定的词）稽首"礼五方"。

稽首　礼东方　阿闪佛《大通天》

青色、青光、青色青光青光明

稽首　礼南方　宝生佛

赤色、赤光、赤色赤光赤光明

稽首　礼西方　阿弥陀

白色、白光、白色白光白光明

稽首　礼北方　成就佛

黑色、黑光、黑色黑光黑光明

稽首　礼中央　虚遮那佛

黄色黄光 黄色黄光黄光明

祥光：唵嘛呢叭咪吽

关于跑五方，王村镇孔家洞村祁家岭自然村陈生华说其在"送疏"仪式之后进行：第三道疏结束，直接去幡场。有两种转法：蛇蜕皮或者四连环。先在外围转三四圈，由东面进，按照一定的转法转。仍然是东进西出。在转的过程中，队伍不能乱了。要错开行进。

上述三个程序在当下襄垣的丧礼中已很少见了。按照旧时的观念，这三者属于佛道音乐，因此是以管为主奏乐器（一说管和唢呐都有）。

移灵：孝子们跪在（家里的）灵前，烧香。（《大开门》《迎仙客》《五福荣》）（抬棺材迎往灵棚。）

移灵的环节是必须进行的，这是要把搁置在家里的遗体移到临时搭建的灵棚，进行丧礼仪式。当下这个环节的用乐已经没有任何讲究了，任何曲牌都能使用。

请诏魂：去村外边（去的路上没有音乐），照着自家坟地的方向，把香插地上，摆汤、五个馍馍。男女孝子全部跪下，烧香。（一般是《草灰腔》《大开门》）毕，返之。回来的路上也是反复吹《草灰腔》《大开门》。

请诏魂在襄垣全境丧礼中都有，是头天晚上最重要的环节之一。这个环节中，唢呐和管两种主奏乐器并存。这是因为在旧时，若是"音乐上"和"佛道"都请，这个环节是两个班子都要奏乐的环节。龚进喜也谈道：一般情况下来讲，压庙、取水、诏请两家都到，过桥、高坐、观灯、迎灯是和尚去。

上桥（金桥、银桥）：在离灵棚不远之处，放几张长条桌子，连接起来，像一座桥。中间最高处，谓之"高台"。两头分进门、出门。进门处，有一副对联，写的是：金童折断人生路，玉女引进鬼门关。生死路。出口处门上贴是：明珠照彻天堂路，锡杖震开地狱门。鬼门关。

死者的姑娘（指长女），长跪在桌子上，桌子铺一卷白布。人倒跪着白布而移动。①

和尚上桥时要念：

当央河上一座桥，

珍珠玛瑙修得好，

---

① 赵巾又，《襄垣人生礼俗》，国际交流出版社，2009年。

> 铜钓铁牌网不住，
>
> 我度孤魂过高桥。

上前半桥，即金桥时，要念：

> 来在金桥战战兢兢，
>
> 苦度亡魂乐逍遥，
>
> 拦路鬼面挡不住，
>
> 我度孤魂过金桥。

后半桥时，则念：

> 过了金桥过银桥，
>
> 一桥更比一桥高，
>
> 千军万马挡不住，
>
> 我度亡魂过银桥。

退到高台，然后喊一声爹（或娘），撒一把钱，喊一声，撒一把；接着再往后退，直至退下桥。以高台为界，有前三后四的说法，即在前半桥要一共吹够三次戏；后半桥要一共吹够四次戏。剩余则都吹《茶赞》等曲目，和尚随调念词。

上桥虽在襄垣全境都出现，但并不是每场丧礼必备的环节。只在经济相对富裕或比较讲究排场的人家里才进行这个环节。因为这个环节对"仪式操作者"的要求比较高，并且费时费工。不过现在已经无法保证前半桥三次戏、后半桥四次戏的规程了。只是象征性地吹一下即可。

梳妆：由和尚（又称师父）进行，作梳妆状。必须物品有脸盆、手巾。吹《茶赞》。念：

> 净水盆净水盆，
>
> 净水盆里清凌凌，
>
> 今日孤家一场梦，
>
> 冲冲洗洗改形容。（洗脸）
>
> 梳的梳来伦的伦，
>
> 梳梳伦伦改形容，
>
> 今日孤家长生路，
>
> 永归极乐不回尘。（梳头）
>
> 镜里明来镜里明，

镜里照见本来人，

猛然一回现今生，

敢和古佛同般行。

迎灯（转灯）：亡人多大岁数（一般是虚岁），点多少只蜡烛。从大门口往灵前端。按𥻗状摆好。按照规矩，应该是一次比一次迎得多。一般是 4 次，一次比一次多。仍然是以管为主奏乐器。吹《茶赞》《大通天》等。

观灯：观灯则是孝子跪在灵前，音乐响着（曲目不限）。念：

一盏孤灯照破乾坤，

地狱苦海化作为尘，

却记常迷路远饥渴难消，

我送孤魂归西去，

自在逍遥呀！

高坐：用桌子摆起一层，上面还放一层，成塔状。最老的师父坐在最高处。有专门的服装（袈裟）。旁边一层一层都站着人，都拿着乐器。主家用白面蒸一个佛手，用来供奉亡灵或者什么神仙。供奉完了，这个佛手要施给没有孩子的女人（磕个头，师父就扔给你了）。吃完这个佛手，就有可能生育了。

这个环节以管主奏吹《小桃红》《茶赞》等经韵，"僧道"要念经。"高坐"跟"上桥"一样，虽在全境存在，但并不是每场丧礼都要进行。

送疏：艺人动铙钹，吹管。

孝子们跪在家里设的灵前，吹《茶赞》（跟马润泽所学）、《大慈大悲》（也吹也念，念的就是龚师傅小册子上任意的一段词都可）、《草灰腔》；共三道疏，分别是《西方见佛戒食沙门封》《净土三魂戒食沙门封》《九品莲台戒食沙门封》。意思就是给阎王送礼，以弥补在阳间所犯错误，免除地狱各种刑罚。

吹三遍，念三遍，一回一道疏。供品为鬼票、元宝、叠的疏（类似于信封）。

孙辈用盆端疏及鬼票等，用铙钹从大门外迎回来（路上只有铙钹响）。到灵前，孙辈跪下，烧掉疏。艺人吹《茶赞》《大通天》《大慈大悲》《草灰腔》等，吹一遍，念一遍（念者是和尚打扮），往复三次。最后一遍用《草灰腔》，只吹不念。

送疏在襄垣全境都存在，并且是必备环节。一般是头天晚上进行（还有一说为第二天起灵前进行）。送疏是一种超度性的仪式，所以是由"僧道"身份的人来进行，其主奏乐器为管。

吹棚：第一出戏一般是上党梆子《五福堂》咔戏（修真后人纯善说，他们在承应丧事时，这个环节用管吹戏，不咔戏。曲目多为《牧羊圈》《吊孝》（襄垣秧歌），若吹曲牌的话为《大开门》《迎仙客》。第一本戏又叫官戏（大孝子烧香，不出钱），这本官戏之后，亲戚开始点戏，都要额外付钱给八音会。

这个环节也是存于襄垣全县且必备的丧礼环节。第一出戏的相关规定在当下已经没有任何讲究，什么也可以，甚至可以用流行歌曲来代替。吹棚要持续到晚上十一点或十二点，包含流行歌曲、舞蹈、魔术等各种形式。结束之后，要把请来的诏魂再送回去。

（第二天）

进馔：进馔是第二天早饭前进行的仪式，是女儿把自己的供品贡奉到灵前的一个仪式。有两种说法：

1. 在外边儿十字路口或热闹的地方，让民众看。

端四次。

第一次：16个盘和五个馒头，四个人端，一个人一个；回来的时候吹《乌稍月》，回来以后刹住。唢呐叫两板。

第二次：《小金腔》端四个盘，干菜。

第三次：《戏牡丹》端四个碗。

第四次：坐场，一般是黄戏《牧羊圈》。端四个碗，和四个大馒头。

其中，每次都是出去时不吹，回来时吹奏。进馔完毕要打《哀次鼓》。

2. 进三回，外甥和孙子或侄儿男女参加。从大门外把供品（已经有人准备好了）迎回来，然后烧香。去大门外的路上为《草灰腔》《小十番》等白曲。崔和平补充，进馔不能吹红曲。回来的路上曲牌同前。

第一次：端汤。

第二次：端菜（看颜色，如白菜、红萝卜、粉皮、海带等）。

第三次：主食（馍馍）。

进馔在襄垣全县都有。现在端馔的内容基本没有改变，但与其相辅相成的仪式用乐已经没有什么讲究了。任何小曲牌都可以。

吹棚：同前。

迎祭：即把各家亲戚的供品从村外迎到灵前。每一个亲戚（一般为关系密切的）都要迎。迎一次祭要付给八音会10块钱。去的路上不吹，回来的路上吹。回来在灵前烧香。（《大开门》《小十番》）

这个环节的性质及变化同进馔一样。

起杆（一说转财）：铙钹领着，孝子们围着棺材左转三圈，右转三圈。男往左转，女往右转。《茶赞》《小桃红》《大开门》《小开门》。

这个环节由"僧道"进行，遂以管为主奏。这个环节现在已经消失了。

起灵：孝子及亲戚轮番烧香。女眷大声痛哭，男孝子手柱哭棍，跪于灵前。其他人准备起丧的相关事宜。音乐吹《大开门》《小十番》《耍孩儿》。现在已经没有用乐方面的讲究了。

搭幽灵：音乐要把送葬的队伍送到村外边。孝子烧香，再磕一个头，或者只磕头。音乐及无关人员返回。直系亲属随棺材去往坟地进行下葬仪式。

总而言之，襄垣丧礼必备的几个环节是：移灵、请诏魂、送疏、吹棚、进馔、起灵。其余的环节或已不进行，或根据主家的要求进行增减。传统的消减以及现代元素的影响主要表现在曲目的运用中。传统保存得比较好的地域用乐还有一定讲究，但有些地方的用乐就只能说是丧礼环节的"背景配乐"，而失去了敬鬼神和与鬼神沟通等功能，保留下来的只有"但凡仪式，必须动乐"的观念而已。

由于丧礼是儿女向亡者表示孝心、向别人展示自己孝心、让自己心里安心的一种严肃性的仪式，所以八音会在此中的运用还有些许古老的用乐规矩传承至今。至于在婚礼、寿礼、开业典礼等纯"热闹"式的仪式中，八音会则已经沦为一种主要用来烘托气氛的背景音乐了。

第五节　八音会现状及流派

从上文分析可以看出，当下的襄垣八音会融合了历史上各个流派，呈现了一种新的状态。不再有历史上泾渭分明的身份认证，只是人们口中的"据说"了，与此相应的文化符号也处于被现代文化快速消解的过程中。八音会艺人崔和平就现在襄垣八音会的存在状态，根据各八音会存在的地域，又总结出新的七个流派。

上马：龚宏喜。龚宏喜派现在的主事人为龚进喜，他们认为自己承载的是佛教音乐，因为其主奏乐器主要为管子。除此之外，还承应"升桥"等佛教仪式。

龚进喜，现年68岁，高小毕业，在村务农，从小爱好音乐，20岁上跟上本村龚耀元（属鼠，90 岁）老艺人学习吹、拉、打等职业，在"文化大革命"中先后走遍了晋东南地区进行演出，宣传毛泽东思想。曾经带过八班学徒，在乡下婚丧嫁娶、超度亡魂等场合中做各种形色表演，直到现在。其师傅龚耀元师从黎城师傅曹秃狗（家传艺人）。他大概是 40 多才开始学，也不识谱。他最开始是听音学音乐，即师傅做示范，一句一句教，开始学的是工尺谱，学会之后变成简谱。大概 1976年学会简谱。

龙王堂（坪村）：庆红。姓氏不详，师从长治八音会艺人陈富有。但在采访过程中，陈生华也提到他曾跟陈四全（襄垣乐户后人）学过。

仡佬洼：姓名不详。师从长治八音会艺人陈富有，只随其学习了过街音乐，所以不会坐场吹戏。但其过街音乐在襄垣水平最高，会很多别家不会的曲子。

夏店：王玉章。1936 年生人，十八九就开始干音乐。没有专门的师傅，只是爱好音乐。最先学的是梅笛，后因干这行找不着对象，中止学习。婚后，大概二十六七岁开始学唢呐。上午买上唢呐，下午就搭班演出了。后来在本村凑了十三四个人，组成一个班。当时，结一场婚或办一场丧事，共得 20 元左右，平均每人 2 元。

古韩镇：姓名不详。师从长治小锁，在襄垣县城附近活动。

水碾：赵润喜。师从襄垣乐户后人陈秃。现存后人为赵和平。多在下良一带活动。

善福：陈家。陈家为传统乐户后人。多在善福一带活动。

除此之外，为满足越来越多的礼俗需求，新的八音会也层出不穷。如善福卜沟村、侯堡东回辕村李家、侯堡邑子村、古韩西王桥村、古韩小垴村、侯堡西回辕村、善福苗家岭村、上马下庄村、王村井峪村、王村孔洞村、王村南姚村、王村史属村、王村下庙村等村的八音会。这些八音会多由村民自组，应承当地民间婚丧嫁娶等各种仪式及元宵等节日的庆祝活动。

下面列举几个普查资料中的典型例子：

邑子村八音会：是村民自己组织的八音会，由潞城市店上村的韩姓艺人教授。所持乐器有笙、笛、铜管、唢呐等。以"工尺上四五六曷（合）"唱谱。当时参加八音会的人，吹笙的有梁银龙、张绍礼、张绍先、张文炳、王福盛、杜银钢等，吹唢呐的是梁先虎，他能同时吹三个唢呐，鼻孔两个，嘴里一个，有时在吹奏时鼻孔吹哨（唢）呐，嘴边咬一个马灯。记录"散曲"曲谱头一首：工工尺上四五六曷

（合），六工尺，五六曷（合）四曷（合）；记录《王大娘补缸》歌词一首，曲调与《好汉歌》相仿：王家庄有个王大娘，坏了一口大面缸。……打破旧缸赔新缸……；记录小曲《恨狸猫》唱词一首，曲调未做说明：小奴家房中绣鸳鸯，忽听得窗外闹嚷嚷，打开窗棂瞧，一对蝴蝶比翼双飞在花稍（梢）。从南上来一狸猫，把一对蝴蝶冲散了，奴家对狸猫恨不消……

古韩西王桥村八音会：被调查者称西王桥村八音会至今约有百年历史。发展分为三个阶段：最早由十几名小伙子组成，购置的乐器为锣、鼓、镲，用于龙王庙求雨、富户人家祝寿、闹满月等民俗活动。20世纪20年代初期，张所九等十几个年轻人，通过到外地请师父学习的方式来发展本村音乐会，此阶段八音会由最初的乱敲型发展为鼓点型，乐器在原有基础上亦有所增加，但仍限于锣鼓，用于村里求神、祈雨、闹社火、元宵节扭秧歌等民俗活动。20世纪40年代初，申连富辈音乐会成立，但因日寇侵略，断档十年，1945年恢复，由潞城张玉水教授，增加了唢呐、笙、板胡、二胡、梆子、笛等吹奏乐器，初步形成现今规模。学习使用工尺谱，主要吹奏曲目有《刮地风》《节节高》《柳叶青》《过街红》等。主要参与婚丧、祝寿、闹满月等民俗活动。现在还参与县城打擂等比赛活动名声大振。

善福苗家岭村八音会：被调查者称本村过去也有一支村民自组的乐队，盛行于20世纪六七十年代。用于周围村庄甚至外县的婚丧嫁娶礼俗。

王村孔洞村八音会：被调查者称本村八音会创立于1945年，薛更江来本村教授。主要参与开业及婚丧礼俗、庙堂吹奏。吹奏内容有：曲牌《节节高》《定刚（钉缸）》，戏剧上党梆子、襄垣秧歌。活跃于武乡、沁县、襄垣一带。

王村史属村八音会：被调查者称吹唢呐为学校毕业后所学。参加村里的红白喜事。白事吹奏的小曲有《大开门》《牧羊圈》《红林关》《灵堂计》《悼（吊）孝》等；结婚吹奏的小曲有《靠山红》《节节高》《唱绿枪》《花枪（腔）》《抬花轿》等。

王村下庙村八音会：记录了王村下庙村庙堂音乐的历史、参与民俗及其方式和意义、实物资料、乐器组合及各乐器来源及意义。记录的庙堂音乐打击乐有：《铙钹大板》（打击乐）、《小出闹铙》《行路铙钹》谱；曲牌《茶赞》《六句赞》《一点茶》《佛保威》《挂金锁》《大将无根》《大梨城》《摘葡萄》《六出戏》《摘花椒》《小拾翻》《二人抬》《绣荷包》《节节高》谱。皆为简谱记谱。

下良下良村八音会：被调查者称本村八音会的起始追忆不清，只记得1948年村里有一支八音会队伍，其组织成员有：杨玉明、陈三全、陈女、杨玉秀、陈毛旦、郝根相。从事民间婚丧礼俗。后因后继无人而停业。

庙堂音乐

八音会吹奏

第二章
挑高秧歌

在以农业为经济基础的传统社会中，人们习惯于根据自然法则来安排生活。这一点在农民的日常作息行为中体现得尤为明显，诸如日出而作、日落而息，开春耕种、秋后农闲等。襄垣是典型的亚热带气候，分明的四季给人们留出了相对宽松的休息时间。经历了一年辛劳之后，面对即将到来的年节，人们极其看重。

挑高秧歌，曾是流行于襄垣县境内的社火表演形式的一种，现在西营镇城底村小庄一带及下良乡等地仍有较为完整的传承。所谓"挑高"是因为在演唱时主要以俩人对唱，一唱一和，一问一答，见景生情，即兴编词，随编随唱，随唱随编，谁编得生动，唱得顺口，谁就取胜。因为二人竞唱，越挑越高，所以人们把这种演唱形式命名为"挑高"，后来加上打击乐器，又因人们把正月搞文娱通叫闹秧歌，"挑高"也被通称为"挑高秧歌"。

第一节　艺术本体

表演形式：人物分主角、配角两种，主角就是主要演唱者，一般二人至四人，主角也是领队，领着走圆场，决定演哪个节目及演出时间。主角中包括一个出丑的丑角，唱词根据角色进行分工，正角演唱歌颂的、恭贺的、客气的和固定的故事节目，扮相正派，头戴礼帽，身穿大衫，一手摆响环，一手打雨伞；丑角的扮相是头上挽独角，衣是大红袄，裤是大绿色，脚穿红花鞋，脸谱是三花（小丑），手拿大扫帚和响环，唱词是讽刺的、对骂的、嘲笑的、幽默的；配角人数不等，没有演唱任务，每人手拿一件击乐，以伴奏为主，跟着走场。扮相是随身衣服，没有统一服饰。

主要演唱者除演唱固定的故事外，还有随唱随编的任务，也就是演唱不固定的唱词是谁唱谁编。所以主要演唱者要既能唱又能编，还要有能领场的水平。

音乐：只有击乐伴奏，没有文乐，演唱时全靠演员自己掌握，它的唱腔高亢激昂，优美动听，以字行腔，以腔衬字，字真句清，别具一格，引人入胜。演一段，有时也有六句，唱时演员以摇响环为节拍，四句唱完一段伴奏一次击乐，击乐曲谱是固定的，走场时反复击乐多次，演唱时只伴击一次，击乐以小银锣、小水、小钗、豆儿垫四样为一组，根据人数的多少分组，击乐鼓点必须一致。可配备若干组。击乐的伴奏统一听领队者的指挥，以响环的手势为准，若响环乱摇几下，说明这是最后一次，唱完后乱摇响环说明要走场道，可以反复击奏。

传统剧目：据调查，挑高秧歌的固定节目有参神词、八仙过海、二进宫、关公过五关、盗书、平方腊、截江、姜子牙下山等十几个。1949 年后，为配合中心工作，还自编了"送子打老美，镇压反革命，余粮卖国家"等。

唱词：挑高秧歌的唱词有两种，一种是固定的，如参神的和故事的；一种是不固定的，如两村秧歌路途相遇，就得对唱几段，而对唱要根据两村的关系和今年的情况，随时编词进行对唱，所对唱词必须与对方的唱词和着唱，所以这种对唱词就得随听随编随唱。对唱词中分有歌颂的、恭贺的、客气的、讽刺的、对骂的、嘲笑的等，就是对方符合哪种，就编哪种。这些唱词又都是通俗而含蓄的，特别是讽刺的、对骂的唱词是讽不带刺，骂不破口。但有时也是一针见血。所以，挑高秧歌的唱词通俗、风趣、朴实、生动，富有浓郁的乡土生活气息。如：

甲问："一尺布有几个眼儿？一斗米有几粒颗儿？"

乙答："布是论尺不论眼，米是论斗不论颗儿！"

舞蹈动作：动作简易，没有固定的步伐，手势及其舞蹈中所要求的动作，一般有两种简单的步伐，一种是合乎节拍的弹跳，一种是扭秧歌的动作，和秧歌舞一样。因为演员手中都拿有固定的乐器，所以没有手势动作，身段方法有时左右摇摆，有时前后摇摆，也不固定，完全由演员自己发挥。

走场：是挑高秧歌的主要部分，走道复杂，步伐简单，一进场先走几圈大圆场，然后走场道。主要有：转八字、走剪孤、四门斗、蛇蜕皮、四门碰老杆、四门中心开花、十字穿心四门斗、长蛇阵、卷席筒、仙姑剪。

演出程式：这是群众性、自娱性的舞蹈，参加人数多少不等，根据各村的情况确定，多者三四十人，少者一二十人，不管参加者是多少人，主要演唱者只需二至四人，而且在正式演唱时只用一人，必要时为两个，其他人员均手拿击乐一件，跟着走场和击乐伴奏，没有演唱任务。挑高秧歌的特点是场面简单，演唱者领头，先转圆圈，然后走场，击乐伴奏，演唱者一手打雨伞，一手摇响环（也叫虎撑），走完一个场道，行至中间开始演唱。以前，挑高秧歌还有一套程式，就是秧歌队每到一村，首先要到三官庙或三官棚参敬三官老爷，三官即天官、地官、水官。进庙（棚）后，全体跪到三官老爷神前，由领队人烧香、叩头后，全体起立，接着走场，在神前唱一段参神词，再唱一个传统节目，就可进村为各家各户演唱。到各户演唱也有一个过程，首先凡愿接秧歌的门上必须挂灯，秧歌队见到门上有灯，就可进院闯灯，进院后走上一两个圆场，开始演唱，先唱几句客气或恭贺的话，接着就唱一两个正本，正本唱完后，唱一段结束致谢的话儿，就另换一家。家家都是如此，只是前面的客气话要根据各家的不同情况临时编词。演唱人一进院，就能看出这家的特点（有的是早有所闻），走场中就能把唱词编出。普通人家大致都是唱："咱秧歌进院来喜气洋洋，先敬祝全家人身体安康，老一辈洪福厚满面红尘，小一辈勤攻读前途无量。"要是这家的住宅很漂亮，就唱："老介忙进院来抬头观望，好一座四合院修得漂亮，后靠山前望水岁岁朝阳，住此院定然是儿孙满堂。"……都是各种恭贺的词句。结束时的致谢词基本上都是："谢拜老兄（掌柜）好接待（弯腰作揖谢谢你）下年闹起来了咱早些来。"

第二节　历史变迁

关于挑高秧歌的历史源流，当地曾在 20 世纪 60 年代搜集了一批珍贵的口述史资料，如下：

据民间老艺人李全木（1900 年生）、刘大丑（1919 年生）、李金林（1918 年生）和民间艺人李金才（1943 年生）等人追忆以及从口传下来的一些唱词为证，大约在三百多年以前的明末清初就有了挑高秧歌。

还有一种说法是根据西营一个姓冯的老艺人追忆，他听老辈人说（口传，没有依据）挑高原是郎中（串乡医生）创造的，因为郎中在串乡行医中，就是一手拿响环，一手打雨伞，头戴礼帽，身穿大汗衫，从此来招人看病，后来演变成"挑高秧歌"。

据老艺人们祖辈相传及走访王庚戌（1878～1978）追忆得知，明万历年间，襄垣农村开始有了正月十五闹元宵的习惯，也就是闹社火。就是每逢正月十五元宵节前后，由村里掌管三官社的人牵头组织村里的人们娱乐。形式多样，内容丰富，有"高跷""旱船""龙灯""跑驴""挑高"等民间舞蹈，还有供大家玩的"八角锹""车溜锹""黄河灯""喝一壶"等游戏形式，十分热闹。到明末清初，在襄垣北部地区出现了一种演唱形式，人们把平时哼哼的民歌小调和劳动的夯歌结合起来，配上词句（大都是自己编的庆贺丰收的喜庆词）进行就地演唱，因为主要以妇女们纺花时自己哼的小调为主调，所以当时就叫"纺花调"。在演唱时又配上锣鼓点，后来又编小故事唱词，形成一种形式，都叫闹秧歌，也叫闹社火、闹红火。几个人在中间又打又唱，周围群众观看，所以襄垣秧歌是由当时岁时节令民间歌舞中发展起来的，秧歌由此得名。

每年元宵节前后，大部分村庄都要在街头演唱秧歌。有的村由本村人自唱自乐，有的村雇请把式演唱，大都是在本村演唱五天之后，即到邻近村庄互相往来，交流演唱，人们把这种活动叫"闹秧歌"。每到一处，首先由秧歌队的领队演唱一段"挑高"，然后唱秧歌，末尾仍由领队用"挑高"唱腔向场主（接待秧歌者）唱一段谢词，然后敲锣打鼓地离开。

这段表述的时间段是"明末清初"，勾勒的是襄垣北部地区社火秧歌形成的过程，表明这一地区社火秧歌在明清时期的繁盛情况。而在创腔上，无论是"挑高""小板鼓""莺歌柳"，还是"夯歌""纺花调"都呈现出一种对于既有音声技艺的吸纳状态。

社火秧歌本身是在年俗时节表演的，所蕴含的曲调海纳了当地流行的民歌、曲艺等多种声音形式。襄垣的挑高秧歌，显然是民歌小调、夯歌及纺花调的集合体，这一点从20世纪60年代当地文化部门记录的民间社火曲调中也可见一斑。

挑高秧歌的活动时间是春节和元宵节期间，平时不用。每年春节来临之时，民间的艺人们就自动集中起来进行排练，一过春节就进行活动，一直闹到过了元宵节以后，有的还要闹到二月二才结束，人们都叫"闹秧歌"。活动的范围除在本村挨家挨户进行演出外，各村的秧歌还要互相交流演出，有的甚至还到邻近的外乡和外县的村庄交流演出，人们通称这种活动叫"闯灯"。特别是正月十五日前后三天，各村秧歌都要到西营镇进行"闯灯"，街镇上的各家商号店铺及大户人家的门前都挂灯，邻村群众都来看热闹，各村的秧歌队要挑选最好的演唱把式进行表演，形成一种比赛，晚饭以后街上人山人海，秧歌队接二连三，满街都是，一直闹到四更以后。元宵一过，人们就又投入新的一年的春耕生产中了。

第三节　地理分布

挑高秧歌作为襄垣秧歌的前身，已渐渐退出历史舞台。可否这样猜测，现在存在襄垣秧歌的地方当年也都出现过挑高秧歌？无论如何，现在存有挑高秧歌的地方已经寥寥无几，下面是尚有挑高秧歌流传的村落。

1. 北底土合村：参与者为本村村民，演出时间为每年正月，正月初一到正月初五由村委组织排演；正月初十至正月十六演出。内容主要有舞龙灯和秧歌小唱。演出形式为走村串户。无报酬，给根烟即可。

2. 西营城底村：原有形式是一种山歌，后来衍变成现有形式。此地挑高的唱法与其他地方不同，但不同之处未标明。

3. 西营洞上村：即地个偏样（秧）歌。由持不同铜器的数十人组成，在场内边转圆圈边唱，中间有两个人手拿着响环边舞边唱。唱一板（不知其意）打一次铜器。

4. 下良下良村：被调查者称高跷兴于唐代，由奔奔（原文带足字旁，但未查出此字，或为别字）跷逐渐演变而来。但高跷队的发展与形式及各队员的扮相并未详列。称八音会因由八件乐器组成而得名，主要演奏曲牌有《大十番》《小十番》《节节高》《戏牡丹》《紧慢长皮》等。吹奏形式有领奏、对奏、轮奏等。

另外在西营的南岩及王村镇也有流传。

第四节　俗正

襄垣县城之北有土城遗址，人谓"石勒城"，为"石勒攻上党筑之以积刍米"（乾隆光绪版《襄垣县志·城垒》），周围有城底（石勒积刍城下）、西营（城西之兵营）、护驾垴（石勒护驾兵营地）、花果园（石勒之花园）等村。俗言，襄垣挑高秧歌即兴于此，传汉赵上党公羯人石勒依靠杂胡集团与河北流民集团，于襄国（今河北邢台）建立后赵，以上党、并州、平阳为其重要根据地，石勒部下得胜仗后，兵营中敲击兵器、铁器，载歌载舞以庆胜利，后逐渐演变成为挑高这种形式。古时杂胡善歌舞，常随兴而歌，见山唱山、见水唱水，军中赛歌、拉歌风气亦古已有之，至今如是。而挑高表演时人员随势而动，有所谓面对面、四门斗、十字穿心、长蛇阵、龙摆尾、打圆场等阵法，且围绕石勒城周边城底、西营、南岩、护驾垴、花果园、义街等村为承传内核。

挑高秧歌是年节期间的仪式性表演活动，就其活动的情境、程序、内容等来推断，挑高秧歌是由原初"傩仪""迎春、元宵节仪式"等吸收民间舞蹈、乡歌，逐渐演变而来的表演活动，虽然与吕梁并不比邻，但吕梁伞头秧歌的一些形式却与此相似。作为一项群众性年节广场娱乐活动，它属于唱秧歌的一种，以打击乐为引头边打边舞，边唱边行，唱词可长可短，内容可古可今，有独唱、对唱、合唱，也有秧歌队成员的帮唱、和唱，现场应对出口成章。

挑高秧歌的表演主要在春节期间的上元节，是人们为祭拜三官而组织的。而三官大帝的信仰渊源于中国古代先民对天、地、水的自然崇拜。三官大帝是早期道教尊奉的三位天神，指天官、地官和水官。东汉时，张陵创立五斗米道，就以祭祀天地水三官、上三官手书（注：固定说法）作为道教徒请祷治病的方法。之后巫医、土郎中，原始信仰也与道教天生有种割不断的联系。三官信仰兴盛于魏晋南北朝。从唐宋以来，三元节都是道教的大庆日子。宋明以后又由于三清四御地位的确立而有所缩小，一般认为掌管人间祸福、天神转迁、生死轮回诸事，但民间信仰仍然很普遍。明代以来，各地建有许多三官殿、三官堂、三元庵、三官庙等。每逢三元节，人们都要到庙宇祭拜三官，忏悔罪过，祈福免灾。信仰三官的人都要禁荤食素，称为"三官素"。清代，三官信仰更为普遍，"天官赐福"的年画、民俗画，多种多样。道教有天、地、水三官大帝载录世人善恶之说，三元节，就是"三官大帝"的诞辰，天官生日为上元节，为天官赐福之日，要举行祈福法事；地官生日为中元节，为地官赦罪之日，要普度孤魂；水官生日为下元节，为水官解厄之日，请神明为运势不好的人消灾解难。由于"三官"的特殊性，三官民间信仰在襄垣百姓生活当中一直占据着重要的地位，逐渐形成的与三官社火直接关联的是民间群众性的文艺活动。

襄垣挑高秧歌虽然流传广泛，但公认的缘起之地是西营一带，旧时当地为通衢之地，有小北京之称，当地铸铁很盛，周边县区多前往求购，挑高秧歌所用响环均出自当地。

其实，关于挑高秧歌缘起，民间也有一种说法，如前所述说是乡土郎中行医吆喝而来。这些土郎中人们也唤作江湖郎中，其治病并非全依医理，多半夹杂奇门幻术，往往施法与医病混在一起，对一些疑难杂症多有灵验，有人甚至有半仙之称，医理治病往往归功于道法、法术。实际上，先秦以后道教广泛吸纳了黄老、神仙方术及一些民间巫术，而历史上山西本身就是道教重要的活动区，襄垣南岩仅4个自然村，但村村均有道教三官庙，即便如今有些旧庙已无，但正月间村民仍要自发搭建简易的三官棚，凑钱起社。此外，当地许多民俗信仰虽说与正统道教无关，可百姓总习惯将杂神杂祀附会其中，可见道教对民众生活的渗透相当广泛，而这些游方郎中实为当地民间巫医。《山海经·海外西经》有这样一段记述："大乐之野，夏后启于此儛九代，乘两龙，云盖三层。左手操翳，右手操环，佩玉璜。在大运山北。一曰大遗之野。"（郝懿行笺疏：九代，马名）言夏启以夏后巫师身份持轻羽华盖（如伞状）、操环，戴通神的玉器璜，舞名为《九代》之舞，乘神兽，上三层云天，以通神灵，驱晦降福，其实就是做了一场通天、与神交流祈福的法事活动。其状与祭祀社火中的挑高秧歌大意相同。

据民间传说，伞和响环又都是降妖捉怪的法器，大概与民间方术和上古法事的傩舞有关联，唱词也可看作祝词、法语。总之，魏晋佛教盛行，战乱频繁，社会心理对宗教形成巨大的精神需求，宗教发展迅速，军内信奉佛及杂祀者甚多，应当说，人们所谓传于石勒军、习于三官节及关涉郎中串乡吆唱行医的说法也并非全是空穴来风，作为一种民间艺术，它不会拒绝任何事物的影响的。

挑高秧歌的活动时间除春节和元宵节外，平时一般不用。在村上则是爱好者自由参加出场，自唱自编新段，乐器对打，能者多唱，各自发挥，人称"胡闹三官"。正月十五夜里举行挑高提灯迎火安神仪式后，一直闹到子夜以后方休。

挑高拜年是互相增进情感的交流机会，除在本村入户登门外，还少不了到邻村上下和友情村寨演出，对方村要锣鼓出村迎接，演出完毕要赠送些食品、香烟、薄酒或其他礼品等，挑高离村时接待方也要以锣鼓礼送出村。

挑高秧歌是有讲究的。譬如，挑高不能唱不吉利的词语；数家挑高队伍相遇时，相互竞争，比谁家唱得高、唱得巧、唱词编得好、咬字真嗓门高，相互间用唱词戏耍逗趣，但也有争强对骂之事发生；挑高队伍要扮一些故事人物着彩装亮相，但也有着时装上场的。

挑高秧歌也讲究组织性。挑高活动头面人物由热爱此项活动且有组织能力的人担当，闹红火人称得有三贴：贴钱、贴工、贴东西。领头人物过去叫社首，后来叫掌班、东家，现在又称团长、队长，队员自由参加，演出如果获得钱物大家平均分配。挑高秧歌主要是为了正月闹元宵，偶尔也参加一些庙会活动。在时间上，挑高秧歌一般从腊月开始就筹划，传唱自编新唱段，比如"十冬腊月蒸黄蒸，嘴里不断把挑高哼，今年开场先唱甚，吉星高照迎新春"。正月初一团拜会合议安排，初六到十二排练，十三到十六演出，走村入户闹十五，二月二是龙抬头，搭台红火唱挑高，三月三南岩有个皇会节，上党地区不少县的盲艺人都来说书集训，期间要有挑高的专场表演。以南岩为例，四月十九这里的五龙庙古庙会，挑高常是重点表演项目。此外，村里娶亲嫁女、老人祝寿也有约挑高演唱的。

班首是整个表演活动的指挥者。他对于"剧情"的发展变化起着关键的作用。他一方面超越于表演活动之上，另一方面又进入了表演活动当中，成为某种权威的角色。他是可以"跳入"也可以"跳出"的角色。20世纪50年代以前，班首一般要头戴礼帽，身穿黑色或灰色长袍、中式长裤、黑色布鞋，扎红色腰带。之后，在相当长的一段时间里，有的地方班头们习惯于穿对襟上衣。近年来，部分班头开始穿起西服、外套军大衣或呢子大衣。此外，班首的头部不允许有任何化妆的痕迹，他们只是理发修面以求整洁。总之，班头的着装打扮要求符合日常礼仪要求下的模型与范式，这种装束在当地的衣饰风俗中是最符合礼仪标准的。事实上，衣着打扮所塑造的礼仪化形象，只是班头在秧歌队中权威形象的外在表现，其内在化要求，在秧歌队组织者推选班头的时候，尤其是当秧歌队要出村表演的时候被集中地体现出来。这些近乎严苛的要求与限制，在保证班头权威地位的同时，体现了村落的整体形象。

挑高秧歌在各个时期都有代表人物，以南岩村为例，清代有刘千，民国时期有刘希晋、刘喂狗、刘金富，1949年以后有刘富荣、刘培义、刘培林、刘安平、李树奇。

第五节　俗识小结

挑高秧歌是古代腊日傩祭活动、春社活动以及汉代兴盛起来的元宵节活动的复合，是原始民间宗教信仰仪式在襄垣民间的流变，也是民众生存困惑的一种精神自慰。事实上，冬去春来的季节性周期还被想象成一个危险的时间，一个阴阳失调的时间。在这段时间里，阴气肆虐，阳气受抑，阴气被想象成厉鬼、不洁、污秽，而阳气被认同为神灵、福祉、吉祥。在乡民看来，阴阳失调是危险的，是厉鬼横行、四处害人的时刻，人们需要举行仪式邀请神灵驱逐群凶，恢复宇宙与自然的和谐，表现了民众企图控制自然的意愿。由此可见，挑高秧歌展演的时间是一年里最危险的时间，是关系着宇宙自然与人类社会的正常律动的时间，具有神圣的意义。与此同时，挑高秧歌展演的空间同样具有神圣性，由于仪式活动是以村落为单位举行的，因此，仪式的空间范围基本上被限定在村落内部或小型的聚落当中。在仪式展演的过程当中，村落的神庙、村民的院落、聚落的广场等空间位置都安放了（三官）神灵的牌位、供品、镇物以及其他象征性标示物，标示了仪式活动空间的神圣性。于是，在年节来临的时间里，年节仪式进行季节性更替，当地民众通过挑高秧歌这一仪式性的庆典活动除秽纳新、驱鬼逐邪、娱神祈丰，以期恢复宇宙自然以及人类社会的正常秩序与生命力。随着时间的推移和社会的发展，秧歌的娱神功能被逐渐淡化，借娱神以娱人的目的愈来愈明显，渐渐演化成为一种全民性活动。在交通受阻隔的年代，挑高秧歌一般是"村内"或"联村"的仪式性活动，秧歌队少则数十人，多则上百人，充分体现出其全民性。同时，也体现着民众的狂欢性。春节、元宵节闹秧歌唱、挑高是狂欢情绪的酣畅淋漓的宣泄，是人的自然本性的显露和释放，是对平常日子按部就班的规范性生活的临时突破。表演形式灵活多样，不受场地限制，适宜于广场地摊式的表演，与人民群众更为接近。在当地民众的方言里"挑高秧歌"这一仪式性的庆典被称为"闹秧歌"，"闹"字充分体现了"类狂欢现象"的基本特征，包含着深刻的"地方性"意义。

挑高秧歌同时包含着仪式性因素与诙谐性因素两个方面，其节目承载了当地人的生活理想、认识愿望和情感趣味，是当地民众精神风貌与心理特征的审美映射，包含着大量的社会伦理与生活知识。不仅是娱乐和消遣的手段，同时具有教化和认识的功能。

艺术方面，挑高秧歌是一种大型的民间歌舞活动，少则数十人，多则数百人在班首的带领指挥下，各自施展自己歌、舞、吹、奏的才能且井然有序，是群众性歌舞活动的艺术大展示。既有组织工作的艺术性，又有表演的艺术性，其中最突出的是它的集体艺术性。其表演灵活多变，有着独特的艺术表现力，善于表现贴近百姓生活的小场景，尤其在具有现实主义特征的剧目中，表现得淋漓尽致。挑高秧歌的唱词通称为秧歌，是挑高秧歌这一民间歌舞艺术的重要组成部分，它既不同于一般四句体的民歌，又与戏剧性质的秧歌唱词有着本质的区别，是民间口头文学中稀有的艺术品类，草根气息浓厚，既有表现历史传统文化的保留剧目，又有反映现实社会的优秀作品，具有独特的地方色彩，浓郁的泥土气息和雅俗共赏的艺术魅力。

一是即兴编词，灵活唱和。几乎所有的秧歌都是在某种特定的历史背景及具体的时间、地点和环境气氛中产生的，一首好的秧歌唱词更是如此。曲调高亢又婉转，语言诙谐有趣，尤其是大量从方言中提炼的唱词，具有广泛的群众基础和娱乐性特征。挑高的对唱表演活动都与传统年节相关，几乎所有的对唱歌体都属于民众的诙谐展演，这种诙谐式的口头对抗，总是包括一些戏谑性的嘲弄、愉悦性的攻讦、竞赛性的谜语游戏等其他所有口头竞赛中常用的修辞策略。对唱歌体主要使用当地方言，近些年来，由于参与表演者及听众文化程度的普遍提高，部分书面词汇也夹杂进来，这使得对唱诗体的韵律特征呈现出明显的地域性特点。挑高秧歌的对唱表演主要发生于两支秧歌队之间的偶然相逢之时，或是在搭彩门的时候，而且挑高演唱的内容因为情境的限制而具有相对集中的主题。歌手们或触景以生情，或遇事而有感，或因人而议论，或互问互答，绝没有毫无对象的无病呻吟之作。传统挑高都由男性来充任，近些年来，挑高对唱已经发展成为一种单纯的表演性节目，其演唱的主题与内容更加自由，这对于挑高的即兴演唱能力提出了更高的要求，同时，某些女性也因为表现了高超的即兴演唱能力而出任，参与对唱表演。

二是格律结构灵活，语韵通俗明快。挑高秧歌的唱词一般为四句一首，可以独立存在，一首秧歌表达一个完整的意思。大致可分为七字句、十字句、九字句、十二字句四种格律结构。唱词统一都押脚韵，即每句末尾一个字要求合辙押韵，四句同韵是挑高秧歌最常见的押韵方式。有许多名家的秧歌还特别讲究四句用同一声调，即同声同韵的特色。演唱起来音韵更为和谐，从而增强了挑高秧歌的艺术感染力。一首好的挑高秧歌，不管采用哪种格律，都有一个共同的特点，即立意要深刻，结构要完整，布局要合理，结尾要巧妙。挑高秧歌所使用的语言，基本是以方言为基础，其主要特点是通俗明快，自然流畅，雅俗共赏。挑高唱词语言是一种独特的语言，它既不同于书面文学语言，又不是原始的口头语言，而是经过加工、提炼、修饰之后的口头文学语言。表演中常调动多种修辞手法，来增加它的艺术表现力和感染力，最适宜于表演贴近现实生活、惩恶扬善的情节内容，具有明显的寓教于乐的特征。

历史地看，襄垣挑高秧歌出自民间社火活动，以其独特的风格魅力，在宣传群众、发动群众、打击敌人中发挥过重要作用。襄垣挑高秧歌的剧目及相关资料，对研究革命根据地文化建设和党的文艺方针政策等方面，具有特殊的史料价值。作为一种民间文艺，挑高秧歌不仅与传统社会密切相关，它还反映并重塑着现代环境中村落生活的现实。其自身的特点决定了其表演反映人民群众现实生活小场景的特点，为百姓所喜闻乐见。

在市场经济快速发展的今天，人们的娱乐活动极为丰富。受消费主义、视听主义、流行风潮、影视等新型文化观念和娱乐方式多样化、复杂化的影响，人们的欣赏口味有了变化，尤其是影视业的迅速崛起，极大地排挤了民间艺术的生存空间。襄垣挑高秧歌的处境也并不例外。

挑高乐器

响环

现编现唱

亮场

第三章
襄垣秧歌

　　戏曲依本体规模与流行区域的不同有大戏、小戏之分，晋东南地区通行的大戏有上党梆子、上党落子，各自区域又有本地的小戏。襄垣的代表性剧种是襄垣秧歌，流行于襄垣全境。其发端于民间社火秧歌，至晚于清中叶形成戏曲形式，发源地介于襄垣、武乡之间，后由该区域渐渐向两地行政中心传播而出现"襄垣（地域流传的）秧歌""武乡（地域流传的）秧歌"。20世纪80年代《中国戏曲音乐集成·山西卷》综合二者定名为"襄武秧歌"[①]。2008年入选第一批国家级非物质文化遗产扩展项目名录。

第一节　艺术本体

　　襄垣秧歌，属民间歌舞诸腔系，行当以小生、小旦、小丑为主，传统剧目多生活化，同时搬演、移植大量其他剧种剧目，尤其是反映历史题材的蟒靠戏，促使其在规模上向"大戏"发展。襄垣秧歌在发展中从区域内姊妹艺术中汲取营养，逐渐形成内容丰富、规模较大的戏曲艺术形式。以下就其艺术本体的典型特征略做分析。

[①]《中国戏曲音乐集成山西卷"襄武秧歌"编辑工作小结》，载王德昌主编，《襄垣秧歌》，天马图书有限公司，2003年版，第378页。本节使用的材料，多源自此书，同时参考张林源、向文瑞、杨升祥、范茂和、韩军等诸位先生的研究成果（详见本章第一节"概论"），在此表示感谢。

一　音乐

襄垣秧歌属于典型的板腔体结构。传统唱腔为六声（含变宫）徵调式，20 世纪 60 年代出现清角（fa）音；旋法中变宫（si）使用频繁，风格独特；曾为小工调（D 调），现代记谱统一为降 E 调。[①]文武场音乐以演奏曲牌为主，其大量吸收了当地各种音乐形式的曲调。

（一）唱腔

戏曲唱腔因行当、角色的不同而有所差异，襄垣秧歌亦不例外。

襄垣秧歌传统的音乐唱腔，有它自己独特的起落规律。生腔（二性板）生行上下两句，除"4"音以外，可以从任何一级音上起唱，且行一般多起于"1、3、5"三个音上。生行按行当分，老生多起"6"音，大生多起"1"，小生多起"3"，旦行慢板，小旦多起 1 音；青衣、老旦多起"3"音。这种起落方式和上党梆子大同小异。秧歌落音也比较特殊。旦行上句落"3"音，下句落"5"音，生行上下句都落"5"音。戏剧音乐改革以来，特别是新创的散板、垛板、摇板等，上下句起音都比较自由，但不管起音是啥音，而落音绝对在"5"音上。[②]

从襄垣秧歌的发展历程看，旦角唱腔应是各行当中最为传统者之一。并且，在现有资料中，保存最多、历史最久、脉络较清晰的也是旦角唱腔。

据已有资料载，襄垣秧歌的主要板式有：

〔慢板〕一板三眼，4/4 记谱，行腔速度为 40 ～ 70 拍 / 分钟，上下两句为十六（各八）板，每句又分为三个小分句（艺人也叫三节腔），俗称"三滴水"。每分句间有一小过门，上下两句中下句落"5"音，中间过门略长，均由锣鼓点断开。常用十字句，格律为三三四，有时在下句中也有增词和垛句式，可以独立成段，各行当均用，但唱法有别，起落形式为板起板落，曲调进行多用三度及四度以上的大跳和自由重复摸进的旋律，一段完整的唱腔如下：亮弦——叫板——起首过门——上句——句间过门——下句——结尾过门（起首过门）。多用于抒情、回忆、叙事、悲凄的情节。

〔二性〕一板一眼，2/4 记谱，闪梆起唱，行腔速度为 70 ～ 90 拍 / 分钟，起落形式与慢板相同，可以独立成段，唱词多用七字句、十字句，格律为二二三、三三四。演唱时，特别是大丑、小丑常用虚词和花彩词，"那个""呀得儿""呀"

---

① 王德昌，《襄垣秧歌》，天马图书有限公司，2003 年，第 47 页。
② 王德昌，《襄垣秧歌》，天马图书有限公司，2003 年，第 48 页。

等，上下句尾均用小过门（文乐或击乐）断开。上句男腔落"5"音，女腔落"3"音，下句均落"5"音，各行当唱腔独具一格，喜、怒、哀、乐皆可表现，叙事、抒情兼备。

〔紧板〕多为有板有（无）眼，1/4记谱，偶尔也用一板一眼，2/4记谱，唱词为七个自，格律为二二三，句式结构与二性板基本一致，上下句各四小节，落音与二性皆同，仅是唱腔过门（包括击乐）化繁为简，可以独立成段，唱腔速度较快，可以转入其他板式。紧板中可插入"念板""圪联板"。叙事性强，幽默、风趣、活泼、激昂，最适合小丑、丑旦、彩旦、刁婆、泼旦等行当使用。多用于戏剧冲突激烈，矛盾尖锐、激化以致兴高采烈等情节，最大的特点是演唱自由随便。

〔念板〕有板有（无）眼，1/4记谱。其特点是：下句幅度长短不限，灵活多变，包括绕口令、增词、加花等，唱腔中不独立运用，必须插在（二性）（紧板）之中，上句和下句的中间。传统唱法无论上句下句，女腔均落"5"音，男腔多落"2""3"音，一唱到底，句间无过门。中华人民共和国成立后，词格逐渐规范为七、十字句，旋律却随着字声的变化，上句落"1"音、"3"音，下句落"5"音，偶尔也落"1"音，但不作为终止转板用。多用于花旦、泼旦、大丑、小丑行当，善于表现风趣、骂街、斗殴等情节。

〔数板〕亦名垛板，是以上党梆子的框架与秧歌（二性）旋律组合发展而成。20世纪50年代末，在由宋显荣、范茂和、王生杰设计《朝阳沟》的音乐时，创造出这种唱腔，称作垛板，后叫数板，首先使用2/4记谱，行腔速度较自由，40～80拍/分钟，上下结构，十字句和七字句均用。上下句各为四小节，每二小节有一个小过门，它有专用的起唱过门，但不能自起自落，起唱和结束必须借用慢板或二性的切板或送板。数板旋律舒展叙事性强，适用于各种行当。

〔散板〕又称介板，无板无眼，行腔自由，根据剧情可快可慢，排演《朝阳沟》时由范茂和、王生杰创腔。60年代开始使用，可以独立成段，也可通过挑、流两个唱句转入其他板式。适用于各个行当，剧情发展到激昂悲凄情节时，最为适用。

〔摇板〕属于紧打慢唱，有板无眼，1/4节奏，有序而自由。排演《红嫂》时杨升祥创腔。70年代开始使用，伴奏程式源于上党二黄戏中的快二板，也有河南豫剧的成分。词格为七字句和十字句，有时也可长可短，可以独立成段，自有起、切板程式，也可跳入其他板式。伴奏部分采用同音反复的旋律音型，相互交织，富有复调形式，句幅长短自由，速度快慢灵活，腔节分句一音一拍，四拍加同音反复。

〔哭板〕在传统唱腔慢板上句后下句前中间插一个腔句。有板有眼，不能独立成段，在表现悲凄情节时，插唱"哭板"非常必要，而且被广大观众和艺人认可，是襄垣秧歌不可缺少的一个唱腔，是 60 年代初以散板为基础发展而来的，以滚白念唱的方法连哭带唱。以白带诉的腔调，如"苍天呀""老天呀""兄弟呀""爹爹呀""亲娘呀"，形成一种完整的句子，主要适用于青衣、小旦行当。

除上述板式外，还有〔挑板〕、〔花音垛板〕的唱腔节句。〔挑板〕是 50 年代末宋显荣编曲《一个志愿军的未婚妻》时创作的，一直演唱至今。〔花音垛板〕是 1962 年山西省戏曲音乐家李守祯老师在为《小二黑结婚》一剧设计唱腔时创作的一种唱腔。这两个新腔均是在二性板的基础上发展而成，可以单独起唱，它有丝弦乐的起首过门，常与（二性）组合使用。在秧歌中广为应用。[①]

关于襄垣秧歌的唱腔体式，王德昌、杨升祥、韩军等先生都做过详细的整理与分析。王先生按照戏剧音乐格式将上述板式归为"流水"和"圪联"两类；[②] 韩先生认为传统唱腔中只有慢板、二性、圪联板三种板式。[③]

（二）器乐

襄垣秧歌以二黄为主奏乐器，辅以二把、胡胡，此外有唢呐、梆子、二黄鼓、大鼓、拷板、大锣、小锣、镲。20 世纪四五十年代开始，乐队逐渐扩大，增加了二胡、笛子、三弦、笙、低胡、扬琴、大提琴、琵琶等；80 年代之后，出现了电子琴、电贝斯等电声乐器。详见下表：

襄垣秧歌使用的乐器

文场		武场		
弦乐	管乐	打击乐		
二黄	唢呐	锣	大锣	平筛锣、大虎音锣、中虎音锣、高音锣、武锣、更锣、风雨锣
二把、胡胡	笛子、笙		小锣	高音小锣、中音小锣、低音小锣
二胡、三弦、低胡、扬琴、大提琴、琵琶、电贝斯		鼓		二黄鼓、大鼓（老鼓）、小敦鼓
		镲		大镲、中镲、小镲、接官镲、吊镲
电子琴（模拟管弦效果）		碰铃、拷板梆子、鼓楗、鼓槌、锣槌、小锣板		

---

① 王德昌主编，《襄垣秧歌》，天马图书有限公司，2003 年，第 44～46 页。

② 王德昌主编，《襄垣秧歌》，天马图书有限公司，2003 年，第 44 页。

③ 韩军，《山西戏曲唱腔体式研究》，山西教育出版社，2006 年，第 73 页。

1. 文场：唱腔伴奏，以二黄、二把、胡胡为主体，俗称"三大件"。

二黄：主奏乐器，即"头把"。形似京胡，降 E 调，纯五度定弦，外弦定中音 2，内弦定低音 5，有效音域为低音 5 至高音 1，十一度，有时也扩展至低音 5 至高音 3，十三度。二黄用切指空位法演奏，一般只用第一把位，超过一把的高音则由无名指和小指向下滑奏。演奏技巧有揉、滑、戳、打、连、颤、屯、抖八种；按弦须带指帽；音色高亮清脆，穿透力强。

二把：二黄的伴奏乐器，俗称"反二把"。形似二黄而大。外弦定中音 6，内弦定低音 3，常用音域为低音 3 至中音 5，十度。琴筒长约 15 厘米，呈喇叭形，发音端直径为 5.5 厘米，琴筒口径 7 厘米，琴杆高 73 厘米。按弦须带指帽，演奏技巧与二黄一样。二把音色柔和丰满、圆润甜美，既可演奏华彩乐段，也可表现悲凉的情绪。

胡胡：也叫"老胡胡"，属于三大件中的低音部分。形似板胡，琴筒长而直，像罐头瓶状，发音为桐木板，直径为 11 厘米，出音端为 9 厘米，琴杆高为 74 厘米。定弦为四度，外弦定中音 1，内弦定低音 5，音域为低音 5 至中音 5，八度，通常只用六度，即低音 5 至中音 3，胡胡发音低沉宽厚、柔和饱满。[1]

在唱腔伴奏之外，襄垣秧歌的文场尚有以下组合：

以二黄、二把、胡胡等弦乐为主的组合，多用于表达细腻情感，渲染平和氛围。常用曲牌有：《抱灵牌》《鹊登梅》《抬花轿》《夜曲》《刘三姐过河》《满堂红》《绣荷包》《苦相思》《张飞卖肉》《小桃红》《花堂扫地》《狗撕咬》（又称"楼上楼"）、《快活山》（又称"鸡冠花"）、《节节高》《蹦蹦跳》《摸瞎姑》《小打扫》《鬼抽筋》《花打扫》《一串铃》《哭皇天》《摘棉花》《小过门》《小过河》《绣挎包》《沉思》《大救驾》《相思》《铛铛鼓》《大桃红》《纺棉花》《梦》《梳妆》《看红火》等。

以唢呐为主奏乐器的组合，多用于表现宏大场面，烘托热烈气氛。常用曲牌有：《辕门鼓》《五福云》《朝天子》《迎仙阁》《江流水》《停通》《三腔》《对太平》《跌落金钱》《男点腔》《大开门》《女点腔》《小升帐》《八仙庆寿》等。

2. 武场：即以锣、鼓、镲为核心的打击乐组合。常见曲牌有：《慢板长皮》《二性长皮》《五字头》《乱家伙》《小二性击乐》《急急风》《大鼓长皮》《一封书》《四击头》《冲头》《战鼓》等。

---

[1] 王德昌主编，《襄垣秧歌》，天马图书有限公司，2003 年，第 52 页。

二 剧目

襄垣秧歌的剧目包括传统剧、整理改编的传统剧、新编古装剧、移植古装剧、现代剧五种，其中古装题材为生活小戏及少数蟒靠戏；现代剧多是 20 世纪 40 年代创作的，为当时抗日及社会建设所服务。

据资料统计，传统剧有 239 出：《舍子》《训子》《休妻》《小上坟》《摘豆角》《换碗》《丹霞寺》《金玉缘》《洗衣记》《对绣鞋》《吊孝》《偷南瓜》《二夫拉楼》《报喜》《三顶灯》《翠莲下河南》《盗灵芝》《断桥》《生子》《大团圆》《雨伞记》《访花院》《双推磨》《阴阳报》《沙陀国》等。

整理改编的传统剧有 16 出：《日月图》《刘家庄》《玉凤配》《双姑贤》《土地堂》《观灯》《摘豆角》《偷南瓜》《拜节》《对绣鞋》《太山图》《血手印》《吵铁》《打酸枣》《洞房装疯》《赵兰英进京》。

新编古装剧有 15 出：《邺宫图》《韩玉娘》《祝家店》《史家庄》《鸳鸯扇》《风波亭》《平苏州》《逼上梁山》《红娘子》《淤河姻缘》《红罗山》《王佐断臂》《白娘子》《亡宋鉴》《岳母刺字》。

移植古装剧有 68 出：《闯王进京》《牛郎织女》《东平府》《挑女婿》《二进宫》《真假新郎》《公孙》《柜中缘》《挡马》《小过年》《打面缸》《杨门女将》《白胜卖酒》《白鼠洞》《访永宁》《三不愿意》《黄金蝉》《审诰命》等。

现代剧有 181 出：《换脑筋》《劝荣花》《李有才板话》《李来成家庭》《小二黑结婚》《捉汉奸》《小站岗》《放哨》《送夫参军》《送军粮》《做军鞋》《搞好生产》《不抗日活不成》《化装杀敌》《剃头杀敌》《白毛女》《小齐庄》《黑龙沟》《一家人》《血泪仇》等。

第二节　历史沿革

襄垣秧歌，直接的源头是当地的社火秧歌"挑高"，而其作为戏曲的可考历史有两百余年。在这个发展过程中，大量优秀艺人以及现代专业作曲家，从多种艺术形式中汲取养分，不断拓展与创新，形成了阶段性的艺术特征。

一 地圪圈与呼胡伴奏（清雍正、乾隆年间）

襄垣秧歌，作为戏曲形式出现的时间最早可以追溯至清代雍正、乾隆时期。20世纪60年代，襄垣文化部门曾对知名老艺人进行了集中采访，留下了宝贵的口述史资料。据当时采访的王庚戌（1878～1978）等艺人回忆：大约在雍正年间（1723～1735），有人把"挑高"与襄垣曲艺"小板鼓""莺歌柳"等唱腔，互相渗透，唱出一种新的腔调叫"干板秧歌"（无弦乐伴奏）。到了乾隆年间（1736～1795），才有了一把"呼胡"伴奏。后来又唱故事，唱人物，逐渐出现了角色，演唱本地流传的故事、神话、传说，发展为"地圪圈"（广场）秧歌。[①]

地圪圈，是一种对当时秧歌表演规模的形象表达，指在广场一类的露天空地上圈定一个固定场地进行的表演活动。社火秧歌本身是在年节时才会表演的，以走村串户的方式表达集体对新年的欢庆之情。在初创唱腔、呼胡伴奏与固定演出场地的结合之下，"以歌舞演故事"的戏曲形态随之呈现，剧目主要以反映生活情趣内容的小型故事为主。从雍正到乾隆的几十年里，襄垣秧歌完成了从社火秧歌向初级戏曲形态的转变。

二 自乐班与一道腔（清道光、光绪年间）

从道光至光绪的这一时期，襄垣秧歌在行当、唱腔及组织上都有了长足的发展，在当地的影响逐渐扩大。

道光年间（1821～1850）这种秧歌广泛流传在襄垣的北中部和武乡的东部，并出现了西营旦范冬喜、下良生季拴成、店上丑韩苟旦等不少名角，初步有了行当分工。咸丰年间（1851～1861）地圪圈秧歌又有了新的发展，一时名角辈出。如善福旦田继、上良旦赵满有、西营旦赵黑旦、元头生季改成、白杨岭三花武根惠等。这些人在继承前辈成就的基础上，大胆创新，开始把地圪圈秧歌搬上舞台，成立了"自乐会""自乐班"等半职业秧歌班社，有了简陋的服装、道具、弦乐，又增加了"二把"。[②]

清同治年间，行当分工逐渐细致，出现了老旦、正旦、小旦、小生、大生、小丑、大丑、老生、老丑等。

---

① 向文瑞，《襄垣秧歌史略》，《史志资料汇编》（第十三期），襄垣史志编纂委员会办公室印，1982年，第2页。
② 向文瑞，《襄垣秧歌史略》，《史志资料汇编》（第十三期），襄垣史志编纂委员会办公室印，1982年，第2页。

自乐班、自乐会，是一种村民自发的文艺组织，尽管主要是以自娱为主，但由于"班""会"的组织性，使参与者开始相对系统而集中对秧歌戏进行打磨和专研。

这一时期，襄垣秧歌声腔发展最重要的事件即是张金川首创"一道腔"。据载：光绪三年（1877）天遭荒灾，从河南沁阳逃难来到襄垣的一个名叫张金川的铁匠徒工，落户上良村，拜老艺人赵满有为师，学唱襄垣秧歌。光绪六年（1880）他随时在长治西火一带打铁，又学会唱西火秧歌。也有人说他是先在长治学会西火秧歌，后到襄垣学唱襄垣秧歌。总之都说是由他把襄垣、西火两种秧歌，糅合在一起，首创新腔，使原来的襄垣秧歌唱腔，由低沉、悲愤改为高昂、豪放。张金川嗓子好、音域宽，不论九字板、十字板、十五字板，都是一气唱完。人们对这一唱腔称之为"一道腔"。又因这一唱腔是由襄垣、西火两种秧歌结合形成的，故襄垣秧歌也有"西火"之称。[①] 襄垣秧歌原来的板式叫二性，张金川的新腔叫慢板。[②]

一道腔，拓展了襄垣秧歌唱腔，使之更具抒情性，与源自"干板秧歌"的旧唱腔，形成了最初的两种情绪基调。这为襄垣秧歌的声腔发展奠定了重要基础，具有里程碑式的意义。

三 职业班社与风搅雪（清光绪到 1937 年）

从清光绪年开始，襄垣秧歌进入了职业、半职业化的传承时期。一批以营利为主的戏班与知名艺人涌现，演出区域扩大，为了生计戏班开始对上党梆子等大戏进行广泛的吸收和借鉴，随之，出现襄垣秧歌发展中的第一次高峰。

据对襄垣秧歌老艺人口述资料的不完全统计，这一时期在长治地区先后出现的秧歌班社有近六十个之多。[③] 就襄垣境内的班社来看，仅从"十八村"戏班算起，从 19 世纪末到 20 世纪 30 年代的四十余年里，先后就有近三十个班社，涉及襄垣的大部分地区。[④]

---

① 向文瑞，《襄垣秧歌史略》，《史志资料汇编》（第十三期），襄垣史志编纂委员会办公室印，1982 年，第 2 页。
② 王德昌，《襄垣秧歌》，天马图书有限公司，2003 年，第 3 页。
③ 20 世纪 60 年代老艺人王庚戌、张金替、刘三毛、张银喜、李小黑、赵万荣等口述材料。详见王德昌主编《襄垣秧歌》相关章节。
④ 其他地区为：屯留 7 个、长子 6 个、沁县 1 个、武乡 7 个、长治 1 个、榆社 1 个、黎城 1 个、潞城 2 个、壶关 1 个等，详见王德昌主编《襄垣秧歌》，第 289 ~ 290 页。

19 世纪末～20 世纪 30 年代襄垣境内襄垣秧歌戏班一览表（不完全统计）

名称	地点	东家/掌班	成立时间
十八村	下良	王福锁	1984
民意班	下良	李兴旺	1887
天义班	肖家垛	刘铁嘴	1891
三元班	化岩岭	王水永	1918
三意班	庙烟	申黑小	1920
三乐班	胡家沟		1922
天成班	东南上	贾二喜	1923
茂华班	返头	李茂华	1924
改良班	县城	县政府/王维新	1924
永乐意	韩庄	曹双喜	1926
富乐意	夏店	李旺孩	1927
天成班	桥头	王汇川	1931
四意班	南庄		1931
悦意班	官道村	郭银庆/韩金林	1933
定成班	胡家沟	武定成	1933
虎德班	庙烟	申虎德	1934
三元班	丛城	李小管	
武胜班	坪村	韩保元	
敬乐意	段堡	刘千锁	
福全班	李家岭	李福全	
武胜班	石坡沟	张锦荣	
同乐意	西周	申水孩	
官银班	庄里	张官银	
改成班	源头	李改成	
周孩班	西北阳	任周孩	
秋喜班	王家沟	王秋喜	
继根班	峰岩	张继根	

职业班社的兴起，使秧歌戏进入快速发展阶段，其较之自乐班更加专业化，为了能够赚得口碑，获得更多的台口，班主会在道具、服饰等方面加大投入，艺人对于业务的要求也更为严格，并且不断创造新腔、新剧以取悦观众。经济利益的驱动使秧歌戏班进入一种良性的竞争状态，戏曲的快速发展成为必然。同时，当时政府

比较支持，还成立了改良剧社，这促使戏班的演出台口增加，影响扩大至整个上党地区。这是襄垣秧歌在传播方面的第一次高潮。襄垣秧歌在当时已经传播到晋东南之外的晋中、晋南等区域，其影响力不逊于上党梆子等大戏。

四 专业剧团与唱腔改革（1938 至今）

抗战时期，晋东南成为中国共产党在太行山地区的重要根据地。思想宣传成为这一时期根据地的一项重要的群众工作，而群众喜闻乐见的文艺演出无疑成为最直接和有效的手段，剧团随之涌现。当时的根据地发起了一场声势浩大的抗日宣传活动，由中国共产党领导的从戏曲到曲艺成立各种专业团体，很多戏班成员直接转化为抗战剧团的主力，成为活跃在太行山根据地上的一支特殊而重要的队伍。中华人民共和国成立后，剧团按照成员的籍贯与各地的需要，分别在各县成立了剧团，从此，襄垣秧歌以政府主管的专业剧团形式继续发展。

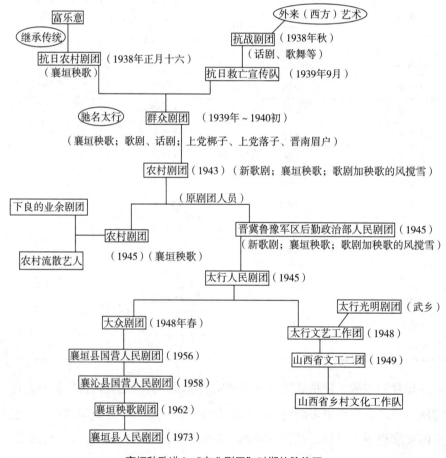

襄垣秧歌进入"专业剧团"时期的脉络图

以上是襄垣秧歌进入"专业剧团"时期的一个简略的脉络图。这一时期是襄垣秧歌最为重要的时期，它最终蜕变为独具特色且表现丰富的小戏代表剧种。

第三节　传承现状

当下，专业的襄垣秧歌团体仅有襄垣县人民剧团，业余团体多由农民自行组织，又被称为"闹秧歌"。

村镇级别的闹秧歌行为除在宣传国家政策的活动中出现外，更多出现在元宵节等民俗节日当中。县级专业剧团演出的内容中更多体现的是国家意识；在村镇级别的秧歌团体中，还更多地体现出老百姓自娱的内容。大家认为元宵节等民俗活动中秧歌必不可少，所以基本上村村都有秧歌团体。这样的团体更多属于大众自娱和村民自发的行为，在元宵节活动期间由村委组织的。职业团体却寥寥无几，且在1949年之后就已经消亡并衍变为村民自发和村委组织的行为。比较典型的几个例子是以下几个村的闹秧歌。

侯堡邕子村闹秧歌：邕子村秧歌为当时村里喜欢唱秧歌的年轻人自行组织的，由暴石命（中医大夫）老艺人教授唱腔和各行当表演时的基本步子、甩袖、吹须、亮相等姿态动作。习花旦者有张满富、王晚喜；习青衣旦者有张先堂；习老旦者有张文炳；习丑角者有梁凤孩；习丫鬟者有王守杰；习小生者有梁文春、梁仙龙；习老生者有张洪元等人。从十一月中旬到腊月二十三，每晚在梁攀林院子里学习，为参加正月十五闹元宵（在地面）及村里唱戏（搭台）等活动做准备。戏装租借侯家山全套，张老六掌鼓板，管弦乐器有二胡、三弦、琵琶、笛子等，皆由村里人担任。所习曲目有《小姑恨》《断桥》《雷峰塔》（也叫《状元祭塔》）、《秦雪梅吊孝》《借绣鞋》《十二个月花》《十绣》《秋来偷瓜》；大本戏有《红灯记》《赵兰英进京》《白玉楼挂画》《桃花庵》等。唱秧歌前一晚，由暴石命领戏班全体人员向唐明皇叩拜。唱完戏（第三天晚上）收班时，也要给唐明皇叩头，然后把这个用梨木刻的唐明皇偶像装入戏衣箱内。在唱戏时，把唐明皇当作婴儿抱在唱青衣旦的怀中。据传唐明皇演过小丑，所以小丑在后台可以随便坐任何一个戏衣箱，其余人则都有规定。

上马固村闹秧歌：此戏曲团体存在于"文化大革命"中期。每年正月十五在乡里进行表演，曾到屯留等村进行表演。剧团道具为程世英，伴奏乐器是张兰芳。20世纪80年代初就不存在了。演出剧种与演出剧目并未列出。

下良曹坪村闹秧歌：本村秧歌剧团系村委主办，排演十余种节目，如《智取威虎山》《沙家浜》《白毛女》等。具体创立时间未列。

下良韩庄村闹秧歌：被调查者称大约在1920年左右，韩庄行政村曹兴庄自然村曹玉喜组建成立了襄垣秧歌剧团，被调查者家中还遗留有戏箱、帐幔等。

随着科学技术的发达，以秧歌团体到处演出进行传播的方式不再是襄垣秧歌的主流传播方式。现代化媒体手段也成为传播襄垣秧歌的一个重要的手段。从八九十年代的磁带、CD到近年来的网络，人们足不出户就可以欣赏到襄垣秧歌的演出。襄垣秧歌在新媒体的促动下开始了一种新的传播。

农村剧团

乐谱手稿

大众剧目

襄垣秧歌《小二黑结婚》剧照

襄垣秧歌电视剧《新羊工》

九龙村古戏台与看楼

第四章
襄垣鼓书

襄垣鼓书是晋东南地区最具代表性的曲种之一，迄今有三百多年的历史。2008
年，入选第二批国家级非物质文化遗产名录。

第一节　艺术本体

襄垣鼓书属板腔综合体结构，板式繁多，曲调优美，文本丰富，兼具叙事、抒
情风格；传统的从业人员绝大多数为盲人；伴奏时，一人操作全套打击乐器，多人
弦乐伴奏。1998年中国音乐家协会"采风"团观看完襄垣鼓书演出后，作曲家生
茂称其为"中国的摇滚乐"。

一　唱腔结构

襄垣鼓书经历了单曲体——基本曲调板腔变化体——板腔综合体三个发展阶
段。所谓板腔综合体，即在板腔体的基础上插入其他曲牌的综合体结构。

（一）基本板式

1.鼓儿词。又称大板，襄垣鼓书最古老、最基本的板式之一。一板一眼，2/4
记谱，词格为七字句或十字句，上下句结构，均落"5"音。因节奏、速度变化，
又分为慢板、二性板、紧板三种。

2.柳调。源于民间曲调《莺歌柳》，有板无眼，1/4记谱，词格为七字句或十

字句，上下句结构，上句落"1"或"6"音，下句落"5"音。因节奏、速度变化，又分为柳调、紧柳调、垛板。

3.抢板。鼓儿词或柳调之间较长的连接部分，用于描述场景，上下句结构，上句落"5"音，下句落"1"音。演唱时，无伴奏，句间无过门，只用梆板打节奏。因速度不同，分为慢、快两种。

慢抢板，多转接鼓儿词的慢板、二性板或柳调，一板一眼，2/4记谱，切分节奏，一般为两人对唱。

快枪板，多接鼓儿词的紧板或柳调，有板无眼，1/4记谱，有对唱、独唱两种形式。

4.哭板。分为大哭板、小哭板、散哭板三种。

大哭板，独立成段，也可转接鼓儿词的慢板、二性板或柳调，有四句式、六句式、八句式三种唱法。

小哭板，曲调与其他板式不同（从其旋法来看，笔者认为应是一个独立曲牌，有待进一步考证），一板一眼，2/4记谱，速度较大哭板快。

散哭板，一板一眼，2/4记谱，速度较大哭板慢。

此外，以上四种板式都有各自的叫板、起板、过板、转板、送板、切板等辅助板式。

（二）风搅雪

襄垣鼓书在演唱基本板式中，还常常有夹唱襄垣秧歌、上党梆子、上党落子等其他剧种板腔的情况，俗称"风搅雪"。

二　伴奏音乐

开场曲牌：吸收、借用上党梆子、民间小调以及1949年以后的革命歌曲等。常用的有：《满堂红》《打开门》《小开门》《大拾番》《小拾番》《刮地风》《绣荷包》《九连环》《靠山红》《打连成》《割韭菜》《渡灵英》《十朵花》《放风筝》《楼上楼》《南瓜花》《柳叶青》《叫五更》《摘棉花》《摘葡萄》《抹底儿》等二三十首。

间奏音乐：多用各板式的曲调片断。

三　表演形式

坐唱（明眼人加入后也有站立表演唱的形式）。置方桌于中间，乐队围桌而坐，呈弧形。鼓师位于中间，操全套打击乐器；其他由左至右次序为：二黄、二把、胡乎、月琴、三弦（有时为加重低音也换用低胡）、二胡等。

演唱形式有独唱、领唱、对唱、伴唱、合唱等，根据情节分配角色，演唱中巧妙自如运用真假声，传统技艺中还强调"丹田运气"，显示出在演唱方法上的自觉意识。

四　伴奏乐器

襄垣鼓书的伴奏乐器

分类	名称	定弦（外—里）	备注
拉弦乐器	二黄	2 5	领奏乐器，主奏乐器之一
	二把	6 3	主奏乐器之一
	胡乎	1 5	主奏乐器之一
	二胡	5 1 或 3 6	
弹拨乐器	月琴	1 5	主奏乐器之一
	三弦	5 1 5	
打击乐器	平板鼓		置于演奏者正前方桌上 （演奏着右手持"锣槌"击打）
	卦板		演奏者左手持
	木鱼		置于演奏者与平板鼓中间
	小锣	高音、堂音	置于平板鼓右侧
	小镲		置于平板鼓左侧
	大锣	平筛、中高音	悬于方桌下方 （演奏者脚绑"锣槌"操打"锣槌"击打）

襄垣鼓书以二黄、二把、胡乎、月琴为主奏乐器，一人操全套打击乐，且每个人基本上都会所有的伴奏乐器。传统襄垣鼓书没有吹奏乐器，但有时为招揽观众，也常在开场之前以唢呐、笙等，吹奏一些上党梆子、上党落子和歌曲。近几年，为了演出效果还加入电子琴、大提琴等。

五　调高与调式

据当地学者王德昌 20 世纪 80 年代记谱为 1 = F；据笔者对 1985 年《中国曲

艺音乐集成·山西卷》的录像测音为 1 = E；据笔者 2005 年 2 月 18 日对襄垣县曲艺队演出的现场测音为 1 = ♭E。

调式:《中国曲艺音乐集成·山西卷》上记为六声（加变宫）徵调式。经笔者调查发现，伴奏中出现有少量"4"，且曲调中有少数"↑7"现象。

六　书目

传统书目：以反映民间神话传说、民间英雄、贞女故事为主，中、长篇，约 140 余部。新创书目：主要宣传政治主题，针砭时事，讽刺社会不良行为，中、短篇，作品极多，具体数字不详。

第二节　历史变迁

一　襄垣鼓书的起源

关于襄垣鼓书的起源，未见有明确的史料记载。据《襄垣县七部艺术集成志·襄垣鼓书》载，襄垣县史腾俊家曾收藏有一份三皇会祖师谱（已佚），表为长约三十厘米、宽二十厘米的长方形杏黄绸缎，表上写有"民国三年五月初五襄垣史北弟子史修身敬送七佰四十文钱制作"字样。经当地专家考证其祖师谱并非按师徒排序，而是按故去先后排序。[①] 表中记录有"李皇正"一人。据老艺人史海亮（1901 ～ 1968）、董才元（1922 ～ 1981）说：明末清初盲人走乡串户"卜卦"，常把卦词编成合辙押韵、通俗易懂的小段，并用当时的民间小调配唱。至乾隆年间，盲艺人开始以小平鼓伴奏，并把唱卦词的小调称为"鼓儿词"。老艺人董才元正是其第六代传人，按师徒顺序为：李皇正、史金星、路水泉、苗喜来、段明和、董才元。李皇正为清乾隆年间襄垣甘村人。据此可知，襄垣鼓书的产生不晚于乾隆年间。此时，鼓书为上下句简单反复，属单曲体。

另一份对老艺人史海亮（1901 ～ 1968）、潞安鼓书盲艺人张艮娥（1886 ～ ? ）

---

① 详见附录 1 "1914 年襄垣三皇东会祖师谱（复制）"、附录 2 "襄垣县三皇东会师徒排列表"。

的采访资料为：清乾隆三年（1738），潞安府（今长治市）盲艺人路占元、董祥五召集上党八县133名盲艺人，成立盲子队，后易名三皇总会。各县成立四十七个分会，并在各地设立分会，每年一次年会，会期三天，主要内容有审案（本会人员是否违规、外人是否欺辱盲人）、考试（考察算卦本领）、说书（为"三皇爷"说唱长生书）。年会上最为重要和吸引人的就是给"三皇爷"唱长生书，各分会摆台唱"对台戏"，艺人通过义演，赢得观众，借以扬名。

三皇会是自发性组织，只负责机构管理和维护盲人权益。经济上，盲人自负盈亏。盲人从事说唱活动的方式有师徒班、自由搭组和单人唱三种。此时的鼓书内容多以"神书""愿书"为主，篇幅为中、短篇。说唱形式为：桌上置一矮木架，架上放板鼓，说唱者坐在桌后，左手持板，右手握鼓简，桌子左右坐一至两人，持胡乎或三弦伴奏。唱腔有紧、慢两种板式，上下句反复，属板腔体，叙事兼抒情，唱多说少，伴奏者也常辅以帮唱、伴唱。

盲人作为一个弱势群体，在当时的社会环境下，说书卜卦无疑是他们赖以生存的重要手段。而"三皇会"的成立和例行的年会，使盲人形成了一个有机的群体，使他们在各方面，尤其是在心理上有所依托。襄垣鼓书也因此而得以稳定地传承。

二 襄垣鼓书的初步发展与完善

清道光年间，襄垣三皇东会艺人史金星吸收、糅合了当地的民歌小调和道士的"化缘调"，对鼓儿词的唱腔进行了一定的改革。

咸丰初年，史金星的徒弟路永泉自编中、长篇书目，题材扩大到民间故事和神话传说。为了更好地表现书中的戏剧冲突和刻画人物性格，他开始将地方戏曲上党宫调、落子、襄垣秧歌掺入鼓书中。之后，盲艺人苗喜来在原唱腔的基础上，创造了"悲板"和"抢班"。

民国初年，五代传人段明和在原有的紧、慢、悲、抢诸板的基础上，创造出起板、二性、垛板、截板，还将抢板细分为慢抢、紧抢两种，从而极大地丰富了襄垣鼓书的板式。其弟子侯义成、董才元等成功地把上党梆子、上党落子、襄垣秧歌完美地糅合到鼓书中，形成了襄垣鼓书中自如夹唱其他剧种板腔的特点。同时，董才元开创了一人操作全套打击乐的先例。

在鼓儿词发展的同时，另一种以"明眼人"为主的说唱形式也悄然出现。据"柳调"第五代传人宋双环回忆：清光绪年间，襄垣县善福村秧歌明眼艺人田维，在"鼓儿词"的基础上，结合当地流行的小调《莺歌柳》，创造了一种固定的唱腔，称为"柳调"，即上下句反复说唱，开始只持八角鼓伴奏，后加上胡乎。

民国初年，"柳调"的伴奏乐器改胡乎为月琴，唱腔上出现了哭板、抢板、紧板。同时，开始与盲人演唱的"鼓儿词"交流融合，"明眼艺人"与盲艺人互相学习，逐步形成了今天的"襄垣鼓书"。

此时的鼓书内容既有"神书""愿书"，也有民间故事和传说，且篇幅较长，有的可以说十五天至二十天。因盲人行动不便，故很少有表现战争、打斗场面的书目，多是反映"忠与奸""才子与佳人"的主题。说唱形式为：乐队人数增加到五人以上时，一人坐于乐队中间操全套打击乐器，文乐伴奏乐器：一人操作二黄（唱秧歌、鼓书）或矩琴（唱梆子）或板胡（唱落子），其余人分别操二把、胡乎、三弦、月琴、二胡、低胡。唱腔有起板、二性、紧板、慢板、垛板、截板、慢抢板、紧抢板、哭板等多种板式；曲牌以鼓儿词基本曲牌为主，夹唱其他剧种曲牌，属板腔综合体，叙事兼抒情且能表现戏剧性冲突，唱多说少。击乐者为主唱，伴奏者按书目中的角色分配，担当一至两个角色，大致分出了生、旦、丑等行当。

这一时期，襄垣鼓书的板式与演唱形式基本定型，并开始初步发展。但是盲艺人社会地位仍然十分低下，被称为"下三行"。

三　20世纪襄垣鼓书社会功能转变带来的兴盛

1937年抗日战争爆发，八路军进驻太行山之后，襄垣鼓书开始进入了大发展时期。一方面，在中国共产党的引导下，盲人们摒弃了卜卦、说"神书"，开始以"宣传进步思想""宣传中国共产党的路线方针政策"为创作主题，创编新书，在太行山区义演。这种社会功能的转变，使得襄垣鼓书迅速成为太行山地区最具影响力、最为流行的说唱曲种之一。同时，襄垣鼓书在创作思路上开始紧跟时代主题，而且这种创作传统被继承下来，直至今天。

另一方面，随着政府领导下的专业团体的建立和发展，与之相对应的民间流散艺人、民间班社也迅速增多，形成了双轨发展的现象。

（一）社会功能的转变

1."三皇会"解体与"盲宣队"成立——组织机构的变更

据王德昌整理的"襄垣鼓书大事年表"载：1938年1月，襄垣县抗日民主政府成立了襄垣第一个盲人爱国宣传组，随后太行山地区相继成立了"盲人爱国宣传队""太行五县曲艺联合会"等一批进步的盲人曲艺宣传组织，召集和吸收了大批民间的盲艺人，在太行山区以曲艺形式宣传抗日。此外，太行五县曲艺联合会还召开了三次会议，在会上传达新政策、新指示，并进行新书交流。

1945 年秋，襄垣的三皇会解体，成立了"襄垣县盲人爱国宣传队"（以下简称"盲宣队"），以宣传中国共产党的思想路线和方针政策为主，配合形势开展宣传活动。宣传队下设若干小组，每组 5～8 人，平时只有一组留守曲艺队，其他组按地区分片走村串户进行演出，吃住由当地村长安排在农户家中，年终或有新编书时回到队里集中学习。

这个时期，襄垣鼓书在曲调、曲牌、板式结构、创作题材以及学习和借鉴姊妹艺术等方面都得到了高度发展，并且在太行山地区广泛地流传开来，扩大了影响。

中华人民共和国成立以后，襄垣县盲人爱国宣传队继续保留，全体队员都为城镇户口，吃上供应粮。至此，襄垣鼓书以政府专业团体的形式，开始了更快的发展。

2. 紧跟时代主题——创作思路的根本转变

1953 年 7 月文艺界开始大整风，盲宣队组织全体成员学习，提出"我们宣传队不搞口是心非，嘴里高唱社会主义，暗地偷搞封建迷信"的口号。从此，宣传中国共产党的路线方针政策，成为襄垣鼓书和盲宣队的主要任务，"紧跟时代主题"成为其艺人创作的一种传统。

（二）革新与兴盛

1. 襄垣曲剧——襄垣鼓书的第一次移植

1959 年初，鉴于襄垣鼓书一直局限于盲人说唱的范围，对继承与发展这一说唱艺术有很大限制，且很多盲艺人年事已高，后继乏人，襄垣县政府决定成立襄垣曲艺培训班，招收外形、声音条件好的、身体健全的青年男女，聘请当地名艺人、基层音乐工作者等担任教师和指导，开始了襄垣鼓书的移植工作，1960 年又成立曲艺团，并欲改名为"襄垣曲剧"。山西省文化厅、山西省曲协将襄垣县曲艺团列入全省重点剧团。然而，随着 1962 年山西省文艺团体的整顿，襄垣县曲艺团解散。曲艺团演员一部分调入县秧歌剧团和曲艺队[①]，一部分自谋出路（多改为民间说唱）。

襄垣县曲艺团的成立，是对襄垣鼓书改革的一个非常好的探索，尽管存在的时

---

① 曲艺队即"盲宣队"。据曲艺队盲艺人王俊川介绍，"盲宣队"于 1957 年改名为曲艺宣传队，1962 年在曲艺团解散不久，曲艺队也解散了，所有队员包括盲人户口全部迁回农村，由各村公社组织演出。

间很短，但却极大地推动了襄垣鼓书的发展。在培训过程中，当地名艺人和基层音乐工作者们在继承传统的基础上，对唱词、唱腔、音乐过门及表演进行了全面大胆的革新，极大地丰富和完善了襄垣鼓书的内容和表现形式。据时任曲艺培训班指导的王德昌回忆："当时编演的剧目，很受群众欢迎，几乎是演一个火一个。"

尽管曲艺团最后解散了，但从另一发展角度来看，他们充实到农村之后，通过村公社组织演出和搭班演出，进一步扩大了襄垣鼓书的影响，培养了大批观众。

同时，他们与当地极少数流散于民间的鼓书艺人搭班演出，相互交流学习，很大地提高了襄垣鼓书的整体艺术水平，并为襄垣鼓书之后的发展奠定了基础。

2. 盲宣队、参赛队与民间班社——襄垣鼓书以多种方式传承

襄垣鼓书在历史上曾几次出现多种传承方式并行发展，如下表：

襄垣鼓书的传承方式

时间段	组织名称		在民间的影响
清光绪年间	说唱"鼓儿词"的盲人组织（即三皇会）		较大
	说唱"柳调"的明眼人班社		较小
1938～1959	襄垣县政府成立的盲宣队		极大
	民间班社与个人		极小
1959～1962	襄垣县政府成立的曲艺队（即盲宣队）		最大
	曲艺团		仅次于曲艺队
	民间班社与个人		极小
1962～1964	各村公社组织的演出队		影响力相当
	民间班社与个人		
1964 至今	恢复后的曲艺队（即盲宣队）		最大
	民间班社与个人	明眼人	仅次于曲艺队
		盲人	
		明眼人与盲人搭班	
	政府为参加各种比赛而临时组织的以当地名艺人（包括盲人和明眼人）、秧歌剧团演员为主的参赛队		影响最小 获奖最多

1964 年，襄垣县文化局恢复了盲人曲艺宣传队（队员户籍仍在农村）。原来的队员一部分回到曲艺队，另一部分留在当地，自搭班社。同时，为了参加全国、

省、市举办各种的比赛，襄垣县政府会不定期地组织以当地名艺人（包括盲人和明眼人）、秧歌剧团演员为主的参赛队。襄垣鼓书由此开始以下面这三种方式传承，并一直延续到今天。

曲艺队。虽为政府组织，但所有队员均为农村户口，不在政府编制内，每到一处演出，费用、食宿由当地公社负责。

民间班社。除组织性质为民间自发外，活动情况与曲艺队相同。

参赛队。不在民间演出，只参加各种比赛和文艺演出。

这三种方式并不是相互封闭和排斥的。首先，1962～1964年期间，曲艺团、曲艺队的相继解散和曲艺队的恢复，使民间流散艺人与政府直接领导下的曲艺演员有了一次"零距离"接触，也为"出身"不同的两批人制造了相互交流、相互学习的机会。当然，因为曲艺团的解散，演员们（尤其是盲人们）的生活失去了保障，甚至难以维持。但从曲种的整体发展来看，这是襄垣鼓书难得的一次资源整合。

其次，襄垣县政府不定期地组织参赛队，以当地名艺人（包括盲人和明眼人）、秧歌剧团演员为主要演员，召集当地民间音乐专家编创剧本和改进唱腔，并聘请省内知名专家进行艺术指导。这种做法仍然是一种更大意义上的、更深层次的资源优化组合。它使得襄垣鼓书不断更新，不断完善。

从20世纪50年代末开始，襄垣鼓书频繁参加在全省乃至全国的各种文艺会演和比赛，并屡获殊荣，成为山西省最为活跃的、影响较大的说唱曲种之一。

第三节　现存状况

一　曲艺队现状

（一）组织机构。仍沿袭建队初的传统，设队长一名、副队长两名、会计一名。宣传队下设若干小组，每组5～8人，平时只有一组留守曲艺队，在城内演出。其他组按实际划分好的地区，分片走村串户进行演出，一年一换。

（二）人员流动状况。从业人员与分组数逐年减少，年龄段逐渐增大。尤其是近十余年里人员逐渐下降，对比如下：

时间	在册人数			分组数	平均年龄
	总人数	男	女		
1953～1966	85	80	5	11	25
1966～1976	75	63	12	8	25
1977～1980	56	47	9	7	30
1980～1993	60	52	8	7	39
1994～2005	47	44	3	4	43

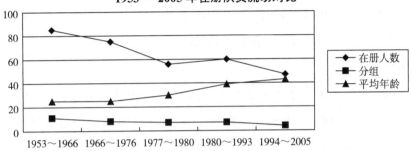

1953～2005 年在册队员流动对比

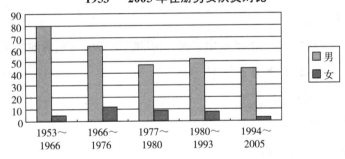

1953～2005 年在册男女队员对比

（三）演出状况

1. 整体情况

80 年代之前，状况很好；80 年代初，稍有下滑；1983～1990 年，稍有起色，状况一般；1990～1995 年状况良好；1995 年之后，境况急转直下，令人担忧。

2. 演出的形式和内容

除说唱曲目时有新编小段外，几乎没有变化。

3. 流行地区与影响

本地，范围逐渐缩小，农村多于县城，西北较贫困地区多于东南较富裕地区。

有异地流传现象，如：长子地区有民间的长子鼓书队学唱襄垣鼓书。

4. 联系演出

1995 年以前，多是被集体（如村委会）或个人邀请。1995 年以后，个人很少请曲艺队演出，曲艺队员们常常集体下乡求各村镇领导接纳，多数时候遭拒绝。原因有三：一是农村提留款逐年减少，特别是在农业税取消之后，村委已没有多余费用请演出；同时，各地都忙于完成经济效益的硬指标，无暇顾及其他。二是盲宣队人员老龄化，服装、乐器陈旧，演出形式单一，常遭群众尤其是年轻人嫌弃，不愿意看盲人演出。三是业余文艺团体增多，包装时尚，演出内容包括戏曲、鼓书、八音会、军管乐、流行歌曲在内的几乎一切音乐形态。

以往农闲时节和正月为演出旺季，但由于以上原因，曲艺队员们一般在腊月初就各自回家，到第二年正月二十左右才归队。

5. 演出计酬

以一场为单位，演出时间约为 2 ~ 3 小时，若观众要求也会延长，但属义务加演，不收加演费。1980 ~ 1995 年，多为一场 100 ~ 120 元；1995 年以后，多为一场 70 ~ 80 元。这是曲艺队一个组（多为 8 ~ 10 人）说一场书的总收入，除去下乡的来回路费，人均收入每场书不到 8 元。

6. 演出实况

笔者未曾看到曲艺队的下乡演出实况，但曲艺队专门为笔者演出了一场。

时间：2006 年 2 月 18 日上午 11：04

地点：县曲艺队院内

表演团体：县曲艺队

事由：为笔者采访录制

演员：队长李杞、副队长余焕成、马兴平、路水清、张俊华、王俊川、贾福明、余芳芳、王显平、申素兰

乐队：全套打击乐、二黄、二把、胡乎、月琴、二胡、三弦、电子琴

表演内容：开场——吹打（满堂红——打连成——虹彩妹妹——落子板式）

《国家关怀残疾人》王俊川编，王俊川唱

《社会风》王德昌编，张俊华唱

《鸿雁捎书》韩心田、范步华编，王显平唱

《小八义》传统书目，贾福明唱

《取缔法轮功》王俊川编，路水清唱

《奇巧断》传统书目，韩心田整理，王显平唱——转襄垣秧歌一段

《假离婚》王俊川编，王俊川、申素兰唱

（四）生活状况

1. 食宿：曲艺队现有政府批给的一处大院。平时只有留守小组成员住宿，盲人因生理缺陷，很少做饭，多为买饭或由个别盲人家属做饭。下乡人员食宿在自己家中或演出所在地的居民家中。

2. 收入：曲艺队队员均不是政府编制，不享受国家政府职员待遇。1980～2003年靠演出维持生活。2003年襄垣县政府为全体曲艺队员恢复城镇户口，并享受"低保"。其中最高的为125元每月，最低的为55元每月。这是曲艺队员们最主要的经济来源。

下乡演出，收入微薄。据曲艺队现任队长李杞与会计郝水成统计，2005年曲艺队共演出500余场，按一场80元计算，共收入40000元，曲艺队现有在册人员47人，人均为851.1元，加上"低保"，人均年收入为1511.1～2351.1元。

3. 婚姻：绝大多数为单身未婚。

4. 受教育程度：绝大多数为文盲。

（五）受社会尊重程度

从时间上来看，曲艺队在20世纪90年代之前比90年代之后受尊重。从群体来看，老年人比年轻人尊重曲艺队员。原曲艺队业务队长、当地著名老艺人王俊川这样讲道：

（20世纪）80年代以前，人们称"宣传队""曲艺队"；20世纪80年代到90年代初，大部分人仍这样叫，有些叫"盲人说书的"，还有叫"瞎子们"的；到现在，大部分叫"盲人说书的"，甚至"瞎子们"的，年轻人占多数。

曲艺队现任队长李杞（以下简称"李"）说道：

以前比现在受尊重，村干部姿态高，老百姓也不敢不尊重。另一方面，那会儿没电视啥的，老百姓还欢迎你下去了。现在这个东西多了，老百姓看见你还嫌讨厌了……去人家村长家还得瞅对时机，碰到人家打麻将呀、有事时，算倒了霉了……反正就是好话多说，难听话不接应……你惹不起人家，去了人家那了，不给你吃，不给住，不给报酬，你怎么办？……人家对你差，就干不下去了？能撤了？……说白了我们没拿棍子和碗，除了这，我们和要饭的一

样……集体要饭，只不过是他们不敢打你。

20世纪80年代，县委领导对待曲艺队的态度，曾使得使曲艺队状况好转起来。李杞队长回忆：

> 贵怀文当时是县委书记，1983年开"三干会"，人家书记没有要求干部们必须怎么样，而是让曲艺队在会议期间演出，自己亲自带头看。1984年，又开"三干会"，又把我们叫去分组给所有人演。干部们一看书记都对我们这么好，他们也都跟上……就这样，襄垣鼓书好起来了。

（六）曲艺队员对自身现状的认识

因为盲人生理上的残疾，为了生计只能学说书。同时，盲人们生活要求不高，所以可以长期稳定地在曲艺队待下去，从而使其一直能够传承下来。可是现在的人们不只要听书，还要看"说书"，即喜爱看走场说书。而在技术技巧上，因经费不足，没法排练，因此人们就更不愿听鼓书了。现在的年轻人从小耳朵里没有灌输鼓书音乐，是整个社会教育环境的问题。没有学徒，是由于曲艺队不能给予经济上的保障，同时鼓书艺人也不受尊重，如，李讲道：

> 1994年的时候，曲艺队里还有十几个小姑娘，带着下乡联系演出，干部们有的漫骂、给白眼，我们看不见。可是，小姑娘们看得见，受不了，再说也挣不上几个钱。所以，就因为这个也不想干了，现在一个也不在队里了。

（七）曲艺队员针对自身状况提出的一些解决办法

曲艺队一方面继续保留盲人说唱；另一方面，招收一批明眼人以舞台形式发展襄垣鼓书，这一点，在襄垣鼓书的发展历史上是尝试过的，且效果甚好。此外，还可以将曲艺队员编入国家编制，或者国家为其提供办公经费。

二　民间班社

因时间限制，加之民间班社多为临时攒班，且大多数艺人已不再从事鼓书说唱，笔者未能采访到相关当事人。但是，从王德昌与这些与班社有联系的个别曲艺队员那里，我们还是了解到一些情况，以备日后做进一步的调研。

知名民间艺人：盲艺人有王爱莲（襄垣县候堡镇常隆人）、王如中（襄垣县夏店镇南邯村人）。二人原均为曲艺队成员，后因与时任队长产生矛盾而离开。明眼艺人有魏文保（襄垣县候堡镇人）、苗玉宏（襄垣县王村北姚人）、杜英（襄垣县龙王堂人）、史锦华（襄垣县史北人）。

攒班：现在已经很少有单纯的鼓书攒班，多为业余演出团体应主家要求而个别请一些鼓书艺人。

经济状况：演出收入比曲艺队稍高，但大部分没有"低保"。

异地流传：上党地区的长子县智燕曲艺说唱团近几年有说唱襄垣鼓书的情况。

三　政府与社会各界的相关活动

（一）政府实施的一些具体措施

从历史上看，除1962～1964年曲艺队曾被取消过一段时间以外，襄垣县政府一直将曲艺队作为其下属的一个文艺团体，并设有党支部。但是，从1964年恢复曲艺队后，曲艺队员的户籍没有随之恢复为城镇户口，曲艺队员也没有工资，为此曲艺队员曾多次向省、市、县各级相关部门呼吁，并于1967年、1975年两次进京上访，均未果。直到2003年才得以解决。

襄垣县政府于20世纪70年代末，划批给曲艺队一处院落，供曲艺队日常办公和队员居住，占地600余米，房屋15间，简易水电，煤炉取暖（无水暖）。

（二）新闻媒体的相关报道

1982年，山西省电台录播了民间艺人郑成英说唱的《林业队长申成英》；1998年，山西省电视台"黄土地"栏目专程采访并录播了襄垣县曲艺队下乡演出的全过程；2003年，长治市电视台、襄垣县电视台也为襄垣县曲艺队制作了类似节目。

（三）当地专家的参与

在当地，还有一批热心的文艺工作者，他们长期关注襄垣鼓书，积极地参与到襄垣鼓书的唱腔改革、乐队编制、剧本创作等方方面面，并经常义务帮助曲艺队排演新剧目，为襄垣鼓书的发展提出了许多宝贵意见和建议。王德昌老师（74岁，当地襄垣鼓书音乐研究专家、1985年《中国曲艺音乐集成·山西卷·长治集》编委）曾提出："一、政府要重视，给曲艺队拨款用于排练，给队员发工资。二、队员们要注意演奏技巧上的规范和提高。三、演员形象很重要，最好招一些明眼人。组织上这么一个团体，每年中学录取结束后，把那些没考上的、想找个出路的学生招来，管吃管住，答应好毕业之后给人家什么待遇，而且说到做到。我相信肯定有爱好这个的，他就想来，就敢来你这个地方报名。再找几个好老师培养上一段时间，宣传出去，一定能火。咱们和人家长子鼓书、潞安鼓书比差什么，就差漂漂亮亮的演员。四、将鼓书移植为戏曲，到舞台上演，唱腔不变，沿用六十年代曾用过的名字'襄垣曲剧'。"

山西省曲艺家协会主席苏友谊先生曾指出：要根据襄垣鼓书能夹唱其他剧种的特点，把上党各地的鼓书融合到一起，使之形成一个新说唱曲种，并称为"上党鼓书"。

据我们的调查，现在当地已有名为"上党鼓书"的光碟出售，但实际唱腔与苏先生所谈的还相差甚远，且大多数实际上仍是单一曲种的唱腔。

四 资料整理与保存

自 20 世纪 50 年代以来，相关的资料搜集与整理工作已由襄垣文化部门在持续进行，先后出版了《襄垣文史资料·襄垣鼓书》《襄垣鼓书》等。2000 年以来，以襄垣县非物质文化遗产保护中心为主体，进行了大量的普查与资料搜集工作，他们遍寻襄垣境内的鼓书艺人，进行了大量的音像录制工作，充分收集、整理、挖掘、复排了襄垣鼓书艺人所演唱的书目及小段。在此基础上，陆续出版了《襄垣鼓书》等一系列资料丛书。

附录 1：1914 年襄垣三皇东会祖师谱（复制）

祖师

民国三年五月初五

王任和　李春风　李皇正　许安虎　秦守义

连广益　路广泉　李玉兰　樊存　刘万芳　杨思公　李富　杨兆杰　韩炎　赵玉兰　秦思俊　聂荣光

仝会庆　李春丙　李清泉　郭文香　刘乃英　崔玉太　王荣　武永江　李国先　姜学贤　桑吴成　高秀文　杨海校　史金兴　郭金泉

武延彦　白布隆　赵继达　魏进宝　赵进洪　武久泰　高中邱　崔玉　宋如贵　韩有富　郭秦锁　韩智全

路安吉　　侯义成

本襄垣县在史弟子史修身敬送施钱七佰四拾文

附录2：襄垣三皇东会师徒排列表

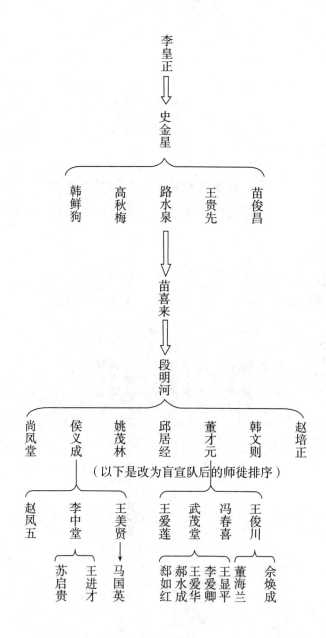

李皇正 ⟹ 史金星

韩鲜狗　高秋梅　路水泉　王贵先　苗俊昌

路水泉 ⟹ 苗喜来 ⟹ 段明河

尚凤堂　侯义成　姚茂林　邱居经　董才元　韩文则　赵培正

（以下是改为盲宣队后的师徒排序）

侯义成：赵凤五　李中堂　王美贤

王美贤 → 马国英

李中堂：王进才　苏启贵

王爱莲　武茂堂　冯春喜　王俊川

王爱莲：郏如红　郝水成

武茂堂：王爱华　李爱卿　王显平　董海兰

王俊川：佘焕成

附录 3：襄垣"柳调"名艺人师徒排列表

田维　郭巨保　赵苟旦　史海珍　李景留　宋双环　李根法

附录4：襄垣鼓书历次参加省级以上演出、获奖及其他活动情况一览表

时间	事由	获奖情况	备注
1957	山西省曲艺会演	锦旗奖	代表晋东南地区
1958	山西省首届曲艺杂技会演	一等奖	
1959	山西省曲、杂、木、皮艺术会演	文艺卫星奖	代表晋东南地区
1964	山西人民出版社出版了长篇襄垣鼓书《南柳英雄传》		作者为曲艺队编辑王蝉（聋人）、冀杰三
1965	山西省军区民兵文艺会演	锦旗奖	代表晋东南地区
1973	山西省专业、业余曲艺联合演出	奖项不明	
1974	全国曲艺调演	奖项不明	随山西代表队
1976	山西省曲艺调演		代表晋东南地区
1976	全国曲艺调演	演员奖、伴奏奖	随山西代表队
1979	山西省第三届聋哑人代表大会		向大会献演自编书目《残疾人保障法》
1980	山西省曲艺会演	演员奖、伴奏奖	代表晋东南地区
1982	山西省林业系统文艺调演	演出奖	省电台录音并播放
1983	入编《中国大百科全书·戏曲曲艺卷》		
1985	山西省曲艺家协会、长治市文化局、长治市文联"纪念抗战胜利四十周年"曲艺调演	一等奖	
1985	入编《中国曲艺音乐集成·山西卷》		录像、录音；长治市文化局组织
1989	鼓书《猪八戒设宴》参加山西省文艺创作评奖	三等奖	襄垣县文化局组织
1991	山西省纪念中国共产党成立七十周年曲艺大赛	获大赛唯一大奖	襄垣县文化馆组织
1995	山西省新剧作进京展览演出		襄垣县文化馆组织
1998	为中国音协长治采风团演出		录音、录像；襄垣县音协组织
1998	山西电视台黄土地栏目录制播出襄垣鼓书专题纪录片		襄垣县文化局组织
2004	全国侯宝林曲艺大赛	铜奖	襄垣县文化局组织
2012	相约十艺节全国曲艺类非物质文化遗产展演	银奖	襄垣县非物质文化遗产保护协会

部分资料来源于《襄垣鼓书》（王德昌主编）

说唱书班

曲艺队

舞台说唱

说神书

说书艺人

书会

续编

记忆田野的遗产

个案调查

历史中潜行的市镇
——虎亭记述

市镇物语

中国的地方市镇往往是因市场和市民社会逐渐发展而来的。关于市场，各地名称不同，华北称"集"，西南称"场"，岭南称"墟"。最早的集市大约兴于殷商，"日中为市，致天下之民，聚天下之货，交易而退，各得其所"（《易·系辞（下）》），早期集市贸易，建立在以己所有、换己所无的物物交换基础上，并不一定等价。秦汉以前主要是贵重物品的长途贩运，秦汉后乡间的草市属于短途贩运，交易是物物交换。镇则是军队驻防地点。唐宋以降，随着社会经济的发展和坊市制度的废弛，驻军处又常有商贩聚集，在内地"镇"的军事机能日益退化，商业机能提高，非行政中心市镇兴起，草市、墟集贸易日渐活跃。于是，市往往成为城的附属设施，筑城必辟市。宋代"诸镇置于管下人烟繁盛处，设监官，管火禁或兼酒税之事"（《宋史·职官志》），宋以后俗指县以下的小商业都市，所谓"民聚不成县而有税课者，则为镇或以官监之"（[宋]高承《事物纪原》）。关于本篇要讨论的虎亭镇，北宋《元丰九域志》载"襄垣县有虎亭镇"，可见至迟在北宋，虎亭作为镇便已存在。至明代中期"商贾所集谓之镇"（《姑苏志》），"人烟凑集之处谓之市镇"（《吴江县志》），内地的市与镇功能上已无区别。在行政上，市镇都是县以下的一级建置，直至清代，镇一般还大于市，叫法也有不同，如关、店、集，实际相当于市镇。

明清以来，服务百姓生活的百货长途贩运兴盛，商品化程度的提高和人口的增加，极大地刺激了集市、集市网络与市镇的发展。历史上，"在日本和俄国，甚至在现代化起步以前，城市金字塔结构就开始发生变化。至少在有些地区，位于已经显得狭小的金字塔底脚的集镇市场已开始衰落，而在 19 世纪后半期，这些集市大都已销声匿迹了"①。而同一时期的中国，其"金字塔却具有广阔得多的基础，所以未曾经历过此类人口不断搬迁的过程。一方面，中国金字塔的基础甚至还在拓宽，大概除了 19 世纪末邻近几个日益繁荣的条约口岸地区之外，定期集市并未衰落。另一方面，在长江下游各城市中，在轮船经过的沿线地区或新开辟的运输线上（因泥沙淤积而断绝舟楫的大运河部分河段就被新的运输线取代，而随着南水北调，一些河段则又将有所恢复），也开始了调整。条约口岸的冲击力受到了阻滞，新城市没有从根本上改变国内贸易的格局，也没有对内地小城市产生过滚雪球式的影响"②。也就是说中国传统市镇在近代转型过程中不仅没有消失，而且在整体上得以保存下来，甚至获得某种程度的发展，这与鸦片战争后随着半殖民地化的加深，乡村集市、市镇的发展畸形化，基层集市、市镇成为外国殖民者的商品倾销场所和原料初级征集处有很大关系，而这种发展是与"新旧生产方式交替所产生的社会阵痛"③相伴生的。直到今天，乡间市镇和集市于近代史上的某些进程仍在以某种方式，"草蛇灰现，伏延千里"而动。

而这些大大小小的农村集市、庙会与市镇社会文化空间，无论对于当地还是域外的人们，其现实作用都是明显的。首先，它们满足了当地居民生产生活需求，在过去集会既是生产资料市场也是生活资料市场，同时担负着小农经济生产再生产正常运行的职能，兼有民俗体验，具体来说集主要侧重生活资料，会则侧重生产资料。其次，集市也是生活中村民直接参与经济交易的现实场所，有利于活跃基层经济，培养其市场经济意识和农民收入的增加。而且乡村集市所结成的城乡网络体系已成为地区整体经济中不可缺少的部分，这种网络使地区间资源优化成为可能，有利于地区间商品流通的重新分工、经济布局的调整，明清江南以输入粮食、肥料，输出棉布、绸缎为主的高收益经济格局，即是建立在这一庞大的集

---

① 〔美〕吉尔伯特·罗兹曼主编，国家社会科学基金"比较现代化"课题组译，《中国的现代化》，江苏人民出版社，1998 年版，第 203～204 页。

② 〔美〕吉尔伯特·罗兹曼主编，国家社会科学基金"比较现代化"课题组译，《中国的现代化》，江苏人民出版社，1998 年版，第 203～204 页。

③ 陈旭麓，《近代中国的新陈代谢》，上海社会科学院出版社，2006 年，第 151 页。

市流通体系之上。再次，"会"上一般都要唱戏，这是其重要的文化娱乐功能，特别是在过去，乡村百姓的文化历史知识大都来源于此，当然对于现代人尤其是许多受西方和现代传媒影响的年轻人来说，它们仅仅是遗产，是传统。而由传统市镇架构起的社会文化空间支撑了社区共同体民俗认同和民俗行为，以致几乎所有的社群成员对其民俗的话语展示都不约而同对传统与记忆进行回溯，寻找现实文化存在的依据与意义。

虒亭的前世今生

关于市镇、集市的研究，特别是对明清集市的考察，学者们著述颇丰，其重点主要集中于江南，而且由于时间久远多以方志为据，而方志对生活实际的摘录性强，直接的田野材料有限，仅凭其中集镇的速写是不能准确地推断真实情况的。对此，笔者即就北方晋东南小镇虒亭展开考察，略做尝试，文中并不纯以经济为线，民俗学和社会学的视角也会穿插其中。因历代区划变革甚多，为方便我们对山西襄垣县虒亭镇做个案研究，考察以 2001 年撤乡并镇后的区划为基础，酌情参用旧制。

（一）简况

虒亭，古含上虒亭、下虒聚，宋《九域志》载"襄垣县有虒亭镇"，《金史·地理志下》中亦有虒亭镇记载，该镇明、清至民国属县四大镇，"在县西四十里，古铜鞮县"[①]，北部主要是丘陵地区，占该镇大部分，南部有狭长沿河谷间盆地，原镇治即在盆地。据载春秋羊舌赤始食采铜鞮，汉更名虒亭，它是古今战略要地，西通沁州，东往县府，南控五嶂关，至屯留，太原通往长治之要冲，北宋末金兵南下便首据虒亭，可以说是上党的西北大门。该处清以前为驿站治，民国时历为区治（所辖甚众，编村之数不定），2001 年撤乡并镇，东岭乡合并入虒亭镇；同时它也是交通要地，境内原有虒亭铺、赤壁铺等，而虒亭驿是当时县境唯一一驿，1936 年后虒亭邮政所为该县当时 3 个邮政所之一。时人记载"此驿乃省会通衢，南达中州，北入云中"，南、东两条古驿道交错于此，故"虒亭自设驿以来，已为朝廷紧要之冲"[②]。明清时该县 5 条驿道，有南、东 2 条古道过境交错于此；1926 年白（圭）晋（城）铁路、公路过境通车，为襄垣及以南广大地区北上的重要通道；1949 年至今境内过境改建、新建的有干道太洛路（太原——洛阳）、208 国道，县道虒送线

① 李廷芳、徐珏，《襄垣县志·疆域志·山川》卷一，清乾隆四十七年（1782）重修光绪六年板存杂货行刊本。
② 李廷芳、徐珏，《襄垣县志·建置志·铺驿》卷二，清乾隆四十七年（1782）重修光绪六年板存杂货行刊本。

（虒亭——送返）、王虒线（王村——虒亭）、西高线（西邯郸——高庙岭）、襄史线（襄垣——史北）、太焦（太原——焦作）铁路线，公路的村村通更是加强了民众对外和相互间的联系与交流。我们由此可见其交通及地理位置的重要性。

古镇原有宝峰晴雪，属襄垣古邑八景，镇上旧有隋唐遗存，街道布局奇特，形式各异，城内"⊥"型街道两旁商店林立，石柱店、木筑铺、四合楼、宫殿式、楼阁式、牌门、过庭应有尽有，大大小小的固定店铺、摊位不下七八十处，有名的杂货铺有福和庆、裕恒昌、同德堂、福盛堂，还有当铺晋丰当、恒升当、金货铺德青云、药铺同心稀和生升圆、粮店鼎恒等，其余酱坊、皮革坊、估（旧）衣店、磨坊、酒店、理发铺、客栈等不一而足，其中最为传奇、有名的要数双义元钱号了，史载1911年冬的兵燹即发生在此处。[①] 如今镇上除了各种杂货、五金、食品、粮店、理发、衣物鞋帽、文化文具、书店、照相馆、旅店、澡堂等店铺外，还有了网吧、电脑专卖店，几年前在政府支持下还建起了大型农家超市。

虒亭不是棉、茶、盐等高经济收益物产地，1928年县志载该县粮食以五谷为大宗，粮食品种主要是小麦、谷子、玉米、大豆等。虒亭自明清便形成了粮食商品市场，集上"贩运粮粟猪羊者，颇行活动"[②]，交易大宗的粮食是人们货币收入的主要来源，民国时传统粮市有所发展，商品经济日益深化，除当地农民互调余缺外，剩余多数卖于食品、酿造作坊，粗粮多卖给本省、河南、河北等地行贾粮商。毡帽衣装"仿时式制造可销外省"，但整个襄垣"茶、糖、油、布、药芋、皮、缎等利权半操外商"[③]，而集上偶尔也会出现物物交换，范围、品种甚狭，多伴人情关系发生。1953年国家实行粮食统购统销，粮市取消，1978年恢复，1995年后粮食行业由管理型转变为经营型。应当说农业是当地经济的支柱，1960年后湾水库（90%以上在该镇境内）建成后沿河谷间盆地几乎全淹，该镇农业只能依靠北边的旱地丘陵及山间梯田。历史上襄垣也盛产黑酱、挂面，醋（主要是米醋）和土布也有相当高的水平，山西等地商帮过境时都要在此购买土货以备交易。进入20世纪90年代以来"大虒亭、小家底"的状况日益凸显，襄垣虽然是煤炭大县，但作为该县为数不多几个无煤乡镇中的老大，缺乏煤炭产业的有力支撑，虒亭经济社会发展长期以来举步维艰，近靠着208国道，看着来来往往的拉煤车、送货车，眼羡着人家的富裕繁华，虒亭人只能空感叹。一直以来

---

① 王维新，《虒亭兵燹记》，《襄垣县志·兵方略》，1928年。
② 王维新，《襄垣县志·生业略》卷二，1928年。
③ 王维新，《襄垣县志》，1928年。

镇内也无工业、企业，农业是镇经济的主要形态，最近开始有了新变化，紫岩山系列小杂粮生产列入县"3168"工程，2006年5月，山西金泰隆农业开发公司3万吨无水乙醇、3万吨优质高蛋白饲料、万头优质二元猪生产项目落户虒亭（乙醇项目因环境问题已停）；8月，康宝生物又与该镇丰岩村签订200亩优质果园的发展项目。

现在，虒亭同山西集贸市场的整体发育情况一样，低于全国水平，也低于中部平均水平。至1996年末，在农村所辖范围内，由镇直接管理、经工商部门批准的全国具有固定场所的集贸市场有30850个，其中综合市场20917个，占67.8%；专业市场9933个，占32.2%。平均每个镇有1.91个集贸市场，其中有1.3个综合市场，0.62个专业市场。[①] 从东中西部地区看，集贸市场、综合市场、专业市场的总量由高到低依次是东部、中部、西部；而其平均数由高到低依次为中部、东部、西部。

而同期（1996年末）山西在农村镇所辖范围内，由镇直接管理、经工商部门批准、具有固定交易场所的集贸市场为436个，其中综合市场327个，占75%；专业市场109个，占25%。平均每个镇有1.02个集贸市场，其中0.77个综合市场，0.25个专业市场。[②] 与全国相比山西的综合市场比重大于全国，专业市场则小于全国，换句话说，市场的消费性大于集散性，集贸市场的镇平均值，包括综合市场和专业市场的平均值均低于中部平均水平，落差值分别为1.11个、0.62个和0.45个，这折射出山西农村的整体发展状况落后很多。由于市场数量不仅与经济发展程度有关，还与人口及乡镇划分等因素有关，所以总量并不能直接反映地方现实情况，而中部之所以平均数高是因为中部农村经济有了较大发展，但城镇化程度又比较低，是人民购买力提高与商品供给市场不发达矛盾的反映，虒亭的状况也反映了这点。

（二）小镇故事

水马驿、递运所、急递铺并称为明代驿递三大机构，这三个机构在虒亭均曾存在。驿站、递运所"专在递送使客，飞报军务，转运军需等物"（《明会典》），日常事务繁忙，负荷最重。急递铺任务单一，职专"公文递送"，要求特别严格。

---

① 《全国农业普查办公室关于第一次全国农业普查快速汇总结果的报告第4号——农村镇区规模及其社会经济状况》，http://www.stats.gov.cn/index.htm 国家统计局网站。
② 《第一次农业普查汇总结果公报（第4号）——农村镇区规模及其社会经济状况》，http://www.stats-sx.gov.cn/tjgb/default.htm 山西统计信息网。

赠镖局牌

关于小镇的管辖范围，当地传有"一镇八村"之说，按民国编村，辖窑上、郑沟、北社、孙家窑、烧土沟、西街、东坡底、暖泉、刘家岭、阳坡、虎峪口、园则、小河湾、赵村、郝家庄、北老岭。镇址建于郝水、郭水入漳交汇处，环城略成 C 型，水阔处约百米，水势甚急，遇有大雨，泥沙俱下，人不敢出，城外东北方向地势渐高，旧有白晋线通过，南面距河稍远，东面为陆地，南达中州，北入云中，为省会通衢，地理位置十分重要。小镇旧有城，南北长，东西窄，略呈矩形，城内南北约长 2 里余，东西约宽 1 里余，城周约 8～9 里。人常言"四门为城，三门为池、两门为驿，一门为寨"，又"一门为寨，二门为屯，三门为堡，四门为城"，据说城原设四门，南门后来被封，旧时依稀可见门洞印迹，不知其故，旧志《四乡图》《西乡图》所绘也只有三门，南向之路出东门约至赵村向南，大概南面开门没有实际意义，门多反而不易防守，故改成"堡"状，也有说南城壕下多埋异乡客死穷人，多阴气，为鬼门，故封之。五代及宋以来，由于中原王朝受到北方游牧王朝的巨大军事压力，特别是对抗中失去长城防御，军事策略上逐渐加强了以城池防御为主的体系建设，城、军、堡、寨、镇成为一地城池防御体系的重要内容，三门的设置恰好印证了《九域志》和《金史》中关于在虒亭建"镇"的动机。关于在虒亭设"镇"，宋时日本僧人成寻在《参天台五台山记》记熙宁五至六年事，只提虒亭驿，未及虒亭镇（记中凡镇上设驿的指明某镇某驿，如徐沟镇徐沟驿、团佰镇团佰驿，否则只言某镇或某驿），而《元丰九域志》（最终基本反映元丰八年制）和《金史》均言有虒亭镇，熙宁、元丰年间正值神宗变法，以此而论，虒亭设"镇"或在熙宁六年至元丰八年间。原镇门中，北门开在中间，东门、西门均在偏南，除门外城东残墙中间还有个担水口。门有城楼，人谓之"阁儿"，出北门过了"阁儿"就是行宫庙，东门外东坡底村亦有"阁儿"，离城稍远，疑为城附属的防御设施。城西为漳河，城北为郝水，城南城东有城壕，城南城壕下多埋客死穷人，实为义冢，东城壕残长约东城墙一半，下为防空洞。有虒亭镇街道分城内、城外。城内街道呈"乚"型，东西、南北各门互不相对，符合"城门不相对、道路不直通"的建城原则。北门外至行宫庙前沿北城墙有街市，东门外至奶奶庙、三官庙至文昌阁也有街巷。因水库修建迁址烧土沟地段，镇治为开放型，街道主要占烧土沟、东坡底两村，街由东向西呈一字，208国道建成后逐渐发展成东西长、南北短的十字街。

政治中心：早先曾为晋之别都，晋公族羊舌氏采邑，史载有铜鞮宫（晋之离宫）[①]，古铜鞮县治所，明清虒亭镇虒亭驿治所，民国第二区区公所治所（设在镇东门外东坡底村三官庙即三元宫），日伪时日军迁治孙家窑，以图离白晋线近故，当地人唤作红部，一说魂部，言其恐怖，伪军驻孙柏堂，1949年后治所迁回，于北门外行宫庙办公，后湾水库蓄水后迁治烧土沟地境。

镇上公署：原有治所在城中心，与市楼（当地人俗称此地曰正楼底）近；旧有察院，据《潞安府志》（顺治版）在察院有大察院一处、小察院两处，大察院在东门内，小察院在西门内，后已为农人耕地，仍俗唤此地作察院；有驿站（即虒亭驿），有驿丞宅，因驿站与接待官员的公馆在一处，当地人俗称官店，镇上"一处旗台、连望楼一座，营房十间，烟墩五个，牌房一座"[②]，亦有虒亭急递铺，明清时曾在驿西设递运所，民国时镇内又设差务处。由于地理位置特殊，虒亭备受重视，虒亭驿清朝最多时原额马50匹，募夫原额112名，民国时为方便虒亭差务处办差之用，耗费770多银

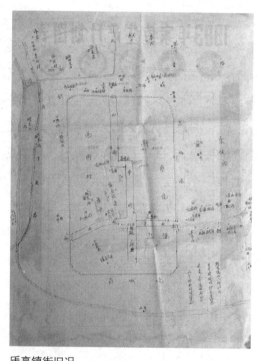

虒亭镇街旧况

---

① 《潞安府志》（乾隆版）及现代考古认为铜鞮宫与虒祁宫不是一回事，铜鞮宫在先在古铜鞮，虒祁宫在后在绛西，之前常有混淆。

② 另在县城、魏家坡、五嶂山各有旗台、连望楼、营房、烟墩、牌坊，方圆近者又有大平、夏店、狮山、赤壁、五嶂山急递铺。

圆新修大门 1 间、房屋 9 间。1949 年后，于正楼底西侧设有专门的邮电局。

关于驿站、差务的运行，明时多承元制，有所谓驿户、站户，由其供给驿站，又"签富民协济只应，官使蹂躏鞭笞、詈辱横索十年，一役未有不破也者"，后改为招募，"以近驿居民充役，马给于官，领刍豆，挨次差遣"，计道里给其值，明虒亭递运所被裁后，虒亭驿实际承担了邮传、递运双重职能，及至清朝，改为官养官应。民国时派办差员 1 人、马快 1 人、警察数名驻镇办理，襄垣一向不征收差徭钱，所需骡马，均系临时催令各保轮流支应，为便于供应差役，于镇上设公议店抽收来往脚户货骡等钱以备差务，"凡兵差、大差过境由保起钱摊支，凡流差所用骡马不逾四辆或八头以上者，由店役抽用支应"，但由于时局动荡，"县警下乡遍催民车，逢骡即抓"，供应不暇，于是依村贫富等级分出车骡为公车、公骡，分派于县城、虒亭，按日轮流，以节靡费。1949 年后，大型差务以党政及基层组织动员供应，则邮政独立发展。实际上，近代以来随着密码电报的引进，原来主要承担置邮传命的传统铺驿逐渐退出历史，为新式邮电替代。而由于民国局势不稳，兵事甚多，物资递运、转运猛增，差务上升为交通要道上市镇的重要职责。最终，近代化和纷乱的社会导致虒亭驿邮传、递运差役的职能比重不可逆地严重失衡，且逐渐分道扬镳，县里分别设置了军电分局、差务局（又只在虒亭镇设置差务处）。[1]

公共建筑：北门外行宫庙（也称大庙），庙内绘封神演义，有石狮一对及戏台。镇之东北隅有咽喉祠，所祀咽喉神是极具地方特色的古乐神，为乐户、吹打、戏曲、说唱者专供神祇。道家有所谓喉神，乃身体八景二十四神之一，《云笈七签》说天有二十四气，故体有二十四神，相传吕岩（洞宾）曾有"二十四神清，三千功行成"清修之言，乐人大抵借此喻想让乐艺高超必要修喉，喉要修好，不离喉神，《说文解字》说"喉，咽也"，曲唱时咽音喉音均可能涉及，特别是咽音能调出高亮金属般的声音，因此古之乐人通称咽喉神。现存相关文物史料集中于上党地区，目前可印证的咽喉祠（殿）在古泽州区域也大都未独立成庙，[2] 而虒亭镇《重修咽喉祠南北堂碑记》现为长治地区仅存的实物资料，据碑述，该庙应当是独立成庙，有正大殿、偏窑、乐楼、东西房、东西碑棚等，弥足珍贵。[3] 城内西南有铜鞮城隍庙，

---

① 部分内容参见《襄垣县志》，1928 年。

② 王宁，《咽喉神：一种颇具特色的地方性戏神》，《民俗研究》2000 年第 3 期。

③ 碑载"镇之中有观音堂""镇南当煞处有甘露庵"等，后圮，镇人多已不知。

当地人说虒亭城隍为金城隍，地位比襄垣县城的城隍高，其中有一个原因是虒亭的历史比襄垣县城的早。庙内附设戏场，大殿北壁绘崔生遇虎，有明万历时受潞王欣赏、时任潞安府推官的南皮李腾鹏虒亭吊古碑，言"山色周围断复连，漳河东下势潺湲。故宫凋落迷衰草，废县荒凉锁暮烟。轮铁奔驰何日尽，妖形变幻至今传。蛾眉自古能倾国，浪说崔生抱虎眠。"据《潞州志》收录宋人清河张安仁《襄垣县虒亭镇重修至圣文宣王庙堂记》和元人张銶《虒亭先圣孔子庙记》(《重修宣圣庙记》)载，镇西有铜鞮文庙，该庙始建于唐，宋熙宁八年（1705）、元贞元年至元统甲戌年（1295～1334）重修。[1] 镇北寨沟村有铜鞮关帝庙，像座下有土窑，时闻风声。正楼底（市楼即跨街楼），有石狮一个；其正对南面为牛王庙，俗谓奉祀牛郎织女传说中的老牛，有石狮一对；牛王庙西为官店，有石狮一个，四狮互相呼应，称作"三狮对面笑，一个狮子偷吃照（看）"。西门外漳河对岸有（西）河神庙，曾为英国传教士传教之所（近代，基督教、天主教教徒大幅增加，据日本陆军山冈部队本部编《山西省大观》载，1934年本县耶稣教信众有94人、天主教信众有1210人，远高于佛教信徒71人、道教信徒2人的记录）。东门外东坡底村有三官庙，设有戏场，为第二区区公所治所，设有牢房；其东有奶奶庙，其南有文昌阁、河神庙，其北有三郎庙，内为疮疖瘩爷。镇东寺背后有宝峰寺，为方圆佛教大寺，因与麻衣祖师有渊源而地位极尊，信众极多，后毁于战火及人为，近来因旅游开发重建。1949年后设有邮电局、卫生院、幼儿园、养老院、文化宫、少年宫等所谓"三宫六院"的一系列公共服务机构，曾被作为先进接受过晋东南地区的大检查。

民国初虒亭为襄垣二区

虒亭幼儿园

---

[1] 《潞安府志》(顺治版)卷七。水库建成后，尚有文庙、行宫庙等遗址可辨。

公共设施：旧时镇有义仓和社仓，义仓类似常平仓，社仓则是春借耕、秋还种，主要用以劝农，大抵源于元代里甲之外创设的村社之制。[①]城内有两处空场，用作校场、操场，一在城隍庙附近，面积不大；一在城西北，面积很大，后西街马巨元（马追风）获得该地，建有院落。有桥三座，一是临漳桥，在镇东，旧名周家桥，乾隆年间重修，但百姓仍叫周家桥，现桥已不在，但地名依旧；一是虒亭桥，据明弘治《潞州志》转引《一统志》说"在襄垣县，因古虒亭为名"，虽未明建造年代，但亦可见甚早；[②]此外，旧志《西乡图》记北门外有桥，为驿道必经。出于防火的目的，城内有南北两个麻池，北面为石砌，南面为土麻池，城外东坡底村有麻池一个。小镇共有水井七口，两口在北门外，一口在西门外，两口在东门外东坡底村，一口在城东三郎庙附近，另一口在城内城隍庙内，即崔生沉虎皮之八角琉璃井，但是枯井，也就是说城内没有可供饮用的水井，无论从城内居民日常饮水还是城市防御方面来看都不合理，殊为不解，当地人的解释是："虒亭镇原来是乌龟盖街，城中无井，所以漂在水（漳河）上，1949年后城内木业社、食品公司先后凿井，把乌龟盖打透了，这便有了后来的修水库，水就漫上来把虒亭镇给淹了。"说法虽不可信，但我们不难从中看到民间传说之所以能获得人们的认同，确实与一些貌似关联的现象"印证"有关。如关于虒亭镇是乌龟盖街的说法早已有之，城内无井也是事实，而后来的城内打井、水库淹城，自然成了前面事实的最好证据，这种"关联"印证在人们反复的陈述过程中，由最初的新奇逐渐变得令人确信，甚至成为一种文化认同基础，这在当地人那里体现得十分明显。新镇址没有庙宇，公共活动的场所多在供销社等公办机构大院内、街道上，最大的公共空间就是文化站内的空地，里面有大戏台一座，现增设了敬老院，东坡底村将村委会西侧一民户野脑（窑上空地）作为电影放映场、一段废弃公路作为健身场所。公共水井现在已很少有人使用，不少人家里打了抽水机井，安了自来水。

民居情况：原镇上民居多集中在城西，城外集中于东门、北门和西门外，镇上居民基本上是东坡底、西街村民，东坡底为杂姓，多在东门外，当时的西街叫作西门外，西街多郝姓，在城西及西门外、城北及北门外居住，另城外西北角有小河湾村，住户不多；新址居民多在街面后建房，居民主要在烧土沟、东坡底，西街只剩几户，其中东坡底基本都属于回迁户，其中的一个重要原因是水淹后东

---

① 一般里甲侧重于税赋，保甲侧重于治安，村社侧重于劝农，各制并行。
② 《潞州志》所引《一统志》应为《大明一统志》，该书成书于天顺五年（1461）。

坡底尚有余地，人心思故，迁走的多有回迁，西街则没有余地可供回迁。

教育情况：虒亭自古文化底蕴深厚，重文教，常有英才出，在襄垣境内有盛名。一个很有意思的现象是虒亭人在外能人很多，在机关工作的人中大多是科一级的中层干部，这与其文化传统不能说没有关系。当地早先多有私塾蒙学，清末民初酌提各社浮费或各村地亩内摊起，虒亭、魏家坡办双级初等小学堂各一处，流渠设单级初等小学堂一处，虒亭街上、寨沟、返头、东城、温家庄、西底、大池、西庄、峰岩、赤壁、申家岭、赵村、后湾、南凹、土落、送返、虎峪口、流渠、小河、黄楼北、种家岭、祝家岭、白堰底、高崖上、魏家坡、王家沟、洞村等多处设国民学校，宝峰寺设县立第三高小学校（县公款经费约一千余元），另由社筹款在镇上建女子国民学校一所。附近学生在各处毕业后，可进入宝峰寺继续学习，宝峰寺又称紫岩寺，后周麻衣僧修真紫岩山洞，建寺山峰，历代修建规模甚大，清末民初，推行庙产兴学，宝峰寺成为当地学习深造的最佳地点，极为出名，当地人视在"宝峰寺读书""宝峰寺毕业"如现在"北大、清华"上学一般荣耀。宝峰寺前院东跨院为校舍、学生宿舍，后院小窑洞为僧房。据传，宝峰寺之所以有名是因为唐徐茂公、魏征曾在此修身，寺中有十二柜经书，包罗万象，日军来时拆了一个山门就盖了八十八间房，日本人自称徐福后人，每人屁股上带一小佛像，意思是回家，对中国文化十分尊崇、珍视，带走其中的六柜经书。关于经书之事，《续抄紫岩山宝峰寺藏经目录序》（清光绪李如宝记）中说寺中贮有藏经数千卷，约计费非数千金不可诚盛典，旧贮藏经六柜，因寺僧经理不密，散佚不少，民国宝峰寺高等学校教员清点，核 6753 卷，佚 218 卷。由此来看，所谓倭寇盗藏经之事似乎并不存在，但日军来后，宝峰寺确实遭到毁坏，学校逐渐废弃。

1949 年后那些躲过战火的文物、文化传统却在所谓的红心、知识与科技主导的现代化中迅速遭到毁灭性打击，这是需要反思的，尤其是进行文化深层的反思，新的城镇化应当让人"望得见山，看得见水，记得住乡愁，守得住民风"。日军占领时在孙家窑设有简易师范学校，1949 年后在镇上设有幼儿园，在孙家窑、西底均有完小，水库淹城后

宝峰寺旧照

在临近孙家窑的长畛坪建有中学，厍亭幼儿园和厍亭中学的教学水平在晋东南地区很高，厍亭幼儿园曾获国务院嘉奖，现镇上有中学一所、小学两所、幼儿园一所。

（三）市与"集""会"的变迁

厍亭很早经济便较为发达，下厍聚先秦与秦汉就是古铜鞮政治经济中心，至元代依然"民物繁庶实如县都"[①]。仅就镇的设置而言，历史上不乏军、堡、镇、寨与县或升或降的记载，这些据点多为军事意义，厍亭也不例外，最早为镇也主要侧重于其军事意义，后逐渐过渡到监管"市"务。旧制只有镇治才有可能设固定集市[②]，常受官方因素制约，如"榆林镇在县西南八十里，五嶂关南，市废"，又如"东周镇在县西南二十里，市废"（注：县志中言"市废"未说"镇废"）[③]。清光绪三十四年（1908），襄垣县设商务会，厍亭、夏店、西营、下良四集镇设商务所；1934年，镇增设工商管理董事会。由于厍亭、夏店、县城一字撒开，为避免撞车，夏店逢双日集，厍亭、县市逢单日市。1939年日军占领襄垣，厍亭的正常发展受到影响。民国期间，适逢多事之秋，治乱无常，集市亦有紊变，一般后堡逢一、四、七市，王桥、夏店、下良、王村逢三、六、九市，西营、史北逢二、五、八市，唯厍亭与县城为逢双日市，当地人即将"单日不集，双日集"挂在嘴边。[④]

镇上商贸分坐市和集市，坐市主要是指街上的商铺。其中杂货铺中最大的是福和庆；药铺中最大的是屯留人开的同心稀，其他药店多从这里进货；当铺最大为恒生当；粮店最大为鼎恒；钱号最大为双义元。商铺沿街两侧展开，临街为推堂楼，后有院，日军入侵后遭到破坏，新建商铺均为单层。有盐店，在盐店圪廊；当铺两个，一个在正楼

出土于厍亭暖泉地区的唐代铁布（生产用具）

---

① 《襄垣县志·艺文》录《厍亭先圣孔子庙记》。

② 古时的"镇"和我们今天所说的"镇"不是一个概念，早先边境军事驻兵戍守称为镇，这些军事集团，历史上往往称为"节镇"，此外在一些重要地点，还设有关、津、军、堡、寨、镇等军事据点，后这些军事据点往往发展成规模不等的市，宋以后多指县以下的小商业都市，现多为基层行政单位。

③ 李廷芳、徐珏，《襄垣县志·建置志·市镇》卷二。

④ 以上县志中并未载明划分集之大小，我们无法得之当时除集镇之外其他小集的情况，估计在当地人们生活中的作用和影响不大，否则应当有记述。像民初《盐山县志》就把只有"蔬菜酒肉"上市的集市称为"小集"，以与有木植、牲畜等上市的大、中集相区别。盐山这种只交易"蔬菜酒肉"的集市被包括在全县39处集市之中。修志者指出，自康熙至同治，盐山有大、中24集，自光绪以后新增15集都是只有"蔬菜酒肉"交易的小集。如此细致的记载说明小集在当地人们生活中的作用不小，以致值得在县志上明载。

底西，一个在东坡底。北门外有药铺、杂货铺、饭铺，冯家岭冯传心所开鼎恒粮店也在北门外往西，粮店于集会时收购卖剩之余粮作为存粮，另在北门外往东开鼎恒酒房，以存粮酿酒。城南有小市场，供日用。有煤市亦在城外西北角，平时也有交易，不特定在集市时；有草市在城东北，为西街马巨元创设，因其姓马，"马"须吃喝，其旧宅附近有麻池，已有水，故在新宅处设草市。城外东北拐角有拐角店（车马店），北社有车马店；另有骆驼店3个，一在东门内，一在城外西北拐角，一在北社。车马店、骆驼店均为客栈，服务的对象主要是往来商队，但骡马、骆驼不同店，因为骆驼高大，形象怪异，骡马见了常常容易受惊，驼队又经常夜行，故而分店接待。有如此之多的商旅客店，可见厍亭当时地处通衢的重要性，为南北丝茶之路要隘。

集市又分庙会和集，集为逢双日集，隔一天一集，城南、城北各一处，但不是同时集，而是轮流开集。集和庙会是有区别的，集主要为经济功能，庙会要复杂一些。庙会有庙祭，实为同一农村社区或联村社区巩固认同，是维护内部秩序的重要手段，其次是娱神，同时还有庙市，也是人们重要的社交机会。厍亭庙会是比较频繁的，而且时间长。以往厍亭镇几乎是"月月有会"（实际上每年十月会后便不再有会），规模很大，每逢会期，四方小贩担筐挑篓，客商携物咸至，买卖铁器、农具、药材、首饰、骡马、粮食、棉花、布匹、百货等商品，客流量日均不下万人。镇上行宫庙（二月十五起）、三郎庙即疮疙瘩爷庙（三月初八）、城隍庙（四月十五起）、奶奶庙（四月十八）、牛王庙等都有会。一般说来，赶集时人们多是买卖粮食，只有在会上才能购买到骡马，如行宫庙会就专营牲畜，而且凡到厍亭演出的戏班，必唱《秦琼卖马》或《拐马计》，街上庙会多由社里取资庙田或社田，也有向街边行商摊派的情况，非烧香会则由社里主管、行商按行分别出资补齐。另虎口山神庙（二月初二）和龙王庙、送返奶奶庙和玉皇庙（三月十五）、蔡桥（桥沟底）奶奶庙（三月二十四）、宝峰寺（四月初八）、小河（端午）、土落、大池、阳坡也有会（注：会，不一定全是庙会，此处主要突出会的地点而非会的名称。多为地名），会期与规模长短大小不一，其中送返和宝峰寺的会大些，而小河的会不是烧香会。当时兴起于东晋时的宝峰寺庙会（龙花会）和明末清初的凉楼庙会，会期除本地客商外，山东、河南、河北、内蒙古等地客商亦集于此。1936年两会期间商品交易额达329.7万元（旧币）。[①] 除了庙会，镇上还有非庙会的集会，这种集会

---

① 《襄垣县志》，海潮出版社，1998年，第279页。

与普通集不同，有戏班唱戏，实际上这种集会是庙会的一种变体，虽然没有庙宇作为依托，但后面都隐含有神祇，如百子桥隐文王，秋报会隐五谷神。百子桥会（正月初三起）在城隍庙附近，百子桥典出《诗经·大雅·思齐》"大妙嗣徽音，则百斯男"，乃"文王百子"之由；秋报会（七月十五起）至十月还有一会。虒亭镇集会时间从正月一直到十月，跨度极长，其中百子桥、行宫庙、城隍庙、秋报会、十月会会期都为半个月，戏最少唱五台，多的有半个月（一般的最多为两台）。关于唱戏地点，东坡底一侧的庙会在三官庙，其余在行宫庙（时城隍庙已败）。会期上半年比较集中，人常说"过了四月十八会，留下两眼泪"，言此后集会越来越少，红火少了。由于水库淹城，新镇址已无庙宇，现在镇里的会有二月十五、七月十五和宝峰寺（四月初八）三个，宝峰寺会规模较小，由县宝峰寺旅游开发领导组负责，只有宝峰寺一个空名，没有原来的乡土治理意义，现在的宝峰寺本身就是县里出于旅游的考虑复建的。前两个规模较大，七月十五会由镇里负责，二月十五由临街的几个村负责，但若寻源的话，时间上还是能够看到与旧时的一些对应，二月十五实际是原行宫庙会，七月十五实际是原秋报会，在过去这都是时长半月的大"会"，这种继承选择是有道理的，只是与过去相比今天的会期只有短短三天。严格说来，如今所谓的"会"与庙已没多少瓜葛。

正是由于虒亭的繁华及其重要的地理位置，历来容易受到战乱兵火的影响，最有名的就算"火烧双义元"了。1911年冬，起义军太原起义后派兵扼守娘子关，与清军战，寡不敌众，兵溃，虒亭因系南北通衢，溃兵一夕数至，苦不堪言，适日地方洪洞籍警兵勾结同籍溃兵袭击双义元，携报私仇，饱掠火烧双义元，延及数家，仅是役便损失数万元之巨，史籍中称作"虒亭兵燹"。[1] 据说后来犯乱者为曾留学日本高等警察学校的后湾孙宗武所治。由此观之，自古兵匪、警匪一家，没有严格纪律，没有制度约束，往往为害地方，溃兵与当地警察互不相识，但却在短时间内迅速勾结在一起，地缘关系起着很大作用，而利益则是背后最大的推手。同样是出于地缘关系的考虑，自古逢乱维保地方，皆以当地百姓为民团，意在知根知底，差序式的乡土格局是一个重要基础，后人当引以为鉴。

中华人民共和国成立后实行了农业、手工业和资本主义工商业的社会主义改造，随着人民公社化运动的开展和供销合作社的普及，集会数量和规模均较以前萎

---

① 《襄垣县志·虒亭兵燹记》，1928年版。

缩，县境唯西营、下良、虒亭、夏店、常隆、城关设固定市场交易所。合作化后虒亭公社于虒亭设供销合作社一处，其他分社分设于虎口、小河、送返、大池、丰岩、西底（崔村——自然村）、温家庄、申家岭、蔡桥（桥坡）、史家岭、后湾，基本都在公路沿线，另有 10 个行政村（大队）未设分社；东岭公社于白堰底设一处总店，其他分社分设于黄楼北、祝家岭、种家岭、高崖上、西洞上（桑树凹），只有白堰底、西洞上近公路，东岭未设分店。临近虒亭镇的分销店有杜村（王村公社）、流渠（司马公社）、南凹（榆林公社）、河口（以下均属夏店公社）、西石、李家岭。

当时规定"第一类物资（国家计划收购和计划供应的物资）和第二类物资（国家统一收购的物资），人民公社、生产队应该首先保证完成国家规定的交售任务；在完成国家规定的交售任务以后，剩余的部分，可以到农村集市进行交易，如果国家需要，应该尽先卖给国营商业部门。第三类物资（一、二两类以外的其他物资），凡是国家规定有交售任务，或者人民公社、生产队、社员同国家签订有合同的，人民公社、生产队、社员一定要保证完成规定的交售任务，在完成规定的交售任务以后，剩余的部分，可以到农村集市进行交易；凡是没有同国家签订合同的零星品种，人民公社、生产队可以在集市出售。人民公社社员家庭和个人生产的副业产品、手工业品，不论属于第一类、第二类或者第三类物资，都可以在集市出售。但是，第一类、第二类物资中的某些品种如生猪等，各省、自治区、直辖市人民委员会可以根据市场情况和国家的需要，规定人民公社社员一定的交售任务，人民公社社员应该保证完成国家规定的交售任务。"但同时还明确规定"公社、生产队和社员，都不得进行商品贩运和开设店铺[①]。总的来说，当时集市虽然没有像"文化大革命"期间那样销声匿迹，可限制却很多。

1960 年后湾水库建设时，占去大片耕地，原镇址被淹，迁至东北二极台地，距原址 0.5 公里的地方，新址东起东坡底西延烧土沟。十一届三中全会后，国家开始有计划地恢复集市贸易，1985 年虒亭恢复了集贸市场为定点交易场所，1997 年前后地方放宽了限制，各处村集兴起，原有固定市场随之衰退，新集市出现。现将周边部分乡镇临近地方集市情况绘表于下：

---

① 《中共中央、国务院关于组织农村集市贸易的指示》，《人民日报》，1959 年 9 月 25 日。

地点		每月集市时间（农历）	数量（个）	
虒亭镇	白堰底（原东岭乡）	六、十六、二十六	3	12
	送返	二、十二、二十二	3	
	虒亭	三、十三、二十三 六、十六、二十六（今废） 九、十九、二十九	6	
上马乡	上马	四、十四、二十四、十、二十、三十（二十九）	6	12
	榆林	七、十七、二十七	3	
	夏庄	六、十六、二十六	3	
夏店镇	合漳（原南邯乡）	一、十一、二十一	3	24
	南邯（同上）	五、十五、二十五	3	
	大平	六、十六、二十六	3	
	夏店	八、十八、二十八	3	
	范家岭	三、十三、二十三	3	
	西北阳	九、十九、二十九	3	
	付北	七、十七、二十七	3	
	九庄（原九庄乡）	四、十四、二十四	3	
王村镇	史北（原史北乡）	八、十八、二十八	3	12
	高家沟（原龙王堂乡）	七、十七、二十七	3	
	王村	五、十五、二十五	3	
	店上	二、十二、二十二	3	
新店镇（沁县）	新店	三、十三、二十三 六、十六、二十六（今废） 九、十九、二十九	6	6

　　这些集市的历史变迁在很大程度上影响了人们的经济行为趋向和集市圈板块变动。清至民国时，虒亭集镇辐射范围很广（为便于比较一律使用今名），东起李家岭、大平、夏庄，南抵关上、南沟、高崖底，西至魏家坡（原归襄垣现属沁县），北达史北、杜村，辐射的边缘地带的村庄一方面构成了该集市圈的边界，一方面又模糊了这个边界，这里的人们通常也是其他临近集镇的常客。1985～1992年间集市与辐射范围与上基本类似，但影响力自此之后逐年减弱。1997年前原集贸市场

衰落，旧集市圈基本消失，当时该县内虒亭周围乡镇新集还未开始，而新店（沁县）地近虒亭，故镇上民众多去赶集，原史北乡、东岭乡居民也多往新店，上马乡居民或入新店，或入屯留，榆林居民也多入屯留，因为紧临的老爷山庙会规模很大。1997年后虒亭镇街上起了新集，覆盖东起申家岭、蔡桥、史家岭，南至阳坡、虎口，西过土落、小河，北达瓦窑沟、大池，此集开集比附近乡镇早，除临近沁县的小河等村外，人们不再去新店。晚些时候，紧邻虒亭镇街集且对其有较大影响的周围各集相继兴起，原虒亭镇街集集市版图被这些新集市区（送返集市圈、白堰底集市圈、大平集市圈、合漳集市圈）分期分段被分解。

实际上，清末以来虒亭一直是全县"会"数最多的地区之一，而且越往前这种现象和地位越突出。现在虒亭的这些庙会实际已经丧失原来的烧香会中神仙与宗教崇拜之味，尽管人们还不同程度地具有这些观念，但已与"会"本身没有多大关系，如今一些小庙会已经消失或瘫痪，有的蜕化为单一的谢神烧香，有的只剩唱戏一项文娱，如小河、大池、送返由村里摊派请戏，宝峰会由后湾与县里出资，街上二月会由返头、烧土沟、东坡底、暖泉、东城合出，七月会由镇上单位承办。

需要澄清的是，虒亭镇址搬迁引起的正统与新集市控制权的转圜。1958年以前虒亭镇治在原虒亭村（早先为编村），内辖西街、东坡底两个自然村，原镇治因水库兴建被淹后，移到现在的地方，原西街村解体，地方残余一角，村民分散编入东坡底、烧土沟、暖泉、返头等村，东坡底村民先是分散居于各地，不久随村址迁于水库东北岸余留的台地，新的镇址地跨东坡底、烧土沟，因地域所限多延伸入烧土沟一侧。随着旧西街的消失，东坡底人一直保留着作为原虒亭人的原生正统观，但现实是新镇址大多在烧土沟一侧，因而烧土沟人则同时更强调作为新虒亭的继生正统观，烧土沟更名"虒亭村"即是一个强有力的传达，不过这一正统化更多的只是象征性和书面性，并未获得镇内人的普遍认可，即使是其本村村民生活中也不这样称呼，而仍旧称呼烧土沟。可见，无论原生正统观还是继生正统观都无法彻底摆脱传统的预设。

计划经济时期镇上集贸市场和粮食市场均由政府直接管理控制（市场选址在烧土沟一侧的街上），计划型集贸市场衰落后，在新集市发展中东坡底、烧土沟两村围绕集市控制权展开了新的互动。1997年以前，旧市衰落后镇上居民基本上都要去也只能去当时离自己最近的沁县新店赶新集，1997年东坡底几个村民在村干部的支持下在东坡底一侧发起了虒亭新集，凡来设摊买卖者免费午餐，不但把原镇上的居民都重新吸引回本镇，还将原榆林乡、上马乡、东岭乡、南邯乡、夏店镇靠近虒亭的人口吸引于此，平均每3天就集一次。新起的集市为镇上街边的村民开启了新的收入来源，东坡底、烧土沟兼营小商业村民增多，成为集市上从商的主要人员，即便到现在，如果没有这些农商，周围的大平、合漳、南邯等处的集恐怕都很难支撑场面。之后，缘着较好的商贸基础优势，集市缓慢地向烧土沟方向移动，2002年经两村村干部议定，东坡底将集市控制权转予烧土沟，而集市的形状也在不断变化，由"T"形到"哑铃"形到"七"字形再到"一"字形。镇上的乡土互动不仅限于这两个村，街上二月十五的会就由多村共管。

（四）民俗拾遗

1.正名

虒亭的虒字，历史上有多种写法，根据现有的文献资料和碑记，最早写作"虒"，迟至唐五代，写作"思"，唐和后唐因避其祖李虎讳，以"思"代"虒"，[1]宋金写作"褫"或"禠"，明清时"褫""禠""祇""虒"混用[2]，近晚通作"虒"。褫、禠为异体字，古读 zhi/chi 意为解衣、脱衣、夺衣，引申为解散、脱落、废弛、剥夺，读 yi/si 意为福。禠古读 si/yi/qi，意为福。当意作"福"讲时褫、祇、禠读音相近，所以古代常混用。后世在提到虒亭驿时，普遍的解释为承古之铜鞮上虒亭、下虒聚之源，"今祖其名"，因之逐渐多以用"虒"之称。虒（sī），字典中关于虒的解释有两个，一是怪兽，一是地名，专指山西省襄垣县的"虒亭"。虒亭的由来据说与羊舌赤有关，铜鞮（古虒亭）为春秋晋国羊舌氏封地，时过虒亭，觉"羊"入虎口，犯地名，便将"虎亭"字改为"虒亭"，据县志载其冢即在此。但虒更猛于虎，《说文解字》说虒是"虎之有角者"，《广韵》言其能行水中，难道虎食羊虒不食羊，所以这个传说似有矛盾。不过按照变凶地为吉地的逻辑，将"虎"改写为"褫"或"禠"倒是还有迹可寻。关于犯地

虒亭

---

① 见敦煌 P.4648 号文书。

② 明《潞州志》即作虒。骏纂辑，长治旧志整理委员会编，中华书局，1995 年。

名，近世还有一则故事，"文化大革命"期间两派武斗，山西有名的造反派头头杨成效（曾是"总站派"总指挥，省革委副主任，山西革命造反兵团决死纵队队长），到长治增援"红字号"，途经虒亭被"联字号"农总部活捉，乡人说是羊（杨）入虎口犯了地名。虒亭的另一个民间解释是，亭，留也，以当地常有虎患，虎亭谓虎居之地，《汉书·地理志》中说铜鞮有上虒亭、下虒聚，字面上讲皆指虎居之地，当存一说。根据张金光先生有关乡、亭、里的关系 [1]，考虑到先秦及秦汉之制及虒亭的地理环境，虒亭似乎本身就有多重职能，即作为邮亭、燧亭、乡亭、市亭、馆亭，而以"虒"为亭名，既表明当地与虎的关系，又突出其南北通衢的战略意义。也就是说，虒亭既是地名，也是机构，也是管辖区域。《郡国志》和《汉书》说铜鞮有上虒亭、下虒聚，《潞安府志·古迹》（乾隆版）载，当地有南里、北里，言上虒亭为北里，下虒聚为南里，据《潞州志》（弘治版）卷八襄垣县部分"闾里志"载，其二乡"土落都四里：土落里、虒亭北里、虒亭南里、太平里"。[2]《康熙字典》说"上虒，亭名"，"下虒，臺名"。《刘歆·遂初赋》语"过下虒而叹息兮，悲平公之作台"[3]，言下虒为宫室名，而上虒为辖区或机构名。《潞安府志》和《襄垣县志》等均言虒亭驿为"古铜鞮治，汉更名为虒亭"，铜鞮自置县以后区划变化较大，治所也多有变动，整体来看，在向西北偏移，按《潞安府志》（乾隆版）"旧址在镇西北里许"，铜鞮初治在清代虒亭镇西北里许。文献说铜鞮有上虒亭、下虒聚，按秦汉县以下乡、亭、里、什伍的设置或编制情况，一县可分别设立若干乡、若干亭，文献中不言铜鞮乡、亭的建置情况，而仅言"上虒亭、下虒聚"，《水经注》《元和郡县志》《太平寰宇记》《读史方舆纪要》等也只注考"上虒亭、下虒聚"，未言及铜鞮其他乡、亭的建置内容，文献专门提到上虒亭、下虒聚或以这两处为先秦已有，属于有典故的，所以特意提出。古代亭与乡并置，分属于不同的系统，没有隶属关系，乡里的设置基于对人的管理，是相对于人的管辖区和层级，最早亭的设置基于地利，主要在边地、要地，有的人迹罕至，所以上虒亭的设置最初与居民管辖关系不大，随着发展亭逐渐兼管了一些辖区治安，这些辖区与作为乡的行政辖区可能交叉，但并不混。以"亭"名和邮驿、军事治安功能而言，虒亭之称，之设镇

---

[1] 张金光，《秦乡官制度及乡、亭、里关系》，《历史研究》1997 年第 6 期。

[2] 今沁县亦有南里乡，其周边有上北里、下北里、中里、南里村，相对现虒亭镇整体西偏北，又《潞安府志》（顺治版）"古上党郡图"所记"铜鞮，今褫亭驿，北为沁州，南并入襄垣"，及与《潞州志》所记土落都四里（土落里、虒亭北里、虒亭南里、太平里）相照，位置不能与古籍对应，且考虑到历史上沁县与襄垣两县县界变动，现虒亭镇确应含旧虒亭南里之地。

[3] 台是一种高耸的夯土建筑，古代的宫殿多建于台之上，如章华台亦称章华宫。

置驿，应祖于"上虒"之名。聚，张晏释为邑落，颜师古解其"小于乡"，不是秦汉时编户齐民的正式单位，指人口汇聚的聚落。世存有所谓"下虒"尖足空首布钱币[1]，据黄锡全考证当为"下虒"，布上的铭文即标明铸地为下虒聚，空首布的流行主要在春秋，由此布可推当时当地应有铸币权，与春秋时该地为铜鞮的政治经济中心的历史记载相吻。仅就文献而言，断梁城为上虒亭地，倾城／顷城为下虒聚之地，据文献及王先谦考注，上虒亭在今襄垣县西北虒亭西，下虒聚即襄垣虒亭[2]，今虒亭镇西界沁县境有虒亭岭，疑上、下虒（虒亭北、南里）之界。

近年来出土的春秋早期大型耸肩尖足空首原始刀布币"下虒"，考古学界认定是春秋早期以下虒聚命名的刀布币（其币通高13.5cm，肩距4.9cm，足距6.4cm，肩尖与足尖相距9.3cm，重24.58g）。其币不仅是考古界的新发现，也是研究虒亭乃至铜鞮历史的重要佐证。《汉书·地理志》载。

2. 婚嫁

介绍对象、搞对象，当地人称说媳妇。至于婚礼，现在的婚礼形式比较多，有西式的、混合的、传统的，最多的是混合式的，混合式的大体上保留了传统的一些重要内容，但也进行了变更，比如用汽车接送，当然现在也有不少人仍然骑马或坐轿，相家（注：此地方礼俗，保留）订婚原来都是分开的，现在大多安排在结婚前一天，以前的抬柜钱、离母钱、打旗钱、压箱钱、改口钱、背饼钱等，由于现在跨地域婚姻越来越多，为避免不必要的麻烦，一般都采取大包干的办法。

传统婚礼是比较有味道的。早晨起来要先向祖先、天地上香，男女双方都要抓富贵（钱），抓三把添三把，抓不能抓完，要给父母留点。男女都要吃炉拨，怕路上会尿。一般男方上午去接，到女方家后，女方会煮酸甜苦辣五味饺给新郎吃，女方总是想方设法拖延时间，不让早走，怕姑娘去婆家太早，坐得面老了（注：地方礼俗），所以下午才动身回来，正所谓"结昏"。女方的嫁妆必须在男方到女方家前送出来。男方去女方家时要打两面旗，送油饼，送两把木梳，一把给上头的人，一把给女方，到女方家后大伯的（新郎的哥哥）通知上头，上头要先绞脸，上

① 黄锡全，《尖足空首布新品"下虒"考》，《中国钱币》2002年第2期。
② 王先谦，《汉书补注》，中华书局，1983年，第682页。

头的人必须是村里的全奂人，即儿女双全，绝不能是离婚、失偶及有其他不好口碑的人。回来时，女方要再将油饼背到男方家，而且背饼钱要比抬柜钱多。女方出门不下地，由父亲抱出去，天地爷处烧香后送至车/马/轿上，然后父亲送一程，搬上用红纸包的土墼放在十字路口不怕雨淋的地方，意味大吉。返回时，女方在送戚（亲）后面再打两杆旗，称坐旗，路线与去时路线不能相同，不走回头路，新娘鞋底要粘上针，路上逢桥、沟、横水要扔买路钱，放鞭驱邪，有的甚至手里还拿一根葱，意思是冲倒一切牛鬼蛇神。路上凡是经过的井口、井盖、石兽都要事先蒙上红纸。县里新修的立交桥口有四对石狮子，因为是交通要道，经常被人用整张红纸糊住口鼻，甚至把头套住，有人戏称"这几个狮子太恓惶，整天赶不上出气，就又让糊了口鼻"。进村后要转村。到男方家时，抬轿的还要在男方门前铺青花被，在四角各放一个馒头，抬轿的人要将馒头踩烂，踩烂的馒头婆婆包起来第二天还要给两位新人炉拨（注：食物制作方法，既是动词也是名词）吃掉。新媳妇下轿/车要两个人接，实际上送和接是有区别的，所谓"左手送姑娘，右手引媳妇"，新郎要用秤杆揭开新娘盖头，其他如踩红毡、跨火盆之类与其他地方相似。现在，通常新郎的玩伴、同学、同事早早就将新人在半路拦下，出各种各样的难题，运气不好的往往会被拒在大门外等着门楼探花，要探三次。

婚宴早上为黄蒸醋饭，黄蒸是用黍米面和玉米面包上豇豆蒸制而成，醋饭与调和饭相似，但有大量的油炸豆腐、山药等一系列敷料杂搁（注：地方称各种各样的菜料为杂搁）及佐料，味道也不一样，也有豆腐汤或叫面片汤，也是放大量的杂搁，最后起锅时加用豆面、玉米面、白面和制的炸面片。中午吃席，或吃拉面，以前拉面都是事先拉好放在荆箅上凉着，等吃的时候再下锅热一热，后来有了电吹风机，拉面都是现拉，一天不断火，称不拉锅，因为大锅饭做得相当有名，一些人要多端几碗备好几顿吃。结婚时常有穷困或乞讨的人讨饭，主家并不厌烦，而是很欢迎，这天有讨饭的人上门被认为是好事，说明主人家风很善，是大善人。

新媳妇进家前丈夫要先在炕席上踩四角，进门后要在媳妇头上拨个针钗或卡子。新娘天黑了不出门，怕见星星会影响生育，晚上新人要喝蜜水和疙瘩汤，两人要相互交换喝三次，疙瘩汤由大伯拌，要专门拌得很大，不易熟，生疙瘩汤做好后由大伯监督两人喝完，边喝边问"生不生？""生。"（新娘答）"生多少？""一炕两火烙，掭（放）不下喽门圪落。"（新人答）第一天晚上回来新人不能圆房，吃过饭后新娘不再出门，关门要抢着关，谁抢到说明以后谁说了算，门关了便不能打开，闹洞房的人只能从门顶脑窗爬进去，想出来也只能再爬出来，晚上要有人在屋外听房，一般是大伯，如果实在没人，就用扫帚戴个帽子假装，于是当地便有"你扫把头上戴帽的——充数嘞（注：方言是压韵的）"的歇后语。晚上要用三个馍支住新脚盆（马桶），三个馍支住长命灯，小两口整晚要看这个灯点到天亮，不能熄，现在有的用红色电灯泡代替，这六个馍也要炉拨给新人。

严格的婚期要三天才算完。第二天要礼拜天地，即与公婆、家人见面磕头认长辈，婆婆一般要给新媳妇带子，意思是以后要媳妇待见自己，媳妇则会回送顶针，意思是把婆婆的气势顶回去，其他亲属也会有赠礼。过去有所谓庙见、觐见之礼，即六礼已备，夫妇关系虽成，新娘虽已获得"妻"的地位，但未与期亲（注：固定说法）尊长相见，未与祖先相见，便不曾获得"妇"的地位，成妇之礼远比成妻之礼重要，这应是古礼的延续。新媳妇过门后要通火，通火时放一些盐或酒，这样火势很大，意思红红火火，啥都能干。第三天要给新媳妇包扁食吃，意思是把媳妇的嘴包住，新郎则要到女方家触戚（见亲戚）。

正月十五、八月十五都要送十五，虎亭一带是女方家去男方家，北乡是男方去女方家。端阳节时还要送端午，女方家包上粽子去男方家送亲。新媳妇回娘家有讲究。新媳妇由于各种原因，很难一下子融入新家庭，常常回娘家，但有些节令必须回婆家。"正公、腊婆、九大伯，小两口怕个恶五月"，正月（年前就得回）、腊月（初一到初八称全腊八）、九月（初一到初九）、五月（初一到初五），这些日子必须回婆家住。

新媳妇头一年，村上邻家要轮着叫新媳妇吃饭、认门，新媳妇一般吃两遍，一次是刚结完婚，一次是第二年正月，回门的女儿只吃正月一遍。

当地传统上有新媳妇做九年的说法，即"新三年，旧三年，不新不旧又三年"，实际上三年头上婆家给三斤棉花就不管了，意思是以后由媳妇操持家务，婆婆可以享清闲了，久而久之，人们衍生出"你可是当了奶奶了，甚不做"的俗语，讥讽人们发懒。

3. 生礼

当地小孩有做满月、百天、周岁、十二的习俗。生小孩后，女孩的包衣（胎盘）要埋在开花树下，男孩的包衣要埋在家里地下，坐月子时屋子的门上要放秆草（谷草）挂红布，满月期间人们看到后就不再进这个屋子了。满月后，媳妇要给婆婆做赔罪鞋，以感谢婆婆作为长辈，在月子里端水倒尿伺候晚辈的情意。四十天娘家要来叫，走时要在门口、十字口用炭块放在红纸上，称压十字。满月时要剃胎发，团成两个球，一个缝在帽子上，一个和上面喂狗。每年生日姥姥、干亲（注：

干爹干娘，于娘胎认的干亲）要送圪勒，即一种圆面环，内外边缘有隆起的斜纹，正面涂有红糖，用火炉烤熟。圪勒套在小孩脖子上，意与金项圈相似，意为勒住、保平安。送圪勒虽然是附近地方都有的风俗，但只有虒亭才打圪勒，如果需要，四乡只有到虒亭街上才能买到，现在县城东乡也逐渐兴起此俗，而且也要到虒亭街上买，这与虒亭人的流动和文化儒化有关。另有剥痂圪勒用于小孩生疮种牛痘。每年姥姥还要给外甥（干亲也要）编锁、送锁，传统上做大满月、十二会送银锁，其余送铜锁，就是用红绳子将小钱（铜钱）编起来，过去从上到下依次是一个铜钱用来做绊子，下面是锅形扣着的铜钱，再下面是一串平摞的铜钱，一般是99个或60个，再下面是纵编的3个或6个铜钱，最下面是穗子。后来因铜钱减少一般只纵串铜钱，个数不定。生日时"锁"和圪勒一起戴上，80年代后又有用1分钱硬币编锁的，后来又有用1角硬币的，有的为了仿照旧制，还专门在硬币中间打孔穿绳，有的则在上面夹大额纸币，象征以前平摞的铜钱。有编锁、送锁，就有开锁，开锁一般在结婚时由父亲实施，但后来有的与做十二一起进行，称开锁或圆锁，甚至有的十二开一次、结婚开一次。但其实十二不能算作开锁，十二称"谢"，要谢干爹，如果没有干爹，一般要认磨或碾做干爹，孩子十二时由父亲拿上锁，带上孩子，到磨或碾前烧香以谢，因为认干爹就是要保佑孩子好成活。

4. 丧祭

丧礼，最能体现民间礼俗地方，与庆生、百天、开锁、结婚、暖房、做寿相比，它是现代社会快速发展背景下唯一保存传统相对完整的人生礼仪，因为这是人伦至极。在虒亭，当家人过世后，儿女皆穿重孝，下葬前不洗脸，披头散发，男女都着斜襟孝衫，面垂麻衣纱，男戴孝帽，帽后拖两条带；女罩白布，腰系麻绳，持哭棍。人未盛殓（chéng xiàn）（即入殓），重孝子不兜鞋，不吃盐，不用筷子吃饭（以荛子棒代），麻绳只能拖着，盛殓后才压起来，怕拖当家人。停尸头冲窑内，"下气后不能在炕上放得时间长了，长了（死人）要数席糸（mì），放在板上，时间长了怕背门板，要放在棺材里"。重孝进别人家，在街门要磕头，见人了又磕头，先磕头后说话，这是给当家人铺路。要及时送孝（孝布孝帽），通知死者娘家人，称请人主，人主家（或称娘后家、娘家人）不会立即接孝，至少要请三次，叫三请人主，接孝前人主家要盘问一番，人主家每来一次，必须再给新孝，人主不戴旧孝。人主家的厉害在丧事中体现得特别明显，人主家如果有意见，主家应尽量满足，曾有后妻过世后要与丈夫合葬，但因前妻人主家强烈反对和行为急进而没有入葬的情况。然后择日移灵，孙子端牌位送朔，端爨（上冷食、生食）。三天头上要送魂，燋衣裳，送魂须天黑后进行，临行前女儿要嘱咐用纸扎成的"牵送魂马的马童"："小顽童，紧招呼，俺爹（娘）是个胆小人；上坡下弯，紧操心；早住店，晚起身，住店不住飘稍店，不要遇上恶歹人；干了有茶叶，饥了有烧饼，不要误了进鄷都城……"去时音乐带头，一路上用碎玉米棒节点火放路灯，至村外十字口烧香，回来时偃旗息鼓，不能回头，不能说话，送魂回来的人都要喝些决疙瘩汤。送葬前一晚，孝子们在村外祖茔方向请招魂，将祖先招回，第二日发丧时一并送回。出殡时，大孝子大头扯绳拉棺，闺女扶杠拱大头。棺木只能抬，只能用麻绳，否则视为捆当家人，杠必须横抬，不能一根直杠从小头到大头纵穿，纵抬视为穿心杠，必须小头冲前，大头冲前，意味当家一路要倒着走。下葬时大头冲里，点长明灯，依次摸富贵，孝子、媳妇、子孙等本家内成员由小头到大头摸，出嫁的女儿、外甥等其他亲属由大头向小头摸，然后于墓门前扔馒头、富贵钱，本家脸朝外后扔，其余面朝内往外扔，回来路上每人捡石头或土块，不能空手，进门前要在街门前转刀，正转三圈，左转三圈，扔馍次序及方向与坟前相似，凡扔馒头要先自己咬一口，剩下的掰成小块，扔三次。这种馍常有人捡，据说可治病。丧事的饭菜比较简单，一般是拦盘菜、各碗菜，拦盘菜是好几个人吃一盘菜，各碗菜就是一人一碗大烩菜加馍。

现在再婚现象更为普遍，再婚妻子一般不愿去世后与男方前妻同埋一个墓穴，但实际摆放时后妻按正妻之礼与前妻于男方左右按先后一边一个，但也有因条件所限，往往不再动葬，只是将后妻挤放在墓门口的情况，这种情况人主家大多不能同意，因为过去只有小老婆，也就是妾才被塞到门圪落，这种礼遇现代人多不能接受。

服丧，做祭，自古已然。要紧的节点有两个，一是黚七，二是周年，黚七、周年只做奇数。头七较简单；三七要做五个无盐饼；五七要做扁食，按当家人阳寿算，一岁一个，另做五个无盐扁食给五阎王。五七对闺女来说最当紧，五七时要过五阎王关，当家人用筷，给五阎王备荧子棒，荧子棒光（滑），这样他吃得慢，不怕他和当家人抢，还要做五面五色小旗、白伞一个，而五阎王没有女儿，到时女儿要哭得伤心欲绝，五阎王心软，只顾听哭，眼前旗伞遮就胡乱过了关，不用受苦。七七又叫尽七，七七前谓之生孝，即不收拾，七七四十九天整才可扎孝（上身不穿重孝衫，只戴孝），不然当家人要喝泔水，而尽七的仪式不在四十九天，而要推后，所谓"长尽七短百日"，算法是 49＋重孝子数＋1 天（当家人本人计一天），如果只是父母有一人过世，每六天计作一个七（虚七），父母都过世每七天才计作一个七

（整七）。尽七后又有百日，百日不是整百天，而是之前尽七加了多少天，此时再减去多少天。当家人一人过世，戴孝一年，双双过世，戴孝三年。周年也是只做单，九周年时要燋真衣裳，以后才能烧五色纸或纸衣。"祭死不祭生"，之后凡逢祭日都要上祭。

另在服丧间有替孝的说法，即用红布条绑腿，脱孝必须绑腿，不然，即使脱了孝衣实际还穿着。若同时需服两个丧，是不能孝接孝的，必须先替孝，再服孝，否则只是给前一人服的丧。

清明、中元、十朔作为"三冥节"较为普遍，虒亭人多在清明、十月一（送寒衣）扫祭。清明时，除在坟头架带草的土块外，还要在坟后加土，意坟后不空，叫后土。扫墓时，要修正坟上的柳栽（柳树），封土时坟前埋的哭棍长得好，说明子孙孝顺，如果坟中有圪针（酸枣枝、荆棘）认为家里要出厉害人。"十月一，送寒衣"，七月十五则不太重视，近些年也有人七月十五扫祭，较特殊的是近来八月十五也成为人们上坟的日子，"但愿人长久，千里共婵娟"，所谓团圆，生者圆，死者也要圆。从中不难看出民俗的变与不变，不变的是礼俗精神。

祖先崇拜不仅体现在特定日子的上祭方面，不同时间去坟地，意义不同，叫法也不同。清明、七月十五、十月一，称上坟，要祭点心，备三色汤，烧纸钱、五色纸；平时如果有头疼脑热，做了不好的梦，梦见祖先托梦等都会去，称送汤，不烧纸钱、五色纸。

5.节俗

正月初一相互拜年，小孩子跟着串门，赚吃的（多是干果）。初一早晨吃挂面，不是挂面汤，而是和面条一样的挂面饭，说是来年风调雨顺、福寿绵长。正月里都要吃抓钱（手型的馍），女孩要吃花（花型馍）。随后开始走亲戚，初一、初二姥姥家，初三、初四丈人家，其余的不出正月那天也行。正月十五闹红火，以前各村组织村民参加，现在镇上常雇人参加县里的游行调演。二十五要敬仓官爷，称"添仓"，前一日要将家里的水缸添得满满的，当日要用干菱子棒剥皮插做童子与仓官骑马，还要给穿衣戴帽，晚上将童子与骑马的仓官爷放在碗里，再将碗置于盛满水的缸中浮起，摆上仓圪卵（用杂面做成，似锥形，底部有洞，模仿粮仓），烧香，还要念"仓官爷儿饮马来，黄米绿豆驮到我家来"，同时要在各神祇处上香，还要在圪地圪旯（犄角旮旯）给地下家（老鼠）烧香，祈其不害仓储，之所以不直称老鼠，是因为鼠也是受封的神，位列十二生肖之首。

二月二龙抬头，当日于天地爷处烧香，"晚期候儿围墙墙，柴灰院里溜灰灰，黑夜瞧墙上哪面有谷牛，哪畔就有谷收"。还要剪葫芦，中间用五谷做成蛇、蝎、蜈蚣样，除害，即"二月龙抬头，蛇、蝎、蜈蚣进圪芦"。另有"二月二磨台底下听老鼠丁零当啷娶媳妇"的说法，意思是说老鼠进入春季繁殖期，要引起重视。吃上也有讲究，初一浇（煎饼）、初二包（饺子）、初三和初四煮油糕。春天小孩还要戴糠布袋，布袋用红布做成，指肚大小，缝在肩膀上，以避免孩子生糠。

三月清明节前，未结婚的姑娘、小孩要带清明圪陀，清明圪陀以荙子圪节穿起来，每节间插一分钱硬币大小的五色原片，尾部以花布作穗，清明上坟时挂在坟上。

四月初四牛王爷生日，煮面圪蟆、圪蚪给牛吃，意味保六畜兴旺，佑四季平安。端午门前要挂艾挂柳，人也要带艾带柳，俗话说"初一不带艾，死了转个老鳖盖"，"初五不带柳，死了变个老黄狗"。艾、柳须在日出前采，据说百草都有一天当值，端午值艾当值，所以"端午艾为灵芝草"。端阳前后还要圪撮包子，妇女和小孩都带，包子（似小荷包）有牛包子、驴包子、人包子，内装艾草、香炉里的香圪节。

五月十三关老爷磨刀下雨，从此后雨势渐多，雨水多是好事，但过多便是"天阴下雨庄稼歇，放羊小子造下业"。入雨季后，漳河水宽，妇女过河不便，多由男子背渡，河边常有附近居民充做河夫，水缓时专门背人过河，毕竟男女有别，而河总还是要渡的，就像得了病要看一样，于是就有所谓"三不羞"的说法，即见丈夫不羞，见大夫不羞，见河夫不羞。

六月六河神爷生辰这一天是严禁下水的，不准取水、洗衣、耍水、游泳更不准，避免被河神爷吃掉，尤其是虒亭蓄水库后，水深面广，管理更严，而且实际上曾有一段时间差不多每年这一天都要死人。放羊人（把捉、二截、吆坡孩）这时要到狼尾沟山神庙烧香，要给放羊人好吃的，商定卧羊。给地里上肥，以前较为普遍，现在人们大多使用化肥，卧羊的少了，但仍有不少人认为羊粪比化肥肥效好，种出的庄稼口感好，而且环保，坚持用羊粪，因为量少，现在还有人偷粪、拾粪。卧羊分秋冬、春夏，天冷时苴圈，一般三五天，天暖时歇晌，因为羊多，一中午就够。六月收完夏，人们还要去丈人家望夏。

七月十五要祭秋，一是在地里摆上蒸好的面羊（一般是五只）说是祭土地；一是在地里取一根谷、一根麻在家中正面对方，摆上蒸羊，叫祭五谷神；一是在堆麦兼的场子里摆上祭品，祭品下面是麦兼堆，上面放上蒸的鸡，叫麦兼祭。七月十五还要给小孩送蒸好的羊，叫送羊羊，有十五前送就是活羊羊、十五后送死羊羊之说（注：死羊不能送）。

中秋前，三四家共爨，做小鏊手工的粗月饼。做法与普通烧饼区别不大，都要微微发酵，只是要拓模，上面印花，而上火的做法就大不相同，不是鏊炉温直接烘焙，而是用火先烤鏊，用鏊温煨熟。原始的面包其实就是直接在大火烘过的灰沙土里煨熟的，现在北非还保留有这种做法（注：小麦面粉是西传的），两者的传统性近似，因而相当久远，而刚出鏊的月饼格外浓香，收在屋内，余香绕梁确实不假。同时还要做月花（状如饼，边有一节节压棱，中间覆以红糖水，贴芫荽，意为月宫之物），十五晚上面向月亮升起的方向设香案祭月，而后每人分食。

十月上祭祖先。腊八要吃稀焖饭，来涂小虫儿（麻雀）眼，不让它吃庄稼。二十三送老灶爷上天。整个腊月里要蒸刮，准备过年的吃喝东西，有炒米面茶、抓钱、花（女孩吃）、黄蒸、枣菇馍（虒亭枣菇以面条盘有腿的馍，在漩处放枣，东乡则仅是掌心大的馍上点枣）。除夕要扫院，贴对（联）、大字，贴时家人要都在家，不然会被贴到外边，不吉利，出嫁的女儿贴时要在外面，不能被贴进来，嫁出去再回来除非是离婚，不吉利。还要做隔年其（面条），蒸猪以供祭天，以前多用真猪，鼻孔里还要插葱，现在很多人改做面猪，子夜时要在院中间设香案敬天，点旺火，并到院中屋中各神祇处烧香安神。

6. 饮膳

赤壁烧酒。据民国《襄垣县志·生业略》载，其时"凡在县经商，除盐、当两商外，向以酒商与毡帽行居首"，影响较大的有果沟（王村镇）、稀泥沟（冀家岭）、楼角底（城内西关）、赤壁（虒亭镇），而又以万里茶商古道上的赤壁烧酒最盛，凭借地理优势远销境外，因该地旧属潞安府，外地如山东等便统称襄垣等地的酒为潞府酒或潞酒。赤壁烧酒早在百年前就已驰名，其大掌柜邱丙和，原有土地百余亩，酒店、酒坊及贮藏碛院，有相当大的规模。因选料讲究，原料均为当地的高粱、玉米、春麦等优质小杂粮，且工艺、用水甚有特点，口碑极佳。当年的酿酒水井至今尚存。

东坡底兴孩的豆腐汤。兴孩不仅油糕炸得一绝，皮脆不掉渣，而且他做的豆腐汤远近闻名，许多人跑好几里地为的就是喝这一口。先熬好料汤，将豆腐切成一指厚、拇指见方的方片，煮时先放入粉条、海带，待豆腐炸开成块，盛出，放入油豆腐丝、豆腐丸、假烧肉、炸土豆块等杂搁，以料汤反复冲洗入味，浇汤，撒上炸面片、芝麻、香菜等。其中，假烧肉是将粉条和调料、粉面蒸熟，切片上色，干煎而成。因为每日都要起个大早做准备，驿道上的来往客商、抗战时八路行军及敌后工作者过路常常以其后窗的灯光做路标，人称"白晋路上一盏灯"。如今，豆腐汤已是当地一道特有的传统经典膳食，凡婚嫁迎娶等大事早上都备豆腐汤招待邻里亲朋。

寨沟金旺的挂面汤。先把各种料上足熬汤，凉水泡上挂面，有客人吃饭时，再将凉面进锅煮一下，并反复以汤泼洗，最后再加油豆腐丝等杂搁、小料。

大珍、二珍的蒸馍。和面甚是要力气，要用全身压擀面杖反复碾压，蒸出的馍味甜，吃的时候要一圈一圈剥着吃，最后剩下拇指高的馍柱，人们叫"一根棍"。因为馍很实在，再大的后生也吃不了仨（由于体力劳动强度大，经常吃不饱，过去的受苦人一顿能吃四五个）。此外，由于与大珍有姻亲关系李先河的馍馍也不错。

暖泉陈兴启的炒瓢。擅长各类炒菜，据说曾在天津口外学艺。

庄的儿孙启云的红脸烧饼。小风佛来，隔着百米就可闻见香味。

二孩家丈人的烧饼。所烧的饼，吃时要一圈一圈地剥。

郭狗孝的干馍。一种烧饼，中间夹有咸面舌，烧熟后中间的热气会使饼子自然鼓起。

烧土沟李真如的扯面。因为他腿脚不便，人称拐的扯面。

武家岭武满银的甩饼。肉嫩回口，皮薄见影。

在当地还有"双孩糕、二孩（本人为木匠）笤（木桶），银发唢呐、丙贵箫，赵村柳艺匠挖的好勺，石富荣打的好刀，梁立成（本人为牙行）养的好膘（经营牲口），阎富孩（本人为种地能手）说话好呛（带工的）"的说法，这些人中有一些祖上是从河北、河南等地逃荒、避难迁来的。

（五）民间信仰

1. 祷雨

若遇上连阴天，人们有时就让小女孩拿着火柱插在院里，顶上放上油灯，即"留头闺妮来顶天，明天就是个大红天"；若天旱，就"些哆（光屁股）闺妮洗簸箕，大雨下在坡跟底"，"些哆小的洗擀杖，大雨下到坡顶上"。

当大旱时，人们还有两种重要的祈雨办法，一是到麻衣洞取水，一是到暖泉龙王庙请龙王。麻衣洞是后周绵上僧人麻衣修炼的地方，史籍对此多有记述，紫岩山宝峰寺即是由他所建，当然最为出名的是所谓麻衣相法。县志上说他"善相人，能为风雨，所谓生前有道术，身后而为神物者也"，"遇旱祷雨辄应"。[①] 求雨，先求水，要先在麻衣洞（俗唤麻糊洞）外铁瓦寺庙敬麻衣，然后由向导带人进入洞，开始一

---

① 《襄垣县志·方技篇》，光绪版。

人可行，接着变窄，左右卵石相压，于胸处最紧，顶着心窝，人须侧身慢挪，谓之"度心石"，据说心眼不好的会被卡住，再往前逐渐变低，人须爬行，然后便进入一个相对宽敞的空间，中间有泉池，洞壁有麻衣塑像，人在此取水，往另一端依次前行可出，长约一里多。襄垣县城、北乡，甚至屯留、沁县也常有人来取水。旧志亦言，"遇旱祷雨辄应"。有时则将暖泉黑龙王请出，仪式与他处基本一致。据老人们说，20世纪40年代时大旱，河南逃荒之人行至虒亭，日头下往往有体力不支者倒地，一会的工夫人便生蛆腐烂，极残，人不敢出，已不只是旱，是疫。现人们已不再祈雨，而是听天气预报，不过天旱时人们仍然会把那些灵验的故事挂在嘴边，心生敬意。

2. 夜游神

虒亭民风淳朴，重门神，白天大门敞开，即便家中无人，亦无事，晚上阖门闭户，一切阻于门外。夜里太晚了一般是不让随便出门的，怕碰上夜游神。关于夜游神的异事自《山海经·海外南经》始多有记录，大概在元、明之际，"夜游神"的称谓由南方少数民族传入中原，到了清代，形象已与上古传说中有很大不同，不是"为人小颊赤肩"，而是高大无比。普遍的说法是，夜游神巡夜、惩恶或会带来厄运。虒亭的讲究又有不同，据说夜游神确为巨人，但看不见具体体态，多是以黑影示人，行走为徒步，而非骑马，两脚一跨数里，而且大小不固定，迈步时变大，落步时变小，若见夜游神由小变大，当有富贵，若遇由大变小，则有晦事。近世东坡底有郑四安父子遇夜游，据郑四安老人回忆，幼时一夜与父回家，看见前面有一物影如狗，俄而变大，其父以身相掩，自己则心惊偷窥，那物一脚跨过郑家贞节木牌楼，只听得噗嗒一声，不见踪迹，及至牌楼前，但见牌楼一瓦掉于地上，为夜游神跨牌楼碰掉。四安问其父夜游神之故，其父又讲一事，即董举人寨沟遇夜游。据董举人孙寨沟董小明讲，其爷爷早年曾在虒亭镇上当铺做饭，夜从镇上回寨沟，行至半路圪崂弯，但见一物一脚在峰岩寨上，一脚在寨沟万家寨，于是急行，那物也移步，正好从那物腿跨间穿过，忽听有声"你实在是个小小武举，要不是一脚就把你劈死了"，险些被踩，风声两耳急过，视之不见，回家后再三思量其语，遂与后湾财主孙三多同去太原应试，董氏果中武举，朝廷赐功名、衣冠，士绅皆侧目。后开钱铺，发宝盆票，称一方富贵，有司马贼人劫抢，被董武举赤手打跑，名震一时。又因嗜赌，家业尽失，便于镇上圈地卖菜，人惧其威，皆不敢与之争。寿终时，服武举衣冠入葬。董武举即民国版《襄垣县志·选举表》所记光绪间辛卯科武举董谦和是也。

3. 摸佛爷

宝峰寺有阎王殿、卧佛殿两殿。阎王旧殿格局如地府，白天人进，亦多有惧色，有人不注意踏动了机关，便扑倒在阎王前，两侧小鬼握棍叉在肩旁，极为恐怖，胆小、心虚者多不敢入。卧佛殿有睡佛爷，人说晚上睡不着、长失眠，去摸摸睡佛爷的屁股，就能睡着了，天长日久，睡佛臀部被摸得特别光亮。传有某失眠者，晚上就去殿里摸睡佛屁股，但因夜黑，误进了阎王殿，摸了阎王爷屁股，回去不久便暴毙了。

4. 白牡丹

关于白牡丹的故事，古已有之，在唐宋元文献和民间传说中白牡丹是个妓女，观世音则变成妓女在妓馆中劝淫，甚至有人将妓女比作白牡丹，元代时，元代的白牡丹传说已跟宗教度脱密切相关，而吕洞宾也常混迹市廛度脱妓女，再往后便有了所谓吕洞宾三戏（一说三试）白牡丹之说，有些还有污秽。整个故事演变由"无情"向"有情"、由"清修"向"双修"、由"尚理"向"尚智"转变，展示了宗教圣者传说民间化的内在规律。[①] 虎亭白牡丹的故事与上述关系不大，但却有着一定的内在逻辑。吕洞宾是道教特别是全真教的重要神祇，八仙与其他神仙不同，不是高高在上，而是经常混杂于人间，为民排忧解难，历史上八仙故事的普及不仅与故事本身的特点和金元以来全真教的活动有关，同时民间信仰也往往更容易将极具本土特点的道教仙事吸纳入庞大的杂糅体系。此处，吕洞宾已不是主角，相传一日土落有个年轻人从虎亭镇上回返，过木筸桥时遇见一位美丽女子，女子向其打听莉厫肆怎么走（莉厫肆，顾名思义，大而可住人的地方），男子为其引路，行至土落莉厫肆，女子不见，第二天男子路过莉厫肆，见生出白牡丹，异然，夜托梦乡人，凡身有疾者皆可往求之，不久西乡之人咸至，极为灵验，店肆爆满，因白牡丹以此为道场故，莉厫肆因名道场寺。至于白牡丹主要是道教故事人物，为何不以"观"而以"寺"命名，大概与白牡丹出场时便是观音渡世肉身有关，道场称"寺"，也在情理之中，也大概因其既有观音的前世之缘，又有肉身之功，地方兴起白牡丹信仰便是自然，后来白牡丹信仰与师婆关联的现象亦不难理解。

道场寺建筑简单，有大门，院内有个大场子，后部有窑洞若干，每年牡丹盛开时节，唱大戏，求药、赏花者络绎不绝，非常红火，土落的行脚店住得满满的。人们说，日本人来后，糟践了牡丹花（一说后人失于照看，常有脏水污物倾倒），白

---

① 吴光正，《从吕洞宾戏白牡丹传说看宗教圣者传说的建构及其流变》，《文艺研究》2004年第2期。

牡丹就跑了（走了），1949年后才又回来，不过后来开的花样与之前不同，以前白牡丹边缘有一圈金边，回来后把金边丢了。也就是说，土落白牡丹实际承担了药师佛的角色，这一现象也不是没有缘故，吕洞宾戏白牡丹的故事中反复提到白牡丹家是开药店的，而白牡丹被度化成仙后便没有了下文，虒亭土落的白牡丹信俗实际是这个故事的延续。后来，又有所谓师婆顶土落白牡丹神，现在屯留东藕、襄垣背里师婆均说娘家在虒亭土落，凡虒亭人去了后，都要报名号，说自己是土落牡丹，均认作家乡人（讹传另有所谓黑牡丹之说）。以前城隍庙会时，就常有屯留师婆集会，一是拜神，二是联络，三是切磋，现在壶关一些庙会上仍能见到，师婆、神汉彼此之间相互比谁说得对，比谁本事大。可见，屯留师婆与土落白牡丹的关系是有渊源的。土落白牡丹师婆与其他巫觋一样，家中供奉的神祇不只几十个，密密麻麻，不停地抽烟，屋内烟雾缭绕，光线一般。通常认为下午不如上午准，所以去人多集中在上午，去求助的人一般不空手，有钱有物，不在多少。往往一进门没等来人开口，师婆便会直接讲缘故，甚为准确，然后来人发问，一般是关于丢的东西能不能找见、孩子考试、某事能否成功以及一些奇象怪事，然后师婆会说来人为人如何、家庭情况、宅邸状况和现状，师婆正式的回答是唱答形式，曲调主要是地方戏曲曲艺，当然众多求助中仍以看病为主。因多有应验者，土落白牡丹的民间信俗依旧流行，信众很多，周边县区的人也常慕名而往。巫觋之事自古及今甚为普遍，无论哪个民族，哪个地域，无论城市还是乡村，真假且不论，这一现象本身是民众生活的一种功能性需求反应，不管喜欢还是不喜欢，它总会以这样或那样的方式存在，就像有不少人在车里或某些特殊的地方摆放毛主席像，初一、十五上香，如果说以前是出于对领袖的爱戴，视之若神人，那现在更多的是把毛泽东视为人神、神祇，更纯粹的是一种功能性彰显。

5. 崔生遇虎

崔生遇虎旧时亦作崔生伏魅，这个故事是虒亭极为重要的文化基因，而其故事本身在全国又流传有多个版本，此处仅从故事的民俗流变角度做一梳理。关于故事的出处，黄仁生先生认为已佚的诸宫调《崔韬逢雌虎》出自唐陆勋的《集异志》，[①]但遍查集异志并无此故事，当是《集异记》之误，《集异记》为唐薛用弱所著；而王国维先生认为崔韬逢雌虎的楔子在关汉卿杂剧《谢天香》中，应是《金线池》之误。[②]

① 黄仁生，《论唐传奇在中国文学史上的演进与贡献》，《复旦学报》（社会科学版）2011年01期。
② 王国维，《宋元戏曲史》，上海古籍出版社，1998年，第51页。

故事的发生时间都是在晚上。关于虎女的年龄，有言为女子，有说是美妇。关于崔生的名称，大多没有讲明，只说崔生，《集异记》《潞安府志》《襄垣县志》称崔韬，《汾上续谈》称崔奇古，《谢章铤集》称崔奇，《义乌县志》称崔智韬。关于其籍贯，大多没有提及，有河东、崞县、冀州等。关于崔生身份各种版本都不一样，有游学士子、儒生、举子、赴任官、在任官，看似杂乱，但实际都是儒者从寒士到出仕的发展轨迹的转换，本质上是一个身份，而根据关汉卿《金线池》楔子，崔生似乎本应是寒儒。明确指明崔生曾任职地方的有两个，《集异记》说是蒲州人供职宣城，《潞安府志》《襄垣县志》说是崞县人供职祥符，《铜鞮语录》言为长安，均符合古代北官南任、南官北任的惯习。关于女虎与崔生姻缘关系，均言为妻而非妾。关于崔生对虎女的态度，除了《集异记》中说是虎女主动要求婚配外，崔生的表现几乎都是男性主义的对美色的欲望作怪，明知是妖仍然扛不住诱惑。关于孩子，大部分都称崔生与虎女生有两个孩子，《集异记》说一子，《义乌县志》说三子，《汾上续谈》和《谢章铤集》均言为一男一女，而朱孟震、谢章铤两人均看过当地碑记，所记当与原碑同。虎皮和井是所有故事的关键，虎皮是具有法力的，也是富有象征意义的，没有虎皮，虎女便无法变成老虎，没有虎皮，虎女便是极为柔弱的，便不得不受人（崔生）的制约，虎皮甚至是人与妖的分界。虎皮的法力与虎皮的完整性没有必然联系，无论是一张虎皮、大如掌、仅存王字，都不影响虎女复化为虎，其中仅存"王"字的说法实际上点透了虎皮的象征本质，而造成这种隔绝的是井，没有井，虎女与虎皮无法实现隔离，如果说虎皮具有某种法力的话，井便具有另一种克制的法力，这种隔离实际就是一种禁忌，一旦违反，一场人兽婚姻模式的美满即变得悲惨凄凉，而最终决定这一切的是人心（崔生的心态），决定虎女是否能和虎皮再次结合的关键因素正是崔生自己，善恶易行，强弱易势，只在一念之间。从故事发生地来看，基本都集中于交通要道且相对僻静的地方（而《前虒亭传》"崔念市上焉有虎"，说崔生所宿当为繁华处），其中《集异记》明确造成一种仁义馆（注：故事发生地为仁义馆）中无仁义的巨大戏剧反差。从结果看，故事大多凄凉，甚至凶险，只有虒亭版本中，虎女由兽性变得人性十足，实现了从无情到有情的转变，是一种有遗憾的情义，听众则从中依次感受到好奇、惊惧、美满、凶险、悲凉、期待、寄慰等一系列起伏跌宕的超戏剧性体验。故事在各地的现实意义区别较大，基本上都是被作为怪志故事看待，只有连云港、虒亭明确涉及除虎患的问题，建有祠或庙，而且虒亭还将虎女、其子狼哥和虎姐及崔生都作为山神来看待，极为特别，过去每年都用油将虎、狼的嘴涂抹得油光锃亮。在虒亭，原城隍庙绘有崔生遇虎故事，显然这里有镇妖的意图，当年的琉璃井就在庙内，但却是枯井，与所谓厣亭街是乌龟盖街而城内无井的说法，及最早记载该故事的《集异记》所称枯井的说法，均有契合（其他版本均未指明是枯井，另朱孟震《裖亭虎》有"今井中已窒矣"语，至少明万历九年时该井已枯），按《汾上续谈》《谢章铤集》庙内原有专门记述崔生遇虎的碑记，《县志》载有明万历时南皮槐亭李腾鹏"厣亭吊古石刻"："……轮铁奔驰何日尽，妖形变幻至今传；峨眉自古能倾国，浪说崔生抱虎眠。"《汾上续谈》记厣亭镇上原有土地祠，崔生遇虎即发生于祠，后祠为城隍庙，而在虎峪口（虎尾沟）的山神庙（碑记该庙为"山神土地庙"），据残碑载，"自崔生伏魅而后，士民自亭移庙（注：土地庙）于斯□□□……"（另《李濂年谱》言"故有崔生祠，世传崔生妻虎于此"，未明祠在镇上还是此处，是年为嘉靖癸未 1523 年，可见崔生祠甚早）。① 厣亭的土地庙应在移庙后于山神庙合庙，与昭泽王庙相距半里，故碑中将土地山神庙与昭泽王庙并称两庙，用于天旱祈雨，山神是当地养羊人特别尊崇的神，但不司云雨，土地、昭泽王则司掌此责，所以这里的土地山神庙就是一个庙，按碑载内有土地、山神两殿。一般而言，一村一社只有一个土地庙，而在厣亭镇街上，我们没有发现土地庙的踪迹，而这块碑向我们透露了重要信息，传统上，虎峪口属于厣亭保或厣亭编村，而当地又有山神庙和崔生遇虎的传说、拜崔生一家黜狼黜虎的习俗，土地山神其实质也本无差别，因而土地移位，两者共居一处也并不奇怪。另有崔生寒窑，传为虎女带走狼哥、虎姐后，崔生为方便见面而住的地方，现在仍为羊圈，乡人不敢乱占。

在研究中我们发现，厣亭的崔生遇虎已与地方栖居环境达到高度契合，这与其他几个故事流传点不同，有关内容另行讨论。自古人们在厣亭对崔生遇虎的凭吊非常之多，几乎是所有流传地方中最多的，同时，厣亭也是所有故事流传地中唯一一个北方的。

在《县志》中有两个词引起我们注意，一是记述了"炕"，这事实上明确暗合了故事发生的地域环境是北方；一是"祥符"，祥符作为地名应是宋代，河南浚仪县于宋大中祥符三年改称祥符县，宋代惯以年号名地，因此，"之任祥符"就是到开封上任，如此则故事应发生在宋代，与《县志》所记唐代不符，而《潞安府志》《汾上续谈》《谢章铤集》及转引当地碑记均明确故事在宋代。《潞安府志》、《襄垣县志》言崔生到祥符（开封）上任，《汾上续谈》说其到东京（开封）应试，《铜鞮

语录》记其赴任长安，这里我们似乎可以用京城来虚拟指代目的地祥符或长安，那么无论在唐还是宋，崔生都是在到京城的路上发生了故事，反向推之，祥符或长安也可能是故事传播定型时人们适应唐或宋背景而进行的时代化处理。据《参天台五台山记》虒亭宋时即为褫亭驿，则文献碑记称"褫亭驿旧名人头驿"，当在宋之前，又五代有称思亭驿，则人头驿之名或在唐，则崔生遇虎故事可能唐代便在当地流传，至宋金逐渐定型，故记载出现宋初，传说又以唐事，按朱孟震辛巳年十月所闻纪崔生遇虎事，则万历九年1581年时该故事与今天已没什么差别。[①]

最早关于崔生遇虎的记载是《集异记》，后为《太平广记》转引，金宋罗烨《醉翁谈录·甲集卷一》舌耕叙引的小说开辟中提到崔智韬、人虎传为灵怪小说之门庭，金董解元《西厢诸宫调》[柘枝令]说"也不是崔生逢雌虎，也不是郑六遇妖狐"，宋周密《武林旧事》官本杂剧段数中记有崔智韬艾虎儿、雌虎（原注：崔智韬）。关汉卿《金线池》楔子中说："郑六遇妖狐，崔韬逢雌虎。那大曲内尽是寒儒，想知今晓古人家女，都待与秀才每为夫妇。"《录鬼簿续编》载有"盗虎皮，人头峰崔生盗虎皮"（人头峰不知所云，按《汾上续谈》《谢章铤集》及转引碑记，褫亭驿旧名人头驿，若为人头驿崔生盗虎皮则此条可通解，故"人头峰崔生盗虎皮"或为"人头驿崔生盗虎皮"之讹）。随着商品经济的发展和市民世俗文化的繁荣，宋元以来此故事已经被多次改编成曲艺、杂剧，后来许多地方戏曲也有相关剧目上演，仅周密《武林旧事》就记载了两个版本，可见故事版本之多，而大量崔生遇虎故事地互不相邻，成飞地之事，大抵与曲艺、戏曲的传播、扩散有关，因为在传统时期，人的流动性不大，民间传播主要靠口传，而曲艺、戏曲流动性较强，且曲艺、戏曲艺术开放性的特点又使其更容易相互借鉴，曲艺、戏曲实际上成为文化的播种机，就像杨家将在多个地区曲艺、戏曲中都有很大篇幅，分布极广一样，曲艺、戏曲成为崔生遇虎故事扩散的重要途径，而在这一过程中，为了实现地方化，故事便被反复改写，形成多个版本。值得注意的是时间越靠前，这一曲艺、戏曲载体越靠北方，一个极为重要的原因是，随着唐末以来由北而南的战争趋势越来越明显，人口由北而南的迁移也越来越普遍，许多南方地方方言中出现了大量北方语音，这些人不能不把文化也一并注入南方，因此这也是崔生遇虎故事越往后南方分布越大的原因之一。人与曲艺、戏曲的文化作用应当引起充分的注意，人们往往会

---

① 据侯荣川，《明朝朱之蕃、朱孟震、潘之恒生卒年考》（载《玉林师范学院》（哲学社会科学）第33卷第1期），考证朱孟震生活于1530～1593，则辛巳年当为1581年。

津津乐道、反复欣赏一部戏，而文化就在这一过程中不断发酵。

对崔生遇虎的看法，世人多作传说看，有的则当鬼怪事，有的为崔生感叹，有的指点崔生不当，有的讽世，其中尺木禅师《前虎亭传》和《后虎亭传》洞事最深，从虎妇、崔生、世人、自观等多角度进行了阐述，申而谈及妄与幻、髓与皮，有情而无情、无情而有情，呆里奸、憨中巧，吾陷虎、虎陷吾，可逝不可陷、可欺不可罔，"我本一虎、虎本一我"，埋没爪牙非我志、林泉终老乐天命以及知之者不为、为之者不惑，明知之而明为之，与不知而为之等，颇有禅机（原文附下）。[①]

前虎亭传

清·释性休（尺木禅师）

世传虎亭古驿也，昔有崔生者，将游宦入长安，道经于此，馆于邮亭，夜方寝，见一虎自门而入，崔念市上，焉有虎，此必有异，遂潜伏梁上，观其动静，须臾虎乃就地一辊，踊跃而起，宛若二八女子，徘徊四顾，如入无人之境，初不知崔之在梁上也，遂枕皮而寝。崔熟视久之，侯其睡酣，蹑足而前，轻起其首，窃其皮，投置井中，旋且喧呼，摇撼，女及觉，知为生所陷，哀求其皮，生绐曰，吾以梦之矣，女意不可复得，因与生谐伉俪，同之任所，甚相好，后生二子，三年及瓜之期，复寻旧道，追忆往事，女再诘之，崔不能隐，乃曰，向固置与井中矣，女命摵之，余质败尽，唯有额上一王字尚存，女取贴眉间，依然复化为虎，踯躅而去，崔哀悼不已，偕其子，延山逐薮，呼号数日，不复知其所向云，壬辰岁余过古韩，妄听闻人说鬼，及其事，亦从而妄言之。

尝读鲁伦，仲尼氏首不语怪。读太平广记齐偕诸书所记，皆耳目之不经，如褫亭情事，未见有无，存而不论，呜呼异哉。世人之见小而知阌也。曷言乎其见小也。一曰色、二曰声、三曰香、四曰味、五曰触、天曰法，阌之者何，曰耳、曰鼻、曰舌、曰身、曰意，夫人根尘日扰，识想纷驰，如野马之不停，凡目之所睹，耳之所闻，与夫形骸之交接，意言之所感动，安往而不妄哉。又何怪褫亭之情事之妄耶。彼崔生、一痴男子耳，始见其虎也，惊且怖既见其女也，骇且疑，彼则曰，人世一幻境耳，吾身一幻相耳，有情而之无情，无情而之有情，幻化之理固然耳，女亦幻也，虎一幻也。野干狐狸也幻也。蓁首蛾眉也幻也，况世之胭脂虎比比然，而将虎须履虎尾，抱虎眠者，岂少概见哉，从

---

① 尺木禅师为禅宗支派临济宗大师，《前后虎亭传》借事说禅。

来知之者不为，为之者不惑，吾明知之，而明为之，犹较夫世之不知而为之者。予独何人，能不流连于心耶。聊且试而狃之，终岁习而安焉，彼女子兮，既姝且丽，崔自当于骊黄牝牡之外求之，又奚事作此皮相耶，爰有一并似陷虎机，于是乎隐恶扬善，将以成人之美，而女子亦自知其不可奈何，而安之若命，迨后崔且宦焉，且嗣焉，机心殆尽，咄露天真，至今改邑不改井，而额上之王依然无恙，本来面目，勃然见前，观止矣，兴尽悲来，泣数行下。崔曰，女子虎，女曰，是汝虎行矣哉。自今以往，为龙为蠋，吾不知其变化矣，然而一得一失，以悲以欢，人世难合，大都然耳，尺木道人闻而叹曰，呜呼异哉，崔解人也，女侠也，千载下过铜鞮而向焉，女也虎也，崔也，悉化而为乌有先生也，则所谓自有情而之无情者也，呜呼又异哉。吾不痴崔而转以痴崔之痴痴世人。

后裩亭传

　　是岁十月之望，客有录尺木道人之裩亭传者，道人笑曰，世之虎而冠，虎而箅者，盈宇宙皆是也。无奈世人之狃而玩之，习矣而不察者，则曰常，或隅有而不垣有者则曰变，遂群起而议之，不胜惊且异，骇且愕矣，彼粉住黛缘者，列屋而居，蛾眉不让，胡然而帝，胡然而天，尽态极妍，迷留没乱，方且有九尾孤三脚猫，两头蛇，兢相为难，岂不大可惊异，大可骇愕耶，而伥鬼者流，方且衽席而安之，翠红而偎之，甘心以肝脑饲之，望之若玉天仙子，视之如掌上明珠，承以莲花贮以金屋，惟恐凌风飞去，嗟乎，斯亦惑之甚者也。更可惧者，终吾世而不肯一呈露其本体，如汉武帝之于李夫人，病而蒙头，则曰以色事人者，色衰而爱驰，此又妖魅厉毒之极无可以状其怪且幻者，所以致武帝有吾老是乡，不复求白云仙之叹，又岂特斑斑者之伎俩，所可同日语哉。考之虎亭遇虎一事，向已略述其概，窃恐夫人之情城难破，欲战方酣，不知此身日在厕亭，反视其为千古不了之疑案，又何其颠倒淆讹之若是耶，吾不故悍舌焦款秃，一传再传者，岂有他哉。要使人人观见本来面目，不惊不怪不畏，此虎亭翻案，崔生雪冤之时也，其载在本纪者不具论，当其偕登宦途，种种情事，固已极入世之奇构矣，此其反也，富贵多金，乐尔妻奴，正踌蹰溃志之日，宜其赌物兴怀，称赏无已，岂复顾忌，崔则曰汝得吾髓，女则曰汝得吾皮，易曰大人虎变，其文炳也。固一世之雄，而今安在哉。言念及此，泣下如雨，井有仁焉，其从之也，抑孰不知可逝不可陷也，可欺不可罔也，既以弄假成真，不妨将错就错，然则此女撒呆里之奸，而崔亦弄憨中之巧，如驴觑井，如井觑驴，可用汲相与再三捞摝，虽先难而后获之，质既尽矣，毛将安附，幸顶相之犹存，尚斑之可见，崔曰此一字关也，恐不易过，料重耳无返国之期，女曰吾故物耳，今当见还，举手加额，欣欣然有喜色矣，呼吸之际，风生林皋，寒毛卓竖，辟易莫前，咆哮踯躅，非复作儿女子态矣，崔乃辨色而兴曰，异哉此其梦也，拭目视之，莹莹然，臂痕犹在，二子俨然，私心窃念，响也，不入虎穴，焉得虎子，今也，人面桃花，不堪回首，不知吾陷虎耶，虎陷吾也，谚不云乎，聪明适以自误，愚人所以愚己，吁嗟悲哉，我仪图之，井而虎也，虎而井也，往采井井纪至，亦未缩井赢，其蚿傍徨流连，搔首问天，歌曰有美人兮人面虎，羊质而虎皮兮遑遑欲何之，痴心女子负心汉兮，今日反是，我将率其子兮，铤而走险，呼号遍野兮，翼舟有一见，听空谷之传声兮，忆佳人于墙里，睹明泉于涧底兮，疑一转之秋波，畴首因缘，恍如隔世，过此已往，未之或知，而女子者，私心亦言，我本一虎也，虎本一我也，谁为女子，谁非好，响为他人所赚，初至城市，再至廊庑，又至房帷，且与列鼎，且与垒裀，且与系竹，且与衾绸，且谋宜家，且谋贻燕久向胭脂队中，埋没爪牙，非我志也，又且阴损他人，造物者所忌，鬼神之所谴，在我者弱肉而强食，夫亦何献之有，在彼者骑虎者而不能自下，从来岂有不散之筵，常园之月乎，若不于急流中缆住扁舟，何能向软暖处捉出豪杰，今日者，衣锦还乡，反麋鹿侣狮象，豺狼唯其博噬，狐鬼任其啖吞，庶几林泉终老，陶陶然知命乐天，逍遥自适也欤，于此有人焉，蹒跚鳖跫，潦倒郎当，伥伥而来者，彼何人斯惚惚若有所失者，若有求而不得者，将谓是凤求凰乎。抑谓是锥朝飞乎，将渭水母之失虾乎，抑谓韩獹之逐块乎，我知之矣，泡我驰驱，此必王良耳，攘臂下车，是为冯妇也。呜呼噫嘻，人穷必返，鸟倦知还，日之久矣，牛羊来下，是夜休于野店，梦一女子，雾鬓云鬟，敛衽而前，巫山冉冉，洛浦倦倦，崔生至矣，是也非巴，翩何珊珊其颊，引袂欲就，应手而逝，开户视之，但见左之右之，虎迹狼迹，芳草萋萋，流水咽咽而已。

6. 关老爷

关帝庙的重要性，不必赘言，其最主要的功能就是保安宁、表信义。志载，顺治时值姜瓖之乱，帝显威护民。以往人们识字率很低，契约往往是口头的，于是常有人于寨沟关帝庙向关公立誓约，以求神灵见誓证、惩违约。[①]上有天，下有地，离地三尺有神灵，誓不可乱发。有姑嫂两人因遗失匹布起争执，姑说嫂私拿了，嫂不承认，两人议定到关帝庙起誓、神判，然后回家，至半路嫂肚疼，应誓。又值关帝庙失修，曾有小孩在关帝庙玩耍，回家后便直呼肚疼，问其缘故，说在庙里玩耍时拔了几根老爷爷（关帝像）的胡子。现在，遇一些说不清道不明的争执，也还有人前往关帝庙申诉。

7. 十字将军

土地庙是社区认同的象征，不见得每个自然村都有，往往有多个自然村构成一个认同社区，享有一个土地庙，但五道庙却是"村村都有五道庙"。五道神是佛道教都信仰的一个神，在道教中为东岳大帝的属神，掌换世转生"五道轮回"，世人生死、荣禄，是把灵魂十道关卡最后一关"三年"、具有正义感的冥界大神。五道庙要修在十字或丁字路口，意为卡十字把关口（人死送魂即在十字口送祭），于是当地俗称五道神为"十字将军"，因在有些场合其又以武将面貌示人，所以也有讹传为"武道爷"的。五道神操生死大权，一般一个村有一个五道庙，而厩亭东坡底村旧时有两个，一在东门外南北城壕交界处北侧，一在东圪廊北侧，故过去该村有死人死双（数）的说法。五道庙下为一高台，八仙桌大小，上为砖石龛，过年时要贴新对联，拜祭。

十字将军（注：中间为柱，两边为对联）

8. 鲁班

传说宝峰寺的无梁殿、咘咂门为鲁班所建，无梁殿全用榫卯，咘咂门则是木料不够了，用木皮以唾沫粘成，很是特别。金兀术攻潞州时，曾许愿：若顺利攻下潞州，当重塑金身。取潞州后，金兀术履行誓言，在拆无梁殿时，看到殿顶有鲁班留下的"无人能拆此殿"的字样，金兀术不信，重建时最后果然剩余一根大木无处安

---

① 《潞安府志》对此风俗即有记载。

放，只得存于顶部，无梁殿多出一梁。

镇东有鲁班桥，远观似未完工的半桥。据传王母娘娘与鲁班打赌，王母娘娘说她一晚能蒸一桌糕，鲁班说他天明前能架一座桥，王母不信，于是各自备战。王母紧赶慢赶眼看着时间一点点过去，根本蒸不出这么多糕，于是狠劲地拍了拍簸箕。鲁班一听，"呀，这鸡都开始扇翅膀了，眼看天这就要亮了，这桥还能架得起吗？"怕羞，于是连夜跑到鲍店（一说绛州），给人家架了一座桥，结果桥架完了天还没亮。王母使了计，于是虒亭的鲁班桥，只修了半个。

9. 庙社

虒亭镇上原有两个庙社，一是以东坡底为首的三元宫社，香社在城东三官庙，二是由西街、寨沟等组成的行宫社，香社在城北行宫庙。俗制，寨沟关帝庙有老龙，正月里闹红火寨沟老龙灯不下街，其他社的龙灯都不能出来。有一年三元社的龙灯提前出游，招致行宫社的强烈反对，以致酿成小规模械斗，寨沟背后有在临汾做官的人撑腰，东坡底有县里东坡底人调解，互不相让，官司一直打到县里，最后各打五十大板，各治各病了事。

10. 赤鲤腾跃

"景龙三年春二月，明皇至于襄垣，漳水有赤鲤腾跃灵皇之瑞也。"（《玉海》）《全唐文》等也有相似记载，后世也多用典，杜甫在《观打渔歌》中就有"众鱼常才尽却弃，赤鲤腾出如有神"之句，人言鲤同李，为国姓，腾跃之祥瑞，土语谐音同襄垣，当地俗传李隆基曾于虒亭旧治北土山之上停憩观鲤，称此土山冈为"明皇上"（或"明王上"），水库淹旧治后，土岗成孤岛，仅枯水时可步往，当地人改称"明皇岛"或"明王岛"。铜鞮战国后治所辖区屡有变迁，至唐中期已明显西北偏移，虒亭部分地域属襄垣县界，故有至襄垣赤鲤腾跃故事，农历二三月间，鲤鱼活动开始增多，鲤鱼野生身赤者少，且赤鲤往往与仙人、道教相关，为仙人乘骑，故唐人颇为重视，后人盛传。

崔生遇虎故事叙事结构对照表

流传地区	主人公	籍贯	起因	时间地点	道具	虎妇表现及崔生态度	情节	结果	文献参考	备注
	崔韬	山西蒲州	旅游滁州	夜，南抵历阳仁义馆	虎皮、衾、枯井	女子奇丽严饰，欲求良匹；愿奉欢好	馆吏劝阻——虎入——惊走，暗处潜伏视之——虎女私聘——投皮井中——韬明经擢第、任宫城——复宿——皮完好，变虎	食子及韬而去	唐薛用弱《集异记》	
滁州	同上	同上	同上	夜，仁义馆 也叫仁义铺，或曰妖铺，腰铺	八角井	同上	同上	同上	《滁州志》转引《集异记》	
襄垣虎亭	崔生		游宦入长安	夜，馆于邮亭	虎皮、井	徘徊四顾；哀求	虎入——疑潜梁上——访皮投井——崔摇撼虎女——哀求不得皮，僧伉俪——生二子——及瓜之期复过——残留虎额王字——贴眉间化虎	跚蹰而去，崔哀悼不已，偕子延山哭，号数日，不知去向	《铜鞮语录》"前后廪亭传"	世传。尺木禅师作，其人为明末清初明皇族后裔。
襄垣虎亭	崔韬	崞县（山西原平）	之任祥符	夜，廪亭孤馆	虎皮、坑、八角琉璃（枯井）	婷婷顾盼，若有所待；绸缪一宿欲纳为妻	虎入——惊避梁上——取皮投井——喈索，韬佯不知，不听——妻——一店主劝，秩满复过——皮半朽——披虎皮，变虎	携狼哥、虎姐而去，奉崔生蒌容斯守为仙	《襄垣县志》杂传》及田野访谈	唐故事。镇上为乌龟盖街流璃为枯井，有城隍庙绘此故事；于虎尾沟立土地山神庙（三郎庙）。

流传地区	主人公	籍贯	起因	时间地点	道具	虎妇表现及崔生态度	情节	结果	文献参考	备注
襄垣虒亭	崔韬古		应试东京	夜宿人头驿土地祠	八角琉璃井	四顾良久，食酒肉；跪求为夫妇	（精魅食人，人迹断绝）投老妇王氏宿不纳，改投土地祠——伏梁上——虎人食酒肉——脱皮拗井睡——窃皮拗井——晓，跪求为夫妇去——中试授官——生子女各一——复经——贴额变虎	崔携子女号哭追寻至虎谷口——见群虎，惧，怒，投子女及崔复为夫妇——不知所往	《汾上续谈》"虒亭虎"	明朱震，曾任副都御史、巡抚山西。记门役口述。宋初故事。
襄垣虒亭	崔奇	冀州	应举	夜宿虒亭驿（旧名人头驿）	虎皮，井	尽食酒肉；跪告	伏梁上，食酒肉——脱皮变妇，睡——崔故惊不醒，妇醒跪告，盗皮拗井——晓，授官——生男女各一——经——皮掌许——变虎	崔携子女号哭追寻——见群虎，惧，怒，投子女，走——为仙	清《谢章铤集》"虒亭读碑戏作并序"	转录碑记大意，碑为关西吴呈作。宋故事。
襄垣虒亭	崔韬	嶂县	之任祥符	夜，虒亭孤馆	虎皮，八角琉璃井	啼索	虎人——惊遁梁上，取皮拗井——啼索，韬佯不知——纳妻——生二子——历县尉，县尹——一秋满复过——披皮，变虎	响哮去	《潞安府志》顺治、乾隆版	宋故事
襄阳	崔生		应举	夜，卧佛寺	虎皮，虎皮井	美妇；昵之，既而投虎皮	虎人——变虎女——崔昵之，既而觑皮投井——觅皮不得因随至京——历县尉，县尹——复过——皮无恙——披虎皮，复变虎	大吼，回顾二子而去	《襄阳县志·古迹》	当地百姓称缒狐子井，缒狐子即狐狸，另有狐窝。

流传地区	主人公	籍贯	起因	时间地点	道具	虎妇表现及崔生态度	情节	结果	文献参考	备注
湘潭	崔生		赴任	中路铺虎井桥	虎皮、井		崔生遇虎化美妇，相处三年移官复过——沉皮于井——得皮化虎	化虎而去，崔生怅然	《湘潭县志·山水》及民间传说	传崔生诗"三载终成抱虎眠"。
义乌	崔智韬		游义乌	双柏驿	虎皮、井	窃皮投井乃从适	见妇枕虎皮寝——崔窃皮投井——妇从适三子——官路过——妇自取虎皮化虎——啖三子而去——鸡鸣不见之一	啖三子而去，崔提剑逐虎，鸡鸣不见	《义乌县志·山川·土物》	唐代崔智韬逐逢化虎之妇，至此山闻鸡鸣，故名鸡鸣山。
			现任官莅临	夜，官店，鸡鸣山	虎皮、井、鸡鸣	崔生爱慕	出巡——见虎妇——娶虎妇——复过——取虎皮——完好——一夜半化虎食子——崔提剑赶至山，剑追逐——闻鸡鸣	食二子，崔提剑逐虎	民间传说	鸡鸣山闻鸡鸣化。
连云港	崔生		除虎患	夜，东海城东六里杜林山庙中	虎皮、井	妇惊泣求虎衣不得，遂求为妻	替男童祭裤案——崔生伏于梁上——犬及大醉（虎皮）投井——妇人央求还衣不得——崔以大代人子以为妻——生两子——索衣化虎	妻虎后，无虎患；后化虎遁去，崔生不知所踪	《海州志·仙释》	因庙祠崔生为山神。

梳理及分析

总结对北方历史小镇虒亭的考察及相关对比分析，并结合当前社会现实，我们梳理出以下认识：

第一，虒亭镇的兴起与其地理位置有很大关系。由于它是通关要道，历代都十分重视，并在此设驿、屯兵，明清至民国一直是该县所设四大集镇之一，也因其为交通之要，过往客商多过境于此，于是逐渐兴起。而交通的发展既成就了小镇，也促成了它的衰弱。民国以前驿路的发展促进了小镇铺、驿、市、镇一体的发展基调，民国期间铁路、公路的兴修大大加快了它的发展速度，其重镇的地位进一步巩固，但随着新中国火车不断提速和城乡公路网的完善，地方之间的交流越来越直接，以前的特殊过境地位与优势逐渐丧失。村村通工程更是拉近了乡村与县城的现实距离，小镇大区域性集散中心的辉煌成为过去，降格为小范围的据点式中心。当年208国道修建时，虒亭的经济窘境并不明显，而繁荣的旧镇址被淹和新镇址建设的艰难使人们再也不愿重复街镇的失落，开放的人们变得保守，拒绝了有可能改变未来的建议——208国道占用镇上街道横穿小镇，最终208国道在稍稍偏南位置绕过小镇。这个当时看起来在维护小镇地位的决策，却事与愿违，因为近邻夏店却因相反的决策迈出了迎接新变化的一步，而现在虽然主体和传统中心未变，但虒亭街铺也已在向208国道发展。如果还想用什么来论证交通对集市发展的影响，那我们可以看一下集的分布：夏店7个集中，有6个在208国道线境。

第二，政治、政策因素和重大事件对虒亭发展有着很大影响。襄垣县内曾设有所谓四大镇八小镇，但有的如东周、榆林镇的市均被废，虒亭却因官方的格外垂青得以延续。传统社会中虒亭是作为官方设置的集镇存在的，但在随后的发展中民间自发的较为自由的"市"与"会"逐渐成长起来[1]，有的还具有某些专卖集市性质。1949年后逐步实行了农业手工业的社会主义改造，开展了人民公社化运动，供销合作社的普遍建立实际上部分地替代了集市，集市数量虽然减少但并未消失，规模

---

[1]　一种集市的等级划分，包括集镇集市和城镇边缘或乡间的草市，前者多为地方治所所在，属定期集市，规模大且频繁；后者有的是临时性的交易集，有的是离集镇较远的小庙会。而从文化因素看，集市可分为经济集与文化集。经济集比较单一，而文化集则会有戏曲等文艺演出，一般是"会"集。"会"是一种特殊的集市，它不像集镇集市通常是在官设的小城里开集，而往往靠近庙宇自发形成，可以说"会"集是民间百姓自己的集，较为自由。会分大小，有的小会如同草市，而有的大会由于区位原因发展成大的物资集散中间市场或中心市场。这种"会"集也有两种情况，一是烧香会，也就是庙会，它与民间信仰和宗教有关，同时越是集市商品匮乏的地区，对庙会的依赖程度也越大；另一类"会"不以神、庙为名，集镇的"会"就是各业行商分别轮流出资起会，而只有大会才能起到辅助集的作用；还有一种"会"是纯粹的物资集贸会，会上既不拜神起会，亦不起戏，这种会会期很长，如山西省长子县的鲍店会。

由于受交易政策和个人可支配自留地数量的限制减小。期间为服务国家建设整体需要，20世纪60年代后湾水库的兴建使虒亭不得不牺牲了曾经繁荣一世的旧镇。

第三，集的数量由少变多，会的数量由多变少；集市圈由少变多，由大变小；集市地点分布由所在镇址，变为四乡的扩散分散化。抗日战争以前，自西营、下良、县城、夏店、以西的广大地方均未设集，后抗日民主政府在该区域增设史北一市，可见虒亭当时覆盖范围之广。而现在仅虒亭一镇就有集点3个，周边集点（含沁县新店）已达13处之多（这些集上并不一定有店铺），这样密集的集市分布极大地压缩了虒亭的集市版图，集市圈交叉现象明显增加，尤其是东部与大平、合漳集的重叠很突出。需要注意的是原九庄乡虽然毗邻虒亭镇，但一直以来两地居民来往甚少，在调查中虒亭的大多村民对九庄目前有无集市竟不知晓，只是在边缘地方的村庄间有些联系，如送返集便能服务到北赵家岭，这大概与九庄多数居民点分布靠东面，而东面和南面接近善福乡、城关镇、夏店镇有关。还应当指出的是，虒亭各集目前的集市圈看起来要比夏店的大，这是可以理解的，夏店集市如此之多自然会影响到集市辐射力，但其仍能正常运转则当归功于地方经济的发展、众多的人口及人们购买力的增加。

原来虒亭镇的庙会、庙市、集会每次会期虽不比鲍店近百日的规模，但却几乎是月月有会，这些会大都集中在镇址，这说明虒亭的会更具有生活日常性，而非大规模的物资集散性。如果加上固定集，展现在我们面前的是一幅隔日有集、月月有会的繁荣景象，不过这种日常性并不能说明当地的富庶和人们很高的购买力，我们稍后将谈到这个问题。当然除了原镇址和宝峰寺的会很有规模外，其余地方小会只能临时性补给，而离集镇中心较远的庙会则充当了当地居民的基层市场和文艺休闲场。然而，现在全镇的会总共只有7个，镇治只剩2个，其余都是原外围庙会的残余，这种数量上的衰落既有社会变化、科学观念深入人心和经常性集市发展的因素，也有农村税费改革后基层村委失去提留等收入而无力支撑有关。

应当说，会的衰落有其必然性，经济的发展和人民生活水平的提高，极大地增加了居民的购买力，那种间隔时间过长的会难以满足需要，于是经常性的集自然越来越多，而它的另一个体现便是散点分散化分布，与以前相比这种分布更多地体现了百姓的自由意志。但也应当注意到，虒亭的集市点数量不过3个，而近邻夏店却高达7处，这绝不是偶然。而从单个集的月集次数看，在该县虒亭镇上的集市数相较于周边是最高的，有6个（与上马同），不过起初这个数字为9个，至于为什么会废弃3个，一个直接的原因是当虒亭集兴起后，周围其他集市数量的快速增加分享了消费源。还应当说明一点的是，关于美国学者施坚雅的集镇"中心地理论"的"六边形"构成，施坚雅曾开宗明义地指出，中心地理论适用于城市、城镇和其他具有中心服务职能的居民点的研究，他采用的是克里斯塔勒和罗希提出的解析系统，[①] 但在对虒亭及周围乡镇的比较调查中我们发现，由于历史、地理、传统行为习惯等因素影响，事实上并不十分符合这种推断，基层市场有时与中心市场重合，集市圈的大范围重叠而非边缘性重叠的情况较多，夏店镇的情况很突出，而且绝大部分集中于 208 国道沿线一带平行分布，当然这些集市圈也没有固定形状。[②] 这么多的集市能否进一步发展为新的小城镇，这还有待于历史的审验。

第四，虒亭自古就是个农业区，农业收入是百姓唯一的经济来源，人们除了向国家和地主交粮、交租，剩余的微薄余粮会在集镇上出售来换取日常物品。但实际上当地普通百姓的购买力有限，集市上的贸易大宗仅为粮食，镇上繁多的铺店基本上服务两种人群——过往商客和当地地主士绅，百姓们只是买些食盐之类的必须品，至于衣服当然是自产自销，老大穿了老二穿，衣店的衣服对于普通人一般只有两个机会穿，一是结婚时的婚衣，一是入土时的丧衣。

虒亭农业型的发展主体与大部分农村一样并没有太大的改变，可时代不同了，现代化的基础是工业化，不论工业还是农业，没有高附加值的生产模式自然不可能带来高收入。1960 年兴建的虒亭后湾水库，占地面积 5.2 平方公里，有效灌溉面积 6.1 万亩，但虒亭镇的灌溉田并不多，因为水库所淹为镇里的谷间盆地，沿岸的高地农田属丘陵区，而下游的夏店山间谷地却可明显享受到这一好处，如今夏店沿河农田多数为西瓜、葡萄、蔬菜等经济田。而且夏店出现了 5 个煤矿[③]，这对其经济发展是一个极大的带动，这也是相隔很近的大平、合漳两个集却可以并存的原因之一，再加上它是东达县城、南通后堡的交汇区，所以境内能支撑 8 个集市。相形之下，虒亭不仅损失了大片耕地，而且灌溉效果也不佳；虽说"襄垣地处山陬，矿质颇厚"[④]，可该镇未现煤储之藏；原有唐宋遗迹的古镇沉入水下，重建的宝峰寺全无

---

① 施坚雅、史建云、徐秀丽译，《中国农村的市场和社会结构》，中国社会科学出版社，1998 年，第 5 页。
② 对施坚雅"中心地理论""密集循环理论"等的评说很多，本文无须赘述，不过与相关的集市地是否有店铺的问题还是要提一句。施氏曾提出一个基层市场通常应有的一些永久性设施，如茶馆、酒店、饭铺、油行、香烛店，经营织布巾、针线、肥皂、烟草、火柴之类的店铺，还有一批手艺人如铁匠、木匠、棺材匠等以及农民需要的磨工具者、阉割牲畜者、医生、算命人、理发匠、代书人等，还会有允许老顾客赊欠之类的金融活动。（施坚雅，《中国农村的市场和社会结构》，第 25 页。）有些人对此颇为不解，生活中集市与集镇是两个概念，集市在过去多集中于集镇，而现在集市很开放，分布也散于乡间，很难说就一定有店铺。实际上施坚雅的陈述基于方志，而当时方志中记载的大多是集镇，集镇上自然会有相当的店铺。
③ 这几家都位于原夏店镇，分别是大平、合漳、范家庄、夏店、向家岭。
④ 严用琛、鲁宗藩，《襄垣县志·物业略》卷二，1928 年。

当年风韵,"宝峰雪晴"早已无处觅踪,由此虒亭在农业、工业、旅游方面的不足和损失便制约了地方经济发展。

"襄垣后湾水库"纪念章

实际上,虒亭的辉煌是传统农业社会的不发达造就的,而工业化、现代化的迅猛发展使得它暂时不适应,但在交通日益发达的今天虒亭想恢复曾经过境重镇的地位和风采已不可能,振兴小镇只能依靠自身力量,而开发库区人文旅游、引进工农业项目只是个开始。

第五,庙市、集市贸易的功能发生了很大变化。传统时期贸易主要是土货交换,近代以来,为抵冲洋货,国货渐行,村镇常常成为余货、次货倾销场。改革开放前,镇上供销社实际承担了维持国家二元结构下快速工业化过程中城乡工农两大部类不平等交换的重要的价值实现环节,改革开放后又逐渐成为现代工业产品日益高度渗透的地方,完全不见自给交换的自然体系,在此你可以见到手机、家电、工业饮料等,整个村镇已然成为中国特色社会主义市场经济体系的延伸和毛细。

传统上,襄垣"向以五谷、煤矿为大宗",时农桑分局提倡改种桑树、棉花等,"续设县农会一处、各村苗圃数十处,改良布种之法",但效果有限,百姓"似觉种植桑树不敌谷麦之利",而"机器组织各大工厂者尚不多见",过去,市镇上百姓主要靠集市满足生产生活资料,粮食是唯一交易大宗。① 虒亭并不是盛产粮米之处,何以反成交易大宗,实际上此处也没有其他可与外界交换的,而当地又不产棉花、食盐,于是商品粮成为虒亭通过各地集市从外换取物资的支柱。值得注意的是,由于"襄垣地处山陬,矿质颇厚,向以煤炭为大宗,旧日开采小煤窑不下五六十处,

---

① 《襄垣县志·生业略·物产略》卷二,1928年。

但纯用人力，起运维艰"，逐欧风东渐，新知日启，用起重机器开采者增多，"邻境各县甚形畅旺"，煤炭交易较为突出，仅虒亭镇就有煤牙行两个，其中一处常在镇址北门外。

人民公社化以后国家对集市贸易实行了限制，而且还在基层设置供销合作社及其分销店，一方面公社化使人们的可支配的交易资源减少，而国家的计划管制既限制了集市自由化的市场交易，也有计划地供给了所需商品，通过经济和超经济的手段以巨大的剪刀差内生性地急速积累了国家资本，另一方面供销社和分店下设到基层，使人们不必像以前只能到集镇中心购物，这样人们失去了大规模集市的动力。在虒亭供销社及分店的分布有以下特点，一是集中与分散共存，一是效益与公平同在。原虒亭镇的供销点基本集中于公路、铁路沿线，这里也是镇里人口密集之处，设点功能以效益为主；原东岭则要分散得多，这里人口不多，但却很分散，设点功能以公平为首，而现在的集市分布则更加突出效益原则。由于物资不能充额供给和货币商品经济的体制限制，人们也私下偶发性地偷偷进行着物物交换。

随着国家工业化、现代化的不断深化，传统的牙行与牙商已销声匿迹，商品集市上的货物也不再是粮食唱主角，因为它另有市场化的专门粮食收购和买卖体系。如今工业化的服装、日用品成为服务当地普通民众的主要商品，而如果说以前的大型生产资料（如牲畜）主要靠"会"集补给，那现在不论是集还是会都无法提供了，农业生产的机械化已经把拖拉机等生产资料市场推到了集会之外，"会"与"集"的经济功能已经没有区别。也就是说原来的集镇市为基本集、大型"会"市为辅助集，原来的小庙会为基层市场、集镇为经常市场、大型会为集散市场的格局已经解体，现在的集市是基层市场与经常市场的一体，辅助和解散功能已转移至县城与企业，虒亭境内及周围的集市目前都是消费性的，而非专业集散性的。

至于"会"只是一种传统，尤其是文化的传统，当然会期比集期长也是会的优势，人们总是希望在两三天充裕的时间中实现物美价廉。现在，虒亭仅存的"会"也发生了蜕变，"会"的经济性与民间宗教信仰分离，有的已经不再"会"，但却仍有香火，以前一些小的"会"现在只保留了不定期的迎戏习、听戏惯，实际上即使在过去一般的小会的文娱性功能都要强于经济功能，所以在集市大行其道的今天，这种变化也属自然；而有的只剩贸易；有的如宝峰寺庙会，敬佛归敬佛，贸易归贸易，互无牵扯。当然虒亭现存的"会"并没有发展为像北京龙潭庙会的大型群众文化活动那样现代。但无论如何，虒亭现在的基层集会已经成为整个现代化工业国家乡村集市流通网的一点。

第六，农村的乡土社会性与习俗对集市文化的影响很大。1997年后新兴的集市地点有许多原来就是集、会中心，这反映出习俗的刚性和惯性，以及创建新集市机制中的路径依赖对乡土人们的重要性。乡土文化绝不仅仅体现于此，从烧土沟与东坡底在集市控制权的表现中，我们看到村社首在村事务中起着很大作用。首先要说明的是这两个村都是杂姓，不存在家族和血亲集团政治，因而村干部并没有大家族背景，这样我们就可以排除对集市的争夺与家族利益间的关系。而集市发起虽然没有干部更为直接的参与，但在随后发生的集市位移现象以及结果处理中，两村的干部未以村民大会形式处理（这样的事在村里算是大事），而村民们则基本默许，这一方面说明农村的民主建设还较弱，另一方面也说明社首在村中的传统影响力。就事而言，1997年新集是由东坡底发起的，这大概与原来东坡底人是旧镇故人、有经济的文化习俗传统有关（东坡底曾是民国区划行政公所驻地），因为从我们同当地人的谈话中发现，中年以上的人们经常性地提到旧时集镇的繁华，这个动员的基础是村民对本村意识的高度认同和本村的乡土关系网。而后经相关协议沟通并将集市西移至街道烧土沟一侧，前面说过庙与会的合作，实际这也是协调各村关系的一种乡土外交。

另一个与习俗有关的现象是购买倾向。新集兴起后周围各村陆续有人加入经商行列，其中又以东坡底、烧土沟两村人数最多，他们已成为附近集市商的主力，当街上有集市时，消费者通常选择向自己熟悉的人购买，有时甚至不去集市直接在卖者家里交易，用他们的话说：熟人好说话，总不会坑咱，毕竟他人还要在村里活嘛。因此，与城市不同，在这样的熟人社会里，人情和脸面就成为"品牌"，这种"品牌"效应在实际交易中往往胜过商品本身，也就是说人们的信用并不主要依赖经济交易本身的信度，而是由日常生活行为信度和人情关系提供。

我们知道，现代城市是多元群体、多元文化的汇集，彻底的商业化将市民塑造成一个个工业商品消费奴，整个销售链依赖于商业广告兜售的虚幻图景，以刺激人们几近无限的欲望与想象，正如一句广告词所言：他们将引导生活新时代，人们"预定地"倾向宣传的商品和生活方式。但由此产生的这些需求却是虚假的，这"不是因为它们不现实，而是因为它们是作为更根本自由（如非异化的劳动）的替代品而强加给顺从的消费者的"[1]，如马尔库塞所言，消费者从中得到的不过是"不幸中的欣快症"。乡村则不然，电视上的广告对村民们来说确实有种吸引力，但他

---

① 江怡主编，《走向新世纪的西方哲学》，中国社会科学出版社，1998年，第263页。

们明白那与他们的生活是有距离的，事实上集市上的消费主要是出于当地生活实际，"广告"的示范效用并非来自一大堆数字影像，而是来源于生活示范，人们常常从熟人的实际消费中获取启示、体验和经验，这些写实的、活生生的"广告"，正是人们的消费依据和消费诱因，自然集市上商品也要适应它，如农村集市商品中不便于做农活的西装就不多见。

第七，集市经济引带出一种超越传统政治与职业意义的身份认同。在集镇所在地，周围的若干村村民自认属于同一个区域或大社区，其他则非本社区成员，而周边村村民也认同这种身份界定。临镇街的几个村的村民称自己为"街上的"，其余的村泛称"村乡家"，虽然这个称法并不十分严格，但却得到其他村村民的一致认同，据他们说这个说法很早就有，应当是历史时期厥亭镇辉煌时社群身份文化的延存，"村乡家"赶会、看戏并不在街上住店，而是投亲靠友。

由于集市是乡村不同地方人们交流汇集的场所，而人们对其他地方的了解程度可直接反映出两地间的交往程度，因此，通过对厥亭不同年龄段人群的询问考察（年龄段实际反映的是民国以来的历史时期），我们发现原厥亭镇人对周围乡镇的熟悉等差系列，熟悉程度由高到低依次为原乡镇上马、东岭、夏店、榆林、新店、史北、王村、九庄，这个格局没有显著变化，这既有区位因素的影响，也有居民点分布和交通状况的影响，以及姻亲和亲属关系等文化因素的作用，这同时也是乡村社会乡土性的表现之一。可见，虽然时空大转，但集市仍然是乡土之集市，乡土是这儿的根。

和中国大多数乡村一样，厥亭的社会形态目前仍是一个乡土式的，维持其自身的是习俗这张厚密的网，而刚性的习俗集合会形成一个稳定、牢固的相互锁定的乡土文化体系，这样习俗本身的刚性成为社会飞速变幻下乡村集市经济行为依然乡土化的保证，如果"脱离了刚性，适应性的习俗可能最终因为外部力量而铸造"①。

顺便提一下，目前由于环保意识、经济条件、管理制度和实际成本等方面的原因，"脏、乱、差"现象普遍，厥亭镇上集市期间经常堵塞道路，不过由于208国道偏南而走，现在大多数车辆都走208线，所以实际上对交通影响并不大，没有出现夏店集会期间较重的交通不畅状况。当然集市带来狼藉的环境是免不了的，不过2007年镇上有了村民清洁员，情况有所改变。另外，有些商家将集市当作一次性消费市场，他们"打一枪，换一个地方"，不法商贩利用这最后的市场倒卖质量低

----

① 〔德〕埃克哈特·施里特，秦海等译，《习俗与经济》，长春出版社，2005年，第54页。

劣的产品，严重损害了农村消费者的合法权益。

第八，民俗文化对栖居环境有很强的依赖性，在虒亭，从街道的布局、经贸的结构到公共服务机构、公共建筑、公共空间、公共设施的格局，民俗事象都渗透了官方与民间的互动治理。虒亭传统民俗空间是一个人神共居的文化空间，在这个巨大局域场中，地方神祇各司其职，功能区分明确，实际上反映了虒亭这个社区中人们生活的多样需求，再一次说明神是人功能化的塑造。保境安民、愿誓断诚有关帝庙，教育文化有文庙（孔子庙），护城靖民、镇妖惩恶有城隍庙，农耕六畜有牛王庙，牲畜放养有山神庙，生息繁衍有奶奶庙，治病救人有白牡丹，防疫防患有疮疙瘩爷，甘霖祈雨有麻衣洞、龙王庙、河神庙，掌生死荣禄有五道庙十字将军等。从年初到年尾，为着各种目的，人们通过庙会、祭祀、酬神等活动表达敬意，同时许愿、立誓，定下神契，与各种神祇进行不同的功能性交易。在这个文化空间中长期积累了极富特点的社区民俗文化，富有文化精神的村社社区成员，都共同塑造着地方文化生产空间场域，这些文化生产空间将通过各种文化互动机制，不断生产和再生产人们的文化和文化的人们。应当注意到，镇址新迁后原有文化空间发生巨变，特别是作为公共用途的庙宇完全消失，庙会庙祭起到的维系地方文化认同功能下降，市镇文化逐渐蜕变为纯经济的现象，由于缺少新的民俗文化、新的意义世界的建构支撑，现在的民俗没有以往厚重，但我们仍能看到一些顽强的传统路径，如奶奶庙虽然已经被淹，但人们在水库边又自发盖起了小奁庙，烧香祈拜；新的宝峰寺已经修复起来，但人们仍在寺后旧的僧房洞求神拜佛，认为这样更灵验。现在，镇上也建起了不少新公共设施，但由于缺乏像过去公共空间与民俗活动的高度融合，这些公共设施往往成为游离于社区民俗生活之外的政策工程。其实，在国家层面上，我们也面临类似的问题，如传统时期以礼入法，使得法律成为民俗强有力的推动保障，现代社会法律更多考虑的是与市场经济条件下人的活动，人不再是以前礼法架构下的民俗人，而是市场经济条件下的经济人、法律人、政治人，民俗作为调节、规制社会关系的重要手段已经被严重忽视，"十手所指，十口所言，其严乎"几近成为一种感叹，但还是有很多古义得到延续，如在所有人生礼仪中丧礼就是最为讲究、承传较好的。城镇化也好，新农村也罢，没有连续的文化是没有根的。民族不能割断历史，文化不能割断根脉，民俗不能割断传统。

第九，关于虒亭基础民俗认同与治理。一地一个社区，社群都有自己的一套民俗认同，中间总有一些是最为基础的认同，其实虒亭本身就是一个文化共享概念，集中于关于"虎"的社群叙事。这里有两点最为重要，一是羊舌赤更地名，一是崔生遇虎。前者为社群提供共同的文化原点，后者则从文化空间上定义了社群认同范围。土地庙是一个村落社区、社群的认同象征，一个社区一般只有一个土地庙，而将山神（供奉崔生一家）、土地合庙、崔生遇虎与城隍庙挂钩，从虎峪口、狼尾沟到送返、返头，事实上反映了厓亭虎文化及民俗认同的文化意义场域界定，同时也从生活世界上创造了生活功能基础，山神庙、土地庙、城隍庙、宝峰寺构成了代表性的功能节点，其实际承担了厓亭社群史诗的角色。像崔生遇虎便不能仅将其看作一则民间传说，而应看作一种文化事象。一是故事在不同文化空间中的嬗变与意义再造，二是作为黄河以北的唯一流传地，其在厓亭地方的社群文化意义。历史以来，近街的村落大部分为杂姓，从口头记忆到现实生活，近街家族势力并不强大，相反，人们总是反复强调铜鞮、察院、官店、区公所、公社，地域社群性和官家权威明显。厓亭镇传统农业时代，治理的主导权主要集中在五个方面，即官方的倾向性、土地资源的控制、水资源的控制、集市庙会的控制、庙社的控制。官方的倾向性主要是通过政治安排、政策影响来实现的，镇的治所从镇城到东坡底到孙家窑，再回到镇里，又到烧土沟，都体现出这一点，各村都借近水楼台之便，争取治理话语权，塑造合法性。土地资源的控制实际源于一种先天禀赋，原厓亭镇城及周围的土地主要为东坡底、西街、小河湾及寨沟分占，其中耕地以东坡底最多。水资源方面，虽然临河，但人们吃水主要是依赖水井，镇城内没有活水井，大部分水井都集中于东坡底，用于消防的麻池为东坡底、西街分治。庙社是乡土社会基本的精神资源，其中大部分庙宇集中于东坡底。因此，水库淹镇对东坡底来说，丧失的不仅仅是土地、一系列治理资源与影响力，更有精神与体面，这一切都已成为集体记忆被写入社区，感慨、不满、失落、无奈、奋进成为他们交织的、复杂的生命情感。如果除去官方因素，镇里传统治理主要是围绕街坊集市影响力、香社社火神权展开，水库淹镇前，街坊集市主要由东坡底、西街主导，而各村社又通过"寨沟老龙不出山，其他家都不敢动"的习惯约定，维持着香社社火神权，任何违忌，后果都是严重的。镇址新迁后，集市、庙会由烧土沟、东坡底、暖泉等村参与治理，原有香社虽废，但社火仍然是一个治理焦点，"寨沟老龙不出山，其他家都不敢动"依然得到遵循，只是治理单元变成了行政村。在某种意义上，近街风火龙舞的治理范围可以视作厓亭"最简地方化"的重要民俗表现形式。董晓萍在其《田野民俗志》中讲，"地方小社会传统文化的发展，要借助口头传统和民间习惯法，虚拟国家管理形态，树立地方权威"，确如之。如今，对农村中活跃的群众自办文化应当给予足够的关注，自发的公共社会活动往往会成为自觉的先声。

第十，关于叙写的记述。在展示虒亭时，我们发现有一点是根本无法绕过的，即人们总是自觉不自觉地以叙述传统开始，以自我固化地进行民俗认同为主线，讲述者总在通过强调更古老的故事或更接近事实的真相，在"表演"中突出自己的位置，在这里一切都可能成为讲述者潜在的文本，这一过程同时也是讲述者被他人确证、推翻、重塑的过程，是民俗文本再度明晰和不断修正的过程，而我们则在"田野"中被反复定义，同时，我们也在反复定义着"田野"。如果说，讲述更多地从传统套取合法性，那生活行为只展示传统被"文化"功能化的现状，意义则在语境中获得解释。这一切不是被田野工作者记录在纸上的，不是在资料室里能查到或在书店可以买到的，他们相信这只能被具有共同民俗认同的社区所拥有。在很多情况下，生活并不取决于事实究竟是否如此，而取决于民众认为它是否如此，对他们而言，他们共同拥有的这个意义世界才是真实的。

普查与后普查纪事

鉴于襄垣文化馆近年来工作业绩突出，受表彰的级别与次数居三晋业界之首，在全省乃至全国同行业中都具有一定的影响力，2006年6月山西省决定非物质文化遗产普查让襄垣先行一步。为此，张岳公馆长带普查工作方案先后数次赴省城，不断修改推敲。非物质文化遗产普查与工业、农业、人口普查不同，不是简单的数据统计，大量的工作在田野，必须经过深度调查才能获取资料。

兵马未动粮草先行，接下来，在普查预案研究基础上提前整理编印了普查手册等宣传资料，并设计和准备了各种表格和相关的培训教材等。襄垣县人民政府于2006年9月21日发文《关于加强我县非物质文化遗产保护工作的实施意见》（襄政办发【2006】50号）。

2007年10月29日，山西省文化厅发出《关于确定长治市襄垣县为我省非物质文化遗产普查示范县》的函件（晋文社函【2007】26号），函件讲："襄垣县在省非物质文化遗产名录和第二批国家非物质文化遗产名录申报中，工作细致，资料翔实，成绩突出，并有一支相对专业的队伍。经山西省非物质文化遗产保护领导小组研究决定，确定襄垣县作为我省非物质文化遗产普查示范县。"

2007年11月28日，襄垣县人民政府办公室印发《关于襄垣县开展非物质文化遗产普查工作实施方案》的通知，襄政办发【2007】129号。

2008年2月28日，在山西省群众艺术馆二楼（省非物质文化遗产保护中心）由襄垣文化馆与山西省非物质文化遗产保护中心商讨开展非物质文化遗产普查有关事项，省非物质文化遗产保护中心将派人员赴襄。

2008年3月5日，文化馆向县文化局领导详细汇报整个开展非物质文化遗产普查工作的准备与进展情况。普查分组进行，分别为古韩片（包括县城），组长：石焕玲，副组长：任德、尹彦波；西营片，组长：赵宏杰，副组长：崔华明；王桥片，组长：辛培珍，副组长：郭爱其、李丹；虒亭片，组长：李蕙蓉，副组长：李艳。

2008年3月13日上午召集有关人员进行布置，参加人员包括文化馆全体工作人员、王桥镇的辛培珍、古韩镇的任德、西营镇的崔华明、虒亭镇的李艳。会上重新学习了襄垣县人民政府《关于加强我县非物质文化遗产保护工作的实施意见》，意见确定了"在文化馆加挂'襄垣县非物质文化遗产保护中心'的牌子，实行一套班子、两块牌子的运作机制"。其中王桥镇、古韩镇、西营镇以及虒亭镇作为试点乡镇要先行一步。

普查动员会

2008年3月21日下午，在县政府召开山西省非物质文化遗产普查试点示范县动员会。参加人员有山西省非物质文化遗产保护中心、长治市文化局、全市各县区文化局、文化馆领导，襄垣县各乡镇、各大口、非物质文化遗产普查试点村代表。次日，进行普查员专题摄影和数据资料汇集培训。

2008年3月23日至4月10日，由县文化馆与省中心人员组成动员小组，分别深入全县各个乡镇召开非物质文化遗产普查动员大会。

结合各乡镇非物质文化遗产普查动员会，开展对普查员进行上岗考试和上岗培训，包括墙体标语、手册、传单、表格以及普查笔记等方面的业务辅导。利用各种庙会、集市等机会，深入村寨向群众发放宣传品，做到家喻户晓。普查工作期间，工作人员每天晚上吃饭之前开会，回顾总结当天的进展情况与缺失，安排第二天的工作，饭后各自分头整理当天所采集的各种调查资料。

省非遗中心人员在襄垣调研三十余天，对襄垣普查手册进行加工和完善，整理出了《山西省非物质文化遗产普查实用精要》。省非物质文化遗产保护中心人员走后，各乡镇继续进行普查，每月15日集中汇集。

2008年5月11日至13日，由中国非物质文化遗产保护专家委员会副主任、文化部非物质文化遗产督导组组长周小璞，中国非物质文化遗产专家委员会委员、中国文联研究员刘锡诚，中国非物质文化遗产保护专家委员会委员、华东师范大学教授陈勤建，中国非物质文化遗产保护专家委员会委员、中国艺术研究院研究员康玉岩，国家非物质文化遗产保护中心吉颖颖等组成的全国非物质文化遗产保护督导工作专家组专程来襄考察，充分肯定了襄垣普查工作与做法，并建议将普查成果作为非物质文化遗产课题立项整理。

田野调查 　　　　　　　　　　　　文化部非遗专家组在襄垣考察

2008年7月为探索非物质文化遗产抢救保护传承发展之路，成立了山西省第一个县级非物质文化遗产保护协会——襄垣县非物质文化遗产保护协会，不仅拓宽了保护渠道，也调动了社会参与保护的积极性。

2008年，襄垣鼓书、襄垣秧歌、襄垣炕围画由国务院公布列入国家级非物质文化遗产代表作名录。

2008年7月23日，山西省文化厅发文《关于确定山西省非物质文化遗产普查试点县的通知》（晋文办发【2008】95号）："根据文化部关于非物质文化遗产普查工作精神，结合我省襄垣县试点普查经验，拟以市为单位，确定普查工作试点县开展工作，以点带面，为下一步全省普查工作的开展奠定基础。"

"之所以选襄垣为试点考虑到：首先，襄垣的人口规模适中（20多万人）、非物质文化遗产资源丰厚程度中等、经济条件中等偏上、地形地貌较全、民风民俗兼具山区与平原地区的特点。其次，襄垣县委、县政府高度重视，先后印发《关于加强我县非物质文化遗产保护工作的实施意见》和《襄垣县开展非物质文化遗产普查工作实施方案》的通知，成立普查工作领导组，地方积极性较高。三是，襄垣县文化馆馆长张岳公为全省县级文化馆长中唯一具有正高职称的馆长，文化素质较高，工作严谨认真；襄垣县文化馆为全国唯一的'一级县级文化馆'，办公设施齐全，馆员学历结构合理；各乡镇文化站人员，并非由乡镇政府管理，而是由文化局统一领导。综合起来看，选择襄垣为试点是适宜的。"2008年11月17日，山西文化厅在全国非物质文化遗产普查工作现场经验交流会就襄垣实践进行交流。同时，根据文化部普查督导组建议，开始着手编撰《山西省襄垣县非物质文化遗产普查报告》，对襄垣普查的方法经验、理论探索、资料成果等进行全面总结，为全省的普查和保护工作积累经验。

　　2008年襄垣县作为非物质文化遗产普查示范县，所取得的经验在全国得到推广，国家文化部《文化要情》在显著位置进行了报道。

　　2009年2月22日，全省召开非物质文化遗产普查培训会，襄垣做普查工作介绍，根据襄垣普查示范实践编写的《山西省非物质文化遗产普查实用精要》被作为工作实用指南下发各地，全省的非物质文化遗产普查工作全面展开。山西省非物质文化遗产保护官方网站全面介绍襄垣普查示范经验，以指导全省非物质文化遗产普查工作。

　　2009年3月2日，山西省人民政府办公厅发文《关于深入开展全省非物质文化遗产普查工作的通知》（晋政办函【2009】23号），要求"坚持'政府主导，社会参与，明确职责，形成合力，长远规划，分步实施，点面结合，讲求实效'的保护工作原则，借鉴全省普查示范县（襄垣县）和各市普查试点县的成功经验，以点带面，整体推动，精心组织，严格质量，为全省非物质文化遗产保护工作顺利开展打下坚实基础。"

　　2009年3月10日，长治市在市图书馆召开非物质文化遗产普查工作培训会，全面推广襄垣普查经验。

　　2009年4月16日，山西省文化厅发文《关于搞好非物质文化遗产普查工作的几点意见》（晋文办发【2009】47号）指出："按照国务院和文化部的要求，我省正卓有成效地开展了全省示范县（襄垣县）和各市试点县的非物质文化遗产普查工作，并且取得了积极的成果。"

2009 年 4 月 15 日至 16 日，《中国文化报》记者专程来襄垣就非物质文化遗产普查进行实地采访，以"襄垣试点""寻找可操作的普查办法""山西普查的启示"为题进行报道。"接到不少省市来电，要求进一步了解相关信息。为此，本期《文化遗产周刊》特摘登部分内容，以飨读者"（《中国文化报》2008 年 5 月 18 日），而后分次连载对襄垣普查工作的经验进行介绍，受到业界的广泛认同。

2009 年 6 月 11 日，山西省文化厅转发《文化部办公厅关于开展全国非物质文化遗产普查验收工作的通知》（晋文办发【2009】56 号）。2009 年 11 月 26 日，襄垣作为山西唯一一个代表赴京参加全国非物质文化遗产普查成果展览与总结会议，受到文化部蔡武部长、周和平副部长等领导的赞扬与肯定。

2010 年 1 月 20 日至 22 日由国家非物质文化遗产保护专家委员会副主任、中国民俗学会理事长刘魁立等组成的文化部非物质文化遗产专家组第二次来襄垣实地考察非物质文化遗产工作，赞扬"襄垣的非物质文化遗产普查工作扎实可信，资料的收集整理走在业界前面，像这样实实在在认真地来做事，做成事的为数不多"，并鼓励要在普查与后普查成果方面继续做出新的业绩。

山西省非物质文化遗产保护中心（晋文保中心【2010】4 号）通知"襄垣县作为山西省非物质文化遗产普查示范县，其经验已在全国得到推广"，"经中国非物质文化遗产专家评审委员会副主任周小璞、中国非物质文化遗产专家委员会成员刘锡诚提议，《襄垣县非物质文化遗产调查报告》已列入文化部重点图书出版课题"。

普查成果赴京展示

出席全国非物质文化遗产会

2010 年 4 月 28 日"山西省非物质文化遗产普查示范县工作表彰暨文化部重点课题《襄垣非物质文化遗产普查报告》启动仪式"在襄垣举行。

文化部领导观摩襄垣成果　　　　国家非物质文化遗产专家组二次来襄调研

承前启后

2011年3月20日长治市批准，作为山西省第一个县级非物质文化遗产保护中心，襄垣非物质文化遗产保护中心正式列编成立，在县文体广电新闻出版局领导下开展工作，张岳公任中心主任。

2011年7月22日至24日山西大学文学院郭万金院长与姚宝瑄教授、刘毓庆教授及郝静静讲师、王园讲师等一行在省非物质文化遗产保护中心赵中悦主任陪同下来襄垣考察《襄垣非物质文化遗产普查报告》的编写情况。

2011年12月，北京大学师生到太原参加山西省非物质文化遗产保护中心组织的活动，议定参加山西省襄垣县非物质文化遗产普查报告的撰写工作。在接下来的春节期间，高丙中教授和宋红娟、王立阳、韦伟在张岳公、赵宏杰的全程陪同下考察了部分乡镇、村落，参加了从春节到元宵节的地方节庆和文化活动，走访了部分民间文化艺术传承人。

走访民间艺人

　　2012年襄垣县非物质文化遗产保护协会联系社会有关人士在对非物质文化遗产普查项目继续进行挖掘、整理、补充、完善的基础上，开展了非物质文化遗产传承人口述史的整理工作，这些后普查工作又走在了全省前列。

　　继2012年国家公共文化服务体系制度设计研究课题《群众自办文化研究》评审结项[①]，2013年10月国家公共文化服务体系制度设计研究课题《基层公共文化服务体系建设与非物质文化遗产保护利用》，再次由张岳公同志承担课题负责人，继而创建了襄垣非物质文化遗产体验馆作为课题实践基地免费向社会开放。同时，还建立了山西省第一家县级非物质文化遗产数字平台——襄垣县非物质文化遗产数据库。

山西省文化厅领导考察数据库建设

---

① 文化部公共文化司，《2013中国公共文化发展报告：国家公共文化服务体系制度设计研究》，北京师范大学出版社，2013年11月。

2014年6月，对《非物质文化遗产志——一个县域乡土的田野调查及叙写》（原题为：襄垣非物质文化遗产普查报告）资料再次进行专题研讨，张保梅、崔华明、董淑霞、李艳、董艳琴、崔焕叶、马建华、李华明、辛培珍、郭爱其、李建明、任德、孙旭飞、赵蓉芳、魏海军等参加。

国家公共文化服务体系制度设计研究《基层公共文化服务体系建设与非物质文化遗产保护利用》课题实践在襄垣创新乡村文化记忆工程，2015年5月，山西省文化厅召开专门会议交流推广。襄垣广泛吸纳社会力量和群众自办文化参与非物质文化遗产传承保护利用，又在虒亭镇创办乡村文化记忆馆，以点带面逐步推开。乡村文化记忆工程探索受到中央的关注。

2015年5月28日，在临县举行的全省11个市，112个乡镇"乡村文化记忆工程"首批试点工作启动仪式上，张岳公就襄垣的探索做了交流发言。2016年3月3日、4日山西省文化局长会议暨"乡村文化记忆工程"推进会在襄垣召开。同年《山西日报》3月14日《特别关注》以及《光明日报》《中国文化报》等各大媒体都对襄垣及山西的乡村文化记忆工程进行了专题宣传报道。

乡村文化记忆工程启动工作会

2016年12月张岳公承担的《基层共文化服务体系建设与非物质文化遗产保护利用》项目，通过国家公共文化服务体系制度设计课题研究评审结项。

2017年3月2日文化部项兆伦副部长对襄垣非物质文化遗产保护工作进行调研，深入虒亭镇乡村文化记忆馆与县非物质文化遗产体验馆考察，并对国家级非物质文化遗产传承人抢救记录工程现场指导，对襄垣的工作给予充分肯定。

乡村文化记忆工程推进会

文化部项兆伦副部长考察乡村文化记忆工程

田野手札

　　撰写非物质文化遗产志，没有前迹，是块未垦之地，我们也仅是在尝试初耕。作为土生土长的襄垣人，作为有责任感的非遗人，凭着对这片土地的熟稔，凭着对田野热念，不敢懈怠，没有捷径，我们采用了一种最原始的、最笨的方法——用自己的双脚一步一步去田野一点一点地拾遗。这些年的口访步测积累了大量的第一手资料，几大柜的田野调查手稿，当时的辛苦和压力随时间而去，这部用我们双脚一步一步采集而来的遗珠，成了田野留给我们最美的记忆。在这个过程中，我们既试图"传送带"式的留痕，也尝试在适当的地方做有限的"深描"，更注重学人、合作者、田野对象等共同参与者的"多声道"对话和书写。"写文化"的建构注定有其本身的局限，但在如今巨变的时代，我们仍然以初心走进新田野。

日志

山西省非物质文化遗产普查工作日志

所在县乡：

时 间		2008年3月25日			
地 点		西营镇．侯堡镇．善福乡			
参加人员	县普查人员	张岳公．赵家杰．李令荣．李丹．省电心赵文祖．王镇			
	乡镇普查人员	崔华明．李艳鑫．张保拍．董艳琴			
工作记载		分两组： 一、一组到西营镇南漳村采访：铸钟．龙王山来历．南漳村来历． 　挑高．狗舌头．挑高秧歌．硫瓶烧造工艺．拍摄铸钟.（像） 二、另一组到侯堡镇参加普查动员会．省电心王英作动员报告． 　张岳公馆长讲普查试点县的重要性。（上午） 　下午：到善福乡参加普查动员会。会后到西营和上面一组 人员会合西营镇南漳村．城底村 三、晚饭后省电心．具馆人员开会总结当天工作．布置第二天工作．			
被采访人员	姓名	性别	年龄	民族	文化程度	社会资历
	杜晋华	男	39	汉	初中	主任
	杜荣全	男	64	汉	大专	农民
	任国珍	男	52	汉	小学	匠人
	李明玉	男	45	汉	初中	农民
	李二明	男	75	汉	小学	农民
	李兰玉	男	79	汉	无	农民
备注					

山西省非物质文化遗产普查工作日志

所在县乡：

时　间		2008年3月26日
地　点		西营镇．王村镇．虎亭镇．夏店镇
参加人员	县普查人员	张岳公．赵宏杰．李令荣．李丹
	乡镇普查人员	崔华明．李艳鑫．李华明
工作记载		一、西营镇磁窑头村（9:00—12:00） 二、中午在磁窑头村吃饭（12:00—2:00） 三、王村镇开动员培训会．（2:00—4:00） 四、西营镇南漳村：（4:30—6:00）讲种（会过程进行采访） 五、与省中心人员一同到夏店付北拍摄采访奶奶庙祭礼活动．（10:30—凌晨2点）

	姓名	性别	年龄	民族	文化程度	社会资历
被采访人员	牛林先	男	69	汉	高中	教师
	赵满元	男	75	汉	初中	教师
	赵效方	男	75	汉	初中	农民
	郭银保	男	73	汉	小学	矿长
	郭海文	男	71	汉	小学	农民
	李福明	男	79	汉	小学	农民
	任国珍	男	52	汉	小学	匠人
备注		晚7:40到虎亭镇参加动员会，结果拖到晚10:30未开成。				

山西省非物质文化遗产普查工作日志

所在县乡：

<table>
<tr><td colspan="2">时　间</td><td colspan="5">2008年3月28日　阴小雨加雪</td></tr>
<tr><td colspan="2">地　点</td><td colspan="5">西营镇</td></tr>
<tr><td rowspan="2">参加人员</td><td>县普查人员</td><td colspan="5">张岳公、赵岩杰、李会荣、李丹</td></tr>
<tr><td>乡镇普查人员</td><td colspan="5">崔华明、李艳鑫</td></tr>
<tr><td rowspan="3">工作记载</td><td colspan="6">一、西营镇犹岩村采访：1.煤矿习俗；2.开桶煤；3.窑主；
4."黑风"；5.五大灾害；6.顺口溜；7.煤的类别；
8.煤值的判断。（上午）</td></tr>
<tr><td colspan="6">二、观岩村采访：1.放羊习俗；2.放羊工具；3.羊头：二把
式、小把式；4.口令；5.待遇；6.羊类别；7.头羊；8.季
节变化放羊技访；9.放羊注意事项；10.羊羔及解法；
11.绵羊和山羊的区别。三、观岩村来历、谚语、开锁</td></tr>
<tr><td rowspan="7">被采访人员</td><td>姓名</td><td>性别</td><td>年龄</td><td>民族</td><td>文化程度</td><td>社会资历</td></tr>
<tr><td>李建明</td><td>男</td><td>56</td><td>汉</td><td>初中</td><td>矿工</td></tr>
<tr><td>王来虎</td><td>男</td><td>80</td><td>汉</td><td>小学</td><td>矿工</td></tr>
<tr><td>杨森炎</td><td>男</td><td>60</td><td>汉</td><td>初中</td><td>矿工</td></tr>
<tr><td>李</td><td></td><td></td><td></td><td></td><td></td></tr>
<tr><td></td><td></td><td></td><td></td><td></td><td></td></tr>
<tr><td></td><td></td><td></td><td></td><td></td><td></td></tr>
<tr><td>备注</td><td colspan="6"></td></tr>
</table>

笔记

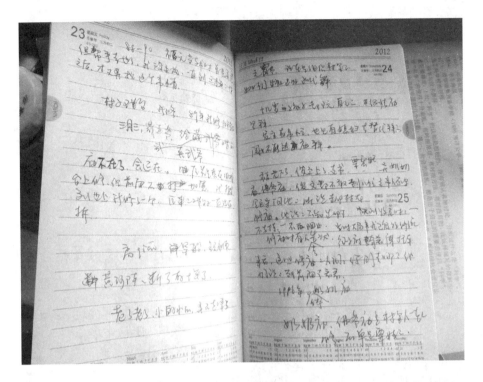

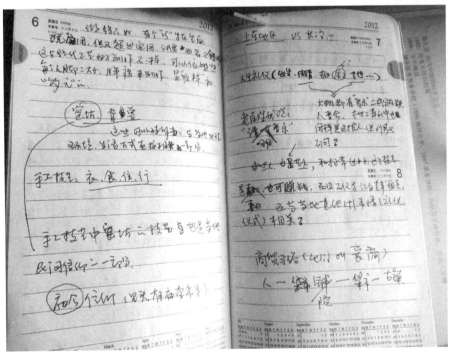

观察

2008.3.24. 中午 12:00. 西营乡河上村. 支书秦新双家

关帝庙. 正殿关老爷. 西奶土地 老王右. 东奶娘. 小12岁开始.

过年腊月23夜. 口晚12:00. 每同初一. 十五上香.

祈福. 攀祖亦 管. 篇第

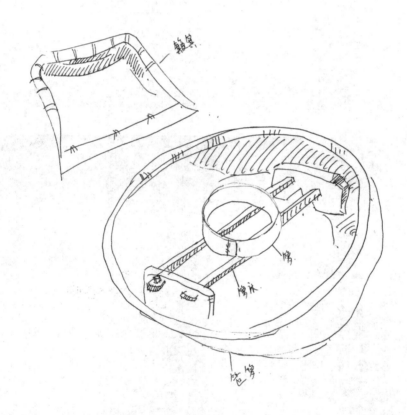

篇第

腾

腾亦

陆隆

4

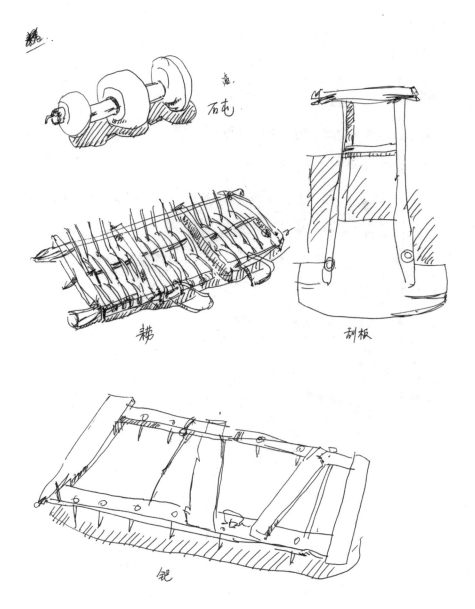

石元

耙

刮板

钯

老掇师、上掇师先下井。工人才下井。 工人走上井，老掇师、上掇师后上井。

工资：
老掇师最多，上掇师，挖煤的，运输的。

传承人调查。
杨禧炎： 窑主、集体、国家 三个阶段。

老、上掇师具体决定巷道、井架。现行业也有规定，根据地形。

两地复杂，挖斜井。地层深，竖井。

煤层有三种：条层只挖底、上层四尺、三层九尺。 现叫"几号"煤。
—— 无开采价值。

省红、火大、时间长、好火煤。

窑发 挖板定。 巷道不宽、2尺。 两根挖煤层底定。1米高。

挖煤地方叫 工作面。

"东南抠关西北锁"。火煤采。打井根据与煤层时近远定。
采地方打立井，打到煤底开始挖巷道。巷道。
香钻、打挖煤。 开口5尺直径。20米左右。立井。

老掇只不得红光、焰火。 打3三年才打着煤。 老窑往来寮井采煤。
唱井词唱。 烧的、打铁、煤都是老龙爷管的。 武乡煤窑少。柴不起由，过去用牲畜拉。
煤见火就着、炸。

纸帽（安全帽）羊毛做。软厚。

老拍师 (管) 典卫. 调巷. (调巷道走正卫,通比见灯. "暗不暗,明不明". (即明正暗宽)

2拍师. 晚速 倒巷.

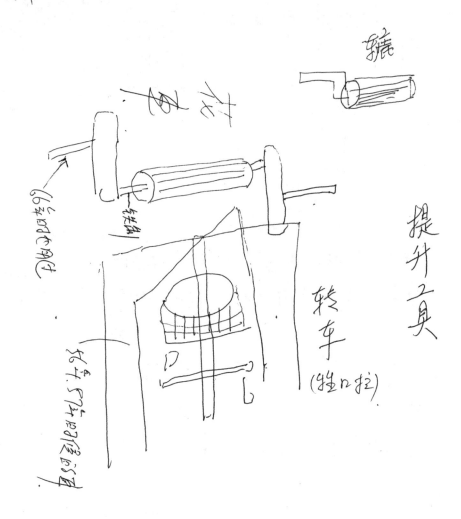

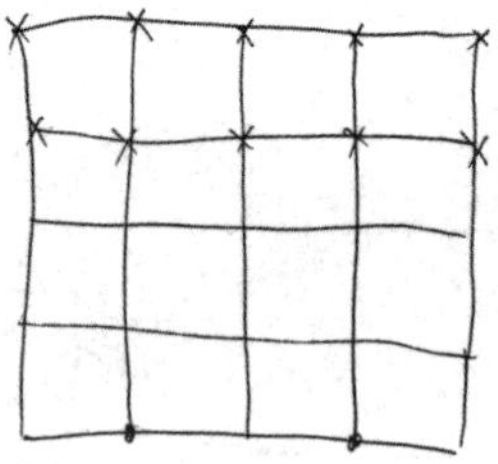

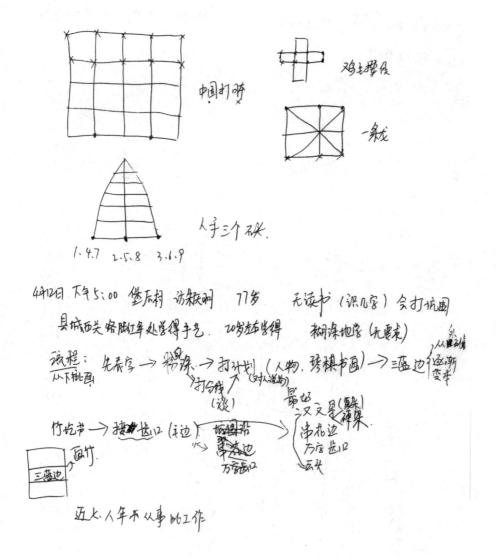

中国打时

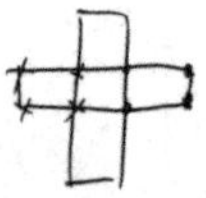

鸡毛撑伞

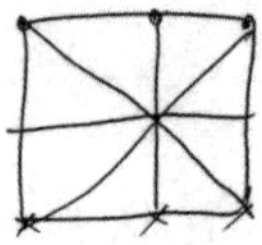

一条龙

人手三个杯.

1.4.7 2.5.8 3.6.9

4月12日 下午5:00 堡后村 访朱庆明 77岁 无读书（识几字）会打坑画

县城西关路陆红年处学得手艺. 20岁左右学得 糊涂地学（无要求）

流程：先表字 → 粉涂 → 打计划（人物，琴棋书画）→ 三蓝边，逐渐变半（外，从画边）

从下往上画

粉涂 → 打分线（谈）→ 打计划（对人说的）

竹竿节 → 接齿口（主边）→ 最好：汉文星（复杂）、神柴；中花边；万字齿口；云头

（主边）→ 万字齿口

画竹.

近几人年不从事此工作

整理

襄垣方言采用什么音标好

　　我想主要用汉语拼音字母，少数几个字母用国际音标。因为这几个字母在国际音标中有，而在汉语拼音中没有。如完全用国际音标，则因大多数群众不认识是很不方便的，所以我想用混合标音法。现将所采用的音标列下：

　　声母：b p m f d t n l g k ŋ h j q ȵ x z c s r y w

　　韵母：i u ü a o e ie ei ai an ao ou ang eng ing ong ʌ ə

　　其中 ŋ ȵ ʌ ə 四个字母，是从国际音标中借用来的。ŋ 相当于过去旧的注音字母中的"兀"。舌根与喉部上腭（软腭）相接触后，立即突然分离发出的声音。如俄欧袄安恩昂等字，用汉语拼音标注是 é ōu ǎo ān ēng āng。而襄垣方言的标音则为 ŋé ŋōu、ŋǎng ŋān、ŋēng ŋáng。

　　ȵ的发音相当于过去旧注音字母中的"广"。如尼娘聂宁妞等字，用汉语拼音标注是 ní niang nie níng níou。而襄垣方言的标则为 ȵí ȵiang ȵie ȵíng ȵíou。

入与彐是专为入声字标音的

　　入的发音类似汉语拼音中的a，但比a的发音短促急促，口型也比a小点，如八、薄、脖等字用汉语拼音标注是bā bó bō。而襄垣方言的标音则为bⱴ bˇ bˇ。

　　彐的发音类似汉语拼音中的e，但彐比e的发音短促急促，口型也比e小点，如策、册、尺用汉语拼音标注是cè cè chǐ，而襄垣方言的标音则为cɘ、cɘ、cɘ

　　襄垣方言还借用国际音标中的m n ↳ 作为特用音标，用的很少。只有模、母亩、暮牧。专用m̃ m̃ m̃ m̃ m̃ 标音。你专用↳标音儿、耳、二这三个字的发音，不是汉语拼音的er，而是↳、↳。两个音标都是卷舌音，但er的发音是舌尖与上腭要离开一点，而↳的发音时舌尖要抵住上腭。

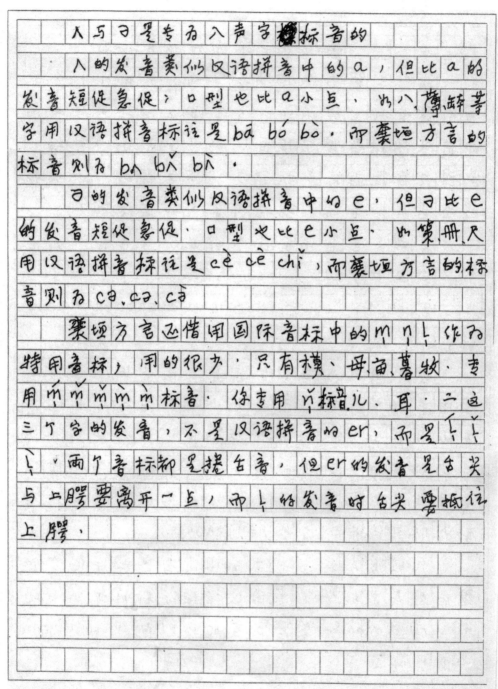

襄垣方言的特点

一、入声字多

《辞海·语言分册》中收录单字约15,000个，其中襄垣人读作入声的常用字约有500多个。现将这些入声字记录于下：

孛勃渤驳八剥拨(bʌ)、卜拔铇跋薄礴搏博膊(bǐ)、蹦(bʌ)不(bʔ)北(bʊ)百佰伯栢捭鳖蹩憋瘪(biʌ)白帛别(biʔ)笔毕北辟壁璧臂碧必逼弼荜(biǝ)鼻(biǝ)。

仆扑扑浚璞蹼濮(pʌ)扑破(pʔ)(破烂读pe说破鞋则说pʔ鞋)拍迫泊魄撇(piʌ)珀粕魄(pʌʌ)(辟)劈霹(piǝ)

末抹莫摸(mʌ)、本沐茉目睦钼没穆(mǝ)灭脉蔑蔑篾(miʌ)麦(miʔ)墨默蜜密秘觅汨(miǝ)

废发(fʌ)乏弗伐(fʌ)、福沸复(fʔ)服腹佛伏(fʔ)荅(dʌ)的得(dʔ)滴跌(diʌ)蝶谍喋碟叠(diʔ)得德的(diǝ)敌狄迪笛涤迭(diǝ)掇(duʌ)夺(duʔ)掇读牍独毒笃(duǝ)咄(duǝ)

塔嗒塌榻獭(tʌ)遏(tʌ)特忒忑(tʔ)铁帖贴(tiʌ)锡惕剔(tiǝ)脱托拓橐(tuʌ)突凸突(tuǝ)

纳呐钠 (nʌ)· 那 (nə)· ~~[涂改]~~

腊蜡肋辣刺勒邋 (lʌ) 列烈冽裂掠略猎 劳 (liʌ)

力历雳立粒笠栗 (liə) 乐络骆 (luʌ) 烙 (luʌ̆) 六陆录

禄碌鹿 撸律卒 (luə)

割格阁搁隔葛革 (gʌ)· 鸽 (gʌ̆)· 给圪 (gəʔ)· 个 (gəʔ)

郭 创 (guʌ) 聒 (guʌ̆) 谷骨国 (guə)·

渴客克刻磕瞌 (kʌ)· 可 (kʌ̆)· 扩括 (kuʌ) 哭操酷窟
(kuə)·

恶额鄂腭鳄愕讹厄 ~~[涂改]~~ 扼歪 (ʌ)·

黑喝褐邯赫 (hʌ) 合盒盍阖曷纥核鹤 (hʌ̆) 霍
攉嚯豁 (huʌ) 活滑猾 (huʌ̆) 忽囫惑或 (huə)

甲钾胛结洁桔寂夹挟揭竭碣羯孑 角接脚觉
节 (jʌ)· 杰揭劫截爵嚼 (jʌ̆)· 及级极吸辑戟缉楫积
迹击缴懒激籍 (jʌ 籍)· 脊吉即疾急鲫缳集 (集中) (jiə)
集 (jiə) (赶集)· 决诀抉厥蕨[涂改]掘 (juʌ)· 绝 (juʌ̆)
足 (juə) 局桔橘菊鞠 (juə)·

切窃怯却妾确 (qiʌ)· 壳雀鹊 (qiʌ̆) 七气迄戚漆
滕碛 (qiə) 缺阙榷 (quʌ) 屈曲 (quə) 去 (quə̆)

聂摄镍捏孽 (niʌ)· 逆匿溺 (niə)·

血膝狭峡侠辖洽屑歇楔 (xiʌ)· 学匣 (xiʌ̆) 蝎隙 (

20×20＝400 第 4 页

息熄熄螅夕矽汐嗄昔惜悉蟋锡袭析(xī)习席寅
(xí)雪薛(xuě)穴旭恤脉(xù)凤肃宿粟戌削畜
蓄(xù)续俗(xú)

折哲浙匜呕扎摺褶酌(zhé)杂砸宙驳轧(zhá)
折(右折)摺(zhé)织职则仄帻摘婿窄汁只隻质锁烁
(zé)者这直植殖泽择贼责宅翟蕨(zé)昨作做揶
卓(zuó)卒啄族齄(zué)桌镯(zuó)作笮筑逐涿嘬张
祝烛浊觸(zué)车妯(zú)

察擦撮挥撒激辙彻(chè)策册侧测厕恻拆尺
吃赤斥叱敕饬(chè)撮(chuō)出蟗促辍(chuò)

杀刹煞设(shè)勺芍杓舌折(shé)色啬穑涩湿
瑟塞失识铄式拭轼饰适(shì)十拾室实蚀石硕什
(shí)虱什(shí)刷涮缩(shuō)束速叔倏蟀说朔塑索
溯(shuò)孰熟塾属蜀黩术述(shù)

热弱若(rè)日(rè)揉(ruò)(揉紧手)入肉辱(rù)
褥(rù)

詹压押约药乐(音乐)钥业谒岳篇(yè)药(yě)(毒人
药人)页叶(yè)一益缢乙逸壹壹译驿抑役疫邑市
奕弈(yě)瘾也(yě)夜(夜来,夜黑来)(yě)月日球
悦阅越(yuè)玉浴裕欲域狱(yù)

握沃斡（wʌ） 沫（wʌ） 勿物屋（wʌ） 戈（wʌ）

入声字在襄垣方言中确是够多的，约百分之三多。构成了襄垣方言的重要特点。

一些字为什么读成了说成了入声字，也很难找到什么规律性的东西来，好像颇为杂乱。

1．各声母范围都或多或少地有着入声字，在 j z s 四个声母范围内最多，在 r ŋ f w ①个声母（y）范围内最少。

2．带韵母 a e 的字读成说成入声字的最多，带 o i u 的字入声字也有。

3．有些字是同一个字，在一种情况下读普通话音，在另一种情况下却是读成了入声。如同一个"可"字，说"可以"说普通话音，如说"可是"就说成入声（kʌ）。又如同一个"塞"字，说"要塞"是普通音，说"堵塞"则说成入声（sʌ）。"刮"字说"刮胳"是普通话声，说"刮风"就变成入声（guʌ）。类似的情况还有一些。

4．像"一"字襄垣方言读入声（yʌ），而普通话发音则读yī；并不是襄垣方言中没有yī的发音，如医衣依都与普通话发音一样，都读yī，而一字都读入声 yǎ。又如益译役疫逸与义易毅艺亿屹翼等字左字典里都是同音字，都读 yì。而在襄垣方言中，益译役疫逸等字都读入声 yǎ，而后 yì 则与普通话读音相同都读 yì。并不是襄垣方言中没有 yì 的发音。又如福浮扶等字左字典里都是同音同调都读 fú，而襄垣方言只把福字读作入声 fǎ。还有古读 gǔ 而骨谷则读入声 gǔ，避是读 bì 而壁璧辟则读入声 biǎ，类似的情况还有不少。

入声字也有平上去三调，（也有说阴入阳入者）如湿读平入 sā，十读上入 sǎ，虱读去入 sà。又如卓 zuā 茁族 zuǐ 桌 zuā。今 (和 uán)调的字很多的。(入声)

　　二．没有韵母为 ian 的发音

　　普通话中有韵母 ian 的发音，在襄垣方言中则没有这种发音。凡迁 ian 的发音都变为 ei（入声字例外）。如边偏面点天年练剪钱先炎元等字、襄垣人都读成 bēi pēi mēi děi tēi nēi lēi jēi qēi xēi yēi yuēi。各声调都如此。如千钱浅欠四个声调的韵母都是 ei，读 qēi qéi qěi qèi。

17015207　2001.7　　　　　　　　　　20×20＝400　第 7

编续 记忆田野的遗产 // 697

三、没有 zh、ch、sh 的发音

普通话中有声母为 zh、ch、sh 的捲舌音，在襄垣方言中没有这三个捲舌音。(只有一个捲舌音 r)。凡迁这三个声母都读成 z、c、s。如"张"读 zāng、"池"读 cí、"是"读 sì 与"四"同音，是四不分。

四、没有上声 ǎo 的发音

普通话中有上声 ǎo 的发音，在襄垣方言中没有这个发音。凡迁 ǎo 都读成 ǎng，如宝跑卯岛讨脑老稿攷襖好较巧鸟小早草少吵扰芝字都读成 bǎng、pǎng、mǎng、dǎng、tǎng、lǎng、gǎng、kǎng、ǎng、hǎng、jǎng、qǎng、nǎng、xǎng、zǎng、cǎng、sǎng、yǎng、rǎng 类似情况还有很多。"倒"字特别，"倒垃圾"读 dàng"打倒""跌倒"读 dǎo

五、普通话中没有 ŋ 的发音，而襄垣方言中有 ŋ 为声母的发音

ŋ 的发音类似过去旧注音字母的"兀"。作为 e、ou、ao、an、eng、ang 等韵母相拼的音标。普通话中无此音标，而襄垣方言中则有此音标，如俄欧襖発愚昂等字，就是用声母 ŋ 相拼而成的。就是：ŋóu、ŋǎo、ŋàn、ŋeng、ŋang。读文讠字是此发音但在口语中实际上有噯! 嘿! 的发音。就是 ai! áng! 没有 ŋ 这个字母相配。

六、襄垣方言中
　　没有 en, in, un 这三个鼻腔音

　　在普通话发音中有三个鼻腔音 en, in, un，在襄垣方言中没有这三个发音，只有 eng, ing, ong。以下表列一些字的发音即可说明

文字	奔	盆	扪	份	根	肯	今	秦
普通话发音	bēn	pén	měn	fèn	gēn	kěn	jīn	qín
襄垣话发音	bēng	péng	měng	fèng	gēng	kěng	jīng	qíng

文字	信	君	群	运
普通话发音	xìn	jūn	qún	yùn
襄垣话发音	xìng	jiōng	qióng	yòng

　　这种情况在各声母范围各音调里都还有很多，不必全部列举了，以马牵推吧。

七、带韵母 o 的字发音
　　有很多不同

　　普通话中，波坡磨佛我等一类字的韵母都是 o，但襄垣话中这些字的韵母都不是 o，而是 e 或 ə。就是 bē pē mē fə wə.

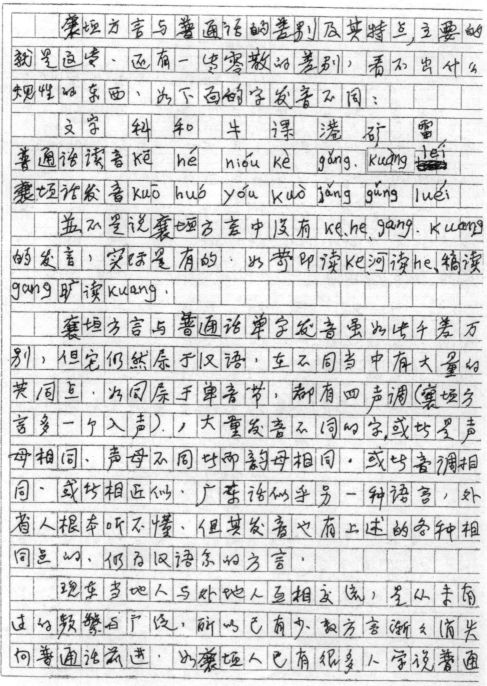

　　襄垣方言与普通话的差别及其特点，主要的就是这些。还有一些零散的差别，看不出什么规律性的东西，如下面的字发音不同：

文字	科	和	牛	课	港	矿	雷
普通话读音	kē	hé	nióu	kè	gǎng	kuàng	léi
襄垣话发音	kuō	huó	yóu	kuò	jǎng	gǔng	luéi

　　并不是说襄垣方言中没有 ke、he、gang、kuang 的发音，实际是有的。如磕即读ke河读he、稿读gang旷读kuang。

　　襄垣方言与普通话单字发音虽以些千差万别，但它仍然属于汉语。在不同当中有大量的共同点，如同属于单音节，都有四声调（襄垣方言多一个入声），大量发音不同的字，或许是声母相同、声母不同却而韵母相同。或许音调相同。或许相近似。广东话似乎另一种语言，外省人根本听不懂，但其发音也有上述的各种相同点的，仍为汉语系的方言。

　　现在当地人与外地人互相交流，主从未有这么频繁且广泛，所以已有少数方言渐又消失向普通话靠近。如襄垣人已有很多人学说普通话。"白面"不说 bin mei3，即改说 bai mian3，"香港"不说 xiang jiang 3，而说 xiang gang 3，"铁矿"不说 tin gong 3，而说 tin kuang 3。当然惯改然说，听起来还不自然，还有些咬嘴，但是终竟跟着中华民族的大发展，已经开始向前迈步了。

可能有些小青年根本就不知道裹边土话曾是把"港"字读作 jiang，也不知把"矿"字读作 gong。

上面介绍的是襄垣方言的单字发音的特点，在组合词与词组方面也有一些特点：

一、同一个字有变音变调的情况

一个字在各种不同说法会有不同的声调，如：一个月字说月份是阳平（即第一声），说坐月却成上声（即第三声）。十二个月说起来都有变调：

一月 二月 三月 四月 五月 六月 七月 八月 九月 十月 十一月 十二月成了惯性的发言

有很多字有变音变调的情况，比

凉亭 停等。双数双生，一家人自家人成天家
吓虎吓唬动人，姨夫丈夫夫人，六音金八似桌
玩耍游戏玩玩皮，生活养活，爸爸婶婶姥姥、
敌人民客人，将军大将，大米小米

这种情况很多，多能是追求语音的和谐与
习惯自然形成的

上学有临习惯说得　还有一种变音，如"北"读bia
连桌上就说在　但说北瓜却说成bá瓜，北
书上写的什么就说　河却叫的河，北瑶叫成ba yao
写就说村ang 有写　北河叫成bahè 还有字同音意
身上有质说身ang　不同，如"老婆"指妻子，"老
婆"指老太太

二、"上"的代词 àng

上字有练习惯说法、如说

　　在桌上就说在桌àng。在天上就说在天àng。

戈上写的什么就说提书àng字的什么。树上有

乌就说树àng有乌。房上有草就说房àng有草

身上有灰说身àng有灰。

舒上挣钱说舒ang挣钱，吃上挣说cang挣。

　　三、"里（裏）"字的代词 lěi

　　里（裏）字有个习惯说法，如

　　里头说lěi头、房里说房lěi、硷里说硷
锅里说锅lěi、嘴里说嘴lěi、夜里说夜lěi、
河里水里都说lěi、柜里盒里信里都说lěi、院里
学校里工厂里都说lěi。

　　很多，不一一列举了。

　　四、用"圪"不"人"字联词很多（儿）

　　如说：

　　圪廊（gə lang 窄狭的巷道）、圪㧡lang（圪揽）、圪掇
（圪duə 用小棍子捅一捅）、圪浪人（gə lang ren 感觉有
点痛之难受）、圪糁（gə seng 小颗状的粉沫）圪料
（弯曲）、圪下下（gə xia xia 弯下腰）、圪串圪游（走来走
圪爬圪躺）、圪嗟（gə jue 圆的东西地下微々滚动）
圪挤人（gə 挤 reng）圪蹴（弯腿蹲下）、圪桄（水井提水
之具）、圪缩、圪搅（gə lan 衬儿、棍棒）、圪道（坑）、圪
则 lei（按下）、圪空 kuə（膝盖）圪莲（葱、韭菜下面的白根
不棱（皮肤受伤处凸起的一条像）、（bə ling）

20×20=400　第13页

不变(shuà？的姿势)·不勒(拨动什么东西)·
不澇(小孩子玩皮乱逛)·不喔(嘴皮嘗之什么)·
不炸(bā zì 用手巴耳光的说法你一不炸)·不㧚(lǎng
(翻身)·不揽(托摸)·

痒人(身上刺痒)·扎人(手脚皮扎刺微痒)·
死人(累的难受)·撑人(cēng réng 吃以太饱肚涨)·
瘆人(sēng réng 了怕)·燙人(tàng réng 热锅碗水火搽
触时的感觉)·卜人(bǔ réng 手脚皮肤搽触冰冷的
东西的感觉)·隂人(冷房冷窑里的感觉·

这种联词很多·都是习惯语·详见词汇·
顺便说一下联词还有用切音形式的反切形
成的·如说:

不勒(bá lè),这词从字面看·根本无法理解
其含意·东方言里是拨动的意思·如说好把火
盒里的火质拨一拨·"我说不勒一下这不勒"我是
拨字反切的切音·不勒勒不拨·

不来(bá lái)就摆动的意思·就是摆"字反切
的切音,不集来不摆 (是)说你的腰带不来下来了!

不愣(bá lèng)就是蹦的意思,就是蹦的反切
不愣愣不蹦·说这个小孩子能不愣的·

的料(dǎ liào)就是吊的意思. 的料料的吊.

的连(dǎ lián)就是掂(diān)的意思、的连连的掂.

的勒(dǎ lē)就是滴的意思. 的勒的滴. 如说"你的锅漏了,老的勒水".

吃榄(gě lǎn)就是杆的意思. 如说这梁吃榄就是指这梁杆　　机灵是精明的意思. 机灵机灵机精

还有一些,详见词汇.

最后,再说一点. 襄垣方言中有用文言文字的. 如说这些平果蒤是好的"就是说都是好的意思. 这里的"蒤"字就是文言文字. 还有"溢"字,说锅里煮的粥溢啦"这"溢"字也是一个文言字.

山西省乡村文化记忆工程

Shan Xi sheng xiang cun wen hua ji yi

襄垣县·虒亭镇

XIANG YUAN XIAN SI TING ZHEN

2016 年 4 月

大池村

襄垣县虎亭镇 村落

调查时间：2016年4月21日
调查人员：王 真、刘 霄、李丽芬
摄　影：王新谱

村落全景
CUN LUO QUAN JING

村落名称	大池村	所属地市	长治市襄垣县
村域面积	7.8平方公里（11800亩）	是否列入古村落示范名录	否
村落户数	384户	村落人口数	1235人
集体年收入	8万	个人平均收入	5000元
主要物产	玉米、小杂粮、平菇等	主要民族	汉族
村落简介	虎亭镇大池村距镇区约6公里，位于虎亭镇北部，辖区面积7.8平方公里，约合11800亩，耕地面积4792亩，全村人口分布于大池、小池、石家岭、圪堆上、西庄、胡家岭、东岭、小寨上八个自然村。村民大多数在村务农，2008年以来村委紧紧围绕襄垣县农业发展思路，开发流转土地四万余亩，发展干果经济林。主要文化设施有图书电子阅览室50平米、棋牌室50平米、文化活动室50平米，现有管理人员3名，其中专职管理人员1名，有40人以上女子威风锣鼓队一支，50人以上健身舞蹈队一支。		

西庄自然村全貌

048

家（宗）族类

JIA (ZONG) ZHU LEI

祖先姓氏或名讳	张氏名炜	何时、何地迁入	光绪丁丑年六月由西庄迁入
家（宗）族管理者姓名	张福亮	谱牒存放地或保存者	张福亮宅
祠堂名称	无	所在地址	无
祖茔所在地	大池村寨上里合角	功德碑记名称	无
祭祖地点	大池村西庄古槐树前	祭祖时间	春节、清明
家族渊源及现状描述	引自《张氏家谱序》： 　　盖吾之张姓也，始自黄帝轩辕，家生五子，造作弓弦，世掌其职，后因以为姓焉。嗣后克昌厥姓，故无知始祖迁居李合清街，以及五世祖文起、文有、文广、文显、文满，长户居小寨村。昔日至大清光绪丁丑年，晋遭旱蝗，六月中旬雨降三寸，苗莠勿实，寸草不成，人民皆忧，父子离散，妻子难顾，蒸蒸日盈，今则小宗远近者不一。 　　一则螟蛉为子不许入谱 　　一则有犯先世名讳不许入谱 　　一则失节败名为优者不许入谱 　　一则赘婿为子者不许入谱 　　一则干犯父母不孝不许入谱 　　一则二十年修小谱 　　辈词：肇修福来庆，举步占青云 　　至今已排至十一代		

祭拜祖先

058

生活类

SHENG HUO LEI

实物名称	豆腐汤	材 质	豆腐、蔬菜
实物用途	民事活动中重要饮食风俗	实物种类	民间传统食物
存放地点	无	适用场合	大锅饭
使用说明	将豆腐切成方块，放入有调和的汤中反复煮。食用时，再加入蒜苗、韭花、醋等。		
习俗与禁忌	豆腐汤也叫"豆腐菜"，以是襄垣庚亭一带的豆腐汤尤为可口，其汤鲜香烫，其菜软滑爽，口有韧性，是襄垣的名汤（菜）。襄垣豆腐汤必须用襄垣本地的豆腐，即卤水豆腐。尤其在冬天，喝一碗豆腐汤，驱寒增暖，顶饱解渴，非常舒服。		

传统饮食——豆腐汤

人文资源类

	姓名	韩德有	性别	男	民族	汉	住址	西底村
民间文化能人	年龄	61	籍贯	西底村	职业	阴阳	电话	
	教育工作经历	阴阳、风水先生。祖父、父亲都曾从事此业，父亲曾亲传口诀。上世纪80年代初开始正式着阴阳，主要选住宅、坟墓，选日头等。活动区域在周边二三十里范围，厌亭镇周边，之前是兼职，也种地、当木匠、柳艺匠，近几年专职。						
	活动范围	西底村周边地区						

堪舆先生——韩德有

272

图文资料类

名 称	土地房产所有证	种 类	地契
所有者/保管者	马计英	联系电话	无
职 业	务农	家庭住址	东岭村
主要内容	该地契为1949年华北区襄垣县第四区为东岭村村民马贵堂颁发，分为土地和房产两部分。		
图片说明			

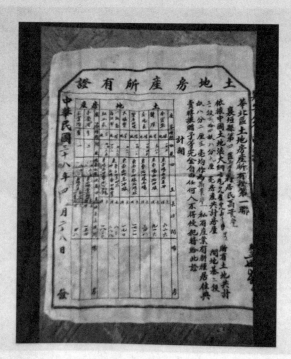

土地房产所有证

322

襄垣鼓书录音录像场记表

场次：66   日期：2010年 7月23日   现场负责人：[签名]

书目名称	烈女传 十七回
主要内容	刘金平到南京告状，店家王爱平留她在店中居住，向店家讲述她的不幸遭遇。王听了她的不幸遭遇给她写一封书信到王进云家寻求帮助的过程。（王进云、王金平以谎家亲事）
说唱人员	主唱/扮演角色： 1、王爱莲 2、刘金平 王进云家团员 伴唱/扮演角色： 1、王如中 2、李进云（王绕宽表兄） 3、赵丙正 4、陈店主—王爱平，王进云家人 陈庆生 王绕宽
伴奏人员	司鼓：王如中 司弦：1、王爱莲 2、宋换成 3、王春华 　　　4、马兴平 5、李连国 6、
节目时长	63分钟
录制地点	县文广局演播厅
工作时间	9 时 10 分至 10 时 13 分
摄像人员	主机 张新星 辅机1、马的 石玉 2、阿奇
录音人员	李卉峰 张锋摘
导播人员	张新星
备注	

襄垣鼓书录音录像场记表

场次：　　日期：二010年 7月2ʒ日　　现场负责人：李书華

书目名称	小西口走亲戚
主要内容	小西口妻子比丈夫大十岁，她们两人相跟去走亲戚，在路上说笑，被一老汉听到，三人说一段对话。
说唱人员	主唱/扮演角色： 1、王爱莲　　　　2、老婆（妻子） 伴唱/扮演角色： 1、赵丙正　　　　2、老汉 3、王如中　　　　4 老公（丈夫）
伴奏人员	司鼓：王如中 司弦：1、王爱莲　　2、宋接成　3、王爱华 　　　4、马兴平　5、李平回　6、
节目时长	8分钟
录制地点	县文广局演播厅
工作时间	10 时 2ʒ分 至　　10 时 33分
摄像人员	主机 张新望　　辅机1、马前石玉　2、王奇
录音人员	李书華　张峰播
导播人员	张新望
备　注	

65

襄垣鼓书录音录像场记表

场次：　　日期：2010 年 12 月 16 日 上午　现场负责人：张新堂

书目名称	呼家将（二性）
主要内容	呼延庆和锅和尚在擂台上大骂对方，他们两人来对打。呼延庆头朝下栽着或头朝上距别人们中间不吭声，令人们也无法说，有一位老头指点呼延庆，你是喝酒多了么想个法救，把中指伸进嘴里吐了些酒，第二次爬上擂台，路四英劝延庆手打擂得井井，到擂下他们打起，包锅把呼救庆，呼延庆同皆手等着那些变幻迷离动作不动中
说唱人员	主唱/扮演角色： 1、杜英（锅和尚包大人 苗海年、遭格）　2、赵芝华（呼延庆） 伴唱/扮演角色： 1、郭云霞（路四英）　　2、史汉明（后朝子汉） 3、　　　　　　　　　4
伴奏人员	司鼓：王爱华 司弦：1、赵芝华（二胡）2、马永俊（二胡）3、李跃国（二胡） 　　4 杜英（月琴）、5、寂双环（八角鼓）6、苗海年（唢）
节目时长	48分钟
录制地点	县文体广电新闻出版局演播厅
工作时间	8 时 30 分 至　9 时 18 分
摄像人员	主机 刘丽芳　辅机 1、杨杨、2、郭跃延
录音人员	李会英　　张保瑞
导播人员	张新堂
备　注	

襄垣县国家级、省级、市级非物质文化遗产代表作名录

项　目	类　别	级　别
曲　艺	襄垣鼓书	国家级
传统戏剧	襄垣秧歌	国家级
传统美术	襄垣炕围画	国家级
民间文学	崔生遇虎故事	省级
民间文学	后羿射日传说	省级
传统技艺	襄垣手工挂面制作技艺	省级
传统技艺	襄子老粗布织造技艺	省级
传统技艺	襄垣民居脊饰传统技艺	省级
传统技艺	苇编制作技艺	省级
传统技艺	武氏金工铸造技艺	省级
传统舞蹈	风火龙舞	省级
民　俗	上党连氏宗族信俗	省级
民　俗	煤窑祭祀	省级
民　俗	连氏手指速算法	省级
传统音乐	挑高秧歌	省级
民间文学	仙堂山传说	市级
民间文学	襄黎情缘	市级

项　目	类　别	级　别
民间文学	襄垣民歌民谣	市级
民间文学	襄垣勒勒腔	市级
民间音乐	襄垣吹鼓乐	市级
传统美术	五彩挂笺	市级
传统美术	韩州桃木核雕	市级
传统技艺	米氏酸菜制作技艺	市级
传统技艺	上丰粗瓷制作技艺	市级
传统技艺	五花坩砂陶技艺	市级
传统技艺	黑釉瓷制作技艺	市级
传统技艺	韩州女红	市级
传统医药	乾坤液	市级
传统医药	灵应解毒膏	市级
民　俗	襄垣十大怪	市级
民　俗	凉楼古庙会	市级

田野回述

普查、后普查工作凝结了我们的大量心血，蒙大家的信任，由我代笔回述。

粗略地讲，田野叙写有两类，一是内部人的记述，一是外部的记述。和许多地方一样，历史上襄垣的田野记述主要集中在内部人记述的地方志中。地方志中有时会以风俗志略、节序形式单独成篇，但内容极少，其余则散见于其他篇章，记述者主要是官员和乡绅；民国后人们对民俗有了新的认识，增加了生业略、方言略等内容，记述者多接受过新式教育，有的还留过洋；1949年后的记述则更为广泛，操笔者多为新时期史志办、文联、教育、宣传文化系统的国家工作人员，实际上由于受苏联搜集理论的影响，20世纪50年代、80年代地方在配合国家进行民族调查、文艺集成工作中，曾对戏曲与曲艺音乐、民族民间舞蹈、民间器乐与歌曲、民间文学（故事、歌谣、谚语）等进行过相关调查，笔者也有幸带队"长治市民间舞蹈集成"组调查民间舞蹈情况；2007年襄垣县启动了非物质文化遗产普查，笔者身负重任，主持了此次普查，普查规模空前，范围、参与人员更为宽泛，从文化工作者到基层民众都参与了进来，工作方法也更为多样，充分运用了现代科技手段，成果也较以往丰富，成为山西省非物质文化遗产普查示范县，其做法得到肯定和推广，但也有不少遗憾。

总的来看，各时期的田野叙写本身都是对以往和当下民俗认知的反复再定义，都是有官方强力推动的。传统时期主要是靠经验和自觉，没有科学理论支撑，近代以后在新式教育影响下，人们开始对以往习以为常的事物给予更多的关注，1949年后受苏联民俗理论的影响，对许多民族民间传统文化进行搜集，留下了许多宝贵资料，但涉及范围有限，大量民俗事象没有被纳入调查范围。而受群众文化理论影响，基层工作更倾向于利用其"占领阵地"、教育群众、丰富群众文化生活。21世纪初的非物质文化遗产普查正如有人指出的那样，是在没有准备好的情况下的一场仓促上阵的运动，既有外部压力因素，又有内部自觉因素，政治性、人文性更高，把许多行将逝去的我们的存在意义找了回来，而没有恰当的理论指导，仅靠经验、热情工作的情况确实较为普遍。许多人纷纷借此整合出了一些"非物质文化遗产"理论，有些高校、研究机构还衍生出了专门的非物质文化遗产专业，但作为独立学科，这些理论仍缺乏强有力的学术支撑，学科架构尚不严密，因此田野工作、鉴定、保护与传承等都缺少成体系的理论实践支持，有不少工作者基本是按国家的"分类"按图索骥，民俗人文修养有限，实践中非物质文化遗产工作难免流于一种"审批""准入""试点""检查"的行政式操作，与一些民俗事象发生文化意义冲突，有时甚至对民族民间传统文化遗产造成不良影响，地方上亦难免流于应付上级。前期的非物质文化遗产工作更像一场轰轰烈烈的名录化运动，之后虽然做了种种调整，但仍像是从民俗、传统资料库中选东西，仍然存在诸多问题，如非物质文化遗产含义的多元自定义问题、田野工作问题、价值判定问题、人员素质素养问题、记述者改写与润色问题、内部人的文化不自觉问题、话语权问题、功利主义问题、变与不变问题、保护问题、承传问题、理论研究与实践问题、技术问题、群文机构功能定位与取向的公共文化服务转向问题、第三方参与评估问题等，以及后普查时期的一系列问题，这都需要我们不断地反复审视"非物质文化遗产"。理论不是将民俗非物质文化遗产知识化的结果，而是认识我们自己的工具，我们需要具有话语主动权、民族特色与民众意义的理论、工具，舶来学术、实践的消化要有一个本土民俗功能过滤的过程，民俗是我们的民俗，意义世界亦是我们的意义世界，用别人的嘴巴不能说尽我们的所思所感，"洋八股"要不得，因之无论是民俗实践还是民俗研究，与其说我们是在寻根或进行对象化地解释，不如说是在寻找我们当下与今后的存在意义。

林林总总源于民族民间的文化遗产，在千百年的流传嬗变中，不断新陈代谢、推陈出新，能够长久留于民间、活在民间的永远是那些生命力旺盛、与人们生活紧密联系的事物。非物质文化遗产生存需要空间，只有融于民众生活世界，才能激活非物质文化遗产项目身上的生命基因。然而总有一些文化现象作为农耕文明的象征终会成为时代的最后绝响，在慢慢走到生命尽头，新陈代谢是谁也无法阻挡了的发展规律，一味地遗憾并不能够挽回它们衰落的命运。

非物质文化遗产的原生态，并不是封闭的、静态的、不变的标本，它是动态的、开放的、活生生的呈现。原生首先应是自发的，具有自生性、内生性、创生性，非物质文化遗产是时代传承的、活态的，具有民间性、地方化、锁定性，只有原生自发才有活力。而非物质文化遗产的变，是内生的变，不只是受外境影响的变，历史上已经消失的文化传统不能叫非物质文化遗产（成了非常遗憾的"非物质文化遗产"）。那些纯表演化的所谓"非物质文化遗产"只是形式标本，也不能算作真正的非物质文化遗产。历史地看，非物质文化遗产一定是生活需要，过去如此，今后亦如此。非物质文化遗产不但需要保护，还需发展，需要创造价值，需要有机地嵌入当代生活。同时，非物质文化遗产亦具有明显的社群性，所以任何人都可以尝试体验非物质文化遗产，但并不是所有人都能分享非物质文化遗产体验，非物质文化遗产有一种内部锁定性，人人有责，而非人人之事，严格地讲，非物质文化遗产是历史概念，以前非物质文化遗产事象以民俗事象的面貌存在，现在更多是赋予了其民俗事象以人文反思意义。

事物只有以服从作为代价才能换取资源和空间，古老守旧的东西只有经由新的制度过滤，才能被延续，被再生，而其中并无法回避存在的级差身份、马太效应、自我类化的吸纳和排斥，尽管就非物质文化遗产单体而言这是一种不公。随着传统村落文化生态的代谢，非物质文化遗产的生存空间不可能一成不变，社群文化的更迭与新的文化培育点的形成，一方面是对项目传承人保护与原生地保护，另一面是非物质文化遗产传播空间的扩大、途径的多元，非物质文化遗产将在更大范围内利用各方面对自己有利的因素主动调适、自正，生根承传，这种传统与现代碰撞交融现象的并存将是今后非物质文化遗产保护传承的重要特征。而乡土文化生态的变化却将直接影响非物质文化遗产事象的存续，我们需要的不是断裂的乡村文化记忆，而是具有延续性的乡土文化生态。

从非物质文化遗产项目承载的文化信息含量与独特性看，一个具有很强生命力的非物质文化遗产项目，如果能跨越千百年而不衰，必定有适应时代发展变化的包容度与创新度，有不断更新替代的内容与形式。非物质文化遗产不应是僵固的，是随客观时代而变化的，岁月无情，适者生存，不适应就只能被淘汰，这是客观规律，也符合哲学观、辩证法，变是绝对的，不变是相对的。中国的书法是非物质文化遗产，原来为篆书，后又发展到隶书、楷书、行书、草书，你能说其中的哪一种不是书法？非物质文化遗产事象是一种文化潜入语境，作为年节品的年画在过去家家都贴，这就是一种民俗，由于历史文化生态的改变，现在虽然仍旧存在，但意义则完全不同了，逐步被今天的人们当作一种欣赏收藏的鉴赏艺术品而接受下来，由之抢救、记录、保存、利用成为当务之任。非物质文化遗产是伴随民众实际生活的文化，说其是非物质文化遗产，不是因为不变，不是因为久远，恰恰是因为它是其形成过程中历史沉淀下来的文化，使其负载了人的意义世界。我们关心的是非物质文化遗产如何在民众生活中发生实际作用，以及如何与其他社会知识一起交织成一个相对自足的文化体系。非物质文化遗产的保护传承主要是满足民众的精神需求，是与民众的生活生产实践紧密结合的。非物质文化遗产也是物质文化遗产之外的一种文化存在，我们现在所做的，首先应是抢救、记录、保存，保存更多文化信息留于后人，利用他为民众服务，运用公共文化服务体系营造其生存发展空间。其次是利用和发展，保护、利用过程中要调动民众积极性：一是以群众为主体，尊重群众的意愿，只有群众想去做，才能最大限度去参与；二是扩宽渠道，广泛参与，创造一切机会鼓励群众参与其中，让大家在参与中体验参与，在体验中提高参与效益。人们对于非物质文化遗产历史地认识并不是一个"客观"的过去，而是一种对他们的生活深具意义的历史，非物质文化遗产保护应该由处在该文化生态中的人自己来保护，因此唤起人们对文化保护的自觉是最重要的。我们的基层公共文化服务更应多些泥土味儿，多接地气，多些家长里短的考量，多些尊重民意的左右权衡，传统文化也需要时代认同。

各种非物质文化遗产是在基层社区、群体、公众生活中衍变和发展的，它也是人们生活或生产方式的重要组成部分。鲍德罗亚说："被消费的东西，永远不是物品，而是关系本身。"（《物体系》）而非物质文化遗产则永远不可能作为孤零零的事项、冷冰冰的文本而存在，非物质文化遗产不是物品（古物或资本物品），也不是物品的原象征系（象征会随着关系的转变而发生变化），其被创生亦被消费（并不一定基于经济逻辑），且在共时生活（关系）中被消费。联合国教科文组织于2003年10月17日通过的《保护非物质文化遗产公约》指出："承认各社区，尤其是原住民、各群体，有时是个人，在非物质文化遗产的生产、保护、延续和再创造方面发挥着重要作用，从而为丰富文化多样性和人类的创造性做出贡献。"这就要求人们"在开展保护非物质文化遗产活动时，应努力确保创造、延续和传承这种遗产的社区、群体，有时是个人最大限度的参与，并吸收他们积极地参与有关的管理"。这是因为非物质文化遗产就在我们身边，保护可以从我做起，广大民众既是保护者，也是享有者，相辅相成的延续和发展也才有了深厚的土壤。公众参与保护要体现以人为本的原则，要反对人为地、被动地让人们参与，非物质文化遗产保护传承要使人乐在其中，而不是苦在其中。社会民众参与保护的程度，从根本上决定着非物质文化遗产未来的命运，世界上一些自觉实施非物质文化遗产保护时间较长的国家，都把唤起民众广泛参与作为实施保护的一项重要内容。毕竟，对于一个精神家园——非物质文化遗产神话（民俗等文化事项一经被标签化地重新认定，他便可能开始与原初的意义相离，进入一个夹杂着现代理性与非理性的隐喻秘境，成为国家治理、自学术化解释、大众解构的现代神话），唯有结合了居住者的空间，才是"生活的空间"，是有地方感、归属感的空间。

关于非物质文化遗产普查和后普查的问题，由于体制与管理因素，我国开展的非物质文化遗产普查多依附各地文化（艺术）馆进行，随着后来文化（艺术）馆工作重点取向由群文逐渐转向公共文化服务，由政治性、民俗性工作（宣传政策方针，丰富群众文化生活，做好民族民间传统文化）转移至公众文化权益保障，非物质文化遗产在其工作中的比重有限。伴随着业务队伍的新陈代谢，业务人员的智力结构也发生了巨大变化，由原来的基层文艺骨干变得多元化，不少年轻人没有系统的民俗学科背景，也没有更基层的民俗感念。长期以来的对口工作行政管理体制也不利于当下工作，各级文化（艺术）馆、图书馆等公共文化机构归文化部公共文化司管理，但非物质文化遗产又不是其工作重点，文化部非物质文化遗产司主管非物质文化遗产工作，又没有必要的基层非物质文化遗产机构做支撑，使得不少地方将其普查收集的资料不了了之，甚至出现散失，后普查问题突显，像样的系统整理与研究报告少之又少，所见到的也多是些粗略的现象罗列，缺少深度与广度，非物质文化遗产续写尚待来人。而民众民俗社会组织发育不良，也是一个值得关注的问题，非物质文化遗产不是官方的自说自话，而是需要民众的文化自觉，应当最大限度地发挥群众自办文化在其中的作用，同时在公共文化服务方面要将非物质文化遗产作为民众的特殊公共产品与服务，给予充分的文化权利保障。

文化是回述的田野，田野是文化的回响，文化有历史的时间轴，田野则要求当下的横断面，文化不是被动的，田野也不仅为了他者的静观，主动和建构也是其要旨，就当下而言，某种意义上，主动和建构即是在振兴。历史文化保护与乡村文化重构助推乡村振兴，是实施乡村振兴战略，解决人民日益增长的美好生活需要和不平衡不充分的发展之间矛盾的应有之义，现存的主要问题是。

首先，一些非物质文化遗产缺乏现代新乡土基础，传承面临瓶颈和博物馆化的隐忧，乡情乡愁褪色。

其次，由于乡村外出打工中青年较多，文化传统新生承接力量和新乡土文化建设力量不足，传统习俗流失较快，社区集体记忆衰减，乡村乡土味儿越来越淡。

第三，对传统村落的整体规划和保护、利用相对不足，散存于乡村的县级文物保护单位保护不够，未列入文物保护单位的传统民居、传统建筑、乡土遗存遗迹长期失保。

第四，城镇化和新村建设导向较重，盲目拆改新建，由于历史原因完整的传统村落占比不高，许多乡村传统建筑破败损毁严重，不少地方乡村风貌未能很好保留。

第五，乡村文化重构力度不够，特别是乡村建设中优秀乡土传统发掘利用率不高，有的"新乡风"缺乏根文化基础，对乡村振兴支持有限，个别地方封建迷信等腐朽文化沉渣泛起。

如果说乡土是乡村得以为乡村的根，乡情乡愁是乡村所以为乡村的魂，那么乡村历史文化就是这根和魂的载体，乡村振兴必然离不开历史文化的保护，新时代下这种保护不是标本式的，而是建构式的，因此乡村振兴要强化乡村历史根文化保护传承，加强乡土家园建设、发展乡土文化。

因此，大家或许能够在一定范围内达成共识：

一是应当统筹考虑文物遗迹和非物质文化遗产，统筹考虑乡村传统文化和革命文化，统筹考虑人文事项和文化生态空间，维护好人文自然生态，保护好文物古迹、传统村落、传统建筑、传统遗迹遗存遗物，传承好优秀戏曲曲艺、少数民族文化、民间文化、传统工艺等。

二是要进一步深化"乡村文化记忆"工程，因地施策，在保证政府足量的支持下，强化乡村社区直接责任，激发乡村社区直接责任，激发乡村社区历史文化保护和文化重构的内生动力，注重发掘和利用乡村集体记忆及记忆载体，增强乡村内聚力和认同感、归属感。

三是要充分利用设区的市在历史文化保护方面的立法权，加快乡村历史文化保护立法工作，颁布地方性法规或政府规章，为乡村历史文化保护和振兴提供法制保障和刚性支撑。

四是要强化谁主管谁负责、谁享有谁负责、谁利用谁负责，压实保护责任，特别要压实县乡政府乡村历史文化保护主体责任，划定乡村历史文化保护线，明确本区域乡村历史文化保护的范围。乡村历史文化既包括物质的，也包括非物质的；既涵盖传统乡土层面，也涵盖革命传统层面；既涉及人的社会化领域，也涉及人文化的生存空间。要切实制定能调动各方力量参与的行之有效的措施，细化直接责任，严肃评估和惩处办法。

五是要做好传统民居、传统建筑、革命遗存遗迹等文化空间再造，加强传统空间生产和再生产，落实好所有权、资格权、使用权"三权分置"改革，充分利用这些资源，鼓励社会各界力量在有效保护前提下参与开发利用。

六是培养一批乡土文化人才、文化能人、传统工艺名匠、传承人、新乡贤，积极为其在乡村文化重构中发挥作用提供施展平台。传承发展提升农村优秀传统文化，在保护传承的基础上，创造性转化、创新性发展，不断赋予时代内涵丰富的表现形式。要努力使"乡风文明"融入传统，根植乡土，逐步建构出乡情乡愁盈满浓郁的新礼俗新乡土。

七是加大财政专项资金投入力度，充分发挥政府购买服务作用，加强对资金使用效果和政府购买服务效果的评估，适度推出有针对性的减免补贴等优惠政策，增强政府在乡村落实文化保护和乡村文化重构中的引导力和示范作用。

费孝通先生曾言："中国正在走一条现代化的路，不是学外国，而要自己找出来。"[1] 乡村建设的路，前人做了很多探索和实践，如今的乡村振兴战略即是其延续，亦是深度、广度空前的全国性动员，是中国社会发展中自己找出来的必须要进入的可持续发展之路。我们期待中国能在这条路上走向未来。

随着普查工作的结束，有的地方便偃旗息鼓，从我们的实践来看，许多工作与内容其实都是在之后普查时期补入的，工作量相当大，这需要能沉心静气的一批人，我们很高兴有一帮这样的朋友，他们凭着一份热心和热爱长期奋斗，其中赵宏杰、张保梅、屈毓华、张茂德、李月明、刘九成、田渊斌、宋建峰、栗玉明、李留锁、张全林、王德昌、马建华、赵永江、李蕙蓉、王琳、李显中、郭兴旺、李树芳，以及李玉华、李政国、赵志强、李晋飚、张新星、路晓宏、李玉庆等先生在我们田野调查中默默地做了许多基础工作。但这还不够，我们需要更多的朋友携手共进。

非物质文化遗产普查、后普查功在当今，利在千秋。

张岳公

---

[1] 张冠生，《费孝通传》，群言出版社，2000年，第642页。

　　"泛彼柏舟，变泛其流。耿耿不寐，如有隐忧"（《诗经·柏舟》）。有幸相继承担国家公共文化服务体系制度设计研究《群众自办文化的公共治理研究》和《基层公共文化服务体系建设与非物质文化遗产保护利用》课题，是我人生的荣耀，从事基层非物质文化遗产保护与传承工作三十余年，许多艰辛和遗憾是旁人无法完全体悟的。古语云"冰炭不同器"，但"削冰命圆，举以向日，以艾承其影，则得火"（《博物志》），变不可能为可能，不仅要善思善为，亦须有恒。

　　也许，时事变幻太快，有时真的怀疑人是否可以同时踏入同一条河流，从2006年筹备非物质文化遗产普查工作开始到今天历时10多个年头，本书作为非物质文化遗产普查专题成果终于得以付印，是集体协作的结果，也是一项功德工程。期间，经历了许多曲折，工作中遇到不少的挫折，逆水行舟，困难可想而知，好在有朋友和亲人的支持，多方奔走，才得以成事。在此，感谢无私帮助和提供信息的所有家乡父老，感谢参加普查的工作人员的辛劳，没有他们对自己文化的珍爱，我们无法完成如此庞杂的田野调查。特别感谢山西省非物质文化遗产保护中心赵中悦主任，正是他的鼓励和支持，才使我在襄垣非物质文化遗产普查报告课题进展极度困难面临夭折的关键时刻，坚定了继续坚持非物质文化遗产复兴的信心和决心，同时襄垣文化局及孙波局长也积极为课题创造条件。因着课题的深入，大家愈发觉得一个普查报告远不能承载普查与后普查背后磅礴多样的人文生态，于是作"志"便千呼万唤而出，以"志"而作，其原有二，一者"志者，记也"，一者"志者，心之所之也"。于其后者，已剖心于前；于其前者，报告旨在反映普查、后普查工作本身情况，而志则可反映当下时段内通过普查与后普查得到的各种人文收获，就此而言，这志便成了群众史观下的地方专门志。虽是志，然不袭染现代普通志书的"张功显绩"和"年鉴式铺陈"，避免顾周全而庞杂失体、尊风俗而妆点传奇、亲掌故而浮擅演义、述条例而不究其理，呈现民众的日常生活世界，自要引入现代学术，特别是民族志、民俗志，这得到地方志工作部门的肯定和支持。

　　正基于此，书稿才得以顺利完成。也幸有商务印书馆的鼎力支持，本书才得以与读者见面。

地方非遗专门志既是乡土记忆，亦是乡土档案，也是乡土呈现。

学术研究，最忌唯上、唯书、唯经、唯典，费孝通先生十分强调现实社会结构、人和心态的研究，知易行难，许多事情仅凭一己之力是难以完成的。在此，由衷地感谢和我们并肩战斗的北大同事们，和他们在一起，我真实地感受到北大学人"从生活中做学问"的人格与学术风范，受益良多，感谢其间他们的任劳任怨。

感谢父母家人的理解，是他们把我外请的客人在家中招待得体贴入微，大年初一我们还奔波在乡野村寨，做好的饺子一直卧在簸箕里，直到深夜爆竹声稀时大家才一起动筷团圆。

这些年来有着风餐露宿的田野走访，也有夜以继日的劳作，虽然每天都在为书稿完善奔波尽力，克服了许多难以想象的不利因素与困难，但无论如何这项工作都值得去尝试，至少这种行动本身和残识浅见多少会给后人留下一笔遗产，以一种资源回报给社会。鉴于种种原因，书中难免存在误漏和不足，恳请批评指正，以待不断完善提高。

张岳公

2018 年 6 月